HARD & CORE TECHNOLOGY INVESTMENT AND M&A LAW PRACTICE

硬科技投资与并购法律实务

薛　峰　韩利杰◎著

法律出版社
LAW PRESS·CHINA
北京

图书在版编目(CIP)数据

硬科技投资与并购法律实务 / 薛峰，韩利杰著. --
北京：法律出版社，2024
ISBN 978-7-5197-9072-1

Ⅰ. ①硬… Ⅱ. ①薛… ②韩… Ⅲ. ①高技术企业－技术投资－企业法－研究－中国②高技术企业－企业兼并－企业法－研究－中国 Ⅳ. ①D922.291.924

中国国家版本馆 CIP 数据核字(2024)第 083123 号

硬科技投资与并购法律实务
YINGKEJI TOUZI YU BINGGOU FALÜ SHIWU

薛 峰 韩利杰 著

策划编辑 似 玉
责任编辑 似 玉
装帧设计 李 瞻

出版发行 法律出版社
编辑统筹 法律应用出版分社
责任校对 李 军
责任印制 刘晓伟
经 销 新华书店

开本 710 毫米×1000 毫米 1/16
印张 39.75 字数 627 千
版本 2024 年 6 月第 1 版
印次 2024 年 6 月第 1 次印刷
印刷 固安华明印业有限公司

地址：北京市丰台区莲花池西里 7 号(100073)
网址：www.lawpress.com.cn
投稿邮箱：info@lawpress.com.cn
举报盗版邮箱：jbwq@lawpress.com.cn

销售电话：010-83938349
客服电话：010-83938350
咨询电话：010-63939796

书号：ISBN 978-7-5197-9072-1
定价：158.00 元
凡购买本社图书，如有印装错误，我社负责退换。电话：010-83938349

序　言

当今这个数字时代,硬科技不仅推动了人类社会的发展,更成为国家竞争力的重要标志。从人工智能到集成电路,从新能源到生物技术,从虚拟现实到量子计算,硬科技的快速发展正在引领全球产业进入一个新的发展阶段,而投资与并购是企业谋求破局的重要手段。

硬科技行业技术和资本高度集中,通过并购不仅能够快速扩张市场份额,还能加速技术创新和产品迭代,更好地适应市场需求。然而,不是所有的市场参与者都能如愿以偿。硬科技领域技术复杂,产业链特点非同一般,并购之路充满了不确定性和风险。尤其是初次涉足这一领域的非专业企业和投资机构,常遭不虞之变、屡经意外之险。近年来的并购交易,结局差异之大,堪称天上地下,成为业内传奇者有之,差强人意者有之,同行惋惜者有之。最好的结局当然是并购后企业一步登天,投资方获巨额回报。但传奇不是奇遇,不能仅靠运气。成功的并购案例虽然耀眼,但背后往往是深厚的专业知识、精准的市场判断和不懈的努力。

硬科技企业的发展和成长,离不开投资人的支持与陪伴。硬科技产业的繁荣取决于中小企业的创新与活力,而中小企业的快速发展有赖于成熟而活跃的风险投资。硅谷半导体公司的起步得益于风险投资的推动。如今已是硅谷传奇的仙童半导体是第一家由风险投资的资本支持成立的半导体公司。英特尔、苹果等著名企业的创建无不获得了风险投资的鼎力支持。从硬科技行业初创企业来说,风险投资的资本游戏规则神秘又复杂;对大部分风险投资人而言,面对硬科技行业,隔行如隔山。了解风险投资的规则对半导体创业团队成功募资、保护企业利益至关重要。熟悉半导体行业的特有风险、行业周期,掌握投资底层逻辑,有助于投资人理解被投企业、精准把控风险。

以人工智能、先进半导体为代表的技术正在无声改变世界,这场变革中,法律作为社会规范的体现,不可避免地成为硬科技发展道路上的守护者和推动者。硬科技行业的发展过程中,其挑战和机遇是全球性的,因此国际视野的重要性凸显。在硬科技领域,每一次投资与并购都可能涉及深奥的法律问题。这些问题可能源于跨国并购中的法律文件谈判,抑或跨国股权投资的法律框架构建。这要求律师不仅要熟悉所在国的法律制度和市场实践,还要跨越法域边界,理解和应对不同国家和地区的法律环境和挑战。现如今,中国的硬科技企业和投资机构越来越多地参与到国际市场和技术合作中,对律师适应、了解、利用国际法律环境的能力提出了越来越高的要求;另外,国际上的硬科技企业和投资机构的交易也为中国的相关法律制度建设和实务操作提供了宝贵的借鉴和启示。

本书综合探讨了硬科技领域的投资与并购过程中常见的各类法律问题与实务经验,从基本概念到尽职调查,从法律文件到交易策略,从并购方式到并购整合,从成本控制到利益协调,涵盖了硬科技领域的投资与并购全过程中的关键要素。本书通过翔实的案例分析、细致的法律解读以及实务操作的指引,为硬科技领域的投资者、并购从业者、法律顾问及相关政策制定者提供了一份全面、深入的法律实务指南。本书还就硬科技行业关注的海外并购话题,专章讨论了海外并购的交易结构、交易风险、政府监管以及法律文件,为中国硬科技企业和投资机构"走出去"提供了宝贵的法律实务知识。

本书不仅关注法律条文的字面意义,更重视法律精神在具体实践中的体现和应用,可以帮助读者掌握并购交易的法律知识,更重要的是提供了丰富的实务经验,力图提供一套系统的法律框架和解决方案,以引导读者有效规避风险,把握机遇。

本书也是一次跨学科的尝试与探索。我们深知,理解硬科技行业的复杂性需要跨越法律、技术、经济等多个领域的知识。因此,我们力求使本书内容既严谨专业,又通俗易懂;既有针对法律问题的深度分析,也不乏对行业特点的实务理解,以期能为不同背景的读者提供价值。

最后,感谢所有参与本书编写的律师、编辑和工作人员。正是由于他们的辛勤工作和无私奉献,才使得本书得以问世。我们期待本书能够激发更多的讨论与思考,推动硬科技与法律服务领域的进一步发展。

大时代必有大挑战,大挑战隐含大机遇,大机遇呼唤大格局,大格局成就大发展。中国硬科技行业的参与者,注定要成为大时代的弄潮儿。只有熟悉交易规则、市场惯例,精于规避商业和法律风险,善于整合各方资金与资源,才能获得交易的成功。在硬科技的浪潮中,让法律成为连接过去和未来的桥梁,引领我们走向一个更加创新和繁荣的世界。

CATALOG

目录

上篇　硬科技企业并购

中篇　硬科技行业股权投资

下篇　科技行业海外并购

上篇　硬科技企业并购

CHAPTER

第一章

并购概览

第一节　交易类型和特点

一、并购的含义

（一）基础概念

并购（mergers and acquisitions，M&A）是合并或兼并（mergers）与收购（acquisitions）的合称。合并或兼并指两家或两家以上公司结合成一家公司，由新公司承担原公司的权利与义务；收购指一家公司使用现金、非现金资产或有价证券购买目标公司的资产或股权，以获得目标公司的全部或某项资产的所有权，或目标公司的控制权。[1] 企业并购是一项专业且复杂的活动，通过并购交易，企业希望能够实现快速增长、扩张和发展等目的。并购交易是硬科技企业发展和行业整合的重要手段，在企业发展和产业周期的不同阶段，都可能会存在通过并购交易来实现企业发展战略的需求。近年来，以硬科技企业为目标公司的交

〔1〕 参见深圳证券交易所创业企业培训中心编著：《上市公司并购重组问答》（第3版），中国财经出版传媒集团、中国财政经济出版社2019年版，第3页。

易也逐渐增多,这反映了并购市场整体对硬科技行业的看好。

1. 合并(兼并)

合并(或称兼并),是指买方和目标公司根据法律规定成为一家公司,交易完成后只有一个企业继续保留法人地位的交易活动。企业合并之后,被合并企业的所有资产与负债、权利和义务都将由存续公司继受。根据《公司法》规定,合并可以分为吸收合并和新设合并。[1] 吸收合并是指一家企业吸收合并其他企业,吸收企业成为存续企业,而被吸收企业则解散,失去法人地位(用公式体现为:A + B = A 或 B)。新设合并是指两家或两家以上企业合并,另外设立一个新企业,合并各方解散,都不再保留其法人地位,买方和目标公司的股东共同成为新设企业的股东(用公式体现为:A + B = C)。

在实践中,企业选择进行合并交易有多种原因。税务筹划是交易方选择合并交易的原因之一,收购方和目标公司成为一家公司,可能有利于税务地位的继承。另外,从融资角度来说,收购方为交易所借的贷款在合并交易完成后,会概括转移成为存续公司的贷款,从而使得交易的融资成本可以从公司的未来利润中支付,有利于总体交易成本和会计的规划。

根据我国《公司法》规定,企业合并在程序上需要经过内部审批程序与外部程序。关于内部审批程序,合并事项属于公司重大经营决策,需要经过股东会或股东大会的决议,该决议应当符合《公司法》及公司章程的规定且必须经代表2/3 以上表决权的股东通过。[2] 如果内部审批程序有严重瑕疵,例如企业合并没有经过股东会或股东大会决议或者决议无效、不成立或存在重大瑕疵而被撤销,则可能导致合并无效,产生无法进行企业合并或是在合并后可能会面临恢复原状或承担相关赔偿责任的后果。

关于外部程序,除应当向公司登记机关办理相关工商变更登记事项外,由于合并会对公司的债权人产生重大影响,从保护债权人的角度出发,我国《公司法》还规定了债权人保护程序。企业应当自作出合并决议之日起 10 日内通知债权人,并于 30 日内在报纸上或者国家企业信用信息公示系统公告。债权人在收到通知 30 日或收到公告 45 日内,可以要求公司清偿债务或者提供相应的担保。

---

〔1〕《公司法》第 218 条。
〔2〕《公司法》第 66 条。

如果企业在合并时没有按照前述规定通知或者公告债权人，或者相应的通知或公告不符合规定，将可能会受到公司登记机关责令改正、罚款的处罚，[1]同时也可能承担对债权人相应的损害赔偿责任。值得注意的是，债权人保护程序可能会对交易方带来额外的资金压力和时间成本。债权人保护程序施加了等待债权人回应的45天期限，如果目标企业存在的负债较多，在多数债权人都要求提前清偿债务或提供担保的情况下，交易方的融资成本可能会大大上升。

需要注意的是，除了上述公司法规定的义务，由于合并的进行会引发权利义务的概括转移，即公司合并后，合并各方的所有债权及债务将由合并后存续的公司或者新设的公司承继，合并交易中也时常涉及第三方的同意。这取决于合并之后目标公司是否继续作为独立法律实体存在，合并很可能触发目标公司在商业、融资等合同中的控制权变更条款或是禁止转让条款。因此，在进行合并时，应当特别注意审阅企业与银行等金融机构签订的贷款协议或与其他第三方签订的商业合同中的条款，如涉及公司在发生合并事项时需要事先征得相对方的同意，应当提前与合同相对方沟通，并取得合同相对方的同意的条款；如果是银行等金融机构，也可能会根据协议的规定和偿债情况、存续公司的履约能力等，要求提供公司担保或者提前清偿贷款。

2. 收购

收购，是指买方用现金、债券或股票等购买目标公司股权（股权收购）或目标公司的资产（资产收购），以获得对目标公司的股权或资产的控制权的交易活动。在收购中，目标公司法人地位并不消失。值得一提的是，尽管股权收购与股权投资中都存在购买股权的行为，但是在交易语境下，收购与投资有不同的含义，投资是指取得部分股权或非控股股权的交易，而收购则是指取得目标公司股权或资产的控制权的交易。

相比我国《公司法》对合并的规定和程序上的要求，针对收购这种交易形式的规定则相对宽松，但仍需依据《公司法》和公司章程、公司内部议事规则的规定履行内部审批程序，且应当完成相关工商变更登记等外部公示事项。我国《公司法》规定，有限责任公司股东向股东以外的人转让股权在同等条件下（同

〔1〕《公司法》第220条、第255条。

等条件应考虑转让股权的数量、价格、支付方式及期限等因素)，其他股东有优先购买权，[1]故收购方在受让有限公司股权时，应当取得公司其他股东放弃相关优先购买权的承诺。收购方在收购一家目标公司的股权时，也应当谨慎审查，充分做好尽职调查等工作，例如收购方需要特别关注转让的目标股权是否存在权利瑕疵，包括表决权是否受到限制，目标股权是否存在股权代持情况，目标股权是否已经实缴完毕，如未实缴完毕，收购方在受让目标股权后可能需要承担连带出资义务等问题。

另外，与合并交易相似，收购交易也可能触发相关商业、融资等合同中的控制权变更条款或禁止转让条款。在此类商业或融资合同中可能会惯常地约定，当发生包括但不限于公司的股权变动、合并、分立、注册资本变动、对外投资、托管等事项时，应先征得合同相对方或债权人的同意。约定此种条款的目的在于防止在合同一方未同意的情况下，另一方合同主体发生实质变更，代替原合同主体承接合同项下的权利与义务。这种条款的存在可能会延迟或阻碍并购的进行，因此交易方需对此予以重视。

(二)合并与收购的区别

尽管合并与收购通常被简称为“并购”，在实际操作中合并和收购也经常存在被混用或区分不明的现象。但是合并与收购是两个不同的法律概念，有着不同的含义，合并与收购的区别，见表1-1。

表1-1　合并与收购的区别

	合并	收购
定义上的区别	合并是指两个或两个以上企业合并后只有一个企业继续保留法人地位的情形，在合并中，被合并企业的所有资产和负债会转让给另一家现存或新设企业	收购是指收购方通过一定方式购买目标公司的控股股权或实质性经营资产的行为，收购完成后，收购方与目标公司作为独立实体继续存在
交易主体的区别	合并中的交易主体是合并企业和被合并企业	收购中，股权收购的交易主体是收购方和目标公司股东，资产收购的交易主体是收购方和目标公司

〔1〕《公司法》第84条。

续表

	合并	收购
交易标的的区别	合并中的交易标的是被合并企业的有形或无形资产	收购中,股权收购的交易标的为股东持有目标公司的股权,资产收购的交易标的为目标公司的资产
对目标公司影响的区别	合并中,合并企业概括承受了被合并企业的所有资产与负债,被合并企业会解散注销,丧失法人地位	收购中,股权收购方直接购买目标公司股东的股权,成为目标公司的股东,对目标公司的资产没有影响;资产收购方购买目标公司的实质经营性资产,目标公司资产负债情况会发生变化

(三)企业进行并购的原因

企业成长发展可以选择依靠内部的资源和积累实现增长,可以选择与其他企业进行战略合作,也可以选择通过并购将外部资源内部化。并购无疑是可以帮助企业实现快速增长的重要方法。企业选择进行并购交易的背后,往往存在不同的动机及原因。从商业上来看,主要包括整合资源、实现协同效应、扩大市场规模、控制上下游、经营多元化、迅速进入新行业和开拓新市场等动机及原因。

1. 整合资源

优质的资源是企业发展的基础和关键。目标公司的股权、管理团队、业务部门、知识产权、土地、厂房、设备、人力资源、客户资源、销售渠道等对买方有吸引力,买方希望通过并购,将目标公司的优质、稀缺或核心资源与自己的资源进行整合,利于企业的增长。

2. 实现协同效应

企业希望通过并购,获得高于原有各企业总和的盈利能力。协同效应可分为经营协同效应和财务协同效应,经营协同效应是指并购可能提高企业生产经营活动的效率以及效率的提高所产生的效益,形成规模经济,简单来说就是收入的提高和成本的降低;财务协同效应是指通过并购可能会降低资金成本,通过获得并购资金带来融资成本降低、通过并购提升信用等级带来融资能力提高、通过并购实现业务整合带来税务优化等。协同效应十分重要,通过并购交易预期可获得的协同效应也往往是企业愿意承担并购过程中的费用,且愿意为控股收购向目标公司股东支付高额溢价的原因。

3. 扩大市场规模

扩大市场规模的动机通常在横向并购中有所体现。两个或两个以上生产和销售相同或相似产品,或生产工艺相近的企业之间通过并购,可以消除或减少竞争,扩大市场份额,形成规模效应。但是也可能涉及垄断问题,造成行业性垄断,损害市场中的良性竞争,因而会被我国反垄断监管机构密切关注。

4. 控制上下游

控制上下游的动机通常在纵向并购中有所体现。通过并购企业产业链上的上游供应商或者下游客户,可以形成纵向一体化,扩大分销网络,降低成本费用。然而,供应商和分销商或零售商之间的并购可能会让市场中存在竞争性关系的其他企业感到紧张,因为其可能会就此失去原有的优质分销渠道,经营活动受到限制或控制。

5. 经营多元化

多元化经营的动机通常在混合并购中有所体现。一家企业通过与处于不同行业的、生产不同产品的企业进行并购,可以让一家企业现有的产品转移到与现有产品或市场不相关的领域。如企业的现有产品在当前市场表现不佳,可以选择通过并购处于其他有着更高成长性行业的企业,从而在新的市场上出售该产品以加速企业增长。若企业对现有市场较为熟悉,也可以选择收购其他行业的、非自己熟悉领域的产品,在其了解的现有的市场中出售该产品以获得企业快速增长。以该动机进行的并购可以扩展更多元的业务领域,扩大企业的商业版图,提升该企业的多元化以及综合性,但是也可能存在管理层不熟悉新业务线、业务分散导致风险增大等问题。

6. 迅速进入新行业或开拓新市场

如果企业想进入某个行业或地区,收购一家该行业或地区的企业要比自身扩张快得多,[1]企业希望通过并购交易降低企业进入新行业和市场的成本和风险。企业进入一个新的市场可能会遇到如技术、资金、渠道、客户、行业经验等壁垒。例如,消费者往往会对市场中已有的品牌更加熟悉且更有忠诚度,对于想进入该市场的企业而言,收购一家已有企业迅速进入该市场,会比自己单独进入市

---

〔1〕 参见[美]帕特里克·A. 高根:《兼并、收购和公司重组》(第4版),顾苏秦、李朝晖译,中国人民大学出版社2010年版,第118~119页。

场面临更少的障碍、获得更高的效率。

企业进行并购还有着其他动机和原因，没有两项并购交易是完全相同的，交易方在各项交易中的动机也往往各不相同，在此不一一列举详述。无论出于何种动机与原因，并购为企业实现快速发展提供了路径，企业为了获得更大的经济收益，谋求更快的增长，实现利润的最大化而选择进行并购交易。

二、并购的类型及特点

根据不同的分类标准可以对并购进行不同类型的划分，了解并购的类型有助于知悉交易类型以及对交易者的影响。

并购在理论上与实践中的分类标准有许多，一种较为常见的分类方式即将企业并购分为非上市公司并购与上市公司并购两大类。非上市公司并购主要指以非上市公司，即有限责任公司、非上市股份有限公司或其他形式公司为目标公司的并购交易。上市公司并购主要指以上市公司作为交易目标公司的并购交易，上市公司收购的主要目的在于巩固或者获得对某一上市公司的控制权或支配权。[1] 表1－2为非上市公司交易与上市公司交易的类型分类及描述。

表1－2　非上市公司交易与上市公司交易的类型分类及描述

类型		描述	注
非上市公司交易	股权收购	控股权收购（100%，50%以上） 非控股权收购——收购目的通常包括战略投资、风险投资、上市前配售	注意股东间的协议安排
	资产收购	收购全部“业务”交易 剥离（Carve-out）业务交易（“业务”相关股权和资产）	附属协议复杂 也适用于破产交易
	合并	在中国法下分为吸收合并与新设合并	较多适用于股份公司股东分散的情况
	合资	可以分为公司制与协议式	有时采用合伙形式，也用于数个买方组成财团共同出资完成并购的场景

〔1〕 参见深圳证券交易所创业企业培训中心编著：《上市公司并购重组问答》（第3版），中国财经出版传媒集团、中国财政经济出版社2019年版，第3页。

续表

类型		描述	注
上市公司交易	控制权收购	合并——100%强制收购小股东股份 要约收购——直接向全体股东发出收购要约	注意被收购公司章程中的反收购机制
	借壳上市	私有公司通过收购、资产置换等方式获得一家已上市公司的控制权，再将其主要资产逐步注入该上市公司，从而间接实现其上市目的	—
	非控股权	定增（PIPE）——私募股权投资已上市公司的股份	—
	其他	如协议转让	—

值得关注的是，近年来，我国上市公司产业并购（以上市公司为主体，对外进行的收购、重组行为）日渐活跃，呈现支付工具更加多元、交易结构更加灵活多变、上市公司收购上市公司案例增多、活跃行业较为集中以及市场日趋成熟理性的特点。[1]

此外，企业并购还包括其他常见的分类标准和类型。根据并购的标的，并购可以分为股权收购和资产收购；根据并购双方所属行业性关系，并购可以分为横向并购、纵向并购、混合并购；根据是否事先与目标公司董事会达成合意并获得目标公司董事会的同意，并购可以分为善意并购和敌意并购。下文将对这几种常见的并购类型进行介绍与分析。

（一）股权收购与资产收购

1. 股权收购

（1）股权收购的概念

股权收购是指买方通过购买目标公司的股权完成对目标公司的收购，收购完成后，买方成为目标公司的股东。目标公司的股东从买方收取交易对价。股权收购是硬科技并购交易中最为常见的并购方式。

---

〔1〕 参见深圳证券交易所创业企业培训中心编著：《上市公司并购重组问答》（第3版），中国财经出版传媒集团、中国财政经济出版社2019年版，第4、8～9页。

(2)股权收购的特点

根据交易的商业目的,股权收购可以分为100%全额收购、收购控制权、收购非控制权等情形。股权收购交易中,买方直接购得目标公司股权,成为目标公司股东,间接承担目标公司的资产、权利和责任。并购交易成交后,目标公司作为独立的法律实体存在,成为买方的控股公司或参股公司。在股权收购方式下,买方不能挑选目标公司的特定资产和债务,购买目标公司股权,必须按照持股比例承受全部资产、权利和责任。对于股东众多的目标公司,如果个别小股东不同意出售股权,买方就无法获得目标公司100%股权,必须与小股东长期共存。

(3)股权收购中的责任承担

在股权收购中,买方通过成为目标公司股东,间接承担目标公司责任。由于目标公司作为独立的法律实体存在,买方无须直接承担目标公司的责任,其对目标公司的风险和责任通常以其股权出资的份额为限,一般不会追及至其自身。

(4)股权收购中的第三方同意

股权收购交易中常涉及买卖双方之外的第三方的权利。在目标公司签订的商业合同中常常会存在限制转让条款,或是对目标公司控制权变更的情况作出约定。合同通常限制合同各方将合同的权利和义务转让给第三方,有些合同可能允许转让部分权利,如收取对价的权利;有些合同可能允许合同方将合同下的权利和义务转让给其关联方,且无须取得其他合同方的同意,但通常需要及时告知。股权收购中,除了股东变化,目标公司作为独立法律实体不变化,也不需要转让合同权益,所以涉及的第三方同意较少。相较之下,如果是资产收购模式,由买方继承的合同都需要转让,需要的第三方同意可能较多。

目标公司签订的合同中也可能包括控制权变更条款,该条款要求目标公司50%以上权益变更时(目标公司的控制权发生了变更),需要通知合同相对方或取得合同相对方的同意。如果股权收购导致买方成为目标公司新的控股股东或获得50%以上的投票权,则需要通知此类合同的相对方或取得该合同相对方的同意。

(5)股权收购中交易方的内部程序

如果买方从目标公司的现有股东手中收购股权,一般需要买卖双方内部审批,买卖双方如果是公司,通常需要买卖双方各自的董事会审批,也可能还需要股东会的批准,具体取决于法律规定以及其内部规定。

是否需要目标公司的董事会或股东会批准则需要关注法律法规的规定,以及目标公司的章程或股东协议对此是否有特别约定。有的目标公司的股东协议中,会要求创始股东/管理层股东转让股权时,需要经股东会或董事会批准,甚至包括部分股东的特别同意。有的目标公司的股东协议、公司章程等可能会规定,一方股东转让股权时,其他的股东有优先购买权、跟随出售权等特殊权利。在个别情况下,还可能出现目标公司股东的股东对于目标公司的股权拥有优先购买权等特殊权利。此种情况虽不常见,但也有存在的可能性,因其会影响交易结构安排和谈判难度,宜在项目前期的尽职调查中尽早发现、尽早解决,或要求卖方及时披露,并在收购协议文件中由卖方做出保证。根据我国《公司法》第 84 条的规定,有限责任公司股东向股东以外的人转让股权,在同等条件下其他股东有优先购买权,故买方在受让有限责任公司股权时,应当注意取得公司其他股东放弃相关优先购买权的承诺。

2. 资产收购

(1)资产收购的概念

资产收购是指收购方用现金、债券或股票等购买目标公司的资产。资产收购中,买方购买目标公司的特定资产,买方将交易对价支付给目标公司,交易完成后买方获得资产的所有权,目标公司继续独立存在。

资产收购也是硬科技并购中常见的收购方式之一,如果目标公司历史上资产权属和负债状况比较复杂,采取股权收购的话收购方就会承担目标公司现有及潜在的债务及风险,故实践中买方常倾向于收购其所需的目标公司特定资产,而非股权。此外,有时候由于政府监管、第三方同意等因素,股权收购可能面临障碍而完成难度较高,在这种情况下,资产交易可能是更可行的方式。

(2)资产收购的特点

资产收购中,交易方可以选择购买的资产以及受让的债务,排除那些不需要的资产及不愿承受的债务。资产购买协议应当明确规定买方继承哪些责任,以降低买方承担未知或未披露责任的风险。在实践中,如果买方对卖方的业务和资产范围不熟悉,协议中约定的收购资产的范围可能会遗漏重要资产,如此对未来运营就会带来不便。故在资产收购中,买方应当熟悉卖方的业务和资产范围,在资产收购协议中明确约定的收购资产和继承债务的范围。有关资产收购协议以及股权收购协议的详细介绍,请见本书第四章收购协议详解。

资产收购交易一般不用于收购上市公司,如果上市公司将其核心资产出售,其剩余资产可能不利于其维持上市地位,也难以维持股价和维护股东利益,因此难以得到股东支持。一般而言,只有在上市公司资不抵债濒于破产的情况下,才会选择资产出售,此时资产收购的优势在于买方无须承担卖方的现有债务。

在有些资产交易中,买方购买的是目标公司特定业务的整个部门。收购业务部门的交易属于特殊类型的资产收购,收购标的既包括资产也包括股权,其收购文件兼有资产收购协议和股权收购协议的特点。实践中,特定业务部门作为交易标的,属于资产加股权的混合收购形式,交易标的不但包括各子公司与被剥离的业务相关的全部资产,还包括相关子公司以及参股公司的股权。买方通常需要从卖方的数个子公司收购与购买业务相关的资产,同时从卖方购买多个相关子公司的股权;买方购买目标公司的业务部门,一方面购买相关资产,另一方面收购卖方的相关子公司的股权(有时,卖方会将业务部门进行剥离、重组注入一家或数家子公司之后再进行出售,而买方只需要收购相关新设子公司的股权即可,此时的交易模式则为股权收购)。在收购业务部门的情况下,目标公司所处集团公司的组织结构和资产持有状况可能较为复杂,通常可能会有多个子公司开展该部门的相关业务,也存在生产设施、采购渠道、客户渠道、知识产权许可共享的情况。因而,在此类交易中,买方会格外关注目标公司内部共用的资产、知识产权、员工、采购和客户、资金池等情况,就资产和人员的处理,成交后的资产继续使用及其他合作等在协议中进行约定。

(3)资产收购中的责任承担

在资产交易中,买方可以在资产购买协议约定不收购目标公司的部分资产且不承担目标公司的特定责任,但有时根据法律的规定,可能需要对员工经济补偿责任等义务负责。

(4)资产收购中的第三方同意

资产收购方式下的第三方同意,相对于股权收购更加复杂。首先,买方从卖方受让的各类合同通常需要获得合同相对方的同意。其次,不同资产(如土地、知识产权）的转让需要完成法定变更登记公示程序。

在实践中，资产收购中的买方需要从卖方受让各类合同才能保证收购的资产在成交后可以独立运营。需要转让的合同、协议、文件包括采购合同、销售合同、服务合同、技术许可合同等商业合同及租赁合同，保险合同，政府许可、授权等。

（5）资产收购中交易方的内部程序

资产收购一般需要目标公司董事会或其他有权机构批准。如果资产处置规模重大，还可能需要目标公司股东会的批准。

股权收购和资产收购是硬科技并购中常见的交易方式，基于其重要性，在此将二者的主要差异在表1－3中进行概括和总结。

表1－3 股权收购和资产收购的主要区别

	股权收购	资产收购
并购标的	收购标的是目标公司的股权，目标公司股东层面发生变动，并不直接影响目标公司的资产	收购标的是目标公司的特定资产，交易本身不影响目标公司的股权结构
交易主体	买方从目标公司的现有股东手中收购股权，或直接认购目标公司的新增发股权。交易的卖方为目标公司的股东或者目标公司	目标公司作为卖方，与买方签署资产购买协议
资产和负债	股权购买方通过获得目标公司的股权间接承担资产和债务	资产购买方可以选择希望购买的资产与负债
尽职调查	尽职调查范围很广，包括目标公司股权、资产、负债、合规、税务、保险等	尽职调查的范围一般仅涉及拟购买的交易资产和相关负债，无须对目标公司的股权进行详细的尽职调查
资产的转让	股权收购需要查明目标公司的资产和债务，但不涉及单项资产或债务的转让变更手续	资产收购中需要识别、明确和列举需要转让的资产或债务，进行单项资产评估，且每一资产或债务转让需要履行相应的手续（如登记、通知或第三方同意等）

续表

	股权收购	资产收购
合同权益	一般情况下，股权收购不影响目标公司作为签约方的合同项下的权益，无须合同相对方的同意。但如果相关合同对控制权变更的情况有特殊约定，则按约定	资产收购中如果购买目标公司的合同权益，需要合同相对方同意
目标公司持有的许可、授权	除非许可、授权有控制权变更的条款，一般不受交易影响	资产收购中，许可、授权、资质等不一定可以转让给买方，可能需要重新申请或更新，买方需要进行核查与确认
股东批准	一般需要股东批准，也受制于小股东的股东权益，如优先购买权、跟随出售权等	不一定需要目标公司的股东批准
董事会批准	一般需要	一般需要
成交所需政府审批	适用反垄断、国家安全等审批。 根据涉及的国家和行业，可能包括其他审批	适用反垄断、国家安全等审批。 根据涉及的国家和行业，可能包括其他审批
员工问题	员工的劳动关系、福利制度不直接受交易影响	如果交易涉及员工转移，转移的员工和劳动关系、福利制度由买方承担。 如果交易不涉及员工转移，仍由卖方继续承担义务
目标公司的债务承担	股权收购完成后，股东应当在其持有股权的范围内承担目标公司的债务	资产收购完成后，目标公司的原有债务仍由目标公司承担，一般不由买方承担

续表

	股权收购	资产收购
税务	股权收购中,历史税务责任和风险仍然归属目标公司。买方可以选择通过达成赔偿条款要求卖方就历史税务风险导致的损失进行赔偿。 相比资产收购,股权转让的整体税务成本较低。通常只需要缴纳资本利得税以及印花税。 股权收购完成后,收购溢价并不提升标的企业的资产账面价值/计税基础,从税务角度仅允许在企业股权再转让或整体清算时作为投资成本计算所得	资产收购交易中,历史税务风险一般属于出售资产的卖方,收购方一般不承担。 相比股权收购,资产收购的整体税务成本较高。通常需要缴纳资本利得税、契税、流转税、印花税等。 资产收购完成后,收购溢价将提升标的资产的账面价值/计税基础

(二)横向并购、纵向并购与混合并购

1. 横向并购

(1)横向并购的概念

横向并购交易发生在同一行业内的企业之间,交易双方往往是存在竞争关系的,如供应的产品或服务具有竞争关系。横向并购交易的完成会增加企业在一行业中的市场份额。

(2)横向并购的特点

横向并购中,收购方在保持原有业务市场竞争地位的同时,通过并购同一行业下同一领域或不同细分领域范围内的企业,减少竞争,增加其在市场中的竞争性,寻求更多的利润增长空间。

由于横向并购会造成减少市场中竞争、导致行业性垄断的可能,其往往是国家反垄断执法机构密切关注的交易类型。根据我国《反垄断法》的规定,垄断行为包括三种,即经营者达成垄断协议,经营者滥用市场支配地位,具有或者可能具有排除、限制竞争效果的经营者集中。而经营者集中包括三种情形,即经营者合并,经营者通过取得股权或者资产的方式取得对其他经营者的控制权、经营者通过合同等方式取得对其他经营者的控制权或者能够对其他经营者施加决定性影响。根据国务院《关于经营者集中申报标准的规定》的规定,当经营者集中达到以下申报标准之一的，应当事先申报，未申报的不得实施集中：参与集中的所有经营者上一会计年度在全球范围内的营业额合计超过100亿元人民币，并且其中至少两个经营者上一会计年度在中国境内的营业额均超过4亿元人民币；参与集中的所有经营者上一会计年度在中国境内的营业额合计超过20亿元人民币，并且其中至少两个经营者上一会计年度在中国境内的营业额均超过4亿元人民币。此外，我国《反垄断法》还规定，即便经营者集中未达到国务院规定的申报标准，但有证据证明该经营者集中具有或者可能具有排除、限制竞争效果的，我国国务院反垄断执法机构仍可以要求经营者申报。经营者未申报的可能会面临反垄断执法机构的调查并可能被处罚。因此，在横向并购交易中，交易方应当特别谨慎考虑经营者集中申报事宜，与反垄断执法机构进必要的沟通，以降低违反我国反垄断法律规定的风险。

(3)横向并购的典型案例

滴滴打车与快的打车于2015年2月14日实现的战略合并就是横向并购的典型案例。滴滴打车与快的打车同属于中国打车App，在两家实现合并前，滴滴打车与快的打车均占据中国打车App市场累计账户份额的领先位置。两家进行合并，增强了企业在中国打车App市场上的竞争力和盈利能力，产生横向协同效应。

2. 纵向并购

(1)纵向并购的概念

纵向交易发生在行业产业链上下游的企业之间或者是生产同一产品、不同生产阶段的企业之间，交易的完成会形成纵向生产一体化。纵向并购从并购的方向来看又可细分为前向并购与后向并购，前向并购是指向下游企业(如企业产品的下游加工企业)的并购，后向并购是指向上游企业(如企业产品的原材料、零部件供应企业)的并购。

(2)纵向并购的特点

纵向并购可以通过对上下游原料供应或销售渠道的控制，整合产业链，有助于企业获得上下游的协同效应，确保原料的供应或客户渠道，提高生产经营效率，节约交易成本与费用，形成一体化生产，从而增加盈利能力。此外，纵向并购也能稳固并购企业的行业地位，易于设置产业壁垒，限制或控制竞争对手的活动,提高市场竞争能力。

(3)纵向并购的典型案例

2021 年 5 月,小鹏汽车通过江苏智途科技有限公司(以下简称智途科技)的破产程序以 2.5 亿元人民币的现金对价收购智途科技 100% 股权的并购交易,是硬科技领域纵向并购的典型案例。智途科技主要从事地面移动测量、编制三维地图及电子地图等业务,其在 2019 年 5 月获得了导航电子地图制作甲级测绘资质。小鹏汽车为了研发自动驾驶技术,须拥有测绘资质证书以收集处理中国的地图数据,而智途科技的高精地图资质可以为小鹏汽车高阶自动驾驶技术提供相应的支持,这一并购交易形成了行业产业链上下游的整合。

3. 混合并购

(1)混合并购的概念

混合并购交易发生在业务无关联的企业之间,彼此间基本没有重叠的业务活动,交易方既不是竞争对手,也不存在上下游关系。混合并购交易中,企业主要是为了寻求产品拓展或市场拓展。

(2)混合并购的特点

混合并购中,并购方为了寻求企业主业以外的产业的利润,或是避开进入某个特定行业或市场的壁垒,规避风险从而达到迅速进入市场的目的。混合并购中的企业处于不同行业,在经营上及财务上存在互补性,因而能够产生一定的协同效应。混合并购也为企业涉足新行业、新领域,实现多元化经营和发展提供了方式,产生产业效应。

(3)混合并购的典型案例

2021 年 9 月,字节跳动从歌尔股份处收购了其持有的青岛小鸟看看(Pico)的控股股权,该并购交易是硬科技领域典型的混合并购。成立于 2015 年的 Pico 是国内 VR 行业出货量最大的软硬件研发制造商,字节跳动在收购 Pico 前并没有从事 VR 相关的业务,与 Pico 既不是竞争对手,也不存在上下游关系。此次并购交易为字节跳动布局元宇宙提供了捷径,提升了字节跳动的多元化以及综合性,扩大了字节跳动的商业版图,在投资领域内和相关行业内引起了极大关注。

(三)善意并购与敌意并购

1. 善意并购

(1)善意并购的概念

善意并购是指交易各方自愿达成的并购,善意并购交易建立在各方利益互相调和的基础上。在实际操作中,大多数并购交易其实都是善意并购。

(2)善意并购的特点

在善意并购中,收购方获得了目标公司管理层的支持,管理层对交易总体持着支持的态度,会将收购的要约告知潜在卖方,并促使股东接受交易。在善意并购中,交易成本相对较低,收购成功的可能性会更大。在目标公司管理层支持的情况下,目标公司愿意披露的信息相对更完善和全面,这能降低交易中未披露的潜在风险,对协同效应的评估也相对更加准确。另外,由于获得了目标公司管理层的支持,在并购交易完成后并购整合成功的可能性也会更大。

2. 敌意并购

(1)敌意并购的概念

敌意并购是指最初目标公司或是董事会拒绝了收购方的收购意图,但收购方仍然主动进行收购活动的并购。

(2)敌意并购的特点

在敌意并购中,收购方未获得目标公司管理层的支持,为了强行取得控制权,通常需要在证券市场上收购目标公司的股份来实现并购的目的,而有限公司或非上市股份公司等主体缺乏公开交易的市场,因此敌意并购多发生在上市公司收购中。有较多的在外流通股、股权较为分散且拥有优质资产的上市公司更容易被选定为敌意收购的对象。

由于管理层对交易总体持着防御或者对抗的态度,在敌意并购中,交易方往往会付出更大的并购成本和机会成本,整个收购相比较而言可能会跨越较长的时间。在目标公司管理层防御和对抗的情况下,目标公司自愿提供公司重要和核心信息的可能性非常小,这加大了开展尽调工作的难度。敌意收购对收购方的收购战略和技术要求更加高,交易方对外部顾问经验和水平的要求和依赖性也会更高。值得注意的是,目标公司管理层的态度也有可能会因为一些因素而发生改变,对交易的态度从最初的不合作转变为配合。有些上市公司为了避免敌意并购的影响，会在公司章程中设置相应的防御或抵制措施，加大收购的难度和成本。常见的反收购条款包括规定更为严格的股东持股信息的披露义务、概括性地授予董事会实施反收购措施、提高董事的任职资格门槛和要求、金色降落伞、扩大特别决议事项的范围、提高特别决议事项通过的比例（如从2/3提高到3/4）等，但是章程中设置的某些反收购条款的有效性和合法性可能存在争议，且在中国公司法体系下可能存在难以实现的问题。

三、并购交易中律师的工作

律师是并购交易中重要的参与方，在各类并购交易中为交易方提供专业法律服务。一般而言，律师在并购交易中的职责包括协助设计交易结构、评估法律风险、起草及审阅文件条款、尽职调查、谈判、协调签约和交割、协助取得监管审批等。

在并购交易中，卖方的律师通常会协助调整交易结构、准备尽职调查资料库、谈判、协调签约和交割。而买方的律师主要是负责确定交易结构、进行尽职调查、谈判、审阅法律文件。在有些情况下，交易方可能会聘请多家律师，分别负责交易和法律合规。律师往往也需要与财务顾问、税收顾问、知识产权顾问等其他外部法律顾问进行合作，共同服务交易方。表1－4是一个典型的“买方的牵头法律顾问”的工作范围。

表1－4　典型买方牵头法律顾问的工作范围

服务项目	工作范围
尽职调查和收购方案设计	就交易标的开展法律尽职调查，出具尽职调查报告，向客户汇报，并根据尽职调查进度进行修改。根据需要，参加现场尽职调查
	协助公司和财务顾问设计收购方案与交易结构，确定收购的资产及股权的范围，就买方设立收购平台、中间控股公司等交易模式提供意见和结构设计建议
审阅、谈判交易法律文件	审阅保密协议、意向函（条款清单/谅解备忘录）等收购的前期法律文件，给出审阅建议
	起草、审阅收购主协议（股权收购协议、资产收购协议、框架收购协议等）

续表

服务项目	工作范围
审阅、谈判交易法律文件	起草、审阅附属协议(如过渡期服务、税务责任安排、员工安排、共享设施、知识产权转让及许可等)
	参与现场谈判
签约和交割	协调公司完成交易文件的签约
	协助准备和审阅交割相关文件,协调交割流程
政府审批	就项目涉及的中国政府审批提供咨询,协助申报。协助办理有关审批、登记手续
	就项目涉及的反垄断申报提供咨询(如适用),协助申报
	协助公司就特定国家的安全审查是否适用提供分析(如适用),协助申报
股东之间、核心员工之间的安排	就股东之间的安排及交割后的股东协议及后续安排提供咨询
	就员工激励计划等提供咨询并起草和审阅相关法律文件
股权与债务融资安排	就买方的股权出资、股权融资安排、收购平台的股权、债权、夹层结构提供咨询和结构设计建议
	起草和审阅相关股权融资法律文件,包括与投资人的投资协议等
	就收购的银行融资以及目标公司现有的贷款提供建议,审阅债务融资、再融资或贷款文件,就并购融资、再融资等就海外资产及控股公司的股权的抵押、质押等增信措施和安排

第二节　并购法律和惯例

一、并购相关法律概览

并购交易的进行需要遵循一定的法律框架,其中最为重要的就是公司法、合同法、证券法和反垄断法,广义来看也涉及与劳动、环保和税务等相关的法律。除法律之外,进行并购交易还需遵循行政法规、部门规章中适用的规定以及相关的中华人民共和国最高人民法院指导性案例等文件。以下将主要介绍并购交易适用的相关法律。

(一)《公司法》

《公司法》是并购交易中最为基础和重要的法律之一。《公司法》详细规定了公司的组织结构、决策程序、运营机制和管理制度等。同时,《公司法》规定了股权类交易的要求和程序,包括有限责任公司的股权转让[1]和股份有限公司的股份转让[2]等股权或股份转让交易的要求和程序。此外,《公司法》还规定了公司进行合并与分立时,债权与债务继承以及相关程序要求等,[3]对并购交易中的公司合并和分立提供了法律保障与规范指引。交易方在进行并购交易时应当遵守《公司法》的相关规定,以确保并购交易行为的合法性和有效性。

(二)《民法典》合同编

在并购交易中,《民法典》合同编也是各交易方在并购交易中需遵守的重要的法律之一。《民法典》合同编规定了交易双方的权利和义务,为交易双方提供了法律保障。

《民法典》合同编对合同的订立、效力、履行、变更、转让等方面都进行了规定,对并购交易中的各种协议和合同约定具有重要的指导作用。并购交易中涉及的协议种类较为繁多,包括保密协议、排他性协议、投资意向书、股权转让协议、资产转让协议、重组协议、债权转让协议、过渡期服务协议、劳动合同等。《民法典》合同编对于这些协议的订立、效力、履行以及违约责任等方面提出了一系列要求和规定,从法律层面规范了合同行为。

(三)《证券法》

《证券法》制定的主要目的是规范证券发行和交易行为,保护投资者的合法权益。《证券法》中的相关法律制度和规定对于并购交易具有适用性。

《证券法》中关于上市公司收购的规定[4]与上市公司的并购交易最为相关。交易方在收购上市公司股权的过程中,对于所涉及的上市公司控制权收购的交易流程、收购方式、锁定期、股份权益变动、信息披露、公告通知、收购行为完成后企业形式变更或解散等方面,都应当按照《证券法》的规定履行相关程序和

[1] 《公司法》第四章。
[2] 《公司法》第六章第二节。
[3] 《公司法》第十一章。
[4] 《证券法》(2019 年修订)第四章。

义务。关于上市公司收购相关法律法规的详细介绍，请见本书第五章上市公司收购。

(四)《反垄断法》

《反垄断法》制定的主要目的是预防和制止垄断行为，维护消费者利益和社会公共利益。该法规定了市场竞争的原则和要求，同时规定了垄断行为的惩罚措施。我国《反垄断法》对并购交易涉及的市场竞争问题进行了规范，保证了交易的公平性和合法性。

我国《反垄断法》规定了三种垄断行为：经营者达成垄断协议、经营者滥用市场支配地位和具有或者可能具有排除、限制竞争效果的经营者集中。其中，经营者集中包括经营者合并，经营者通过取得股权或资产的方式取得对其他经营者的控制权以及经营者通过合同等方式取得控制权或能够对其他经营者施加决定性影响。在并购交易中，如果经营者集中达到规定的申报标准，应事先申报；即便未达到标准，如有证据证明该集中具有排除或限制竞争的效果，反垄断执法机构仍可要求申报。未申报可能导致调查和处罚，对交易的进行造成不利影响和阻碍。因此，在并购交易中，交易方应遵守《反垄断法》的相关规定，与反垄断执法机构进行必要的沟通，以降低风险。

(五)《劳动法》《环境保护法》《企业所得税法》等

除了上述法律，从广义来看，并购交易还涉及《劳动法》《环境保护法》《企业所得税法》等其他法律的规定。

我国的劳动法律制度以《劳动法》为核心建立，对劳动关系双方的权利与义务进行了明确，并规定了劳动权利保障与救济方式，以保障劳动者的基本权利。对于并购交易中可能涉及的员工聘用、员工待遇、劳动合同转移、劳动关系终止与解除等问题，交易各方都需要严格遵循劳动法及其他相关法律法规、部门规章、地方性法规和地方政府规章等规定，在并购交易过程中保障员工的合法权益。

并购交易还可能涉及《环境保护法》的相关规定。《环境保护法》在环保审批、污染治理和环保责任等方面进行了规定。在并购交易中，交易方需了解目标企业的环保状况和问题，对环保问题进行全面评估和处理，以保证交易的合规性。在尽职调查阶段，交易方就应当关注目标企业的环保合规情况和法律风险，审阅建设项目涉及的环境影响评价报告、环保验收批准文件、排污许可证、环保部门的审批文件、处罚或调查记录、环保相关诉讼仲裁、公司对曾发生的环保投诉或事故的说明等文件。

税务问题是交易方在设计交易结构时的重要考虑因素之一,交易方选择不同类型的交易结构会对税务产生不同的影响。企业进行并购交易时,应当严格遵守税务法律规定,履行相关税务申报和缴税义务,避免违反《企业所得税法》规定而引发的风险和责任。同时,企业也可以根据《企业所得税法》的规定,进行合法的税收筹划,以降低企业税负和税收风险。

二、并购中的惯例

进行并购交易也需要遵循一定的市场惯例,这些惯例是过去三十多年国内外市场交汇的结果。随着全球化的发展,企业之间的跨国并购越来越常见,市场主体在并购交易中也互相借鉴相关市场中形成的惯例。

在国外,有一些通行的并购惯例被广泛应用于并购交易中,并在一定程度上影响了中国的并购惯例。例如,进行充分的尽职调查是并购交易中的一项重要且基础的惯例,被普遍适用,无论是国内、国外还是跨国并购交易,进行充分的尽职调查已经成为不可或缺的一环。尽职调查通常包括对目标企业的法律、财务、税务、商业、管理等方面的调查,目的是全面了解目标企业的实际情况和存在的风险。关于并购交易尽职调查的详细介绍,请见本书第二章尽职调查。

并购的法律文件通常不存在所谓官方版本。例如,收购协议的形式和内容,包括具体章节如陈述保证、权利和义务、违约赔偿等,一方面对应相关法律规则,另一方面反映了在长期交易实践中形成的市场惯例,虽然做不到被每个交易采纳,但在大部分交易中得到应用。又如,风险投资交易中的投资者保护条款如回购权、反稀释等基本都是实践中形成的,这也反映了外国制度的深刻影响。

总之,这些惯例在实践中逐渐形成并被不断完善,在并购交易中起着重要的作用,对于交易的成功与否产生重要的影响。

第三节　交易结构设计

一、概述

在并购交易中，交易结构的设计是非常关键的一环。交易结构设计是识别和满足交易双方尽可能多的最高优先级目标的过程。交易结构设计过程可以被看作组织一系列独立的部件的过程，包括但不限于收购载体、交易方式、交易后的组织架构、支付方式、税务和会计方面的考虑。[1] 通过良好的交易结构设计可以满足交易双方的商业安排和基本目标，交易方可以获得目标公司的控制权，将交易对价中的溢价部分减少到最低，将建议成本降至最低，减少收购后整合的障碍等。

并购中各交易方的利益往往是有冲突的，交易方会在平衡各方利益并考量各种因素后，对交易结构作出选择。一般而言，交易方会在制定并购方案后初步确定交易结构，并且会在尽职调查后根据进一步调查了解到的情况调整交易结构。

二、交易结构设计有关的考虑因素

依据不同的交易目的，交易方需要综合考虑商业、法律、税务、会计等诸多因素从而选择最优的交易结构。表1－5为并购详细时间的模板，该模板更为直观地展示了在一个典型的并购交易中，交易结构设计在并购流程中的体现以及各参与方对其的影响和各自的任务。

---

〔1〕 参见［美］唐纳德·德帕姆菲利斯：《收购、兼并和重组：过程、工具、案例与解决方案》（原书第7版），郑磊译，机械工业出版社2015年版，第105～106页。

表 1－5　典型并购详细时间

并购各阶段分工和时间（一个月）																																	
（假设买方采用银行融资和股权融资）																																	
事项						2023/2/1							2023/2/8							2023/2/15							2023/2/22						
	买方	财务顾问	律师	审计师	税务师	1	2	3	4	5	6	7	8	9	10	11	12	13	14	15	16	17	18	19	20	21	22	23	24	25	26	27	28
项目启动会																																	
尽职调查																																	
数据库访问/中介机构入场	√	√	√	√	√																												
文件需求及问题提交	√	√	√	√	√																												
尽职调查问题汇总		√	√	√	√																												
专家访谈－财税/运营/法务	√	√	√	√	√																												
现场参观	√	√	√	√	√																												
尽调报告讨论稿	√	√	√	√	√																												
尽调报告定稿	√	√	√	√	√																												

续表

并购各阶段分工和时间（一个月）																																	
（假设买方采用银行融资和股权融资）																																	
事项						2023/2/1							2023/2/8							2023/2/15							2023/2/22						
	买方	财务顾问	律师	审计师	税务师	1	2	3	4	5	6	7	8	9	10	11	12	13	14	15	16	17	18	19	20	21	22	23	24	25	26	27	28
买方内部流程	√	√																															
交易文件修改																																	
交易文件修订	√	√	√																														
交易方案及架构																																	
分拆方案讨论	√	√	√		√																												
税务结构设计	√	√			√																												
架构搭建（包括银行开户）	√	√	√																														
融资安排																																	
银行贷款审批	√	√																															

续表

并购各阶段分工和时间（一个月）																																	
（假设买方采用银行融资和股权融资）																																	
事项						2023/2/1							2023/2/8							2023/2/15							2023/2/22						
	买方	财务顾问	律师	审计师	税务师	1	2	3	4	5	6	7	8	9	10	11	12	13	14	15	16	17	18	19	20	21	22	23	24	25	26	27	28
投资人确定并出具承诺书	√	√																															
政府监管审批																																	
各类监管如国有资产/反垄断		√	√																														

下文将进一步介绍几项可能对交易方在设计与构建交易结构时造成影响且需要纳入考虑的因素。

（一）商业因素

根据商业目标，买方希望取得的目标可能是目标公司全部或部分股权、特定的子公司、业务部门、知识产权、人力资源、客户资源及销售渠道。

就股权收购而言，根据交易的商业目的，股权收购可以分为100%全额收购、收购控制权、收购非控制权等情形。对于买方而言，首先需要从商业上考虑是否需要获得控制权。如果需要获得控制权，接着考虑是购买100%的股权，购买绝大多数股权（如67%以上），还是获得控制权即可（51%以上）。要获得一家公司的控制权，除购买100%的股权外，也可以选择购买目标公司的部分足以享有控制权的股权，成为目标公司的控股公司。一般而言，收购目标公司51%以上的股权可以实现控制目标公司的目的，特殊情况下，若目标公司的股权非常分散，收购目标公司发行在外股份的10%～20%也可以有效地获得控制权。如果买方取得控制权，但卖方保留较大比例股权（如20%～49%），则实际形成了合资企业的局面。在未来经营管理、业绩和分红方面，各方长期共存。关于合资企业的详细介绍请参见本书第九章合资企业。

与收购目标公司100%股权相比，选择收购目标公司的部分足以享有控制权的股权这种交易结构的优点主要在于交易成本较低。在有的交易中，买方接受卖方保留小比例（如20%以下）股权，其目的是在成交后继续从卖方处获得服务、技术等协助。有时管理层持有股权，买方可能允许管理层团队保持少量股权（如10%以下），是出于将管理层的利益与目标公司未来的经营业绩挂钩和绑定的商业考量，在此种交易中，买方甚至会承诺未来按照一定估值购买管理层的股权，同时卖方的管理团队承诺一定的服务期。

（二）支付交易对价的形式

并购交易中对价的支付手段包括通过现金支付、股票支付、混合证券支付实现的直接支付，还包括通过资产置换和债权置换实现的间接支付。[1]

根据交易方的实际情况，买方如果有足够的现金或借贷能力或者卖方更偏

〔1〕 参见田宝法：《企业并购解决之道：70个实务要点深度释解》，法律出版社2015年版，第73页。

向收取现金的话,交易方可能会选择货币形式支付对价。用货币支付的优点在于简单、直接且不容易引起争议,但对于卖方而言可能需要马上缴税。

交易方也可以选择用股权作为对价的支付形式,这种交易方式也称换股。根据《市场主体登记管理条例实施细则》的规定,以境内公司的股权或者债权出资的,应当权属清楚、权能完整,依法可以评估、转让,并且应当符合公司章程规定。在实际操作中,交易方可能会使用现金和股权混合的形式进行支付。

在一些交易中,交易方在协商一致的情况下也可能会选择用实物、知识产权等形式进行交易对价的支付,这种形式对买方的现金压力较小,但是实物资产可能存在流动性欠佳的问题。另外,在这种支付形式下,应当注意该等实物、知识产权等应当可以用货币估价并可以依法进行转让。

(三)交易方式

以股权收购为例,股权收购可以分为以下几种交易方式:

(1)股权转让:从现有股东购买股权的交易方式;

(2)认购新增注册资本:从目标公司认购新增发的股权的交易方式;

(3)股权转让与认购新增注册资本结合:买方购买现有股东的股权与认购目标公司新增发股权结合的交易方式,一方面现有股东退出,另一方面公司获得股权融资,可以用于经营;

(4)增资换股:买方用新增发的股权来交换目标公司股东所持有的目标公司的股权的交易方式。

(四)目标公司责任的承担

买方希望对目标公司在成交前的各类责任都不予以承担,而卖方希望各类责任全部由买方承担。

股权收购模式下,买方通过购买股权直接成为目标公司的股东,间接受让了目标公司的义务和责任,但可以在协议中特别约定买方不承担的责任,并要求卖方在成交后就此类责任带来的损失进行赔偿。资产收购模式下,买方可以选择收购的资产类型和债务,约定不继受哪些责任。在合并模式下,合并企业将概括承受被合并企业的所有责任与负债,因此决定由哪家企业作为合并后存续的企业十分关键。

(五)内部程序

并购交易往往需要获得交易方的董事会、股东会等内部职权机构的批准。

股权收购通常需要获得卖方内部的批准，一般也需要目标公司的内部批准。资产收购，如果不构成非常重大资产处置，一般不需要股东会审批。

上市公司作为目标公司的交易，通常需要股东同意。由于股东分散，难免会出现无法取得少数股东同意的情况，因此，在符合相关法律规定的情况下，有时会采取不经小股东同意即可完成交易的收购方式。

董事会审批应符合章程等的要求。有时可能不能得到全体董事通过，此时应格外注意董事会的程序、表决方式以及效力。

（六）第三方同意

在硬科技并购交易中，目标公司的重大商业合同如采购、销售、技术许可合同等往往是非常关键的合同，也是买方进入产业链、获得上下游企业认可的不可或缺的门槛。商业合同经常会包括禁止转让条款及控制权变更条款，前者禁止目标公司将合同权利和义务转让给第三方；后者要求并购导致目标公司控制权变更的情况下，目标公司有义务通知合同相对方或者获得相对方对并购的同意。

股权收购和合并交易常常会触发商业合同中的"控制权变更条款"，导致商业合同的相对方有权解约。资产收购则可能会受到商业合同中"禁止转让条款"的限制，未获合同相对方的同意无法实现转让。交易方在决定交易结构时需考虑交易模式涉及的哪些合同需要合同相对方的同意，以及取得同意的难度。

（七）税务

卖方关心己方获得的转让价款是否产生纳税申报义务、是否需要缴纳税款，以及根据税法规定是否存在免税或者递延纳税的节税可能。买方则关心己方是否负有纳税申报和代扣代缴义务，以及收购标的后如何尽可能提高计税基础，从而在下一次转让时能够降低应税所得。

一般来说，在硬科技并购交易中，涉及的税务问题可能包括以下几种：

（1）目标公司应承担的在并购交易前产生的纳税义务和责任；

（2）并购相关的交易税，如印花税、增值税及特定资产转让税（房地产）等；

（3）各种预提税、股东的资本利得税等。

税务一般应采取以下方法的一种或多种来应对：

（1）通过税务尽职调查来发现目标公司的历史税务风险；

（2）在并购协议中规定具体的税务方面的条款，如陈述和保证、赔偿等条

款,为买方提供保障;

(3)采用节税的交易结构(如选择股权收购、合并而不是资产交易);

(4)采取节税的控股结构,以减少并购交易后的税负(如在有双边税收协定的法域设立控股公司)。

(八)会计

买方按照会计准则准备财务报表时,对被收购的企业应合并处理。通常需要确定收购成本,依次分配有形净资产、无形净资产并分别入账。收购价格超过被收购净资产的部分则会被计入商誉。

如果买方以高估值购买目标公司,支付了过高价格,未来就会造成商誉减值或资产减值,相当于为标的资产支付了过高价格。

(九)融资

融资对于交易结构也有很大影响。融资策略可以分为收购方自行筹措资金或通过第三方金融机构获得资金加杠杆进行收购。

融资机构通常要求获得抵押担保物,且对于控股公司的结构、标的资产的所在地、还款来源及支付路径都有一定要求。

如果从银行等保守类型的金融机构获得资金,为并购提供融资的银行通常希望,把并购的目标公司的运营所产生的现金流作为支付利息的来源,把未来处置目标公司或目标公司上市带来的现金收益用于偿还本金。如果银行把贷款提供给海外控股公司,而运营公司位于境内,也需要考虑运营公司的利润汇到国外的问题,利息的税务抵扣以及投资退出时的税务成本。私募股权基金也乐意为并购交易提供资金,获得目标公司或控股公司的股权,但一般会有回购等退出安排,具体可以参考本书第八章非控股投资的法律问题。

融资架构筹划得当,可以降低未来目标公司层面的税务成本、提高资金回流灵活性、平衡境外贷款的现金流。因此,需要考虑资金从中国企业到达"收购主体"的路径、法律形式等问题以及如何通过设计架构实现最终由目标公司承担并购贷款的成本和还款义务的目标。

融资方案的设计需要综合考虑资金成本、融资条件、汇率等因素。对于大型企业而言,还需要考虑多种融资渠道和形式的影响,如国内外银行贷款、境内增发股票、境外发债等。设计得当的融资架构不仅可以在中国企业或集团内的并购贷款借贷主体和境外收购主体之间建立通畅的资金通道,而且可能使得贷款利息费用在目标公司层面得以税前扣除,从而降低目标公司的所得税成本。

杠杆收购通常也可以作为一种融资策略。杠杆收购是指收购方通过借贷资金,完成对目标公司的股份或资产的收购,杠杆收购会使得目标公司新的资本结构呈现高度负债的状态,且目标公司的有形资产会被进行抵押。在杠杆收购中,收购方通常会新设立一家公司来收购目标公司的所有股份,之后再将被收购的目标公司与新设立的公司进行合并从而发生债务的概括承受,这样收购方即可用被收购目标公司的资产来偿还为收购目标公司所借的资金。

第四节　项目管理

一、并购项目管理的含义

并购项目管理是指将项目管理的最佳实践应用于从并购筹备到交易执行直至交易完成以及并购后活动的全过程,简单来说,就是对并购项目进行全流程管理。并购是一项复杂的交易,在整个交易流程中需要大量的规划、组织、沟通和管理,并购交易项目管理将并购视为一项企业项目,需要对该项目进行规划、协调和协作,项目是否成功则取决于对它的管理程度是否完善、合理和有效。

项目管理为并购交易各方团队的负责人提供了一个较为清晰的框架,可以依照这个框架来执行交易中的所有步骤,如进行尽职调查、业务整合、与利益相关方沟通、并购后资产处置及人员安排等,从而让交易方能够成功地完成交易,并从交易中获得最大的价值和运营协同效应。在实践中,并购项目管理可将交易分解为启动、计划、执行、控制和完成几个阶段,通过指定各参与方的角色和职责,规划工作流程和时间以及设定标准和长短期目标等方式来达成交易方的最终目的。

并购项目管理对交易是否能达成交易方的最终目标起着重要的作用,交易的参与方在交易中不同的处理方式可能会形成不同的结果,项目管理也会在一定程度上影响并购交易发生后交易方的关系。并购项目管理提供的结构化流程则可以协助交易走在正轨上。稳健、有效的并购项目管理可以为交易带来更完善的交易策略,更清晰的职责安排,更合适恰当的交易定价,更良好顺畅的沟通以及降低丧失员工、客户和供应商的风险。

并购项目管理根据阶段可分为并购前项目管理和并购后项目管理。以并购交易交割为分界点，在并购交易之前，主要风险和重点在并购策略、选择交易标的、估值、尽职调查、交易文件等；在并购交易之后，主要风险和重点则在于能否从并购交易和并购整合中获得预期价值。法律工作则贯穿项目全流程，通过合同协议、法律文件、分析报告为交易方服务，确认达成的约定、防范各类风险。

二、并购前项目管理

1. 并购前项目管理关键步骤

并购前项目管理通常包括以下步骤：

(1) 评估交易风险，制定并购策略；

(2) 安排启动会议以及后续状态跟进会议；

(3) 寻找、比较潜在目标公司并最终选定交易目标公司；

(4) 进行法律尽职调查、财务尽职调查、商业尽职调查、背景尽职调查等尽职调查；

(5) 与专业交易服务的外部顾问合作，如投资银行、律师、会计师、资产评估公司等；

(6) 进行交易文件谈判；

(7) 推进、完成交易交割。

并购前项目管理通常用以处理以下任务：

(1) 协调并购策略

买方需要明确其希望通过并购交易所实现的发展目标（如扩大市场份额、获取关键的知识产权或者技术、整合资源等），并且确保与潜在交易对手在此点上的想法一致或者不冲突，从而可以满足买方的战略考虑和目标。

(2) 筛选目标公司

制定筛选潜在目标公司的标准，筛选标准可以是企业的规模、企业地理位置、盈利创收、企业产品、所处市场和行业地位、管理层的业绩与经验等。通过这些筛选标准，选出符合该标准的若干家潜在目标公司并进行评估。

(3)准备工作

如果选定的潜在目标公司也有意进行并购交易,则买方与卖方会签署保密协议,接着买方则会对目标公司开展初步相关尽职调查。如果买方对初步调查结果满意,则买方可向卖方发出书面要约,该要约中的报价可能是价格范围,而不是确定的价格。

法律工作在签署保密协议等准备工作中起着关键作用。在项目前期,交易方需要签署保密协议以保护商业机密信息。在有些交易中,各方还会另行签署排他性协议以确保各方能够专注于交易谈判和尽职调查,减少潜在竞争对手的干扰。在这个过程中,法律顾问需要起草相关协议并确保其符合法律法规的要求及商业目的。

(4)达成收购意向

卖方向买方提供目标公司的其他部分相关资料与信息,买方进一步了解目标公司更多有关业务的信息,并与卖方就关键性条款(如价格、交易结构、融资安排、尽职调查安排、交易先决条件、排他期等)进行谈判,若双方达成合意,则签署意向书。意向书中,除了保密条款、排他条款、适用法律和争议解决等条款是约束性的,其他条款一般是非约束性的。意向书是正式交易文件起草的基础,重要条款都会进行沿用或者不会有太多的偏离,如要实质性改变意向书中的约定存在较大的难度。在实践中,出于时间或者灵活性因素的考虑,有些交易也会采用较为简短的意向书,只规定较为基础和重要的条款,将其他条款留到正式交易阶段再进行谈判。在此过程中,法律顾问需要负责起草、审阅及修改意向书,并在谈判中提供法律建议与咨询服务。

(5)尽职调查

买卖双方达成初步收购意向并确认初步交易结构后,买方在外部顾问的协助下将对目标公司进行更加深入的、各方面的尽职调查,以审查目标公司的真实情况以及存在的问题和交易风险。尽职调查的范围通常包括目标公司的业务运营、法律、合规、财务、税务、知识产权、人力资源、环境保护等情况。尽职调查的过程应当是一个持续的过程,从初步接触目标公司到签署正式交易文件,再到交易交割,都应对目标公司进行仔细的尽职调查。在尽职调查阶段,法律工作有着十分重要的地位。法律顾问需进行法律尽职调查,审查目标公司的所有文件、合同及相关材料，与目标公司的管理层或关键员工进行访谈，以确保目标公司的法律风险得到充分披露。

(6)正式交易文件

一般情况下由买方律师起草正式的收购协议初稿(在竞价流程中则通常由卖方主导法律文件，起草正式交易文件的初稿。[1] 一般而言起草交易文件初稿的一方所占的优势相对更多)，双方对正式交易文件进行谈判；在起草和谈判正式交易文件的过程中，应当确保双方聘请的税务顾问等其他外部顾问能够知晓交易细节和进展，从而可以评估风险并提供相应建议。

(7)融资

买方为完成并购交易而进行融资，与融资方进行谈判，签订相关融资协议，获得融资承诺。并购融资主要包括专业银行信贷资金、非银行金融机构资金、通过证券市场发行有价证券筹措资金等。在融资阶段，法律顾问需要协助项目组审查融资协议等文件，并提供法律建议，解决可能存在的法律问题。

(8)完成交易

完成交易是指买方与卖方签订最终交易文件。交易各方在法律顾问的协助下按照签署的交易文件中的约定完成各项交割前提条件(如取得相关政府审批、第三方同意、公司股东会和董事会同意、无重大不利变化等)，在交割前提条件满足后进行并购交易的交割程序，完成交易。在有些并购交易中，还可能设置了价格调整机制，在这些交易项目交割后仍应对交易对价的调整进行关注。

2. 并购前项目管理的具体实践

在并购前项目管理的流程中，通常包括以下几项实践和方法。

(1)明晰并购交易战略

交易方首先需要明晰其通过并购交易所要实现的目的和动机，回答好“为什么要进行这项交易”这个问题。交易方应当列举出进行并购交易的优势以及可能遇到的阻碍，并与可实现相同目的的替代方案相比较，以明确其有充分的理由进行合并或收购。图1－1列举了企业评估其发展计划时可作出的几项主要选择。

---

[1] 参见任谷龙、韩利杰:《海外投资并购法律实务:操作细节与风险防范》，中国法制出版社2017年版，第204页。

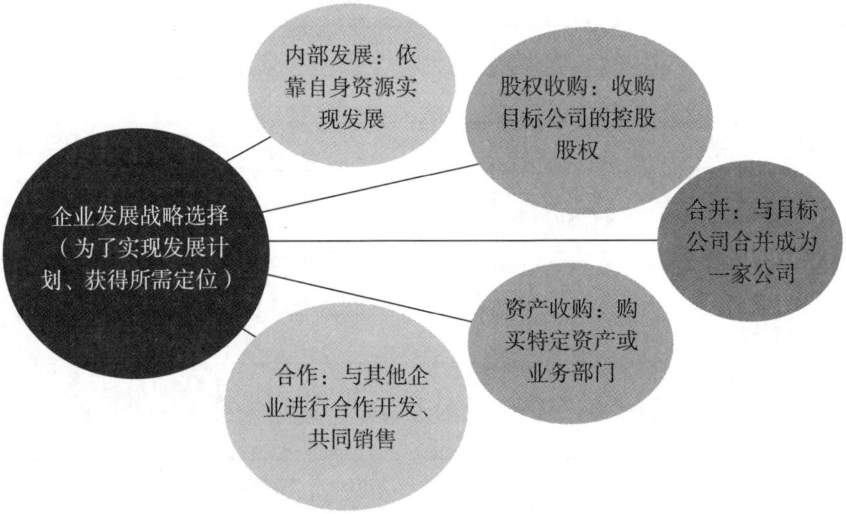

图1-1　企业发展战略主要选择

若企业决定进行并购交易以实现发展计划和战略目标,应当考虑对以下问题的回答:

①该并购项目的决策机制应当如何设定,决策委员会以及管理团队负责人作出正式决定的权限范围是什么?

②该并购交易需要哪些内部协调步骤?

③该并购项目全部都由内部团队负责,还是引入专业外部顾问和中介机构负责相应部分?应当在哪个阶段引入外部顾问较为合适?

④该并购项目中董事会与股东会/股东大会的介入程度如何?

⑤该并购项目中的尽职调查需要涉及哪些方面,以及尽职调查的程度和范围如何?

⑥拟对哪些潜在目标企业有进行并购交易?以及是否与潜在卖方有过初步的沟通?

(2)制作并购项目方案

在并购项目启动前,为进行更好的规划,交易方应当制定并购项目总方案,将整个项目分解成不同的任务,设定预期时间表,进行成本估算和风险评估等。项目情况计划书可参考的模板见表1-6,在具体实践中,可以针对交易方的情况进行增加或修改。

表 1-6　并购项目方案模板

<table>
<tr><td colspan="13">项目的总体情况</td></tr>
<tr><td>项目名称</td><td colspan="12"></td></tr>
<tr><td>项目发起人</td><td colspan="12"></td></tr>
<tr><td rowspan="2">项目负责人</td><td colspan="3">可行性研究</td><td colspan="3">并购交易</td><td colspan="3">业务整合</td><td colspan="3">人力资源整合</td></tr>
<tr><td colspan="3"></td><td colspan="3"></td><td colspan="3"></td><td colspan="3"></td></tr>
<tr><td>邮箱地址</td><td colspan="12"></td></tr>
<tr><td>电话号码</td><td colspan="12"></td></tr>
<tr><td>组织部门</td><td colspan="12"></td></tr>
<tr><td>项目预计开始时间</td><td colspan="12"></td></tr>
<tr><td>项目预计完成时间</td><td colspan="12"></td></tr>
<tr><td>项目预计投资额</td><td colspan="12"></td></tr>
<tr><td>项目资金来源</td><td colspan="12"></td></tr>
<tr><td>项目拟定交易结构</td><td colspan="12"></td></tr>
<tr><td colspan="13">项目预计达成的目标和成果</td></tr>
<tr><td>项目的目的</td><td colspan="12"></td></tr>
<tr><td>项目预计交付的成果</td><td colspan="12"></td></tr>
<tr><td colspan="13">项目预计发生的问题</td></tr>
<tr><td>项目预计发生的问题</td><td colspan="12"></td></tr>
<tr><td>相应解决方案</td><td colspan="12"></td></tr>
<tr><td colspan="13">项目时间表</td></tr>
<tr><td rowspan="5"></td><td colspan="4">关键性里程碑事件</td><td colspan="4">预计开始时间</td><td colspan="4">预计完成时间</td></tr>
<tr><td colspan="4">项目启动</td><td colspan="4"></td><td colspan="4"></td></tr>
<tr><td colspan="4">组建交易团队(内部团队及外部顾问团队)</td><td colspan="4"></td><td colspan="4"></td></tr>
<tr><td colspan="4">选定目标公司</td><td colspan="4"></td><td colspan="4"></td></tr>
<tr><td colspan="4">接洽卖方,
签署保密协议</td><td colspan="4"></td><td colspan="4"></td></tr>
</table>

续表

	初步尽职调查		
	发出要约，签署意向书		
	详尽尽职调查		
	谈判、签署正式交易文件		
	获得并购融资		
	交易完成交割		
	并购后资产整合和员工配置、安排		

(3)筛选并购交易的标的

选择合适的潜在目标公司以及卖方是买方在前期最为重要的决定之一。买方应当从其进行并购交易的动机出发(如整合资源、协同效应、扩大市场规模、控制上下游等)，考虑其战略意图和资源能力，对目标企业在资源、能力、市场地位、发展空间等方面进行筛选，也要将行业动态和竞争状况纳入考虑的因素。图1－2展示了筛选潜在目标公司的流程。

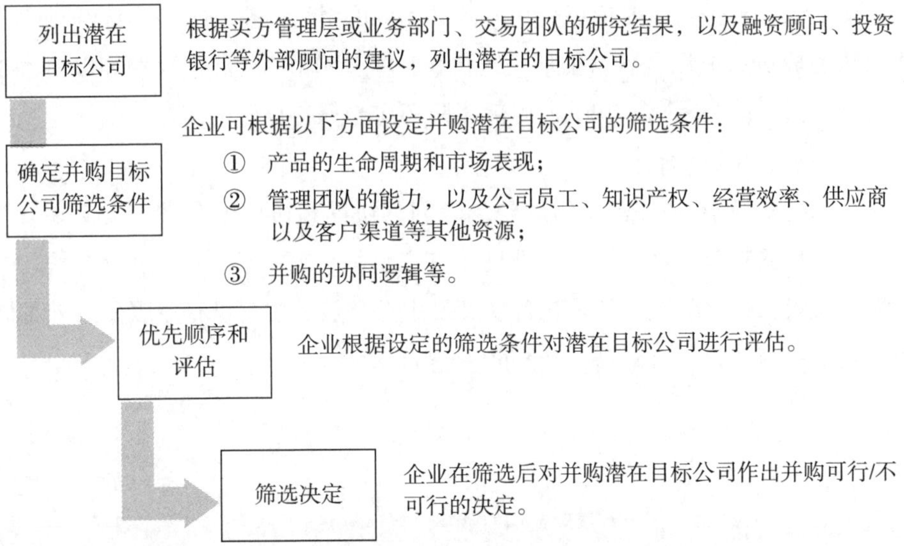

图1－2　筛选潜在目标公司的流程

(4)在交易中过程把握决策重点

对一家企业而言,并购交易可能是经营过程中最重大的对外交易之一,并购决策是并购交易是否成功的关键。在并购交易中,各参与方可能会有促成交易完成的倾向。对交易方内部团队而言,团队成员可能已为项目投入了大量的时间与精力,也为外部顾问支付了费用,因此,交易方应当在并购交易中设置客观中立的正式决策流程和审批程序,确保作出决策的理性。

上文所述筛选目标公司以进行交易谈判是一个关键决策点。决定交易对价也是另一项决策重点。确定交易对价的过程是买卖双方基于目标公司价值而进行价格博弈的过程。通过估值可以判断出目标公司的大致价值,在估值的基础上,双方进一步谈判磋商,最终达成交易价格。估值的方法有很多,买方可以借助外部机构的评估,实践操作中经常用到的方法有可比企业法、可比交易法、贴现现金流法、市盈率法、账面价值法等。

除此之外,决定是否引入外部顾问、决定尽职调查团队的构成和尽职调查范围以及决定是否签订交易协议也是关键的决策点,这些都可以对交易产生较大的影响,交易方应当对这些关键决策节点予以重视。

(5)协调内部团队工作

交易的顺利进行需要依靠交易方内部团队的努力。交易方应当详细列出内部团队的成员组成以及各自的职责范围、任务、工作内容、汇报周期等以协调工作,达到更好的团队协作与配合,内部团队还应当保持良好的沟通。

(6)与外部顾问合作

在并购交易中,往往需要借助外部顾问的协助和协调配合来完成交易。交易方视交易的复杂程度和所处行业的不同,选择涉及的各类顾问进行合作。一般来说投资银行、律师、会计师在各项交易中经常被聘用提供专业服务的外部顾问。表1-7介绍了各类常见的外部中介顾问及其职责。

表1-7　各类常见的外部中介顾问及其职责

顾问类别	工作职责
财务顾问	①多由投资银行、证券公司和独立咨询公司等担任 ②协助客户设计收购方案，寻找目标公司或寻找潜在的买方 ③就收购价格、估值出具意见 ④商业谈判
法律顾问	①法律尽职调查 ②起草和审阅法律文件 ③参与谈判 ④协助取得政府审批
会计师	①财务尽职调查 ②协助估值
资产评估公司	①财产核查 ②估值报告
商业咨询顾问	①由管理咨询公司担任 ②就交易的整合、管理出具报告
环保顾问	①专业环保技术公司担任 ②协助公司就环保情况进行现场调查、勘测、化验和分析
技术顾问	就目标公司的技术的可行性进行分析
知识产权顾问	目标公司的知识产权情况进行尽职调查和分析
其他顾问	①市场顾问：未来销售市场进行分析，出具报告 ②保险顾问：对目标公司持有的保险进行分析 ③储量顾问：石油、天然气、矿产企业还需要单独进行储量的勘探及储量报告 ④运输顾问：对目标公司的物流和运输进行分析

(7)获得管理层的支持

为了交易的顺利进行，买方要努力获得目标公司管理层对交易的同意和支持。公司高度依赖其管理层执行股东会、董事会决议，管理公司事务。目标公司通过股东会、董事会、管理层来实现对公司的治理。因此交易中要充分考虑未来董事会安排、管理层的留任以及激励管理层的方法。目标公司管理层的激励通过期权计划、绩效奖金、直接持股等实现。激励可能与成交后若干年的业绩如利润、销售收入、研发等挂钩。

(8)对员工问题的安排

交易方需要在并购前就对员工问题做好相应的调查、计划和安排。虽然员工不一定直接参与并购交易,但并购交易会涉及员工的利益。传统上,企业合并后就意味着整合运营和部分裁员。因此,一方面,根据法律规定可能需要与工会、员工代表等协商或听取意见;另一方面,买方也常需要留任核心员工,保证管理的延续性。特别是对于硬科技行业而言,核心技术人员的留任是业务和研发延续的关键,目标公司的管理、研发技术、销售采购等岗位的关键员工往往对成交后公司的持续经营和计划的落实非常重要。买方通常会希望与这些关键员工续签劳动合同,也考虑将其纳入期权激励计划。作为并购整体安排的一部分,买方通常要求目标公司与其关键员工如担任管理职务的创始人,管理、技术等核心岗位的高级管理人员签订劳动合同,约定在成交后的一定期限内目标公司继续聘用关键员工并约定具体聘用条款。

在股权收购结构下,买方获得目标公司的股权成为股东,根据《劳动合同法》的规定,被并购的目标公司现有员工的劳动关系不会因为股权收购交易的发生而受影响。而在资产交易结构下,卖方出售资产后相关员工的安置往往涉及复杂的劳动法问题。如果资产转让同时随着相关员工劳动关系的转移,目标公司需要给予相关员工合理通知,目标公司与员工必须先解除员工现有的劳动合同,并对可能支付的经济补偿金进行约定,再签订新的劳动合同。员工的雇佣条件、尚未支付的工资和福利、相关费用的支付等问题也需要提前规划解决方案。

另外,在进行并购时,买方应通过尽职调查全面考虑各种可能的负债,如养老金、高管或外派人员协议、高管薪酬、经济补偿金等,也应关注历史劳动关系问题和争议,评估员工转移后是否有遗留问题。

(9)对融资进行筹划安排

在并购中,买方常需要从银行、私募基金等金融机构取得融资,用于支付部分交易对价、替换目标公司现有的债务或用于目标公司的运营。

在并购过程中,特别是在筹划阶段,融资安排事关交易的成败。并购和融资实质上是两个交易,但又互相关联、互为前提。对于交易方而言是需要同时考虑、同等关注的问题。融资对于交易方极其重要,如果买方无法获得融资支付对价,卖方的资源以及商业机会就会耽搁,而买方也可能需要支付赔偿,且有损其在业内的名声。因此交易方需及时就资金来源进行安排、配合金融机构尽职调查,以确保资金来源的确定性。

在并购交易中,卖方会更加青睐对完成交易的资金有确定来源的买方,资金来源的确定性在某些情况下甚至比对价的高低更为重要。卖方可能会要求买方提供自有资金证明文件或者一份或数份融资承诺书,融资承诺书通常包括股权投资人出具的股权承诺书和银行等机构提供的债务承诺书,各类承诺书的总金额,加上买方的自有资金,需要能够足够支付交易价格。

(10)进行持续的尽职调查

尽职调查对于买方而言是重要的风险识别过程,买方通常从法律、财务、环境等多方面同时进行尽职调查,收集目标公司信息并作出分析。法律尽职调查的重要性不言而喻,这可以协助买方了解目标公司情况、发现法律风险、调整交易价格、作出交易判断。尽职调查贯穿整个交易过程直至签约,甚至在签约后还会持续进行以确保交割的前提条件具备,直至交易结束。

(11)使用签约、交割清单等清单

签约清单、交割清单是项目管理中的重要文件,在实际操作中能够起到提示相关方交易文件签署前及交割前需完成的事项和提供的材料,明确各事项的相应责任方,明确签署份数和签字人,显示各事项的完成进度与状态等作用。这些清单是并购交易文件签约以及并购交易交割的重要的参考资料,既能协助、引领交易各方完成各项事项,也一目了然地展示了项目的最新状态和情况。表1-8、表1-9为项目中可以使用的签约及交割清单模板。

表1-8　【项目名称】——文件签约清单

简称	全称
目标公司	××有限责任公司
[填入清单中其他使用的简称]	[填入该简称对应的全称]

序号	文件名称	签字人	原件签署份数	状态
1	股权转让协议	□转让方 1 □转让方 2 □受让方 □目标公司	[4]份	□已签署
2	股东协议	□现有股东 1 □现有股东 2 □新加入股东 □目标公司	[4]份	□已签署
3	股东会决议	□转让方 1 □转让方 2 □现有股东 1 □现有股东 2 □目标公司	[5]份	□已签署
4	新公司章程	□现有股东 1 □现有股东 2 □受让方 □目标公司	[4]份	□已签署
5	[填入其他需要签署的文件名称]	□签字人 1 □签字人 2 □签字人 3	[填入需要的签署份数]	□已签署

表 1－9 【项目名称】——交割事项清单

简称	全称
目标公司	××有限责任公司
[填入清单中其他使用的简称]	[填入该简称对应的全称]

序号	对应条款	待完成事项内容	负责方	状态
交易交割前需完成事项				
1	内部决议	公司股东会和/或董事会已正式通过相关书面决议,(a)批准交易文件的签署、交付及履行,并放弃其优先购买权、共售权等可能影响本次收购的其他任何权利,及(b)批准通过新公司章程	目标公司	已提供签署版
2	新公司章程	签署交易交割后适用的新公司章程	现有股东、受让方、目标公司	由各方于转让交割日签署
3	工商变更	目标公司就本次交易和章程变更已经在市场监督管理局完成公司变更登记和备案以及在商务主管部门完成本次交易的投资信息报告	现有股东、目标公司	待办理
4	[填入其他交割前需完成事项对应的文件及条款]	[填入其他待完成事项的具体内容]	[填入该事项的主要责任方]	[填入目前状态]
交易交割后事项				
5	验资报告[交割后2个月内]	提供验资报告	目标公司	待完成
6	[填入其他交割后事项对应的文件及条款]	[填入其他待完成事项的具体内容]	[填入该事项的主要责任方]	[填入目前状态]

三、并购后项目管理

1. 并购后项目管理关键步骤

并购后项目管理为实现并购交易的预期效益奠定了基础,有效的并购后项目管理能实现并购的最大潜力,降低并购的风险。并购后项目管理通常包括以下步骤:

(1)进行团队规划;

(2)进行并购整合;

(3)构建公司组织架构;

(4)沟通及更新利益相关者的情况;

(5)监控并购后公司表现与业绩;

(6)评估、完成并购交易目标。

2. 并购后项目管理的具体实践

在并购后项目管理的流程中,通常包括以下几项具体实践和方法。

(1)进行项目规划

针对并购交易项目,交易方需要进行完备和全面的项目规划,项目规划通常包括制订与调整战略计划、制定相关的政策和程序、评估交易方并购的准备情况、制订并购整合计划、进行并购后的审查和评估等。整合计划列明了并购双方的主要资源、机制、义务、何时合为一体以达到新公司的战略目标等内容。如同公司的其他文件一样,整合计划也需要经过律师审阅。[1]

过渡期安排是项目规划中重要的组成部分,展示了并购后目标公司将如何从原有股东的控制下转移到并购后的所有者手中,应当详细说明在并购后应当如何处理销售关系、合同协议和知识产权等重要问题。在并购交易完成后,买方往往需要卖方在技术、供应、销售、共享设施等方面持续提供一定服务,同时买方也希望目标公司的人员、运营有一个过渡期。交易方可以通过签署的附属法律文件如《劳动合同》《过渡期服务协议》《知识产权许可协议》《知识产权转让协议》《不竞争不招徕协议》等履行成交后一定的过渡期的商业安排。

(2)进行并购整合

并购业务整合涉及运营、财务、组织结构、人力资源等多个方面,整合的主要是商业事项,这些都以法律文件为基础。整合风险往往在交易前期难以完全预见,而在交易完成后逐步显现,因整合不顺利导致买方的商业目标无法实现的例子很多,因而需要交易方对此特别予以关注。

并购通常会经历战略选择、开始谈判、尽职调查、签约、交割、业务整合的流

---

〔1〕 参见[美]斯坦利·福斯特·里德、亚历山德拉·里德·拉杰科斯:《并购的艺术:兼并 收购 买断指南》,叶蜀君、郭丽华译,中国财政经济出版社2001年版,第520页。

程。尽管在并购交易交割后,买方才开始正式对收购企业或资产的业务进行整合,但是从项目管理角度来说,为了在并购交易完成后顺利完成整合,最好在尽职调查阶段就要对目标公司进行整合尽职调查。整合尽职调查与常见的尽职调查的区别在于,整合尽职调查的范围更加大,其不仅着眼于目标公司历史上的情况和隐藏的风险,而且要考察目标公司的未来发展以及实现协同效应的可能性。在整合尽职调查中,交易方要注意,其调查范围应大于法律尽职调查和财务尽职调查的范围,且应当包括销售、经营、人力资源、产品研发、信息技术等方面。交易方在整合尽职调查中,应当进一步分析和比较目标公司被收购或者合并后的表现、协同效应以及行业影响和客户反应等因素。在交易文件签约前的阶段,负责整合的团队就可以开始着手制订更为详细的整合计划。

在文件签约到交割的这一阶段,整合团队应当进一步完善整合计划,详细规划并购交易完成的首日以及之后(如并购交割后第 100 天)的整合计划和活动,使之能在交割后实施。另外,买方在这一阶段可以得到更多的资料和信息,应当在这一阶段重新计算评估和验证协同效应。在此阶段为了并购整合,企业可以组建整合执行团队,以主要负责并购整合工作。图 1－3 为较为常见的整合执行团队的组织结构。

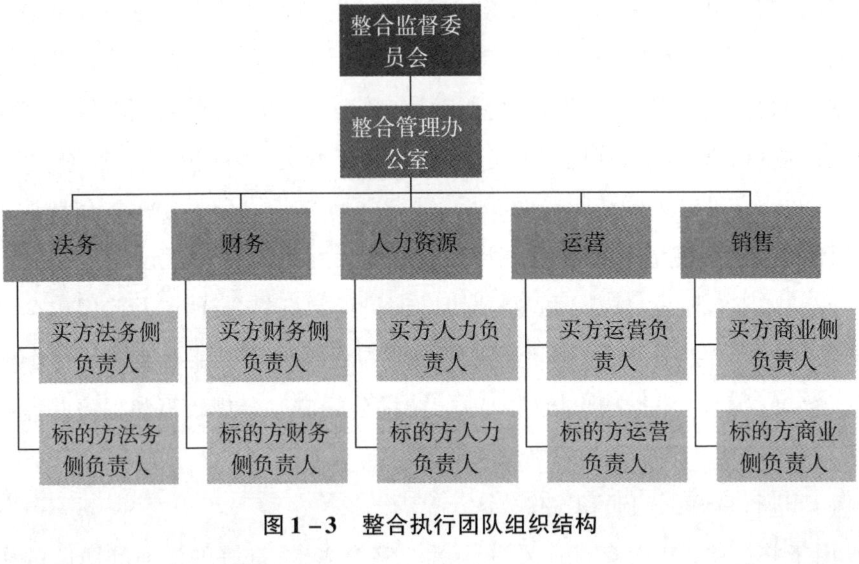

图 1－3　整合执行团队组织结构

整合监督委员会通常由 3～5 名成员组成,在大部分交易中,整合监督委员会的成员以买方的代表为主,被收购的公司通常会在里面有一个席位。整合监督委员会是决策机构,由其作出最终决策,监督整合的整个过程。整合管理办公室负责执行和管理日常的整合活动,实行整合计划,协调下属工作小组的工作,协调与利益相关者的沟通,追踪及报告协调效应,向整合监督委员会进行汇报。整合管理办公室下属的工作小组可按照其不同的领域进行划分,完成该领域内的整合任务并向整合管理办公室进行汇报。

在此阶段也应当制作相关整合操作框架性文件,规定各项工作的时间、工作计划、阶段性目标、职能、汇报监督流程等并引导整合团队遵守该文件中规定的流程。该文件中通常包括的内容如下:

①整合的目的与范围:通常包括整合的目标、指导原则、相关法律规定等;

②整合的管理计划:通常包括整合管理办公室的架构和职责、治理模型、整合资源模型、职能工作计划、沟通计划、交易完成后首日框架规划等;

③整合的流程计划:通常包括留任人员计划、员工沟通计划、汇报流程、优先工作任务表、剥离业务计划等;

④执行与监督:通常包括监控和衡量绩效与表现、风险点记录、整合现状报告、首日/周计划、事后评估、风险评估、协同效应评估等。

在并购交易交割后,开始正式执行整合计划的各项举措。在并购交易完成后的首日,买方与标的方双方的领导层与管理层通常需要回顾与讨论并购的原因、整合的时间表和里程碑事件、协同效应、整合的原则、并购对商业模式产生的影响、商业财务计划、新管理层人员等问题,并接着实行后续的整合计划。

在并购交易结束的一年或两年后,进行并购交易的企业会就整合是否成功进行评估,评估的标准包括营业利润增长率和投资回报率等。

在并购整合阶段,法律顾问需要协助项目组制订整合计划,并确保整合计划符合法律法规。此外,法律顾问还需要协助项目组处理可能存在的法律争议和纠纷、解决并购后可能出现的法律问题、协助公司制定合规政策和程序并提供法律咨询和建议,以降低公司的法律风险。

(3)进行良好的沟通和协作

由于并购项目的复杂性以及并购后的整合需求,良好的沟通和团队的协作至关重要。无论是对内沟通还是对外沟通,都需要制订计划并做好沟通记录。

对内沟通计划与对外沟通计划是整个并购沟通计划的主要组成部分，可参考的沟通计划模板见表 1－10。

表 1－10　并购项目沟通计划模板

并购项目—内部沟通计划与记录			
利益相关方	公司高管	并购团队成员	员工代表
关键问题/利益	公司战略	合并后的组织架构	员工待遇
沟通渠道	会议、邮件、电话	会议、邮件、电话	会议、邮件、电话
沟通频率	每两周	每周	每月
沟通的书面记录（如适用）	会议纪要、邮件、备忘录	会议纪要、邮件、备忘录	会议纪要、邮件、备忘录
沟通对接人	相关部门负责人	相关团队负责人	HR 负责人
其他	—	—	—
并购项目—外部沟通计划与记录			
利益相关方	投资者	供应商	客户
关键问题/利益	并购目的	交易完成后的业务模式	交易完成后的产品或服务优势
沟通渠道	投资者会议	电话、邮件等	电话、邮件等
沟通频率	每季度	每半年	每半年
沟通的书面记录（如适用）	投资者报告、会议纪要	会议纪要、邮件、备忘录	会议纪要、邮件、备忘录
沟通对接人	投资者关系负责人	业务部负责人	业务部负责人
其他	—	—	—

为加强团队间不同人员的协作，也可以使用责任分配矩阵 RACI 图提高沟通和合作的效率。在 RACI 图中，R（responsible）表示谁负责执行任务、具体解决问题；A（accountable）表示谁对任务承担全责，只有经其批准同意后才能进行项目；C（consulted）表示咨询谁，是提供咨询性意见的人员；I（informed）表示通知谁，即应当向其告知项目进展的人员，不必向其咨询或征求意见。RACI 图能够直观地展示团队成员的职责情况，确保有清晰的责任归属，更好地安排团队成员的工作任务，并且有助于团队成员之间的沟通与协作。表 1－11 为 RACI 图

的应用示例。

表1-11 RACI图应用示例

任务	人员A	人员B	人员C	人员D	人员E
任务1	R	A		I	
任务2			A	I	R
任务3	C	A			R
任务4	R		I	A	
任务5	I		R	A	I

第五节 案例:闻泰科技收购安世半导体

一、项目背景

(一)概况

中国硬科技并购实践中,闻泰科技收购安世半导体是非常有代表性的案例。2016年6月14日,建广资产、智路资本与恩智浦签署了交易文件,以27.6亿美元(约合181亿元人民币)的全现金对价收购恩智浦剥离的标准产品事业部——安世半导体(Nexperia B. V.)。

建广资产为境内并购基金牵头方、智路资本为境外并购基金牵头方成立财团,组成2层境内主体及2层境外主体合计4层的收购主体,完成了将安世半导体从恩智浦的剥离。随后,闻泰科技通过"四步走"的方式以小博大,最终将安世半导体纳入麾下。

(二)交易主体

1.转让方及目标公司

恩智浦(NXP semiconductors)是一家在美国纳斯达克上市的公司,总部位于荷兰,其前身是飞利浦的半导体业务部,是全球领先的半导体企业之一,也是全球汽车半导体领军企业。在2015~2016年全球并购重组浪潮中,恩智浦以118亿美元(98亿美元股权+20亿美元现金)的对价并购了美国飞思卡尔公司

(freescale)。飞思卡尔擅长MCU和通信处理器,可以与恩智浦形成协同效应。出于监管与战略考虑,恩智浦剥离并出售其标准产品事业部。

2. 收购方

建广资产成立于2014年,智路资本成立于2017年,这两家是专注于集成电路产业核心技术以及其他新兴高端技术投资的私募基金管理公司。闻泰科技是一家中国A股上市公司,主要从事智能手机、平板电脑、笔记本电脑、智能硬件、IoT(internet of things,即物联网)模块的研发设计与生产制造。

二、交易方案

(一)建广资产的收购结构:4层收购主体

建广资产和合肥建广作为GP(建广资产为合肥建广的GP),合肥芯屏和嘉兴嘉淳作为LP成立第1层并购基金合肥广芯;合肥广芯再联合其余11个专项并购基金(包括北京广汇、合肥广迅、合肥广和等)成立公司型SPV合肥裕芯,作为境内第2层收购主体。这些专项基金的投资人,穿透后有闻泰科技、山东精密等A股上市公司或其实控人的身影。闻泰科技实控人持有合肥广讯LP的出资额,其余LP份额多被合肥市国资持有。合肥裕芯与境外基金JW Capital共同设立香港SPV裕成控股,作为第3层收购主体。其中合肥裕芯持股78.39%,JW Capital持股21.61%。最后,香港SPV裕成控股再在荷兰设立最终收购主体安世控股(Nexperia Holding B. V.),作为第4层收购主体,向恩智浦收购安世半导体。建广资产收购结构如图1-4所示。

建广资产公司与智路资本公司联合体完成安世半导体的剥离,为闻泰科技的后续收购提供了充足的准备时间。此外,安世半导体在剥离独立运营后,净利润也取得了较大增长,进一步提高了自身的价值。

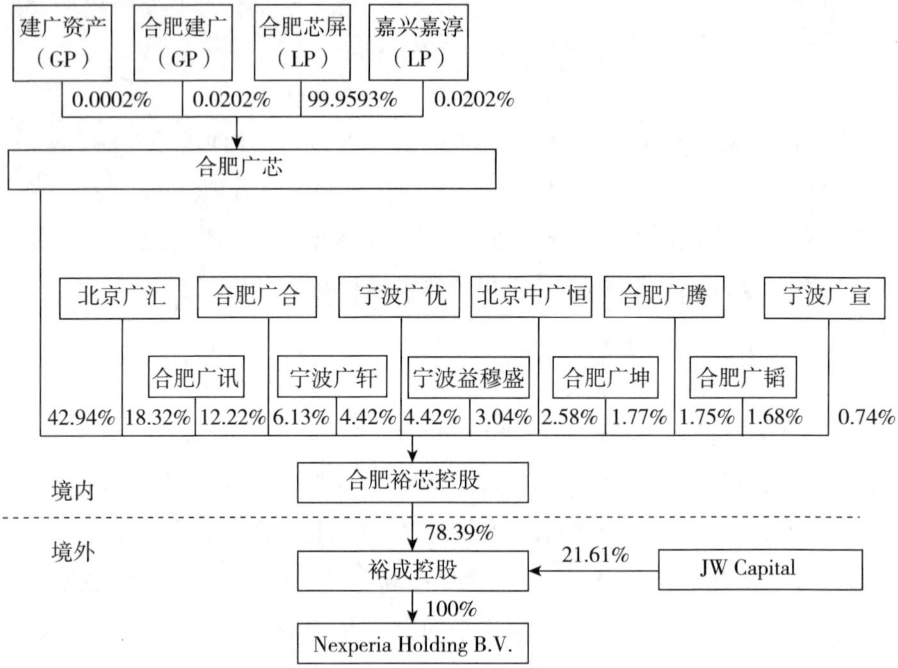

图 1-4　建广资产收购结构

（二）闻泰科技的交易步骤：四步走

自建广资产向恩智浦成功收购安世半导体后，闻泰科技就联合国内资本展开行动。为成功收购安世半导体，闻泰科技采取了“四步走”的方式。首先，闻泰科技下属的合肥中闻金泰牵头的联合体进行了公开竞拍，获得了安世半导体上层最大基金股东合肥广芯的 LP 份额。其次，闻泰科技通过发行股份及支付现金的方式，收购安世半导体剩余投资者大部分 GP 和 LP 份额，实现对安世半导体的控制。再次，闻泰科技通过发行股份及支付现金的方式，收购安世半导体剩余投资者几乎全部 GP 和 LP 份额，获取了安世半导体的几乎全部权益。最后，闻泰科技通过第二步中的交易安排，取得建银国际持有的合肥广坤的 LP 份额，从而实现了对安世半导体的 100% 持股。

1. 取得合肥广芯持有的安世半导体份额

第一步，闻泰科技将目标放在合肥广芯所持有的安世半导体份额上。合肥广芯的主要出资方合肥芯屏实控人为合肥国资委。2018 年 3 月，合肥国资委将其通过合肥广芯持有的 49 亿元人民币 LP 份额挂牌公开转让。闻泰科技的参股公司合肥中闻金泰牵头云南省城投、鹏欣智澎等主体组成联合体，以 114.35 亿元人民币拿下了合肥广芯所持有的安世半导体权益。

(1)支付第一笔转让款

首先，由闻泰科技的全资子公司上海中闻金泰会同云南省城投、鹏欣智澎、西藏风格及西藏富恒，共同向合肥中闻金泰出资 28.825 亿元人民币并提供借款 28.825 亿元人民币，合肥中闻金泰以其收到的注册资本和股东借款向合肥芯屏支付了第一笔转让价款 57.175 亿元人民币，占总转让款的 50%。其次，股东借款同时附带转股权，投资方有权在借款期限内将部分或全部协议借款转为合肥中闻金泰股权，即将其对合肥中闻金泰的借款金额按照 1∶1 的比例转换为合肥中闻金泰的新增注册资本金额。最后，上海中闻金泰、鹏欣智澎、西藏风格及西藏富恒将对合肥中闻金泰的债权转换为了股权（云南省城投的 10.15 亿元人民币债权投资未转股，仍以债权形式持有）。

(2)支付第二笔转让款

为满足本次交易中的资金需求，合肥中闻金泰引入国联集成电路、格力电器、智泽兆纬三方投资者，三方以现金形式分别增资 30 亿元、8.85 亿元和 0.8 亿元，增资金额部分用于支付合肥中闻金泰受让合肥芯屏持有合肥广芯财产份额的第二期款项及相关费用，剩余部分用于支付购买安世半导体剩余股权的相关费用。2019 年 2 月 13 日，闻泰科技召开董事会，审议通过了《关于调整公司重大资产购买交易方案的议案》，上海中闻金泰以自有及自筹资金向合肥中闻金泰增资 41.45 亿元人民币，其中包含自兴业银行取得的 35 亿元人民币借款。

取得上述增资款后，合肥中闻金泰向合肥芯屏支付了第二笔转让款。

在第一步收购中，闻泰科技通过外部投资者股权投资共计融资 70.1 亿元人民币，债权融资共计 45.15 亿元人民币。

在第一步收购过程中，闻泰科技采用了较为罕见的收购合伙企业有限合伙份额的方式。虽然合肥芯屏是合肥广芯最大单一出资方，出资比例为 99.9593%，但由于合肥芯屏为 LP，并不能对合肥广芯构成控制，也即此次交易完成后，闻泰科技并不能取得安世半导体的控制权。因此，闻泰科技筹划了后续交易，通过继续收购安世半导体权益，实现对安世半导体的控制。

2. 收购剩余投资者持有的大部分 GP 和 LP 份额

第二步，闻泰科技通过发行股份及支付现金，收购安世半导体剩余投资者持有的并购基金的大部分 GP 和 LP 份额，并且通过发行股份收购了第一步收购过程中提供外部股权融资方持有的合肥中闻金泰的股权，以此实现对目标公司的控制。

(1)第二步的收购方案

在境内，闻泰科技通过发行股份及支付现金的方式收购合肥裕芯的 9 名基金股东(合肥广芯、合肥广讯、合肥广合、宁波广轩、宁波广优、北京中广恒、合肥广坤、合肥广腾、北京广汇)的上层出资人的有关权益份额，其中 7 只基金(合肥广芯、合肥广讯、合肥广合、宁波广轩、宁波广优、北京中广恒、合肥广腾)向闻泰科技出售 GP 与 LP 的全部权益。北京广汇、合肥广坤的 LP 分别为合肥芯屏及建银国际，其出售其持有的 LP 份额需履行国有资产转让相关程序，相对较为复杂，在第二步交易中未进行转让。因此，这两个基金的 GP 与闻泰科技签署了交易文件，但暂不进行交割。合肥广韬、宁波广宜、宁波益穆盛未参与交易主要是各方利益诉求不同，尚未达成一致。

同时，闻泰科技通过发行股份的方式收购合肥中闻金泰的 7 名外部股东(云南省城投、西藏风格、西藏富恒、鹏欣智澎、国联集成电路、格力电器、智泽兆纬)的有关权益份额，合肥中闻金泰持有合肥广芯的全部 LP 份额。

就境外基金的 LP 份额，在闻泰科技取得对安世半导体的控制权后，闻泰科技境外关联方通过支付现金的方式收购或回购境外基金之 LP 拥有的全部财产份额。

第二步交易完成后，闻泰科技持有安世半导体 79.98% 的权益，间接拥有安世半导体的控制权。闻泰科技对安世半导体的权益持有结构如图 1 - 5 所示。

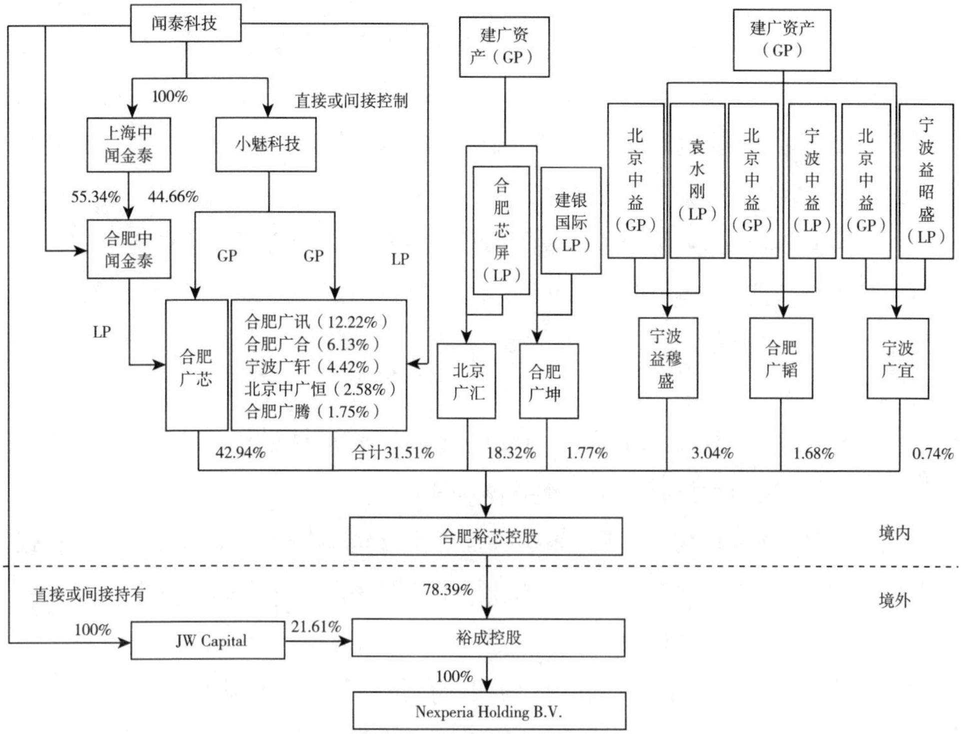

图1－5　闻泰科技第二步交易完成后权益持有结构

(2)第二步交易对价支付情况

闻泰科技通过定向增发方式募集配套资金,以现金方式支付交易对价123.32亿元人民币,包括向境内GP、LP转让方支付67亿元人民币,向境外LP支付8.235亿美元(折合56.32亿元人民币)。

闻泰科技以发行股份的方式支付交易对价99.56亿元人民币,总计发行股份数为403,400,589股。

3.收购剩余投资者持有的几乎全部GP和LP份额

为进一步强化对安世半导体的控制力,闻泰科技筹划了第三步并购交易,从而充分整合现有资源,进一步提升安世半导体的综合竞争力和创新能力,提升闻泰科技在全球通讯和半导体行业的影响力。在第三步交易中,闻泰科技通过发行股份及支付现金的方式,收购安世半导体剩余投资者持有的并购基金的几乎全部GP和LP份额。

第三步交易中,闻泰科技通过发行股份及支付现金的方式分别收购合肥裕芯的4名股东(4只境内基金)的上层出资人的有关权益份额。其中包括宁波益穆盛、合肥广韬、宁波广宜3只基金中建广资产、北京中益作为GP拥有的全部财产份额和相关权益,以及北京广汇、宁波益穆盛、合肥广韬、宁波广宜4只基金之LP的全部财产份额和相关权益。

闻泰科技向全体交易对方以发行股份及支付现金的方式购买其持有的标的资产,交易对价为63.34亿元人民币。闻泰科技拟现金方式支付交易对价1.5亿元人民币,以发行股份的方式支付交易对价61.84亿元人民币,总计发行股份数为68,267,995股。

交易完成后,闻泰科技间接持有安世半导体98.61%的权益比例。

4.收购建银国际持有的安世半导体份额

在完成第二步收购交易后,闻泰科技不可撤销地授予合肥广坤之LP建银国际一项出售合肥广坤财产份额的权利,即如果建银国际根据国有资产转让相关法律法规、规章政策规定的程序(包括但不限于通过国有资产产权交易机构等)出售所持合肥广坤的财产份额,则闻泰科技不可撤销地按照国有资产产权转让和公司的程序、流程等,以现金方式(包括但不限于配股、非公开发行股份、发行可转换公司债券等方式募集资金以及债务融资)按照36,600万元人民币的价格收购建银国际所持有的合肥广坤的99.9951%的财产份额(对应出资金额20,400万元人民币),除非任何第三方提出的受让对价超过上述受让价格。

建银国际于2020年7月23日通过重庆联合产权交易所网站公开发布合肥广坤LP份额转让信息,闻泰科技依约定提交了受让申请材料,并且成为受让方。

交易完成后,闻泰科技间接持有安世半导体100%的权益比例。

(三)不同投资人的退出方式

闻泰科技根据不同基金投资人的不同诉求,设计了不同的退出方式。

1.合肥中闻金泰股东:取得闻泰科技股份

对于重大资产购买方案中参与合肥广芯出资份额受让的参与方,包括云南省城投、西藏风格、西藏富恒、鹏欣智澎、国联集成电路、格力电器、智泽兆纬,其持有的合肥中闻金泰股权均以取得闻泰科技股份的方式退出。

2. GP:现金及股份

参与交易的 GP 份额以现金 + 股权的方式退出。

建广资产、合肥建广作为 GP 拥有的在第二步交易转让的 9 只基金的相关权益,以及智路资本作为 GP 拥有的 JW Capital 的全部财产份额和相关权益,全部通过现金方式退出,交易作价合计 31.18 亿元人民币。

而建广资产在第三步交易转让的宁波益穆盛、合肥广韬、宁波广宜的 GP 财产份额和相关权益则全部以股份支付方式退出,交易作价合计 7739.59 万元;北京中益在第三步交易转让的宁波益穆盛、合肥广韬、宁波广宜的 GP 财产份额和相关权益则以现金 + 股份支付的方式退出,交易作价合计 6659.03 万元。

在给 GP 份额定价的过程中,闻泰科技也充分考虑了 GP 在收购安世半导体的过程中起到的重要作用,安世半导体独立后业绩的提升,以及交割后 GP 将继续给安世半导体提供的相关服务,最终给予了具有合理性的定价。

3. 境内 LP:现金及股份

参与交易的 LP 份额以现金 + 股权的方式退出。

京运通持有的合肥广合 LP 财产份额、宁波圣盖柏持有的宁波广轩 LP 财产份额、谦石铭扬持有的北京中广恒 LP 财产份额、肇庆信银持有的合肥广腾 LP 财产份额、合肥芯屏持有的北京广汇 LP 财产份额以及建银国际持有的合肥广坤 LP 财产份额通过现金方式退出。

德信盛弘持有的宁波广优 LP 财产份额、袁永刚持有的宁波益穆盛 LP 财产份额、宁波中益持有的合肥广韬 LP 财产份额、宁波益昭盛持有的宁波广宜 LP 财产份额通过现金 + 股份方式退出。

珠海融林、上海矽胤持有的合肥广讯 LP 财产份额通过股份方式退出。

4. 境外 LP:全现金

Bridge Roots Fund、Pacific Alliance Fund、Huarong Core Win Fund 持有的境外并购基金 JW Captial 的 LP 财产份额,均通过现金方式退出。

三、核心要点分析

闻泰科技通过收购安世半导体,成功获得安世半导体的市场份额、业务、技术积累与研发能力,实现了企业质的飞跃。

（一）安世半导体的业务情况

表1－12列出了安世半导体2017年以来的营收与净利润情况，以及与闻泰科技总的净利润情况的比较。

表1－12　安世半导体与闻泰科技部分财务数据情况

年份	营收	安世半导体净利润	闻泰科技净利润	净利润占比（安世半导体/闻泰科技）
2017	94.43亿元	8.19亿元	—	
2018	104.31亿元	13.40亿元		
2019	103.07亿元	12.58亿元	12.53亿元	100.40%
2020	98.90亿元	9.88亿元	24.15亿元	40.91%
2021	138.03亿元	26.32亿元	26.12亿元	100.77%
2022年前三季度	119.48亿元	27.36亿元	19.44亿元	140.74%

总体来看，安世半导体的业务在2020年出现短暂下滑，但盈利水平一直较高。并且，安世半导体的营收与净利润在2017～2018年独立运营以及2020～2021年"全球缺芯"两个阶段实现了较大增长。不仅如此，安世半导体作为闻泰科技的主要盈利来源，对闻泰科技而言格外重要。闻泰科技公司目前分为三大板块，分别为闻泰科技的主业产品集成业务、以安世半导体为主的半导体业务以及以2021年收购的欧菲光为主的光学业务。自2019年并表后，除2020年安世半导体业绩下滑外，其净利润均超过闻泰科技的整体净利润。以上数据体现出了安世半导体作为全球领先的半导体企业的价值。

（二）融资与支付手段

对于安世半导体这样一家优质半导体公司，闻泰科技充分展示了如何利用各类资金，以17亿元人民币启动资金撬动超过400亿元人民币的天价交易。

在第一步竞拍中，闻泰科技通过自有资金以及债权融资，筹集了58亿元人民币；同时，闻泰科技引入了其他股权投资方，这些出资方通过认购闻泰科技子公司的可转债/新增注册资本，出资80亿元人民币，帮助闻泰科技以仅17亿元人民币的启动资金成功拿下合肥广芯所持有的安世半导体的份额。

在闻泰科技的后续交易中，闻泰科技的交易安排则充分体现了以时间换空间的理念。在完成第一步交易后，受限于当时的法律法规限制，闻泰科技增发股份的数量上限为交易前上市公司总股本的20%，无法一次性通过增发股份的方式收购安世半导体全部剩余权益。因此闻泰科技通过分步走的方式，换得了两次增发股份的机会，从而有能力通过增发股份进行交易的方式撬动交易。这一点在第三步交易中尤为明显，闻泰科技主要以股份作为对价，以1.5亿元人民币现金，完成了63.34亿元人民币的交易。

除使用上市公司惯常进行的股份支付、定向增发股份募集资金、境内借款等形式外，闻泰科技还通过境外银团贷款的形式取得了收购境外基金LP份额所需的8.235亿美元。

通过以上各类支付方式，市值不到200亿元人民币的闻泰科技完成了超过400亿元人民币的收购，也以此为契机实现了市值的迅速增长。经此一战，闻泰科技也正式步入千亿市值“俱乐部”，市值最高峰时超过1800亿元人民币。

（三）监管

由于本次交易的控制权在“四步走”中的第二步发生变更，因此主要的相关审批集中于第二步。本次交易的第二步涉及的相关审批主要包括中国、德国、美国、波兰、韩国以及菲律宾的反垄断审查，德国联邦经济事务与能源部和美国CFIUS的国家安全审查，德国和中国台湾地区的直接投资审批以及发售股票及重大资产重组所需的中国证监会的审批。

除此之外，由于安世半导体的诸多基金投资人涉及国资成分，因此在交易的第一步与第三步中，还需要取得国资管理部门的批复。

在中国证监会的审批过程中，中国证监会重点关注的问题包括：

（1）并购后整合问题，包括公司战略、主营业务及业务管理模式，收购标的是否有不良影响和管理方式；

（2）第二步交易中部分GP、LP不参与并购交易、交割的原因，以及后续并购计划；

（3）差异化定价的原因；

（4）交易通过美国审查可能涉及的调整业务情况，在美国业务的现状；

（5）上市公司是否具备支付能力以及后续筹资计划；

（6）收购GP权益定价的合理性。

CHAPTER

第二章

尽职调查

第一节　尽职调查的过程

尽职调查(due diligence)是投资、并购活动中的必要环节和重要内容,无论是企业、律师还是审计师,无不熟悉尽职调查。投资并购中的尽职调查,指基于特定的交易需求,委托第三方专业机构或人员对目标公司及交易进行审慎调查及系统梳理与评估,为委托方提供目标公司可能影响预期商业计划或其他关键因素的信息,最终形成专业性综述报告的活动。

基于不同目的和重点,尽职调查可以分为法律尽职调查(legal due diligence)、商业/运营尽职调查(commercial/operation due diligence)、财务尽职调查(financial due diligence)、税务尽职调查(tax due diligence)等。基于不同的交易类型,尽职调查可分为上市尽职调查、并购尽职调查、投融资尽职调查、银行贷款尽职调查等。根据执行调查的主体不同,在并购领域还可以将尽职调查分为买方委托的尽职调查和卖方委托的尽职调查,还包括给买方提供资金支持的银行、私募基金等机构委托的尽职调查。分类情况如图 2 - 1 所示。

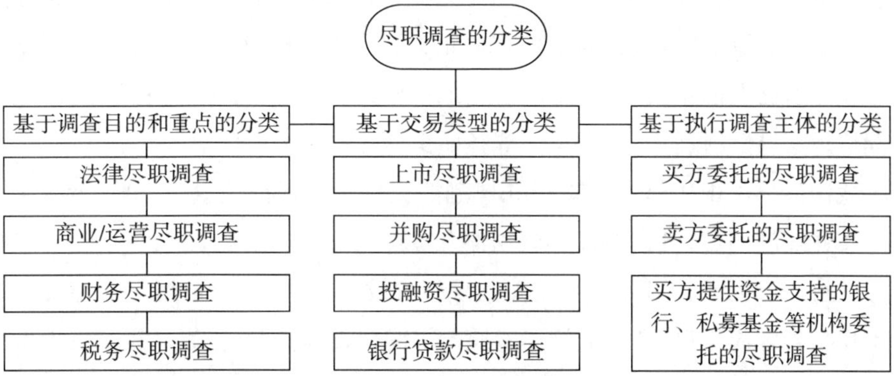

图 2-1　尽职调查的分类

买方进行尽职调查的目的在于了解投资风险,借以确定收购价格或调价机制以进一步制定防范风险的措施。而卖方进行尽职调查的目的往往在于了解企业的现状,从卖方角度评估交易的风险,控制向买方提交信息的进度、内容以及形式,基于调查确定是否接受买方的收购邀请并据此调整收购价格。卖方有时会将其尽职调查报告提供给潜在买家,这有助于简化潜在买家的尽职调查以及缩短买方尽职调查所需时间。另外,卖方也可能在一些情况下对潜在买家进行反向尽职调查,对买方的资信、经营情况进行深入了解。

投资并购实践中,最常见的尽职调查是买方或投资方对目标公司展开的尽职调查。本章节中的尽职调查(除非另外说明)是指硬科技企业投资并购过程中受买方委托针对目标公司进行的法律尽职调查。

一、概述

尽职调查,起源于英美法,在美国《1933 年证券法》(1933 Securities Act)中初次体现。美国《1933 年证券法》虽未直接提及"due diligence",但第 11 条虚假登记声明的民事法律责任(civil liabilities on account of false registration statement)和第 12 条与招股书和通信有关的民事法律责任(civil liabilities arising in connection with prospectuses and communications)赋予了发行商、承销商等相关人员"尽职抗辩"(due diligence defense)的权利。[1] 前述人员经过审慎调查,

〔1〕 参见康言、谢菁菁:《法律尽职调查指要》(修订版),中国检察出版社 2017 年版,第 3 页。

有合理的理由相信或无法发现,公司登记声明所披露的信息在其生效时包含对重大事实的不真实陈述、遗漏应披露的重大事实或遗漏其他使得登记声明不致产生误导所必要的重大事实,可以避免承担相关法律责任。在此之后,尽职调查逐渐应运于并购、投资、信托、担保等各项交易之中。

我国最早出现法律尽职调查的规范性文件是中国证监会于 2001 年 3 月 1 日发布并实施的《公开发行证券公司信息披露的编报规则第 12 号——公开发行证券的法律意见书和律师工作报告》(现行有效)。其中第 5 条规定,“律师在律师工作报告中应详尽、完整地阐述所履行尽职调查的情况,在法律意见书中所发表意见或结论的依据、进行有关核查验证的过程、所涉及的必要资料或文件”。随着中国商业经济的跨越式发展,尽职调查在诸多法律法规、司法解释、部门规章以及行业规定中不断被体现,并适用于证券发行、并购、投资等各类交易之中。

本章节中的尽职调查着眼于硬科技企业并购中的法律尽职调查,即律师根据客户的委托和目标公司的硬科技属性,遵守相关法律法规并贯彻客观、独立的原则,对目标公司和并购交易进行全面性或有针对性的调查,并就调查结果进行法律分析与风险评估,在帮助客户确定交易标的的价值、识别交易的潜在风险以及确认交易流程的可行性的同时增强客户的谈判地位,为交易结构的设计和交易文件的准备提供指引,协助客户顺利推进并购交易。[1]

二、工作流程

鉴于硬科技企业并购标的资产个性化强、交易结构复杂、交易成本高等特性,法律尽职调查的重要性不言而喻,特定项目对应的尽职调查的广度和深度亦各有不同,但总体来说,一个完整的法律尽职调查工作主要包括以下流程:

(一)明确尽职调查的工作要求

律师应与客户充分沟通,了解交易背景和客户的要求,包括商业计划,拟议交易结构,尽职调查的对象、范围和目标以及其他专业机构的支持和帮助(如财务或税务顾问等)。[2] 在此基础上,律师与客户协商合作,一起制订法律尽职调

[1] 参见深圳证券交易所创业企业培训中心编著:《上市公司并购重组问答》(第 3 版),中国财经出版传媒集团、中国财政经济出版社 2019 年版,第 27 页。

[2] 参见朱庆标:《并购法律尽职调查指引 1.0》,法律出版社 2016 年版,第 28、30 ~32 页。

查计划,并协调其他专业机构的尽职调查工作。这一计划应包括各方就工作范围、工作形式、时间节点、关注重点以及工作产出的形式等所达成一致的内容如表2-1所示。鉴于尽职调查贯穿整个交易过程,尽职调查计划会随着影响因素的不同而有所变化,包括目标公司的规模、尽调的时间、买方参与度、尽调资料的深度、其他专业机构的帮助以及目标公司的合作意愿等。

表2-1 法律尽职调查工作要求清单

序号	要求	内容	完成情况
1	交易背景和目的	商业计划、拟议交易结构、尽职调查的对象、范围和目标以及其他专业机构的支持和帮助等	
2	工作范围	尽职调查需要关注的方面,相关假设与前提,是否有除外情况等	
3	工作形式	对律师团队人员的需求,现场尽调,线上数据库,目标公司管理层访谈等	
4	时间节点	尽调清单,阶段性汇报,初步尽调报告,尽调报告定稿等	
5	关注重点	知识产权,资质证照,技术人员,合规等	
6	报告形式	电子/纸质报告,重大问题报告/全面报告,重大合同、有形资产、知识产权等摘要附件	

(二)基础背景信息调查

在正式进行尽职调查之前,可先对目标公司的基本信息进行前期调查,以便开展后续的目标公司初步尽调问题清单、管理层访谈提纲的拟定工作和重点资料核查工作。前期调查主要包括审阅客户现有的目标公司初步资料、通过公开渠道查询目标公司基本情况、研究同类公司的相关案例进行初步分析等。基础背景信息调查清单见表2-2。

表2-2 基础背景信息调查清单

序号	调查信息	内容	完成情况
1	工商信息	通过公开渠道查询企业信用信息,包括营业执照信息、股东及出资信息、存续和变更信息、分支机构信息、行政许可和处罚信息、失信信息等;还可通过人民法院公开文书查询目标公司涉诉信息	

续表

序号	调查信息	内容	完成情况
2	经营信息	结合客户现有的目标公司初步资料，通过目标公司的官方网站了解目标公司的生产经营状况、研发状况、主营业务和产品；通过媒体公开报道了解目标公司的竞争优势、企业及相关产品和服务的知名度等	
3	知识产权信息	通过国家公示网站或专业知识产权数据库查询目标公司的专利、商标、著作权及域名的申请、授权、注册、登记、许可、转让和出质等信息	
4	同类公司案例	通过中国证监会网站查询同类公司相关质询问题及回复，结合专业行业研究报告，把握行业特点，初步分析可能涉及的典型法律风险，进一步确定尽职调查中应关注的核心问题	

（三）设计尽职调查初步问题清单

律师应在背景信息调查及分析研究的基础上，结合交易目的、工作范围、关注重点等工作要求，设计较为全面的初步问题清单，一般包括的事项有：公司基本信息及历史沿革、公司的业务经营及资质证照、主要客户/供应商和重大合同、财务与税务、资产（包括不动产、其他有形资产和知识产权等）、劳动人事、关联交易、诉讼仲裁和行政程序以及其他合规事项（如环保、保险、反垄断、数据安全、出口管制合规等）。

通常初步清单以表格形式呈现，并包含相关说明以便于目标公司理解并提供相对应的信息及资料。详见表2-3参考范例：

法律尽职调查文件清单

敬启者：［目标公司名称］

自：［客户公司名称］

日期：［××××年××月××日］

本法律尽职调查文件清单为［客户公司名称］拟收购［目标公司名称］的×××项目的一部分。为完成相关尽职调查，我们需要贵公司提供下述文件和信息。敬请理解本尽职调查文件清单是与×××项目相关的文件和信息之初步清单,在进行尽职调查审阅的过程中,还有可能进行调整和补充。请贵公司依照下述说明提供相应的文件和信息。就本法律尽职调查文件清单而言,“公司”是指[被调查公司名称]及其设立或控制的任何子公司,包括但不限于以下实体:

序号	简称	实体名称
1		
2		

(1)若本法律尽职调查文件清单有关项目信息和/或文件已全部提供,请在“已提供”一栏打“√”;有关项目信息和/或文件仅部分提供,请在“备注”一栏分别注明已提供及待提供的文件和/或信息,并注明预计提供的时间;若有关项目信息和/或文件不适用,请在“不适用”一栏打“√”;若有关项目信息和/或文件不能提供,请在备注栏中说明理由。

(2)对于提供的电子文件,请在文件夹或文件名中注明与本文件清单对应的编号;对于提供的纸质文件,请按照本文件清单所列的顺序装订,并在文件上注明对应的编号;请确保扫描和/或复印件完整,关键信息清晰。

(3)除另有说明,下列清单的调查对象包括公司及其所有已设立或待设立的子公司、分公司、关联公司、合资/营企业、分支机构、生产场地、仓库、办公室等。

(4)除另有说明,所有要求提供的信息或文件应当是自公司成立之日起的相关信息或文件。

表2-3　法律尽职调查文件清单参考范例

	已提供	不适用	备注
一、公司基本情况			
1.公司的全套工商登记备案资料(若在工商局查询打印获得,请加盖工商局的工商查询章,并按工商查询文件本身顺序提供给我们),其中包括但不限于:公司设立时营业执照和设立时工商登记文件,历次工商变更登记证明文件及变更后的营业执照;公司最新经年检的营业执照;公司设立时的章程及历次工商变更时的公司章程/章程修正案			

续表

	已提供	不适用	备注
2. 公司在政府有关主管部门的所有其他登记和证明文件,包括但不限于组织机构代码证以及税务登记证(如未完成三证合一)、海关登记证、财政登记证、开户许可证、社保登记证等			
3. 公司的注册地址及营业地址所在地清单			
二、公司股权			
1. 公司的股权结构图,公司的股东、实际控制人、最终控制人的身份证明文件			
2. 关于向公司出资及增资(如有)的验资报告或银行收款凭证(如未进行验资)。对作为出资投入公司的资产所作的资产评估报告(如适用)			
3. 公司股东间的协议及其修改和补充			
4. 公司和股东之间协议(如投资协议或合资合同等)及其修改和补充			
5. 各股东所持股权的目前状况,例如:是否存在质押情况			
6. 公司股权是否存在任何以代理/委托或名义持股等方式为第三人利益代为持有公司股权等情况,如是,请提供股权代持协议(如有)			
7. 请说明各股东是否直接或间接从事与公司业务相关或竞争的业务			
三、公司组织结构			
1. 公司内部的组织结构图及说明			
2. 公司现任董事会(或执行董事)、监事会(或监事)成员、高级管理人员及核心员工名单及简介,并说明董事会(或执行董事)、监事会(或监事)成员各自的职责以及委派该人员一方的身份			
3. 请确认上述董事、监事、高级管理人员或核心员工是否兼任公司或其他企业的任何职务或存在任何雇佣关系或持有其他公司股权或期权			

续表

	已提供	不适用	备注
四、公司经营及重大合同			
1.公司从事目前正在进行的业务所需要的全部政府行业许可、资质证书、批文或登记备案文件等			
2.政府有关主管部门向公司核发的涉及公司业务经营活动的全部通知、决定、批复、复函等文件			
3.公司所使用的业务合同模板			
4.公司在刚刚终结的财务年度和截至现在的本年度中，以金额计算前十名最大的供应商和前十名最大客户的名单及与这些供应商和客户之间的协议			
5.请提供以下重大合同以及这些合同的履行、违约、转让情况说明			
(1)银行授信、贷款合同			
(2)融资租赁合同			
(3)提供所有尚未完全履行完毕的，含有借贷、保证、抵押、权利质押、留置内容的合同/协议			
(4)租赁合同(包括公司经营场所的租赁)			
(5)限制公司的竞争能力或业务经营的协议或其他文件			
(6)知识产权转让/授权合同			
(7)公司是否存在任何将因本拟合作项目，其效力或履行将受到任何影响的合同或协议			
(8)公司的正常经营过程以外的协议，包含独家、排他条款、“最优惠条款”或类似条款的协议			
(9)公司与其他方之间的任何合伙、合资或合作协议，及其他合同金额超过[×××]万元人民币的合同或协议			
6.公司是否与其他企业、单位之间有过或正在进行的涉及或影响公司资产或公司业务的重大资产、权利转让或受让行为，转让或受让的原因、合同内容及执行情况，为避免疑问，本项文件应包括公司与其他企业、单位达成或签署的任何口头或书面的意向书、条款清单等			

续表

	已提供	不适用	备注
7. 公司是否存在任何形式的违约情形(无论是已发生的还是潜在的),例如公司借款合同是否存在违约的情况,如是,请对违约情况以及后续处理进行说明			
五、关联方以及关联交易			
1. 有关关联方以及交易的清单(关联交易是指企业与其关联方,包括股东、董事、雇员、关联企业或受上述一方直接或间接控制或与上述任何一方有其他利益关联关系的个人或机构之间的交易,包括借款、担保、资产转让等,但不包括企业与雇员之间的正常的聘用关系)			
2. 关联交易的合同			
六、公司财务状况〔1〕			
1. 公司自成立以来经审计的年度财务报表(如未经审计,请提供未经审计的财务报表),未满一年的按财政季度/月度提供未经审计的季度/月度财务报表			
2. 公司所有债务余额(包括银行贷款、应付票据、抵押贷款和第三方贷款)的情况			
3. 关联方及/或子公司之间所有公司间贷款余额的情况			
4. 公司向第三人所提供的任何形式之担保情况清单及文件,该担保清单应包括任何形式的保证、抵押、质押、留置情况等;前述文件应包括担保之所有合同、文件、抵押和质押证明、登记文件等			
5. 公司是否存在涉及公司股权、资产、业务的违约行为,如是,请提供相关合同、协议及违约情况说明,前述违约行为包括但不限于逾期债务等			
6. 公司对外投资情况(包括股权投资、债券投资、股票投资等)			

〔1〕 本部分列举了一般财务尽职调查所需要的文件。企业也可聘请专业财务顾问对目标公司进行尽职调查,并根据需要对内容进行修改和扩充。

续表

	已提供	不适用	备注
七、公司税务状况〔1〕			
1. 公司的国税、地税登记证和其他税务登记证明			
2. 公司过去3年的税务申报			
3. 公司所适用的税种及相关税率清单，是否享有税收优惠及具体优惠政策			
4. 公司是否存在任何欠缴税款的情形，如是，请提供书面说明或提供公司所收到的欠税通知或滞纳金罚单			
5. 请说明公司是否因税务问题受到税务机关的罚款等，如是，请提供相关文件			
八、其他资产			
1. 重要固定资产清单（清单中列明资产的所在地以及账面价值）			
2. 重要固定资产的权属证明文件（如购买合同、海关报关单和/或发票等）			
3. 如果重要固定资产是通过融资租赁、经营性租赁、分期付款等方式而使用的，请提供相关的合同文件			
4. 设置产权负担的不动产或动产的协议清单，包括但不限于抵押、质押、信托书和担保协议以及政府有关这些抵押、质押和担保的批文及登记文件			
九、劳动			
1. 公司的员工（全职和兼职）名单，包括姓名、职务、工资、奖金及聘用期限			
2. 公司与所有员工签订的劳动合同，保密、不竞争和知识产权转让协议等相关协议模板			

〔1〕 本部分列举了一般财务尽职调查所需要的文件。企业也可聘请专业财务顾问对目标公司进行尽职调查，并根据需要对内容进行修改和扩充。

续表

	已提供	不适用	备注
3. 公司与高级管理人员、核心技术人员、顾问等之间签订的任何与聘用有关的合同、协议、备忘录或其他任何形式的文件模板			
4. 公司制定和实施的任何与员工的聘用、奖惩、劳动保护、安全生产、福利待遇、劳动纪律、解聘等事项相关的员工手册及其他任何类型和形式的公司内部有关劳动的规章、制度或政策性文件			
5. 公司员工的五险一金的缴付情况说明(包括缴纳人数、缴纳基数和比例)、缴费凭证和其他相关文件;请说明是否存在法定的五金一险以外的其他福利安排,如是,请提供相关文件			
6. 请提供公司设立员工期权计划或类似股权激励措施的相关文件			
7. 公司工会的组建以及工会费缴付情况(如有)			
8. 公司在员工离职时是否就劳动关系终止和经济补偿与其签署任何合同或协议,如是,请提供相关文件并说明公司是否存在未支付的经济补偿等			
9. 如果存在任何涉及公司与其员工之间劳动争议的已经发生、正在进行或有明显迹象表明将要发生的劳动争议仲裁和诉讼,请提供相关仲裁或诉讼的法律文书、仲裁裁决或判决书,并就该程序的最新进展情况提出证明或作出说明			
10. 有关政府劳动行政管理部门就公司劳动方面事宜向公司正式提出任何警告、处罚、意见、要求和建议的所有情况说明和相关文件			
十、知识产权			
1. 公司拥有的所有专利、版权、商标和厂商名称的清单,以及所有已使用(但未注册)的商标、标志和品牌名称的清单			
2. 公司的所有专利、版权、商标和厂商名称申请			

续表

	已提供	不适用	备注
3. 公司与第三方签署的技术开发协议、技术合作协议、技术许可使用协议、商标转让合同、商标使用许可合同、专利权转让合同、专利实施许可合同、域名使用许可合同或其他知识产权相关合同或协议			
4. 公司是否存在使用他人知识产权或授权他人使用公司知识产权的情形，如是，请说明并提供相关文件			
5. 所有知识产权诉讼或索赔的说明及任何未决或威胁提起的有关专利、商标、版权或其他知识产权的诉讼、索赔或指控的说明			
十一、诉讼、仲裁、行政及其他法律程序			
1. 如果存在任何正在进行的或有证据表明可能发生的对公司、下属机构、公司任何一方股东提起的或与公司、下属机构、公司任何一方股东有关的诉讼、仲裁、行政处罚/复议或其他法律程序，请提供相关诉讼、仲裁、行政复议等法律文书，并就该程序的进展情况提出证明或作出说明			
2. 如果存在上述诉讼、仲裁、行政处罚/复议或其他法律程序，并且公司、下属机构或其股东根据法院、仲裁机构及其他司法、行政机关作出的裁决应承担相应法律义务，请提供相关裁判或裁决文书，并就公司对上述法律义务的实际履行情况提出证明或作出说明			
3. 如果存在上述诉讼、仲裁、行政处罚/复议或其他法律程序，并且在上述程序中存在任何公司、下属机构或其股东的财产或其他权利被查封、扣押、冻结或被采取其他强制措施的情形，请提供有关司法或行政机关就上述强制措施向公司作出的裁决、决定或通知			
4. 任何政府机构发出的限期整改以及警告或其他强制性措施			
十二、保险			
1. 公司为公司资产等所购买的保险的相关合同、保险单及就每一保险单而言最近一次的保险金支付凭据			
2. 请说明是否存在仍在处理中或尚未解决的保险索赔			

续表

	已提供	不适用	备注
十三、监管政府程序			
1. 公司为了经营或业务申请许可证准备的而待批的所有申请书			
2. 任何公司与任何政府机构或管理机构之间的所有往来信件：指控违反法律、法规或要求遵守法律、法规等；要求关于遵守商业领域的法律或任何其他适用法律的资料；关于管理任何公司业务重要部分的任何管理机构的重要资料（包括档案和报告）			
十四、其他			
1. 公司获得的政府奖励基金、政府资金支持的协议或批准文件			
2. 国家或当地有关政府部门是否给予公司任何形式的补贴或优惠政策，如是，请提供有关补贴或优惠政策的批文、补贴的数量、优惠的内容、补贴和优惠可能维持的时间			
3. 对公司业务、财务已经或可能产生重大影响的、现存的或潜在的其他相关事项			

（四）收集整理尽职调查资料

通常情况下，目标公司会根据收到的初步问题清单的要求准备资料供律师审阅。律师也应综合运用书面审查、访谈、实地考察等方法，及时高效地与目标公司方沟通，全方面地收集资料。对于收集存档后的资料应妥善保管，根据初步问题清单的顺序，按照主体、类别和时间顺序科学地汇总整理资料。同时需注意就所知悉的信息对外保密，以免对交易各方造成损失或引起不必要的纠纷，阻碍并购交易进程。可以采取的相关保密措施包括：交易双方与各自聘请的律师及中介机构签署保密协议；在尽职调查过程中，尽可能缩小获知信息的人员范围并就相关人员名单做好记录；提高尽职调查效率，缩短尽职调查时限等。[1]

---

〔1〕 参见深圳证券交易所创业企业培训中心编著：《上市公司并购重组问答》（第3版），中国财经出版传媒集团、中国财政经济出版社2019年版，第25～26页。

（五）审阅尽职调查资料

审阅尽职调查资料具体内容时，律师也应关注资料的来源、完整性、时效性、合法性等问题，并就不同板块的资料之间以及不同方法获得的资料之间的一致性进行审查。例如，重大合同各方签字页是否完整有效，核查股权激励列表中的员工是否与目标公司签署了合法有效的劳动合同，目标公司提供的信息是否与工商登记的一致，借贷合同是否和银行收据账单相互印证等。

对于遗漏或有疑问的部分做好标记，应制作补充问题清单或访谈问题清单，要求目标公司补充提供资料或访问目标公司相关管理层获取信息；对于发现的问题做好记录，结合法律检索、研究与分析，用作正式撰写尽职调查报告的底稿。

（六）撰写尽职调查报告

尽职调查报告是尽职调查工作的成果呈现，即根据尽职调查工作要求，就尽职调查过程中发现的问题逐项列明，说明问题的性质、可能导致的风险以及可行的解决方案。

一份完整的尽职调查报告通常由前言、正文和附件三部分构成。前言包括报告出具的目的、范围、方法、依据、限制、假设前提、报告中使用的简称/定义以及免责限制和声明；正文包括对调查过程中获得的重大法律事实进行综述，引用适当的法律条款结合事实进行分析论证和风险评估以及就各法律问题提出相应的改进意见或解决方案；附件一般为不便于插入正文中的重要信息摘要或统计，如股权结构图、知识产权权益的统计表格、重大合同摘要列表等，以使报告更加完整全面。

尽职调查报告中，客户最关注的是重大问题部分，即相关目标公司情况对并购交易可能存在的阻碍或潜在的风险，因此需要律师将相关事实、问题、法规、风险及建议清晰而简洁地呈现在尽职调查报告中。例如：

目标公司说明，由于××核心员工是外籍人士，公司没有为其缴纳社会保险费。除此之外，公司为全部员工依法代扣代缴个人所得税，依法为全部员工足额缴纳社会保险与住房公积金。

存在的问题和建议：

目标公司没有为外籍员工缴纳社会保险。根据《在中国境内就业的外国人参加社会保险暂行办法》第3条的规定,在中国境内依法注册或者登记的企业依法招用的外国人,应当依法参加社会保险。根据《社会保险法》第84条的规定,社会保险行政部门可以对不为外籍员工缴纳社保的单位处应缴社会保险费数额1倍以上3倍以下的罚款,对其直接负责的主管人员和其他直接责任人员处500元以上3000元以下的罚款。目标公司存在被责令补缴社会保险金并缴纳滞纳金及罚款的风险。

我们建议目标公司就具体欠缴金额及其可能给目标公司财务上带来的不利影响咨询审计师的专业意见。

但尽职调查报告的撰写并不是一蹴而就的,律师撰写好尽职调查报告初稿后,应及时提供给客户和参与尽职调查的其他专业机构,根据反馈意见秉着客观、专业、审慎的原则对反馈意见提及的问题进行充分核查验证后再决定是否采纳并在报告中进行相应修改;如发现或被告知相关事实有所变更或相关法律法规发生更迭的情况,律师应与客户进行沟通,视需要进行补充尽职调查或修改报告内容,重新判断相关法律风险;如果发现尽职调查过程中获取的信息资料存在真实性、有效性存疑、有误或者不完整等情形,应当及时进行补充尽职调查,并将相关内容及时更新到尽职调查报告中。在提交终稿前,也应对报告内容进行交叉校对并与收集的资料进行复核。

三、尽职调查方法及信息来源

根据《律师从事证券法律业务尽职调查操作指引》第8条的规定,“律师应当依据不同的查验事项及核查对象选择合理的查验方法,包括但不限于面谈、书面审查、实地调查、查询和函证、计算、复核等方法,并根据存疑则追加核查方法的原则,确保所披露文件真实、准确、完整”。在实践中,律师通常需要根据项目的不同情形采取以下多种方式进行尽职调查。

(一)文件审阅

并购交易双方所提供的关于拟议并购和目标公司的文件与资料是律师获取法律尽职调查所需信息的最主要来源。通常情况下,目标公司会根据法律尽职调查问题清单的要求准备文件供律师审阅。随着科技的发展,在越来越多的交易中,目标公司将所有文件和信息上传至虚拟资料室,律师应及时存档或复制。

(二)公开信息独立调查

通过互联网等公开渠道发掘目标公司信息也很便利。例如,通过目标公司的主页可以了解公司的主要产品和用户群体,检索国家市场监督管理总局的国家企业信用信息公示系统可以查询目标公司的设立存续信息、股权质押情况等工商信息,通过知识产权主管部门的网站可以核查目标公司的知识产权(包括商标、专利、版权、域名等)权属情况等。

常用的企业主体信息查询网站包括:国家市场监督管理总局的国家企业信用信息公示系统(www. gsxt. gov. cn/index. html)、企查查(www. qichacha. com)、天眼查(www. tianyancha. com)等第三方查询平台,但需要注意的是,公示系统可能会存在一定滞后性。

常用的涉诉信息查询网站包括:中国裁判文书网(wenshu. court. gov. cn);最高人民法院的中国执行信息公开网(zxgk. court. gov. cn/zhixing);北大法宝(www. pkulaw. cn);威科先行·法律信息库(law. wkinfo. com. cn);OpenLaw(openlaw. cn);无讼案例(www. itslaw. com)等。

常用的著作权查询网站包括:国家版权局(www. ncac. gov. cn);中国版权保护中心(www. ccopyright. com. cn)等。

常用的商标查询网站包括:国家知识产权局商标局中国商标网(wcjs. sbj. cnipa. gov. cn);商标分类表(www. sbfl. cn);马德里国际商标查询(www. wipo. int/zh);欧盟商标查询(https://euipo. europa. eu/eSearch)等。

常用的专利检索网站包括:国家知识产权局中国及多国专利审查息查询(http://cpquery. sipo. gov. cn);中国专利信息网(www. patent. com. cn);soopat 专利搜索引擎(www. soopat. com);美国专利商标查询(www. uspto. gov)等。

常用的域名查询网站包括:工业和信息化部 ICP/IP 地址/域名信息备案管理系统(beian. miit. gov. cn/#/Integrated/recordQuery);站长工具(tool. chinaz. com);Whois 查询(whois. aliyun. com)等。

(三)管理层访谈

对目标公司管理层访谈一般作为文件审阅的补充尽职调查手段,一方面可以与目标公司已提供的资料的真实性、准确性和完整性相互印证,另一方面也可以发现遗漏或缺失的信息，为补充尽职调查所需的资料提供线索。管理层访谈的对象通常为目标公司的董事长、财务总监、技术总监等部门负责人，形式可以为当面访谈、电话访谈或线上会议访谈等。进行管理层访谈前，律师需要提前根据了解到的目标公司信息准备好访谈问题清单，以便于在访谈过程中第一时间理解目标公司的业务及其运营模式，并根据管理层就目标公司历史沿革、公司经营、资产、财务、人事等公司经营方面的回答，甄别存在的主要问题并及时追加问题进行进一步沟通。

表2－4为访谈问题清单中的部分常见问题，供参考：

表2－4　法律尽职调查管理层访谈清单常见问题

序号	访谈部门	访谈内容	访谈记录
1	管理部门	目标公司的主要业务有哪些？各自的经营情况及相关规划？目标公司目前的经营战略？目标公司的主要竞争对手有哪些？目标公司的个人股东、董事、高级管理人员和核心技术人员的在外持股/任职情况？目标公司是否存在股份代持情况？目标公司是否存在股权质押情况？目标公司是否存在期权计划？目标公司注册资本出资情况及非货币出资的过户情况？目标公司关联交易情况？	
2	销售部门	目标公司的主要产品和主要销售模式？目标公司在行业中的市场占有率及可替代性？目标公司主要产品近三年的销量及销售价格？产品的定价策略？产品的出口情况？目标公司的前十大客户？各客户区域分布、销售的产品种类、销售金额及占比？目标公司的销售人员安排、培训、考核及奖惩制度？目标公司对产品的售后管理？	
3	采购部门	目标公司的主要采购模式及采购的原材料？采购的原材料在目标公司近三年产品成本中的比重？目标公司的前十大供应商？各供应商的区域分布、原材料种类、采购金额及占比？主要采购材料的供应情况、是否存在替代品、采购价格变化情况、价格变化对目标公司产品价格的影响及相关对策？目标公司对采购材料的品质管理？	

续表

序号	访谈部门	访谈内容	访谈记录
4	技术部门	目标公司的研发体系、模式及流程？目标公司技术研发部门人员设置及职责？目标公司核心技术来源介绍？目标公司现有的专利等知识产权的保护期及到期后对目标公司的影响？目标公司与其他公司开展的技术合作情况？目标公司新产品的研发周期及投入？	
5	生产部门	目标公司的生产模式及流程？目标公司产品近三年的产能、产量、产能利用率？目标公司的安全生产、环境保护情况？目标公司产品生产的质量检测流程和控制制度？	
6	财务部门	目标公司会计报表合并范围、流程原则、方法？目标公司的税务登记及纳税基本情况？目标公司的税收优惠、财政补贴情况？目标公司的借贷情况及背景？	
7	人事部门	目标公司员工总数、各部门分布情况？员工劳动合同、保密协议、竞业禁止协议及知识产权归属协议签署情况？员工的考核方式及程序、激励奖惩机制？目标公司为员工缴纳社保公积金情况？	

（四）现场调查

现场调查与管理层访谈一样也可以起到印证书面资料以及查漏补缺的作用。而相对于较为主观的目标管理层的答复，前往目标公司或其资产所在地进行现场调查，更有利于客观了解目标公司的日常运营情况、技术工艺水平、实际生产能力、周围环境状况、安全生产执行情况以及固定资产维护情况等。现场调查应注意做好查看记录，并在调查后制作底稿备查。

（五）其他专业机构意见

在并购尽职调查项目中，法律尽职调查往往只是其中一部分，客户通常还会委托会计师、税务师、审计师以及资产评估师等其他专业人员或机构一起进行其他方面的尽职调查。各专业机构共同开展尽职调查工作时，调查内容可能会出现交叉或重合的地方，由于调查的侧重点和目的不同，各方挖掘和分析问题的角度会有所差异，因此律师应积极与其他专业机构保持沟通交流，就各自发现的问题进行相互印证，并对一些跨专业或跨领域的问题，听取其他机构的专业意见。[1]

第二节　尽职调查的常见问题

交易的结构和范围、目标公司及行业的特点、交易对手及客户自身的性质甚至律所自身的风险承受能力都是影响尽职调查重点内容的因素，可以参考表2－5至表2－25尽职调查的常见问题并结合实际情况和交易特点对目标公司进行深度尽职调查。

一、设立和存续

（一）目标公司基本信息及历史沿革

表2－5　法律尽职调查常见问题之目标公司基本信息及历史沿革

序号	主要问题	法律风险	解决方案
1	目标公司章程中存在的可能阻碍交易的条款，例如： ①优先购买权：章程约定，现有股东出售目标公司股份的，其他股东享有优先购买权。 ②绝对多数表决：章程约定，除非现有股东A（非卖方）所持有的目标公司股权降低至1%以下，否则A将持有目标公司51%的表决权，其他股东按照其持股比例分享剩余49%的表决权	①根据该项权利，其他股东（非卖方）有权在同等条件下按照其持股比例购买本次交易项下的出售股份，从而可能导致买方在本次交易中有权购买的股份数量少于目标数量。 ②根据该项权利，只要A持有1%的股权，即使买方持股比例超过A或超过绝对多数，仍不能控制目标公司的股东会	①建议要求卖方和其他股东（非卖方）出具一份放弃优先购买权的豁免函，并将此作为本次交易的交割先决条件。建议买方和目标公司讨论是否协商购买其他股东（非卖方）持有的目标公司股份。 ②建议要求目标公司尽快修改章程，股东会由所有股东按照出资比例行使表决权，并将此作为本次交易的交割先决条件

〔1〕参见朱庆标：《并购法律尽职调查指引1.0》，法律出版社2016年版，第40页；李俭：《法律尽职调查完全手册》（第2版），法律出版社2019年版，第32页；康言、谢菁菁：《法律尽职调查指要》（修订版），中国检察出版社2017年版，第26页。

续表

序号	主要问题	法律风险	解决方案
2	目标公司部分基础文件缺失	在目标公司就其合法设立及有效存续提供了其他文件和说明的情况下，部分工商档案等基础文件的缺失所造成的法律风险一般较低，可以要求目标公司补充提供基础文件或提起买方注意即可	在交易文件中要求卖方对目标公司经营的合法合规性作出全面陈述与保证；在交易文件中约定，若目标公司或买方因前述问题遭受任何损失，由卖方承担相应的补偿或赔偿责任
3	目标公司实际经营地址与登记住所不一致，并未就实际经营地址申请变更登记	根据《民法典》《公司法》《市场主体登记管理条例》的规定，公司应将主要办事机构所在地登记为住所。公司未依法办理住所变更登记的，由登记机关责令改正；拒不改正的，将处 1 万元以上 10 万元以下的罚款；情节严重的，吊销营业执照	建议要求目标公司及时将其注册地址变更为实际经营地址，并视情况将此作为本次交易的交割先决条件或交割后义务；在交易文件中要求卖方对目标公司经营的合法合规性作出全面陈述与保证；在交易文件中约定，若目标公司或买方因前述问题遭受任何损失，由卖方承担相应的补偿或赔偿责任

续表

序号	主要问题	法律风险	解决方案
4	目标公司备案登记事项变更未办理备案登记手续	根据《公司法》和《市场主体登记管理条例》的规定,公司应就注册资本、法定代表人、董事、监事、高级管理人员、市场主体登记联络员、外商投资企业法律文件送达接收人、认缴出资数额等事项的变更申请变更登记或办理备案手续。公司未依法办理变更登记的,由登记机关责令改正;拒不改正的,将处1万元以上10万元以下的罚款;情节严重的,吊销营业执照。未依法办理备案的,由登记机关责令改正;拒不改正的,将处5万元以下罚款	建议要求目标公司尽快办理相关登记备案手续,并视情况将此作为本次交易的交割先决条件或交割后义务;在交易文件中要求卖方对目标公司经营的合法合规性作出全面陈述与保证;在交易文件中约定,若目标公司或买方因前述问题遭受任何损失,由卖方承担相应的补偿或赔偿责任
5	目标公司历次增资或股权转让可能存在低价转让情形、目标公司股权转让过程中可能构成利益输送或不正当竞争	根据《股权转让所得个人所得税管理办法(试行)》的规定,申报的股权转让收入低于相同或类似条件下同类行业的企业股权转让收入的、低于相同或类似条件下同一企业同一股东或其他股东股权转让收入的、低于初始投资成本或低于取得该股权所支付的价款及相关税费的,将被视为股权转让收入明显偏低且无正当理由,主管税务机关可以核定股权转让收入。股权转让的原因及合理性、价格及定价依据等为监管部门审核重点,若存在相关情况将会引起监管部门注意	历次增资或股权转让交易定价是否公允、是否涉及税务调整存在不确定性,建议买方进一步与财务尽职调查团队沟通具体财税相关风险;在交易文件中要求卖方对目标公司历史增资或转股及相关税收缴纳事宜的合规性作出全面陈述与保证;在交易文件中约定,若目标公司或买方因前述问题遭受任何损失,由卖方承担相应的补偿或赔偿责任

(二)目标公司股权及出资状况

表 2-6 法律尽职调查常见问题之目标公司股权及出资状况

序号	主要问题	法律风险	解决方案
1	股权代持	根据《首次公开发行股票注册管理办法》等相关规定，要求发行人的股份权属清晰，不存在导致控制权可能变更的重大权属纠纷。对于历史上存在股权代持的，中国证监会及证券交易所在审核时将重点关注代持的真实性、合理性、是否已解除，发行人股权是否清晰，是否存在股权纠纷等问题，否则将影响公司上市。如无任何书面代持文件，证明代持人承认或认可代持关系，则可能会发生争议，股权结构存在不稳定性	建议要求目标公司尽快促使代持人与实益所有人签署书面代持协议，在标的公司进行并购等需要股东同意的重大事项时，除取得代持人签字外，同时确保股权的实益所有权人也已授权、同意相关事项，并将此作为本次交易的交割先决条件；要求目标公司承诺在交割后一定期限内完成股权代持清理(包括股权代持还原或股东退出)，并将此作为本次交易的交割后承诺；在交易文件中要求卖方承诺，除已经书面披露的情况外，目标公司股权清晰、稳定，不存在委托代持或其他特殊安排，并作出全面陈述与保证；在交易文件中约定，若买方因前述问题遭受任何损失，由卖方承担相应的补偿或赔偿责任
2	股权质押	根据《民法典》物权编的相关规定，股权出质后未经质权人同意不得转让；出质人不履行到期债务或者发生当事人约定的实现质权的情形时，质权人可以与出质人协议以质押财产折价，也可以就拍卖、变卖质押财产所得的价款优先受偿；目标公司被质押股权有被第三方取得的可能，股权结构存在不稳定性	提请买方注意该股权质押是否会对并购计划造成实质障碍；建议要求目标公司尽快解除股权质押，并将此作为本次交易的交割先决条件；在交易文件中要求卖方对目标公司股权不存在权利负担作出全面陈述与保证；在交易文件中约定，若目标公司或买方因前述问题遭受任何损失，由卖方承担相应的补偿或赔偿责任

续表

序号	主要问题	法律风险	解决方案
3	非货币出资未经评估或未办理过户手续	根据《公司法》、最高人民法院《关于修改关于适用〈中华人民共和国公司法〉若干问题的规定的决定》、《刑法》等规定，对作为出资的非货币财产应当由依法设立的资产评估机构进行评估作价，核实财产，不得高估或者低估作价；以非货币财产出资的，应当依法办理其财产权的转移手续；公司设立时，股东实际出资的非货币财产的实际价额显著低于所认缴的出资额的，设立时的其他股东与该股东在出资不足的范围内承担连带责任；目标公司上述情况可能被登记机关认定为虚假出资，被公司登记机关责令改正，处以虚假出资金额5%以上15%以下的罚款；相关直接责任人可能被处以5年以下有期徒刑或拘役	建议要求目标公司尽快委托资产评估机构进行评估作价、补足差额，尽快与非货币出资人办理过户手续或以货币出资置换这些非货币出资，并将此作为本次交易的交割先决条件；在交易文件中要求卖方对目标公司出资人履行出资义务的合法合规性作出全面陈述与保证；在交易文件中约定，若目标公司或买方因前述问题遭受任何损失，由卖方承担相应的补偿或赔偿责任

（三）目标公司内部组织结构

表2－7　法律尽职调查常见问题之目标公司内部组织结构

序号	主要问题	法律风险	解决方案
1	董事轮换制，例如章程中规定，每年只能更换1/4～1/3的董事，且辞退董事必须具备合理的理由	根据该项规定，即使买方持股超过绝对多数，也难以获得董事会的控制权	建议要求目标公司尽快修改章程，取消董事轮换制，并将此作为本次交易的交割先决条件
2	员工股权激励安排，例如目标公司计划预留部分注册资本作为员工股权激励	若目标公司未能于本次并购交易前完成预留，未来员工股权激励份额会稀释买方的持股比例	建议要求目标公司本次并购交易前完成预留，并视情况将建立令买方满意的员工股权激励计划作为本次交易的交割先决条件或交割后义务

二、业务经营及主要合同

(一)目标公司业务概述

表2-8　法律尽职调查常见问题之目标公司业务概述

序号	主要问题	法律风险	解决方案
1	目标公司实际经营范围与营业执照载明的经营范围不一致	根据《公司法》和《市场主体登记管理条例实施细则》的规定,公司变更经营范围,属于依法须经批准的项目的,应当自批准之日起30日内申请变更登记;登记机关责令其就经营范围进行变更登记而公司拒绝办理相关登记的,将处1万元以上10万元以下的罚款;情节严重的,吊销营业执照	建议要求目标公司及时修改其经营范围以符合实际经营活动的情况,并办理有关范围的变更登记手续,并视情况将此作为本次交易的交割先决条件或交割后义务;在交易文件中要求卖方对目标公司经营的合法合规性作出全面陈述与保证;在交易文件中约定,若目标公司或买方因前述问题遭受任何损失,由卖方承担相应的补偿或赔偿责任
2	目标公司未取得所需的业务资质,例如: ①目标公司可能需要获得主体设立或者变更相对应的前置审批、后置审批或者备案等; ②目标公司的生产、经营、进出口等活动可能需要取得相对应的许可证、备案或认证证书等; ③目标公司的产品或从业人员可能需要取得相对应的注册证或者备案等	未取得相关资质证照,目标公司可能被相关机关处以罚款、没收、吊销执照等行政处罚;情节严重的还可能被认定构成非法经营罪。 根据《市场主体登记管理条例》和《市场监管总局关于调整企业登记前置审批事项目录的通知》等相关的法律法规及地方规定,公司的经营范围包括一般经营项目和许可经营项目;经营范围中属于在登记前依法须经批准的经营项目,公司应当在申请登记时提交有关批准文件;例如证券公司的设立变更需要中国证监会的前置审批、保险公司的设立变更需要银保监会的前置审批	建议要求目标公司及时取得其业务所需的资质证照,并视情况将此作为本次交易的交割先决条件或交割后义务;在交易文件中要求卖方对目标公司经营各项业务的合法合规性以及目标公司已就主营业务、产品和相关从业人员取得所必需的业务资质作出全面陈述与保证;在交易文件中约定,若目标公司或买方因前述问题遭受任何损失,由卖方承担相应的补偿或赔偿责任

续表

序号	主要问题	法律风险	解决方案
3	目标公司相关业务资质已过期、被暂停或被吊销	例如，根据《药品管理法》，从事药品生产、经营活动，应当经所在地省、自治区、直辖市人民政府药品监督管理部门批准，取得药品生产、经营许可证；药品生产、经营许可证应当标明有效期和生产、经营范围，到期重新审查发证；未取得有效药品生产许可证、药品经营许可证或者医疗机构制剂许可证生产、销售药品的，责令关闭，没收违法生产、销售的药品和违法所得，并处违法生产、销售的药品（包括已售出和未售出的药品，下同）货值金额15倍以上30倍以下的罚款；货值金额不足10万元的，按10万元计算；构成犯罪的，依法追究刑事责任	资质证照过期的，建议要求目标公司及时重新申请其业务所需的资质证照或依法办理相关资质证照的延期手续；资质证照被暂停或被吊销的，建议要求目标公司暂停或停止相关业务，并建议买方进一步与财务尽职调查团队沟通相关业务在目标公司中的价值和评估相关业务对并购交易的影响；视情况将上述对目标公司的要求作为本次交易的交割先决条件或交割后义务；在交易文件中要求卖方对目标公司经营的合法合规性作出全面陈述与保证；在交易文件中约定，若目标公司或买方因前述问题遭受任何损失，由卖方承担相应的补偿或赔偿责任

续表

序号	主要问题	法律风险	解决方案
4	目标公司在主要业务模式下的客户/供应商高度集中,存在依赖性	对于目标公司存在客户/供应商高度集中的情况,需注意目标公司对这些客户/供应商是否存在重大依赖,是否影响目标公司持续经营能力。若目标公司在销售和采购方面客户和供应商高度集中,对其高度依赖可能会对目标公司的议价能力产生一定的不利影响;若这些客户或供应商的经营生产发生重大不利变化,也很可能对目标公司的生产经营情况产生重大不利影响	建议要求目标公司从与高度依赖的客户/供应商合作的必要性、合理性、是否属于行业特性、是否属于相互依存关系、合作是否具有稳定性和可持续性、是否存在关联关系、交易价格是否公允、是否存在降低依赖度的其他选择、是否采取措施以降低依赖度等角度全方面进行合理解释;视情况要求目标公司承诺尽商业合理努力寻求其他优质客户/供应商,分散上下游来源,并将此作为本次交易的交割后义务;在交易文件中要求卖方对目标公司客户/供应商集中不会对目标公司持续经营能力以及未来整体上市构成重大不利影响作出全面陈述与保证

（二）目标公司重大合同

表2-9　法律尽职调查常见问题之目标公司重大合同

序号	主要问题	法律风险	解决方案
1	重大合同存在控制权变更条款，对方有单方解约权或有同意权	因并购多引起控制权的变更，可能被合同相对方认定为对目标公司的履约能力造成重大影响，从而导致目标公司进行并购交易需要及时通知合同相对方或事先征得合同相对方同意	提请买方注意；建议要求目标公司就并购交易需要及时通知合同相对方或事先征得合同相对方同意，并将此作为本次交易的交割先决条件；在交易文件中要求卖方对目标公司进行并购交易不会违反与第三方之间的合同或其他有约束力的文件或与之相抵触，以及已取得所需要的第三方的同意或授权，作出全面陈述与保证；在交易文件中约定，若目标公司或买方因前述问题遭受任何损失，由卖方承担相应的补偿或赔偿责任

续表

序号	主要问题	法律风险	解决方案
2	目标公司重大合同存在瑕疵及非常规条款,例如: ①合同主体存在瑕疵:合同当事人的主体身份不正确、合同未由有权签字人签字、合同当事人未加盖公章等; ②合同有效期已届满,或即将届满,未约定续约条款; ③目标公司承担义务过重或无法履行合同义务:目标公司履行费用过高明显有失公允、目标公司超出自己的经营范围订立合同、目标公司违约需承担无限责任或需赔偿合同相对方的间接损失等; ④目标公司的行为受到重大限制:排他性条款、竞业限制条款等; ⑤存在其他显失公平合同条款、存在未约定事项或约定不明的情况:仅合同相对方拥有单方解除权、仅合同相对方拥有违约责任上限、未约定争议解决条款、未明确违约后一方可以进行何种救济措施(如违约金计算方式、解除合同、请求替代履行、要求减价等)	合同双方可能就重大合同存在争议: ①合同可能未有效订立并生效或可能代理权存在瑕疵,目标公司订立合同的目的可能无法实现或目标公司因履行未生效的合同而产生损失; ②合同双方受合同约束并行使合同项下权利的前提是该合同在有效期间内; ③目标公司为履行合同可能承受不合理的经济损失或可能会遭受行政处罚; ④目标公司正常业务经营可能受到阻碍,亦可能影响并购交易的进行; ⑤目标公司履行合同存在潜在风险,部分合同约定将非常不利于目标公司维护自身合理权益	建议将以下内容作为本次交易的交割先决条件: ①要求目标公司与合同相对方及时沟通协商,对相关合同进行追认,以确保合同效力; ②如有必要,要求目标公司与合同相对方及时沟通协商,更新或续签合同; ③要求目标公司与合同相对方及时沟通协商,解除或修改合同,减少双方的法律风险; ④要求目标公司与合同相对方及时沟通协商,修改合同,减少双方不必要的损失; ⑤要求目标公司与合同相对方及时沟通协商,修改合同,减少双方不必要的争议

续表

序号	主要问题	法律风险	解决方案
3	合同一方存在对重大合同的违约行为或潜在违约风险,如未按期支付货款、交付产品不合格或未按期发货	目标公司存在违约责任,可能承担损害赔偿责任或其他责任,也可能存在涉诉风险;合同相对方存在违约责任,目标公司将产生损失	若目标公司存在违约行为,建议要求目标公司与合同相对方及时沟通协商,由合同相对方明确豁免目标公司在合同项下的违约责任并放弃求偿权,并视情况将此作为本次交易的交割先决条件或交割后义务;在交易文件中要求卖方对目标公司重大合同均已得到适当履行,不存在合同一方出现重大违约或可能导致重大违约的情形,作出全面陈述与保证;在交易文件中约定,若目标公司或买方因前述问题遭受任何损失,由卖方承担相应的补偿或赔偿责任

三、财务及税务

(一)目标公司债权债务

表2-10 法律尽职调查常见问题之目标公司债权债务

序号	主要问题	法律风险	解决方案
1	目标公司存在尚未履行完毕的借款	①若目标公司未按照借贷协议约定的用途使用,可能面临贷款人对目标公司部分或全部借款加收利息、贷款人停止支付尚未发放的借款、贷款人提前收回部分或全部借款等风险; ②若目标公司逾期未偿还借款,可能面临贷款人要求目标公司支付逾期利息、其他贷款人要求目标公司提前还款等风险; ③若目标公司以资产为债务提供对外抵押担保,逾期未偿还借款,可能面临贷款人以折价、拍卖、变卖的方式处置抵押资产,目标公司将丧失对抵押物的控制权,并可能对目标公司的经营生产产生不利影响	建议买方进一步与财务尽职调查团队沟通目标公司借款利息总额,并从商业上考虑对本次并购交易的影响;在交易文件中要求目标公司承诺,将按时偿还所有借贷或与贷款方沟通协商免除部分或全部借款或解除抵押担保;在交易文件中要求卖方承诺,除已经书面披露的情况外,目标公司不存在其他尚未履行完毕的借贷,且目标公司所有负债合计不超过[特定数额],并作出全面陈述与保证;在交易文件中约定,若目标公司或买方因前述问题遭受任何损失,由卖方承担相应的补偿或赔偿责任
2	目标公司为第三方提供担保	若第三方发生无法偿还借款的情况,目标公司将承担向贷款人偿还借款的连带责任	建议买方进一步与财务尽职调查团队沟通目标公司对外担保总额,并从商业上考虑对本次并购交易的影响;在交易文件中要求目标公司承诺,将按时偿还所有借贷;在交易文件中要求卖方承诺,除已经书面披露的情况外,目标公司不存在其他对外担保,且目标公司所有对外担保合计不超过[特定数额],并作出全面陈述与保证;在交易文件中约定,若买方因前述问题遭受任何损失,由卖方承担相应的补偿或赔偿责任

(二)目标公司税收优惠与财政补贴

表 2-11　法律尽职调查常见问题之目标公司税收优惠与财政补贴

序号	主要问题	法律风险	解决方案
1	目标公司享受的税收优惠缺乏法律依据、目标公司不再满足条件或被并购后影响获得优惠和补贴的资格或可能面临被撤销的风险	税收优惠一般系地方性优惠政策,存在因这些地方政策被宣布无效、撤销、调整而导致目标公司被追缴因享受的税收优惠的可能性	建议买方进一步与财务尽职调查团队沟通目标公司税收优惠总额,并从商业上考虑税收等优惠对本次并购交易的影响;建议要求目标公司与当地主管部门积极沟通协商,由当地主管部门出具函件,确认目标公司享受的优惠符合有关规定,目标公司根据这些税率依法纳税,不存在被追缴的风险;若因缺乏法律依据被要求补缴税款的,则目标公司应配合;在交易文件中约定,若目标公司因前述原因被要求补缴税款的,由卖方承担相应的补偿责任
2	目标公司获取的财政补贴缺乏法律依据或存在被回收的可能性	政府相关部门就特定研究开发项目授予公司一定发展基金等资金作为财政补贴,并与这些公司签署相关合同。若目标公司取得的财政补贴缺乏法律依据,存在被相关部门追缴的可能性且目标公司本次并购交易触发合同中相关调整条件,政府相关部门将有权决定相应调整方案,不排除目标公司相关研究开发项目补贴被撤销的风险	建议买方进一步与财务尽职调查团队沟通目标公司财政补贴总额,并从商业上考虑相关研究开发项目及其财政补贴对本次并购交易的影响;建议要求目标公司与相关政府部门积极沟通协商,减少目标公司财政补贴因本次并购交易被回收的风险;若因缺乏法律依据被要求返还相关财政补贴的,则目标公司应配合;在交易文件中约定,若目标公司因前述原因被要求返还相关财政补贴的,由卖方承担相应的补偿责任

四、资产(除知识产权)

(一)目标公司不动产

表 2－12　法律尽职调查常见问题之目标公司不动产

序号	主要问题	法律风险	解决方案
1	目标公司租赁物业存在瑕疵,例如: ①目标公司租赁物业未办理租赁合同备案登记; ②目标公司租赁物业未取得转租或使用许可	①根据《商品房屋租赁管理办法》的规定,房屋租赁合同订立后 30 日内,房屋租赁当事人应当到租赁房屋所在地直辖市、市、县人民政府建设(房地产)主管部门办理房屋租赁登记备案;未按规定办理登记备案的,由直辖市、市、县人民政府建设(房地产)主管部门责令限期改正;单位逾期不改正的,处以 1000 元以上 1 万元以下罚款。 ②租赁物业相关的租赁协议通常约定,未经出租方书面同意,承租方不得擅自将这些物业进行转租,否则出租方有权单方解除合同,并要求承租方支付违约金及赔偿损失。若目标公司将其承租的物业提供给其他公司使用,存在违反租赁协议并被要求承担违约责任的风险;若实际使用租赁物业的目标公司并未就其对这些物业的使用取得产权方出具的转租或使用许可,目标公司对这些租赁物业使用的持续、稳定使用可能受到不利影响,其业务经营也可能因此受到不利影响	在交易文件中要求卖方就目标公司有权租赁并使用其租赁物业、这些租赁物业之上不存在权利负担、无违约或其他影响目标公司正常使用这些租赁物业的情形作出全面陈述与保证;在交易文件中约定,若目标公司或买方因前述问题遭受任何损失,由卖方承担相应的补偿或赔偿责任。 在交易文件中作为交割后承诺,要求目标公司在交割后的商业合理时间内尽快办理这些房屋租赁备案登记。 要求目标公司就租赁物业与出租方取得书面转租或使用许可及豁免承租方于租赁协议项下的违约责任的书面确认,并视情况将此作为本次交易的交割先决条件或交割后义务

续表

序号	主要问题	法律风险	解决方案
2	目标公司建设项目存在瑕疵,例如: ①目标公司未就建设项目取得施工许可证; ②目标公司未就建设项目办理消防验收; ③目标公司建设项目未进行环保验收、固定资产投资项目节能登记备案、职业病危害控制效果评价等即投入生产	①根据《建筑工程施工许可管理办法》和《建设工程质量管理条例》等的规定,从事各类房屋建筑及其附属设施的建造、装修装饰和与其配套的线路、管道、设备的安装,建设单位在开工前应当依照规定,向工程所在地的县级以上地方人民政府住房城乡建设主管部门申请领取施工许可证;建设单位未取得施工许可证或者开工报告未经批准,擅自施工的,责令停止施工,限期改正,处工程合同价款1%以上2%以下罚款。 ②根据《消防法》的规定,国务院和城乡建设主管部门规定应当申请消防验收的建设工程竣工,建设单位应当向住房和城乡建设主管部门申请消防验收;未经消防验收,擅自投入使用的,由主管部门、省防机构责令停止使用,并处3万元以上30万元以下罚款。 ③根据《建设项目竣工环境保护验收暂行办法》和《建设项目环境保护管理条例》等的规定,建设项目配套建设的环境保护设施经验收合格后,其主体工程方可投入生产或者使用;需要配套建设的环境保护设施未经验收,建设项目即投入生产或者使用的,由县级以上环境保护行政主管部门责令限期改正,处20万元以上100万元以下罚款;逾期不改正的,处100万元以上200万元以下罚款;对直接负责的主管人员和其他责任人员,处5万元以上20万元以下罚款;造成重大环境污染或者生态破坏的,责令停止生产或者使用,或者报经有批准权的人民政府批准,责令关闭。 根据《节约能源法》,国家实行固定资产投资项目节能评估和审查制度。不符合强制性节能标准的项目,建设单位不得开工建设;已经建成的,不得投入生产、使用;政府投资项目不符合强制性节能标准的,依法负责项目审批的机关不得批准建设。根据《职业病防治法》,建设项目在竣工验收前,建设单位应当进行职业病危害控制效果评价;验收合格后,方可投入生产和使用	建议在交易文件中作为交割后义务,要求目标公司应在交割后一定期限内办理完毕相应建设工程项目的施工许可证、环评验收及批复、竣工验收消防备案、节能登记备案和职业病危害控制效果评价等手续;在交易文件中约定,卖方对目标公司利用、建设、开发土地、建设工程项目完全合法合规,不存在违反适用法律法规(包括但不限于建设工程、环境保护相关法律)的情形,作出全面陈述与保证;在交易文件中约定,若目标公司或买方因前述问题遭受任何损失,由卖方承担相应的补偿或赔偿责任

（二）目标公司重要动产

表 2－13　法律尽职调查常见问题之目标公司重要动产

主要问题	法律风险	解决方案
目标公司重要动产存在权利负担	根据《民法典》物权编的相关规定，担保物未经债权人同意债务人不得处置；债务人不履行到期债务或者发生当事人约定的实现质权的情形时，债权人可以与债务人协议以担保财产折价，也可以就拍卖、变卖担保财产所得的价款优先受偿；目标公司被设置权利负担的重要资产有被第三方取得的可能性	提请买方注意这些重要动产存在权利负担对并购计划造成的不利影响；建议要求目标公司尽快解除这些权利负担，并将此作为本次交易的交割先决条件；在交易文件中要求卖方对目标公司重要资产不存在权利负担作出全面陈述与保证；在交易文件中约定，若目标公司或买方因前述问题遭受任何损失，由卖方承担相应的补偿或赔偿责任

五、知识产权〔1〕

（一）目标公司知识产权

表 2－14　法律尽职调查常见问题之目标公司知识产权产

序号	主要问题	法律风险	解决方案
1	目标公司对相关知识产权保护存在瑕疵，例如： ①目标公司使用的标识及商号尚未办理商标注册手续、已经申请注册但尚未取得商标注册证、存在相似的在先商标、受让取得的商标尚未办理转让核准公告手续、被许可使用的注册商标尚未办理备案手续、商标注册事项变更未办理变更登记手续、以商标专用权出质、商标专用权到期尚未办理续展手续。	①根据《商标法》和《商标法实施条例》的规定，经商标局核准注册的商标为注册商标，商标注册人享有商标专用权，受法律保护；两个或者两个以上的商标注册申请人，在同一种商品或者类似商品上，以相同或者近似的商标申请注册的，初步审定并公告申请在先的商标，同一天申请的，初步审定并公告使用在先的商标，驳回其他人的申请，不予公告；转让注册商标经核准后，	①要求目标公司就其业务经营所需的标识、商号等尽快办理商标注册、办理注册商标转让核准公告手续、促使许可方办理商标许可使用合同备案、办理变更登记手续、办理注册商标续展手续、建立商标保护制度，并视情况将此作为本次交易的交割先决条件或交割后义务。 ②要求目标公司就其业务经营所需的关键专有技术尽快办理专利申请、办理专利权转让登记公告手

〔1〕 参见《中华全国律师协会知识产权尽职调查操作指引》第 1.6 条、第 1.7 条。

续表

序号	主要问题	法律风险	解决方案
1	②目标公司使用的关键专有技术尚未办理专利权申请手续、已经申请专利但尚未取得专利权、存在他人对该技术的在先专利申请、受让取得的专利权尚未办理转让登记公告手续、被许可实施的专利尚未办理备案手续、专利权人信息变更未办理变更登记手续、未按规定缴纳年费、专利保护期届满。 ③目标公司知识产权存在现有的或潜在的侵权纠纷或申请被驳回无效	予以公告,受让人自公告之日起享有商标专用权;许可他人使用其注册商标的,许可人应当将其商标使用许可报商标局备案,由商标局公告,商标使用许可未经备案不得对抗善意第三人;注册商标需要变更注册人的名义、地址或者其他注册事项的,应当提出变更申请;注册商标有效期满,需要继续使用的,商标注册人应当在期满前12个月内按照规定办理续展手续;在此期间未能办理的,可以给予6个月的宽展期。期满未办理续展手续的,注销其注册商标。 ②根据《专利法》和《专利法实施细则》的规定,任何单位或者个人未经专利权人许可,都不得实施其专利,即不得以生产经营为目的制造、使用、许诺销售、销售、进口其专利产品;两个以上的申请人分别就同样的发明创造申请专利的,专利权授予最先申请的人;转让专利申请权或者专利权的,应当依照有关法律、行政法规的规定办理手续,专利申请权或者专利权的转让自登记之日起生效;专利权人与他人订立的专利实施许	续、促使许可方办理专利实施许可备案、办理变更登记手续、按时缴纳年费、建立专利保护制度,并视情况将此作为本次交易的交割先决条件或交割后义务。 ③建议买方评估这些知识产权对目标公司的重要性,以及这些知识产权无效或被判侵权对并购交易的影响。 在交易文件中要求卖方对目标公司已就其业务经营所需的全部知识产权获得现行有效的所有权或合法使用权;不存在任何知识产权相关纠纷;不存在目标公司知识产权被第三方侵犯或与第三方共享的情形;不存在目标公司侵犯第三方知识产权的情形;目标公司知识产权不存在权利负担,作出全面陈述与保证。在交易文件中约定,若目标公司或买方因前述问题遭受任何损失,由卖方承担相应的补偿或赔偿责任

续表

序号	主要问题	法律风险	解决方案
1		可合同,应当自合同生效之日起3个月内向国务院专利行政部门备案;专利权人未缴纳或者未缴足年费的,国务院专利行政部门应当通知专利权人自应当缴纳年费期满之日起6个月内补缴,同时缴纳滞纳金,滞纳金的金额按照每超过规定的缴费时间1个月,加收当年全额年费的5%计算,期满未缴纳年费的,专利权自应当缴纳年费期满之日起终止;发明专利权的期限为20年,实用新型专利权的期限为10年,外观设计专利权的期限为15年,均自申请日起计算。 ③目标公司存在因这些知识产权无效或侵犯他人知识产权而无法继续使用这些知识产权或承担侵权责任的风险	

续表

序号	主要问题	法律风险	解决方案
2	共有知识产权归属	根据《专利法》的规定，专利申请权或者专利权的共有人对权利的行使有约定的，从其约定。没有约定的，共有人可以单独实施或者以普通许可方式许可他人实施该专利；许可他人实施该专利的，收取的使用费应当在共有人之间分配。除前述情形外，行使共有的专利申请权或者专利权应当取得全体共有人的同意。 根据《商标法》的规定，两个以上的自然人、法人或者其他组织可以共同向商标局申请注册同一商标，共同享有和行使该商标专用权。 根据《著作权法》的规定，两人以上合作创作的作品，著作权由合作作者共同享有。合作作品的著作权由合作作者通过协商一致行使；不能协商一致，又无正当理由的，任何一方不得阻止他方行使除转让、许可他人专有使用、出质以外的其他权利，但是所得收益应当合理分配给所有合作作者。合作作品可以分割使用的，作者对各自创作的部分可以单独享有著作权，但行使著作权时不得侵犯合作作品整体的著作权	若这些共有知识产权是专为目标公司开发、设计、创作的，且为目标公司主营业务所必需的知识产权，则建议要求目标公司与其他知识产权共有人沟通协商，通过书面协议将这些知识产权无偿或以公允价格转让给目标公司，并将此作为本次交易的交割先决条件

续表

序号	主要问题	法律风险	解决方案
3	目标公司域名存在瑕疵，例如：域名无法访问、域名未办理ICP备案、域名未完成实名认证等	根据《互联网信息服务管理办法》和《非经营性互联网信息服务备案管理办法》的规定，对非经营性互联网信息服务实行备案制度；未履行备案手续的，不得从事互联网信息服务	建议在交易文件中作为交割后义务，要求目标公司应在交割后一定期限内就相关域名向域名注册服务机构提供真实、准确、完整的身份信息等域名注册信息，并办理完成相应的备案手续

（二）目标公司知识产权相关协议

表2-15　法律尽职调查常见问题之目标公司知识产权产相关协议

序号	主要问题	法律风险	解决方案
1	目标公司技术进出口合同	根据《技术进出口管理条例》的规定，属于禁止进出口的技术，不得进出口。属于限制进出口的技术，实行许可证管理，未经许可不得进出口；技术进出口申请经批准的，由国务院外经贸主管部门发给技术进出口许可意向书；申请人取得技术出口许可意向书后，方可对外进行实质性谈判，签订技术进出口合同；申请人签订技术进出口合同后，应当向国务院外经贸主管部门提交技术进出口合同副本及有关文件，申请技术进出口许可证。对属于自由进出口的技术，实行合同登记管理，合同自依法成立时生效，不以登记为合同生效的条件；国务院外经贸主管部门对技术进出口合同进行登记，颁发技术进出口合同登记证。申请人凭技术进出口许可证或者技术进出口合同登记证办理外汇、银行、税务、海关等相关手续	建议要求目标公司根据进出口技术类型，遵守相关法律法规的要求申请技术进出口许可意向书、申请技术进出口许可证或办理技术进出口合同登记手续、申请技术进出口合同登记证，并视情况将此作为本次交易的交割先决条件或交割后义务

续表

序号	主要问题	法律风险	解决方案
2	目标公司未与研发人员签署知识产权归属协议	根据《著作权法》、《计算机软件保护条例》和《专利法》的相关规定，对于雇员执行本单位的任务或者主要是利用本单位的物质技术条件所完成的作品或发明创造为职务作品或职务发明创造，职务作品及职务发明创造的相应权利应属于单位。 目标公司未与研发人员签署知识产权归属协议，可能导致知识产权权属存在争议，相关人员违约成本较低	作为交割先决条件，要求目标公司与研发人员签署令买方满意的知识产权归属协议

(三)拟上市公司常见知识产权问题与风险

硬科技行业经过数十年的发展，其高技术、高研发、高市场集中度的行业特点日益明显。因此，在对硬科技行业目标公司进行知识产权相关尽职调查时，除了核查尽职调查中常见的普遍性问题之外，还需重点关注与行业特点密切相关的风险。因此，我们统计并总结了以下硬科技企业在科创板上市过程中被监管部门问询的相关知识产权问题。

表 2－16　硬科技企业科创板上市常见知识产权相关问询问题

序号	主要问题	具体内容
1	核心技术人员	核心技术人员与研发人员的占比是体现公司科创属性的重要指标之一，因此监管部门常常就核心技术人员的认定合理性、工作情况、履历等事宜进行问询。常见的问题包括以下几点： (1)核心技术人员的认定依据，核心技术人员在公司研发、取得专利、软件著作权、非专利技术等方面发挥的具体作用，结合公司研发部门主要成员、主要专利发明人、主要研发项目参与人、员工持股数量及变化等情况，说明核心技术人员的认定是否全面恰当？ (2)核心技术人员取得的与发行人核心技术相关的重要科研成果和获得奖项情况，对公司研发的具体贡献等，如果没有，请结合相关核心技术人员的学习工作履历等披露其是否具备掌握和运用核心技术的能力？ (3)结合发行人相关研发人员的工作履历，披露相关 IP 是否涉及研发人员在原单位的职务成果，研发人员是否违反竞业禁止的有关规定，是否存在违反保密协议的情形，是否可能导致发行人的技术存在纠纷及潜在纠纷？

续表

序号	主要问题	具体内容
2	自主研发	由于科创板上市的公司需要具有科创属性,其中一种体现方式就是公司的核心技术与研发能力。因此,科创板上市前,监管部门常常会在公司提交的招股说明书(申报稿)的基础上就公司是否具有自主研发能力进行问询,并会对公司已有的核心技术进行惯常问询。常见的问题包括以下几点: (1)发行人相关技术是否是自主研发,能否自主生产,能否有效转化经营成果? (2)核心技术的来源及形成过程;相关知识产权为原始取得还是受让取得;核心技术和知识产权是否存在纠纷或潜在纠纷? (3)核心技术的形成过程中是否存在侵权或潜在侵权风险? (4)目前已被质押的专利是否属于核心专利,该专利对发行人经营业绩的贡献、对发行人的重要性,主合同还款情况,发行人是否存在无法还款的可能,结合借款合同、质押合同的主要条款,说明相关专利是否存在质押权实现风险、如质押权实现的具体影响及是否存在重大不利影响? 由于部分企业的部分知识产权是通过受让第三方知识产权的方式而取得,部分企业的部分知识产权是通过合作开发的方式而取得,如果受让/合作开发的知识产权属于企业核心知识产权,可能会被监管部门就企业是否具有创新性、是否有能力开展自主研发进行问询。常见的问题包括以下几点: (1)受让取得专利的原因与背景,受让取得的专利是否为发行人的核心技术,相关专利转让合同的主要内容,转让方的基本情况,转让方相关专利的技术来源,专利转让费的定价依据及支付情况? (2)是否具备突破关键核心技术的基础和高效独立的研发体系,主要产品的核心技术是否依赖外部购买或合作开发方式? (3)合作研发协议的主要内容、权利义务划分约定及采取的保密措施等主要内容,合作研发成果形成专利的情况,研发成果转换为产品销售的情况? (4)合作研发成果是否有申请专利的计划,如果申请,发行人是否能够作为共同申请人之一并取得对相关专利的共有权?

续表

序号	主要问题	具体内容
3	专利授权	一些知识产权的主体位于国外,且较难取得替代产品,公司在经营中需要取得相关授权。在当前中美争夺科技高地的背景下,监管部门较为关注上述授权对公司持续经营的重要性及相关问题。常见的问题包括以下几点: (1)是否存在通过授权使用IP的情形,若存在,相关授权主体及授权费用、授权期限,到期后的续约安排,能否保证长期使用? (2)相关授权使用费与无形资产的关系,IP专利对发行人产品生产销售的重要性,如无法续约,结合发行人寻找替代供应商的难度说明相关供应商是否存在重大依赖,分析对发行人持续经营的影响,并作充分风险揭示? (3)IP授权费用及其公允性、授权期限,到期后的续约安排,能否保证长期使用;如果无法续约,对发行人持续经营的影响? (4)结合IP授权对发行人产品研发生产销售的重要性、发行人与主要IP专利授权方的合作年限及稳定性、发行人寻找替代供应商的难度,说明发行人对IP授权方是否存在重大依赖、是否存在授权期限届满后不能续签的风险,并进行风险提示? 除此之外,基于行业现状以及经营需要,公司常常在经营过程中取得其他第三方授权。对这类授权,监管部门同样会进行问询。常见的问题包括以下几点: (1)请说明相关授权是否为独家技术授权,若非独家授权,分析若竞争对手取得相关授权是否会对公司销售相关产品形成冲击,冲击程度及依据,若授权被解除,公司是否无法独立生产销售相关产品,是否会对公司经营及业绩形成重大不利影响及依据? (2)发行人境内市场销售部分未与专利池拥有方签署授权协议也未支付专利授权费的原因,如果发行人未来得不到专利授权,是否面临部分业务被迫停产的风险,其对发行人未来业务发展与规划的影响?如果境外专利池拥有方对发行人提起诉讼,是否对发行人构成重大不利影响?

续表

序号	主要问题	具体内容
4	境外知识产权布局	监管部门鼓励科创企业进行境外知识产权布局，同样会对未进行境外知识产权布局的企业进行问询。常见的问题包括以下几点： (1)请说明发行人在境内取得的专利能否在境外进行专利申请？ (2)请说明发行人在境外申请专利是否存在侵犯他人知识产权或者可能影响境外销售的情形？ (3)请说明发行人无法取得境外专利对境外业务开展情况的影响？
5	创新性与先进性	监管部门就公司的知识产权的创新性与先进性问题进行问询。常见的问题包括以下几点： (1)发行人掌握的相关创新性的核心技术是否为境外已经公开或广为使用的专利技术或专有技术，是否具备新颖性？ (2)发行人相关技术研发是否为国内首创？ (3)公司核心技术中非专利技术的具体情况，核心技术是否存在技术壁垒，是否已经属于通用技术，是否存在快速迭代风险，主要竞争对手所采用的技术路线，并结合公司与主要竞争对手的经营成果差异分析并披露公司核心技术的先进性？
6	知识产权保护	监管部门亦关注公司的知识产权保护问题，会对公司是否开展有效的知识产权保护制度进行问询。常见的问题包括以下几点： (1)请说明公司是否存在技术泄密风险？ (2)请说明发行人关于核心技术的保护措施及其有效性？ (3)发行人掌握的技术是否包括未申请专利的专有技术，是否属于核心技术，对专有技术是否采取保密措施？

六、劳动人事

(一)目标公司劳动人事相关合同及规章制度

表2-17　法律尽职调查常见问题之目标公司劳动人事相关合同及规章制度

序号	主要问题	法律风险	解决方案
1	目标公司未与关键人员签署竞业禁止协议和保密协议	根据《劳动合同法》的规定,对负有保密义务的劳动者,用人单位可以在劳动合同或者保密协议中与劳动者约定竞业限制条款。用人单位可与劳动者约定在其离职后的两年内不在与原用人单位生产或者经营同类产品、从事同类业务的有竞争关系的其他用人单位任职,或者自己开业生产或者经营同类产品、从事同类业务。 由于目标公司未就竞业限制和保密问题与关键人员签署任何书面协议,目标公司无法对关键人员在职和离职后一定期限内的竞业和披露保密信息的行为进行限制,关键人员不受任何竞业和保密限制,可能会减损目标公司的竞争优势、商业价值	作为交割先决条件,在交易文件中要求目标公司与管理、研发等关键人员签署令买方满意的劳动合同或顾问服务协议、保密协议及竞业限制协议(竞业限制期限为离职后两年)
2	目标公司实施不定时工作制	根据《劳动法》和《关于企业实行不定时工作制和综合计算工时工作制的审批办法》的规定,对未经审批实施不定时工作制的,由劳动行政部门给予警告,责令改正,并可以处以罚款	作为交割后义务,在交易文件中要求目标公司尽快以自身名义向其所在地劳动与社会保障部门提交并完成不定时工作制申请;在交易文件中约定,要求卖方对目标公司劳动用工(包括但不限于工时制度)的合规性作出全面的陈述与保证;在交易文件中约定,若目标公司或买方因前述问题遭受任何损失,由卖方承担相应的补偿或赔偿责任

（二）目标公司员工社会保险及住房公积金

表 2-18　法律尽职调查常见问题之目标公司员工社会保险及住房公积金

序号	主要问题	法律风险	解决方案
1	目标公司未按照实际工资为全体员工缴纳社会保险及住房公积金	根据《社会保险法》的规定，用人单位未按时足额缴纳社会保险费的，由社保征收机构责令限期缴纳或者补足，并自欠缴之日起，按日加收5‰的滞纳金，逾期仍不缴纳的，由有关行政部门处欠缴数额1倍以上3倍以下的罚款。根据《住房公积金管理条例》的规定，单位逾期不缴或者少缴住房公积金的，由住房公积金管理中心责令限期缴存；逾期仍不缴存的，可以申请人民法院强制执行	作为交割后义务，在交易文件中要求目标公司尽快以目标公司自身的名义为全体在册员工按实际工资足额缴纳社会保险及住房公积金；在交易文件中约定，要求卖方对目标公司劳动用工（包括但不限于工时制度）的合规性作出全面的陈述与保证；在交易文件中约定，若目标公司或买方因前述问题遭受任何损失，由卖方承担相应的补偿或赔偿责任
2	目标公司存在为员工由第三方代缴社会保险及住房公积金的情况	根据《社会保险法》和《住房公积金管理条例》的规定，用人单位应当在公司所在地、以自身名义为其员工缴纳社会保险及住房公积金。委托第三方以第三方名义为员工缴纳，存在被认定为目标公司未为员工缴纳社会保险及住房公积金的风险，并可能被处以行政罚款。此外，若将来遇到员工纠纷，劳动仲裁庭或人民法院可能并不认可目标公司已为这些由第三方代缴社会保险及住房公积金的员工履行了相关缴纳义务，目标公司存在需要承担补缴责任及支付赔偿的风险	作为交割后义务，在交易文件中要求目标公司尽快以目标公司自身的名义为全体在册员工按实际工资足额缴纳社会保险及住房公积金；在交易文件中约定，要求卖方对目标公司劳动用工（包括但不限于工时制度）的合规性作出全面的陈述与保证；在交易文件中约定，若目标公司或买方因前述问题遭受任何损失，由卖方承担相应的补偿或赔偿责任

七、关联交易及同业竞争

(一)目标公司关联交易

表 2－19 法律尽职调查常见问题之目标公司关联交易

序号	主要问题	法律风险	解决方案
1	目标公司存在关联交易	根据《公开发行证券的公司信息披露内容与格式准则第 57 号——招股说明书》的规定,发行人应披露关联方、关联关系和关联交易;应根据交易的性质和频率,按照经常性和偶发性分类披露关联交易及关联交易对其财务状况和经营成果的影响;应披露报告期内发生的关联交易是否履行了公司章程规定的程序,以及独立董事对关联交易履行的审议程序是否合法及交易价格是否公允的意见;应披露报告期内关联方的变化情况。对于发行人存在关联交易的情况,需要在招股说明书中披露关联交易的内容、交易金额、交易背景及相关交易与发行人主营业务之间的关系,同时结合可比市场公允价格、第三方市场价格、关联方与其他交易方的价格等,说明并摘要披露关联交易的公允性,是否存在对发行人或关联方的利益输送,以及关联交易履行的内部决策程序等	建议买方与财务尽职调查团队进一步核实目标公司关联交易的真实性、必要性和公允性;在交易文件中要求买方对[一定数额]以上的关联交易享有一票否决权,并要求目标公司建立关联交易相关的审议制度;在交易文件中要求卖方作出不会通过关联交易形式由目标公司向其进行利益输送的陈述、保证与承诺;在交易文件中约定,若目标公司或买方因前述问题遭受任何损失,由卖方承担相应的补偿或赔偿责任

续表

序号	主要问题	法律风险	解决方案
2	目标公司与关联方之间存在非经营性关联资金往来，如借款、垫付款等	根据《监管规则适用指引——发行类第5号》的规定，关联方之间的资金拆借行为属于中国证监会及证券交易所重点关注的财务内部控制不规范情形；对首次申报审计截至日前报告期内存在的财务内控不规范情形，上市中介机构应根据有关情形发生的原因及性质、时间及频率、金额及比例等因素，综合判断是否构成对内控制度有效性的重大不利影响，是否属于主观故意或恶意行为并构成重大违法违规；目标公司应在申请上市之前，通过券商、律所的上市辅导完成整改和纠正，将与关联方之间的资金往来清理完毕，并建立、完善并严格实施相关财务内部控制制度。若目标公司未在上市申报前将资金拆借予以整改、清理，相关问题会对其上市申报构成阻碍	建议买方与财务尽职调查团队进一步核实目标公司与关联方之间的借款、垫付款等的情况；在交易文件中作为交割先决条件，要求目标公司与关联方签署令买方满意的借款协议或垫付款协议，约定关联方豁免目标公司于关联借款和垫付款协议项下的违约责任；在交易文件中作为交割后义务，要求目标公司承诺，在上市申报前将非经营性关联资金往来清理完毕，并为避免未来新发生非经营性关联资金采取必要措施

(二)目标公司同业竞争

表 2-20 法律尽职调查常见问题之目标公司同业竞争

序号	主要问题	法律风险	解决方案
1	目标公司与其关联方存在潜在同业竞争	根据《首次公开发行股票注册管理办法》和《证券期货法律适用意见第 17 号》的规定,竞争方同类收入或毛利占发行人主营业务收入或毛利的比例达 30% 以上的,如无充分相反证据,原则上应认定为构成重大不利影响。同业竞争问题将会是证券监管部门在上市审核时重点关注的问题之一。一般而言,核查认定该相同/相似业务是否与发行人构成“竞争”时,会按照实质重于形式的原则,结合相关企业历史沿革、资产、人员、主营业务(包括但不限于产品具体特点、技术、商标商号、客户、供应商)等方面与发行人的关系,以及业务是否有替代性、竞争性、是否有利益冲突、是否在同一市场范围内销售等,来论证是否与发行人构成竞争	在交易文件中要求关联公司承诺,将避免或减少从事与目标公司业务相竞争的业务,并尽合理努力避免违反证券监管机构对拟上市主体同业竞争的要求,降低同业竞争比例,在上市报告期内将同类收入或毛利占目标公司主营业务收入或毛利的比例降低至 30% 或以下;在交易文件中,要求卖方及其控制的公司不存在从事与目标公司相同、相似业务作出全面的陈述、保证和承诺;在交易文件中约定,若目标公司或买方因前述问题遭受任何损失,由卖方承担相应的补偿或赔偿责任

续表

序号	主要问题	法律风险	解决方案
2	管理人员存在对外持股及任职情况	这些管理人员可能与目标公司主营业务存在一定重叠或竞争关系，存在管理人员通过体系外公司损害目标公司利益的风险；管理人员在外持股和任职可能分散其时间和精力，导致其无法完全投入目标公司业务运营，从而影响其全职业务的适当履行	在交易文件中要求管理人员在交割前从体系外公司辞任或进行股权转让，在交割后一定期限内就辞任或股权转让完成市场监督管理局变更登记；在交易文件中约定，要求卖方对以下内容作出全面的陈述与保证：(1)目标公司已真实、准确、完整地披露管理人员及关键员工在目标公司之外的持股及任职情况，除已披露情况外，管理人员及关键员工不持有任何其他实体的股权或担任任何职务；(2)管理人员及关键员工交割后应全职为目标公司服务，不存在兼职或投资于与目标公司业务相同、相类似或相竞争之实体的情况，不存在关联交易、利益输送或其他可能对目标公司造成不利影响的情况；(3)未经买方事先书面同意，管理人员及关键员工不得以任何形式新增在外持股和任职；在交易文件中约定，若目标公司或买方因前述问题遭受任何损失，由卖方承担相应的补偿或赔偿责任

八、诉讼、仲裁及行政程序

目标公司诉讼、仲裁以及行政处罚的执行情况(见表2-21)。

表2-21 法律尽职调查常见问题之目标公司诉讼、仲裁以及行政处罚的执行情况

序号	主要问题	法律风险	解决方案
1	目标公司存在已决或未决的诉讼、仲裁以及行政处罚	目标公司因诉讼、仲裁以及行政处罚可能面临赔偿重大违约金或重大行政处罚的风险,对并购交易造成不利影响	提请注意该诉讼、仲裁以及行政处罚是否会对并购计划造成实质障碍;在交易文件中要求卖方就不存在未披露的或可能对目标公司或本次并购交易产生重大不利后果的诉讼、仲裁或行政处罚作出陈述与保证;在交易文件中约定,卖方应对买方因本次交易交割前目标公司发生的纠纷或可归因于交割前事项而发生的目标公司纠纷而遭受的损失承担赔偿责任
2	目标公司有未执行判决或已遭财产保全	目标公司在本次并购交易前因无可供执行的财产而被裁定终结执行程序,如果交易达成,买方向目标公司增资或注入资产,债权人发现目标公司有可供执行的财产后可向法院申请恢复执行,该财产即被用于赔偿目标公司原有债务,会对买方造成极大的损失	提请注意该执行程序是否会对并购计划造成实质障碍;在交易文件中约定,要求卖方就该潜在执行程序,承担保证责任或提供担保等

九、合规

（一）环境保护

表 2－22　法律尽职调查常见问题之环境保护

主要问题	法律风险	解决方案
目标公司污染物排放存在瑕疵，如未提供排水许可证、排污登记证明	根据《排污许可管理办法（试行）》、《固定污染源排污许可分类管理名录》（2019 年版）的规定，对污染物产生量、排放量或者对环境的影响程度较大的排污单位，实行排污许可重点管理；对污染物产生量、排放量和对环境的影响程度较小的排污单位，实行排污许可简化管理。对污染物产生量、排放量和对环境的影响程度很小的排污单位，实行排污登记管理。 根据《城镇排水与污水处理条例》的相关规定，从事工业等活动的企业事业单位、个体工商户向城镇排水设施排放污水的，应当向城镇排水主管部门申请领取污水排入排水管网许可证。未取得污水排入排水管网许可证向城镇排水设施排放污水的，可能会被城镇排水主管部门责令停止违法行为，限期采取治理措施，补办污水排入排水管网许可证，并可以处 50 万元以下罚款	在交易文件中作为交割后义务约定，要求目标公司在一定期限内向主管部门申请排水许可证、办理排污登记手续；在交易文件中要求卖方就目标公司业务运营符合环境保护相关法律法规作出全面的陈述与保证；在交易文件中约定，若目标公司或买方因前述问题遭受任何损失，由卖方承担相应的补偿或赔偿责任

(二)安全生产

表2－23　法律尽职调查常见问题之安全生产

主要问题	法律风险	解决方案
目标公司安全生产存在瑕疵,如从业人员未提供特种设备作业人员作业证、特种作业操作证、安全生产知识和管理能力考核合格证明	根据《安全生产法》、《特种设备安全监察条例》和《特种作业人员安全技术培训考核管理规定》等规定,特种设备作业的人员/特种作业人员未取得相应资质上岗作业的,视情节严重程度,可能被主管部门处以相应罚款,甚至被责令停产停业整顿。 根据《建设项目安全设施“三同时”监督管理办法》的规定,建设项目中若存在从业人员未经过安全生产教育和培训或者不具备相应资格的,竣工验收不合格,且不得投入生产或者使用。 目标公司未办理特种设备/特种人员相应资质,可能对公司业务持续运营造成不利影响;主要负责人和安全生产管理人员未取得安全生产知识和管理能力考核合格证明可能直接影响新建项目的竣工验收	在交易文件中作为交割后义务约定,要求目标公司在一定期限内促使其全体特种设备作业人员、特种作业人员、主要负责人和安全生产管理人员依法取得相应资质、证书,包括但不限于特种设备作业人员证、特种作业操作证、安全生产知识和管理能力考核合格证明等,并建立、健全特种设备作业人员、管理人员及特种作业人员档案;在交易文件中要求卖方就目标公司业务运营符合安全生产相关法律法规作出全面的陈述与保证;在交易文件中约定,若目标公司或买方因前述问题遭受任何损失,由卖方承担相应的补偿或赔偿责任

（三）经营者集中与反垄断

表 2-24　法律尽职调查常见问题之经营者集中与反垄断

主要问题	法律风险	解决方案
并购交易是否有可能被认定为经营者集中，因而触发反垄断申报义务	构成需要申报的交易需要同时满足：构成《反垄断法》所规定的经营者集中；达到国务院《关于经营者集中申报标准的规定》所约定的申报所需营业额标准	如果买方不希望本次并购交易触发申报义务，建议买方考虑放弃对预算、商业计划、高管任免等重大经营决策及生产经营活动相关事项的单独的否决权，同时避免通过其他条款取得对日常经营和重大决策的控制权；若买方不希望彻底放弃相关否决权，至少应考虑与其他股东"共享"对经营计划、年度预算或高管任免等重大经营决策及生产经营活动相关事项的否决权，但以上方案不排除被视为共同控制进而触发反垄断申报的可能性

（四）出口管制

表 2-25　法律尽职调查常见问题之出口管制

主要问题	法律风险	解决方案
目标公司产品可能包含中国、美国等国家和地区出口管制法律法规所管辖的受管制物项	目标公司首先需要遵守中国出口管制法律。如果目标公司的交易涉及美国原产的产品或组件、出口前位于美国境内的产品、含有美国成分的或直接利用某些美国技术或软件在外国生产的产品的交易，其可能需要遵守美国《出口管理条例》，违反可能面临行政或刑事处罚	在交易文件中作为交割后义务约定，要求目标公司尽快建立完善的出口管制内部合规制度，核查就其产品研发、设计、生产过程用到美国物品、技术或软件是否属于受管制物品、技术或软件，进而判断相关产品是否受美国《出口管理条例》管辖；在交易文件中要求卖方就目标公司业务运营符合出口管制相关法律法规作出全面的陈述与保证；在交易文件中约定，若目标公司或买方因前述问题遭受任何损失，由卖方承担相应的补偿或赔偿责任

第三节　披露函

一、概述

受尽职调查的时间周期、卖方和目标公司的配合度的影响，尽职调查并不能穷尽一切风险，因此交易双方需要在交易文件中进行相关约定，从而降低或转移因目标公司披露不完整、不真实或买方未能根据披露内容进行准确评估而给交易造成的风险或阻碍。这些内容除了体现在并购交易文件中的陈述和保证条款，也体现在交割先决条件条款、交割后承诺条款和赔偿保证条款，具体见本书第四章收购协议详解。此外，交易方通常还通过披露函(disclosure schedule 或 disclosure letter)对并购交易文件进行补充。

披露函的内容一般是针对交易文件中的陈述和保证，列举与说明例外情况，并根据陈述和保证的具体要求，提供补充信息。披露函通常作为交易文件的一个附件或作为另行提供的补充文件，对陈述和保证进行补充。除卖方外，其他交易方都可能准备披露函对其陈述和保证做出限制。有时，卖方的披露函不仅是对陈述和保证的例外的说明，也包括对承诺等条款的例外的披露和说明。对买方而言，需要高度重视对披露函中包含的例外的审阅和评估。

二、披露函的功能

(一)陈述和保证的例外

披露函的第一个功能是列举与说明陈述和保证的例外情况。一方将其陈述和保证的例外情形在披露函中披露给另一方后，通常这些例外如果不构成对陈述和保证的违反，签约后另一方就不得以披露函中规定的情形为基础，以陈述和保证不真实为由拒绝完成交易或在成交后要求赔偿。例如，卖方通常就目标公司遵守适用的法律做出一项陈述和保证，确认目标公司妥善遵守对其适用的法律；如果目标公司过去曾经有违法情况，卖方应在披露函中予以说明。

对于披露函中披露的问题，如果买方认为无法接受，可以拒绝签约而放弃交易，也可以在交易文件中特别规定哪些问题要求卖方在交割前解决，还可以规定就哪些问题在交割后买方依然有权要求卖方对买方提供赔偿。

（二）补充信息

披露函的另一个功能是对陈述和保证的内容进行补充，提供更多信息。例如，卖方对目标公司的重大合同常做出一项陈述和保证："披露函包含公司所有重大合同的完整和准确的列表，卖方已向买方交付所有合同的真实和完整的副本，每份合同均有效且具约束力。"卖方应按照该项陈述和保证的要求在披露函中提供重大合同列表。此外，披露函中对例外情况的说明以及补充信息等也可能构成对相关陈述和保证的扩展和补充性的陈述。

三、披露函的审阅和谈判要点

（一）要点内容

披露函中一般会对各项具体陈述和保证分别提供相关信息。交易双方常就披露函中披露信息的翔实程度、披露的内容等展开协商，直到正式签署交易文件并交付终稿的披露函。

披露函一般应对照陈述和保证审阅，披露函内各章节编号应与陈述和保证内容的编号对应一致，并随陈述和保证条款的更新而修订。

披露函也常包括常规的免责和限制语言。例如，鉴于同一事件可能构成多项陈述和保证的例外，卖方常说明，在披露函中某处根据某一项陈述和保证做出的信息披露，如果也构成对其他陈述和保证的例外应予以披露，应视为已做出披露。有时卖方在披露函中规定，通过公共信息查询可以获得的公司基础信息、财务报表中的信息、买卖双方的通信往来中披露的信息、在卖方开放的信息库中提供的信息视作买方已经知悉，买方会根据相关惯例就之进行谈判。

就硬科技企业并购而言，披露函的审阅及谈判还需重点关注知识产权归属、知识产权纠纷、知识产权协议、核心技术人员劳动文件等。

（二）避免过度披露和宽泛披露

有时卖方会事无巨细，披露大量信息。对于买方而言，获得大量信息一方面可供参考，另一方面可能混淆和分散注意力，也浪费时间。

如果披露问题的语言比较宽泛或模糊，一方面买方难以获得准确信息，另一方面卖方未必能将责任转移给买方。如果卖方对于特定信息有保密义务，披露时应不违反该义务。

(三)披露的时间

买方通常希望尽早收到披露函,而卖方有时故意将重大信息拖延到临近签约才披露,此时,买方有可能接受,也可能推迟签约重新谈判,甚至终止磋商。

(四)对披露问题的处理

谈判中,对于披露函中揭示的重大问题,买方通常会要求提供相关文件,并要求卖方予以解释。根据问题的性质和重大性,买方可能提出决定放弃交易,要求降低估值、调整购买价格等商业条件;也可能修改交易文件,在承诺条款要求卖方在成交时予以满意解决,把这些事项的解决作为先决条件之一,并在赔偿条款规定卖方在交割后就这些事项赔偿买方的损失。

(五)审阅上市公司并购交易文件的披露函

由于监管机构的要求,上市公司通常有很多公开披露信息,因此卖方的陈述和保证也相对标准化。鉴于上述原因,上市公司常不提供披露函。即便上市公司同意提供,这些披露函中一般不需要提供大量信息,披露的主要是那些不需根据上市公司监管机构的要求公开披露但又构成对陈述和保证例外的重大情形,因此披露函的内容和篇幅通常比较简单。

(六)披露函的更新

1. 通知义务

从交易文件正式签署后到交割完成之前,可能会出现导致陈述和保证不准确的情形(无论发生于签约前还是签约后),有的是诸如员工、重大合同的清单需要更新这样的常规事项,有的是重大诉讼、违法等对买方非常重要的事项。因此,交易文件一般会规定一方有将导致陈述和保证不准确的事件通知另一方的义务(常见于承诺条款)。

从买方角度来讲,卖方的披露应该是一个持续的过程,在签约时提供披露函,在签约后直到交割完成的过渡期内仍然应该就新发生的情况进行披露。根据通知的事项的性质和严重程度,就签约后发现重大违约情形,买方通常可根据先决条件、终止等条款完成交易。

2. 对披露函进行更新的效力

签约后,一方向对方提供的信息更新和通知对披露函的效力是谈判重点之一。如果卖方对披露函的更新构成对披露函的有效修订和补充,相当于卖方在签约后有权单方面修订陈述和保证条款，从而买方的权利就受到很大影响。因此，在谈判中买方一般会坚持卖方的此类信息更新和通知不构成对卖方披露函的修订和补充，也不能补救卖方对陈述和保证及承诺的违反，在判断先决条件的满足与否、终止协议的情形是否出现、交割完成后买方是否有权获得赔偿的时候，都应不予考虑这些信息更新和通知的内容。由此，买方一方面要求卖方有义务提供补充信息，另一方面买方可以选择终止协议、进行交割而保留索赔或赔偿的权利或进行交割放弃索赔或赔偿的权利。

3. 谈判

谈判中，买方通常要求在交易文件中明确，如果签约后的信息更新和通知的事件构成重大不利影响或构成重大违约情形从而导致先决条件不能满足，其有权不完成交易并终止协议。而卖方通常希望可以有权更新披露函。作为折中方案，有时具体约定卖方可以更新个别章节，有时约定信息更新和通知不构成对披露函的更新，这不影响买方拒绝交割和终止协议的权利，但如果买方明知存在违反陈述和保证及承诺的情形仍决定交割，视同放弃在交割后向卖方寻求补偿的权利。详见以下参考范例：

披露函参考范例

敬启者：[投资人名称]

自：[目标公司名称]

日期：[××××年××月××日]

本披露函由[目标公司名称]（以下简称公司）、[创始人名称]（以下简称创始人股东）根据公司、创始人股东、[投资人名称]（以下简称投资人）于[××××年××月××日]签署的《投资协议》准备。本披露清单针对公司和创始人股东根据《投资协议》第[×]条向投资人作出的陈述与保证列明了说明、补充和/或例外情况，以及其他应披露事宜。

本披露清单列明的条款与《投资协议》第[×]条陈述与保证的条款相对应。本披露清单中所引用的词语与《投资协议》定义的词语具有相同的含义。

第[×.×]条

(1)公司股东[××有限合伙企业]部分合伙人间接持有的公司股权存在代持情形。其中,[A]所持有的[××合伙其余人][×]万元的财产份额系代[B]持有;[C]所持有的[×××有限合伙企业][y]万元的财产份额系代员工股权激励计划持有。

(2)公司已制订股权激励计划,以[××有限合伙企业]的人民币[×××]元的注册资本等额划分为[yyy]股股份,并以[××有限合伙企业]对应该等股份的财产份额实施股权激励计划。

第[×.×]条

公司与[A公司]于[××××年××月××日]签订了《许可协议》,约定[A公司]将其持有的附表[Z]中所列的知识产权许可给公司。公司应于该协议签署之日后的30日内向[AAA公司]支付对价人民币[×××]元。

第[×.×]条

创始人股东持有[B公司]的[5%]股权,并在[C公司]担任职务。

【下略】

CHAPTER

第三章

并购中的法律文件

第一节　概说

不同类型的并购交易适用不同的法律文件。股权收购协议、资产收购协议、重组协议、合并协议等是规定交易的商业及法律条款的主要法律文件。为了规定和记录交易各方的商业合意、细化和落实交易安排及其他目的，交易方也会签订各类辅助性的法律文件。

一、前期法律文件

前期法律文件在交易方签署约束性的收购协议之前签订，用于规定交易的重要事项，如保密协议、意向书等。

保密协议也被称为不披露协议，其中会约定就交易一方披露的信息，获得信息一方不得向任何第三方披露。无论是收购上市公司还是收购非上市公司，交易中只要涉及交易一方向另一方披露保密信息及提供资料，通常都会签订保密协议。交易方就前期磋商达成的共识也会签署意向书、条款清单、备忘录等，具体见下文。

交易方还会各自与其顾问,如财务顾问、律师、会计师等签署聘用协议,约定由顾问提供特定服务。

二、交易文件

股权收购和资产收购是并购交易最常见的两种方式。两者最大的区别是交易标的不同,股权收购中,买方购买的是目标公司的股权,而资产收购中买方购买的是目标公司的特定资产如动产、不动产、商业合同(供应协议、销售协议、服务协议等)、无形资产(如专利、商标、著作权)、商业秘密等。

股权收购协议规定交易各方的商业和法律约定,并对目标公司本身和交易的风险与责任在交易方之间进行配置。股权收购协议的作用,一是确认交易方的商业和法律交易,二是在交易方之间分配风险和责任,三是推动尽职调查和谈判的进程。

在资产收购中,买方可以选择收购的资产类别,约定哪些责任予以继受,哪些责任不继受。资产收购交易中的一个核心概念是“业务”。资产收购的交易方通过对业务进行定义来确定收购资产的范围。在签署资产收购协议的基础之上,为了转让具体的不动产、动产、知识产权等资产,根据适用的法律通常还要签订不同的法律文书、完成特定登记程序才能实现所有权的转移。

三、交易文件的附属文件

除上述协议之外,交易各方还会协商和签订附属法律文件,包括与企业核心管理人员签订的《劳动合同》、约定交割后卖方为买方和目标公司继续提供服务的《过渡期服务协议》、约定成交后交易方之间知识产权安排的《知识产权许可协议》和/或《知识产权转让协议》、调整成交之后交易方之间竞争关系的《不竞争与不招徕协议》等。

如果买方取得目标公司的部分股权,成交之后目标公司还有其他股东的,股东之间常常会签订《股东协议》来规定公司的治理、股东股权转让的限制等事宜。

表3-1将以图示的形式具体表现并购交易的不同阶段所需要的法律文件。

表 3－1　并购交易各阶段所需法律文件

序号	交易阶段	涉及的法律文件	合同的签署及履行
1	初步谈判	· 保密协议； · 意向书； · 排他协议； · 聘用协议等	签署前期文件
2	尽职调查		
3	正式谈判及签约	· 股权收购协议； · 资产收购协议； · 重组协议； · 合并协议等	签署正式交易文件
		· 过渡期服务协议； · 不竞争协议； · 不招徕协议； · 知识产权许可协议； · 知识产权转让协议； · 股东协议； · 顾问协议； · 托管协议； · 劳动合同； · 设施共享协议等	签署附属协议（作为正式交易文件的附件）
4	监管审批	—	履行正式交易文件以及附属协议之约定
5	交割	—	
6	登记/交割后事项		

本章将简要阐释这些文件的目的并列举其中的主要条款，以此管窥法律文件在收购交易中起到的作用。有关并购交易类型及结构的更多信息，请参见本书第一章的内容。此外，对于涉及中国实体的海外收购交易，即卖方或买方（或双方）为非中国实体的情况下应考虑的问题，我们将在本书第十二章进一步展开。

第二节　并购交易前期文件

一、保密协议

在并购交易中,项目伊始,交易双方、目标公司以及中介机构、外部顾问或多或少会接触到来自目标公司或卖方披露的信息,或就潜在交易本身相关的各类信息。保密协议在此间的作用即通过允许各方为确定的目的交换信息和材料来推进交易。一份保密协议通常包含以下主要条款:

(一)定义和范围

保密协议首先要界定保密信息的范围。保密信息一般包括为披露方拥有的与并购交易、目标公司相关的且为披露方(或其代表、代理人)披露给接收方的不为外界所知悉的信息。

在保密协议项下,披露方会希望尽可能扩大保密信息的范围,通常会约定包含由披露方及其代表/关联公司直接或间接披露的全部信息。

而从接收方的角度而言,为减轻保密义务的负担,接收方会试图对保密信息的范围及承载形式予以限制,例如在保密协议中约定,保密信息仅包括其收到的与交易相关的信息;或是仅包括在保密协议签署之日后披露的信息;或是仅包括由披露方及其代表直接披露的信息;或在披露方披露的信息中,仅标明"保密"字样的信息才会被视为保密协议项下的保密信息。

1. 时间范围

尽管保密协议通常在交易前期签订生效,但有时各方在尚未签署保密协议时已然开始披露信息。在这种情况下,保密信息的时间跨度就需要向前追溯并涵盖到保密协议签署之日前所披露的信息。

2. 内容衍生范围

除由披露方及其代表/关联方直接或间接披露的信息之外,保密信息也应包含基于这些披露的信息而开发的或衍生的信息。此外,根据双方的意愿,保密信息可能也会包含保密协议本身的存在及内容以及交易双方正在进行或已经发生的与交易项目相关的讨论和谈判的事实、内容、条款、条件或其他事实(包括项目的进展)等。

3. 承载和标记形式

保密信息可能以“保密信息”“评估材料”等定义的形式呈现。就信息标记的问题而言，接收方可能会主张由于披露方更加了解信息且对信息掌握控制权，因此更适合来确认哪些信息属于保密信息，哪些不是。对于披露方而言，可能会存在标记延迟、漏标甚至疏忽忘记的情况，标记保密信息对披露方的负担较重，披露方通常会拒绝。

（二）签订主体

为明确保密协议的缔约方，需要了解买方的签约方是有资信的实体还是特殊目的的公司，保证在接收方违反保密义务的情况下可以实现求偿追索。

保密协议缔约主体的确定，将直接影响到承担保密义务的相对方以及在违约情形出现时守约方寻求赔偿的对象。不同的主体所签订的保密协议在部分条款中侧重点会呈现些许差异。例如，目标公司与潜在买方签订保密协议的过程中，通常会约定保密信息的所有权归披露方所有，而在潜在买方与其外部顾问签订的保密协议中，由于信息的来源并非协议的缔约方，因此可能不会就信息的权属问题进行约定。因此，在审查保密协议的过程中，明确协议的缔约方将有利于合理约定后续的条款。

此外，确定签署方时还需要考虑合同相对方是否应包含其关联方，或反之是否应排除任何关联方。

（三）保密信息的除外范围

一般来说，保密协议会明确规定保密信息的例外情形，需要注意的是，如果按照有关法律法规，信息接收方如被要求向政府、监管机构或法院披露保密信息，接收方应当尽到通知义务，向披露方告知此种情况，以便披露方及时对该披露行为提出异议、采取行动或者获取保护令。同时，接收方只能披露被依法强制要求披露范围内的信息。

各方通常还会明确约定披露方披露的信息中哪些不属于保密信息，即保密信息的排除范围，主要可能包括：在签署协议前已经公开的或已为接收方依法依规独立知悉或取得的信息；协议签署后在接收方未违反相关法律规定和协议的情形下获得的公开的信息；第三方未违反相关法律规定和其对披露方的任何保密义务的前提下，向接收方披露的信息；接收方在没有参考保密信息的情况下独立开发的信息。任一方如果想约定某一类信息不属于保密信息,应将其列入排除范围中,并且应当明确由哪一方承担证明责任。

(四)保密义务

1. 单向保密义务

在以现金为对价的并购交易中,大多数情况下买方不需要主动披露自身相关的信息,因此单向保密协议会相对较为常见。

但是即便在单向保密协议中,仍然可能会包含双向义务的约定。例如,在并购交易中,卖方和潜在买方出于对其自身利益的考量,均不会希望对方披露正在商议的交易情况和交易方的信息,因此会在保密协议中约定,双方均不得向与交易目的无关的第三方披露任何交易细节。

2. 双向保密义务

如并购交易的对价包含股权,即买方和卖方均有实质性信息披露时,双方会选择签订双向保密协议以期达到约束彼此的目的。

双向保密义务具有诸多优势。虽然在并购交易全程中,卖方会是主要信息披露方,而潜在买方会作为主要信息接收方,但在开展尽职调查、收购协议谈判以及交割后管理的过程中,买方也极有可能向卖方披露其自身相关的信息,此时,交易初期签订的双向保密协议就能够为交易的顺利推进继续保驾护航。另外,尽管签订保密协议是交易前期的必要步骤和常见安排,但是根据不同的交易背景,双方仍有可能对具体的条款细节进行谈判,此时从卖方的角度而言,约定双向保密义务会更易接受一些。

(五)保密信息的接收方

在并购交易中,买方需要将交易信息披露给其顾问等对象;如果需要进行并购融资,也需要披露给银行。信息披露方为了自身的利益,在保密协议中一般会要求尽可能地缩小信息披露的对象范围,而信息接收方为了便利,一般会要求扩大保密信息披露的对象的范围。

1. 接收方代表的范围

在起草保密协议时,双方会将接收方可以披露保密信息的接收方代表予以明确,一般通过列举的方式列明。此处的代表通常会包含接收方的关联公司及其各自的董事、高管、员工、代理、顾问(如律师、会计师、银行、财务顾问以及前述顾问的任何代表),这些代表需要获取保密信息以协助接收方评估涉及的并购交易,实践中谈判常围绕是否为接收方代表的范围展开。

2. 对接收方代表的限制

根据交易双方就保密协议的谈判情况,可能会作出严格程度不同的规定对上述代表予以约束,例如每个代表应当签署一份与主保密协议形式基本相同的保密协议;每位代表应当签署一份简短的协议(如参与协议),承认知悉保密协议并同意受保密协议的约束,就如同其为该协议的一方;接受方需要使其代表了解保密信息的保密性质,且其代表必须同意遵守保密条款。

通常披露方还会要求接收方对其代表违反保密协议的行为承担相应的责任。有时披露方还可能要求接收方提供其所有代表的具体名单,以准确地定位保密义务人的范围。

(六)使用许可和披露限制

披露方一般要求保密信息只能用于特定目的,如对交易的评估。保密协议中通常会明确仅可将保密信息用于评估并购交易,不可将保密信息用于其他目的。

1. 接收方的消极义务

保密协议中通常会限制各方披露保密信息,并且会限制披露谈判的存在以及任何潜在报价的条款和条件。

从潜在买方的角度来看,其更希望禁止披露谈判以及潜在交易内容,以此限制来自其他潜在买方的竞争,此外,作为上市公司的潜在买方也会避免在交易前期披露过多的自身信息。而卖方除了会保护尽职调查过程中披露的自身和目标公司的信息,通常也会希望禁止谈判内容的披露,以避免因拟议交易处于竞争状态而对自身业务造成干扰。有些情况下,卖方也可能是为了避免各方知晓参与收购的多个潜在买家的真实情况,以便营造出最大的竞争表象。

此外,若接收方本身是披露方的行业竞争对手,此时则需要额外考虑一些问题,例如拟披露的信息中是否包含较为敏感的信息,如供应商名单、客户名单等,因此在约定时需要考虑是否有必要就这些特别事项进行单独处理,详细约定保密信息的具体使用范围以及禁止使用的情形。而从信息接收方的角度而言,也需要判断是否确实有必要将披露方拟提供的信息全部接收,避免后续被诉滥用或涉及反垄断的可能。

2. 接收方的积极义务

除了消极地要求信息接收方不披露,一般保密协议中也会要求信息接收方采取一定的措施保证信息不被披露,比如至少和自己拥有的同类信息同等程度的保护,但不得低于合理程度等。这项加诸接收方的要求即属于积极的义务,相较于消极的不披露义务会更进一层。

(七)允许披露的情形

保密协议中往往都会约定,允许各方在司法程序、政府调查、法律诉讼及其他类似程序,或在证券交易所的规则及条例要求时披露保密信息。但同时协议中也会对这些披露予以限制,例如可能要求提供法律顾问的意见说明这些披露是必要的,或在实际可行和法律允许的范围内,要求在此类披露之前发出通知;根据协议的谈判情况,披露方也可能会要求接收方配合,协助其获取保护令、其他法律补救措施或获得保密处理。

(八)保密期限

保密期限的长短往往会成为保密协议谈判的焦点之一。保密协议中通常会约定保密义务在保密协议终止后的一定期限内有效,如1~3年内有效。如果保密协议项下存在披露的商业秘密,则需要更长的期限。

从有利于披露方的角度来看,经常会要求保密协议持续有效,无明确的终止期限。这一方面要看双方的谈判情况,另一方面还要考虑信息变迁的速度,有些披露信息可能一至两年内即过时,但有些信息保鲜期更加长久,比如前述提到的商业秘密、客户名单等。

保密协议的终止可能存在多种约定方式,有些情况下会分别约定协议项下的披露期间和保密义务期间,要求保密义务自披露期限终止之日起持续特定时间;也有些情况则约定协议自最后一次披露之日起持续特定年数。

(九)违约情形下的救济方式

保密协议中,双方普遍会达成共识,即如果保密信息被向第三方披露,披露方或将遭受不可弥补的损失。在境内主体签订的协议中,披露方可能会要求接收方立即停止侵害;纠正其违约行为;采取一切必要措施防止保密信息的扩散,并尽最大可能消除影响;并且还可能要求赔偿披露方因此遭受的全部损失。而从接收方的角度而言，其通常会试图限制间接、特殊和惩罚性的损害赔偿。

（十）保密信息的处理

1. 返还或销毁的要求

保密协议也会规定如果接受信息一方决定不进行交易，保密信息应予以销毁和返还。接收方常要求规定例外情形，例如法律要求、数据备份或者法律部门为了未来诉讼保留证据等目的除外，但披露一方也会要求严格限制有权接触此等信息的人士。

在实践中，处理的保密信息可能包括根据披露方提供的信息由接收方准备的分析报告或笔记等。尽管这一定义是较为常见和合理的，但从接收方的角度而言，需要确认接收方是否能够遵守这一义务所规定的要求。由于接收方可能不想交出其对目标公司信息的分析报告，因此信息接收方通常会偏向于约定自己有权通过销毁方式来处理信息。此外，接收方可能还会在收到的保密材料上留下或夹杂自己的保密信息，此时披露方的归还要求将会使得接收方的保密信息流向披露方。

如果披露方坚持要求归还其提供的保密信息，通常可以将归还/销毁的要求分成两部分，要求接收方归还保密信息的实物部分并销毁其对目标公司信息的内部分析。

即使在归还/销毁保密信息后，保密协议和约定的保密义务仍应继续有效。

2. 返还或销毁的例外情形

接收方通常会寻求例外情况，以保留信息的副本，包括根据法律/法规或内部文件保留政策的要求；对根据保密协议提出的索赔进行辩护；以电子方式创建的存档副本。为了防止信息被滥用，披露方则常常会要求前述副本的持有者应当仅限于接收方的顾问或者信息技术人员，以此限定特定的人群来保管信息。披露方应要求接收方承担在比协议期限更长的时间内不访问或使用该信息的义务。

（十一）不承诺

披露方通常会约定，对保密信息的新颖性、准确性、适用性或完整性不作任何明示或暗示的陈述或保证。

(十二)其他条款

除上述条款之外,交易方之间的排他期、不竞争、不招徕等义务,也常随附约定于保密协议之中,应审慎审阅和谈判,妥善保护己方利益。在不竞争与不招徕条款中,交易双方通常会达成约定,限制交易方从事对目标公司构成竞争性的商业活动或者招徕其员工、供应商或客户等,具体内容详见本章第四节。

综上而言,保密协议是并购交易早期非常重要的法律文件,也是促进尽职调查的关键,并将贯穿和影响整个交易过程,甚至在交易结束后依然对各交易方产生持续性影响。因此,谨慎考虑保密信息和交易本身的保密性对项目的开展尤为重要。在实际交易中,不同的交易相对方(如公司、银行、基金等)会有不同的敏感性,因此需要根据实际情况予以具体分析。即使是在交易中常常被视为惯常的、简单的保密协议,也不会存在始终不变的标准答案,而是需要根据具体交易背景和不时变化的市场情况来相应调整。保密协议谈判的最终目的是签署保密协议并使其生效,以便交易双方能够着手处理交易相关的后续事项。

二、意向书

(一)意向书的签订背景

在拟议并购交易开展的初期,最终交易文件尚未签署,交易双方通常会签订意向书以对交易结构、交易时间、交易流程以及交易的主要条款等进行初步的约定,也对阶段性的进展进行一定的记录。在实践中,交易各方也可能会使用备忘录、框架协议或条款清单等文件,这些文件的作用均与意向书类似。

目前,意向书被广泛应用于国内的并购交易中,是最终协议成立前产生的过程性文件。意向书对于各方快速地确定交易的商业条款较有帮助,填补了交易各方从达成合意至签订最终收购协议期间的空白。

(二)意向书的主要条款

在中国,目前并没有围绕意向书的具体的法律条文,从实践来看,意向书、备忘录、框架协议或条款清单之间几乎没有内容上的实质性显著区别。一份意向书中通常可能包含表3-2中的条款。

表 3-2　意向书主要条款及分析

条款	内容	分析
签署主体	目标公司:[ ],一家依据中华人民共和国("中国")法律成立并存续的公司; 收购方:[ ],一家依据中国法律成立并存续的公司	卖方/潜在买方/目标公司
交易标的	目标公司[100%]股权	意向书通常会由潜在买方准备而后提交目标公司商讨谈判,其中会就拟议交易标的进行描述,说明拟收购的标的具体为股权、资产还是其他证券
交易对价	收购方拟按照最终协议约定的条件以等值于[ ]万元人民币的价格受让标的股权,最终用于支付的货币币种,由双方于最终协议中另行约定	该条款约定收购价格,包括金额和支付时间及方式。意向书中约定的收购价格并不是绝对的,可能根据尽职调查的情况进行调整。通常在约定收购价格的同时会约定一些假设条件,如净资产、现金流等
主要先决条件	双方已签署并交付最终协议("最终协议"),包括但不限于收购协议及/或双方认为必要的其他文件; 双方在最终协议中作出的陈述与保证在交割日保持真实准确,双方根据协议约定履行义务并且遵守承诺; 双方均就交易取得内部所需批准,并且这些批准持续有效; 交易所必需的政府审批、登记及备案均已取得或完成	在该条款中通常列明完成潜在交易的全部关键条件,例如要求取得特定的政府审批、取得董事会或其他第三方的批准,目标公司核心员工签署相关劳动合同,完成合规整改等。 一般而言,先决条件是明确交易方在具备哪些条件的情况下才会进行交割。在意向书中,主要先决条件一般会包括尽职调查令买方满意、取得相关政府审批、取得公司授权、签署相关劳动合同以及目标公司管理层成员的最低股权投资要求。在最终的收购协议中,交易方会基于尽职调查以及谈判的结果细化上述先决条件

续表

条款	内容	分析
尽职调查安排	各方同意收购方及其指定的顾问对目标公司进行交易前的尽职调查。目标公司同意在签署意向书后,向收购方及其顾问提供尽职调查所必要的资料(以收购方及其顾问发出的尽职调查清单为准)以进行交易前的尽职调查,并协助收购方及其顾问进行其他必要的尽职调查	尽职调查一般包括财务、法律、商业、税务等方面。在签订意向书之前,买方一般会对目标公司开始初步尽职调查,而涉及目标公司深层次、实质性的信息主要是在意向书签订之后的尽职调查中获取到的。 意向书中的尽职调查安排条款主要约定尽职调查的时间安排、卖方对尽职调查的配合、卖方披露内容的真实性等内容。在意向书中明确尽职调查的内容,有利于投资方确认自身在谈判阶段的权利,尤其需要得到交易对方或者目标公司的理解和支持
最终协议的签署安排	除非双方另有明确约定,意向书经各方签署后生效。 若双方在尽合理商业努力之后,未能够在意向书签署后60日内完成最终协议的签署和交割,则意向书于第60日自动失效和终止	该条款规定交易方应按一定的标准努力,在约定的期限内达成并购交易最终约束性协议。 此外,有时也会约定,如果在一定期限内双方未能就潜在交易达成一致,则意向书相应终止或双方可以履行终止权
陈述和保证	目标公司及其实际控制人应按照交易惯例作出陈述和保证	陈述和保证是并购协议中十分重要的一部分,而且是正式谈判的重要内容之一。买方通常会希望卖方对目标公司的经营和财务状况、交易的合法性及卖方完成交易的能力等作出全面的陈述、确认和保证,因为此类事宜一般构成买方交易意愿的基础。而卖方也需要买方对其完成交易的能力作出保证,确保交易的完成。 一般而言,交易方会基于尽职调查的结果进行陈述和保证条款的谈判,通常不在意向书阶段花费较多时间进行复杂的谈判,具体的陈述和保证条款将会在并购协议中进一步细化

续表

条款	内容	分析
保密条款	除非合同双方另行书面约定，任何一方不得且应促使其各自的关联方及其关联方的董事、高管、雇员、代表和代理（合称“代表”）不得直接或间接披露、允许披露意向书的存在、内容以及双方交易的谈判进展，下列情形除外： 依据相关法律规定或证券交易所规则要求披露，但前提是披露方应在披露前向意向书其他方提供披露或公告的内容草稿，经该其他方书面合理认可后，方可公开披露； 披露非因合同双方或代表违反该条款导致的可在公开渠道获知的信息； 为达成本次交易向代表进行的必要适当的披露	意向书中可能会包括保密条款，此类条款一般会约定无论谈判的进展与最终结果如何，各方所有的相关讨论均应保密，接受信息的一方不得将取得的目标公司各类信息对外披露。关于保密期限，一般可根据法律明确规定的保护期限或是商业秘密的相关规定确定
排他安排	自签署意向书之日起60日（排他期）内，卖方不得且应促使其代表不得直接或间接进行下列事项： 发起、招揽、商讨、接受或与任何人（收购方除外）讨论有关购买标的股权、全部或部分业务或资产的计划，或就前述事项进行进一步谈判，无论购买方式为合并、入股、增资、购买资产或其他方式（竞争要约）； 向任何人提供有关竞争要约的信息； 就竞争要约拟定任何口头或书面协议、安排或备忘录	从潜在买方的角度来看，该条款可能是意向书中最为重要的部分，因为该条款能够使得潜在买方获得在一段时间内为潜在交易进行谈判并对公司完成尽职调查的排他性权利。 该条款会规定，在排他期内，卖方不得主动和其他潜在买方进行接触，排他期可能是1个月到3个月。一般来说，排他性条款对买方比较有利，对卖方不利。在非上市公司交易中，除目标公司签字之外，还可以考虑由目标公司的股东或控股股东作为意向书的签字人，以便直接使排他性条款对前述股东也产生约束力。 在公司或其股东违反排他性规定的情况下，买方可以考虑在意向书中要求公司以及股东支付违约金

续表

条款	内容	分析
约束力	意向书构成一项关于意向书规定的各个事项的有约束力的协议，且应按意向书签字页签署的日期生效	约定是否具有约束力在意向书中非常重要，这一条款旨在明确表明，签署最终协议前，双方是否有进行潜在交易的法律义务。如果在意向书中包括该条，则法院可能认为当事各方有诚意谈判以进行潜在交易的义务。 此外，交易双方需要考虑意向书中哪些条款需要被视为约束性条款，而哪些条款应被视为非约束性条款
管辖法律和争议解决	意向书适用中国法律，并依据中国法律解释。 由意向书产生的或与之相关的所有争议应提交北京仲裁委员会，根据其届时有效的仲裁规则在北京开展仲裁。仲裁裁决应为终局裁决，对意向书各方均有约束力	在实践过程中，意向书中的约定在内容上产生争议是诉讼纠纷中较多出现的情况。因此，预先确定准据法及争议解决地，将有利于避免各方在出现争议时花费过长的时间来确定管辖法律等条款。 不论各方规定意向书有无约束力，一般都会约定排他、保密等重要条款具有法律约束力，因此意向书中应约定如果就此类条款发生争议时适用的法律和争议解决方式
费用	任何一方将负责其各自的和意向书拟定交易相关的成本、费用和税费	交易费用通常由交易各方各自承担。在交易完成的情况下，公司通常愿意承担一定合理限额内的买方的费用，这通常可以从买方支付的收购款项中予以扣除

如果交易各方计划签订附属协议规定成交或成交后的事项，如过渡期服务协议、知识产权许可协议、托管协议、股东协议、劳动合同等，也会在意向书中简单规定。

除了用于确定基础商业条款，双方也可以在初步意向的基础上，将银行融资、支付方式等相关安排放入意向书中。

（三）意向书在交易中的作用

意向书是各方在缔约最终协议的谈判过程中产生的，其订立始于交易双方开始磋商。在签订意向书之前，卖方可能会对目标公司基本情况提供部分信息，但是涉及更深层次的信息以及尽职调查则往往要在意向书订立之后才会提供和展开。各方签署了意向书之后，交易方就并购的模式和基本原则初步达成合意，为下阶段的深入磋商奠定基础。双方在磋商过程中会描绘出各自的商业意图，其最终目的是实现双方合意，以一份更正式完整的收购协议充实他们的意向书。简言之，意向书通过适当披露可能影响交易和谈判结果的信息，为交易各方搭建了一个持有共同立场的平台，由此各方均可以从这一平台出发进行更为深入的商业谈判；如果这一平台未能搭建成功，也就意味着在谈判初期双方对彼此利益尚未充分规划和理解，可能会导致后续谈判的恶化或者在某些情况下，在谈判结束后或在最终协议履行后引起争议。

因此，确定意向书是并购谈判过程中的一个里程碑，意向书中能够记录拟进行交易的要点，并规定交易推进的基本规则，它表明交易双方都希望进入下一阶段的尽职调查和最终股权收购协议的起草/谈判。交易主要条款初步落定，潜在买方就可以开始筹备资金。

有些情况下，意向书可能在交易双方商讨一定时间后签署，其中会记录交易双方的初步事项，使双方在价格、条款和支付形式等重大问题上更接近于达成合意，为解决在尽职调查和合同谈判过程中可能会出现的问题提供一个参考点。

（四）意向书的法律约束力

从目前的立法情况来看，意向书并非严格意义上的法律概念，在《民法典》中并未予以明确规定。在实践中，意向书多不具有或仅具备有限的法律约束力。如上文所述，意向书是一种表达交易各方初步意图的文件，其最初创设时并不具备法律约束力，而随着意向书的作用不断在交易中得以体现，其法律约束力也实现了从无到有的变化，有些意向书会具有一定的程序或实体上的约束力。

在实际操作中，意向书的形式和名称也较为多样化，性质和效力也较难一概而论，根据目前的司法实践，意向书可能被认定为磋商性文件、预约合同或者本约合同。[1] 详见表 3－3。

---

〔1〕 参见郭魏：《意向书的法律性质和效力》，载《人民司法》2015 年第 22 期。

表3-3 意向书的法律约束力

意向书的法律性质	法律约束力
磋商性文件	一般无法律约束力
预约合同	若违反预约合同,则应承担其中约定的违约责任或者损害赔偿责任
本约合同	应按照《民法典》等有关规定承担违约责任

意向书的条款本身是否就法律约束力进行了明确约定,是判断其法律约束力的第一步。如果文件中对交易双方是否有意使其具有约束力并未明确,当意向书项下产生争议时,法院可能从约定形式、标的、数量等是否确定出发,基于有关法律和司法解释的规定具体审查认定。就审查认定的要点而言,根据《民法典》第472条关于合同订立的规定,意向书可以认定为依法成立的合同,必须具备两个基本要件:一是内容具体确定;二是当事人有受约束的意思表示。如标的、数量等不确定,缺少当事人受其约束的意思表示,可能会认定为是磋商性文件。

预约合同相关的法律规定为《民法典》第495条,当事人约定在将来一定期限内订立合同的认购书、订购书、预订书等,构成预约合同。当事人一方不履行预约合同约定的订立合同义务的,对方可以请求其承担预约合同的违约责任。

基于上文论述,我们以"意向书"、"框架协议"及"备忘录"等关键词在中国裁判文书网进行检索,以下将简要列举各级法院对意向书法律效力的裁判规则。其中,法院对意向书的判定结果主要分为:认为意向书为磋商性文件,无法律约束力;认为意向书为预约合同,应据此签署合同;认为意向书合法有效,具有法律约束力;认定意向书对双方当事人有一定约束力,但并不等同于正式合同。具体裁判理由如下:

1. 意向书被认定为磋商性文件,无法律约束力

在佛山市浩瀚商务资讯有限公司与通用国际展览有限公司展览合同纠纷一审中,法院认为,根据情况说明载明的内容,双方仅约定了继续合作的意向,但未约定确定的合作内容、合作方式、合作期限、双方权利义务等内容。在当事人的权利义务及法律责任约定不明,权利义务存在不确定性或者多变性的情况下,具体的合作内容、双方权利义务等,均需进一步磋商,若磋商成功,双方才将就具体合作项目订立合同。根据情况说明的内容,双方当事人亦无受其约束的明确意

思表示，故情况说明的性质应为磋商性文件。另外，如认定情况说明具有合同效力，在其合作内容、履行期限均无法确定的情况下，双方可能会陷入谈判僵局；在一方当事人所支付的对价有限的情况下，如果强制双方当事人必须缔约，也可能导致当事人的给付存在不平衡的情况。据此法院认为情况说明不具备合同的基本要素，没有为双方设定民事权利义务，双方当事人之间并未形成民事法律关系。[1]

2. 意向书为预约合同，应据此签署合同

在上海载和实业投资有限公司与安徽蓝鼎控股集团有限公司股权转让合同纠纷上诉案中，最高人民法院认为，就安徽蓝鼎公司受让怀宁矿业公司的股权一事，2012 年 10 月 30 日双方签订的《股权转让意向书》约定在意向书签署之日起 45 日内，双方按照意向书约定条款完成股权转让正式协议的签署，意向书未尽事宜经双方协商，在股权转让协议中约定。且双方于同日签订的《谅解备忘录》中约定，该意向书仅作为合作意向，其最终的履行，双方将另行签订正式的股权转让协议作为依据。因此，《股权转让意向书》的法律性质依法应当认定为预约合同。一审判决未能正确界定该意向书的法律性质并在此基础上认定其与本案其他协议之间的关系，系适用法律错误，法院予以纠正。上诉人上海载和公司关于《股权转让意向书》和《谅解备忘录》中的相关约定是对本约和预约适用先后顺序的上诉理由，并无相应的法律依据，法院不予采信。《股权转让意向书》作为预约，是当事人之间约定将来订立本约的合同，其法律约束力主要体现在双方当事人应当基于诚实信用的原则，协商订立本约。对预约的效力评价，应当适用《合同法》总则的相关规定。本案中，《股权转让意向书》签订后，双方当事人于 2013 年 4 月 13 日正式签订了《股权转让协议》，应当认定双方已经履行了 2013 年 10 月 30 日签订的《股权转让意向书》及《谅解备忘录》中约定的签订本约的义务。[2]

3. 意向书被认定为合法有效、具有法律约束力

在河南新美景客车制造有限公司、金润新动力科技发展有限公司等公司设立纠纷一案中，法院认为，本案中《合作意向书》对设立公司的合同主要条款约

---

〔1〕 参见北京市西城区人民法院民事判决书，(2021) 京 0102 民初 38175 号。

〔2〕 参见最高人民法院民事判决书，(2015) 民二终字第 143 号。

定明确,合同形式完备,且双方已依约履行了部分义务,合法有效。河南新美景公司所称公司未能取得名称核准、注册资本金额、出资期限等问题,均可在后续履行过程中完善,不影响《合作意向书》的效力。[1]

4. 意向书被认定为对双方当事人有一定约束力,但并不等同于正式合同

在湖南达亿劳务有限公司与山东省公路桥梁建设有限公司劳务合同纠纷申请再审一案中,最高人民法院认为,从《意向书》的内容看,该意向书虽约定了甲乙双方的工作内容、工程量清单等,但缺乏正式施工合同的必要条款,没有约定具体的施工路段、质量标准、履行期限,也未对双方的权利、义务及有关违约责任等作出明确约定;达亿公司在向法院反映案件情况中也自认该意向书约定的工程量及合计价款与投标及自行计算的不符。根据路桥公司向达亿公司发出的补交履约保证金并签订正式合同的通知,双方尚未按照招标、投标文件签订正式的施工合同。据此,案涉《意向书》虽对双方当事人有一定约束力,但并不等同于正式的工程施工合同。[2]

鉴于上述判决以及我们过往的经验,在订立意向书时,如文件中明确约定该文件对交易双方无法律约束力,或仅表达双方初步达成合作意向,并且具体标的、对价等尚未明确,则通常会被归为磋商性文件;如意向书中列明了大部分的交易条件,并且明确约定该文件对交易双方具有法律约束力,将在已确定的交易条件的基础上签订最终协议,以及签订最终协议的日期,则通常会被归为预约合同;如意向书中对合同标的、对价、支付方式、违约责任等主要内容均已明确约定,则通常会被判定为是有效成立的合同。基于此,为避免后续交易双方产生争议,我们建议在实践中根据交易的实际情况和需要在意向书中明确其法律性质以及双方的商业意图。[3]

此外,值得关注的是,最高人民法院结合目前已有的司法实践,于 2022 年 11 月 4 日发布了《关于适用〈中华人民共和国民法典〉合同编通则部分的解释(征求意见稿)》意见的说明,向全社会公开征求意见,其中第 7 条对预约合同的认定进行了进一步解释。

---

[1] 参见最高人民法院民事裁定书,(2021)最高法民申 4983 号。

[2] 参见最高人民法院民事裁定书,(2015)民申字第 164 号。

[3] 参见郭魏:《意向书的法律性质和效力》,载《人民司法》2015 年第 22 期。

根据该条的规定，交易双方以认购书、意向书、备忘录等形式约定将来一定期限内订立合同或者为担保将来一定期限内订立合同交付了定金，能够确定将来所要订立合同的主体、标的等内容的，人民法院应当认定预约合同成立，但是交易双方约定该文件不具有法律约束力的除外；交易双方订立的意向书、备忘录等已就合同的主体、标的、数量、价格或者报酬等主要内容达成合意，符合该司法解释征求意见稿第3条中列明的合同成立条件，如交易双方未明确约定将来一定期限内另行订立合同或者虽有约定但交易双方的一方已实施履行行为且对方接受的，人民法院应当认定本约合同成立。[1] 如果该司法解释未来得以生效和正式公布，司法实践中对于意向书的法律性质认定问题的审判口径将由此统一。

第三节　收购协议

并购交易中最核心的协议是收购协议，收购协议中通常会涵盖交易的具体细节和交易双方各自的义务。它将使交易双方基于意向书所达成合意的事项充实起来，并为整个交易流程提供框架支撑。

通常一份完整的收购协议会包含以下主要条款，具体内容见表3－4。

表3－4　收购协议主要条款和内容

条款	内容
首部	首部会指明当事方的名称，通常标有日期（一般会指明合同双方或各方）
鉴于条款	鉴于条款或前提条款解释了交易的基础，并且由于其中提到的内容会被认为是事实，因此具有证据效力（一般会用“鉴于”“考虑到”等用语）
定义	规定协议里用语的含义，以及协议解释的原则
交易内容	规定买方将以何等对价购买何等标的
价款	规定对价的总金额、对价的构成部分、支付步骤、价格调整

〔1〕 参见最高人民法院《关于适用〈中华人民共和国民法典〉合同编通则部分的解释（征求意见稿）》。

续表

条款	内容
卖方及目标公司的陈述和保证	对卖方及目标公司与交易相关的事实进行的声明
买方的陈述保证	对买方与交易相关的事实进行的声明
过渡义务	签约和交割之间的过渡期需要一方或多方去做或不得做的事项
交割后义务	规定交割后一段时间内,双方仍承担特定的交割后义务,可能包括进一步保证、协助诉讼、查阅记录、在交割后对董事和高管交割前的行为承担赔偿责任、持续保密、保险以及对违反协议行为的赔偿。可能包含在收购协议中或单独制定的其他附属协议包括不竞争协议等
交割条件	分别列出双方完成交易的先决条件
赔偿	规定违约的赔偿机制
终止	规定如在指定的未来某一日期,一方由于客观条件无法履行其义务,则任何一方均有权终止协议(通常要求一方自身的违约不是无法履行义务的原因)
税务约定	税务方面的赔偿、协助等安排
其他承诺	不竞争、不招徕等承诺
其他	规定其他费用条款、保密条款、转让条款、整体性条款、通知条款、法律适用和争议解决的条款、协议修订条款、律师费条款以及合同可分割性条款等

就收购协议的具体内容以及谈判要点等,请参考本书第四章的内容。

第四节　重组协议

一、重组

并购交易中,经常会随着目标公司及其他交易方的重组活动。企业重组是针对企业的资产、股权、债务、内部运营结构展开调整、转移、处置、整合等的活动,目的是提升企业的财务和经营状况。重组与并购密不可分,企业进行重组为外部投资者提供了并购交易的机会,从广义上来看,买方收购、卖方出售标的公司也是重组的一种方式。

重组也贯穿并购交易的各个阶段。有时卖方先行内部重组，将重组后的资产打包出售给买方。买方在完成对目标公司的收购后，可以根据其战略和运营需要，再进行资产重组，将目标公司的子公司、业务部门、经营部门纳入自身体系内部。

重组也可能是企业资本运作（如股权融资、上市）的前期步骤，如将特定子公司作为融资或上市的主体，将相关资产和业务转让到该子公司名下；或新设公司作为控股平台，将股权、资产转移至其名下。

当出现资不抵债，或者股东、债权人发生争议等负面情形时，重组可以产生现金流，并且理顺公司与股东及债权人的关系，避免破产等负面后果。

重组涵盖一系列的交易形态。有扩张型重组，包括收购、增资、组建合资企业等；也有收缩型重组，如剥离和处置、企业拆分、分立等。在交易手段上，重组可能采取股权转让、股权认购、换股、资产转让、合并、分立等形式。

具体而言，常见的重组交易包括以下几种：

1. 合并，即两家或多家企业合并成为一家企业。例如，两家硬科技企业在产业周期中出现增长瓶颈，独立上市困难，通过合并成一家企业，可加速资本市场运作。

2. 剥离，即企业出售价值被低估或经营状况不佳的业务或者把非战略性或与核心业务不相关的业务出售，将回收所得用于潜在高回报的业务或偿还债务。与继续经营相比，将业务剥离可能获得更大收益。资产剥离是大型企业发展到一定阶段的面对的问题，这也给潜在买方提供了收购机会。

3. 股权重组，即企业的股东或股权比例发生变更，涉及股本金、股权结构变化，如部分股东退出、引入新股东等。

4. 债务重组，即经营困难的企业无力偿债，债权人暂缓执行债权，就原债务的清偿时间、金额及方式等重新达成协议，并引入新融资方为经营提供资金。

5. 拆分和分立，企业可以将部分资产和业务拆分，作为一个独立的子公司，进行运营、融资和上市；也可以将公司一分为二，分立后两家企业各自独立运营。

6. 跨境重组，企业通过收购海外优质资产，提高企业整体价值，或设立海外运营主体统一持有部分资产，或出售海外资产获得现金。

上市公司凭借较强的融资能力，可以进行重大资产重组收购企业和资产。重组对资金有多方面要求，收购方需融资，重组方亦然。

（一）股权重组

根据业务、战略和财务等目标的需要，硬科技企业会进行股权重组。复杂的股权重组包括分立、分拆等方式，也包括新设控股公司，通过股权转让、置换等形式作为新的上层融资、上市平台。常见的股权重组包括部分股东置换或增发股权、引入新的股东等形式，从而调整股权结构。有限责任公司改为股份制、将股票进行分拆或合并、股权的回购、发行优先股等也属于股权重组。随着股权重组，常引入新的股权投资人来提供重组资金或运营资金。

（二）分立

硬科技企业剥离次要业务，突出主业，固然可以将业务出售的方式，也可以选择企业分立的重组方式，进行业务板块划分。

根据财政部、国家税务总局《关于企业重组业务企业所得税处理若干问题的通知》（已被修改）的规定，分立，是指一家企业将部分或全部资产分离转让给现存或新设的企业，被分立企业股东换取分立企业的股权或非股权支付，实现企业的依法分立。企业分立主要有存续分立和解散分立两种形式。存续分立，是指原企业将资产转让给新设的企业，原企业和为了分立而新设的企业都继续存在。解散分立，是指原企业解散注销，设立两个或两个以上的新企业承接原企业全部资产、负债。

在企业分立过程中，需要做业务的切分，分立后的两家公司将独立从事不同的业务。分立后，除了股权转让，还会对业务相关的资产、负债进行划分，结合业务相关性，对资产和负债、商业合同等进行分割，类似资产收购交易的实行。

（三）债务重组

债务重组，主要指遭遇财务困境问题的公司通过对其现有的债务进行协商处理，债权人暂缓执行债权，引入新的投资人、融资方获得再融资，为经营提供资金，就原债务的清偿时间、金额及方式等重新达成协议，以便在短期内获得更多的灵活性，并使债务在整体上更易于管理。债务重组是为了提高企业运行效率，解决企业财务困境，对企业债务进行整合优化的过程。从中长期看，部分在竞争中处于不利地位的硬科技企业可能会进入债务重组程序。硬科技企业也可能因为到期股权回购、业绩对赌等原因引发资金短缺、争议甚至诉讼与仲裁，投资人可能会向目标公司董事、股东进行追责，要求目标公司董事、股东承担责任，此时需要进行债务重组,以避免将宝贵的时间浪费在管理层、股东、债权人的摩擦上。

在实践中,比较常见的债务重组模式包括债权换股权(债转股)、引入新的股权投资人及引入新的债权人进行再融资。公司可以通过与债权人的直接谈判来实现债务重组,重新安排其债务支付的方式。债务人或债权人制定债务重组方案后,会召开债权人会议。企业也常同步制定融资方案,寻找战略投资人及融资方,采取股权定增、资产重组或处置、债转股等交易方式,化解债务、获得资金。

严重的情况下企业可能进入破产重整等程序。债权人可能会主动申请债务人破产重整或清算、进行债权申报、参与债权人会议、参与重整计划草案的表决,执行重整计划。债务人可能主动申请破产重整、和解或清算,与债权人、管理人、法院进行沟通、制定员工安置方案、协助执行重整计划等。重整中也可能引入投资人,投资人在法律尽职调查、评估风险后设计和提交投资方案,与债务人、管理人、债委会等进行沟通和磋商。一般而言,理想的结果是通过重组或重整避免破产清算,达到资源的优化配置。

(四)跨境重组

跨境重组可能采取多种形式。常见的跨境重组有以下类型:

1. 中国企业直接购买海外股权及资产,运营海外资产。

2. 中国企业将境外子公司作为海外持股和运营平台,将境外及境内相关业务和资产转移到境外子公司名下,在进行股权融资后推动其在境外资本市场上市。

3. 中国公司处置或剥离海外资产,不再保留相关业务。

4. 中国企业把境外交易所的上市公司私有化,再转到 A 股上市。

5. 境外上市公司将其中国境内子公司作为融资和上市主体,将相关业务和资产转移到中国子公司名下,先进行股权融资,随后推动 A 股上市。

6. 中国企业收购海外资产,再出售给中国上市公司或其他买方。

跨境重组交易中需要考虑跨境交易的风险,可以参考本书第十章、第十一章和第十二章的内容。

二、重组协议

重组交易的各方通常会签订重组协议以约定重组的条款和条件。重组协议没有统一格式，与股权收购或资产收购协议相比，重组协议更为复杂。重组协议可能涉及众多公司，可能既包含收购股权和资产，又包含剥离部分股权和资产。有时重组中需要进行股权募资和债务贷款，也会使用到各类附属协议。

具体而言，合并、剥离、分立等类型的重组，主要的交易方式是股权转让、资产转移等；复杂的重组协议，可能同时有股权收购协议、资产收购协议、非控股权认购协议、股东协议及各类附属协议，都可以参考本书相关章节。而债务重组多发生在资不抵债的背景下，债权人的地位突出，重组中存在债权人、债务人、股东、管理层等多方博弈，交易文件有股权交易的成分又包括债务处置方案等特有内容，与常规的并购交易文件差异很大，可能具有银行融资等协议的很多条款。接下来我们将在案例中简要介绍债务重组协议。

在债务重组中，确定重组方案是债务重组各方当事人首先要解决的问题。债务重组流程如图 3－1 所示。

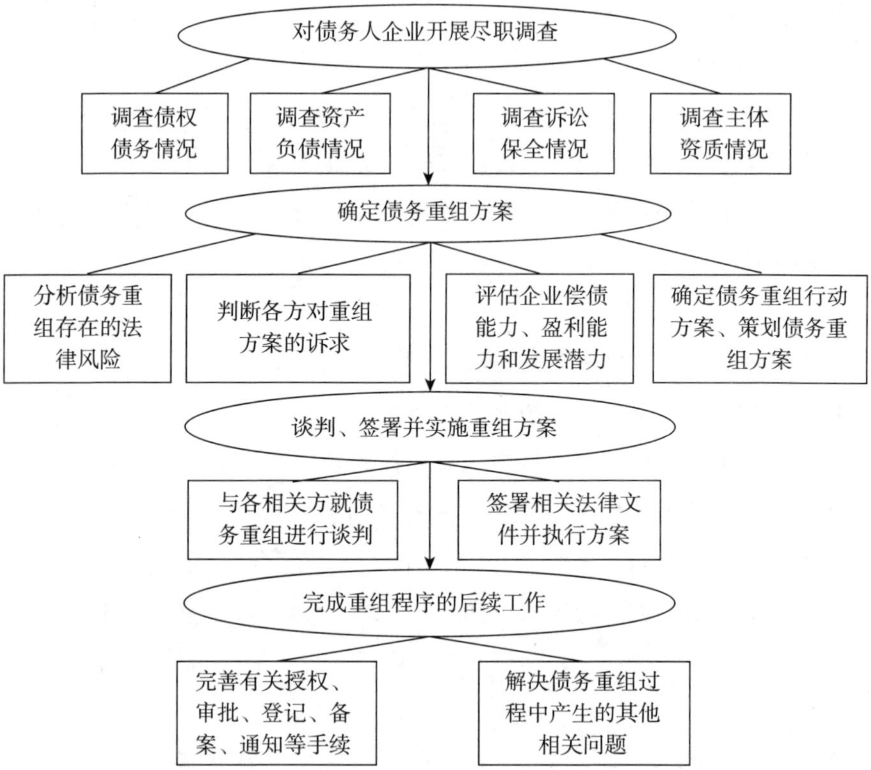

图 3－1　债务重组流程

重组方案确定后,各方即开始谈判、签署并实施重组方案。接下来我们将以一个债务重组项目为例,介绍债务重组协议的主要条款。

A 公司持有 B 公司(注册资本 2000 万元)100% 股权。基于公司优化企业资产结构的目的,A 公司决定将其持有的上述股权全部转让给 C 公司,经双方协商一致确定股权交易价格为 4000 万元。

B 公司目前对 A 公司的负债金额为 1000 万元,A 公司与 C 公司同意在上述股权转让完成后,将 B 公司对 A 公司的上述债务进行重组,为缓解 B 公司偿还压力,A 公司同意重新设定还款期限。B 公司以其业务收益权向 A 公司提供质押担保,同时将其所有土地使用权及地上附着物抵押给 A 公司,C 公司对上述安排没有异议并承诺协助 B 公司办理相关手续。

债务重组协议的主要内容如表 3 -5 所示。

表 3 -5　债务重组协议主要内容

序号	条款	内容	要点
1	缔约方	甲方(债权人):A 公司 乙方(债务人):B 公司	列明进行债务重组的各方
2	重组涉及债务的情况	鉴于,甲方分别于 2018 年 1 月 1 日及 2019 年 1 月 1 日与乙方签订了《贷款合同》(编号 01)、《贷款合同》(编号 02)(以下简称贷款合同),分别约定由甲方向乙方提供借款人民币 300 万元和 1700 万元,供丙方用于资金周转。甲方依据贷款合同约定分别向乙方实际提供借款人民币 300 万元和 1700 万元。 截至 2023 年 4 月 1 日,经甲方与乙方对账,乙方对甲方负债为人民币 1000 万元(最终还款额以借款本金、借款利息及实际借款期限为准)	在合同前言部分通常会就如下内容予以说明: • 债权人及债务人名称; • 债权债务金额; • 债务发生日期及发生原因,例如公司为支持经营发展需要,并列明具体借款金额及产生的相应利息; • 支付方式(如现金、股权、资产置换等); • 支付期限或分期付款安排等

续表

序号	条款	内容	要点
3	债务重组方案	为缓解乙方偿还压力，双方一致同意对债务进行重组，重新设定还款期限，乙方对甲方应偿还的债务总额在重组期限内分6次对甲方进行债务重组金额偿还。经双方协商后，该笔债务重组后偿还期限为48个月，即自2023年4月1日起至2027年4月1日止，每年偿还本金人民币255万元及当年利息，年利率为5%，最后一年剩余本金利息一次性偿付。 乙方为该协议如约履行向甲方提供担保，担保的方式包括乙方经营E产品项目收益权质押及固定资产抵押，担保的范围包括：主合同项下应偿付的全部借款本金、利息、罚息、复利、补偿金、违约金、赔偿金、甲方实现债权、质权和抵押权的费用以及约定应支付的任何其他款项和费用。 为确保甲方债权实现，乙方将附件一所示土地使用权及地上附着物所有权抵押给甲方，并在该协议生效后80日内配合甲方办理相关抵押登记手续。 在该协议有效期内，未经甲方书面同意，乙方不得以任何方式处置抵押资产或在抵押资产上设立其他抵押权，经甲方同意乙方出售抵押资产获得的收益，优先用于归还甲方借款	债务重组方案可能包括债权调整方案和债权受偿方案两部分。 债权调整方案的核心是债权人对债权主张的让步，这一部分通常需列明债权调整的具体方式（如以货币资金以外的方式偿债、减免债务、停息或减息、改变债务条件等）、条款和相关的金额。 在作出前述债权调整后，债权受偿方案中约定全部债权的清偿顺位、清偿数额、清偿期限以及清偿方式等问题。 如债务重组系以资抵债等涉及资产标的的，也需约定相关的标的资产，涉及债务豁免或转移债务的，还应约定债权人书面认可同意。 如债务重组涉及担保的，也需对担保形式、担保范围、实现情形等进行明确约定，例如收益担保以及固定资产担保
4	审批同意	乙方需完成附件一所示土地使用权及地上附着物所有权的不动产抵押登记	约定债务重组涉及的必要授权审批步骤
5	陈述与保证	甲方与乙方承诺： 其依法设立并有效存续，有权实施协议项下的债务重组并能够独立承担民事责任；其为签订并履行协议已通过了所有必要的内部审批程序，并取得了所有必要的授权	双方需就有权实施重组以及取得必要授权或审批同意作出承诺与保证

续表

序号	条款	内容	要点
6	违约责任	如发生下列情形，则视为乙方违约：乙方未能按协议约定按时偿还债务金额；乙方违反协议任何一条陈述与保证或协议约定的其他义务的；其他违反协议约定的情形。 如发生协议约定的违约情形，甲方有权行使如下权利： (1)就逾期未偿还的债务金额按日4‰计收违约金； (2)宣布重组债务立即到期，要求乙方提前清偿全部债务； (3)宣布重组债务立即到期，并行使相关法律诉讼权利； (4)法律法规规定的其他权利	双方通常会就重组协议项下的违约赔偿责任进行约定，要求违约方须向守约方赔偿守约方因此遭受的经济损失

第五节　附属协议

并购交易中，各方还会协商和签订附属法律文件。这些协议起到辅助作用，约定交易双方的具体商业安排，例如规定交割之时以及交割之后的事项的协议，通常会作为附件与收购协议同时签署或在交割时签署。

一、附属文件的类型

常见的附属文件如表3－6所示。

表3－6　常见附属文件

序号	法律文件	主要内容
1	过渡期服务协议	交易双方有时会签订过渡期服务协议，约定卖方或其关联公司在交割后的一定期间内继续为买方提供约定的服务。 具体条款内容和分析参见本节标题二下的内容

续表

序号	法律文件	主要内容
2	不竞争和不招徕协议	交易双方有时会选择单独签订不竞争和不招徕协议,约定卖方在交割后的一定期限内不得从事或协助他人从事与目标公司有竞争的业务,不论是以股东、合伙人、董事、管理人员、员工、顾问、投资人、融资方还是其他身份。交易方通常会就不竞争的期限、竞争所涉及的业务领域、不竞争义务的例外(如小额投资于有竞争性业务的股权)进行磋商,也会约定不得招徕对方的客户、商业伙伴、员工等。 在有些情况中,交易各方可能不会单独签署协议,而是在收购协议中约定不竞争及不招徕条款。保密协议中有时也会包括不招徕条款,约定获得保密信息一方在一定期间内不得招徕披露信息一方的客户、商业伙伴、员工等。 具体条款内容和分析参见本节标题三下的内容
3	知识产权转让协议/许可协议	根据具体的交易情况,交易双方还有可能会签订知识产权转让协议和/或知识产权许可协议,约定卖方交割后向买方转让约定的知识产权和/或在交割后的一定期限内允许买方使用卖方的知识产权。 具体条款内容和分析参见本节标题四和标题五下的内容
4	劳动合同	目标公司的管理、研发技术、销售采购等岗位的关键员工往往对交割后公司的持续经营和计划的落实很重要。作为并购整体安排的一部分,买方常与目标公司的关键员工如担任管理职务的创始人、管理、技术等核心岗位的高级管理人员签订劳动合同或类似安排,约定在交割后的一定期限内目标公司继续聘用关键员工及具体聘用条款。 具体参见本节标题六下的内容
5	股东协议	交易中,如果买方在成交后并不取得目标公司 100% 股权,在仍有其他股东的情况下,股东有时需要签订股东协议,规定公司治理、股东转让股权时的权利和义务等内容。 具体条款内容和分析参见本书第七章的内容
6	其他协议	在个别情况中,并购交易可能还涉及其他附属文件,如供货协议、顾问协议、设备共享协议等

二、过渡期服务协议

(一)主要作用

在大型并购交易中,如果目标公司此前由卖方集中经营,或在交易结束前目标公司依赖卖方提供某些服务和功能,各方可以签订过渡期服务协议,约定由卖方在指定的期间内为目标公司提供特定服务。对于刚刚完成并购交易并计划将目标公司的业务进行梳理和整合的买方而言,签订过渡期服务协议是一个被广泛采纳并予以运用的解决方案,可以应对在取得目标公司控制权后所面临的挑战和现实情况,因此其在跨境并购交易中尤为常见,近年来在国内并购交易中也被采用。

大多数情况下,过渡期服务是卖方向买方提供的单向服务,但在个别情况下,也可能涉及双向的服务流动,这取决于并购交易的特征,也取决于目标公司现有的组织和运营方式等情况。提供过渡期服务的卖方会为提供服务收取一定的费用,但基本上仅仅覆盖成本,而不是为了从提供服务中获得利润。

过渡期服务协议不同于一般的服务协议,其在并购交易的背景下具有一些专属的特性。首先,作为协议项下规定的服务提供方,卖方在其日常经营活动中通常并不会以商业方式提供过渡期服务,因此其提供过渡期服务的唯一经验和方式仅限于此前为目标公司提供过的服务内容或管理经验。其次,由于卖方通常不希望被要求在过渡期间内提升技术、聘用更多的员工或购买更多的设备,因此过渡期服务通常会以原有形式和内容提供而并不加诸改进,也往往不会包含更新或维护等的附加服务。最后,不同于大多数服务合同或合作模式,在大多数情况下,过渡期服务协议的有效期不会超过 12 个月,较为常见的是 6 个月。

(二)结构和内容

不同交易中,过渡期服务协议的复杂性和约定内容迥然不同,但一般会包括表 3 –7 的内容。

表 3-7　过渡期服务协议主要条款及内容

序号	条款	内容
1	服务范围	过渡期服务可能涉及的内容包括:公司管理支持;人力资源、财务和法律支持;设施共享;采购及第三方供应商的维护;IT 分离和运营服务以及直至完全分离前的日常运营服务。 通常卖方会同意以与其过往服务履行标准相一致的方式来履行过渡期服务协议项下的服务,在此基础之上,交易双方可能对部分特定的服务约定详细的标准,例如提供服务的时间,以及针对财务和会计服务要求提供相关的辅助报告
2	保密	卖方和买方应当将使用或产生的与过渡期服务协议相关的信息加以明确,确保过渡期服务协议项下的信息或数据受到保密条款的保护,并约定在发生信息泄露时的责任分配机制。各方需要确认是否会使用与卖方提供的服务相关的个人身份信息、健康相关信息或其他敏感信息
3	服务费	就服务费用而言,过渡期服务的费用可能会以每项服务为单位、特定时间为周期来进行约定,以此相对灵活地终止或延长提供服务的期限。双方可以在过渡期服务协议中约定,由买方直接承担部分自付费用和第三方供应商的费用,并根据过渡期服务的期限,约定由买方支付在该期限内的任何增加的合理成本。 鉴于过渡期服务安排的短期性和临时性,卖方通常会希望在过渡期服务协议中设置的收费和报告机制尽可能简单易于操作。与之相反,买方则希望相关机制更加细化,尤其是在服务费用金额较大或者服务费用中涵盖材料成本的情况下。 在实践中,如果买方预计在过渡期服务协议终止前能够结束使用某项服务或某项服务中的部分内容时,可能会提出希望根据服务使用情况的减少而降低费用,而卖方则通常不会接受这一约定。卖方可能会主张,其为了提供过渡期服务和履行过渡期服务协议中的合同义务而在服务期间保持了特定规模的资源(如技术人员、设备和原材料供应),尽管买方可以逐步减少对过渡期服务的使用,但并不意味着卖方能够同步减少资源成本,此时可能会存在由卖方独自承担的费用。因此,收费机制的弹性可能会成为买卖双方谈判的争议点之一。

续表

序号	条款	内容
4	服务期限	过渡期服务协议通常会为每项服务的提供约定特定的期限，也可以同时约定期限的延长条件。服务期限的延期通常需要双方的一致同意，并酌情考虑是否需要调整服务费用。买方通常可以在向卖方及其他服务提供方发出通知后提前终止过渡期服务协议。除买方提前终止外，在出现重大违约或与破产相关的事件时，也可能导致过渡期服务协议提前终止。 在服务期限这一问题上，买方和卖方的需求之间可能会出现矛盾。买方可能希望过渡期服务的期限相对灵活，并可以在一定条件下予以延展；而卖方则希望确定一个具体的终止日期，并尽可能缩短或减轻其在过渡期服务协议项下的义务，以此实现其自身提高运营效率的目的。对于卖方而言，倘若过渡期服务协议的有效期限过长，也会影响其投入其他业务的精力和资源
5	陈述与保证	卖方一般会对其提供的服务符合过往惯例作出陈述和保证。 在典型的服务协议中，服务提供方通常承诺按照合同规定的标准提供服务，并约定在未能达到规定的服务标准时进行改正或赔偿。尽管在过渡期服务协议中也会对过渡期服务的内容和标准作出一定程度的规定和约束，但往往双方并不会制定详细的服务标准。这是因为服务标准是一种用来约束和激励服务提供方良好表现的手段，并且也会影响其收取的服务费用和最终利润。 鉴于过渡期服务安排并不是一项典型的以盈利为目的的商业交易，如果买方较为强势地主张因卖方服务质量问题而受到的任何损害，卖方可能会不愿意提供服务。制定详细的服务要求和标准可能需要花费较多的时间进行谈判，并可能涉及大量的人力资源和时间来管理和报告，因此并不适用于快速和短期的过渡期服务安排
6	责任限制	过渡期服务协议中也常常会包含责任限制条款，该条款可能会包含卖方关于服务质量和数量的一般性保证，也可能会包含对间接损失、价值折损和惩罚性损害赔偿的免责条款。买方可以约定在卖方违约时，买方实施必要服务的替代方案并协商具体的损害条款，也可以考虑就此类事宜购买保险

值得一提的是，过渡期服务协议并非处理并购交易完成后卖方和买方实现业务分离的唯一方法。在实践中，买方或卖方也可能考虑将目标公司的某项职能委托外包给其他的外部供应商。例如，如果并购交易中的卖方认为买方可能会要求其在交易完成后的过渡期内提供信息技术、财务和会计服务，则会考虑在

交易完成前将这些功能委托给第三方服务提供商,以此减少甚至避免涉及上述的争议或风险。

三、不竞争与不招徕协议

(一)主要作用

一般来说,不竞争条款和不招徕条款会有两种较为常见的使用场景:员工聘用和并购交易。企业通常利用不竞争与不招徕协议或将其写入劳动合同的条款中来确保对公司资产的保护,企业会要求员工承诺在其聘用期间终止后的特定时间内不得招揽公司的客户或将特定信息提供给竞争对手,或要求员工在指定时间内不得为公司的特定竞争对手工作。这种由企业和员工签订的协议,通常侧重于对员工离职后的职业选择施加特定限制。

在并购交易的背景下,一般由买方和卖方及相关人员等作为合同方来签订不竞争和不招徕义务相关的协议。在交易前期,交易双方就拟议交易的可能性展开讨论和调查,在这一过程中,卖方及/或目标公司需要向买方披露目标公司相关的信息,此时双方即会通过签署保密协议,在其中约定买方不得利用其取得的保密信息招揽目标公司的客户、关键员工等,也不得利用目标公司提供的保密信息进行或助益与目标公司有竞争关系的业务;而在后续签署收购协议及其附属文件时,出于保护目标公司原有商誉、专有技术以及核心人才等方面的考虑,买方则希望由卖方承担相应的不竞争和不招徕义务。

不竞争义务和不招徕义务本质上均是保护目标公司的商业利益,但是根据签署之时所处的交易阶段和目标公司的实际权益人的不同,不竞争和不招徕义务所指向的内容和义务主体也会有所不同。接下来我们将分别展开论述并购交易背景下的不竞争和不招徕义务。

(二)结构和内容

1. 不竞争义务

(1)交易前期

在就拟议交易进行商讨的初期,交易双方签署的保密协议中可能会包含禁止竞争的约定,通常会与“协议目的”或“保密义务”安排在同一条款中,要求买方作为接收方不得向与目标公司有竞争关系或者与调查及讨论结果有经济利益关系的任何第三方披露目标公司保密信息，或利用目标公司的保密信息经营或者支持与目标有竞争关系的业务。

实践中，这些条款在缔约方是上市公司的情况下尤为常见。鉴于信息接收方可能通过获取的保密信息知悉其他第三方无法获知的公司的敏感信息，因此这些条款会要求信息接收方在签署保密协议或者就拟议交易进行商讨后的一段时间内，不得在公开市场上影响、提议或参与目标公司及其子公司和关联公司的任何股票、期权，以及其他资产、债务或业务。如果披露方提出比相关证券法律法规所要求的限制期更长的禁止期限，则需要双方协商商定。

(2)交易文件签署时

在交易双方达成合意签署收购协议之时，买方设置不竞争义务的作用主要是限制卖方及其附属公司在指定的时间和指定的地理区域范围内从事与买方和/或目标公司存在竞争关系的业务。

并购交易完成后，目标公司的管理层及员工的人事安排会影响不竞争协议的签署对象。如果目标公司的原有管理层及员工将继续留任，则通常原有管理层及员工的不竞争义务将遵从劳动合同中的竞业限制的约定；如果相关的管理层和员工不再留任，则根据其掌握信息的具体情况，买方可能会提出要求卖方、不再留任的目标公司管理层及关键员工签署不竞争协议。如果缺少这一约定，则卖方或关键员工可能会在并购完成后组建一个新的实体，利用其行业知识与买方收购后的目标公司竞争，从而降低整个目标公司的价值。

尽管每份不竞争协议需要针对每笔交易和每个行业的具体情况而起草，但通常一份作为并购交易附属文件的不竞争协议会包含3个核心条款，即期限、受限制业务的范围以及地域，具体内容见表3－8。

表3－8　不竞争协议主要条款及内容

序号	条款	内容
1	期限	大多数不竞争协议的期限在六个月到两年，关于期限的谈判更多的是买方和卖方之间在商业决策上的考量，同时也需要关注相关法律规定设置的阈值

续表

序号	条款	内容
2	受限制业务的范围	受限制业务的范围和性质因行业而异,应在协议中予以明确界定。卖方的目标通常是尽可能缩小范围,只涵盖目标公司在交易结束前所参与的直接活动,有时会排除卖方希望在并购交易完成后被允许从事的某些活动。 买方通常要求对受限制的业务范围进行广泛的描述,其中也包括买方在交易结束前和结束后参与的活动。例如,买方可能要求纳入一般性的承诺,如"在交割日会直接或间接与目标公司或买方竞争的任何业务"。除了限制卖方及其附属公司直接从事与目标公司存在竞争关系的商业活动,不竞争协议在起草时一般都约定得较为宽泛,以此来限制卖方及其附属公司采取间接的竞争方式,其中包括与竞争对手合作或帮助其他方与买方竞争
3	地域	不竞争协议所涵盖的地理区域通常应与目标公司的市场范围相一致。举例而言,如果目标公司的客户主要位于某一省或地区内,则可以约定以该区域作为地理范围。然而在实践中,卖方往往会要求相对更小的地理范围,而买方则通常希望地理范围包括买方及其附属公司可能开展或拟开展收购业务的任何地区。如果卖方无意在并购交易完成后继续参与被收购业务,则卖方通常会接受一个相对宽松的地理范围的约定

2. 不招徕义务

(1)交易前期

由于买方在尽职调查的过程中会接触到与卖方的高管或关键员工相关的信息,甚至有时会包含目标公司的主要客户和供应商的名单,为了避免买方招徕其核心人员或供应商、客户等,卖方及/或目标公司通常会在保密协议项下协商确定披露期间及保密和禁止使用的期间,在该期间内,买方不得招徕或聘用目标公司的董事、高管和核心员工以及目标公司的客户和供应商等。双方通常会就不招徕的范围和时间期限予以约定,具体如下:

①招徕员工

当保密协议的各缔约方处于同一业务领域时,披露方可能会担心接收方招徕其员工,尤其是考虑到员工可能因为进行中的潜在交易而担心其职位的稳定性。各缔约方在约定禁止招徕条款时,通常会约定例外情况,包括对一般的、非目标性的公共广告的例外规定,自发提出询问或是自发通过招聘选拔的员工以及被卖方解聘的员工的例外。

从买方的角度而言,则应限制不招徕条款的适用范围。例如,规定不招徕条款仅适用于高管和特定关键员工或者知晓保密协议或保密信息的关键员工和管理层。此外,还要确保在公开的招募邀约中不包含专门针对目标公司的员工和管理层的招聘广告。尽管保密协议中可能约定永久的保密期限,不招徕条款也应有明确的期限,通常会约定为一至两年。

②招徕供应商或客户

禁止招徕也可以是指向目标公司的供货商或者顾客,要求买方不得招徕公司的任何现有客户购买公司业务、客户和供应商经营范围内的产品、信息或服务,或采取任何可能对公司及其客户、供应商或其他业务伙伴之间的关系造成损害的行为。

(2)交易文件签署

在交易文件签署时,卖方向买方承诺的不招徕义务是指,在交易交割后的一定时间内,卖方将不会试图招徕、引诱或聘用目标公司的客户、供应商、高管或员工等,以此来保障在并购交易后目标公司仍能维持良好的运营。这一约定在收购方和目标公司属同一行业时尤为常见。

同不竞争义务的安排类似,交易各方也会就不招徕义务的期限、受限制的活动和地域予以约定,具体内容见表3-9。

表3-9　不招徕协议主要条款及内容

序号	条款	内容
1	期限	与不竞争义务类似,不招徕义务的时间期限通常在六个月到两年
2	受限制的活动	协议中应当明确规定签署不招徕义务的主体被限制的具体活动内容,受限制的活动包括在并购交易完成后不得保留目标公司有效客户名单或与目标公司的原有供应商签订合同
3	地域	关于地域的规定不招徕义务仅适用于某一特定地点,例如可以约定不招徕限制只适用于上海市

在实践中,根据具体的交易架构和安排,不竞争和不招徕条款可能会作为股权或资产收购协议内的一部分,也可能是作为单独的附属协议由相关方予以签订。

就卖方的不竞争及不招徕义务有关的谈判在并购交易的背景下是尤为重要

的，因为这一义务可以保护买方在交割后有效地管理和经营目标公司，维持或增加目标公司的价值，并在合理程度上保护目标公司免受不必要的和不公平的竞争。如果并未签署相关的不竞争与不招徕协议，在收购协议中也未约定不竞争与不招徕条款，则可能会导致买方面临潜在的风险，即卖方或其关联公司可以不受期限、业务范围或地理范围等方面的约束，直接或间接地与目标公司竞争。

四、知识产权转让协议

（一）主要作用

知识产权转让协议用于将一方所持有的知识产权转让给协议对方。在硬科技企业的并购交易中，转让的知识产权通常以专利为主，也包括商标、商业秘密等。

由于知识产权转让协议是资产剥离以及公司重组过程中的重要法律文件，因此知识产权转让协议在硬科技领域占据着举足轻重的位置。

（二）结构和内容

知识产权转让协议中通常包含转让约定、转让后安排、费用、承诺条款以及赔偿与终止情形等，主要内容如表 3－10 所示。

表 3－10　知识产权转让协议主要条款及内容

序号	条款	内容
1	转让约定	该条款是知识产权转让协议的主要部分，用于列明知识产权转让的具体细节，包括转让内容、转让时间、转让流程、转让费用、转让手续、提交文件等方面。 （1）转让内容 转让内容通常对知识产权是否需要登记进行区分，针对需要登记的知识产权应明确其登记信息，针对无须登记的知识产权应通过描述以明确其内容。 （2）转让时间 针对需要登记的知识产权一般要求应在协议签署一定时间内完成所有人变更登记，针对无须登记的知识产权应明确转让的具体时间点。转让费用通常会明确所有人变更登记的费用由合同哪一方承担。 （3）交换文件 该条款中所述的提交文件通常会列明协议双方需要交换的文件，如承载知识产权的书面/电子文件、使用知识产权制作的相关机器设备等

续表

序号	条款	内容
2	转让后安排	该条款需要列明双方在知识产权转让完成后对部分事宜的安排，例如转让方常要求在转让知识产权后，受让方应许可转让方在一定期限内或者永久有权继续行使该知识产权，并同时会对上述许可进行惯常限制（如许可对象仅限转让方及其关联方，转让方不可向第三方另行许可知识产权）。 除此之外，在转让知识产权后，双方常常会约定原转让方承担的赔偿义务是否转移至受让方。转让后双方是否在知识产权方面进行合作，比如是否进行相关技术信息的共享或后续知识产权的联合开发。转让方原先对外的许可是否由受让方继承等事宜
3	费用	该条款需要列明取得知识产权所需支付的费用以及与支付费用相关的付款安排，知识产权转让协议一般不包含类似知识产权许可协议中的复杂付款方式，一般对全部转让知识产权进行完整估值，并由受让方一次或多次在满足特定条件或里程碑事件时向转让方支付
4	保证	该条款需要列明双方的保证事项，例如转让方对知识产权有排他性权利，转让方有权转让知识产权，无法律、判决影响知识产权的权属和可执行性等事项，还可能约定未来出现知识产权纠纷时许可方的协助义务
5	赔偿与终止	该条款需要列明在特定情形下，双方所承担的赔偿义务与协议的终止条件

五、知识产权许可协议

（一）主要作用

知识产权许可协议用于将一方所持有的知识产权许可给协议对方。在硬科技企业的并购交易中，交易双方会签订知识产权许可协议，约定卖方在交割后的一定期限内允许买方使用卖方的知识产权。

有时，知识产权许可协议会与知识产权转让协议/条款配合使用，用于根据具体商业需求在重组或交易过程中构建知识产权转让、知识产权许可和知识产权交叉许可结合的复杂法律关系。

（二）结构和内容

知识产权许可协议中通常包含许可内容、法域、许可方义务、知识产权归属、费用、保密、终止情形等重要条款，主要内容如表3－11所示。

表3－11　知识产权许可协议主要条款及内容

序号	条款	内容
1	许可内容	该条款是许可协议的主要部分，用于列明知识产权许可的具体细节，包括许可是否排他、是否独家、是否允许再许可、许可行为等方面具体如下： (1)排他许可，是指许可方不得将知识产权在同法域内许可给第三方的许可。 (2)独家许可，也叫独占许可，是指在排他许可的基础上许可方也不得使用许可知识产权的许可。 (3)允许再许可，是指允许被许可方将知识产权再许可给关联方或关联方以外的第三方。通常情况下，许可方允许再许可给关联方，而不得再许可给第三方。如果许可方允许再许可给第三方，通常会要求第三方应当受该许可协议条款的约束，且被许可方应当为第三方违反许可协议的行为负责。 (4)许可行为，是指被许可方可以使用知识产权进行的行为，通常包括研发、使用、生产、销售、提议销售、分销、进出口、推广、营销以及以其他方式将知识产权商业化的行为
2	法域	由于专利权、商标权等部分知识产权具有极强的地域性，因此在进行此类知识产权许可时，应当明确约定许可的法域。即使对于地域性较弱的知识产权，如商业秘密，也可以约定许可的法域，并约定被许可人仅有权在许可法域内使用知识产权。 在并购交易背景下，除较为常见的技术许可的情形之外，有时由于目标公司此前并无自有品牌而一直使用卖方的品牌，因此知识产权许可协议的内容可能也包括品牌许可，以此来允许买方在一定期间内可以继续使用卖方的品牌
3	许可方义务	许可方协议中的义务通常包括：在收到全部或部分许可费后，将相关知识产权的技术资料及时提供给被许可方以及提供相关人员，向被许可方人员提供与使用许可技术有关的技术协助、支持和培训
4	知识产权归属	双方通常会约定，双方在许可协议有效期内，如依据许可知识产权开发出新知识产权的，应当及时通知对方。许可方对所有依据许可知识产权开发的新知识产权享有所有权与申请权，但也会约定被许可方有使用此类新知识产权的权利

续表

序号	条款	内容
5	费用	该条款需要列明取得知识产权所需支付的费用以及与支付上述费用相关的付款安排。许可协议中通常包括复杂的费用计算方式,常见的费用包括许可费以及提成费两部分。 许可费通常是指被许可方为取得许可技术以及相关服务,支付的一次性对价。通常在协议签署之后,许可方提供技术资料之前,由被许可方向许可方支付许可费,也可以采取分期支付的安排。 提成费通常是指被许可方使用许可技术生产或销售相关产品或提供相关服务所需支付的对价,可以按件计费,也可以按照实际销售数额的百分比计费,通常按照月度或季度结算。在结算时,按照被许可方记录的在结算期间内提供的产品或服务的数量或销售数额进行支付。 在部分行业中,许可费用还可能会根据里程碑事件确定。常见的里程碑事件包括相关技术的开发进度、相关技术商业化所需审批的取得情况、相关技术商业化取得的收益等
6	保密	双方通常会约定由披露方向接收方披露的任何保密信息,接收方应采取与其保护自有的类似性质的保密信息相同的、不低于合理标准的谨慎程度,对这些保密信息进行保密;并且接收方应仅为许可协议所述之目的,且在遵守协议条款与条件的前提下使用这些保密信息。协议中还会规定惯常的除外情况。 各方也可以另行就保密事宜专门签署保密协议
7	终止情形	列明在特定情形下,双方所承担的赔偿义务与协议的终止条件

六、劳动合同

目标公司的管理、研发技术、销售采购等岗位的关键员工往往对目标公司的持续经营和买方商业计划的落实很重要。因此,作为并购整体安排的一部分,买方可能希望在并购交易中与关键员工签订新的劳动合同和/或聘请该类核心人员作为顾问。

一份完整的劳动合同中通常包含表 3－12 的条款。

表 3-12 劳动合同主要条款及内容

序号	条款	内容
1	签订主体	劳动合同的签订主体为用人单位和员工,在并购交易的背景下,用人单位通常为目标公司或买方。 劳动合同中需要明确双方签订主体的信息,包括用人单位的名称、住所和法定代表人或者主要负责人;同时需要列明员工的姓名、住址和有效身份证件号码
2	工作内容和工作地点	明确员工入职后的岗位、职责以及工作地点。 这一条款中通常还会约定,用人单位可以根据业务或运营需要,根据员工的专业、能力或履职情况,将员工临时或长期调离并安排其他的岗位。工作内容与地点不仅是《劳动合同法》第 17 条规定的必备条款,同时也能够为公司对员工的调岗行为提供依据
3	聘用期限	劳动合同大多数以时间为期限,有时也会有以完成某项工作作为合同期限的劳动合同。在《劳动合同法》中,以时间为期限的劳动合同可以分为两类,一类是固定期限劳动合同,即劳动合同中明确约定了终止的时间;另一类是无固定期限劳动合同。 合同期限是需要员工和公司共同慎重考虑的问题,根据《劳动合同法》规定,如果签订的合同期限较短,在连续两次订立劳动合同后,公司终止劳动关系时可能需向劳动者支付双倍的经济补偿;而第三次订立劳动合同时,除劳动者提出订立固定期限劳动合同外,公司应当与员工订立无固定期限劳动合同。 此外,如果劳动合同中约定了试用期,劳动合同的期限将直接影响试用期限的时长,因此也需注意将试用期限定在《劳动合同法》的规定范围内
4	薪酬和社会保险等福利	员工的薪酬通常由多个部分组成,包括基础工资、奖金、交通或食住补贴、提成等,这不仅是公司考察和奖励员工形式的具象化,同时在企业与员工之间存在纠纷或争议时,也会影响经济补偿或赔偿金的计算标准。因此,相对细化的分类有助于避免后续的潜在风险和争议。社会保险和劳动保护等条款均是《劳动合同法》下确立的法定条款
5	保密	由于员工在工作过程中往往不可避免地接触到公司的商业秘密等敏感信息,因此设立保密条款系用于要求员工在工作期间以及离职后的特定期间内负有保密义务,以此来保护公司的敏感信息。 保密条款通常会从地理、时间及内容等方面对保密义务进行规定。在实践中,通常不会就保密义务约定任何保密补偿费用
6	竞业限制	竞业限制条款限制了员工到与公司生产或者经营同类产品、从事同类业务的有竞争关系的其他用人单位,或者自己开业生产、经营同类产品、从事同类业务。 基于我国《劳动合同法》的相关规定,劳动合同中的竞业限制期限不会超过 2 年。通常劳动合同中会就竞业限制约定经济补偿金

续表

序号	条款	内容
7	不招徕	同竞业限制类似,不招徕条款的期限也通常在两年之内。这一条款要求,员工在工作期间及离职后的一定期间内,不得直接或间接招徕、招聘公司的任何员工,或招徕公司的任何客户的业务,或影响公司的客户与公司之间的业务往来
8	知识产权归属	知识产权归属约定在劳动合同中是尤为重要的,其中会约定员工在聘用期间创造的任何创作、发明或产品等职务作品的归属问题。 如劳动合同中没有另外进行约定,则根据著作权法项下的规定,员工职务作品的著作权应由员工享有,公司有权在其业务范围内优先使用。作品完成两年内,未经公司同意,员工不得许可第三人以与公司使用的相同方式使用该作品。 在实践中,公司通常会对员工职务作品的权属提出要求并列入劳动合同中,规定公司对员工的职务发明享有完整且排他的权利、所有权及利益,并要求员工向公司转让其对职务作品所享有的任何权利、所有权及利益,以此来保障公司的商业利益
9	合同解除	劳动合同常见 3 类解除的情形,包括协商一致解除、员工单方解除以及公司单方解除

CHAPTER

第四章

收购协议详解

第一节　股权收购

一、股权收购协议的基本概念

最常见的并购方式是收购标的公司的股权，因此最常见的协议是股权收购协议(share purchase agreement 或 stock purchase agreement)。股权收购交易中，买方可能从现有的股东手中收购目标公司股权，此时卖方是目标公司的现有股东。买方也可能认购目标公司新增的股本，此时卖方为目标公司。股权收购协议是并购交易中最常用的法律文件，不论是收购目标公司 100% 股权，收购过半数股权取得第一大股东地位，还是进行非控股的战略投资和风险投资，各类交易的股权收购协议虽然千差万别，但基本结构和必备条款大致相同。本章以国内交易的股权收购协议为重心，也涵盖跨境收购协议的基础内容。海外交易的收购协议可参考本书第十二章的内容。

股权收购协议主要有以下作用：

首先，规定交易的商业安排，包括价格、成交的前提条件、流程等基本安排。

其次，规定股权收购协议的内容，特别是各种陈述和保证中要求卖方对事实的确认,促使卖方提供买方需要的文件和信息,推动尽职调查的进展。

最后,将各类风险和责任在各方之间进行分配,例如,规定如果目标公司出现重大合规问题,买方有权不完成交易,或者成交后得到补偿;又如,对于某些需要取得政府审批的交易最终未能取得政府审批的,各方无须成交。

二、影响股权收购协议的基础因素

股权收购协议服务于商业交易,其结构和内容受到很多因素影响,包括以下因素。

(一)交易结构

股权收购根据收购股权的比例不同,可以分为:

(1)买方购买目标公司全部股权成为唯一股东;

(2)买方购买大多数股权成为控股股东;

(3)买方购买少量股权成为小股东;

(4)现有股东之间或关联企业之间转让股权。

在以上4种情形中,股权收购协议的内容和协议方关注点与谈判重心都有差异。收购不同比例目标公司股权的情形分析如表4-1所示。

表4-1 收购不同比例目标公司股权的情形分析

收购目标公司股权的比例	收购后股东情况	对公司治理的影响
全部股权(100%)	买方成为目标公司唯一股东	目标公司原股东全部退出,目标公司成为买方全资子公司,要考虑原管理团队的留任问题
大多数股权(50%以上,有时50%以下也能实现控股)	买方成为目标公司的控股股东	目标公司原股东大部分退出,目标公司成为买方可以会计并表的子公司。一般情况下,原管理团队可能会保留小部分股权(有时会附出售选择权),以起到一定的激励作用

续表

收购目标公司股权的比例	收购后股东情况	对公司治理的影响
少量股权(低于50%)	买方成为目标公司的参股股东	买方作为目标公司的非控股股东,对目标公司的经营管理不掌握控制权,但可以通过法律文件的约定,对目标公司的重大事情保留一定的否决权、对董事和高管的任命有一定主导权,以平衡与控股股东和管理团队的关系
现有股东之间或关联企业之间转让股权	目标公司的股东组成不发生变化,但控股股东可能变化	现有股东之间转让股权的,由于各方对目标公司较为熟悉或者属于集团内部转让,这种交易下的股权转让协议通常较为简单

(二)交易主体

股权收购协议很大程度受到交易主体的影响,主要包括交易各方的性质(如外资、国资、上市公司、财务投资人)、交易各方的关系、买方对目标公司的熟悉程度、买方是战略投资人还是财务投资人等因素。

外国企业或外资企业作为买方的收购,要考虑到目标公司所在行业是否对外资有限制(也包括实践中的隐形门槛)。国资性质的卖方在收购交易中还需要遵守针对国有资产监管的法律法规,走特定的交易流程并适用特别的法律格式文本。涉及上市公司的收购交易亦需遵守关于上市公司的法律法规,遵循交易所的公告流程。私募股权基金等财务投资人对目标公司所在行业的理解和风险的把握较战略投资人而言可能稍弱,因此在尽职调查中关注点往往更细致,也更依赖法律文本的保护。由于财务投资者一般在成交后依靠目标公司的管理层持续经营,因此对管理层在成交后的稳定性非常关注。在公司现有的股东之间转让股权的情形下,卖方通常认为买方作为现有股东应对公司情况比较了解,因此倾向于采用内容简单的转让协议,且可能不愿意在协议中给出广泛的保护买方的条款。

(三)交易流程和谈判地位

在买方和卖方进行一对一谈判的情况下,通常由买方的律师负责撰写股权收购协议的初稿。较优质的目标企业拟出售以及抢手的初创企业在早中后期募资时,可能由企业(也就是卖方)律师主笔。

优质目标企业或外商投资企业的出售以及在海外并购中,卖方常选择采用竞价程序。为了掌握主导权也为了提高效率,卖方一般要求由卖方律师准备收购协议初稿,此时的协议初稿通常对卖方非常有利,例如仅包括有限的陈述保证和承诺条款以及较简单的交割先决条件。买方及其律师一边对目标公司进行尽调,一边对卖方律师准备的收购协议初稿进行审阅并提出意见。如果多个潜在买方同时参与竞价,为了获得交易机会,潜在买方在获得一对一谈判权之前对收购文件提出的初步意见通常不会过于激进。

交易方的谈判地位直接影响协议内容。实力雄厚、经验丰富的买方如一些大型集团、私募基金通常希望协议条款对己方有利,而不急于出售的卖方或者优质的目标公司自然在交易中希望按照自己的节奏来。

(四)目标公司的性质和行业

目标公司是上市公司的股权收购交易,其收购协议与收购非上市公司的协议在结构、协议方关注点和具体内容上都有较大差异。

目标公司含有国资成分的,交易中还需要遵守针对国资的特别法律法规,走特定的交易流程并适用特别的法律格式文本。

不同行业的标的,也有其惯例,会影响协议的结构。例如,标的是集成电路、能源、互联网企业或医药公司的交易,其侧重点自然不同。

(五)目标公司所在地、适用法律和惯例

传统上股权收购被认为是买卖合同的一种,将股权视为一项资产。国内的股权收购协议,在内容上延续了买卖合同的权利和义务框架,通常采取较为简短的格式,重权利义务,轻程序和步骤。目标公司本质是一个资产、技术、人员、业务关系、政府审批相结合的商业存在,表面看股权收购协议的对象是企业股权,但从功能上应抓住被投资企业的核心价值,技术上需要涵盖企业的业务经营、合规、财务等方方面面的情况。在过去的二十多年,欧美格式的股权收购协议对国内交易影响非常明显。越来越多的交易采取陈述保证为核心的格式,包括陈述保证、先决条件等内容。

在海外并购中,目标公司和交易主体所在地对文本影响极大。

一方面，目标公司所在的国家或地区的法律和惯例直接影响股权收购协议的结构和内容。总体而言，海外收购的股权收购协议主要分为英式和美式两类。收购美国公司的交易通常采用美国流行的文本；收购拉美地区的公司，美国文本也更常见。收购英国公司以及在澳大利亚、新西兰、新加坡等地交易通常采用英国流行的文本。在非洲和亚太地区，英国文本更流行。以欧洲大陆国家为目标公司的并购交易文件，格式和内容受到英美文本的深刻影响，具体内容也与本国成文法律相协调。另一方面，交易方也会影响文本的选择，例如美国企业出售海外子公司或者收购海外标的时，自然倾向于使用美式文本。

此外，市场惯例也影响收购协议的内容。欧洲大陆国家的股权收购协议通常比英美文本简单，很大程度上是因为当地成文法的规定作为一种背景法律，即便协议没有明确规定也可能被适用，这有效补充了协议的内容；而英美传统上没有系统的成文法，因此协议方通常自由约定协议条款，力求内容详尽，旨在保证协议履行与执行的确定性。

（六）买方的融资安排

如果买方需要从银行等金融机构获得融资来支付交易价款，银行通常要求审阅股权收购协议等交易文件。根据融资交易的安排，有时银行等融资方还可能对股权收购协议的内容有实质性的要求，如果协议不符合其内部风控合规要求还会提出修改意见，要求协议包括符合相关市场惯例的保护融资方利益的条款。

（七）买方的支付手段

股权收购交易中，买方支付的对价可能是现金、股票或其他财物。对价的形式直接影响股权收购协议的内容。

如果买方的对价包括买方的股权，相当于卖方认购买方的股权成为其股东。卖方实际也是买方，就会关注原买方的经营和财务情况，要求原买方在协议下给出各类陈述和保证以及承诺。

如果买方的对价有一部分不支付给卖方，而是作为对卖方的一笔负债，或形成一笔可转换为买方及其关联公司股权的债务，这就相当于卖方向买方提供了一笔融资。此时，卖方不但会关注买方的经营和财务情况，也可能要求买方作出类似贷款协议项下的保证和承诺，直到债务清偿或可转债转换成股权为止。

"现金为王",如果买方用100%的现金作为支付方式,则是给予了卖方100%的资金流动性,这也给了买方不小的资金压力。因此,买方更倾向于采取组合对价的方式来进行支付,以享受现金流上的灵活性。[1]

(八)各类商业安排和条件

协议方之间的商业安排,包括管理层留任、供应和销售安排、技术转让、合作与服务、设施共享安排等,都会直接影响股权收购协议的内容。

协议方的地位等因素也直接影响协议的具体条款,协议方及其顾问固然可以基于惯例提出己方立场,但处于有利地位的一方往往可以占到上风,最终获得对其有利的条款(即使这些条款未必符合惯例)。

三、股权收购协议的基本内容

股权收购协议首先适用中国合同法。中国合同法的理论基础是权利、义务与责任,如上文所述,传统上股权收购被认为是买卖合同的一种,将股权视为一项资产。中国传统的股权收购协议在内容上延续了买卖合同的权利和义务框架,重权利义务,轻程序和步骤。但随着改革开放不断深入,在"引进来"和"走出去"多年的持续影响下,中国企业接触并参与了越来越多的涉外/跨境交易。鉴于目标公司本质是一个资产、技术、人员、业务关系、政府审批相结合的商业存在,股权收购协议需要覆盖目标公司业务经营、合规、财务的方方面面,而且要从签约、交割延续到交割后一段时间。海外股权收购交易中,协议的条款更强调交易的风险和责任分配,突出对整个交易流程的管理。现在,国内的股权并购交易,特别是收购协议等交易文本,已经在立足我国法律制度和商业实践的基础上,吸收了不少涉外交易文本的体例和条款。实践中,并购交易的文本呈现出3种状态:第一种是传统的以权利和义务为话语核心的文本,主要应用于国有资产交易、中小型交易等;第二种是非常典型的涉外交易文本,主要应用于风险投资、涉外交易等;第三种交易往往兼有国内外法律文本的特点,以权利义务为基础,加入了陈述保证、先决条件等板块。接下来我们先介绍一个典型的国内文本结构,然后结合大型交易协议样本,对境内和涉外大型股权交易文本中惯常的结

[1] 参见[美]丹尼斯·J.罗伯茨:《并购之王》,唐京燕、秦丹萍译,机械工业出版社2014年版,第230页。

构、内容和条款做介绍。

(一)上海市产权交易合同(2022 年版)

我们以上海联合产权交易所的上海市产权交易合同参考文本为例,介绍典型的以权利义务为核心的产权交易文件,见表 4 - 2。

表 4 - 2　上海市产权交易合同参考文本分析

序号	组成部分	具体内容	分析
1	名称	上海市产权交易合同	该合同是根据《民法典》《企业国有资产法》等有关法律法规制定
2	主体	甲方(转让方):【】 乙方(受让方):【】	“转让方”是指持有标的产权并能够依法转让产权的法人、自然人和其他组织。 “受让方”是指在产权交易市场内,通过合法程序并支付交易对价获得标的产权的法人、自然人和其他组织。 在该合同中,除强调转让方和受让方的合法性之外,转让方还可以设置受让方的资格条件。为了保证公平交易,根据《上海产权交易市场资产交易规则(试行)》(以下简称《产权交易规则》)第 11 条的规定,转让方设置交易条件及受让方资格条件,应当符合法律法规的要求,不得有明确指向性或违反公平竞争的内容。除国家法律法规或相关规定有明确要求的,国有企业资产转让一般不得对受让方的资格条件作出限制
3	鉴于	根据《民法典》《企业国有资产法》等有关法律法规的规定,甲、乙双方遵循平等、自愿、公平、诚实信用的原则,协商一致,订立本合同	—

续表

序号	组成部分	具体内容	分析
4	产权交易标的	适用于股权类产权交易标的： (1)合同标的为甲方所持有的【】(产权交易标的名称)； (2)(标的企业名称)成立于【】年【】月,现有注册资本为人民币【】万元,系【】(出资人/股东名称)出资人民币【】万元,占【】%股权(出资人/股东是多名的应分别载明)； (3)经【】资产评估有限公司评估(【】会计师事务所审计)并出具资产评估报告(审计报告)(文号【】),截至【】年【】月【】日,【】(标的企业名称)总资产合计为人民币【】元,负债合计为人民币【】元,标的企业价值(所有者权益)为人民币【】元,产权交易标的价值为人民币【】元； (4)除甲方已向乙方披露的事项外,产权交易标的和标的企业不存在资产评估报告(审计报告)中未予披露或遗漏的、可能影响评估结果或对标的企业及其产权价值产生重大不利影响的事项。 适用于非股权类产权交易标的： 合同标的为甲方所持有的【】(产权交易标的名称)。经【】资产评估有限公司评估并出具资产评估报告(文号【】),截至【】年【】月【】日,产权交易标的价值为人民币【】元。除甲方已向乙方披露的事项外,产权交易标的不存在资产评估报告中未予披露或遗漏的、可能影响评估结果或对产权价值产生重大不利影响的事项	"产权交易标的"是指转让方所有或者依法有处分权的产权,也是合同当事人权利和义务共同指向的对象。"产权交易标的"条款必须清楚地写明标的名称,以使标的特定化,从而能够界定权利义务。"产权交易标的"可以分为股权类产权交易标的[左侧第(1)到(4)项]和非股权类产权交易标的。 由于本章节仅讨论股权收购协议,因此对非股权类产权交易不做赘述,对于国有企业资产转让,需要额外遵守其他有关国有企业和国有资产的要求。根据《产权交易规则》第2条第3款的规定,国有企业资产转让应符合《关于规范国有及国有控股企业资产转让管理有关问题的通知》(沪国资委产权〔2014〕98号)等文件的要求。 另外,根据《产权交易规则》第9条第7项的规定,国有企业资产转让按规定须进行资产评估的,应当向产权交易机构提供资产评估报告及相应的核准或备案材料;需要对转让行为作出批复的,应当提供相应的批准文件

续表

序号	组成部分	具体内容	分析
5	产权交易的方式	产权交易采取以下第【】种方式	根据《产权交易规则》第5条的规定，资产交易的方式，主要包括网络竞价、拍卖以及法律法规允许的其他公开交易方式
		合同项下产权交易于【】年【】月【】日至【】年【】月【】日，经上海【】产权交易所公开挂牌，挂牌期间征集到乙方一个意向受让方，按照产权交易规则确定乙方为产权交易标的受让方，乙方同意依法受让合同项下产权交易标的	该条款中的公开挂牌期限一般不少于5个工作日，不超过12个月。以上海联合产权交易所为例，产权交易挂牌期限原则上不得少于5个工作日。转让公告发布期间产生符合条件的一个或者多个意向受让人，转让公告期满后自行终结。转让公告自第一次发布之日起的12个月内仍未征集到符合条件的意向受让人，转让公告自行终结
		合同项下产权交易于【】年【】月【】日至【】年【】月【】日，经上海【】产权交易所公开挂牌，挂牌期间产生【】个意向受让方，并于【】年【】月【】日以【】[网络竞价(一次报价、多次报价、权重报价)、拍卖(拍卖机构为【】)、招投标、其他【】]方式组织实施竞价，按照产权交易规则确定乙方为产权交易标的受让方	根据《产权交易规则》第22条的规定，网络竞价和拍卖竞价的流程如下所示，产权交易机构应当在确定受让方后的3个工作日内，出具《资产交易凭证》： • 以网络竞价方式进行交易的，在参与报价的竞买人中，报价最高者成为受让方，且该报价为成交价格 • 以拍卖方式进行交易的，由接受委托的拍卖机构主持拍卖，竞买人的最高出价经拍卖师落槌确认后拍卖成交，该出价的竞买人成为受让方
		合同项下产权交易经甲方申请，于【】年【】月【】日获得甲方实施产权转让的批准主体【】(国有资产监督管理机构或国家出资企业)的批准，甲方同意在上海【】产权交易所内采取协议转让方式，将合同项下产权交易标的依法转让给乙方	如果转让方是国有企业资产，那么转让方还负有如实提供相关批准文件的义务。根据《产权交易规则》第9条第7项的规定，对于国有企业资产转让的，如果需要对转让行为作出批复的，还应当提供相应的批准文件

续表

序号	组成部分	具体内容	分析
5	产权交易的方式	合同项下产权交易经【】(甲方有权决策机构)决定,甲方同意在上海【】产权交易所内采取协议转让方式,将合同项下产权交易标的依法转让给乙方	如果该产权交易采用的是非公开协议转让,一般指的是转让方与受让方在进场前已经达成交易并签订合法文件(包括《产权交易合同》《股权转让协议》等)。以上海联合产权交易所为例,除了属于《企业国有资产法》《企业国有资产交易监督管理办法》等规定必须通过产权市场公开转让的产权交易项目以外,此类交易一般采用项目登记的方式办理
6	价款	交易价款为人民币(小写)【】万元[人民币(大写)【】万元]	如需确定企业国有产权转让价格,应当以经核准或备案的资产评估结果为参考依据。未经资产评估,直接以竞价或协议方式确定交易价格的,一般只适用于非公有性质的产权
7	支付方式	(1)乙方已支付至上海【】产权交易所的保证金计人民币(小写)【】万元[人民币(大写)【】万元],在合同生效后直接转为产权交易部分价款 (2)甲、乙双方约定按照以下第【】种方式支付价款 ①一次性付款。除第(1)款中保证金直接转为产权交易部分价款外,乙方应在合同生效次日起【】个工作日内,将其余的产权交易价款人民币(小写)【】万元[人民币(大写)【】万元]一次性支付至上海【】产权交易所指定银行账户(账户名称【】,账号【】) ②分期付款。首期价款(含保证金)为乙方应支付的产权交易价款总额的【】%,计人民币(小写)【】万元[人民币(大写)【】万元],乙方应在合同生效后【】	支付方式的条款一般由转让方拟定。根据《产权交易规则》第12条的规定,转让方可以在交易条件中设置交易保证金,明确保证金金额、交纳时点、交纳方式、保证事项和保证金处置等内容。交易保证金的交纳金额一般不超过挂牌价格的30%。 如果涉及国有资产的交易,那么根据《产权交易规则》第25条的规定,国有资产的交易价款原则上应当一次性支付,如金额较大、一次付清确有困难的,可以采取分期付款的方式,但应当在《资产转让公告》中载明。采取分期付款方式的,受让方的首期付款不得低于交易价款的30%,并应当在产权交易机构出具《资产交易凭证》之日起5个工作日内支付;其余款项应当提供合法的担保,并应当按同期银行贷款利率向转让方支付延期付款期间的利息,分期付款的期限自首期付款日起不得超过1年

续表

序号	组成部分	具体内容	分析
7	支付方式	个工作日内支付至上海【】产权交易所指定银行账户(账户名称【】,账号【】);其余价款人民币(小写)【】万元[人民币(大写)【】万元],乙方应在【】年【】月【】日前向甲方付清。 分期付款(产权交易标的为企业国有产权适用)。首期价款(含保证金)为乙方应支付的本次产权交易价款总额的【】%(不低于30%),计人民币(小写)【】万元[人民币(大写)【】万元],乙方应在合同生效之日起5个工作日内支付至上海【】产权交易所指定银行账户(账户名称【】,账号【】);其余价款人民币(小写)【】万元[人民币(大写)【】万元],乙方以【】(抵押、质押等)方式提供担保(具体另附担保合同),并按同期银行贷款利率向甲方支付延期付款期间的利息,且在【】年【】月【】日(不超过合同生效后1年)前付清	
8	产权交易涉及的职工安置	(1)标的企业的职工情况【】; (2)《【】(企业名称)职工安置方案》经标的企业【】年【】月【】日召开的第【】届第【】次职工大会(或职工代表大会)审议通过; (3)甲、乙双方同意依据《【】(企业名称)职工安置方案》的要求妥善安置职工; (4)乙方承诺受让产权交易标的后,同意标的企业继续履行与职工签订的现有劳动合同	产权转让涉及职工安置的,合同中所约定的条款应当符合国家相关法律法规的规定,约定妥善安置标的企业职工的有关事项

续表

序号	组成部分	具体内容	分析
9	产权交易涉及的债权、债务的承继和清偿办法	乙方受让产权交易标的后，标的企业原有的债权、债务由本次产权交易后的标的企业继续享有和承担 (甲、乙双方及债权债务人关于债权或债务另有协议的，可以作为合同附件)	通常而言，《资产转让公告》中会载明标的权属情况，是否存在抵押、质押、担保等他项权利，是否涉及优先购买权及优先购买权的行使方式等情况
10	产权交易涉及的资产处理	产权交易涉及的资产作如下处理【 】	产权交易涉及相关资产处理的，可根据不同的标的作具体约定
11	产权交接事项	(1)合同的产权交易基准日为【 】，甲、乙双方应当共同配合，于合同生效后【 】个工作日内(或【 】前)完成产权持有主体的权利交接，并在获得上海【 】产权交易所出具的产权交易凭证后【 】个工作日内(或【 】前)，配合标的企业办理产权交易标的的权证变更登记手续； (2)产权交易涉及需向有关部门备案或审批的，甲、乙双方应共同履行向有关部门申报的义务； (3)在交易基准日至产权持有主体完成权利交接期间，与产权交易标的相关的盈利或亏损由【 】方享有和承担，甲方对合同项下的产权交易标的、股东权益及标的企业资产负有善良管理的义务	"产权交易的基准日"是指确定产权交易标的交易价格的特定时点。 "产权交易费用"包含转让方、受让方向产权交易机构支付的交易手续费(含需向产权经纪机构支付的费用)以及办理相关权证的费用等。 "产权交易凭证"是指产权交易机构为产权交易各方出具的证明产权交易标的通过产权交易机构履行相关程序后达成交易结果的凭证。 在交易基准日至产权持有主体完成交接的期间，还存在一段过渡期。在过渡期，交易标的可能发生变化，所以在合同中会就该期间内交易标的的盈利或亏损的权利进行约定，转让方一般会承担善良管理的义务

续表

序号	组成部分	具体内容	分析
12	产权交易的税赋和费用	(1)产权交易中涉及的税赋,按照国家有关规定缴纳; (2)合同项下产权交易标的在交易过程中所产生的产权交易费用,双方约定按以下方式承担【】	涉及国有产权交易的,合同当事人应当按照国有产权转让的有关规定,对相关的合同条款进行约定
13	甲、乙双方的承诺	(1)甲方对合同项下的产权交易标的拥有合法、有效和完整的处分权,没有隐匿资产或债务的情况; (2)甲方保证就转让标的所设置的可能影响产权转让的任何担保或限制,甲方已取得有关权利人的同意或认可; (3)乙方具备合法的主体资格,无欺诈行为; (4)乙方受让合同项下转让标的符合法律、法规的规定,不违背中国境内的相关产业政策; (5)甲方、乙方提交的涉及产权交易的各项证明文件及资料均真实、完整、有效,不存在故意隐瞒对合同构成重大不利影响的任何债务、争议、诉讼等情况; (6)甲、乙双方签订合同所需的包括但不限于授权、审批、公司内部决策等在内的一切手续均合法有效,合同成立和产权转让的前提条件均已满足; (7)未经对方事先书面许可,任何一方不得泄露合同及附件中的内容,但依照国家有关规定要求披露的除外	在产权交易合同中的承诺条款,多数是按照《产权交易规则》第 28 条中止或终结交易的情形所拟定的,其中包括: (1)转让标的属于转让方无权处分、越权处分的资产; (2)转让方隐瞒转让标的重大缺陷或者其他重大事项,提供虚假材料的; (3)转让方或意向受让方弄虚作假、恶意串通,操纵或干扰交易进程,扰乱交易秩序,妨碍公平竞争,影响交易公正性的; (4)其他损害公平交易或影响资产交易进程的情形。 如果转让方或受让方存在上述过错行为,由此对相关方造成的损失,应当由过错方承担。 同时,对于产权交易行为而言,承诺及保证条款也是对在产权转让期间的双方的权益的保护。这个承诺及保证,主要包括转让双方对各自内部事项及审批流程的承诺、交易标的物的权属和处分权,或有关交易标的的债务债权

续表

序号	组成部分	具体内容	分析
14	违约责任	(1)乙方若逾期支付价款,每逾期1日应按逾期支付部分价款的【】‰向甲方支付违约金,逾期超过【】日的,甲方有权解除合同,并要求乙方赔偿损失; (2)甲方若逾期不配合乙方完成产权持有主体的权利交接,每逾期1日应按交易价款的【】‰向乙方支付违约金,逾期超过【】日的,乙方有权解除合同,并要求甲方赔偿损失; (3)合同任何一方若违反合同约定的义务和承诺,给另一方造成损失的,应当承担赔偿责任;若违约方的行为对产权交易标的或标的企业造成重大不利影响,致使合同目的无法实现的,守约方有权解除合同,并要求违约方赔偿损失; (4)其他违约责任【】	在合同中,受让方的主要合同义务就是支付产权转让价款并受领标的股权,而转让方的主要合同义务就是将标的交割给受让方。 就违约责任而言,对于受让方,主要是按照约定及时足额支付转让款的责任,以及在办理交割过程中由于己方原因导致的责任;对于转让方而言,主要是权利瑕疵、披露瑕疵责任以及在办理交割的过程中由于己方原因导致的责任。 所以在违约责任条款中,双方会约定违约情况的违约金以及不同违约情况下各方需要承担的责任
15	合同的变更和解除	(1)甲、乙双方按照规定协商一致,可以变更或解除合同; (2)出现合同第11条所述违约情形的,一方当事人可以解除合同; (3)合同解除或变更合同主要条款的,上海【】产权交易所出具的产权交易凭证失效,甲、乙双方需将合同解除或变更的事项通知上海【】产权交易所,并将产权交易凭证交还上海【】产权交易所	由于交易所出具的产权交易凭证和产权交易合同是相互关联的,如需解除或变更产权交易合同,那么产权交易凭证随之失效,需要返还给产权交易所

续表

序号	组成部分	具体内容	分析
16	争议的解决方式	(1)合同及产权交易中的行为均适用中华人民共和国法律; (2)甲、乙双方之间发生争议的,可以协商解决,也可向上海【】产权交易所申请调解,或选择以下第【】种方式解决: ①提交上海仲裁委员会仲裁 ②依法向【】人民法院起诉	在实践中,如果交易双方发生争议,一般会先向交易所申请协商调解,如果调解不成功,那么双方会向仲裁委员会提起仲裁,或者向人民法院提起诉讼。 该条款的主要依据为《产权交易规则》第27条,资产交易双方或资产交易相关主体之间在交易过程中发生争议的,应当依照上海产权交易市场争议调解的相关规定处理。交易争议经协商或者调解未能解决的,当事人可以根据约定向仲裁机构申请仲裁或向人民法院提起诉讼
17	附则	除依法律、行政法规规定需要报审批机构批准后生效的情形以外,本合同自甲、乙双方签字或盖章之日起生效。 本合同一式【】份,甲、乙双方各执【】份,甲、乙双方委托的产权经纪机构各执一份,上海【】产权交易所留存一份用于备案,其余用于办理产权交易的审批、登记手续	附则中一般会约定一些程序性条款,主要包括通知与送达、合同生效、合同份数、合同附件等,这些均属于通用性条款。 在产权交易文件中,需要特别注意的是,合同内通常会包含多个附件,例如双方的资质文件、(涉及国有资产的)相关批准文件、股东会决议、公司资质文件(营业执照、公司章程等)、尽职调查报告、资产评估报告等,需要注意合同本身的全面性

产权交易合同在并购交易中扮演了重要角色,它规定各方的权利义务、交接程序,也对交易的安全性提供了基本的法律保障。

值得注意的是,传统的股权收购协议的合同文本脱胎于计划经济时代,其内容简单,有交接的程序但不强调交割,有付款的细节安排但不强调先决条件,对于标的物的所有权通称"产权"而不区分股权、物权,也没有严密区分陈述、保证、承诺等制度,违约救济手段也较为单一,难以涵盖复杂交易场景和标的公司的各个方面。

(二)境内和涉外大型股权并购交易文本

下文介绍当前较为常见的复杂交易采用的股权收购协议,这反映了境内和跨境大型交易的通行机制,主要包括以下几方面内容。

1.基础交易条款

协议方首先需要在协议中确定交易的基础商业条款,包括收购标的、买方支付的对价、成交机制、收购完成后各方的股权比例等。

2.陈述和保证条款

卖方是否有权利出售标的股权,标的股权上是否存在任何权利瑕疵和负担以及交易本身是否合法、能否顺利完成,是股权收购交易中最基础的影响因素,是交易的根本所在。此外,由于在成交后买方成为目标公司的股东,目标公司的风险和责任最终也是买方的风险和责任。因此,买方通常期待目标公司提供的经营、资产和财务状况等信息尽量完善。就目标公司现有及潜在的责任与风险(如经营资质证照是否齐全,资产是否完整独立,环保、劳工、税务、合规、产品质量、诉讼等方面的责任和义务,违反法律和法规的情况,第三方责任等),买方希望从卖方获得尽可能多的信息,不希望在成交后由目标公司承担各类责任与风险。

因此,买方需要卖方对目标公司的经营和财务状况、交易的合法性及卖方完成交易能力等影响成交与成交后影响目标公司的风险和责任做出全面的描述、确认和保证。如果卖方的保证不实或客观原因导致卖方的保证不实,买方希望有权不完成交易或者可以在成交之后从卖方获得补偿。

另外,卖方也会要求买方作出一定的陈述保证,当然,买方的陈述保证通常比较有限,一般仅局限于就其完成交易的能力等作出保证,以确保交易可以按约定完成。

卖方的陈述和保证往往是以交割为时间节点,在交割之前确认陈述和保证的内容,对目标公司存在的风险和责任进行划分。强势的卖方也可能约定更早的时间节点,如在签署收购协议之时为卖方作出陈述和保证的有效时间,从而划分风险和责任。另外,强势的买方会要求卖方的陈述保证在收购协议签署之时和交割时两个时间节点都真实完整准确。这样,如果在交割前发现卖方对陈述与保证内容有重大违反,买方有权解除收购协议而不承担违约责任。

3.承诺条款

由于存在政府审批、协议方内部程序、买方融资、第三方许可等因素,签约与成交一般不能同时完成。鉴于此,协议方为确保交易的完成,一方面约定卖方在签约与交割之间的过渡期应保持目标公司的正常运营以避免业务出现负面影响,另一方面约定协议方应努力满足政府审批、第三方同意等成交前提条件,这就是承诺条款的主要功能。

4. 先决条件条款

由于并购交易的签约和交割通常不能同时完成,因此各方通常约定在特定的先决条件被满足或放弃后才各自履行交割义务,先决条件的功能是明确协议方在哪些条件具备情况下才完成交易。买方通常要求在完成交易所需要的审批、程序和同意都完成,并且目标公司本身的经营和财务状况符合签约之时的期待的前提下才支付交易价款,而卖方也希望完成交易的政府监管、所涉诉讼及其他障碍都已清除。值得注意的是,收购协议中的先决条件是针对交割的条件,而非针对签约的条件。卖方通常需要买方在磋商之初就明确其签约的条件。以竞价交易为例,买方签约的条件往往在第一轮提交非约束性报价中列明且多限于买方内部批准,而不会在后续提交约束性报价的阶段出现。

5. 终止条款

终止条款规定协议方在签约后的退出机制,即在何种情况下协议方可以终止协议,不继续履行协议下的义务。一旦交割完成,基本上不能适用终止条款,协议方需要根据赔偿条款等寻求救济。

关于股权收购协议的具体条款将在本章接下来的内容中进行详解。

第二节　基础交易条款

股权收购协议的基础商业条款用以约定交易标的、买方支付的对价、对价的支付方式及成交机制等。

一、股权收购标的

相较于境外公司类型繁多的股份和类股份的证券权益[包括普通股(common share)、优先股(preferred share)、期权(option)、权证(warrant)、可转换证券(convertible note)等],中国公司的股权类别比较简单。收购中国公司股权,可能是从现有股东手中购买股权或股份,也可能是认购目标公司新增注册资本。

买方通常要求卖方披露完整的股权状况(包括各类证券的情况),也要求各类股权和证券的卖方是股权和证券的合法所有权人,且股权和证券上无权益负担。

如果目标公司存在股权代持等情况,买方应确保实际权益人妥善批准和授权签署协议。陈述和保证条款中有一项内容是确认所收购的目标公司股权的所有权上无权益负担。在境内股权收购交易中,通常工商登记机关对存在质押的股份不会办理转让,因此买方及其律师格外注意在成交前或成交时取得权益负担解除的证明文件。

二、对价

1. 对价的形式

股权收购中,买方支付的对价可能是现金、股票或其他财物。收购价格可能是固定的,也可能按照一定机制进行调整。

2. 押金和预付款

收购交易中,卖方有时要求买方在签约时支付押金、定金、诚意金或预付款,用于证明买方有完成交易的实力和承诺,具体取决于交易特点、交易方的资信及谈判地位。此类款项安排,不论名称如何,其内容大于形式。主要看具体的约定,看其目的是担保买方履行收购协议还是仅仅是预存一部分款项。因此,为了明晰这类款项的后续处置,双方通常会谈判在哪些情况下卖方有权没收款项。实践中,此类款项也可能用于在买方无法完成交易时支付终止费。

3. 托管账户

为了在保证交易确定性的基础上平衡双方的风险,有时各方约定在签约时买方就将部分对价存于第三方托管账户(escrow account),在成交时划转给卖方。有时约定在成交时买方将部分对价存于第三方托管账户,在成交后按照价格调整机制计算出最终收购价格后将应退金额返还买方,或在卖方按照赔偿条款应向买方赔偿时支付赔偿金。

三、成交机制

1. 基本概念

股权收购协议下各方最主要的义务就是完成交易，就买方而言是支付购买价格，对卖方而言是转移标的公司股权的所有权。成交或交割是并购的里程碑事件，标志着交易的完成，即买方已支付购买价格，卖方已向买方交付转移股权所需的文件。成交机制通常具体规定成交的时间（成交/交割日）、地点、对价支付的方法、成交时各方的义务、应交付的文件等。

2. 成交的前提条件

成交以协议各方提出的交易的先决条件都被满足或放弃为前提。先决条件条款分别列举买方和卖方完成交易的先决条件。

为了交易的确定性，协议常约定，在先决条件都满足或放弃后，成交应在一段时间内发生，这个时间段通常不会太长，大都在数个工作日内。

成交时，协议方还有义务向对方提供交付文件。卖方一般需向买方交付代表目标公司股权的股票证书或其他股权证明、更新股东名册、签署的附属交易文件及其他转让股权所需的文件；买方需向卖方交付代表购买对价的支票或汇款证明（如买方的对价包括股票，还应向卖方提供股票证书或其他股权证明）、签署的附属交易文件等。

3. 成交的准备工作

协议方的律师一般会准备一份交割清单，列举成交时各方需要交付的文件，包括先决条件所要求的各种文件和证明，如附属文件、根据交易修订的公司章程、进行法定登记注册所需填写和签署的文件、授权委托书等。

实践中，各方一般会在预计的成交日前几天收集文件及相关协议的签字页，查漏补缺，并在成交日前一日再对交割文件（除了需要在成交日当日才能完成和递交的文件）作最后的核对和确认，以确保成交日不会存在任何文件的遗漏。这样做可以确保成交所需文件齐备，在成交日，各方就可以顺利完成交易。

四、附条件支付

1. 盈利支付条款

(1)基本安排

有时协议方对目标公司估值和收购股权的价格的分歧较大,于是约定对价不是一次性支付。例如,成交时卖方支付第一笔对价,成交后的一定期间内,买方在一定条件满足后再向卖方支付额外金额,如果条件不满足则卖方无权获得后续支付,此种安排称“盈利支付条款”或“或有对价支付”(earn-out)。

(2)条件

卖方获得额外金额应具备的条件一般分为两类:财务目标和非财务目标。常见的财务目标包括营业收入、利润等;非财务目标可能包括产品研发、旧客户挽留或新客户开发、员工的留任等。额外支付的时间一般是成交后的1~3年。

(3)交易双方的考量因素

盈利支付条款一方面可以有效地消除双方因信息不对称而导致的估值差异;另一方面能够对目标公司或资产的未来运营收益和风险进行合理地分配,从而形成一种风险共担,利益共享的机制。如果成交后作为卖方的原股东仍持有目标公司股权,而且继续担任高级管理人员,盈利支付条款的安排还可以起到激励管理层的作用。

从卖方的角度来看,盈利支付条款虽然能够尽快促成交易,但也使得其最终能从交易中获得的对价充满了不确定性。当然,若标的公司发展前景看好,交割后仍继续留任的卖方也可能通过自身的努力帮助目标公司飞跃式发展,其自身则可最终获得超额收益。对于买方而言,盈利支付条款固然可以降低交易的风险,延后对价的支付,但对于财务投资人而言,其对业务运营的熟悉程度逊于卖方,若根据交易安排,卖方在交割后留任并继续对公司的经营管理有一定的话语权和控制力,那么未来在确定盈利支付标准是否达成时,难免有信息不对称的风险。

(4)实践做法

判断盈利支付的基准通常是财务目标,常见的财务目标包括营业收入、利润等,例如目标公司的总收入或息税折旧摊销前利润(EBITDA)。[1] 在特定行业中,非财务目标也可以作为判断盈利支付的基准,如产品研发、客户挽留或开发、员工的留任、推出新产品或获得特定监管审批。

盈利支付条款的设计应根据交易双方对目标公司或目标资产在未来一段时间内的业绩表现的预期来进行,一般包括以下几个方面:

①确定考核的目标:应确保目标明确,且可为突发事件留有预期余地;

②设定考核的期间和支付结构:通常在2~3年,支付是一次性支付或分批支付,以及是否需要设置上限和下限;

③确定衡量目标公司业绩的指标:应符合行业特点,且易于核验;

④确定核验方式和解决争议的机制:可考虑聘用第三方财务机构进行核验;

⑤有关目标公司或资产交割后运营的承诺;

⑥卖方的权利和义务,特别是卖方保留一部分股权或仍对目标公司参与运营和管理;

⑦买方义务的担保:是否需要引入托管(escrow)或母公司等关联公司的担保。

在谈判过程中,卖方通常希望盈利支付条款内容尽可能具体,以限制买方在交割后操纵目标公司的财务表现(如在不同实体之间转移现金收入和支出)以规避盈利支付义务的能力。另外,买方通常不希望盈利支付条款中包含过多的限制,致使其在交割后无法作出必要的管理决策。

表4-3是上市公司成都新易盛通信技术股份有限公司(以下简称成都新易盛)收购美国公司 Alpine Optoelectronics, Inc. 股份时的盈利支付条款梳理。交易完成后,成都新易盛直接及间接持有 Alpine Optoelectronics, Inc. 100%股份。交易对价包括交割对价22,218,542美元及或有对价金额不超过22,218,542美元,或有对价的支付金额取决于 Alpine Optoelectronics, Inc. 业绩目标的实现情况以及技术目标的达成情况。

---

[1] See *Earn-outs in M&A Transactions: Key Stuctures and Recent Developments*, the M&A Journal, Vol. 10:10, p.6(2011).

表 4-3　成都新易盛收购 Alpine Optoelectronics, Inc. 股份交易中的盈利支付条款分析

◆业绩目标				
业绩期间	业绩目标（美元）	业绩目标实现比例	或有对价支付比例	或有对价支付金额(美元)
2022 年	1,300,000	小于 50.0%	0%	0
		大于等于 50.0%，但小于 100.0%	7.5%	1,666,391
		大于等于 100.0%	15.0%	3,332,781
2023 年	1,800,000	小于 50.0%	0%	0
		大于等于 50.0%，但小于 100.0%	10.5%	2,332,947
		大于等于 100.0%	17.5%	3,888,245
2024 年	2,900,000	小于 50.0%	0%	0
		大于等于 50.0%，但小于 100.0%	10.5%	2,332,947
		大于等于 100.0%	17.5%	3,888,245
◆技术目标				
技术目标期间		技术目标	或有比例支付对价	或有对价支付金额(美元)
2022 年 12 月 31 日前		技术产品 1	25.0%	5,554,636
2024 年 12 月 31 日前		技术产品 2	25.0%	5,554,636

同时，各方确认，每个业绩目标年度结束后，买方将聘请会计师事务所作为审计机构，对标的公司的财务情况按照中国会计准则进行审计并确认业绩目标实现金额；技术目标的达成时间点以产品样品通过双方设定的测试标准且双方一致同意后为准。

2. 上市公司交易中的业绩承诺条款

上市公司收购交易有时会包含业绩承诺及补偿条款，即被收购方对收购方在一定时期内做出的经营业绩的承诺。作出业绩承诺的同时，会约定业绩补偿，即承诺事项未达成时,被收购方如何对收购方进行补偿。具体可参考第五章相关内容和案例。

第三节　陈述和保证条款

一、概述

(一)基本概念

1. 陈述和保证

陈述和保证,是收购协议项下的协议方就其自身、目标公司及交易相关的事实所作的确认和承诺。

陈述和保证条款是贯穿股权购买协议的核心条款,与买方的尽职调查过程以及协议的各个章节上下呼应,在此基础上协议的其他章节(如承诺、成交先决条件及终止条款)逐次展开,从不同角度分配目标公司及交易各方的责任与风险。陈述和保证条款的主要功能和目的有以下三点:第一,对目标公司、目标资产的状态以及尽职调查的结果进行确认;第二,是成交先决条件的基础;第三,成交后如有对陈述和保证条款的违反,则该条款将作为卖方补偿的基础。

中国合同法注重权利、义务和责任,传统合同文本中不常见单独的陈述和保证概念。当前的境内收购合同中,陈述和保证条款越来越普遍,可以将其理解成是合同中义务的一种细化和延伸,该种条款内容繁杂,常常是律师谈判最激烈的领域之一。

在中国司法实践中,法院通常认为陈述和保证条款属于当事人的真实意思,基本持尊重认可态度,但诉讼当事人需要在诉请中明确违约方违反了交易文件中的何条陈述和保证条款,并进行举证;而就相对应的违约责任,若双方在交易文件中明确约定了违反陈述和保证条款将产生怎样的违约责任,则守约方的诉请将较容易得到法院的支持(特别是约定了具体的违约金),若双方未明确约定违反陈述和保证条款所产生的违约责任,则适用法定的违约责任,但需要注意的是,法定的违约责任较为笼统,若违约方的违约情形构不成严重违约,法院能够认定的违约责任通常较小。

2. 作出陈述和保证的协议方

股权收购协议中，卖方和买方会分别作出陈述和保证，其他协议方也常会作出陈述和保证。卖方陈述和保证主要针对目标公司和自身履约能力。买方和其他方主要针对各自的履约能力作出陈述和保证。

买卖双方通常都关注对方的资信，如果一方资信不足，对方常要求其母公司或有实际经营、实质性资产或有资信（有时要求达到特定评级的）的关联方共同作出陈述和保证从而就违约共同承担赔偿责任。但是，上市公司和国企因其风控合规流程较烦琐，通常比较难以共同承担担保和赔偿责任。

3. 陈述和保证作出的时间

实践中，陈述和保证作出的时间是谈判重点。买方通常会要求卖方的所有陈述和保证在签约日和成交日分别作出，在两个时间点作出的陈述和保证都应真实、完整和准确。

对于卖方而言，陈述和保证仅在签约时准确则对其更为有利。在此情况下，如签约后到成交前发生导致陈述和保证不准确的情形，买方就不得以卖方的陈述和保证不实为由拒绝完成交易，也不得在成交后以此为由要求卖方对其因此遭受的损失进行赔偿。

4. 陈述和保证覆盖的时间

就协议方的各项陈述和保证，有的陈述和保证说明的情况是某个特定的时间点（如签约日和交割日），有的则适用于一定时间段，如从 2023 年 1 月 1 日起到签约日。

协议方通常高度重视各项陈述和保证所覆盖的时间，因其影响陈述和保证所涉及风险和责任配置计算的时间以及先决条件、终止等条款的解读。

（二）陈述和保证与成交

1. 陈述和保证与先决条件条款

买方关注卖方陈述和保证的范围和深度、限制及例外情形，期待成交时目标公司符合签约时卖方陈述和保证所描述及确认的情况。买方通常把卖方陈述和保证的真实无误作为买方支付购买价格并完成交易的先决条件之一。

在股权收购协议签署后，如果买方发现卖方陈述和保证存在“重大”不实的情况，买方一般有权决定不完成交易。从交易安全角度看，陈述和保证功能非常关键,协议方可以在成交前根据对方违反陈述和保证的情形而选择不继续完成交易。

2. 陈述和保证与终止条款

终止条款通常规定,如一方在“重大”方面违反其陈述和保证,其他方有权单方终止协议。陈述和保证也构成了交易方退出机制的基础。

(三)陈述和保证与赔偿条款

1. 收购非上市公司

如目标公司为非上市公司,股权收购协议通常包括赔偿条款,该条款规定买方如果在成交后发现卖方的陈述和保证存在不实,买方通常可根据赔偿条款要求卖方对其损失予以赔偿。因此,陈述和保证也具有在成交后调整协议方之间经济利益的功能。

2. 收购上市公司

如果收购目标公司是上市公司,上市公司常以公开披露信息为由,拒绝给出详细的陈述和保证。有的股权收购协议不包括赔偿条款,即收购价款在成交后支付给上市公司大量公众股东,卖方的陈述和保证到成交后即失效,此后买方不得以陈述和保证存在不实向卖方索赔。投资方认购上市公司增发股权的交易中,发行方是上市公司,可以规定赔偿条款。在上市公司大股东通过协议受让股权的交易中,卖方是大股东,也可以约定赔偿机制。

(四)陈述和保证的起草

陈述和保证是协议中核心的风险分担条款,通过陈述和保证条款的起草和谈判,协议方从正反两方面对目标公司及交易相关风险和责任进行分配。

首先,协议方逐条详尽地列举各项陈述和保证,把目标公司及交易各方面的已知、未知及潜在的风险与责任配置给作出陈述和保证的一方。从买方的角度,希望卖方作出的陈述保证能够“真实、完整、准确及非误导”,即所谓的“全面披露”,但这从卖方的角度来看,“真实”和“准确”往往可以确认,但“完整”则难以把握,通常不愿意给买方这样宽泛的陈述。

例如,卖方就目标公司合法经营通常会保证“目标公司按照所有对其适用的法律开展业务”。如果成交前,目标公司出现任何违法情况,此项陈述和保证就不再准确,买方就可以根据协议约定获得救济。再如,买方成交的先决条件如果包括陈述与保证在“重大”方面准确,而目标公司的违规情况严重,买方就可以以先决条件不满足为由主张不完成交易。

其次，作出陈述和保证的协议方常向对方提交披露函，在披露函中披露陈述和保证的违反和例外，同时在协议中对各项陈述和保证添加限制语，将披露函中已经披露的风险和责任、经限制语修饰后的陈述和保证覆盖范围之外的风险和责任分配给对方。

以“目标公司按照所有对其适用的法律开展业务”为例，卖方如果说服买方同意添加“知悉”和“重大”的限制语，即“就卖方知悉的范围内，目标公司在所有重大方面按照所有对其适用的法律开展业务”，还可以排除“普遍影响目标公司所在行业和市场的变化”“法律及财务准则变更”等可能造成重大不利影响但又超出目标公司和卖方可控制范围的因素。同时，卖方在披露函中披露违法的情形，那么对于卖方不知悉的违法情况、目标公司非重大方面的违法情形以及卖方在披露函中已经披露的违法情形，买方不得以该项陈述和保证不准确为由主张卖方违约。

最后，买方可能对卖方提出的陈述和保证的限制语再加例外和限制，就“知悉”和“重大”等限制语的定义进行谈判，以明确限制语的适用范围。例如，买方要求明确卖方“知悉”的限度除了包括“实际知悉”，还包括“应当知悉”。

二、卖方的陈述和保证

（一）概说

1. 基本介绍

股权收购交易中，卖方的陈述和保证是买方收购股权依赖的基础约定，因此卖方陈述和保证的范围通常要比买方广泛得多。卖方对买方作出的陈述和保证通常涵盖卖方自身完成交易的能力、交易本身及目标公司等方面。

根据交易的具体情况和结构，卖方陈述和保证的范围也有差异。例如，当数个卖方同时向买方出让目标公司股权时，由于小股东通常不参与目标公司的具体经营，其陈述和保证有时比控股股东的范围窄。目标公司的现有股东之间转让股权、卖方明确“按目标公司现状”以较低价格出售目标公司股权等情况下，卖方做出的陈述和保证都会简单一些。

2. 陈述和保证的分类

陈述和保证可以分为两大类。

与交易相关的:确认其自身合法成立、有权签约、对标的有权处置、不违法、不违反章程或其他协议。

与标的有关的:确认目标公司合法成立、股权情况、子公司、财务报表、资产、遵守法律、重大合同、知识产权等。

表4-4总结了常见的陈述和保证条款。

表4-4 常见的陈述和保证条款分析

序号	类别	内容
		• 基本的陈述
1	组织和资质;子公司	卖方、目标公司及其子公司均是根据注册地法律合法成立、有效存续并信誉良好的公司。目标公司及其子公司有权在其注册地开展业务及拥有和运营资产。除已经披露的子公司以外,目标公司无其他子公司
2	组织文件	目标公司的章程、股东协议以及其他组织文件合法有效
3	股本	描述目标公司的股本及股权持有的状况,保证目标公司的股权有效发行、出资完成且不存在权益负担或其他影响目标公司股权的权利和安排。卖方拥有转让的目标公司股权的所有权,有权转让其所有权
4	所有权	目标公司的资产处于良好的运作状态,适合在公司正常业务过程中使用,目标公司拥有其资产的产权
5	授权	卖方有签订、履行协议项下义务、完成交易的公司权力和授权,并已取得所有必须的公司授权
		• 交易相关的陈述
6	不冲突	卖方对协议的签署和履行不违反目标公司的组织文件、不违反现有的协议和义务、不违反适用的法律和法规
7	审批和同意	除列于披露函之外,卖方签署、交付和履行协议以及完成股权收购交易,都不需要任何外部第三方或政府部门的同意或准许
8	中间人	本协议是/不是通过中间人促成双方签署的
		• 与标的公司经营有关的陈述
9	许可;合法	创始人及公司保证,公司在本协议生效时拥有其经营所必需的证照、批文、授权和许可,不存在已知的可能导致政府机构中止、修改或撤销前述证照、批文、授权和许可的情况。目标公司按照所有适用于目标公司的法律和政府法令开展业务,并且目前公司不违反任何法律或政府法令

续表

序号	类别	内容
10	财务报表	卖方已向买方交付了截至某财政年度的目标公司的经审计(或未审计)的资产负债表、收入和现金流量表的真实完整的复印件,财务报表反映目标公司的财务和经营状况
11	无特定变化	自财务报表截止之日起,目标公司的业务运行正常,未发生对其财务状况、经营及业务结果有任何重大不利影响的事件,也未发生任何约定不得发生的事项
12	诉讼	不存在任何目标公司提出的或针对目标公司的法律程序,或影响交易完成的进行中的或潜在的法律程序
13	财产权益	目标公司拥有其财产的所有权,并且除向买方披露的内容之外,其财产上无其他权利负担
14	不动产	目标公司拥有其不动产的所有权,并且除向买方披露的内容之外,其不动产上无其他权利负担。 目标公司租赁的不动产及目标公司对其租赁不动产的使用符合租赁合同的约定,不存在违法违约的情形;租赁合同合法有效,对双方有约束力
15	信息技术	目标公司有权使用相关的信息技术软件;目标公司对其信息采取了相应的信息保护措施
16	重大合同	买方已收到目标公司所有重大合同的真实和完整的副本,包括其所有修订和补充。每份合同均对目标公司有约束力,重大合同未出现违约
17	关联交易	目标公司及卖方已向买方披露关联交易的信息,并保证前述披露和信息是真实、准确和完整的,并将在买方要求的情况下提供相关文件。关联交易主要是指目标公司和与目标公司有关联关系的人(也称关联方,具体定义可参看公司法规定或双方约定)运营的公司之间的交易
18	内控	目标公司设立了适当的内控体系,以避免或降低常见风险对公司业务产生的影响
19	反垄断	目标公司满足适用的所有反垄断法律的合规要求
20	反腐败	目标公司满足适用的所有反腐败法律的合规要求
21	有偿债能力	目标公司具有偿债能力,并未进入破产/重整程序

续表

序号	类别	内容
22	保险	目标公司已经购买了法律规定必须购买的所有保险;当前购买的保险足以覆盖公司运营的常见风险;除已向卖方披露的外,未购买其他商业保险
23	融资和担保	公司不存在未向买方披露的重大负债或索赔;除向买方披露的以外,公司并无任何以公司资产进行的保证、抵押、质押或其他形式的担保
24	对外授权	除向买方披露的以外,目标公司不存在其他的对外授权和允许第三方以目标公司的名义与他人订立合同的情况
25	信息	任何卖方或公司向买方提供的所有信息或资料都不存在对重大事实的任何不真实的表述,也没有遗漏表述任何要求陈述的重大事实、或使其中的陈述(考虑到这些陈述做出的情况)不具误导性的重大事实
• 专门领域的陈述		
26	税收	目标公司就税款的支付、扣缴、免除等方面遵守了相关法律的要求,不会发生重大不利影响;除向买方披露的以外,不存在任何针对目标公司税务事项的指控、调查、追索以及未执行完毕的处罚
27	员工和员工福利	关键员工与目标公司已签署包括令买方满意的劳动关系、竞业禁止、不劝诱、知识产权转让和保密义务等内容的劳动法律文件。关键员工是指目标公司的高级管理人员与核心技术人员,由买方认定
28	环保问题	目标公司遵守所有与环境保护相关的适用法律。已取得其业务运营所需的全部环境许可。该环境许可持续有效且不存在可能被吊销的情形
29	知识产权	目标公司对其主营业务中涉及的知识产权拥有合法的权利,并已采取合理的手段来保护上述知识产权;目标公司已经进行了合理的安排,以使其员工因职务发明或创作产生的知识产权归公司所有;除向投资人披露外,对于目标公司有重大影响的知识产权,不侵犯任何第三人的权利或与之相冲突
• 上市公司交易特有的陈述		
30	证券监管机关和交易所的申报	公司已经完成了所有证券监管机关和交易所要求的申报、备案、批准

续表

序号	类别	内容
31	财务顾问的意见	买方已经要求第三方财务顾问出具了公允意见
32	债务融资	买方已经完成债务融资以确保可以完成交易，并且融资方已经出具了相应的承诺函确保将提供相关融资
33	独立调查	买方在完成当前交易前已进行了相关独立调查
34	不依赖公司的预测	买方完成当前交易并非基于公司对未来做出的任何预测、判断或猜测，而是基于买方的自行判断。因此，若公司的未来表现与上述预测、判断或猜测不符，不会导致交易无效
• 行业特有的陈述		
35	存货	存货处于良好且适销的状况，质量和数量能够满足当前要求，并且记账方式符合相关规则
36	顾客	卖方已经向买方披露了公司的主要客户，并且主要客户并未解除，也并未威胁解除与公司的合作关系，公司也不了解可能导致主要客户解除与公司合作关系的情况
37	供应商	卖方已经向买方披露了公司的主要供应商，并且主要供应商并未解除，也并未威胁解除与公司的合作关系，公司也不了解可能导致主要供应商解除与公司合作关系的情况
38	政府补贴	卖方已经向买方披露了公司获得的政府补贴，并且公司具备获得政府补贴的条件
39	数据保护/隐私	目标公司满足适用的所有数据保护/隐私的合规要求
40	产品责任/质量保证	当前不存在针对目标公司产品责任/质量保证的投诉、诉讼或争议
41	应收账款	卖方已经向买方披露了公司的应收账款情形
42	政府合同	卖方已经向买方披露了公司为当事方的政府合同，并且政府并未解除，也并未威胁解除与公司的合作关系，公司也不了解可能导致政府解除与公司合作关系的情况
43	国际贸易法	目标公司遵守国际贸易法（出口管制、经济制裁等）的相关要求

续表

序号	类别	内容
• 买方特有的陈述		
44	为投资而购买	买方进行此次交易的目的是投资
45	投资经验	买方具有丰富的投资经验,是成熟的投资者
46	受限制的证券	买方了解其购买的证券为非上市公司的股份/上市公司的受限股,不具有完全的可流通性
47	资金来源	投资人保证其依据本协议认购相应公司股权的投资款来源合法
• 其他陈述		
48	完全披露	除已经在财务报表或披露函中所列出的目标公司的责任之外,没有按照会计准则应在资产负债表中反映的责任、义务及承诺
49	无其他陈述	除协议中明示的陈述和保证外,卖方不做任何其他陈述和保证

(二)常见的卖方陈述和保证介绍

1. 组织机构

卖方、目标公司及其子公司均是根据注册地法律合法成立、有效存续的公司。目标公司及其子公司有权在其注册地开展业务及拥有和运营资产。

本条是最基础的陈述保证之一。买方多希望添加“资信良好”“在其开展业务的所有国家和地区都有权拥有资产和开展业务”等语言。

2. 授权

卖方有签订、履行协议项下义务、完成交易的公司权力和授权,并已取得所有必需的公司授权。

本项陈述和保证与“同意和许可”“不冲突”等其他陈述和保证就卖方签署和履行协议的能力作出全面保证。买方有时坚持卖方有“完全的权力和授权”,卖方往往坚持其具有“全部必要的权力和授权”,显然前者的标准比后者要高。

3. 签署

协议由卖方妥善签署与交付,构成卖方的合法、有效和有约束力的义务,能按其条款对卖方强制执行。

卖方常要求对协议的强制执行效力加入限制语。例如,在破产等情形下,协议的强制执行力很可能会受到限制,因此该陈述通常会加入“除非该强制执行力受到破产、无力偿债、重整、延期偿付或其他影响债权人权利的强制执行的法律的限制”。

另外，如果协议的签约方有数家，其他签约方未能妥善签约则可能影响协议的效力，故而也多要求假设“协议由其他方妥善签署和交付”才构成卖方的合法、有效和有约束力的义务，并可强制执行。

4. 股本和所有权

描述目标公司的股本及股权持有的状况，保证目标公司的股权有效发行或认购、出资完成（或已按期出资）且不存在权益负担或其他影响目标公司股权的权利和安排。卖方拥有转让的目标公司股权的所有权，有权转让其所有权。

鉴于该条关乎股权收购标的，买方通常格外关注目标公司的注册资本、股本金、股权发行情况，以及其他与股本有关的权益（如期权、权证、可转换债权、股权代持、分红安排等）的情况。买方常要求补加一句“成交后买方应拥有目标公司的股权，无任何权益负担”。

5. 不冲突

卖方对协议的签署和履行不违反目标公司的组织文件、不违反现有的协议和义务、不违反适用的法律和法规。

为了避免绝对化，卖方多希望加“重大”和“重大不利影响”作为限制语。买方多坚持如果加此类限制语，不可用于修饰“不违反适用的法律和法规”。

如果交易涉及目标公司的“所有权变更”，常需要取得目标公司的银行、房东、重大合同相对方等第三方的许可。

6. 同意和许可

除列于披露函之外，卖方签署、交付和履行协议以及完成股权收购交易，都不需要任何政府部门或其他第三方的同意或准许。

卖方通常会在披露函中披露完成交易所需的政府同意，如行业准入前置审批、证券监管、反垄断等。交易各方如果涉及国资背景或含有国资成分，则会涉及国资监管部门的审批、核准或备案。海外交易常见的政府审批包括目标公司或资产相关国家和地区的反垄断审查、国家安全审查、特殊行业监管部门批准等。

7. 重大合同

买方已收到目标公司所有重大合同的真实和完整的副本,包括其所有修订和补充。每份合同均对目标公司有约束力,重大合同未出现违约。

卖方通常会在披露函中提供目标公司所有重大合同的列表,包括目标公司经营中的各类商业、投资、融资文件及纲领性文件(如章程)等。为避免该条项下出现成千上万的小额合同,协议方也常约定构成重大合同的最低合同金额。值得注意的是,就重大合同的约束力和不存在违约的情形,鉴于合同的相对方常在目标公司的控制之外,卖方往往要求添加"知悉"作为限制语或进行其他限制。

8. 资产的所有权

目标公司的资产处于良好的运作状态,适合在公司正常业务过程中使用,目标公司拥有其资产的产权,不存在权益负担。

该条确认目标公司的资产情况,买方有时候还会要求卖方确认拥有经营所需的"充足的"资产,卖方则多不愿确认。在披露函中列举目标公司不动产(包括拥有的和租赁的)的具体地址,目标公司对其所有的地产拥有良好和有效的所有权,不存在任何权益负担。目标公司对其租赁不动产的使用符合租赁合同的约定,不存在违法违约的情形;租赁合同合法有效,对双方有约束力。

由于目标公司的重大资产反映在财务报告上,但交易文件签署时往往离财务报告日期已过去了一定时间,因此买方通常要求卖方在陈述保证中确认,自财报日后无对重大资产的处置,但通常会把"正常经营过程"中的资产处置排除在外。

协议方也常约定"允许的权益负担"这个概念(通常包括第三方的留置权、地役权等负担较小或提前披露的担保权益等),将其作为该项陈述和保证的例外。

协议方通常会进一步约定所谓"允许的权益负担",无论是"个别的还是合计的"对公司的义务而言都不"重大"。如果有"重大"权益负担则不能构成该项陈述和保证的例外,一经发现构成违约。

9. 遵守法律/合规

目标公司按照所有适用于目标公司的法律和政府法令开展业务,并且目前公司不违反任何法律或政府法令。

买方会要求该项陈述和保证的范围尽量宽泛，甚至要求目标公司自成立至今遵守法律，也没有收到任何违反法律的通知。卖方则常要求加上“重大”和“知悉”作为限制语，以及把该项陈述和保证适用的时间限定为签约之时或之前一个时间段，目的是排除较久远且目前对目标公司已无影响的历史违法情形。

10. 法律程序

不存在任何目标公司提出的或针对目标公司的法律程序，或影响交易完成的进行中的或潜在的法律程序。

法律程序一般定义包括政府或其他实体提起的调查、诉讼、仲裁等。买方常要求法律程序定义的覆盖的范围尽量宽泛，而卖方会要求添加“重大”、“重大不利影响”和“知悉”作为限制语。

11. 财务报表

卖方已向买方交付了截至某财政年度的目标公司的经审计（或未审计）的资产负债表、收入和现金流量表的真实完整的复印件，财务报表反映目标公司的财务和经营状况。

这条陈述保证非常重要。卖方提供的历史财务报表是买方估值、确定交易可行性的基础。有时协议方还约定由卖方提供当年的临时财务报表。

该项陈述和保证旨在确认财务报表的内容，谈判的重点是财务报表的标准。对买方最有利同时对卖方最严格的标准是财务报表“真实、完整和准确”地反映目标公司的财务状况。而卖方常提出，达到普通会计师审计的标准即可，即“在所有重大方面，公允反映目标公司财务状况”。对买方较有利的折中的标准是“按照适用的会计准则，公允反映目标公司的财务状况”。

12. 未披露责任

除已经在财务报表或披露函中所列出的目标公司的责任之外，没有按照会计准则应在资产负债表中反映的责任、义务及承诺。

该项陈述和保证与上面关于财务报表的陈述和保证互相配合，主要作用是确认除目标公司财务报表中已经反映的负债之外，目标公司没有其他的责任和义务。买方通常希望披露内容更宽泛地包括各类未知的、或然的责任和义务，而卖方通常会坚持限于按照约定的会计准则应在资产负债表中予以披露的负债，也常要求将正常经营过程中产生的非重大的负债排除在外。

买方往往要求明确此类“正常经营过程中产生的非重大的负债”应与“过去的惯例一致”，而且此类负债，无论是“个别的还是合计的”数额都不重大。

13. 无特定变化

自财务报表截止之日起，目标公司的业务运行正常，未发生对其财务状况、经营及业务结果有任何重大不利影响的事件，也未发生任何约定不得发生的事项。

此陈述和保证的作用在于确保在特定期间内，目标公司的经营未出现影响其价值的负面变化。协议方常就陈述和保证所覆盖的时间展开谈判，卖方通常希望仅覆盖财务报表的截止日到签约日，不覆盖签约日到成交之前，买方则坚持覆盖时间应从财务报表截止之日起算直到成交前。不得发生的事项通常包括分红、发售股权或产生债务、进行收购和资产剥离、签署和解除重大合同等，一般与承诺条款中规定的签约后不作为承诺所列举的行为清单相一致。双方也常就“重大”限制语、“正常经营过程”中非重大的变化和事件是否构成例外、“过去的惯例一致”进行谈判。

14. 披露

任何卖方或目标公司向买方提供的所有信息或资料都不存在对重大事实的任何不真实的表述，也没有遗漏表述任何要求陈述的重大事实、或使其中的陈述（考虑到这些陈述作出的情况）不具误导性的重大事实。

这条陈述和保证源于美国实践，让卖方负担的义务较重。实务中很多卖方不予接受。

（三）其他的卖方陈述和保证

由于涉及风险重大，根据交易具体情况，关于知识产权、税务、环境保护及劳动法的陈述和保证一般由专业律师进行拟定和审阅后，各方再展开深入谈判。

此外，卖方的陈述和保证也常包括信息管理、保险、库存、簿册及记录、应收账款、内控、关联交易、反腐败等方面，根据目标公司所处的行业，也可能包括客户和供应商、产品质量责任、进出口管制、具体研究和报告的准确度、行业监管等方面。

根据尽职调查中发现的问题，买方需要对上述陈述和保证的内容进行补充或增加新的陈述和保证。

三、买方的陈述和保证

（一）概说

除非是换股交易，买方用其股权作为对价支付，卖方一般并不关注买方的业务和经营状况，因而买方作出的陈述和保证与卖方相比要简单很多，主要是与买方完成交易的能力有关的陈述和保证，就同一主题，为体现对等原则，买方和卖方给出的陈述和保证通常完全一样。

1. 组织结构

买方是根据注册地法律合法成立、有效存续并信誉良好的公司。

2. 授权

买方有签订、履行协议项下义务、完成交易的公司权力和授权，并已取得所有必需的公司授权。

3. 签署

协议由买方妥善签署与交付，构成买方的合法、有效和有约束力的义务，能按其条款对买方强制执行。

4. 同意及不冲突

如果买方的对价也包括买方的股票，事实上相当于卖方投资于买方的股权，此时卖方应关注买方的经营和财务情况，要求买方的陈述和保证就要详尽得多。

（二）其他的买方陈述和保证

如果买方需要获得融资来支付交易价款，卖方常要求买方给出关于其融资确定性的陈述和保证。

1. 融资

买方保证具有足够资金用于完成收购。如果被要求提供证明文件，如银行为并购融资出具的承诺函、在银行的存款证明等，买方应保证这些文件的真实性和效力。

2. 履约保证

买方的关联公司为保证买方履行协议项下的义务和责任而向卖方提供的保证担保有效并且可以强制执行。

3. 独立调查

大型交易中,卖方有时要求买方承诺对公司的业务、财务等进行了独立调查,确认卖方已经提供了充足的协助。该条的目的是满足相关证券法保护投资人权益的要求。

四、陈述和保证的审阅和谈判

(一)概说

协议方就陈述和保证的谈判通常聚焦于作出陈述和保证的主体、陈述和保证的范围、时间、详尽程度、限制语等方面。

(二)买方审阅要点

买方审阅陈述和保证时应注意考虑以下方面的问题。

1. 全面保证

应考虑目标公司的业务及所处的行业,陈述和保证的语言尽量全面而详尽。例如,对目标公司的合规状况,时间上可以包括过去、现在以及未来,需注意,卖方和目标公司通常拒绝对成交后情况进行保证。对诉讼的责任和风险,可以涵盖“现有的”和“或然的”。对于重大合同,可以要求目标公司及合同相对方都不存在违约。就同一主题从正反两方面作出保证,例如一方面说明目标公司遵守法律,另一方面要求不存在违法情况。

2. 形容词及修饰语

准确理解并使用陈述和保证的形容词及修饰语。例如,就卖方对收购股权的所有权,通常要求具有“法律上和权益上的”的所有权,卖方可能根据公司注册信息是法律上的所有人,但不排除第三方根据代持、信托等安排是权益上的所有人。例如,通常要求目标公司的重大合同“有完全效力且有执行力”,即从法律上来看,不但是生效合同,而且可以依法强制要求协议方履行。

3. 及时反映尽职调查成果

根据尽职调查的结果对陈述和保证进行补充,增加新的内容或者对现有内容进行修订。

4. 文本整体的协调性

协议中的定义和内容应上下文连贯,陈述和保证与其他条款呼应并协调一致。

5. 技术性例外

有的陈述和保证，要求目标公司在一定期限内未签订重大协议、不产生重大责任，但值得注意的是，股权交易的签约和履约本身就可能会使这些陈述和保证不准确，因此需要在协议中明确规定“技术性例外”，规定收购交易文件本身的签署和交易本身导致的违反陈述和保证的情况不构成违约。

(三) 卖方审阅要点

卖方审阅时应注意以下方面的问题。

1. 严苛程度

不应存在过于严苛、不符合市场惯例或不适用于交易的陈述和保证。协议方及其律师就股权收购协议的条款包括陈述和保证的谈判，常围绕着是否符合近期惯例和当前市场通行做法展开。

2. 限制语的使用

注意“重大”、“重大不利影响”及“知悉”等限制语的使用。按照惯例，在基本的陈述和保证中，如组织机构、授权和股本，买方通常拒绝使用上述限制语。

3. 例外

明确各个陈述和保证的例外情况，以及例外情况的例外情况。

4. 范围和区间

明确限制陈述和保证的文字范围，确定其覆盖的时间或期限（如过去3年），约定条款适用的最低金额（如带来10万元以上损失的负面事件）。

5. 避免宽泛

避免使用过于笼统和宽泛的语言。例如，对于公司经营守法及合规的陈述保证，应避免使用类似“公司在经营的所有方面符合法律法规”等过于宽泛的表述，尽量落实到较为具体的点，例如“公司在安全生产、环境保护的重大方面在实质上适用中国的法律法规”。

(四) 谈判要点

1. 尽早审阅披露函

从买方的角度出发，应当注意以下几点。

(1) 要求卖方尽早提供披露函或披露函的草稿件，以便有充足的时间核验和评估风险；

(2)谨慎审阅卖方提供的披露函，在结合买方独立尽职调查结果进行核验时，可要求卖方进一步澄清和补充材料，使得披露内容具体明确并涵盖足够多的细节；

(3)要求卖方对于披露函包括的信息的真实性和准确性作出保证。

2. 陈述和保证的主体

陈述和保证的作出主体通常是卖方，有时买方也会要求目标公司作出适当的陈述和保证。在存在多个卖方的情况下，持有股权比例较少的卖方通常会主张其并不参与公司的实际经营，对公司的具体情况不如公司实际控制人熟悉，因而拒绝作出全面的陈述和保证，或至多对其所持有的股权作出有限的陈述和保证。买方可根据实际情况有的放矢，可以适当同意部分卖方股东缩小陈述和保证的范围，但同时要求实际参与公司经营管理的卖方股东承担连带责任。

3. 陈述和保证的时间点

如果交易文件的签署和交割并非同时发生，收购交易就存在一段签约和交割之间的过渡期。特别是在复杂的跨境交易中，过渡期会长达数月甚至一年以上。对于陈述和保证作出的时间点，买方通常希望在签约日和交割日都作出确认。如果卖方不同意在交割日再次重申所有的陈述和保证，买方可以考虑适当让步，要求卖方在交割日对基本的陈述和保证(例如，卖方合法设立有效存续、卖方已获得签署并履约的适当授权、卖方未发生资不抵债或破产清算的情形、卖方履约不会导致其违反适用于卖方的法律法规、卖方公司章程以及卖方受约束的合同或安排、卖方是其出售股权的合法持有人、卖方出售股权上无其他权利负担或第三方权利、标的公司合法存续等)和特别关注的重要商业保证(例如，对主营业务需要特别许可的目标公司，确认其已获得这些许可且持续有效，不存在被撤回或终止或者可能被撤回或终止的情形)再次作出确认。

4. 限制语的使用

卖方在陈述和保证中使用“重大”等限定语可以降低己方的责任和风险，买方也可以在谈判中控制限定语的使用范围，对卖方可控的事项应坚持不得加限定语，并且在关键条款中可对“重大”作出明确定义或量化。

“知悉”这一限定语也常常是谈判焦点。确定卖方是否“知悉”常落实到卖方的董事、高管是否知悉。因此卖方知情人员的级别和范围也是各方的谈判重点之一。双方可将卖方知情人员的名单明确列出。买方在接受“卖方知悉”限制为“卖方管理层知情”(“据卖方高管所知,公司不存在以下不合规情况”)后,往往会要求加入卖方高管的知情必须是经过了“合理且尽职的询问”这一标准,即“据卖方的管理层所知(经合理且尽职的询问),公司不存在以下不合规情况”。

第四节　承诺条款

一、概述

(一)基本概念

1. 承诺的定义

合同法下,承诺有很丰富的内涵。收购交易的语境下,承诺是协议方约定采取的行动或不得采取的行动。买卖双方一般都会作出承诺,其他协议方(如协议方的母公司、目标公司)也常作出承诺。

如果协议方约定签约和成交同时完成,则股权收购协议不需要规定成交前承诺,但这种情况非常少见。大型并购交易由于政府审批、协议方内部程序、买方需要融资及第三方许可等因素,股权收购协议的签约和成交之间一般存在过渡期,需要约定在过渡期内,各方特别是卖方要履行一系列承诺。

2. 承诺条款的功能

承诺的功能主要有以下四点:第一,通过约定协议方需要采取的行动或不得采取的行动,消除成交的各种障碍,促成交易的完成;第二,确保从签约到成交之间的过渡期内目标公司不出现负面发展;第三,确保各方在交割后仍然履行其承诺,以保障各方的重要利益;第四,在承诺方违约情况下,给守约方提供救济。

(二)承诺的种类

1. 成交前承诺和成交后承诺

根据承诺履行的时间,承诺分为成交前承诺和成交后承诺,前者应在签约后履行,后者应在交易完成后予以履行。

2. 积极承诺和消极承诺

根据承诺行为的性质，承诺可以分为积极承诺和消极承诺，前者要求协议方积极完成一定的行为，后者要求协议方不得有一定的行为。

(三)承诺与陈述和保证的区别和关联

陈述和保证与承诺有所区别，陈述和保证是对目标公司和交易相关事实的描述和确认，旨在签约及成交时对目标公司状况进行确认。而承诺规定协议方要完成的事项或不得采取的行动，旨在确保从签约到成交之间的过渡期内目标公司不出现负面情况，促使交易的完成，并保障协议方的重大利益。

陈述和保证与承诺也有很多联系。例如，在尽职调查或陈述和保证谈判中发现的重大问题，买方常要求协议规定卖方对重大问题进行补救作为卖方的承诺。承诺条款中常把努力确保陈述和保证的准确性作为承诺之一。卖方“无特定变化”的陈述和保证所确认的内容，通常也是承诺中卖方确保在成交前不得发生的事项。

(四)承诺与成交/终止/赔偿

成交前承诺与先决条件条款直接相关联。先决条件通常包含一个总括性条款，要求协议方按照协议规定履行其承诺，否则对方有权不完成交易。

就尽职调查中买方发现的问题及交易特有的事项，承诺条款有时要求卖方将各个问题妥善解决并按约定履行义务(如获得第三方同意、完成资产重组等)，各个具体承诺与先决条件挂钩，并将其履行作为成交的先决条件。

承诺条款与终止条款相关联。在成交前，一方如严重违反其承诺，另一方通常有权单方解除协议，不再继续完成交易。

此外，承诺条款还与赔偿条款挂钩，要求协议方在违反其承诺的情况下对受到损害的其他方进行补偿。与陈述和保证相比，协议方对承诺的例外和限制一般较少，在作出承诺的一方违约之后索赔，成功率更高。

(五)“正常经营”标准

交易文件签署后到成交前这一过渡期内，公司该以什么样的标准运营是买卖双方的特别关注点。买方希望在过渡期内最大限度地保护目标公司的价值不受减损，防止卖方和公司管理层滥用权力损害买方利益。从卖方的角度来看，过渡期内，公司的日常经营仍需要保持连贯性，过多的约束将会使其经营丧失灵活度。因此,谈判中,买卖双方通常对公司的运营适用“正常经营过程”标准,其目的是不限制目标公司正常经营的自由,买方一般要求卖方正常经营过程中的行为应与“过去的惯例一致”。此外,双方还会再约定一个禁止行为清单,主要是列举未经买方同意,卖方不得做出的行为,通常包括对目标公司业务做出重大变更、新设子公司或分支机构、变动目标公司股本结构、修改目标公司组织文件、变更会计准则、添置或处置重大资产、进行关联交易、进行超出一定金额的资本支出、发生借贷或担保、发起重大诉讼或和解等。这些事项中涉及的具体金额标准也由双方商定。

二、承诺条款简介

(一)成交前承诺

卖方的成交前承诺的主要目的是从股权收购协议签订后到成交前这一过渡期内,要求卖方维持目标公司的财务和经营发展状况。买方通过承诺条款对目标企业的业务施加影响,确保目标公司的经营状况、业务和资产不会出现负面发展。而买方的成交前承诺相对简单,一般是关于取得政府审批以及获得交易所需的融资。

承诺条款是股权收购协议谈判的重点条款之一。买方通常希望在签约后可以进入卖方的场所和查询信息,对卖方经营的方式做出限制及保持目标公司的价值和财务状况;而卖方则需要为目标公司的业务经营保留一定的自由度和灵活性。承诺条款以卖方承诺为主,根据具体交易类型,承诺条款的内容可能有一些区别,下文将对此进行介绍。

1. 进入和查阅

公司的场所和账册可以直观地反映出公司的经营状态,但出于保密需要,通常只有部分管理人员才有资格进入公司场所和查阅账册。签约后,买方为了更快地接手公司,为交割后做准备,会希望尽早进入公司场所并查阅公司账册,因而会促使卖方作出此类承诺。

卖方承诺在自签约日起至成交日为止的期间内,应促使目标公司:(1)给予买方及其顾问接触公司人员,进入公司场所,查阅公司合同、账册和记录的权利;(2)向买方及其顾问提供所有合同、账册、记录和其他文件的副本;(3)向买方及其顾问提供合理要求的其他信息。

买方常要求“完全和自由”的查询权，而卖方一般坚持向买方提供“合理的”查询权，即“在正常工作时间”进行，限于“必要”的信息，并保留拒绝披露敏感信息的权利。

2. 业务的经营

为了保护过渡期内目标公司的价值不受减损，保持目标公司运营的连贯性，买方会要求卖方对公司的业务经营作出承诺。

卖方在签约后到成交前这一时期内对公司的经营应遵循一定约定，通常包括积极承诺和不作为承诺。积极承诺是要求卖方促使目标公司做到一定事项，如：

（1）按照正常经营过程运营，常有“与过去惯例一致”的修饰语；

（2）获得反垄断及其他政府审批等。

卖方的不作为承诺是除非买方同意，否则卖方和目标公司不得从事一定行为，一般包括：

（1）不分红；

（2）不新发股权或新产生债务；

（3）不改变现有工资制度和高管待遇；

（4）不新聘或解除核心管理人员；

（5）不进行对外投资、收购和资产剥离活动；

（6）不签署或解除重大合同；

（7）不进行重大税务决策；

（8）不改变审计制度；

（9）不修订章程等纲领性文件。

以上的不作为承诺非常重要。因为目标公司的分红、出售股权、增加债务、签署重大协议或者以对目标公司不利的方式履行重大协议等行为都对目标公司的价值、买方的权益有非常重大的影响。例如，如果卖方在成交前突然进行分红、大幅提高管理层工资、对员工激励计划进行变更和提前赎回，会对买方权益产生很大的负面影响。

买方通常要求其对上述禁止事项有同意权，即“不经买方同意，不得采取上述行为”。卖方则通常要求对买方的同意权进行限制,如约定低于一定金额的行为无须取得买方同意、“买方不应不合理地不予同意”。

协议方也常约定部分禁止事项只在其涉及金额达到一定标准时才适用。卖方也常要求明确现有的合同和义务的履行不在禁止事项之列,按照正常经营过程的运营也不在限制之列。

值得注意的是,上述不作为承诺清单中包括的禁止事项与“无特定变化”陈述和保证相互配合,包括的内容通常一致。前者要求目标公司在从签约到成交之间的过渡期间不得发生特定事项,后者确认从约定的起始时间(如财务报表的截止日)至陈述和保证做出的期间(签约日)之内不发生特定事项。

3. 发生特定事项的通知义务

虽然双方对交割先决条件作出了详细的约定,若交割先决条件未满足,买方有权不进行交割,但对于过渡期内发生的且会对交易产生重大不利影响的特定事件(如卖方违反陈述和保证或承诺、导致先决条件不能满足的事件、收到政府通知、第三方诉讼发起等),由于信息不对称,买方希望尽早获知,以尽早决定是否交割、豁免,或变更条件等。因此,买方会要求卖方在获知此类特定事项发生时,应及时通知买方。值得注意的是,买方通常要求明确该等通知不构成对披露函的修订和补充,也不补救对陈述和保证及承诺的违反,如果通知事项导致先决条件未满足,买方仍有权以先决条件未达成为由拒绝完成交易,并终止协议。

4. 政府审批

卖方承诺提交申报以获得完成收购交易所需的各类政府审批。买方一般也做出同样承诺,双方有义务彼此配合。

5. 第三方同意

卖方承诺努力取得完成交易所需的第三方同意,如目标公司的银行、重大商业协议的相对方、重大租赁合同的出租方等。

6. 不招揽

禁止卖方主动与第三方商谈收购股权,或接受第三方邀请进行商谈。

7. 促成交易

通常要求卖方尽最大努力完成交易,包括满足成交的先决条件。该承诺对成交机制非常重要，其要求卖方促成而不得阻挠成交。

8. 其他卖方成交前承诺

其他卖方成交前承诺包括要求卖方承诺终止关联交易、清偿集团内部借款、撤换董事和管理人员以及尽职调查中发现的重大问题等。

9. 买方承诺

除上述卖方承诺之外，买方也常作出一些承诺，包括促成交易、努力获得完成交易所需融资等，相应地，卖方也会承诺配合买方的融资活动。

10. 各方承诺

协议方还会就"公告""保密"达成承诺，前者要求就股权收购协议和交易，协议方不得在与其他方协商前发布新闻或公开声明，后者要求协议方就协议、交易以及对方提供的保密信息保密。

（二）成交后承诺

股权收购协议的协议方也常约定各方在成交后应履行的事项。在目标公司是上市公司的交易中，由于上市公司的股东分散，一般无成交后承诺。以下介绍常见的成交后承诺。

1. 不竞争（竞业禁止）

在卖方出售全部股权的收购交易中，卖方常会承诺成交后不从事与目标公司存在竞争的业务。双方通常会明确竞争业务的定义，也有时间和地域的限制，但也会允许例外，如小额持股（如低于5%）、被动投资或持有一定比例内的上市公司流通股通常不被限制。

2. 不招徕

协议方承诺在一定期限内不聘用对方员工，不招徕对方客户以及商业伙伴。在硬科技行业，关键员工对企业来说往往具有特别的价值。收购交易的各方有可能是同行业上下游企业或存在一定的竞争关系。在收购交易过程中，各交易方不可避免地会与其他交易方的员工产生接触。人才竞争是不容小觑的风险，不招徕承诺可以防止各交易方的人才流失，保护各方利益。

3. 员工待遇

买方承诺维持目标公司现有员工的聘用和福利待遇状况，旨在安抚目标公司管理层和员工。特别是对于收购交易完成后，收购方基于业务整合，要求以新主体的名义与留任员工重新签署劳动合同的情况，在该等情况下，员工通常会要求将新旧单位的工作年限合并计算。

4. 过渡期服务

卖方承诺在成交后一定期间内为目标公司提供约定的服务，通常包括管理、财务及知识产权方面的服务。有时，为了明晰过渡期内服务各方的权利义务，各方还会再单独签订过渡期服务协议。

5. 诉讼协助

卖方承诺在买方及目标公司进行诉讼等时提供协助。虽然交易文件中通常会约定，在交割后，标的股权或标的资产上非因可归责于交割前的原因而产生的责任由买方承担，但由于卖方对于目标公司的历史情况更为熟悉，在目标公司或标的资产可能涉及与第三方的诉讼的情况下，卖方提供必要的协助将对买方有较大帮助。

6. 其他成交后承诺

协议也会根据具体交易情况，包括其他的成交后承诺，如保密义务，为目标公司的董事和高级管理人员提供职务保险，不贬低交易对方，商号、商标使用、知识产权的转让和许可等安排，签订知识产权转让协议或知识产权许可协议等文件。

7. 税务、环保等特别承诺

如果目标公司在税务、环保等方面可能存在重大风险与责任，协议方有时会就该等重大问题单独列章节，作出详细承诺和约定，买卖双方及其法律顾问会对此展开细致协商。

第五节　先决条件条款

一、各方先决条件概述

（一）基本概念

1. 定义和作用

协议方完成收购交易的前提条件称为先决条件。先决条件条款逐条列举各个协议方履行其完成交易的义务的前提条件，除非己方成交的先决条件都已分别满足或被放弃,否则协议方没有义务完成交易。

先决条件为协议方提供了保护和退出机制。对买方而言,其完成交易的先决条件即是在其支付收购价格之前确认已满足的事项及应收到的文件。对卖方而言,其成交的先决条件旨在确认买方有完成交易的能力和资金、成交所需的审批和同意以及诉讼等影响成交的客观障碍均已清除。有时,协议也会约定若干事项为双方的先决条件,如果无法满足则双方都无须成交。对于协议一方而言,其成交的先决条件的满足是其进行交割的前提。如果条件不能满足,该方可以不进行交割,也可以决定放弃这些条件,但先决条件通常仅可由该方全权决定是否放弃。

2. 先决条件的类别

有的先决条件在协议方的控制力之外,如政府审批、第三方同意等。协议方对部分先决条件有一定控制力,如买方的先决条件"卖方获得其董事会批准"等。有的则完全由一方掌握,如"目标公司完成重组""清偿现有债务"等。

具体谈判中,协议方会要求删除那些完全在对方控制之内的先决条件,因此可能使对方具有单方不完成交易的权利。例如,卖方通常拒绝买方的成交取决于买方获得融资,也不会同意将买方尽职调查的满意作为成交前提(或者,采取折中的方式,在交易文件中约定,为免疑义,买方对交易文件的签署完成即可视为其对已对目标公司尽职调查的结果满意)。

3. 协议生效和先决条件

收购协议的生效条件和先决条件不同。除非适用的特别法律规定或者协议特别约定了协议的生效条件(如政府审批、登记等),否则股权收购协议一般在各协议方签约后即生效,各协议方的权利和义务随即具有约束力,先决条件的满足与否并不影响协议的生效。

此外,协议方在陈述和保证条款中一般会保证"协议已经合法签署并交付,构成其合法、有效和有约束力的义务,能够按其条款要求对该方强制执行"。

4. 先决条件和其他条款的关系

先决条件与协议的其他条款互相联系。协议方成交的先决条件通常包括其他方的陈述和保证,其他协议方不违反承诺条款。先决条件如在约定期限内未能满足,则相关协议方可根据终止条款将协议终止。

先决条件和成交时各方需要提供的交付文件有所区别。先决条件满足与否,直接影响交易是否可以完成。虽然未能按时提供交付文件构成对承诺的违反,但是其程度未必严重到导致先决条件不能满足,因此对方不一定有权拒绝成交,只能构成一种违约。有的协议会把成交时的各项交付文件也作为先决条件之一,在这种情况下,若一方未能提供交付文件,其他方有权拒绝成交。

5. 先决条件的放弃

协议方完成交易以先决条件的满足或放弃为前提。有的先决条件根据其性质可以放弃,有的则不能放弃。

通常,协议规定一方有权单方放弃己方完成交易的先决条件,但有时协议也会规定一方成交先决条件的放弃需要各方一致同意。

(二)买方成交的先决条件

买方成交的先决条件一般包括多项条件,以保证交易完成无客观障碍,且买方期待的条件已经完成。该等条件主要是卖方的义务、承诺及政府审批等不在买方控制之内的事项。

买方履行其完成交易义务的前提条件通常包括:

1. 陈述和保证的准确性

陈述和保证的准确性要求卖方的陈述和保证在交易完成日应在所有重大方面均真实、完整及准确。

买方律师的初稿中通常删除“重大”限制语,即要求陈述和保证在所有方面都准确,而卖方律师多以过于严苛为由,要求加入“重大”限制语。但有时,买方会坚持就基本的陈述和保证,如股权的所有权、授权不适用限制语。

2. 协议的签署和履行

在交易完成日及之前,卖方在所有重大方面已经履行及遵守其所需履行的本协议中与其有关的所有承诺和约定。

这一条款与承诺条款呼应,重申卖方妥善履行承诺的必要性,以之作为买方完成交易的先决条件。卖方律师多要求加入“重大”限制语。

3. 政府审批

成交所需的各项批准、同意或豁免均已取得。

卖方律师多要求加入“重大”限制语。为了明确义务及成交的确定性,协议方通常会明确列举所需的同意和批准。

政府审批最重要的是反垄断审批,其次是可能存在的行业主管审批。上市公司为目标公司的交易或者买方以上市公司股权作为对价的交易中,证券监管部门的批准也需要。海外/跨境收购中,也常涉及相关国家的安全审查。

4. 第三方同意

完成交易所需所有的第三方同意应在成交日已经取得。

协议方为了明确义务及成交的确定性,通常列明成交所需的第三方同意,例如,如果交易将导致目标公司的控制权发生变更,对于与重要供应商和客户的采购/销售合同,以及约定了发生控制权变更之前需要取得合同相对方事先同意等重大合同(如重大的不动产租赁合同、银行信贷合同等)而言,取得该合同相对方的同意应列为交割先决条件之一。

5. 无诉讼

无诉讼即指不存在政府或其他机构提起的禁止或限制交易完成的正在进行中或潜在的诉讼及其他法律程序。

本项的谈判点在于买方一般坚持政府诉讼及其他机构提起的诉讼程序都包括在本条范围,而卖方一般只同意包括政府诉讼。

另一谈判点是,买方一般要求进行中及潜在的诉讼都需要被包括在内,而卖方一般只同意接受进行中的诉讼。

6. 无重大不利影响

自本协议签署之日以来,公司的状况没有发生重大不利变化。

这条的作用与“陈述和保证的准确性”存在一定重合,如果出现了重大不利影响,“无特定变化”的陈述和保证在成交时就不可能准确,买方可以主张“陈述和保证的准确性”和“无重大不利变化”两条先决条件未满足而不完成交易。在英美法系下,如果卖方的陈述和保证存在欺诈和过失,买方还可以主张因其是依赖卖方的陈述而签署的合同,因此有权提起侵权法上的误述(misrepresentation)之诉,违反后果包括解除合同和侵权责任法下的损害赔偿,损害赔偿的金额会根据不同的事由(如欺诈、过失等)而有所不同。在中国法律语境下,对于合同解除之诉,法院在裁判时会同时关注合同依据、事实依据和法律依据,即合同是否明确约定了陈述和保证不实构成了解除合同的条件,合同的履行状态以及陈述和保证不实是否影响合同的继续履行和合同目的实现。实践中,虽然法院对解除合同的态度偏保守,但也会考量个案的实际情况。若买方能够积极举证,证明卖方不实的陈述和保证确实影响到了其签署合同和完成交易的根本,那么其解除合同的主张可能也会得到法院的支持。

7. 其他先决条件

根据交易情况,收购协议中也可能包括其他一些先决条件,例如:

(1)交易附属文件的签署;

(2)卖方出具的成交确认书;

(3)卖方缴纳应付税款并取得完税证明;

(4)目标公司解除关联交易安排;

(5)清偿现有外债;

(6)卖方律师出具法律意见书;

(7)留任关键员工并签署劳动协议。

有的交易中,买方会提出其成交以获得完成交易所需的并购融资为先决条件,卖方通常予以反对,因为这完全不受卖方的控制。有的交易中,由于成交前需要目标公司完成约定的重组,此时重组的完成也被作为先决条件之一。有时买方会要求以目标公司的特定财务指标作为先决条件,如根据成交时目标公司满足一定财务指标,或银行里有达到一定数额的现金等。

8. 谈判实践

实践中,卖方希望买方的完成交易的先决条件尽量简单,且在卖方的控制范围之内,避免模糊或主观的语言以致买方可以主观裁量,防止买方利用条款不予成交,并希望买方在条件满足后尽快成交。在各协议方均诚实守信的交易中,各协议方都希望迅速完成先决条件,任何一方不得阻挠先决条件的达成。

对于双方以何种义务去满足先决条件,通常会有"合理努力"与"最大努力"之争。"最大努力"是一个非常高的标准,需要义务方尝试所有能够尝试的方法履行协议中的义务。"合理努力"通常被认为是一个较轻的标准,义务方在合理范围内的尝试即被视为已恰当履行了合同义务。

(三)成交时的文件

成交之时,买方通常需要卖方提交证明先决条件都已满足的文件以及各类内部、外部批准文件，可能包括：

1. 卖方提供确认书，确认陈述和保证的准确、承诺的履行、无重大不利影响；

2. 目标公司/卖方股东会批准交易的决议；

3. 目标公司/卖方董事会批准交易的决议；

4. 附属协议及补充协议的签署；

5. 所需政府审批的复印件；

6. 所需的第三方同意的复印件；

7. 卖方律师出具法律意见书；

8. 缴纳应付税款的完税证明；

9. 留任关键员工的协议；

10. 解除关联交易的协议；

11. 清偿外债的证明；

12. 证明尽职调查过程中发现的特定重大问题已解决的文件；

13. 现有股东的股票证书、出资证明或其他股权证明；

14. 任命买方指定的董事及管理人员任职目标公司的文件。

（四）卖方完成交易的先决条件

收购协议下，买方的主要义务是支付对价，因此卖方履行其完成交易义务的前提条件一般比买方要简单。但如果买方的对价包括股票，卖方成交的先决条件则会复杂很多，这类似于卖方同时认购了买方股权。

卖方成交的先决条件通常包括：

1. 买方陈述和保证的准确性；

2. 协议的妥当签署和履行；

3. 已获得买方参与交易所需的政府审批（如境内企业收购境外企业股权的，已完成境外投资审批备案）；

4. 买方参与交易不违反其章程等组织文件。

若交易涉及较特殊的交割条件，卖方也会要求买方出具成交确认书。

二、先决条件不满足的情况

（一）协议方的退出机制

最迟成交日（long-stop date，drop dead date 或 sunset date）指双方对完成交

易约定的最后期限。如果先决条件直到协议规定的“最迟成交日”仍未能满足或放弃,协议方有权终止协议。当然,协议通常会约定如果因其中一方的违约导致在最迟成交日前交割条件无法得到满足,则该方不能根据该条款要求终止协议。

双方在约定最迟成交日时,通常会考量以下因素。

1. 完成交割先决条件的难度

由于各交易中交割先决条件各不相同,需要预留的期长也不相同。对于交割先决条件不复杂的交易来说,较短的最迟成交日可以促使卖方尽早满足交割先决条件,节约各方的时间成本。

2. 政府审批

由于部分交割先决条件中包含了政府监管部门的审批,而取得这些审批所需的时长有时存在不确定性,对义务方而言,预留适当时长的最迟成交日可以保证一定的灵活度。

3. 法律和政策变化

部分交易中,法律和政策的变化将直接对交易的可行性或交易结构产生重大影响,在这种情况下,为了避免交易受到法律和政策变化的影响,双方会约定一个较为明确的日期。

4. 财务影响

有的交易方为了将成交后的目标公司财务结果合并体现在其财务报告中,会希望交易在特定的财务年度结束前完成。

(二)违约导致先决条件不满足

若协议一方违约导致交割的先决条件未能满足(实践中通常是卖方),守约方通常有以下几种救济方式。

1. 解除合同

守约方可以提出解除合同。但如上所述,若协议方就解除合同产生争议诉诸法院的,守约方需要举证违约方的违约行为导致了交割条件未能满足,且对其合同目的实现产生了根本性的影响。

2. 推迟成交日/继续履行

当违约情形发生时,违约方可能会请求一个宽限期用以纠正违约行为

(grace period)。这种情况多出现在违约情形并不严重,在宽限期内可以被纠正的情况下,且交易的继续履行对交易目的不会产生重大影响,例如,在约定日期前尚未取得监管审批。在守约方希望交易继续完成的情况下,其也可以主张要求违约方继续履行。

3. 主张违约赔偿

守约方可以依据法律规定和合同约定向违约方主张违约赔偿,例如合同约定的违约金,但其需要承担举证责任。

三、成交的确认和所有权变更的节点

在股权收购交易中,确认成交的节点非常重要,它可用以认定标的股权的所有权权属以及标的股权风险的转移。成交的确认并不等同于交易对价已经付清,因为交易各方可能存在成交后付款的约定。

国内股权转让的一般步骤是:(1)出让股东与受让股东签订股权转让协议;(2)转让人通知公司股权转让;(3)公司股东名册变更;(4)公司登记机关登记变更。那么,哪个时间节点意味着股权真正转移呢?

对于有限责任公司股权转让何时生效,存在以下观点:股权转让合同生效时生效;受让人支付对价时转移;转让人通知公司股权转让事实时转移;以股东名册变更为股权移转;以公司登记机关登记变更为股权移转的标志。

(一)股权转让合同

首先,股权转让合同签署和股权转让是两个法律行为。股权转让合同是转让人与受让人之间关于股权转让达成一致意见的协议。股权转让是指股权转让人与受让人之间实际移转标的物股权的行为。当然,股权转让效力的基础前提是股权转让合同有效。对于有限责任公司的股权转让合同,只要其不违反法律、行政法规的强制性规定,自当事人达成一致意见时生效。但是,股权转让协议的生效并不能自动发生股权转让的效果,股权转让的生效还需要履行一定程序。

(二)股东名册和公司登记机关登记

股东名册是指公司记载有关股东及其股权状况的簿册。《公司法》第56条规定,有限责任公司应当置备股东名册,记载下列事项:(1)股东的姓名或者名称及住所;(2)股东的出资额;(3)出资证明书编号。记载于股东名册的股东,可以依股东名册主张行使股东权利。该条确定了股东名册的设权属性,股东名册记载属于设权登记。

《全国法院民商事审判工作会议纪要》(以下简称《九民纪要》)第8条进一步指出,"当事人之间转让有限责任公司股权,受让人以其姓名或者名称已记载于股东名册为由主张其已经取得股权的,人民法院依法予以支持,但法律、行政法规规定应当办理批准手续生效的股权转让除外。未向公司登记机关办理股权变更登记的,不得对抗善意相对人",确立了以股东名册作为股权转让的标准。

登记机关登记与股东名册虽都属于登记,但作用不同。股东名册是确定股东身份的基本依据,属于公司内部的登记;经登记机关办理的股权变更登记具有公示性,具备了对抗善意第三人的效力。

(三)实务中的认定

有限责任公司并非上市企业,因此很多企业在实务中经常操作不规范,股东名册形同虚设或未及时更新的情形不在少数。在缺失股东名册情形下,如何处理?

最高人民法院《关于适用〈中华人民共和国公司法〉若干问题的规定(三)》(以下简称《公司法司法解释(三)》)[1]的相关规定,强调了新股东是否完成出资义务对股东资格认定的影响。

在不存在规范的股东名册的情况下,人民法院在确定股东资格争议的实务中,除了适用《公司法司法解释(三)》的规定,还会结合其他有关的公司文件,如公司章程、会议纪要、出资证明书等进行综合判断。

实践中,交易方在收购协议中可以明确规定所有权变更的时间点,也可以在协议中不予约定,尽快完成公司登记机关登记并对外公示。

---

〔1〕《公司法司法解释(三)》第22条规定:当事人之间对股权归属发生争议,一方请求人民法院确认其享有股权的,应当证明以下事实之一:(一)已经依法向公司出资或者认缴出资,且不违反法律法规强制性规定;(二)已经受让或者以其他形式继受公司股权,且不违反法律法规强制性规定。第23条规定:当事人依法履行出资义务或者依法继受取得股权后,公司未根据公司法第三十一条、第三十二条的规定签发出资证明书、记载于股东名册并办理公司登记机关登记,当事人请求公司履行上述义务的,人民法院应予支持。

第六节 赔偿条款、终止条款及其他条款

一、赔偿条款概述

（一）基本概念

1. 概说

我国《民法典》合同编的理论基础主要是权利、义务和责任。在合同中，无论哪一方都应诚实守信，严格遵守合同履行其义务。若发生违约，则需要追究违约方的违约责任。赔偿是违约责任的一种。英美法系的合同下，合同方可以善意履约，也可以选择违约，但若因违约给守约方造成了损失，则守约方有权要求违约方承担和补偿其损失。在这一点上，由于不同法系的合同机制差别很大，体现在股权收购协议文本上的差异也较大。

赔偿条款规定了协议一方在违反股权收购协议下的陈述和保证、承诺及其他约定时对其他方造成的损失应进行赔偿的责任。赔偿条款的内容因交易方的地位、相关市场惯例等而有所不同，且其影响各方最终的经济利益，因而常常是谈判的焦点之一。

2. 卖方承担责任的方式

实践中，买方的主要义务是支付交易价款，买方违约情形较少。因此，赔偿责任更多是卖方承担的责任。

如果有数个卖方，其责任可能是连带责任，即任一卖方都有义务对买方承担全部责任并在单方清偿后从其他责任方获得补偿，也可能是分别责任，即各卖方依据其获得的收购价款的金额按比例赔偿。

3. 赔偿依据

违约赔偿损失是指协议方违反合同约定造成对方损失时，违约方向守约方支付一定数额的金钱以弥补其损失的一种责任方式，其运用较为广泛。

赔偿条款影响各方最终的经济利益，因而是谈判的焦点之一。尽管赔偿条款的约定可能很广，但违约的间接损失、利润损失等很可能得不到支持。

4. 赔偿条款的生效

有时，协议规定赔偿条款在成交后生效，因此，如果协议签署后在成交前被

终止,对协议终止前的违约情形就不能得到赔偿。

有的协议规定即便协议终止,赔偿条款在协议终止后也应履行。有时还会进一步规定,如果由于一方的过错使交易不能成交,协议最终解除,无过错一方有权要求有过错一方赔偿损失。

(二)赔偿机制

1. 赔偿的情形

一方面,赔偿条款一般规定卖方在违反陈述和保证、承诺和其他义务的情况下,应对买方及其代表由此所承受的损失进行补偿。另一方面,买方违反陈述和保证、承诺和其他义务时,也应对卖方及其代表的损失进行补偿。

赔偿条款下,协议方的代表一般包括股东、关联方、董事、管理人员、雇员、代理、顾问等,其损失也应得到赔偿。

我国《民法典》合同编将违约赔偿责任分为法定的赔偿责任和约定的赔偿责任。

(1)法定的赔偿责任

《民法典》第584条规定,当事人一方不履行合同义务或者履行合同义务不符合约定,造成对方损失的,损失赔偿额应当相当于因违约所造成的损失,包括合同履行后可以获得的利益;但是,不得超过违约一方订立合同时预见到或者应当预见到的因违约可能造成的损失。

(2)约定的赔偿责任

《民法典》第585条规定,当事人可以约定一方违约时应当根据违约情况向对方支付一定数额的违约金,也可以约定因违约产生的损失赔偿额的计算方法。

由此可见,约定违约金可能表现为不同的形式,可以约定向对方支付一定数额的违约金,也可以约定因违约产生的损失赔偿额的计算方法。

根据约定违约金的目的,可以将其分为赔偿性违约金、惩罚性违约金和责任限制性违约金。当事人约定违约金,一方面是为了事先确定违约后的赔偿数额,以降低法定损失的举证成本,另一方面也可能是为了向对方施加履约压力、督促对方守约而约定高额的违约金,还有一方面可能是为了避免责任过重而约定低额的违约金。并购实践中,赔偿性违约金最为普遍,也常见惩罚性违约金。

以下是股权收购协议中常见的违约责任和赔偿条款范本:

①违约赔偿。如协议任何一方违反本协议任何条款所设定的义务,或所作陈述和保证有任何不实,导致另一方受到损害的,违约方应对守约方的损害承担全部赔偿责任。赔偿责任的范围除了直接经济损失,还可以约定包括诉讼费、仲裁费、律师费、因请求赔偿而发生的差旅费、调查费等。

②重大违约。尽管有前述一般性规定,但如协议任何一方违反本协议的第【】、【】条的约定,视为该方的重大违约。发生重大违约的,违约方除承担赔偿责任外,还应承担特定数额的违约金,且守约方有权选择单方解除合同。

2. 赔偿的限制

值得注意的是,赔偿条款的规定一般不包括"重大"限制语,要求协议方就其对陈述和保证、承诺及其他义务的违反(而不是"重大违反")应赔偿其他协议方由此蒙受的损失。

实践中,卖方通常要求明确规定,如果买方在成交时知悉卖方的违约情况仍完成交易,则成交后不得寻求赔偿。

3. 特别赔偿

英美法系下的收购合同通常还会约定特别赔偿条款,明确规定就成交前目标公司在环境、税务、员工、诉讼等特别方面存在的问题,无论卖方是否违反陈述和保证及承诺,只要存在问题,就应对买方进行赔偿。

环境、税务、员工、诉讼一旦出现问题会给目标公司带来非常重大的损失,因此特别赔偿不以卖方违反陈述和保证及承诺为前提,而是把环境、税务、员工、诉讼等几类约定的风险和责任分配给卖方。

有时为了平衡双方的风险,协议约定,一方面,就成交前已存在的事件及情况所导致的环境、税务、诉讼等责任给买方带来的损失,由卖方向买方进行赔偿。另一方面,就成交后发生的事件及情况所导致的环境、税务、诉讼等责任给卖方带来的损失,由买方向卖方赔偿。

4. 索赔的有效期

卖方希望买方有权提出赔偿的期间尽量短,而买方自然希望索赔期间尽量长。对大部分陈述和保证以及承诺提起的赔偿要求,常见的规定是应在成交后的 12 ~ 24 个月提出。从财务和税务的角度,买方一般会要求在成交后的一个财务年度后仍可以提起赔偿要求。

对于卖方的基本陈述和保证,如目标公司股权的所有权、股本、授权等,鉴于其构成交易的根本,有时明确规定不受上述索赔时限的限制。

对于环境、税收、劳工、诉讼等特定责任提出赔偿的期间,一般规定是法定诉讼时效届满再加固定的期限,其目的是在政府部门及第三方在适用的诉讼时效期间内对目标公司提起诉讼或追索时,买方可以向卖方索赔。

就协议方违反收购协议下承诺的赔偿,比较常见的是如果交割完成,对于交割之前的违反承诺的情形则不予以赔偿。如果交割完成后还有应履行的成交后承诺,以义务完成为准。义务完成之前,违反承诺(如保密、不诋毁、不招徕等)也要赔偿,一般不约定时间限制。

5. 损失

赔偿条款通常的规定是对承担赔偿义务的一方对协议方的“损失”进行赔偿,因此损失的定义也是谈判的重点。

买方往往希望损失的定义较为宽泛,包括一切直接和间接损失、责任和费用。卖方一般希望损失指的是直接、实际的损失,不包括价值的降低、附带损失、间接损失及惩罚性赔偿等。通常来说,间接损失得到法院支持的可能性相对更低。

6. 排他救济

有时,协议方会就赔偿条款是否是排他的救济手段展开谈判。也就是说,按照协议赔偿后,是否就不得采取其他救济手段。常见的约定赔偿条款是排他救济手段,但欺诈、故意违约及虚假陈述情况下不适用。

(三)违约与合同解除

交割前发生违约的,根据先决条件或协议终止条款,守约方可以主张解除收购协议。但如果交易已经完成交割,此时买方发现卖方存在违约情形(如陈述保证不实、交割条件实际未满足,或者承诺的交割后义务未完成),买方是否可以主张解除合同,返还收购款?

1.《民法典》

《民法典》合同编对合同解除情形的规定有约定解除[1]和法定情形解除[2]两种。在股权转让已经完成交割的情况下,买方是否可以主张解除合同需要根据《民法典》的规定来进行分析。

若股权转让协议中明确规定了合同解除的情形包括卖方发生违约(即便在交割后被买方知悉),则买方可以以此主张解除合同。

但若股权转让协议中并未明确约定"在交割后买方发现卖方违约的情形下,买方是否有权主张解除合同",则要分析此种情形是否符合法定解除情形。实践中,通常需要买方举证卖方是否构成根本性违约,从而导致合同目的无法实现。一般来说,买方是基于对标的公司具体情况的调查(包括借助第三方中介机构的尽职调查)以及卖方和标的公司的陈述保证来推进交易的。在交割已经完成的情况下,导致合同目的无法实现的情形主要是标的股权有瑕疵,如权属瑕疵会引起所有权纠纷,或者转让有限制导致卖方无法按期实现投资目的等重大事由。此外,实践中还存在卖方在买方尽职调查的过程中隐瞒、虚假陈述、不实或夸大陈述,导致买方对标的公司和标的股权的估值与实际有较大偏差的情形,在这种情况下,买方可能会主张解除合同,并承担较重的举证责任。法院在裁决过程中也对解除合同非常谨慎。

合同解除后,对于已经完成交割(如股权变更登记已完成,对价已全部或部分支付)的,当事人可以按照《民法典》合同编的相关规定[3]要求恢复原状(由

---

[1] 《民法典》第562条规定:当事人协商一致,可以解除合同。当事人可以约定一方解除合同的事由。解除合同的事由发生时,解除权人可以解除合同。

[2] 《民法典》第563条规定:有下列情形之一的,当事人可以解除合同:

(一)因不可抗力致使不能实现合同目的;

(二)在履行期限届满前,当事人一方明确表示或者以自己的行为表明不履行主要债务;

(三)当事人一方迟延履行主要债务,经催告后在合理期限内仍未履行;

(四)当事人一方迟延履行债务或者有其他违约行为致使不能实现合同目的;

(五)法律规定的其他情形。

以持续履行的债务为内容的不定期合同,当事人可以随时解除合同,但是应当在合理期限之前通知对方。

[3] 《民法典》第566条规定:合同解除后,尚未履行的,终止履行;已经履行的,根据履行情况和合同性质,当事人可以请求恢复原状或者采取其他补救措施,并有权请求赔偿损失。合同因违约解除的,解除权人可以请求违约方承担违约责任,但是当事人另有约定的除外。主合同解除后,担保人对债务人应当承担的民事责任仍应当承担担保责任,但是担保合同另有约定的除外。

公司申请撤销变更登记，卖方将收到的股权转让款返还给买方）。买方要求违约的卖方承担违约责任的，卖方还需要承担相应的违约责任。

此外，在一方严重违约的情况下，实务中主张收购协议无效或可撤销具有一定的难度。根据《民法典》的相关规定[1]，合同无效或可撤销需要满足较高的法定条件，因此守约方需要承担较重的举证责任，且需要履行一定的程序（如主张合同可撤销的，需要通过请求人民法院或者仲裁机构予以撤销）。

2. 英美法系

如上所述，在英美法系的合同中，合同方可以选择违约，但若违约给守约方造成了损失，则守约方有权要求违约方承担和补偿其损失。此外，促使合约达成和交易实现是各国合同法的普遍原则，因此，买方在交割后发现卖方存在违约情形的，其解除合同的主张通常较难得到支持，往往以赔偿/补偿的形式来弥补损失。

二、终止条款及其他条款和机制

（一）终止条款

1. 概说

终止条款规定了协议签署后，协议方在何种情形下可以将协议终止。终止

---

[1] 《民法典》关于合同无效的主要规定：

第 144 条　无民事行为能力人实施的民事法律行为无效。

第 146 条　行为人与相对人以虚假的意思表示实施的民事法律行为无效。以虚假的意思表示隐藏的民事法律行为的效力，依照有关法律规定处理。

第 153 条　违反法律、行政法规的强制性规定的民事法律行为无效。但是，该强制性规定不导致该民事法律行为无效的除外。违背公序良俗的民事法律行为无效。

第 154 条　行为人与相对人恶意串通，损害他人合法权益的民事法律行为无效。

《民法典》关于合同可撤销的主要规定：

第 147 条　基于重大误解实施的民事法律行为，行为人有权请求人民法院或者仲裁机构予以撤销。

第 148 条　一方以欺诈手段，使对方在违背真实意思的情况下实施的民事法律行为，受欺诈方有权请求人民法院或者仲裁机构予以撤销。

第 149 条　第三人实施欺诈行为，使一方在违背真实意思的情况下实施的民事法律行为，对方知道或者应当知道该欺诈行为的，受欺诈方有权请求人民法院或者仲裁机构予以撤销。

第 150 条　一方或者第三人以胁迫手段，使对方在违背真实意思的情况下实施的民事法律行为，受胁迫方有权请求人民法院或者仲裁机构予以撤销。

第 151 条　一方利用对方处于危困状态、缺乏判断能力等情形，致使民事法律行为成立时显失公平的，受损害方有权请求人民法院或者仲裁机构予以撤销。

条款为协议方提供了退出机制，股权收购协议下的退出机制主要通过先决条件条款和终止条款体现。

终止条款与先决条件条款相互配合，先决条件条款保证协议方在约定的成交前提未能满足的情况下可以不进行交易，而终止条款规定在各方协议一致同意、对方违约或先决条件迟迟不能满足等情形之一出现时，协议方可终止协议，无须继续履行协议。

2. 协议终止的情形

收购协议的终止条款主要规定了在收购交易中，协议各方在以下几种情形下可以终止协议：

(1)协议各方合意终止

协议各方可以基于达成合意而共同书面终止协议。

(2)一方违约

如果协议一方的陈述和保证、承诺及其他约定发生了严重违约，且该等违约未能及时补救，则守约方有权解除协议。

(3)最迟成交日

在各方约定的最迟成交日成交尚未完成时，协议一方可以向其他方发出书面通知解除协议。该情形的适用一般存在前提，即提出解除协议的一方不能有过错，如该方对协议下任何陈述和保证、承诺或约定的违反导致交易未能在最迟成交日之前完成，进而导致交易未能完成的，其通常不得提出解除协议。

(4)其他

有时，协议方还会约定，政府或司法机关禁止交易完成的终局命令或判决完成，或者反垄断等政府审批被否决也可以作为协议终止的情形，理由是虽然未到最迟成交日，但交易的先决条件已明显无法满足，继续等待并无意义。

3. 协议终止的效力

(1)协议的效力

虽然股权收购协议通常在终止后即无效，但常明确规定保密义务、费用、争议解决等条款在协议终止后持续有效。赔偿条款、终止费安排等在协议终止后也应履行。

(2)持续责任

股权收购协议通常规定,如果协议因一方违约而终止,或者因一方的违约或过失导致先决条件不能满足而终止,违约方的责任在协议终止后继续有效。

(二)其他条款

1.前言

股权收购协议的前言描述交易的背景和基础事实。前言中的描述通常不构成协议方的陈述和保证或承诺,也不规定协议方的权利及义务,但前言对交易及事实的描述一般被认为是真实准确的,在协议的解释及履行出现争议时可能会被法院和仲裁庭认定具有证据意义。

2.定义

股权收购协议通常包括定义条款,列举和具体规定在协议中出现和使用的各个重要词语的含义。本书附录一列举了收购协议中常用的定义,可供参考。

3.交易费用

交易费用条款规定协议方交易费用的分担问题。交易费用常包括尽职调查、交易文件准备以及顾问费,一般规定各协议方承担己方费用,有时也会规定成交后由目标公司承担,有时也约定政府审批的费用由双方共担。

4.通知

通知条款规定向协议方发出的任何通知、请求或其他函件均应以书面形式发送,并规定了各方的具体联系方式。如通知信息发送变更的,应及时向各合同方进行更新。

5.适用法律

国内收购协议通常规定适用我国法律。跨境交易的协议应规定协议按照何地实体法律进行管辖和解释,一般来说,考虑到法律理解和适用的便捷程度,涉及境内主体的跨境交易较多选择我国香港特别行政区的法律。此外,协议在适用法律条款中通常明确规定不适用该地的冲突法。

6.争端解决

争端解决条款规定收购协议相关纠纷解决的方法。因通常采取诉讼或仲裁方式解决纠纷,故协议应明确管辖法院或仲裁庭。如果选择法院管辖,买卖双方会希望在其成立地的法院有管辖权。如果选择仲裁裁决,通常会选择独立于双方且较有威望和公信力的仲裁机构,常选用的境内仲裁机构主要有中国国际经济贸易仲裁委员会(CIETAC)、北京仲裁委员会(BAC/BIAC)、上海国际仲裁中心(SHIAC)、深圳国际仲裁院(SCIA)、中国广州仲裁委员会等;常选用的境外仲裁机构主要有香港国际仲裁中心(HKIAC)和新加坡国际仲裁中心(SIAC)。

7. 完整协议

完整协议条款规定该协议取代先前双方全部协议以及就拟议交易进行的其他口头和/或书面沟通。

交易磋商过程中,交易方常会签署意向书、备忘录等前期文件,而股权收购协议取代所有的无论是书面还是口头的协议,从而避免与其他前期协议内容产生矛盾、歧义,产生不必要的争议。

8. 修订

修订条款通常规定协议只能通过书面方式修订,且需要取得所有协议方的同意。

根据此条款的规定,签约之后非书面形式不能修订协议。

9. 转让

转让条款规定除非经过其他协议方的同意,否则任何一方不得转让其协议项下的权利,非协议签署方不得享受协议下的权利和诉求。

该条款的目的是避免协议签署方之外的人就协议标的等提起诉求。当然,协议方通常也会设定一个例外情形,即转让给己方的关联方不受限制。

10. 协议可分性

协议可分性条款规定协议部分无效,不影响其他部分的效力,且还可以约定无效的部分将自动修正到法律允许的范围内。

该条款的主要目的是当协议部分条款依法无效时,不会导致整个协议无效,并使其以最便利的方式得到修正。

11. 副本

副本条款规定协议可签署多个副本,协议各方可签署在不同的副本上,每个副本都被视为等同于正本,各个副本作为一个整体构成同一份文件。

该条的目的是便于协议方完成协议签署，无须同时同地签字。

(三)交易保护机制

1. 终止费

终止费是因卖方原因不能完成交易时，卖方支付给买方的金额。常见的卖方支付终止费情形包括接受其他买方要约、未能满足先决条件、重大违约等。一般而言，“终止费”仅是一种对买方的交易保护手段，旨在保护交易免受试图破坏交易的第三方闯入者的侵害，而并非在交易各方之间分配风险。

根据行业惯例和实践经验，卖方终止费一般在交易总价的3%～10%。交易不同阶段的终止费也可能存在差异，一般来说，在交易的早期——交易不确定性较高的阶段，终止费的金额和比例会相对偏低，而在交易的后期——双方已明确交易方案的阶段，终止费的金额和比例会变高。

2. 反向终止费

反向终止费是指在买方未能获得融资、违反陈述和保证以及承诺、未获得政府审批或出现其他违约情形导致交易不能完成时，买方应向卖方支付的金额，通常为交易总价的5%～10%。反向终止费可以是卖方在交易文件下的排他性救济方式，也可以是非排他性救济方式。如属于前者，一旦卖方获得反向终止费，其将失去向买方进一步要求赔偿损失的权利；如属于后者，卖方仍然可以就反向终止费金额之外的损失继续向买方主张权利。

反向终止费主要适用于完成交易的先决条件都满足，但买方违约导致交易不成的情形。有时，卖方会要求买方在签约时或签约一定时间内将反向终止费存入托管账户或卖方指定账户。

3. 实际履行

股权收购协议等收购协议有时包括实际履行条款，规定在一方违约时，金钱的补偿不足以弥补损失，而应该按照协议约定实际履行其义务。

实际履行源于英美法概念，在并购交易背景下，守约方可以依据该约定要求违约方在经济补偿之外，根据约定完成交易、遵守保密义务、遵守不竞争义务等。

有时，协议方也会规定金钱补偿是对违约的唯一补偿形式，或具体约定哪些违约只能以金钱补偿、哪些违约可以要求实际履行。

4. 履约信用支持

有时,协议方要求资信不足的协议方提供履约支持。例如,如果买方是一家特殊目的公司,其本身不具有资产,也没有单独承担责任的能力,卖方通常要求买方的控制人或有资信的关联公司提供保证,确保买方有能力完成交易。有时,买方为了控制因交割前卖方的原因而遭到索赔的风险,会要求卖方的母公司提供担保,保证成交后即使卖方清算或者在已经将收购价款处置的情况下,其仍可以得到赔偿。

为协议一方提供履约担保的担保人或保证人有时直接作为股权收购协议的签约方,有时则签署单独的担保函或保证协议。

(四)股权收购协议的附件

股权收购协议一般包括若干附件,可能包括交易附属协议、正文内容的后置、重大披露信息等。

1. 附属协议

股权收购协议常把如股东协议、托管协议、知识产权许可协议等附属协议作为附件,在收购协议谈判过程中一同谈判,在收购协议签约时一同签署或达成确定版本。

一些商业安排的细节如果来不及在主交易文件谈判阶段达成一致,可以先约定以原则性条款作为附件,在签约后再进行谈判和确定细节,并在成交时或之前签署。

2. 协议正文的后置

股权收购协议的正文章节,如定义、陈述和保证条款、先决条件等,有时篇幅较长,也可能被作为协议的附件。

3. 重大信息

披露函、卖方股东信息、重大资产清单等重要或篇幅长的内容也常作为协议的附件。

附件和收购协议的正文构成统一整体,在收购协议起草、审阅和谈判中应兼顾上下文内容,与定义保持一致。

附件通常包括交易和交易方的重要信息和约定,应及时草拟和协商,避免主协议接近定稿,而附件内容进展缓慢的情况,保证交易文件的签署计划妥善进行。

第七节 资产收购协议

一、资产收购与股权收购的比较

(一)资产收购与股权收购的差异

资产收购罕见用于收购上市公司,收购上市公司多采用股权收购、合并等方式。在大企业剥离业务部门、资不抵债企业的出售以及以知识产权为主的资产转让等情况下,资产收购模式常被采用。对于历史上责任、义务状况较复杂的企业,特别是在环保、税务、劳动法、产品质量等方面可能存在重大义务和风险的目标企业,采取股权收购往往意味着买方需要承担目标企业潜在的及不明的历史责任与风险。如果采取资产收购方式,一方面,买方可以取得其希望购买的资产;另一方面,买方可以通过拣选收购的资产仅承担部分责任和风险,由此达到降低风险的商业目的。因此,在进行资产收购的过程中,交易双方必须对交易的资产进行逐项核对、清产核资和评估,从而比较准确地评估和避免负债的影响。同时,收购方也可以在收购资产的同时剔除某些负债,除非资产收购的结果形成法定合并。但是在股权收购中,收购方作为被收购方的股东,要对被收购公司的债务负责。

资产收购和股权收购的相同点为二者的目的均在于凭借财产权及股权的控制,掌握公司的经营权,并以此实现获利。二者的不同点如下。

1. 定义不同

资产收购是指收购方以现金或其他有价证券为对价,收购卖方公司全部有形或无形资产,接管卖方公司营业的行为。股权收购是指收购方通过一定方式购买目标公司的股权,在其获取的股权达到一定比例后,取得该公司控制权的一种市场交易行为。

2. 主体不同

股权收购的主体为收购方和目标公司的股东,资产收购的主体是收购方和享有该资产的目标公司。

3. 收购标的不同

股权收购的标的为股东对公司所享有的股权,资产收购的标的是公司的有形资产（动产和/或不动产）、商业合同（供应协议、销售协议、服务协议等）或无形资产专利、商标、著作权、商业秘密等。

4. 价金支付不同

在股权收购中，收购方的价金支付给公司的股东，资产收购中，收购方所支付的价金支付给享有该财产权的公司。

5. 对目标公司的影响不同

股权收购对公司的影响表现为公司的股东发生了变化，而对公司的资产无任何影响，资产收购则会使公司资产形态发生变化。

（二）资产收购的缺点

与股权收购相比，资产收购有以下几种弊端：

1. 收购方不能承受被收购方的税收优惠

在资产收购中，随着被收购方的法律主体地位的消失，收购方将不能继续享有被收购方的税收优惠。但是如果采取股权收购的方式，由于收购方和被收购方的法律地位不变，被收购方的税收优惠将会得到保留。

2. 税收成本较大

在资产收购中，被收购方除了缴纳企业所得税外，还要缴纳土地增值税、交易税等。如果被收购方出售全部资产之后解散，分配给股东的投资金额还要由股东缴纳个人所得税。但是如果采取股权收购的方式，因为交易发生在收购方与被收购方的股东之间，被收购方不承担任何税收支出。

3. 收购方不能承受被收购公司因亏损而带来的所得税减免

在股权收购中，由于收购企业和被收购企业的法律主体和会计地位不变，被收购企业的以前年度的亏损被保留下来，可以抵减以后年度的所得额。但是在资产整体收购的情况下，买方大多不能承受被收购企业的亏损额。

（三）资产收购交易的尽职调查

股权收购的对象是目标公司，因而尽职调查覆盖目标公司的方方面面。类似地，资产收购中尽职调查的范围一般也是目标公司的各个方面，但重点是收购的资产，包括资产的产权、资产的现状、转让资产所需的程序和时间、转让资产涉及的政府审批和第三方许可等方面。

核心资产的认定和转让是资产收购交易的重点。不同行业的目标公司，其核心资产不同。准确识别核心资产,对尽职调查的效率、交易成功非常重要。

硬科技公司的核心资产通常包括知识产权和员工。如果还涉及生产和销售,那么商业合同(如产品销售合同、原料供应合同等长期商业协议)以及客户关系,对于企业也至关重要。

资产收购所需的同意和许可分为三类,即目标公司内部审批、政府审批和第三方同意。获得各个同意和许可的难度和速度直接影响资产收购的完成。

目标公司内部审批主要指的是买卖双方完成交易所需完成的企业内部批准。资产收购大多需要买卖双方各自董事会的批准,根据法律及交易方的章程等内部规定,资产收购也可能需要获得股东批准。有时,买方或卖方的小股东根据股东协议或者法律、章程等规定,对达到一定规模的重大资产交易享有否决权。

政府审批主要包括反垄断审批、行业主管部门(如金融、电信、媒体、公用事业)的审批等。通常,政府审批对交易的进度影响最大。

资产收购交易中,转让各类资产时,常需要同时转让土地租赁协议、融资协议和供应、销售、服务等运营资产所需的各类商业协议,其目的是使买方受让和取得各类协议项下的权益,确保商业协议在收购完成之后继续有效,并得到协议相对方的履行。根据法律和协议的具体规定,卖方在协议项下权益的转让多需要获得协议下相对方对转让的同意。

二、资产收购协议内容介绍

资产收购协议是资产收购交易中的核心法律文件。资产收购协议下的卖方通常为目标公司。有时买方收购的资产由目标公司及其关联公司分别持有,交易中目标公司及其子公司共同出售资产,而买方需要通过向一个或多个目标公司的关联主体来收购相关资产。

资产收购除了需要签署一份资产收购协议,为了转让具体的不动产、动产、知识产权等,根据适用的法律通常还要签订不同的法律文书、完成特定登记程序才能实现所有权的转移。

资产收购中,目标公司的商业合同、运营资产所需的审批和许可对成交后的经营至关重要。商业合同下的权益(包括土地租赁协议、融资协议和供应、销售、服务等协议)的转让往往需要合同相对方的同意。另外,经营资产所需的各类政府审批、许可的转让往往需获得颁发审批、许可的政府和机构的同意。因此,资产收购协议通常包括相应条款,也常需要签署附属法律文件来完成上述程序。

总体而言,资产收购协议与股权收购协议在体例上没有实质性的差异,最主要的差别体现在标的物上。而针对标的物的不同,出让方所作出的陈述保证和承诺也会有所不同。由于目标公司情况不同、所处行业不同、收购的资产不同,资产收购协议的内容也不尽相同。但是从实务中看,资产收购协议大致包括以下内容。

(一)基础交易条款

实践中,股权收购通常是首选方案,资产收购多被作为股权收购的替代方案,其目的是取得目标公司的资产和业务的控制权或所有权。因此,资产收购的典型结构是买方购买目标公司全部或绝大部分资产,目标公司出售资产并获得交易价款,在成交后几乎不保留任何运营资产。此时,各方按照市场规则进行充分谈判,资产收购协议的内容需协调各方利益,对风险和责任进行细致划分,谈判相对激烈,其收购协议的法律文本也更有借鉴意义。资产收购协议通常专设章节规定资产收购的基本商业条款,包括以下内容:

1. 收购的资产

资产收购协议下收购的标的物很复杂。股权收购的标的是目标公司股权,而资产收购中常见的是买方收购与卖方特定“业务”有关的各类资产和权利,继受与业务相关的义务和责任。

“业务”是资产收购协议中的核心概念,协议方通过业务的定义来确定收购资产的范围。以下是某协议中“业务”的定义:

“业务指的是卖方及其关联企业(排除【合营企业】)的全球【 】业务,包括【产品】的设计、测试、制造、研发和销售,但不包括【特定排除的产品】。”

2. 资产

买方受让的资产可能包括与“业务”有关的不动产、动产、商业合同、库存、现金、应收账款、知识产权和许可等。应明确描述收购资产的种类,并在附件中列举各项资产。

值得注意的是,如果目标公司有多个子公司和参股公司主要从事买方拟收购的“业务”,卖方也会将其在子公司和参股公司的股权也转让给买方。此时,资产的定义也包括拟转让的子公司及参股公司的全部股权。此外,资产收购也需要将相关的政府审批、相关员工、保险单、养老保险等社保权益进行转移。

本章后附上一个典型的资产收购清单,以供参考。

3. 排除的资产

资产收购协议通常会明确约定买方不予承继的资产,即“排除的资产”(excluded assets),并明确列举“排除的资产”的类别。一般而言,不可转让的批准和许可、目标公司的纲领性文件、公司决议、印鉴等通常属于排除的资产。

从商业角度来看,协议方通常就现金及现金等价物、应收账款是否应包括在排除的资产展开磋商。

4. 受让的责任

资产收购协议还会规定买方在交易中会承继卖方的哪些责任,该等责任被定义为“受让的责任”(assumed liabilities)。资产收购协议中一般会列举哪些类别的责任属于“受让的责任”。

5. 排除的责任

资产收购协议也会约定买方不予以承继的责任,即“排除的责任”(excluded liabilities/Retained Liabilities),并列举“排除的责任”的类别。买方通常希望对成交前产生的与被收购资产有关的一切责任,特别是产品质量、员工、环保、税务等责任一概不负责,卖方则希望将尽可能多的责任一并转让给买方。

值得注意的是,尽管协议方可以在协议中约定哪些责任不由买方承继,但法律强制规定可能依然要求买方承继部分协议约定的由卖方承担的责任,例如员工、环保等方面的责任。对此,买方可以依靠陈述和保证条款、赔偿条款要求卖方赔偿其损失,从而得到一定程度保护。

6. 协议谈判中的注意事项

首先,对于“业务”和“资产”的描述和列举,协议规定应全面和精确。

其次,卖方通常希望将与业务相关的资产连同责任全部转让给买方,买方一般希望税务、诉讼、员工、产品质量、环保、融资、合规等责任继续由卖方承担。因此,“受让的责任”、买方在交易中不购买的即“排除的资产”以及买方不受让的责任即“排除的责任”的定义和具体范围都是谈判中的重点。

再次,收购的资产是否包括“现金”和“应收账款”也是重要的考虑内容。

最后,协议通常会规定收购的资产无任何权益负担,并同意“允许的权益负担”的存在,允许的权益负担的具体范围也常是谈判重点之一。

(二)购买价格和成交机制

资产收购交易中,买方支付的对价多为现金,也可能是股权及其他资产。交易标的可能是固定价格,大型交易常常规定购买价格调整机制,约定对购买价格进行调整。值得注意的是,出于纳税目的,资产收购协议会对标的进行分拆,列举各类资产对应的对价金额。

资产收购协议会规定成交的时间、地点,成交时各方应履行的义务,包括应交付的文件等。成交时,买方的主要义务是支付购买价款,而卖方应提供转让资产的所有权所需的文件。

1. 成交时应交付的文件

根据适用法律的不同,转让各类资产所需的程序和文件也各不相同。例如,动产常通过买方对其实际占有而转移所有权。合同权益的转让通常需要获得合同相对方的同意,往往需要获得合同相对方签署的同意函。有时,协议方会也签署转让和受让协议或合同更新用于转让合同项下的权益。转让不动产通常需要签署法律文书并完成在政府部门的登记。在成交之时,卖方也需要提供完成所有权转让所需的各类文件和附属文书。

根据交易特点,资产收购协议也可能规定员工转移、卖方努力回收应收账款、现有债权债务的处理方案等。

2. 购买价格调整机制

资产收购协议通常会约定购买价格调整机制。与股权收购协议类似,资产收购协议价格调整所依据的财务标准主要包括目标公司的营运资本、现金及债务、存货等。

由于资产收购的标的是具体的资产,其价值从签约到成交难免出现变化,资产收购的买方更有理由坚持采取价格调整机制。

与股权收购协议类似,资产收购协议也可能包括盈利支付条款。

3. 第三方许可

资产收购协议的基础交易条款也常规定第三方许可的处理方法。商业合同的转让和经营资产所需的批准、许可对买方未来的持续经营至关重要。而商业合同下权益(包括土地租赁、贷款与融资、商业协议及资产上设置的权益负担等)的转让往往需要合同相对方的同意,相关政府审批、许可、认证的转让等往往需要获得颁发的政府机构等的同意才生效。

(三)陈述和保证条款

1.卖方的陈述和保证

资产收购协议中,卖方和买方通常分别作出陈述和保证,其作用、范围、限制等都与股权收购协议类似,可参照本章相关内容。协议谈判主要聚焦于卖方的陈述和保证。

卖方对买方作出的陈述和保证涉及卖方自身、转让的资产及交易等方面。有的资产交易中,卖方按“资产的现状”低价出售资产,或者在破产和资不抵债程序中低价出售资产的,卖方作出的陈述和保证较少,而由买方承担更多风险。

由于资产收购交易中买方收购的标的物是卖方的资产而非股权,因此,卖方的陈述和保证有两个原则性的区别:

①大部分陈述和保证都是针对购买的业务及资产作出的,而不是就作为卖方的公司本身作出的。

②卖方的股权、股权上的权益负担等情况与资产收购没有直接关系,因此,一般不就股权情况作出陈述和保证。

表4-5罗列了资产收购中常见的卖方陈述和保证。

表4-5　资产收购中常见的卖方陈述和保证条款分析

类别	内容
组织机构	卖方是根据注册地法律合法成立、有效存续并信誉良好的公司,有权在其注册地开展业务及拥有和运营资产
授权	卖方有签订、履行协议项下义务、完成交易的公司权力和授权,并已取得所有必需的公司授权
签署	资产收购协议由卖方妥善签署与交付,并构成卖方的合法、有效和有约束力的义务,买方可按其条款对卖方强制执行

续表

类别	内容
同意和许可	除列于披露函之外,卖方签署、交付、履行资产收购协议以及完成交易,都不需要任何政府部门及第三方同意或准许
不冲突	卖方对本协议的签署和履行不违反适用的法律和法规、公司的组织文件,也不违反现有的协议和义务
重大合同	买方已收到与业务有关的所有重大合同的真实和完整的副本,包括其所有修订和补充。每份合同均对卖方有约束力,重大合同未出现违约
资产的所有权	卖方与业务有关的资产处于良好的运作状态,适合在正常业务过程中使用,拥有其资产的产权。披露函列举目标公司拥有的全部不动产的具体地址,卖方对该等地产拥有良好和有效的所有权和使用权,不存在任何权益负担
遵守法律	卖方按照所有对其适用的法律和政府法令开展业务,并且不违反任何该等法律或政府法令
法律程序	不存在任何卖方提出的或针对卖方的法律程序,或影响交易完成的进行中的或威胁的法律程序
财务报告	卖方已向买方交付了与业务有关的截至某财政年度的经审计(或未审计)的资产负债表、收入和现金流量表的真实完整的复印件,财务报表反映其财务和经营状况。 值得注意的是,对于如果卖方经营包括多个业务部门,交易中只出售一部分业务,且没有针对被出售业务部门的经审计的财务报告,卖方只能提供未经审计的财务报表的,买方要争取约定价格调整机制以确保交易价格合理

2. 买方的陈述和保证

与股权收购协议类似,买方在资产收购协议下作出的陈述和保证比卖方简单,通常就其组织结构、签约和履约的授权、协议的签署、成交所需的政府和第三方同意以及签约、履约不违反法律、公司章程及对其有约束力的协议等数项。资产收购协议下的买方陈述和保证的基本内容和谈判重点都可参照股权收购协议章节。

(四)承诺条款

1. 成交前的承诺

资产收购协议下,买卖双方都会作出承诺。承诺条款的功能、内容与股权收购协议的承诺条款类似。卖方通常承诺从签约后到成交前,公司应正常经营其业务。

2. 业务的经营

值得注意的是,卖方作为一家法人实体,其本身的状况与资产收购的目标资产未必直接相关。因此,资产收购协议的承诺条款与股权收购协议有明显区别,其一般不限制卖方公司组织文件的修订、股本的变化,也不限制卖方开展与被收购业务无关的经营活动、进行内部重组,以及对外投资和收购活动。

基于上述原因,资产收购协议下的承诺条款通常也不限制卖方的利润分配、发售股权或变更股票权益以及产生与转让资产无关的财务负债等。

3. 第三方同意

与股权收购协议类似,卖方承诺努力取得完成交易所需的第三方同意,如目标公司的银行、重大商业协议的相对方、租赁协议下的出租方等。硬科技企业对于供应链的依赖度很高,因此,供应、销售和知识产权商业关系中的第三方同意对资产收购交易格外重要。

4. 其他卖方成交前承诺

资产收购协议中,可能还包括要求卖方承诺终止关联交易、清偿集团内部借款、撤换董事和管理人员以及妥善解决尽职调查中发现的重大问题等。有时,买方也要求卖方及时收回应收账款。

5. 成交后承诺

与股权收购协议类似,资产收购协议也会约定协议方在成交后的承诺事项,如不竞争不招徕、过渡期安排等。

(五)先决条件

与股权收购协议相同,资产收购协议中也包括先决条件条款,具体规定各方完成交易之前需要满足的各项前提条件。

1. 买方完成交易的先决条件

买方履行其完成交易义务的前提条件通常包括陈述和保证的准确性、履行协议、无重大不利影响、政府审批、第三方同意、无诉讼,可参看股权收购协议相关内容。

由于资产收购常涉及商业合同的转让,有时会特别约定部分重大合同转让以取得合同相对方同意作为成交的先决条件。

根据交易的具体情况,买方完成交易的先决条件也常包括不动产的产权转移文件、收购资产上权益负担的解除、缴纳应付税款并取得完税证明、工会同意等。

有时,资产交易需要目标公司就转让资产进行重组及剥离。这种情况下,资产重组或者剥离的完成也是先决条件之一。

2. 卖方完成交易的先决条件

卖方履行其完成交易义务的前提条件通常较简单,包括买方陈述和保证的准确性、买方履行其义务和无司法程序禁止成交等。

(六)终止条款和赔偿条款

1. 终止条款

资产收购协议下的终止条款与股权收购协议下的终止条款的作用、内容基本一致,通常规定协议可在各方合意、一方违约或最迟成交日三种情形之一出现的条件下终止。

2. 赔偿条款

资产收购协议下的赔偿条款的内容与股权收购协议类似。与股权收购的买方通过收购目标公司股权整体继承目标公司的责任和义务不同,资产收购中,买方通常可以在成交后约定承继哪些责任,一般无须承担与除外资产有关的责任和除外责任,赔偿条款的内容需要相应调整。

与股权购买协议相同,卖方就其违反陈述和保证、违反承诺和其他义务的情形应对买方及其代表进行补偿。反之,买方违反陈述和保证、违反承诺和其他义务的,也应对卖方及其代表进行补偿。

此外,协议常有如下约定:

①成交后,卖方就“排除的资产”“排除的责任”等为买方带来的损失进行赔偿。

②成交后,买方就“受让的责任”给卖方带来损失的,向卖方进行赔偿。例如,如果协议约定成交前的产品责任属于受让的责任,成交后,如果有消费者就卖方在成交前的产品索赔并给卖方带来损失,买方应对卖方的损失与以赔偿。

③卖方常要求成交后就被买方收购资产的运营产生的任何纠纷给其带来的

损失,买方应予以赔偿。

与股权收购交易类似,买方通常要求对于成交前的环境问题、税务、诉讼等事项,无论卖方是否违反陈述和保证及承诺,其都应赔偿。

3. 提出赔偿的有效期

卖方希望买方可以提出补偿的期间尽量短,而买方希望尽量长。针对大部分陈述和保证以及承诺提起的补偿要求应在一个期间内提出,常见的是 12 ~ 24 个月。买方则一般要求在一个完整财务年度之后,其还有权提起补偿要求。

对于税收、劳工、环保等义务,其提出赔偿的有效期一般是法定的诉讼时效届满再加固定的期间,目的是在第三方在诉讼时效期提起诉讼时,买方可以向卖方索赔。

4. 赔偿的限制

与股权购买协议相同,资产收购协议中对赔偿也有各种限制。税收、劳工、环保、诉讼等方面的责任一般不适用最高限额。买方常要求规定卖方就收购资产的所有权、授权等作出的基本陈述和保证的赔偿以及恶意作出的虚假/不实的陈述和保证不受限制。

资产收购协议的其他条款可参照本章中股权收购协议的相关内容。

附件 A　境内资产收购交易的资产清单

一、拟收购资产

根据本协议之约定,卖方作为法定及实际拥有人,同意在交易交割时向买方和/或多个买方受让人出售、转让、转移、出让和交付,而买方和/或多个买方受让人将从卖方收购并取得卖方所出售的所有有形资产、无形资产、房地产和已利用或可用权利中的一切权利、所有权和利益,以及其他除被排除资产以外的资产的权利、所有权和利益,且上述资产(以下统称拟收购资产)不存在任何负担,包括本协议日及之后附着于其上的所有负担(允许的负担除外)。拟收购资产包括:

(1)所有存货,包括现有的原材料、已完工和部分完工的存货及在制品(以下简称库存)等;

(2)所有设备、车辆,包括与在本协议签字日期以及交割日所经营业务有关

的设备、机器和车辆,以及卖方购买的额外机器、设备和车辆;

(3)与拟收购业务相关的信息技术系统,包括所有的软件和硬件;

(4)所有家具、固定附着物、装置、设备及财产,包括所有位于拟收购场地的租赁物业装修、陈设、标牌、装饰、电脑、收银机、打印机、电话及电话号码,以及与任何家具、固定附着物、装置及设备有关的以卖方或其关联方为受益人的任何保证、条件、担保或弥偿、保单或类似安排(无论明示还是默示)项下卖方或其关联方享有的所有权利及索偿的实益;

(5)所有与拟收购业务相关的广告、营销和促销材料以及所有其他印刷或书面材料;

(6)与拟收购不动产相关的租赁合同、土地使用权证以及其他房产租约许可(如有)或安排,以及与其相关的预付租金、保证金等;

(7)与经营拟收购场地相关的在正常运作中产生的权利,包括可转让的所有相关的许可证及证照;

(8)在与拟收购业务有关的范围内,所有根据适用法律可转让的许可证,依据条款或适用法律不可转让的许可除外;

(9)所有合同项下的可转让的权利,包括附属于合同的保证或担保权,在本协议签字日至交割日期间,前述合同清单将经买方不时的审议并确定最终清单;

(10)卖方在全球范围内所拥有的或被许可使用的全部或部分与拟收购资产相关(除被排除的知识产权之外)的所有知识产权,包括卖方或任何其关联方拥有或使用的仅和业务相关的所有蓝图、设计、原型、样版、设计材料及其他在本协议日期或截止日期正在开发或研制的知识产权;

(11)所有客户信息及客户关系管理数据库,包括与客户相关的信息,以法律许可范围为限;

(12)所有账簿和记录(不包括与被排除的资产有关的账簿和记录),但卖方可保留一份此类账簿和记录的副本;

(13)拟收购资产因任何损害、损毁、占有或其他损害而享有保险和征用收益的一切权利,包括与拟收购资产的损失或损坏有关的任何和所有保险金、赔偿金或其他补偿,但以在本协议日期之后发生的为限;

(14)在拟收购资产相关范围内,卖方在担保、赔偿和所有类似权利项下针对第三方享有的一切权利，包括与保险金、赔偿金或其他补偿有关的所有权利和索赔；

（15）卖方在其他协议文件中涉及被收购资产或业务的所有权利；

（16）与拟收购业务有关的所有预付开支、预付款、收费和费用，包括所有企业信贷、预付费用、递延费用、预付款、保证金和预付项目，在本协议签字日至交割日期间，前述费用将经买方不时的审议并确定最终数额；

（17）所有应收账款，包括贸易应收账款、回扣和津贴以及来自供应商的其他应收账款；

（18）卖方关联公司间的所有应付款和未偿还的公司间的借款；

（19）卖方与业务相关的商誉；

（20）其他为开展在签字日至交割日期间的所经营的业务所要求或所需要的所有资产，但本协议约定的被排除的资产除外。

二、被排除的资产

卖方应保留（且不向买方出售、出让、转让或交付）以下资产、地产或卖方权利（由卖方保留的此类资产为“被排除的资产”）：

（1）现金和现金等价物，包括支票、商业票据、政府债券、存款单和其他银行存款、证券、证券权利、票据和其他类似投资产品、所有银行账户和证券账户以及作为任何信用证和卖方所有银行账户抵押的任何现金抵押物；

（2）卖方在本协议和任何其他交易文件下的权利，以及买方根据本协议或任何附属协议的条款和规定应向任何卖方支付或为其交付的所有现金和非现金对价；

（3）与买方不承担的保险有关的预付款项，以及与任何被排除资产或被排除责任有关的保证金、预付费用或预付款项；

（4）卖方用于拟收购业务以外的其他用途的硬件和 IT 设备；

（5）截至交割日，拟收购业务团队的员工个人所拥有的个人财产、设备等；

（6）卖方在本协议项下被排除在外的租赁协议；

（7）其他本协议项下被排除在本协议转让范围之外的机器、库存、设备、车辆、家具和装修等；

(8)卖方保留的账簿和记录,但卖方应向买方提供与拟收购资产及其所承担的负债及与卖方业务有关的任何保留的账簿和记录的副本(并应允许买方制作副本)。

三、交易对价

1. 根据本协议的条款,买方购买卖方所销售、转让和转移的拟购买资产中的权利、所有权和利益的交易对价(以下简称收购价格)应为人民币现金________元,包括:

(1)按照原本发票上的金额并参照约定估价计算出的拟收购存货价值(以下简称存货价值),加上________。

(2)按照约定估价计算,每个拟收购场地的所有固定资产在其相对应的界限日的价值(以下简称固定资产价值),减去________。

(3)所有在本协议项下卖方应付但未付的款项及许可费,以及其他根据卖方或其关联方与买方或其关联方订立的其他协议或安排下卖方到期应付的其他款项(以下简称未清偿的许可费)。

2. 在交割日,买方应通过银行转账或双方约定的其他方式向卖方支付收购价格。

3. 双方应依有关中国法律缴纳各自在本协议项下的税款。

四、买方承担的责任

根据本协议并在适用法律允许的范围内,在交割日,买方和多个买方受让人应承担并同意在交割后支付、履行和解除卖方在交割时或交割前未支付、履行或解除的下列责任:

1. 在交易交割后因买方经营拟收购资产而产生的责任;

2. 所有交易完成后的员工责任及员工私人养老金固定缴款;

3. 在交易交割后因卖方承担的合同到期或其他相关原因而承担的责任。

五、买方被排除的责任

尽管本协议有与之相反的规定,但买方和/或买方关联公司不应承担,也不应被视为已承担由以下情况引起的或与之有关的责任、职责和义务，包括：

(1)由卖方承担的交易交割前的员工责任，本协议项下的“员工”包括在交割日之前的员工，以及与交割日之前的员工有关的劳务派遣机构或劳务平台(包括现任和前任董事、官员、雇员、代理人和独立承包商)，本协议项下的“责任”包括有关建立劳动关系、劳动薪酬、员工休假、员工离职、劳动关系终止或其他类似的协议或安排，与医疗保险、社会保险、养老金等社会福利有关的协议或安排，卖方公司在交割前与员工之间的赔偿、调解、仲裁、诉讼有关的协议或安排，或其他任何与卖方和/或其关联公司的与劳动关系、劳动薪酬、员工休假、劳动责任义务、终止劳动关系服务等有关的协议或安排而产生的责任；

(2)由于或与交割前拟收购资产或所承担的责任的经营或状况有关的任何责任，或与交割前拟收购资产或所承担的责任有关的现有、发生或可能发生的作为或不作为责任；

(3)由于交割日之前存在的事实或情况，以及由于卖方或其任何关联方在交割日之前作为一方的任何合同、协议、安排或谅解下的因任何违反约定、合同违约、履行不能的、与合同履行有关的侵权行为、违法行为、侵权或赔偿而产生的任何责任；

(4)因与卖方或其关联方有关的索赔、诉讼、仲裁、审计、听证、调查、起诉或其他程序而产生或与之相关的任何责任，或与拟收购资产或买方所承担的责任相关的责任，包括所有未决的或在交易交割前已存在或已发生的责任；

(5)由卖方承担的交易交割前的产品质保索赔责任，包括与设计或制造缺陷(无论何时发现，无论在交割日之前或之后)和其他与产品保证、产品责任、产品安全保证或其他责任有关的任何责任；

(6)卖方在交易交割之前因处置或处理有害物质或为处置或处理而运输有害物质而产生的环保责任，卖方因公司业务经营而产生的中国法律项下的环境污染责任或环境补救责任，卖方在交易交割当日或之前被发现存在因拟收购资产或组成拟收购资产的成分的危险物质而引起损失或伤害的责任(无论这种损失或伤害是在交割日还是之后表现出来的)；

(7)就卖方向第三方支付的特许权使用费或与卖方所购知识产权有关的其他费用或付款而产生的任何责任，无论该责任是在交易交割前、交割时还是交割后产生的；

(8)因经营除外业务而产生的或与之有关的任何责任；

(9)与卖方中介代理有关的责任；

(10)与卖方及其关联方的债务有关的任何责任，或其他与之有关的任何责任；

(11)涉及与卖方或其关联方的除拟收购资产以外的资产、财产和权利有关或因其产生的责任，无论在交割日之前、交割日当日还是交割日之后；

(12)其他未明确包括在本协议“买方承担的责任”中的责任。

CHAPTER

第五章

上市公司收购

上市公司的股票具有流通性且股东众多,其信息披露、公司治理、投融资等事宜受到政府机构的监管,因此上市公司参与的并购交易有其特点,也较为复杂。本章中的上市公司收购,是指上市公司[1]作为参与方进行的收购活动。上市公司在收购中扮演着不同的角色。有时上市公司可能作为买方购买目标公司,有时上市公司是目标公司(狭义的上市公司收购),有时上市公司作为卖方出售标的资产,有时买方和卖方均是上市公司。

本章第一节讨论上市公司作为买方进行的收购,第二节讨论上市公司作为目标公司的收购,第三节讨论上市公司作为卖方的收购交易,第四节简介美国上市公司收购。

〔1〕 本章中讨论的"上市公司",是指其股票在中华人民共和国设立的证券交易所上市交易,并受中国法律管辖的上市公司。在本章的目的下,不包括香港特别行政区、澳门特别行政区以及台湾地区。

第一节　上市公司作为买方参与收购

硬科技公司的发展需要获得大量资源的支持，特别是关键生产资源，如知识产权、商业机密和技术人员。硬科技行业公司可以通过并购实现协同效应，快速获取相关生产资源，从而进一步提高竞争力。在这方面，上市公司具有独特的优势。硬科技上市公司具有融资便利、支付手段多样的优势，更容易进行对外收购。对于处于上升期的行业，上市公司可以通过并购迅速扩大市场份额；而对于处于平台期的行业，上市公司则可以通过并购增强竞争力、寻求突破。

上市公司作为买方进行收购与一般收购存在诸多区别，也面临不同的监管挑战。本节接下来将简述上市公司作为买方进行收购中的收购方式与融资、协议核心条款以及信息披露等与一般收购存在区别的要点。

一、收购方式与融资

一般的并购交易中，现金收购是最主要的方式。上市公司作为买方进行的收购中，上市公司也常常使用现金进行收购。有所不同的是，上市公司拥有更丰富的融资途径，可以更加便捷地进行融资。此外，由于上市公司股份可以公开进行交易，上市公司也常以股份以及相关有价证券作为对价进行收购。

（一）现金收购与融资

上市公司融资的方式多种多样，除了自有资金和银行贷款，还可以通过发行股票或公司债券等方式进行融资。上市公司的融资方式一般可以分为债权融资和股权融资两种。

债权融资的典型方式为金融机构借款和债券发行。对于上市公司而言，除银行等机构贷款外，其还可以发行债券融资。上市公司发行公司债券可以避免股权稀释，但是债券发行除会影响上市公司的资产负债情况外，还有监管要求。

股权融资的典型方式为增发股票，包括定向增发、公开增发、配股和发行优先股等。股权融资不会影响上市公司的负债情况，但会稀释上市公司股权并降低每股收益率。此外，上市公司进行股权融资时还应当按照中国证监会的有关规定制作注册申请文件，依法由保荐人保荐并向交易所申报。

(二)股份收购

除债权和股权融资方式外,上市公司还可以以股份或相关有价证券作为对价进行收购,例如,使用定向增发股票支付对价收购目标公司。此外,上市公司还可以通过发行可转换债券、认股权证等有价证券收购目标公司。

直接以自身股票作为收购对价的方式被称为换股并购,这有助于减轻上市公司现金流的压力,使其有能力进行大规模的并购。然而,换股并购不仅会稀释上市公司股权,还需要符合监管要求并进行审批。

上市公司发行股份购买资产与定向增发募集资金不同,二者发行价格、定价基准日以及定价原则不同,其实质区别在于是否采取锁价发行。[1]《上市公司重大资产重组管理办法》(以下简称《重组管理办法》)第45条规定,上市公司发行股份的价格不得低于市场参考价的80%。市场参考价为本次发行股份购买资产的董事会决议公告日前20个交易日、60个交易日或者120个交易日的公司股票交易均价之一。董事会决议应当说明市场参考价的选择依据。

上市公司可以通过发行其他有价证券进行收购。一种方式是向被收购方股东发行可转换债券,约定债券持有人在满足特定条件后可以选择将债券转换为上市公司的股票。另一种方式是向被收购方股东发行认股权证,约定权证持有人可以按照特定价格在特定时间购买一定数量的上市公司股票。这些方式可以延迟上市公司股权稀释的时间,相较于纯粹的债权融资手段,融资成本较低。但对于上市公司而言,如果上市公司届时经营情况良好,股票价格高涨,可转换债券持有人可以选择债转股,认股权证持有人可以选择行权,这可能会导致上市公司蒙受一定损失;如果上市公司届时经营情况不佳,可转换债券持有人要求还本付息,可能会给上市公司的现金流带来压力。

(三)混合对价

混合对价是指上市公司同时混合使用上述现金和股权方式收购目标公司,也是较为常见的支付方式。实践中,有的卖方更倾向于对价的确定性,希望获得流动性高的现金;有的卖方则期待高回报,希望获得具有高收益可能性的股票。上市公司可以根据自身实际情况,综合考虑融资成本、股权结构、税务筹划等多

---

[1] 参见深圳证券交易所创业企业培训中心编著:《上市公司并购重组问答》(第3版),中国财经出版传媒集团、中国财政经济出版社2019年版,第240页。

方面因素,结合上述收购方式完成收购。

一般而言,交易金额越大,上市公司就越倾向于通过发行股份或现金加股份的方式进行并购,避免占用过多资金,影响正常经营活动。[1]

(四)承担债务

在目标公司债务数额较大,甚至已经资不抵债的情况下,上市公司需要承担目标公司债务,将承债作为收购对价,收购目标公司。

二、收购协议核心条款

(一)概览

上市公司进行收购时签订的收购协议中常包括基础交易条款、陈述与保证条款、承诺条款、先决条件条款、终止条款等常见条款,此类条款的内容概要如下:

1. 基础交易条款包括收购标的、上市公司支付的对价、成交机制、收购完成后的各方的股权比例等;

2. 陈述与保证条款主要包括卖方对目标公司经营和财务状况、交易的合法性及卖方完成交易的能力等影响成交或在成交后影响目标公司的风险和责任进行的陈述与保证,以及上市公司就其完成交易的能力进行的陈述与保证;

3. 承诺条款主要包括卖方承诺在签约与交割之间的过渡期内应保持目标公司的正常运营,避免业务出现负面影响,以及各方承诺应努力完成政府审批、第三方同意等交割前提条件;

4. 先决条件条款:约定各方在哪些条件具备或被放弃的情况下完成交易;

5. 赔偿条款:约定上市公司如果在成交后发现卖方的陈述和保证存在不实,可以要求卖方对其损失予以赔偿;

6. 终止条款:各方在签约后的退出机制,即在何种情况下各方可以终止协议,不继续履行协议下的义务。

上述条款的主要内容与国内收购协议类似,可参见本书第四章的介绍,本章不再展开。

---

〔1〕 参见深圳证券交易所创业企业培训中心编著:《上市公司并购重组问答》(第3版),中国财经出版传媒集团、中国财政经济出版社2019年版,第98页。

（二）特有交易条款

考虑到上市公司的特殊性，上市公司在进行收购时，通常会在收购协议中加入部分特别约定，例如：

1. 交易标的：在收购前，需要明确约定收购标的的范围与对价。特别是在考虑是否可能构成重大资产重组时，应该重点考虑标的范围的大小。如果标的范围较大，可能会构成重大资产重组，此时可以适当缩小收购范围，比如适当降低目标公司股权收购比例或者适当降低标的资产收购范围。另外，可以通过分期交割的方式延长交易时间，并明确约定各期交割的标的以及需支付的价款。构成重大资产重组的条件请参见本节“三、信息披露”。

2. 股份发行条款：如收购涉及直接发行股份支付对价，收购协议则会约定上市公司股份定向增发的发行价格、发行数量，价格以及数量的调整机制等相关内容。

3. 股份锁定期条款：上市公司定向增发股票进行收购的，锁定期为发行结束之日起 6 个月；定向增发对象符合下列条件的，锁定期为发行结束之日起 18 个月：

①上市公司的控股股东、实际控制人或其控制的关联人；

②通过认购本次发行的股份取得上市公司实际控制权的投资者；

③董事会拟引入的境内外战略投资者。

上市公司向特定对象发行的可转债转股，锁定期为自可转债发行结束之日起 18 个月。

4. 业绩承诺及补偿措施条款：上市公司收购交易往往包含业绩承诺及补偿条款。根据《重组管理办法》第 35 条的规定，如果上市公司收购构成重大资产重组，且采取收益现值法、假设开发法等基于未来收益预期的方法对拟购买资产进行评估或者估值并作为定价参考依据的，则必须与对方签署业绩承诺与补偿措施条款。此类条款通常由目标公司的股东对目标公司未来 3 年的业绩作出承诺，并约定未达到承诺业绩情形下目标公司股东对收购方的补偿方式及补偿金额。虽然上市公司向控股股东、实际控制人或者其控制的关联方以外的特定对象购买资产，且不导致控制权变更的，已经不再强制要求进行业绩承诺，但基于保护上市公司的需要,在此类交易中业绩承诺仍普遍存在。[1]

5. 上市公司相关义务条款:上市公司通常还会对已充分履行披露义务,以及履行发行股份和购买资产的审批或变更手续进行承诺或陈述与保证。卖方通常还会对协助办理相关审批或变更手续,以及符合上市公司相关规定进行经营进行承诺或陈述与保证。

6. 先决条件条款:如果上市公司通过定向增发股份募集资金的,通常会加入"上市公司本次股份经审批/注册发行且募集资金到位"这一先决条件。如果上市公司以股份作为对价进行收购的,也通常会加入"上市公司本次股份经审批/注册发行"这一先决条件。

7. 期间损益条款:上市公司通常会在交割后对交易基准日至交割审计基准日期间的损益进行审计,约定过渡期内的盈利归上市公司所有,亏损部分由卖方以现金方式在交割后补足。在部分交易中,各方也可能约定过渡期内,损益均由上市公司承担。

8. 人员安排条款:约定交割后目标公司董事会的委派安排;确认目标公司作为独立法人的法律主体资格未曾发生变化,仍然履行与其员工的劳动合同;确认除上市公司委派或任命的相关人员外,标的公司不因本次交易而发生额外的人员安排问题。有时还会约定目标公司监事会的委派安排。

9. 滚存利润安排条款:各方会对目标公司的滚存未分配利润(以下简称滚存利润)进行安排。根据具体商业安排,各方可能会约定,各方可以选择将滚存利润评估后计入对价,或者在交易之前就滚存利润优先进行分配。

10. 保密与信息披露条款:在产生披露义务之前,各方不得披露交易的存在,不得披露与交易相关的任何信息。在产生披露义务后,各方应当按照中国证监会、证券交易所的有关规定,履行与交易相关的各项信息披露义务,并约定目标公司应当按上市公司要求披露所需的全部文件。

实务中,根据交易进展与实际情况的变化,上述条款也可能以补充协议的方式签署。

---

〔1〕 参见深圳证券交易所创业企业培训中心编著:《上市公司并购重组问答》(第3版),中国财经出版传媒集团、中国财政经济出版社2019年版,第87页。

三、信息披露

(一)未构成重大资产重组

上市公司进行重大对外投资、并购时有信息披露要求。根据现行证券法规以及最新的各证券交易所股票上市规则的规定,上市公司进行重大投资行为,在1年内购买、出售重大资产超过一定标准,或进行重大资产重组的(以下简称重大事件),上市公司应当立即将有关上述重大事件的情况向证监会和证券交易所报送临时报告,并予公告,说明事件的起因、目前的状态和可能产生的法律后果。

同时,如果上市公司通过控股子公司进行收购,且可能对上市公司证券及其衍生品种交易价格产生较大影响的,上市公司也应当履行其信息披露义务。

上市公司应当在以下时间点及时进行信息披露:

1. 董事会或者监事会就该重大事件形成决议时;

2. 有关各方就该重大事件签署意向书或者协议时;

3. 董事、监事或者高级管理人员知悉该重大事件发生时。

具体披露文件的模板可以参考各证券交易所公开发布的公告格式。以《上海证券交易所上市公司自律监管指南第1号——公告格式》中的《第一号上市公司购买、出售资产公告》为例,上市公司需要披露的事项如下。

1. 交易概述

(1)简要介绍资产交易的基本情况;

(2)本次资产交易的目的和原因;

(3)简要说明董事会审议购买资产议案的表决情况及独立董事的意见;

(4)交易生效尚需履行的审批及其他程序(如是否需经过股东大会或有关部门批准、是否需征得债权人同意、是否需征得其他第三方同意等)以及公司履行程序的情况。

2. 卖方的基本情况

(1)卖方的姓名或名称、企业性质、注册地、主要办公地点、法定代表人、注册资本、营业执照注册号、主营业务、主要股东,相关交易需获股东大会批准的还应披露其实际控制人;

(2)卖方与上市公司之间存在产权、业务、资产、债权债务、人员等方面的其他关系的说明;

(3)卖方的资信状况,若被列为失信被执行人,披露其失信情况及对本次交易的影响。

3. 交易标的基本情况

(1)标的资产概况

①交易标的的名称和类型;

②交易标的的权属情况;

③相关资产的运营情况;

④收购标的如为公司股权,披露内容还应包括该公司主要股东及各自持股比例、主营业务、注册资本、设立时间、注册地等基本情况,有优先受让权的其他股东是否放弃优先受让权,以及交易标的对应的实体是否为失信被执行人及相关情况。

(2)交易标的的主要财务信息

①标的如为非股权资产,披露最近一年又一期财务报表的账面价值,并注明是否经过审计;

②若购买的资产为商标等无形资产的,还需要披露无形资产的预计使用寿命、是否需要摊销和摊销对上市公司未来经营产生的影响,以及卖方是否还使用此无形资产;

③标的如为公司股权或其他组织中的权益份额,需披露目标公司最近一年又一期的主要财务指标并注明是否经过审计。

(3)如上市公司出售资产交易中涉及债权债务转移,应详细介绍该项债权债务发生时的决策程序及该项债权债务的基本情况。

4. 交易标的评估、定价情况

(1)定价情况及依据包括定价方法和结果,协商定价的原则、方法和依据,评估相关信息;

(2)定价合理性分析,包括成交价格与交易标的账面值、评估值(如有)、公开市场价格(如有)之间的差异情况、潜在风险及公平合理性分析,以及对商誉减值风险进行充分的提示。

5. 交易协议的主要内容

(1)合同主体、交易价格、支付方式(现金、股权、承债、资产置换等)、支付期限(全额一次付清、分期付款)、交付或过户时间安排、过渡期安排、合同的生效条件、生效时间、业绩对赌条款或超额业绩奖励、违约责任等;

(2)该协议附带有任何形式的附加或保留条款(如约定将来某种情况发生时资产需恢复原状等)的,需特别说明;

(3)交易涉及对方或其他方向上市公司支付款项的,董事会需要对付款方的支付能力及该等款项收回的或有风险作出判断和说明。

6. 收购资产的目的和对上市公司的影响

7. 中介机构意见结论(如适用)

上市公司完成披露后,如重大事件出现可能对上市公司证券及其衍生品种交易价格产生较大影响的进展或者变化的,上市公司应当及时披露进展或者变化情况、可能产生的影响。一般而言,重大交易签约、交割、协议变更等情形均属于上述行为,需要上市公司进行补充披露。

(二)构成重大资产重组

如果上市公司及其控股或者控制的公司在日常经营活动之外购买、出售资产或者通过其他方式进行资产交易达到规定的标准,导致上市公司的主营业务、资产、收入发生重大变化达到以下标准之一的,构成重大资产重组:

1. 购买、出售的资产总额占上市公司最近一个会计年度经审计的合并财务会计报告期末资产总额的比例达到50%以上;

2. 购买、出售的资产在最近一个会计年度所产生的营业收入占上市公司同期经审计的合并财务会计报告营业收入的比例达到50%以上,且超过5000万元人民币;

3. 购买、出售的资产净额占上市公司最近一个会计年度经审计的合并财务会计报告期末净资产额的比例达到50%以上,且超过5000万元人民币。

然而,上述定义中的“在日常经营活动之外”“资产交易”“主业发生变化”等用语的含义在实务中有时仍不明确,需要按照具体情况进行分析。

在进行资产、收入以及净资产的计算时,需要注意《重组管理办法》第14条中规定的计算原则,包括根据股权资产或非股权资产采取不同的计算方式指标应当按照12个月累计计算,如果涉及资产置换应当分别计算等。

如果按照上述标准,确实构成重大资产重组的,上市公司应当就相关交易符合下列要求作出充分说明,并予以披露:

1. 符合国家产业政策和有关环境保护、土地管理、反垄断、外商投资、对外投资等法律和行政法规的规定;

2. 不会导致上市公司不符合股票上市条件;

3. 重大资产重组所涉及的资产定价公允,不存在损害上市公司和股东合法权益的情形;

4. 重大资产重组所涉及的资产权属清晰,资产过户或者转移不存在法律障碍,相关债权债务处理合法;

5. 有利于上市公司增强持续经营能力,不存在可能导致上市公司重组后主要资产为现金或者无具体经营业务的情形;

6. 有利于上市公司在业务、资产、财务、人员、机构等方面与实际控制人及其关联人保持独立,符合中国证监会关于上市公司独立性的相关规定;

7. 有利于上市公司形成或者保持健全有效的法人治理结构。

第二节　上市公司作为收购标的

以上市公司为收购标的的收购属于狭义上的上市公司收购。其是收购方通过购买上市公司公开发行的股份或其他方式取得或巩固上市公司控制权的收购交易。下文将此类交易简称为收购上市公司交易。

中国规范收购上市公司交易的法律主要包括《证券法》、《上市公司收购管理办法》(以下简称《收购管理办法》)等法律法规以及证券交易所的规范性法律文件。同时,收购上市公司交易还可能涉及合同法、反垄断法、外商投资、国有资产监管、国家安全等相关法律法规。

收购上市公司交易的重点在于控制权。控制权是指对公司全部经营活动构成影响的权力。[1] 根据《收购管理办法》第84条的规定,存在以下情形的,拥有

---

〔1〕 吴新春:《上市公司控制权之争研究》(上海证券交易所上证研报〔2017〕013号)。

上市公司的控制权：

1. 投资者为上市公司持股 50% 以上的控股股东；

2. 投资者可以实际支配上市公司股份表决权超过 30%；

3. 投资者通过实际支配上市公司股份表决权能够决定公司董事会半数以上成员选任；

4. 投资者依其可实际支配的上市公司股份表决权足以对公司股东大会的决议产生重大影响；

5. 中国证监会认定的其他情形。

根据相关规定，收购方持有上市公司表决权超过 30% 且继续收购的，可能会产生要约收购义务，应当向上市公司全部股东发出购买该上市公司股份的全面要约。为避免产生要约收购义务，在实务中，收购上市公司股权比例一般不超过 30%。要约收购的相关介绍，请参见本节“一、收购上市公司的方式”。

因此，大多数情况下，收购方通过第 3 种与第 4 种方式实现控制权，许多上市公司的大股东虽然持股比例小于 30%，但是仍然被认定为上市公司实际控制人。

一、收购上市公司的方式

收购上市公司存在多种方式，包括要约收购、二级市场增持、协议收购、认购定增、间接收购、表决权委托等方式。本节将在中国法的基础上简述这些收购方式。

1. 要约收购，一般是指收购方在取得上市公司一定比例股份后，向上市公司的全部或部分股东发出购买该上市公司股份的要约，继续收购该上市公司的股份，以取得控制权的行为。根据《证券法》第 65 条和第 73 条的规定，收购方持有或者通过协议、其他安排与他人共同持有一个上市公司已发行的有表决权股份达到 30% 时，继续进行收购的，应当依法向该上市公司所有股东发出收购上市公司全部或者部分股份的要约。

《收购管理办法》对要约收购进行了专章规定。根据《收购管理办法》第 23 条的规定，依据要约收购的股份比例的不同，要约收购分为全面要约与部分要约。全面要约，是指收购方向被收购公司所有股东发出要约收购其所持有的全部股份；部分要约，是指收购方向被收购公司所有股东发出要约收购其所持有的部分股份。根据《收购管理办法》第23条与第24条的规定,依据选择要约方式是否自愿,要约收购分为自愿要约与强制要约。自愿要约,是指收购方非因法定原因自行选择进行要约收购;强制要约,是指当符合《证券法》第65条规定的条件时,收购方必须依法发出收购要约。

要约收购可以用于进行恶意收购。恶意收购以及反恶意收购的相关实务问题,详见本节"三、实务问题"的相关分析。

如果收购方符合《收购管理办法》第6章规定的特殊情形[1],可以免于发出要约。

通常收购上市公司的目的是获得控制权,要约收购虽然可以达到目的,但资金成本高、程序复杂,并不是优选的方式。

2. 二级市场增持,是指由于上市公司股份具有公开流通的特点,通过证券交易系统公开购买上市公司股票的行为。然而,由于《证券法》及相关法律法规对

---

〔1〕 特殊情形包括:

1. 收购人与出让人能够证明本次股份转让是在同一实际控制人控制的不同主体之间进行,未导致上市公司的实际控制人发生变化;

2. 上市公司面临严重财务困难,收购人提出的挽救公司的重组方案取得该公司股东大会批准,且收购人承诺3年内不转让其在该公司中所拥有的权益;

3. 经政府或者国有资产管理部门批准进行国有资产无偿划转、变更、合并,导致投资者在一个上市公司中拥有权益的股份占该公司已发行股份的比例超过30%;

4. 因上市公司按照股东大会批准的确定价格向特定股东回购股份而减少股本,导致投资者在该公司中拥有权益的股份超过该公司已发行股份的30%;

5. 经上市公司股东大会非关联股东批准,投资者取得上市公司向其发行的新股,导致其在该公司拥有权益的股份超过该公司已发行股份的30%,投资者承诺3年内不转让本次向其发行的新股,且公司股东大会同意投资者免于发出要约;

6. 在一个上市公司中拥有权益的股份达到或者超过该公司已发行股份的30%的,自上述事实发生之日起一年后,每12个月内增持不超过该公司已发行的2%的股份;

7. 在一个上市公司中拥有权益的股份达到或者超过该公司已发行股份的50%的,继续增加其在该公司拥有的权益不影响该公司的上市地位;

8. 证券公司、银行等金融机构在其经营范围内依法从事承销、贷款等业务导致其持有一个上市公司已发行股份超过30%,没有实际控制该公司的行为或者意图,并且提出在合理期限内向非关联方转让相关股份的解决方案;

9. 因继承导致在一个上市公司中拥有权益的股份超过该公司已发行股份的30%;

10. 因履行约定购回式证券交易协议购回上市公司股份导致投资者在一个上市公司中拥有权益的股份超过该公司已发行股份的30%,并且能够证明标的股份的表决权在协议期间未发生转移;

11. 因所持优先股表决权依法恢复导致投资者在一个上市公司中拥有权益的股份超过该公司已发行股份的30%;

12. 中国证监会为适应证券市场发展变化和保护投资者合法权益的需要而认定的其他情形。

二级市场增持设置了诸多限制，且部分上市公司流通股数量较少，收购方一般难以单独通过二级市场增持一种手段快速完成对上市公司的收购。因此，二级市场增持一般被作为收购上市公司交易的辅助手段，或作为收购后巩固控制权的手段。收购方在进行二级市场增持时，应当注意相关披露要求，避免受到处罚且应当注意自身情形是否符合《收购管理办法》第 6 章规定的特殊情形，避免产生要约收购义务。

有时，收购方也会将二级市场增持与要约收购共同使用进行恶意收购。恶意收购以及反恶意收购的相关实务问题，详见本节“三、实务问题”的相关分析。

3. 协议收购，一般是指收购方同被收购公司的股东以协议方式进行股份转让，从而取得上市公司控制权的行为，是收购上市公司的主要方式。根据《证券法》第 71 条的规定，收购方可以依照法律、行政法规的规定同被收购公司的股东以协议方式进行股份转让。达成协议后，收购方必须在 3 日内将该收购协议向证监会及证券交易所作出书面报告，并予公告。相较于要约收购和二级市场增持而言，协议收购自主性更强，在交易价格、收购比例、交割条件等诸多方面也更加灵活。然而，相较于要约收购和二级市场增持，协议收购需要进行长时间谈判，并且需要取得被收购公司董事会的批准，相对而言流程较长，费时费力。此外，如果上市公司股权分散，协议收购会更加困难。

协议收购在很长一段时间内一直被作为收购上市公司的主要方式。[1] 协议收购的实务问题将在本节“三、实务问题”详述。

4. 认购定增，一般是指收购方与上市公司及相关股东达成协议，由上市公司向收购方定向增发股份，从而使收购方取得上市公司控制权的行为。定向增发股份应当符合《公司法》、《证券法》、《上市公司证券发行注册管理办法》（以下简称《注册管理办法》）等法律法规的规定。认购定增类似于协议收购，具有自主性强、灵活性强的特点。但在协议收购中，协议收购的收购款由收购方支付给被收购股东，上市公司无法得益，而认购定增的投资款将由增资方支付给上市公司，在取得上市公司控制权的同时，更加有助于上市公司的进一步发展。

5. 间接收购，一般是指收购方通过收购上市公司的股东或间接股东的方式，

---

〔1〕 参见欧阳军、虞正春：《读懂交易所——上市公司控制权收购监管意见解析》，北京大学出版社 2019 年版，第 10 页。

间接取得上市公司控制权。相较于协议收购,间接收购不涉及上市公司本身的股权变动,收购方式相对而言更加灵活。然而,并非所有上市公司都适合进行间接收购。如果上市公司的大股东为自然人,则从根本上无法进行间接收购;如果上市股东的大股东除持有上市公司股票外,还经营其他业务,进行间接收购可能需要为其他业务支付额外成本,或需要费时费力进行业务与资产剥离。此外,间接收购同样可能产生强制要约义务,应当予以注意。

6. 表决权委托,一般是指收购方与上市公司大股东达成协议,大股东将其持有的股份的表决权不可撤销地委托给收购方行使,从而使收购方在表决权层面取得上市公司控制权。此类方式一般用于收购上市公司交割前,收购方先行取得上市公司控制权的情形,或者与其他收购方式共同使用以便于收购方取得上市公司控制权,一般不单独用来取得上市公司控制权。

表 5-1 是近期国内硬科技行业收购上市公司部分重大案例的简介。

表 5-1　硬科技行业收购上市公司重大案例简介

编号	收购方	被收购方	案例简介	收购方式
1	长飞光纤(601869. SH 06869. HK)	博创科技(300548. SZ)	2022 年 7 月,长飞光纤通过协议转让,以 9. 49 亿元人民币取得了博创科技 11.56% 的股份;通过集中竞价,以 0. 52 亿元人民币取得了博创科技 1.20% 的股份;通过表决权委托的方式取得博创科技 12.67% 的表决权。长飞光纤共计取得博创科技 25.43% 的表决权,成为博创科技控股股东暨实际控制人	协议转让 + 表决权委托 + 集中竞价
2	华润三九(000999. SZ)	昆药集团(600422. SH)	2022 年 5 月,华润三九与昆药集团股东达成协议,华润三九计划以 29.02 亿元人民币购买昆药集团 28% 的股权,并成为昆药集团的控股股东。2022 年 12 月 30 日,华润三九发布公告,宣布完成交割	协议转让

续表

编号	收购方	被收购方	案例简介	收购方式
3	通策医疗（600763. SH）	和仁科技（300550. SZ）	2022 年 5 月，通策医疗与和仁科技股东达成协议，通策医疗计划以 7.69 亿元人民币购买和仁科技 29.75% 的股份，成为和仁科技的控股股东。上述协议于 2023 年 2 月 14 日终止。2023 年 2 月 26 日，通策医疗再次发布公告，计划以 5.01 亿元人民币购买和仁科技 19% 的股份。通策医疗表示，上述交易完成后，将考虑成为和仁科技第一大股东。目前该交易尚未交割	协议转让
4	中联重科（000157. SZ 01157. HK）	路畅科技（002813. SZ）	2022 年 2 月，中联重科通过协议转让，以 7.80 亿元人民币取得了路畅科技 29.99% 的股份，同时路畅科技大股东承诺放弃全部剩余 35.83% 股权的表决权；2022 年 3 月，中联重科发出部分要约，以 6.20 亿元人民币收购路畅科技 23.83% 的股份，以巩固对路畅科技的控制权。中联重科共计取得路畅科技 53.82% 的股份，成为路畅科技控股股东	协议转让 + 表决权放弃 + 要约收购
5	深圳市赛格集团有限公司	英唐智控（300131. SZ）	2020 年 4 月，深圳市赛格集团有限公司通过协议转让，以 3.3 亿元人民币取得了英唐智控 5.23% 的股权，并通过表决权委托的方式取得英唐智控 20.85% 的表决权，共计取得英唐智控 26.08% 的表决权，成为英唐智控控股股东	协议转让 + 表决权委托
6	杭州浙民投天弘投资合伙企业（有限合伙）（以下简称浙民投）	派林生物（000403. SZ）	2018 年 5 月，浙民投通过集中竞价交易以及要约收购的方式，取得了派林生物 29.99% 的股份，成为派林生物控股股东。这一交易收购总价超过 27 亿元人民币，是国内少见的通过要约收购方式取得上市公司控制权的案例	集中竞价 + 要约收购

实务中，主流的收购上市公司的方式是协议收购，或协议收购 + 表决权委托。为避免产生要约收购义务，非关联方收购上市公司的交易中一般会把收购

比例控制在30%以下。

二、转让限制和披露义务

与收购非上市公司相比,收购上市公司的关键在于监管和信息披露要求。收购上市公司相关法律法规主要包括《证券法》、《收购管理办法》、《上市公司信息披露管理办法》(以下简称《披露管理办法》),信息披露内容与格式准则等部门规章和规范性文件,以及上海证券交易所和深圳证券交易所的监管规则、监管指引及监管指南等相关规定。本部分将对收购上市公司过程中的转让限制与披露义务进行分析。

(一)转让限制

根据《收购管理办法》第74条的相关规定,在收购上市公司的交易中,收购方持有的被收购上市公司的股份,在收购完成后18个月内不得转让。

收购方在被收购上市公司中拥有权益的股份,在同一实际控制人控制的不同主体之间进行转让的,不受前述18个月的限制,但应当遵守《收购管理办法》第6章要约收购的规定。

关于借壳上市交易的特殊转让限制规则,详见本节“三、实务问题”中“借壳上市”部分。

(二)披露义务

收购上市公司过程中,随着收购方持股比例的变动,上市公司以及收购方需要进行大量的披露工作以保护上市公司以及中小投资者的利益。本部分将在主要讨论收购上市公司披露流程的基础上,对披露文件、权益计算、披露义务发生日期等常见问题进行分析。

1. 披露流程

收购上市公司过程中的披露流程如下:

(1)有表决权股份增持5%及此后每增加或减少5%

根据《收购管理办法》第13条至第15条的规定,通过证券交易所的证券交易、协议转让或其他方式,收购方及其一致行动人拥有权益的股份达到或拟达到一个上市公司已发行股份的5%,以及此后其拥有权益的股份每增加或者减少5%的,应当在该事实发生之日起3日内编制权益变动报告书,向中国证监会、证券交易所提交书面报告,通知该上市公司,并予公告。

在上述情况下,根据《收购管理办法》第 16 条的规定,如收购方及其一致行动人不是上市公司的第一大股东或者实际控制人,其拥有权益的股份达到或者超过该公司已发行股份的 5%,但未达到 20% 的,应当编制简式权益变动报告书。

根据《收购管理办法》第 16 条及第 17 条的规定,满足以下条件的,应当编制详式权益变动报告书:

①收购方及其一致行动人为上市公司第一大股东或者实际控制人,其拥有权益的股份达到或者超过该公司已发行股份的 5%,但未达到 20% 的。

②收购方及其一致行动人虽然不是上市公司第一大股东或者实际控制人,但拥有权益的股份达到或者超过该公司已发行股份的 20%,但未达到 30% 的。

如果符合上述情形的,应当注意相应情形中的股票限制交易的规定。

①根据《收购管理办法》第 13 条的规定,通过证券交易所的证券交易取得股份的,在该事实发生之日起 3 日内,收购方及其一致行动人不得再行买卖该上市公司的股票。违反前述规定买入上市公司有表决权的股份的,在买入后的 36 个月内,对该超过规定比例部分的股份不得行使表决权。

②根据《收购管理办法》第 14 条及第 15 条的规定,通过协议转让或其他方式取得股份的,收购方及其一致行动人在作出报告、公告前,不得再行买卖该上市公司的股票。

《收购管理办法》并未明确通过协议转让或其他方式取得股份,在公告前违规买卖上市公司股票的后果。

(2)有表决权股份减少至 5% 以下

《收购管理办法》第 13 条至第 15 条中提到的"达到",不仅包含增持的情形,也包含减持的情形。根据中国证监会发布的《监管规则适用指引——上市类第 1 号》1－15 中的相关解释,如通过证券交易所的证券交易,收购方及其一致行动人拥有权益的股份降至 5% 以下时,也应当披露权益变动报告书,并履行相关股票限制交易的义务。虽然上述解释仅针对场内交易情形,但考虑相关条文用语的一致性,通过场外交易导致股份降至 5% 以下时,一般也认为应当披露权益变动报告书,并履行相关股票限制交易的义务。

(3)有表决权股份达到5%后,每增加或者减少1%

根据《收购管理办法》第13条第3款的规定,通过证券交易所的证券交易,收购方及其一致行动人拥有权益的股份达到一个上市公司已发行股份的5%后,其拥有权益的股份占该上市公司已发行股份的比例每增加或者减少1%,应当在该事实发生的次日通知该上市公司,并予公告。在该情形下,股票交易不受限制。

需要注意的是,《收购管理办法》第14条及第15条有关协议收购及其他收购方式的规定中并不存在上述规定。这一区别存在多个角度的解读。一方面,根据《上海证券交易所上市公司股份协议转让业务办理指引》第5条以及《深圳证券交易所上市公司股份协议转让业务办理指引》第6条的规定,协议转让符合以下条件之一的,可以向证券交易所提交转让办理材料:

①转让股份数量不得低于上市公司总股本5%;

②转让双方存在实际控制关系,或均受同一控制人所控制的协议转让;

③外国投资者战略投资上市公司涉及的协议转让;

④法律法规、中国证监会及交易所业务规则认定的其他情形。

一般情况下,协议转让的股份数量本身不会低于5%,也就不涉及《收购管理办法》第13条的披露要求。然而,根据上述规定,仍然存在协议转让股份比例低于5%的可能性,且仍然存在通过其他收购方式导致有表决权股份变动达到1%但不足5%的情形。对于此类情况是否需要参照《收购管理办法》第13条的规定进行披露,目前仍无定论。

(4)通过协议方式收购一个上市公司的股份超过30%

根据《收购管理办法》第47条及第48条的规定,收购方拟通过协议方式收购一个上市公司的股份超过30%的,超过30%的部分,应当改以要约方式进行。

如果协议收购符合《收购管理办法》第6章规定情形的,收购方可以免于发出要约。可以免于发出要约的,应当在与该上市公司股东达成收购协议之日起3日内编制上市公司收购报告书,通知被收购公司,并公告上市公司收购报告书摘要。收购方应当在收购报告书摘要公告后5日内,公告其收购报告书、财务顾问专业意见和律师出具的法律意见书。

如果协议收购不符合《收购管理办法》第6章规定的情形，则根据《收购管理办法》第30条的规定，应当在达成收购协议后的3日内对要约收购报告书摘要作出提示性公告，同时免于编制、公告上市公司收购报告书。

(5)通过认购新股使有表决权股份超过30%

根据《收购管理办法》第63条第1款第3项的规定，经上市公司股东大会非关联股东批准，收购方取得上市公司向其发行的新股，导致其在该公司拥有权益的股份超过该公司已发行股份的30%，收购方承诺3年内不转让本次向其发行的新股，且公司股东大会同意收购方免于发出要约的，收购方应当在该事实发生之日起3日内做出公告，律师应就收购方权益变动行为发表符合规定的专项核查意见并由上市公司予以披露。

(6)有表决权股份达到或超过30%，每12个月内增持不超过2%

根据《收购管理办法》第63条第1款第4项的规定，在一个上市公司中拥有权益的股份达到或者超过该公司已发行股份的30%，自上述事实发生之日起一年后，每12个月内增持不超过该公司已发行的2%的股份的，收购方应当在该事实发生之日起3日内做出公告，律师应就收购方权益变动行为发表符合规定的专项核查意见并由上市公司予以披露。此外，增持股份受到股份锁定期限制，股份锁定期为增持行为完成之日起6个月。

(7)有表决权股份达到或超过50%，继续增持

根据《收购管理办法》第63条第1款第5项的规定，在一个上市公司中拥有权益的股份达到或者超过该公司已发行股份的50%，且继续增加其在该公司拥有的权益不影响该公司的上市地位的，收购方应当在该事实发生之日起3日内做出公告，律师应就收购方权益变动行为发表符合规定的专项核查意见并由上市公司予以披露。

收购上市公司披露流程见图5-1[1]。

---

〔1〕 注：图中的“开始”指开始受《收购管理办法》规定的拘束而产生披露义务，图中的“结束”指不再受《收购管理办法》规定的拘束。

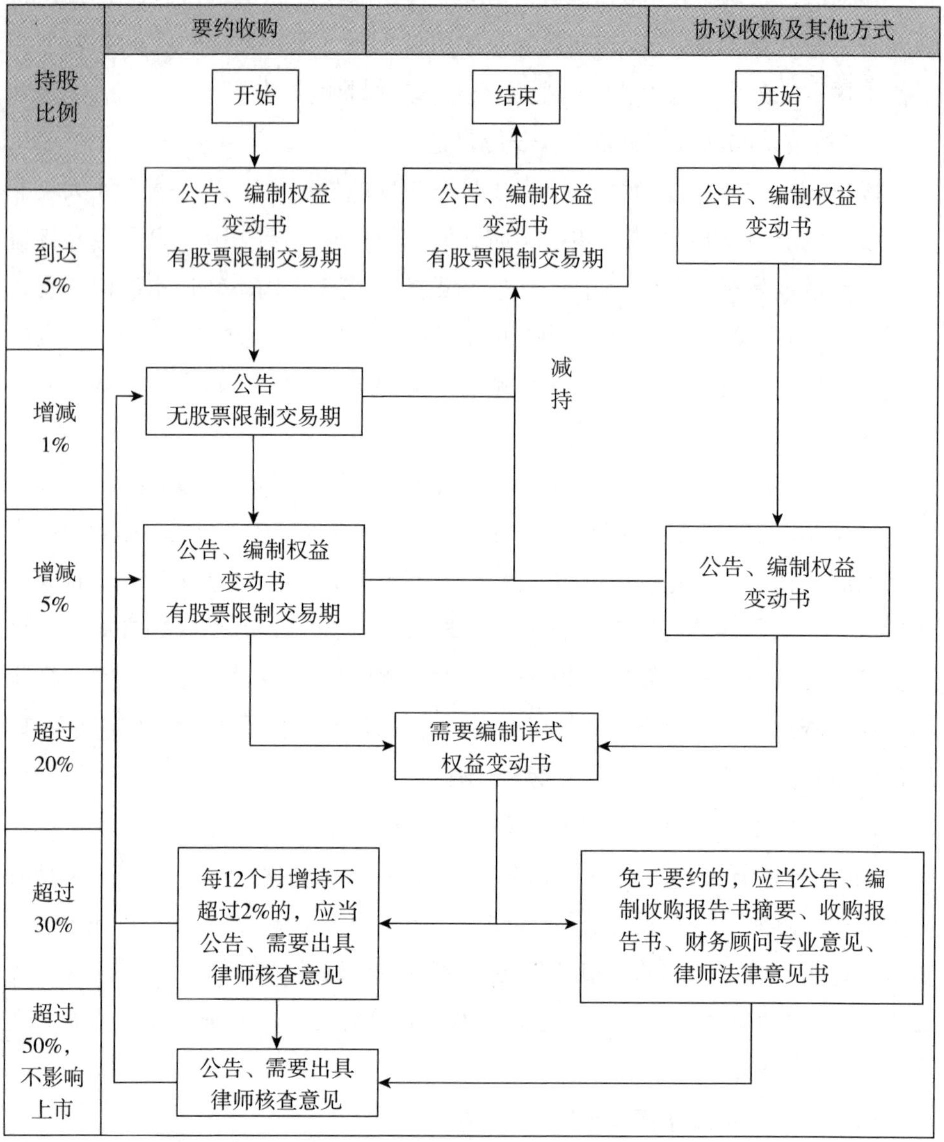

图5－1　收购上市公司披露流程

2. 披露文件

上述分析提及了部分披露过程中涉及的文件，包括简式权益变动报告书、详式权益变动报告书、要约收购报告书以及上市公司收购报告书。上述文件分别应当包括以下内容：

(1)简式权益变动报告书

根据《收购管理办法》第 16 条的规定,简式权益变动报告书应当披露以下内容:

①收购方及其一致行动人的姓名、住所;收购方及其一致行动人为法人的,其名称、注册地及法定代表人;

②持股目的,是否有意在未来 12 个月内继续增加其在上市公司中拥有的权益;

③上市公司的名称、股票的种类、数量、比例;

④在上市公司中拥有权益的股份达到或者超过上市公司已发行股份的 5% 或者拥有权益的股份增减变化达到 5% 的时间及方式、增持股份的资金来源;

⑤在上市公司中拥有权益的股份变动的时间及方式;

⑥权益变动事实发生之日前 6 个月内通过证券交易所的证券交易买卖该公司股票的简要情况;

⑦中国证监会、证券交易所要求披露的其他内容。

(2)详式权益变动报告书

根据《收购管理办法》第 17 条的规定,详式权益变动报告书除应披露简式权益变动报告书披露的内容外,还应当披露以下内容:

①收购方及其一致行动人的控股股东、实际控制人及其股权控制关系结构图;

②取得相关股份的价格、所需资金额,或者其他支付安排;

③收购方、一致行动人及其控股股东、实际控制人所从事的业务与上市公司的业务是否存在同业竞争或者潜在的同业竞争,是否存在持续关联交易;存在同业竞争或者持续关联交易的,是否已作出相应的安排,确保收购方、一致行动人及其关联方与上市公司之间避免同业竞争以及保持上市公司的独立性;

④未来 12 个月内对上市公司资产、业务、人员、组织结构、公司章程等进行调整的后续计划;

⑤前 24 个月内收购方及其一致行动人与上市公司之间的重大交易;

⑥不存在《收购管理办法》第 6 条规定的不得进行上市公司股权收购的情形;

⑦能够按照《收购管理办法》第 50 条的规定提供相关备查文件。

收购方及其一致行动人为上市公司第一大股东或者实际控制人的,还应当聘请财务顾问对上述权益变动报告书所披露的内容出具核查意见,但国有股行政划转或者变更、股份转让在同一实际控制人控制的不同主体之间进行、因继承取得股份的除外。收购方及其一致行动人承诺至少 3 年放弃行使相关股份表决权的,可免于聘请财务顾问和提供《收购管理办法》第 50 条规定的文件。

(3)要约收购报告书

根据《收购管理办法》第 29 条的规定,要约收购报告书应当披露以下内容:

①收购方的姓名、住所;收购方为法人的,其名称、注册地及法定代表人,与其控股股东、实际控制人之间的股权控制关系结构图。

②收购方关于收购的决定及收购目的,是否拟在未来 12 个月内继续增持。

③上市公司的名称、收购股份的种类。

④预定收购股份的数量和比例。

⑤收购价格。

⑥收购所需资金额、资金来源及资金保证,或者其他支付安排。

⑦收购要约约定的条件。

⑧收购期限。

⑨公告收购报告书时持有被收购公司的股份数量、比例。

⑩本次收购对上市公司的影响分析,包括收购方及其关联方所从事的业务与上市公司的业务是否存在同业竞争或者潜在的同业竞争,是否存在持续关联交易;存在同业竞争或者持续关联交易的,收购方是否已作出相应的安排,确保收购方及其关联方与上市公司之间避免同业竞争以及保持上市公司的独立性。

⑪未来 12 个月内对上市公司资产、业务、人员、组织结构、公司章程等进行调整的后续计划。

⑫前 24 个月内收购方及其关联方与上市公司之间的重大交易。

⑬前 6 个月内通过证券交易所的证券交易买卖被收购公司股票的情况。

⑭中国证监会要求披露的其他内容。

收购方发出全面要约的,应当在要约收购报告书中充分披露终止上市的风险、终止上市后收购行为完成的时间及仍持有上市公司股份的剩余股东出售其股票的其他后续安排；收购方发出以终止公司上市地位为目的的全面要约，无须披露第⑩项中的内容。

(4)上市公司收购报告书

根据《收购管理办法》第 49 条的规定，上市公司收购报告书应当披露要约收购报告书应当披露的第①项至第⑥项内容和第⑨项至第⑭项内容以及收购协议的生效条件和付款安排。

此外，中国证监会发布的相关信息披露内容与格式准则中也详细规定了权益变动报告书、上市公司收购报告书、要约收购报告书的编制原则、内容和格式的具体要求以及需要向证券交易所及上市公司报送的备查文件目录。

3. 权益计算

在披露流程中，权益计算是一个核心问题。权益是指收购方在上市公司中拥有的有表决权股份占全部有表决权股份的比例，其决定了收购方履行信息披露义务的时点、需要披露的信息范围、应当报送的文件类型以及限制交易的期间等事项。计算收购方拥有的权益比例时，应当注意一致行动人合并计算以及可转换为股权的证券对应的股权数量合并计算两个重点。

根据《收购管理办法》第 12 条的规定，在收购上市公司信息披露过程中，收购方及其一致行动人在一个上市公司中拥有的权益应当合并计算。根据《收购管理办法》第 83 条的规定，一致行动人是指通过协议或其他安排，与收购方共同扩大其所能够支配的一个上市公司股份表决权数量的其他收购方。如无相反证据，存在以下情形的收购方为一致行动人：

(1)收购方之间有股权控制关系；

(2)收购方受同一主体控制；

(3)收购方的董事、监事或者高级管理人员中的主要成员，同时在另一个收购方担任董事、监事或者高级管理人员；

(4)收购方参股另一收购方，可以对参股公司的重大决策产生重大影响；

(5)银行以外的其他法人、其他组织和自然人为收购方取得相关股份提供融资安排；

(6)收购方之间存在合伙、合作、联营等其他经济利益关系；

(7)持有收购方 30% 以上股份的自然人，与收购方持有同一上市公司股份；

(8)在收购方任职的董事、监事及高级管理人员,与收购方持有同一上市公司股份;

(9)持有收购方30%以上股份的自然人和在收购方任职的董事、监事及高级管理人员,其父母、配偶、子女及其配偶、配偶的父母、兄弟姐妹及其配偶、配偶的兄弟姐妹及其配偶等亲属,与收购方持有同一上市公司股份;

(10)在上市公司任职的董事、监事、高级管理人员及其前项所述亲属同时持有本公司股份的,或者与其自己或者其前项所述亲属直接或者间接控制的企业同时持有本公司股份;

(11)上市公司董事、监事、高级管理人员和员工与其所控制或者委托的法人或者其他组织持有本公司股份;

(12)收购方之间具有其他关联关系。

根据《收购管理办法》第85条的规定,在信息披露过程中计算拥有权益比例时,应当将收购方所持有的上市公司已发行的可转换为公司股票的证券中有权转换部分与其所持有的同一上市公司的股份合并计算。

4. 披露义务发生日期

上文对披露流程的讨论常提及上市公司应当在"事实发生之日"后一段时间内进行披露。根据《监管规则适用指引——上市类第1号》1-15的规定,"事实发生之日"可做如下理解:

(1)协议收购的,为达成收购协议之日,其中共同出资设立新公司的,为达成出资协议之日;

(2)以协议等方式一致行动的,为达成一致行动协议或者其他安排之日;

(3)行政划转的,为获得上市公司所在地国资部门批准之日;

(4)司法裁决的,为收到法院就公开拍卖结果裁定之日;

(5)继承、赠与的,为法律事实发生之日;

(6)认购上市公司发行新股的,为上市公司董事会作出向收购方发行新股的具体发行方案的决议之日。

三、实务问题

收购上市公司交易流程见图5-2。

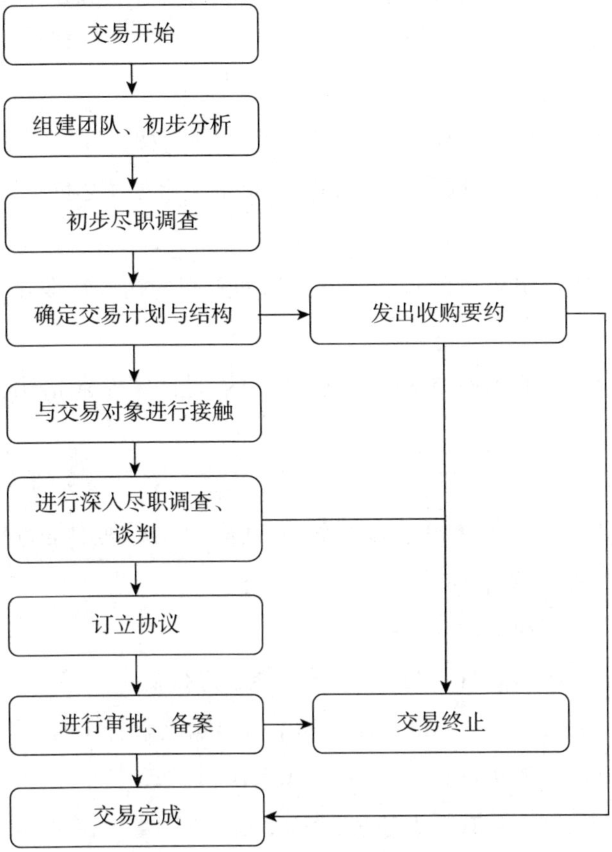

图 5－2　收购上市公司交易流程

对上述步骤介绍如下：

(一)组建收购团队

一般来说，收购上市公司的核心团队包含以下成员：

1. 收购方的内部业务、法律、财务和会计人员，负责处理与收购相关的日常事务；

2. 收购方聘请的律师事务所，如果交易涉及多个法域，收购方有时会聘请多家律师事务所，有时也会就不同的法律专业问题聘请不同的律师事务所；

3. 收购方聘请的投资顾问；

4. 收购方聘请的财务顾问与税务顾问。

一般来说，收购上市公司过程中，收购方应当根据交易情况尽早组建团队，并尽早开始对相关法律、财务、税务问题的分析，以避免交易后期措手不及。

（二）尽职调查

1.初步尽职调查

上市公司会通过证券交易所披露大量信息，使收购方团队可以通过公开渠道获取大量尽职调查所需的信息。因此，在接触上市公司之前，收购方团队可以进行初步尽职调查。

一般而言，法律团队在收购上市公司初期进行的初步尽职调查中应当审阅以下材料：

（1）上市公司及其股东的基础信息，可以通过国家企业信用信息公示系统进行查询；

（2）上市公司的所有公告，可以通过其上市的证券交易所的系统进行查询；

（3）上市公司的章程及相关修正案，尤其应当注意其中是否包括反恶意收购措施（详见下文“恶意收购”部分）；

（4）与上市公司相关的新闻；

（5）上市公司的所处行业与经营范围，便于进行初步反垄断分析。

除此之外，收购方自身不得存在下列不得收购上市公司的情形：

（1）收购方负有数额较大债务，到期未清偿，且处于持续状态；

（2）收购方最近 3 年有重大违法行为或者涉嫌有重大违法行为；

（3）收购方最近 3 年有严重的证券市场失信行为；

（4）收购方为自然人的，存在《公司法》第 178 条规定的情形[1]；

（5）法律、行政法规规定以及中国证监会认定的不得收购上市公司的其他

---

〔1〕《公司法》第 178 条规定：有下列情形之一的，不得担任公司的董事、监事、高级管理人员：

（一）无民事行为能力或者限制民事行为能力；

（二）因贪污、贿赂、侵占财产、挪用财产或者破坏社会主义市场经济秩序，被判处刑罚，或者因犯罪被剥夺政治权利，执行期满未逾五年，被宣告缓刑的，自缓刑考验期满之日起未逾二年；

（三）担任破产清算的公司、企业的董事或者厂长、经理，对该公司、企业的破产负有个人责任的，自该公司、企业破产清算完结之日起未逾三年；

（四）担任因违法被吊销营业执照、责令关闭的公司、企业的法定代表人，并负有个人责任的，自该公司、企业被吊销营业执照、责令关闭之日起未逾三年；

（五）个人因所负数额较大债务到期未清偿被人民法院列为失信被执行人。

违反前款规定选举、委派董事、监事或者聘任高级管理人员的，该选举、委派或者聘任无效。

董事、监事、高级管理人员在任职期间出现本条第一款所列情形的，公司应当解除其职务。

情形。

2. 深入尽职调查

收购方的团队通常会对上市公司进行更深入的尽职调查。由于中国的披露制度规定上市公司无须公开披露重大交易的协议文本,在后续尽职调查中,收购方团队需要向上市公司索取协议文本。除一般的尽职调查关注点之外,法律团队还应特别关注目标公司股权方面的事宜,包括:

(1)主要关注标的股权能否依法转让;

(2)是否存在限售、禁售情况,是否需要收购方承接上市公司原实际控制人尚未履行完毕的限售、禁售方案;

(3)是否存在委托、信托持股等情况;

(4)是否存在国有股权、外资股权等情况;

(5)其他股东是否存在可能影响收购方未来控制地位的其他法律安排。

(三)确定交易计划

在收购方团队的协助下,收购方可以基于初步尽职调查的结果制定交易策略。常见的交易计划包括协议转让、协议转让+表决权委托、协议转让+定向增发、要约收购等。

如果收购方考虑进行收购,其可以考虑通过公开渠道购买少量上市公司的股票,收购比例一般低于5%,以避免触发披露义务。此类收购一般可以起到如下效果:

1. 收购部分股票可能会让上市公司更加认真地对待收购者;

2. 提前收购股票也可以使收购方能够以当前较低的市场价格收购部分股票,从而降低收购的总成本;

3. 收购部分股票后,收购方作为上市公司的股东,享有部分《公司法》赋予公司股东的权利,如信息权;

4. 如果上市公司最终被第三方收购,收购方可以选择售出股票抵销部分成本。

尽管如此,但是在通过公开渠道购买上市公司股票前,收购方应当就此事与团队进行讨论,以确保由此产生的法律、财务、税务问题不会对后续交易产生重大影响。

后续步骤中进行协议收购的相关实务问题可参见下文“协议收购”部分；进行要约收购的相关实务问题可参见下文“恶意收购”部分。

（四）协议收购

1. 收购价格

根据《上海证券交易所上市公司股份协议转让业务办理指引》第6条、《深圳证券交易所上市公司股份协议转让业务办理指引》第10条以及《北京证券交易所上市公司股份协议转让业务办理指引》第8条的规定，协议转让价格不低于转让协议签署日[深圳证券交易所（以下简称深交所）的规定为转让协议签署日的前一交易日]大宗交易价格范围的下限。

根据《上海证券交易所交易规则》（以下简称《上交所规则》）第3.6.10条、《深圳证券交易所交易规则》（以下简称《深交所规则》）第3.5.4条、《北京证券交易所交易规则（试行）》（以下简称《北交所规则》）第3.6.5条的规定，对于价格无涨跌幅限制的股票，上海证券交易所（以下简称上交所）以及深交所要求大宗交易的价格下限为该股票当日竞价交易实时成交均价的80%和最低价的孰高值[1]，北京证券交易所（以下简称北交所）要求不低于前收盘价的70%或当日已成交的最低价格中的较低者；对于价格存在涨跌幅限制的股票，大宗交易价格的范围与股票涨跌幅范围一致。

目前，不同种类的股票涨跌幅限制也不同。根据《上交所规则》第3.3.13条、第4.4.10条以及第6.1.6条的规定，上交所的主板涨跌幅限制比例为10%，风险警示股票（以“ST”或“＊ST”开头的股票，下同）价格的涨跌幅限制为5%，退市整理股票（以“退市”开头的股票，下同）价格的涨跌幅限制为10%，科创板涨跌幅限制为20%。首次公开发行上市的股票上市后的前5个交易日以及进入退市整理期首个交易日无价格涨跌幅限制。

根据《深交所规则》第3.3.13条以及第4.5.5条的规定，深交所的主板涨跌幅限制为10%，风险警示股票价格涨跌幅限制比例为5%，退市整理股票价格涨跌幅限制比例为10%；深交所的创业板涨跌幅限制均为20%（包括风险警示股票以及退市整理股票）。首次公开发行上市的股票上市后的前5个交易日以及

---

[1] 均价的计算公式为：均价＝已成交金额/已成交股数。计算结果按照四舍五入的原则取至0.01元。

进入退市整理期首个交易日无价格涨跌幅限制。

根据《北交所规则》第3.3.11条、第3.3.12条的规定，北交所的主板涨跌幅限制比例为30%，首次公开发行上市首日以及退市整理期首日无价格涨跌幅限制。

上述规则整理后参见表5－2。

表5－2 协议收购价格限制

<table>
<tr><th rowspan="2">证券交易所</th><th rowspan="2">协议转让价格下限参考日</th><th colspan="2">协议转让价格下限比照收盘价格</th></tr>
<tr><th>存在涨跌幅限制的股票</th><th>无涨跌幅限制的股票</th></tr>
<tr><td>上交所</td><td>转让协议签署日</td><td>主板:90%
风险警示板ST股:95%
风险警示板退市股:90%
科创板:80%</td><td rowspan="2">该股票当日竞价交易实时成交均价的80%和最低价的孰高值</td></tr>
<tr><td>深交所</td><td>转让协议签署日前一交易日</td><td>主板:90%
风险警示板ST股:95%
风险警示板退市股:90%
创业板:80%
创业板ST股:80%
创业板退市股:80%</td></tr>
<tr><td>北交所</td><td>转让协议签署日</td><td>主板:70%</td><td>不低于前收盘价的70%或当日已成交的最低价格中的较低者</td></tr>
</table>

此外，如出售方为国有股东，根据《上市公司国有股权监督管理办法》第32条的规定，协议转让的价格不得低于提示性公告日前30个交易日的每日加权平均价格的算术平均值以及最近一个会计年度上市公司经审计的每股净资产值两者之中的较高者。

2. 收购比例

在协议收购时，收购的股份比例也是实务中的要点。一般来说，收购比例通常控制在5%～30%，原因如下：

首先，根据《上海证券交易所上市公司股份协议转让业务办理指引》第6条、《深圳证券交易所上市公司股份协议转让业务办理指引》第7条以及《北京证券交易所上市公司股份协议转让业务办理指引》第5条的规定，协议转让中单个受让方的受让比例不低于公司股份总数的5%（转让双方存在实际控制关系、均受同一控制人所控制,以及外国投资者战略投资上市公司涉及的协议转让等情况除外)。因此,一般的协议转让中,如果收购比例低于5%的,不符合向证券交易所提交协议转让材料的条件。

其次,根据《收购管理办法》第47条第3款的规定,收购方拟通过协议方式收购一个上市公司的股份超过30%的,超过30%的部分,会触发强制要约收购义务。因此,除非符合《收购管理办法》第6章规定的免于发出收购要约的情形,否则,通常建议收购方根据上市公司股权集中度选择低于30%的收购比例,以避免产生要约收购义务。

3. 条款要点

上市公司协议收购的协议条款与一般协议收购的协议条款没有本质区别。此类协议条款的主要内容可参见本书第四章的介绍,本章不再展开。

然而,基于上市公司的特点,收购上市公司的协议与一般收购协议仍有以下区别:

第一,从协议整体结构以及协议谈判过程来看,为了保护股价和股东利益,保持估值和交易的合理性,收购上市公司的协议的谈判过程往往相较于一般收购协议较短。根据前文所述,各方如果签署具有约束力的收购协议,协议主要内容需要进行披露,从而为业内人士所知。因此,收购上市公司的交易文件的主体内容也有格式化、常规化的趋势。

第二,从交易条款来看,收购上市公司所支付的对价可以采取现金、股票或者两者结合的方式。收购上市公司交易通常没有价格调整机制或盈利支付条款,但如果收购方也是上市公司,可能会因本章第一节所述的原因加入业绩承诺及补偿措施条款。

第三,从陈述和保证条款来看,收购上市公司协议中的陈述和保证条款的内容相比之下更加简单。通常包括上市公司保证向监管机构披露的信息准确,以及上市公司保证将本次交易按时提交监管部门,且信息申报内容准确。

第四,从交割义务条款来看,收购上市公司协议的交割义务条款着重降低成交风险,以确保成交完成,可能包括常见的交易保护机制,也可能包括取得监管部门等政府审批。

第五,从交割先决条件条款来看,收购上市公司协议的先决条件通常比较简单，通常包括陈述和保证的准确性、重大方面履行协议约定的承诺和约定等。此外，很多协议还把反垄断申报在内的相关政府审批作为成交的先决条件。

第六，收购上市公司协议中通常会明确写入对上市公司控制权的安排。通常，双方会明确表述，收购方将根据收购协议取得上市公司控制权（如收购方在交割后将有权提名董事会多数席位的人选），出售方应当协助收购方取得控制权，且出售方及其关联方不得以任何形式谋求取得上市公司控制权。

4. 管理层收购的特殊规定

根据《收购管理办法》第51条的规定，如果收购方属于上市公司董事、监事、高级管理人员、员工或者其所控制或者委托的法人或者其他组织，则构成管理层收购。其应当满足以下特定要求：

（1）该上市公司应当具备健全且运行良好的组织机构以及有效的内部控制制度，上市公司董事会成员中独立董事的比例应当达到或者超过1/2；

（2）上市公司应当聘请符合《证券法》规定的资产评估机构提供公司资产评估报告；

（3）本次收购应当经董事会非关联董事作出决议，且取得2/3以上的独立董事同意后，提交上市公司股东大会审议，经出席股东大会的非关联股东所持表决权过半数通过；

（4）独立董事发表意见前，应当聘请独立财务顾问就本次收购出具专业意见，独立董事及独立财务顾问的意见应当一并予以公告；

（5）上市公司董事、监事、高级管理人员不得存在《公司法》第178条规定情形，或者最近3年有证券市场不良诚信记录。

（五）恶意收购

根据是否与上市公司董事会进行协商并取得同意，收购上市公司交易可以分为善意收购和恶意收购。善意收购是指收购方在向上市公司股东发出具有约束力的收购协议之前，已经与目标公司的董事会进行过协商；反之则是恶意收购。由于上市公司股票可自由流通，恶意收购仅存在于收购上市公司的情况中。典型的恶意收购方式包括要约收购和二级市场增持。

通常情况下，善意收购具有显著优势。首先，上市公司允许收购方进行尽职调查，使收购方能够更全面深入地了解目标公司。其次，上市公司管理层会尽力配合收购进程,以缩短交易时间、降低交易成本、提高成交率。但并不是所有情况都适合进行善意收购。恶意收购通常存在于以下 3 种情况中:(1)上市公司股价显著低于内在价值;(2)收购方预计难以获得上市公司董事会的支持;(3)上市公司股权结构相对分散,容易取得控股权。

虽然恶意收购者常常被称为“门口的野蛮人”(barbarian at the gate),但恶意收购并非没有价值。恶意收购有助于市场发现股价偏离上市公司的实际价值的情况,在一定程度上有利于上市公司股东的利益。尽管如此,恶意收购行为常常会扰乱公司正常经营,使公司股价发生剧烈波动。上市公司典型的恶意收购案例当数 2015 年年底发生的“万宝之争”,在“万宝之争”中,万科企业股份有限公司(000002,以下简称万科公司)管理层明确表示不欢迎宝能集团成为万科公司大股东。万科公司管理层一方面寻求监管机构的力量,另一方面寻找“白衣骑士”,历时 2 年,最终以宝能集团收手落下帷幕。

上市公司通常会采取一些反恶意收购措施来维护自身业务和股价稳定。这些措施一般分为事前安排和事后防御两类。事前安排指提前在公司章程或其他文件中设立相应制度,以降低上市公司对收购方的吸引力或者强化上市公司股东或董事会对抗收购方的能力。事后防御指针对收购方已经或者将要实施收购行为时,目标公司所采取的反收购措施。

在境外收购上市公司的实践中,常见的事前反恶意收购安排包括毒丸计划(poison pills)与毒性卖出期权(poison put)、“金色降落伞”(golden parachute)条款、“驱鲨剂”条款、受限股东投票权等;常见的事后反恶意收购防御包括“直接说不”、诉讼/行政手段、白衣骑士(white knight)、“皇冠明珠”战术(crown jewel defense)、绿票讹诈(greenmail)与竞价回购等。需要注意的是,很多反恶意收购措施可能会在不同程度上折损或转移股东或上市公司的利益。一般认为,受限股东投票权、绿票讹诈等反恶意收购措施在中国难以合法或有效适用。本章的最后一节将展开分析境外常见的反恶意收购措施。

由于中外法律制度的差异,一些境外常见的反恶意收购措施,如毒丸计划和“皇冠明珠”战术,在中国的适用可能与国外做法不同。因此,本节将以毒丸计划和“皇冠明珠”战术为例,讨论这些境外反恶意收购措施在中国适用时的注意要点。此外,本节还将简要分析上市公司停牌制度在反恶意收购中的应用要点。

1. 毒丸计划

反恶意收购措施最著名的莫过于毒丸计划。毒丸计划的正式名称是股东权利计划(shareholder rights plan),是指上市公司在面临恶意收购时,通过歧视性地低价发行股份,稀释恶意收购方的持股比例。此类计划虽然可以阻却恶意收购行为,但是也会对上市公司的股价及经营造成不良影响,因此被称为“毒丸”。同时,毒丸一般会给上市公司董事会留下回赎额外发行股份的权利,以增加董事会的谈判筹码。

一般认为,只要毒丸计划不违反法律法规的强制性规定,中国司法实践就还是认可毒丸计划的效力的。[1] 上市公司使用毒丸计划需要注意以下事项:

首先,上市公司的股份安排存在严格的法律限制。除普通股外,上市公司仅可发行优先股[2]以及可转换债券[3],目前暂不允许其他股份分级制度的设立。尽管根据《上海证券交易所股票上市规则》、《深圳证券交易所股票上市规则》、《深圳证券交易所创业板股票上市规则》、《上海证券交易所科创板股票上市规则》以及《北京证券交易所股票上市规则(试行)》(以下合称为各交易所上市规则)的相关规定,上市公司可以存在表决权差异安排,但仅允许公司上市前设立的表决权差异安排继续保留,并不允许上市后新增加表决权差异安排,因此,毒丸计划无法通过表决权差异安排实施。根据《优先股试点管理办法》第 2 条的规定,上市公司允许发行的优先股,仅限于优先分配股息但不得行使表决权的优先股,因此,上市公司无法发行毒丸计划所需的具有表决权的优先股。

此外,即使上市公司可以发行具有表决权的优先股,“可以购买具有表决权的优先股”的这类权利也会在权益计算时被合并计算,视为股东已经持有的权益,对上市公司的股权结构产生不利影响。因此,在中国实施毒丸计划难以采用传统毒丸计划的方式。

其次,毒丸计划也难以通过定向增发的形式实施。上市公司的定向增发也

---

〔1〕 参见叶林、吴烨:《上市公司章程反收购条款的规范路径》,载《证券法苑》2017 年第 4 期。

〔2〕 根据《优先股试点管理办法》,优先股是指股份持有人优先于普通股股东分配公司利润和剩余财产,但参与公司决策管理等权利受到限制的股份。

〔3〕 根据《可转换公司债券管理办法》,可转换债券是指公司依法发行、在一定期间内依据约定的条件可以转换成本公司股票的公司债券,属于《证券法》规定的具有股权性质的证券。

存在严格的限制，以科创板为例，《注册管理办法》第12条第4项规定，科创板上市公司发行股票募集的资金应当投资于科技创新领域的业务。然而，因毒丸计划进行的定向增发行为可能难以满足上述要求。即使符合上述要求，定向增发也需要经过交易所的审批，且审批结果存在不确定性，以上特性决定了毒丸计划也难以通过定向增发形式实施。此外，如果上述定向增发的对象包括上市公司的关联方，则定向增发行为构成关联交易，相关关联股东应当回避表决。在这种情况下，恶意收购方有可能在无关联关系股东中占有多数表决权，从而否决上述定向增发决议。

上市公司可以尝试采取毒性卖出期权的形式达到类似传统毒丸计划的目的。毒性卖出期权一般被附在目标上市公司发行的债券中，约定目标公司在发生控制权变更的时候，债券持有人能以约定的价格将债券回售给目标公司。此举能恶化目标公司的资本结构，同时让收购方需要在收购完成后继续融资，加大收购的融资成本。根据《注册管理办法》第19条的规定，对于上市公司发行的可转债，募集说明书可以约定回售条款，规定债券持有人可按事先约定的条件和价格将所持债券回售给上市公司，上述条款并未对回售条件作限制。

2.“皇冠明珠”战术

“皇冠明珠”战术即将目标公司拥有的盈利能力最强或价值最高的资产出售，达到“自残”的效果，迫使收购方退却。

在中国，上市公司可以通过股东大会行使“皇冠明珠”战术。一旦恶意收购方采取要约收购方式，根据《收购管理办法》第33条的规定，收购方作出提示性公告后至要约收购完成前，被收购公司除继续从事正常的经营活动或者执行股东大会已经作出的决议外，未经股东大会批准，被收购公司董事会不得通过处置公司资产、对外投资、调整公司主要业务、担保、贷款等方式，对公司的资产、负债、权益或者经营成果造成重大影响。因此，上市公司只要取得股东大会的批准，即可通过购买新资产或者出售已有资产等方式进行防御。但是，如果收购方此时已经获得很大比例的股权，该措施将难以得到批准。除上述规定外，还应当注意上述资产处置行为应当避免达到《重组管理办法》第12条规定的重大资产重组标准，否则应当根据《重组管理办法》第4章的规定进行披露，甚至还可能需要经过证券交易所的审议，并履行必要的注册与公告手续。

3. 停牌制度

上市公司停牌制度主要建立在《证券法》、《上市公司股票停复牌规则》(以下简称《停复牌规则》)、《披露管理办法》、《重组管理办法》以及各交易所的股票上市规则之上。根据上述法律法规,停牌的原因主要包括被交易所实施风险警示、未依法披露半年报或年报、会计报告存在差错或虚假记载、信息披露或规范存在重大缺陷、不具备上市条件、进行全面要约收购、媒体报道上市公司尚未披露的信息、存在重大异常交易、实施现金选择权业务、筹划重大事项等。

由于停牌事由较多,上市公司容易进行停牌,停牌制度也一度被用作反恶意收购手段。万科、上海新梅、伊利股份、大商股份、金科地产、爱建集团、ST 生化等多家上市公司都曾经使用停牌制度争取时间以抵御恶意收购,停牌理由普遍是筹划重大事项。在"万宝之争"中,宝能通过二级市场收购,持股比例一度达到 24.26%,成为万科的第一大股东。为抵御宝能的进一步收购,万科以筹划重大资产重组为由,自 2015 年 12 月 18 日起停牌,万科 A 股更是停牌长达半年。万科借机于 2016 年 3 月与深圳地铁集团签署了备忘录,引入深圳地铁集团作为白衣骑士,以抵御宝能的恶意收购。最终,深圳地铁集团以 29.3% 的股权取得对万科的控制权。

考虑停牌制度最初是为了防止内幕交易和保护投资者利益而设立,如果这一制度被滥用来应对恶意收购,将会对市场流动性造成不利影响,并且背离了该制度的初衷。因此,中国证监会在 2018 年发布了《关于完善上市公司股票停复牌制度的指导意见》(现已更名为《停复牌规则》),旨在规范文字表述和统一格式体例。根据《停复牌规则》第 2 条的规定,上市公司应审慎使用停牌,原则上应避免停牌,以短暂停牌为主,间歇性停牌为原则,不得随意停牌或拖延复牌时间,并采取有效措施防止出现长期停牌等情况。各交易所也相应修改了股票上市规则,规定上市公司因筹划重大事项申请停牌时,应审慎申请,明确停牌原因,合理确定停牌时间,尽可能缩短停牌时长,并及时申请复牌。目前,用停牌抵御恶意收购的做法正受到越来越严格的限制。

(六)借壳上市

在中国法律语境下,借壳上市行为一般是指《重组管理办法》第 13 条中规定的行为。首先,上市公司控制权发生变更。其次,自上市公司控制权变更之日

起36个月内,上市公司向投资人或其关联方购买资产,导致上市公司发生以下根本变化:

1. 购买的资产总额占上市公司控制权发生变更的前一个会计年度经审计的合并财务会计报告期末资产总额的比例达到100%以上;

2. 购买的资产在最近一个会计年度所产生的营业收入占上市公司控制权发生变更的前一个会计年度经审计的合并财务会计报告营业收入的比例达到100%以上;

3. 购买的资产净额占上市公司控制权发生变更的前一个会计年度经审计的合并财务会计报告期末净资产额的比例达到100%以上;

4. 为购买资产发行的股份占上市公司首次向收购方及其关联人购买资产的董事会决议前一个交易日的股份的比例达到100%以上;

5. 上市公司向收购方及其关联人购买资产虽未达到第(1)项至第(4)项标准,但可能导致上市公司主营业务发生根本变化;

6. 中国证监会认定的可能导致上市公司发生根本变化的其他情形。

对于上述标准而言,还应当关注两个重要的计算原则,分别是累计首次原则及预期合并原则。累计首次原则是指自控制权变更起,此后36个月上市公司向投资人或其关联方购买资产的行为均合并计算。预期合并原则是指如果收购方在申报重大资产重组方案时,提出了解决同业竞争和关联交易问题的承诺方案,则承诺方案中涉及未来向上市公司注入资产的部分将合并计算,以防止其规避借壳上市审批。

近年来,中国对于借壳上市行为的监管越来越严格。涉及借壳上市的交易,不仅需要符合《重组管理办法》第11条关于重大资产重组的规定以及第43条发行股份购买资产的规定,还需要上市公司购买的资产对应的经营实体符合《注册管理办法》中规定的首次公开发行股票的条件。

根据《重组管理办法》第21条的规定,交易符合上述条件的,应当由上市公司董事会依法作出决议,并提交上市公司股东大会批准;股东大会审议该交易事项时,必须经出席会议的股东所持表决权的2/3以上通过,关联股东应当回避表决。股东大会批准后,上市公司应当委托独立财务顾问在3个工作日内向证券交易所提出申请,由证券交易所并购重组委员会进行审议。证券交易所认为符合相关条件和要求的,将审核意见、上市公司注册申请文件及相关审核资料报中国证监会注册。

根据《重组管理办法》第46条的规定,对于借壳上市交易,上市公司原控股股东、原实际控制人及其控制的关联人,以及在交易过程中从这些主体直接或间接受让该上市公司股份的特定对象应当公开承诺,在借壳上市交易完成后的36个月内不转让其在该上市公司中拥有权益的股份。

由于借壳上市要求很高,且需要进行复杂审批,上市公司借壳上市案例越来越少。在2021年,仅有返利科技以及上海外服两家借壳上市成功的案例。在2022年内,仅有两例借壳上市案例,分别是中国交建拟分拆子公司借壳祁连山上市,赫邦化工拟借壳山东华鹏。目前,中国交建拟分拆子公司重组上市已于2023年年底完成,而赫邦化工的借壳仍在进行中。除中国证券市场借壳上市的要求越发严格外,中国对于硬科技企业上市扶持力度也较大,使优秀的硬科技企业无须通过借壳上市的方式,即可通过科创板获取上市公司的"壳"资源。2019年,科创板设立。根据中国证监会《关于在上海证券交易所设立科创板并试点注册制的实施意见》,科创板重点支持新一代信息技术、高端装备、新材料、新能源、节能环保以及生物医药等高新技术产业和战略性新兴产业。上述行业具体包括:

1. 新一代信息技术领域,主要包括半导体和集成电路、电子信息、下一代信息网络、人工智能、大数据、云计算、软件、互联网、物联网和智能硬件等;

2. 高端装备领域,主要包括智能制造、航空航天、先进轨道交通、海洋工程装备及相关服务等;

3. 新材料领域,主要包括先进钢铁材料、先进有色金属材料、先进石化化工新材料、先进无机非金属材料、高性能复合材料、前沿新材料及相关服务等;

4. 新能源领域,主要包括先进核电、大型风电、高效光电光热、高效储能及相关服务等;

5. 节能环保领域,主要包括高效节能产品及设备、先进环保技术装备、先进环保产品、资源循环利用、新能源汽车整车、新能源汽车关键零部件、动力电池及相关服务等;

6. 生物医药领域,主要包括生物制品、高端化学药、高端医疗设备与器械及相关服务等。

2023年2月17日,中国证监会发布的《注册管理办法》,标志着中国全面实行股票发行注册制,进一步降低了优秀企业上市的门槛。

第三节　上市公司作为卖方的交易

上市公司作为卖方参与收购,一般是指上市公司出售资产或子公司股权的交易。此类交易与一般收购交易差距较小,主要差异点在于监管要求带来的披露义务、股东大会审议义务、关联交易特殊规定等强制性义务。

一、披露义务

根据各交易所上市规则的规定,上市公司出售资产或子公司股权达到表5-3标准之一的,应当及时披露。

表5-3　上市公司出售资产披露义务标准

<table>
<tr><th>证券交易所</th><th>对应规则</th><th>资产总额</th><th>资产净额</th><th>成交金额</th><th>净利润</th><th>营业收入</th><th>交易利润</th></tr>
<tr><td>上交所主板</td><td>第6.1.2条</td><td rowspan="3">最近一期经审计总资产的10%,同时存在账面值和评估值的,以高者为准,下同</td><td rowspan="2">占上市公司最近一期经审计净资产的10%以上,且绝对金额超过1000万元</td><td rowspan="2">占上市公司最近一期经审计净资产的10%以上,且绝对金额超过1000万元</td><td rowspan="3">占上市公司最近一个会计年度经审计净利润的10%以上,且绝对金额超过100万元</td><td rowspan="3">占上市公司最近一个会计年度经审计营业收入的10%以上,且绝对金额超过1000万元</td><td rowspan="3">占上市公司最近一个会计年度经审计净利润的10%以上,且绝对金额超过100万元</td></tr>
<tr><td>深交所主板</td><td>第6.1.2条</td></tr>
<tr><td>上交所科创板</td><td>第7.1.2条</td><td>占上市公司最近一期经审计净资产的10%以上</td><td>占上市公司最近一期经审计净资产的10%以上</td></tr>
</table>

续表

证券交易所	对应规则	资产总额	资产净额	成交金额	净利润	营业收入	交易利润
深交所创业板	第7.1.2条			占上市公司最近一期经审计净资产的10%以上,且绝对金额超过1000万元			占上市公司最近一个会计年度经审计净利润的10%以上,且绝对金额超过150万元
北交所	第7.1.2条						

以《上海证券交易所上市公司自律监管指南第1号——公告格式》中的《第一号上市公司购买、出售资产公告》为例,上述披露内容主要应当包括以下内容。

1. 交易概述

(1)简要介绍出售资产交易的基本情况;

(2)本次资产交易的目的和原因;

(3)简要说明董事会审议出售资产议案的表决情况及独立董事的意见;

(4)交易生效尚需履行的审批及其他程序(如是否需经过股东大会或有关部门批准、是否需征得债权人同意、是否需征得其他第三方同意等)以及公司履行程序的情况。

2. 买方的基本情况

(1)买方的姓名或名称、企业性质、注册地、主要办公地点、法定代表人、注册资本、营业执照注册号、主营业务、主要股东,相关交易需获股东大会批准的还应披露其实际控制人;

(2)买方与上市公司之间存在产权、业务、资产、债权债务、人员等方面的其他关系的说明;

(3)上市公司出售资产的,应当披露买方具有履约能力的证明,例如最近一年又一期的主要财务数据;

(4)买方的资信状况,若被列为失信被执行人,披露其失信情况,以及对本次交易的影响。

3. 交易标的基本情况

(1)标的资产概况

①交易标的的名称和类型;

②交易标的的权属情况;

③相关资产的运营情况;

④出售标的如为公司股权,披露内容还应包括该公司主要股东及各自持股比例、主营业务、注册资本、设立时间、注册地等基本情况,有优先受让权的其他股东是否放弃优先受让权,以及交易标的对应的实体是否为失信被执行人及相关情况。

(2)交易标的主要财务信息

①标的如为非股权资产,披露最近一年又一期财务报表的账面价值,并注明是否经过审计;

②标的如为公司股权或其他组织中的权益份额,披露目标公司最近一年又一期的主要财务指标并注明是否经过审计;

③如上市公司出售资产交易中涉及债权债务转移,应详细介绍该项债权债务发生时的决策程序及该项债权债务的基本情况。

4. 交易标的评估、定价情况

(1)定价情况及依据,包括定价方法和结果,协商定价的原则、方法和依据,评估相关信息;

(2)定价合理性分析,包括成交价格与交易标的账面值、评估值(如有)、公开市场价格(如有)之间的差异情况、潜在风险及公平合理性分析,以及对商誉减值风险进行充分提示。

5. 交易协议的主要内容

(1)合同主体、交易价格、支付方式(现金、股权、承债、资产置换等)、支付期限(全额一次付清、分期付款)、交付或过户时间安排、过渡期安排、合同的生效条件、生效时间、业绩对赌条款或超额业绩奖励、违约责任等;

(2)该协议附带有任何形式的附加或保留条款(如约定将来某种情况发生

时资产需恢复原状等)的,需特别说明;

(3)交易涉及对方或其他方向上市公司支付款项的,董事会需对付款方的支付能力及该等款项收回的或有风险作出判断和说明。

6. 出售资产的目的和对公司的影响

7. 中介机构意见结论(如适用)

如果上市公司及其控股或者控制的公司在日常经营活动之外出售资产或者通过其他方式进行资产交易达到规定的标准,导致上市公司的主营业务、资产、收入发生重大变化的,可能构成重大资产重组。构成重大资产重组的标准,以及构成重大资产重组后的披露义务,请参见本章第一节“三、信息披露”。

二、股东大会审议规则

根据各交易所上市规则的规定,上市公司出售资产或子公司股权的交易达到表 5 –4 标准之一的,上市公司除应当及时披露外,还应当提交股东大会审议。

表 5 –4　上市公司出售资产股东大会审议规则

<table>
<tr><th>证券交易所</th><th>对应规则</th><th>资产总额</th><th>资产净额</th><th>成交金额</th><th>净利润</th><th>营业收入</th><th>交易利润</th></tr>
<tr><td>上交所主板</td><td>第 6. 1. 3 条</td><td rowspan="3">占上市公司最近一期经审计总资产的 50% 以上,同时存在账面值和评估值的,以高者为准,下同</td><td rowspan="2">占上市公司最近一期经审计净资产的 50% 以上,且绝对金额超过 5000 万元</td><td rowspan="2">占上市公司最近一期经审计净资产的 50% 以上,且绝对金额超过 5000 万元</td><td rowspan="3">占上市公司最近一个会计年度经审计净利润的 50% 以上,且绝对金额超过 500 万元</td><td rowspan="3">占上市公司最近一个会计年度经审计营业收入的 50% 以上,且绝对金额超过 5000 万元</td><td rowspan="3">占上市公司最近一个会计年度经审计净利润的 50% 以上,且绝对金额超过 500 万元</td></tr>
<tr><td>深交所主板</td><td>第 6. 1. 3 条</td></tr>
<tr><td>上交所科创板</td><td>第 7. 1. 3 条</td><td>占上市公司最近一期经审计净资产的 50% 以上</td><td>占上市公司最近一期经审计净资产的 50% 以上</td></tr>
</table>

续表

证券交易所	对应规则	资产总额	资产净额	成交金额	净利润	营业收入	交易利润
深交所创业板	第7.1.3条			占上市公司最近一期经审计净资产的50%以上，且绝对金额超过5000万元			占上市公司最近一个会计年度经审计净利润的50%以上，且绝对金额超过750万元
北交所	第7.1.3条						

三、关联交易

根据各交易所上市规则的规定，上市公司出售资产或子公司股权的交易如果属于关联交易，上市公司还应当注意表5-5中的事宜。

表5-5 上市公司关联交易注意事宜

证券交易所	对应规则	董事表决	股东审议	关联法人	关联自然人	审计+股东表决
上交所主板	第6.3.6条至第6.3.8条	关联董事应该回避表决，且相关决议须经董事会过半数通过	非关联董事出席人数不足3人，应提交股东大会	交易金额在300万元以上，且占上市公司最近一期经审计净资产绝对值0.5%以上，需披露，下同	交易金额在30万元以上，需披露	交易金额在3000万元以上，且占上市公司最近一期经审计净资产绝对值5%以上，还应当聘请具有从事证券、期货相关业务资格的中介机构，对交易标的进行
深交所主板	第6.3.6条至第6.3.8条					

续表

证券交易所	对应规则	董事表决	股东审议	关联法人	关联自然人	审计+股东表决
						评估或者审计,并将该交易提交股东大会审议,下同
上交所科创板	第7.2.3条至第7.2.4条、第7.2.10条			交易金额在300万元以上,且占上市公司最近一期经审计净资产绝对值0.1%以上		交易金额在3000万元以上,且占上市公司最近一期经审计净资产绝对值1%以上
深交所创业板	第7.2.7条至第7.2.9条			交易金额在300万元以上,且占上市公司最近一期经审计净资产绝对值0.5%以上		交易金额在3000万元以上,且占上市公司最近一期经审计净资产绝对值5%以上
北交所	第7.2.4条至第7.2.6条			交易金额在300万元以上,且占上市公司最近一期经审计净资产绝对值0.2%以上		交易金额在3000万元以上,且占上市公司最近一期经审计净资产绝对值2%以上

第四节　美国上市公司收购制度

一、介绍

(一)美国上市公司监管机构及证券交易所

美国有非常活跃的上市公司收购市场,交易频繁、制度成熟,其法律与实践很具有代表性。美国上市公司收购交易的主要监管机构是美国证券交易委员会(U. S. Securities and Exchange Commission,SEC)。美国的证券交易所纽约证券交易所(New York Stock Exchange,以下简称纽交所)以及纳斯达克股票市场(NASDAQ Stock Market,以下简称纳斯达克)也有相关交易所规则。纳斯达克的企业上市门槛低,吸引了大量硬科技公司上市。

(二)美国上市公司收购法律

美国上市公司收购主要受三类成文法律的规制。第一类是上市公司注册地的法律,如公司法、州证券法、投资者权益保护法等。公司注册地法律用于规范公司的内部决策,规范董事对公司的忠实义务,规范是否允许使用反收购措施等实体问题。第二类是美国联邦证券法律,以《1933 年证券法》以及《1934 年证券交易法》(Securities Exchange Act of 1934)以及 SEC 颁布的相关规则为主,这些法律对上市公司收购与被收购的流程、信息披露制度等进行规范。第三类是反垄断、国家安全审查、行业准入等法律。

此外,美国大量上市公司的注册地为特拉华州,特拉华州法院从 20 世纪 80 年代开始判决的若干经典案例,对美国上市公司收购影响很大。

(三)私有化交易

收购中国上市公司时,收购方通常通过协议收购获得控制权并使其并表,同时避免触发强制要约收购,以最大限度地降低成本。在这种方式下,收购的股权比例一般不超过 30%。类似地,在收购美国上市公司时,买方也可以采用协议转让的方式,同时,美国公司也可以通过定向增发出售 10% 或更高比例的股权。如果一些企业的股权分散,买方可以通过定向增发、协议转让和二级市场购买进行增持,从而获得第一大股东的地位。美国没有强制要约收购制度的限制,买方的收购比例也不再局限于 30%,而是可以根据商业目的来决定其收购比例。

收购美国上市公司与收购中国上市公司的原因存在很大差别。美国上市流程快捷,“壳”资源价值不高,收购美国上市公司主要是为了获得其业务和资产,而不是为了获得上市公司地位。因此,大部分收购美国上市公司的交易是为了退市,也称为“私有化”交易。除了一些产业买家为了寻求协同效应而收购上市公司,还有一些财务投资人为了谋求高额资本利益而进行上市公司收购。这类交易的买家主要是私募股权基金,有些交易则是上市公司的创始人或管理层与私募基金合作来收购上市公司。私募基金常常发掘具有进一步发展潜力的上市公司,首先将其退市“私有化”,并通过数年时间提升目标公司的经营状况和估值,然后在合适的时机将目标公司整体出售或再次上市,以谋求高额资本回报。

美国上市公司“私有化”交易通常采用两种模式。第一种模式是买方与董事会就收购事宜进行谈判,协商一致后提交给上市公司股东大会审议。由于上市公司董事会认可并推荐此类交易,容易获得股东大会的批准。第二种模式是买方直接向上市公司股东发出收购要约,无须与董事会协商或经过股东大会审议。然而,上市公司董事会通常会采取反收购措施抵御此类收购方式。因此,近年来,要约收购成功的上市公司收购案例较少,主流模式仍然是通过董事会协商进行收购。

通常情况下,“私有化”交易由买方与上市公司董事会进行谈判。但如果买方是上市公司的创始人,根据美国法律和商业惯例,上市公司通常会成立由独立董事组成的特别委员会并由其与创始人进行谈判。“私有化”交易一般在取得上市公司股东大会批准后,通过法定合并的方式完成。如果有股东反对交易,他们可以请求上市公司以公允价格回购他们的股份。“私有化”交易流程如表5－6所示。

表5－6　美国上市公司“私有化”交易流程

步骤	时间
1. 收购方内部,产业方和私募基金等投资方进行磋商,达成初步协议	待定
2. 收购方向上市公司董事会发出收购邀约	第1天
3. 上市公司董事会成立独立委员会,独立委员会聘请律师、财务顾问,与收购方进行磋商	30～60日
4. 收购方和上市公司签署“私有化”的法律协议	

续表

步骤	时间
5. 收购方律师和上市公司律师准备向 SEC 提交的申报表和股东投票说明书	15 ~ 30 日
6. 上市公司向 SEC 提交申报表和股东投票说明书	
7. 收到 SEC 的审查意见	30 日内收到审查意见
8. 答复 SEC 的审查意见并提交回复函,等待 SEC 第二轮及后续意见,并再次反馈,直到 SEC 确认无意见	30 ~ 60 日
9. 上市公司律师向公众股东邮寄投票说明书和信息声明	
10. 上市公司召开股东大会,批准交易	邮寄投票说明书后 30 日内
11. 在股东大会批准交易后,买方支付价款	7 日内
12. 向 SEC 提交 15 号表格终止上市	7 日内

二、收购美国上市公司相关考量

(一)交易结构

美国上市公司收购中常见的交易结构包括一步式并购(one-step merger)和两步式并购(two-step merger)。

一步式并购是指收购方向上市公司提出并购方案,由上市公司董事会向上市公司股东发送代理权征集文件(proxy statement),并由上市公司股东对并购方案进行投票。投票通过后,收购方或收购方子公司与上市公司进行合并,存续主体继受上市公司的全部资产与债务。

两步式并购是指收购方第一步先向上市公司股东发出收购要约,且要约中以上市公司一定比例的股东接受要约作为交割条件,以此通过收购要约取得上市公司绝大多数股份。第二步,收购方通过股东会投票,将上市公司与收购方的子公司进行合并。如果收购方取得上市公司股份比例足够高(以特拉华州为例,90%或更高),收购方可以行使法定权利,将上市公司与收购方的子公司合并,而无须剩余上市公司股东同意。在实践中,具体影响交易结构选择的因素通常包括交易时长、政府监管要求、税务成本、融资安排以及其他商业安排。

(二)恶意收购

美国的反恶意收购措施由董事会主导,大多数州的公司法/司法判例允许董事会无须股东特别授权即可采取反恶意收购措施。[1] 原因主要包括:

(1)上市公司的经营者更了解公司的日常运作和经营,有更充足的经验和足够的专业能力对潜在收购者的出价是否有利于公司及股东作出判断;

(2)在上市公司的经营者有权实施反恶意收购措施的情况下,经营者通常可以以此为筹码为股东争取到更高的收购价格;

(3)董事出于其社会责任,会考虑收购是否会损害除股东以外其他利益相关人的利益。

正因为美国法律对上市公司采取反恶意收购措施的态度宽容,所以美国上市公司的反恶意收购措施种类多样,实务中的运用较为灵活,具有借鉴意义。美国上市公司通常采取的反恶意收购措施一般包括以下几种。

1. 事前防御

(1)毒丸计划与毒性卖出期权

在美国,毒丸计划有多种实现方式,较为典型的是"内翻毒丸"(flip-in poison pill),其原理是上市公司向其股东发行以控制权变更或将要变更作为授予条件的期权,期权持有人在收购方大举购股时能以低价行使期权购买上市公司的普通股,从而稀释收购方的持股比例。例如,上市公司向普通股股东发行优先股并绑定"毒性期权",一旦公司被收购,股东持有的期权即可行权且能脱离优先股单独转让,达到稀释收购方持股的效果。与"内翻毒丸"同理的还包括"可转债毒丸"和"员工持股激励毒丸"等。

此外,还有一种相对少见的毒丸计划——"外翻毒丸"(flip-over poison pill),其原理是上市公司发行某种证券(如优先股等),该证券在上市公司与另一公司合并之后能够自动按一定比例转换成新合并公司的股票,从而达到稀释收购方持股的效果。

在美国,为了增强毒丸计划的震慑力,有的上市公司还采用"死手毒丸"(dead-hand pills)计划,规定毒丸的取消或回购的董事会决议只能由已持续任职

〔1〕 参见郑辉:《跨境上市公司收购法律的国际比较研究》,载《证券法苑》2012 年第 1 期。

一定时长的董事做出，使收购者更难消除毒丸计划的效果。

2019 年 2 月 22 日，在美国纳斯达克上市的科兴生物科技公司（Sinovac Biotech Ltd.，以下简称科兴公司）触发其权利协议（以下简称科兴毒丸计划），其是很罕见的在发生公司控制权争夺时，触发的毒丸计划。根据科兴毒丸计划，科兴公司新发行了 27,777,341 股普通股和 14,630,831 股 B 轮优先股，科兴公司总发行股数相应增加。大股东在美国特拉华州提起诉讼，主张科兴毒丸计划违法。除此之外，毒丸计划被触发的案例寥寥无几，这也从另一个方面说明了毒丸计划防御恶意收购行为的威慑力。

毒性卖出期权一般附在目标上市公司发行的债券中，约定上市公司在发生控制权变更时，债券持有人能够以约定的价格将债券回售给上市公司。此举能够恶化上市公司的资本结构，同时让收购方需要在收购完成后继续融资，加大收购的融资成本。

（2）受限股东投票权

一些美国上市公司在公司章程中规定，当某一股东持有的股份超过一定比例（如 20%）时，超出比例的股票将不具备投票权，除非董事会解除该股东的投票限制。这是一种有效的防御措施，因为如果投票权受限门槛较低，收购方可能会面临因无法掌控董事会的投票权而陷入僵局的情况。

（3）驱鲨剂

有的美国上市公司的章程包括“驱鲨剂”（shark repellent provision）条款。此类条款主要包括以下三类：

第一类，限定参选董事人选的资格，比如必须在公司已经任职一定时长。这一条款使收购方无法任意指定其人选进入董事会。

第二类称为分期分级董事会制度，约定股东大会每年能够罢免或更换的董事不得超过特定比例的董事会成员。比如，一个上市公司董事会有 9 名董事，且章程中有每年更换不得超过 1/3 的董事成员的分期分级董事会条款，则收购方必须额外花费一年时间才能掌握董事会的大部分席位（6/9），从而增加其收购难度。

第三类，超级多数票制度。一般而言，公司治理的原则遵循多数表决，股东投票过半即可通过议案。有的上市公司为防止恶意收购，会在章程中规定超过 2/3 甚至更高的投票才能通过更换董事等特定股东大会议案，使恶意收购方必须持有超过50%以上的股票才能通过更换董事有效控制上市公司。

（4）金色降落伞

某些上市公司会在公司章程中加入“金色降落伞”条款，规定董事甚至某些高级管理人员在因公司控制权变更而被解雇时，将获得一次性的丰厚补偿。这样做可以增加收购者的现金需求和融资成本，但实际上金色降落伞增加的收购成本相对有限。

2. 事后防御

（1）“直接说不”

上市公司的董事和高管可能会基于自身的信息优势或保护自己职位的目的，在面对恶意收购方时，公开发表声明表示不欢迎，并呼吁股东们拒绝出售股票。他们抵制收购方的理由通常有两个方面：收购方可能会损害公司利益，或者收购方的要约价格过低，不能反映公司的真实价值。这种策略可能迫使收购方透露收购后的计划，或迫使其承认有有利于上市公司股东的计划。

（2）诉讼/行政手段

上市公司通常会采取诉讼防御方式来应对收购方的恶意收购行为。其中，向监管部门申诉收购方违反证券法律或反垄断法律是一种常见的方式。如果申诉成功，政府监管部门可能会阻止或拖延收购方的收购行为。同时，上市公司还可以通过诉讼措施拖延时间，制定其他的防御策略。合法合理的诉讼行为本身是一种合法的争议解决措施。

（3）白衣骑士

白衣骑士是指上市公司为了抵制收购方而引入的友好第三方，该第三方得到上市公司管理层的支持，并愿意以更高的要价争夺控股权。通常，白衣骑士是与上市公司业务相关的战略收购方，基于协同效应而愿意出更高的要约价格。白衣骑士战术的变种包括“白衣卫士”（white squire），即友好第三方并不谋求控股，而是购买上市公司的一部分股票，成为持股比例较高的小股东，从而阻止恶意收购方获得控股地位。

（4）绿票讹诈与竞价回购

上市公司可能会与收购方进行谈判，约定上市公司以较高的溢价回购收购方持有的股票。需要指出的是，这种做法直接损害了其他股东的利益，很有可能招致股东诉讼。在美国，绿票讹诈的收益所适用的税率是50%，从而极大地限制了这种防御策略的使用。

与通过支付绿票讹诈溢价从收购方手上回购公司股票不同，上市公司可以参与竞争，向公众股东发出竞价的要约。竞价回购可以迫使股价进一步上升，从而使收购方收购成本增加，同时减少上市公司的净资本，降低其吸引力。

(5)其他

上市公司面对收购时，如果收购方也是上市公司且其市值与上市公司相当或更小，上市公司可能针锋相对地对收购方进行收购。

上市公司在无力防御恶意收购时，可能会自行破坏公司自身的经营状况，降低其对收购方的吸引力，即采用“皇冠明珠”战术。

第五节　案例：2019年格力电器公司股权转让

一、项目背景

(一)概况

上市公司的并购活动多引起市场瞩目，一个成功的案例需要平衡大股东、小股东、管理层等各方利益。2019年，珠海格力电器股份有限公司(以下简称格力电器公司)进行混改，董明珠等管理层协同高瓴资本以416.62亿元的价格完成交易。此交易在收购架构、交易参与方等方面做了精心安排，以董明珠为首的格力电器公司管理层实际上获得了对格力电器的控制权。此交易可以被认为是一种管理层收购(management buy-out, MBO)。

(二)交易主体

1. 目标公司

表5-7　格力电器公司基本信息

企业全称	珠海格力电器股份有限公司
企业类型	上市公司
注册地	广东省珠海市
成立时间	1989年12月13日
上市地	深圳证券交易所

格力电器公司是空调行业的龙头企业,1996 年 11 月在深圳证券交易所挂牌上市。在本次交易前,格力电器公司的前十大股东为珠海格力集团有限公司(以下简称格力集团)、河北京海担保投资有限公司、香港中央结算有限公司等,股权结构较为集中,第一大股东格力集团的控股股东珠海市人民政府国有资产监督管理委员会为格力电器公司的实际控制人。董明珠作为自然人持股 0.74%。

2. 转让方

表 5 –8　格力集团基本信息

企业全称	珠海格力集团有限公司
企业类型	国有控股公司
注册地	广东省珠海市
成立时间	1990 年 12 月 15 日

格力集团有两位股东,珠海市人民政府国有资产监督管理委员会持有其 90% 的股权,其余 10% 股权由广东省财政厅持有。

3. 受让方

表 5 –9　珠海明骏投资合伙企业基本信息

企业全称	珠海明骏投资合伙企业(有限合伙)
企业类型	有限合伙企业
注册地	广东省珠海市
成立时间	2017 年 5 月 11 日

珠海明骏投资合伙企业(以下简称珠海明骏公司)为一家私募基金,其普通合伙人和执行事务合伙人为珠海贤盈股权投资合伙企业(有限合伙)(以下简称珠海贤盈公司)。珠海贤盈公司的普通合伙人和执行事务合伙人为珠海毓秀投资管理有限公司(以下简称珠海毓秀公司)。珠海毓秀公司为外商投资企业,根据交易当时珠海明骏公司、珠海贤盈公司的合伙协议及珠海毓秀公司的公司章程、董事构成,珠海明骏公司并无实际控制人。

二、交易方案

(一)交易目标

格力电器公司股权结构较为单一,控股股东为具有国资身份的格力集团,总裁董明珠虽是著名企业家但持股甚微,其核心管理层和员工激励明显不足。股权转让交易发生前的格力电器公司股权结构如图5-3所示。

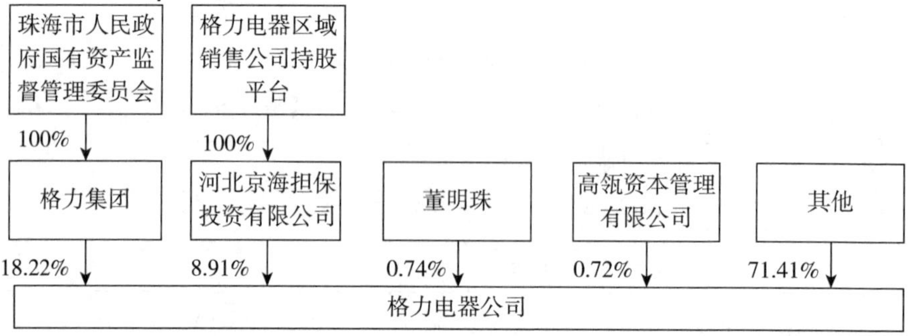

图5-3　交易前格力电器公司股权结构

因此,格力电器公司的本次交易兼顾了国有大股东减持、管理层持股、激励诉求、引入外部投资人和实现股权结构多元化等几个目标。

(二)受让方的确定

2019年5月,为实施国有企业混合所有制改革(以下简称混改),进一步优化治理结构,格力集团公开征集受让方以此转让格力集团持有的格力电器公司15%的股份。该程序类似于公开招标,有利于最大程度上引入最适合的买方、实现价值最大化。

在公开征集期内,共有两家意向受让方向格力集团提交了受让申请材料,并足额缴纳了相应的缔约保证金,它们分别为珠海明骏公司以及格物厚德股权投资(珠海)合伙企业(有限合伙)与GENESIS FINANCIAL INVESTMENT COMPANY LIMITED组成的联合体。

参与股权转让角逐的两位意向受让方均是颇具实力的投资机构。经股权穿透后,珠海明骏公司为高瓴资本公司旗下的投资机构,而格物厚德股权投资(珠海)合伙企业(有限合伙)与GENESIS FINANCIAL INVESTMENT COMPANY LIMITED组成的联合体则由著名私募基金厚朴资本主导。

以董明珠为首的管理团队的认可对交易结果至关重要。经过几个月博弈，高瓴资本公司最终胜出。2019 年 12 月 2 日，格力集团选定珠海明骏公司签署了《珠海格力集团有限公司与珠海明骏投资合伙企业(有限合伙)关于珠海格力电器股份有限公司 15% 股份之股份转让协议》。

根据该协议，珠海明骏公司以人民币 46.17 元/股的对价受让格力集团持有的格力电器公司 902,359,632 股股份(占交易当时格力电器公司总股数的 15%)，转让价款合计为 41,661,944,209.44 元，股份锁定期为 3 年。珠海明骏公司的资金来源于自有资金及自筹资金，比例约为 1∶1，其中自筹资金来源为银行贷款，期限不低于 5 年。

股权转让交易发生后的格力电器公司股权结构如图 5－4 所示。

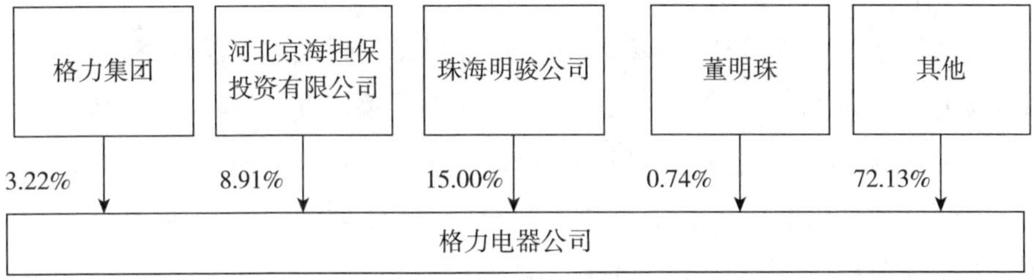

图 5－4 交易后格力电器公司股权结构

交易完成后，格力电器公司从实际控制人为珠海市人民政府国有资产监督管理委员会变更为无实际控制人。但珠海明骏公司作为第一大股东，其上层结构中有董明珠等管理层作为投资方，对格力电器公司明显具有巨大影响力。

(三)交易结构分析

1. 珠海明骏公司及其上层结构的安排

本次交易的投资主体有三层，珠海明骏公司位于最底层，是格力电器公司的直接投资主体。珠海明骏公司之上，还包括珠海贤盈公司、珠海毓秀公司两层投资平台。

(1)珠海明骏公司的投资者变更

珠海明骏公司的直接投资者最初有两位，分别是珠海贤盈公司和深圳高瓴瀚盈投资咨询中心(有限合伙)。随后，珠海明骏公司的投资者新增了三位，具体为珠海格臻投资管理合伙企业(有限合伙)(以下简称珠海格臻公司)、珠海熠辉投资管理合伙企业(有限合伙)(以下简称珠海熠辉公司)以及珠海博韬至恒企业管理咨询中心(有限合伙)(以下简称珠海博韬公司)。

其中,珠海博韬公司后来者居上,持有珠海明骏公司高达77.08%的份额,珠海高瓴股权投资管理有限公司(以下简称珠海高瓴公司)为其执行事务合伙人,向上穿透其出资大部分应来自中国香港的RSV HK Holdings Limited,在本次交易中出资约168.41亿元人民币。

珠海格臻公司则持有珠海明骏公司6.38%的份额,其执行事务合伙人为董明珠,董明珠对珠海格臻公司的出资比例达95.48%,剩余份额则有其他格力电器公司的高管所持有,因此珠海格臻公司可以理解为是格力电器公司以董明珠为核心的高管持股平台。

(2)珠海贤盈公司的投资者变更

珠海明骏公司最初股东是珠海贤盈公司和深圳高瓴瀚盈投资咨询中心(有限合伙)。珠海贤盈公司的股东原有三级,即珠海毓秀投资管理有限公司(以下简称珠海毓秀公司)以及两家香港公司HH Mansion Holdings(HK) Limited(HH Mansion)和明珠熠辉投资有限公司(以下简称明珠熠辉公司)。后加入投资者为珠海格臻公司,也即上文提到的格力电器公司高管持股平台。

(3)珠海毓秀公司的投资者变更

珠海毓秀公司为珠海贤盈公司的上层投资者,其同样在本次交易中引入了投资者格力电器公司高管持股平台。

根据披露的公开信息,珠海毓秀公司的原有股东珠海高瓴公司、HH Mansion和明珠熠辉公司分别按照平价向格力电器公司高管持股平台转让了珠海毓秀公司的部分股权,转让价格合计为4,305,000元,由此珠海毓秀公司的份额变更为格力电器公司高管持股平台持有41%、珠海高瓴公司持有38%、HH Mansion持有11%以及明珠熠辉公司持有10%。

在本次交易股份转让协议的背后,珠海明骏公司及其上层结构的安排复杂,实际上是在珠海明骏公司及其上层结构中逐层引入了两家投资者,一方是以董明珠为核心的格力电器公司高管持股平台,另一方则是由高瓴资本公司牵头设立的私募平台。珠海明骏公司的控制关系结构见图5-5。

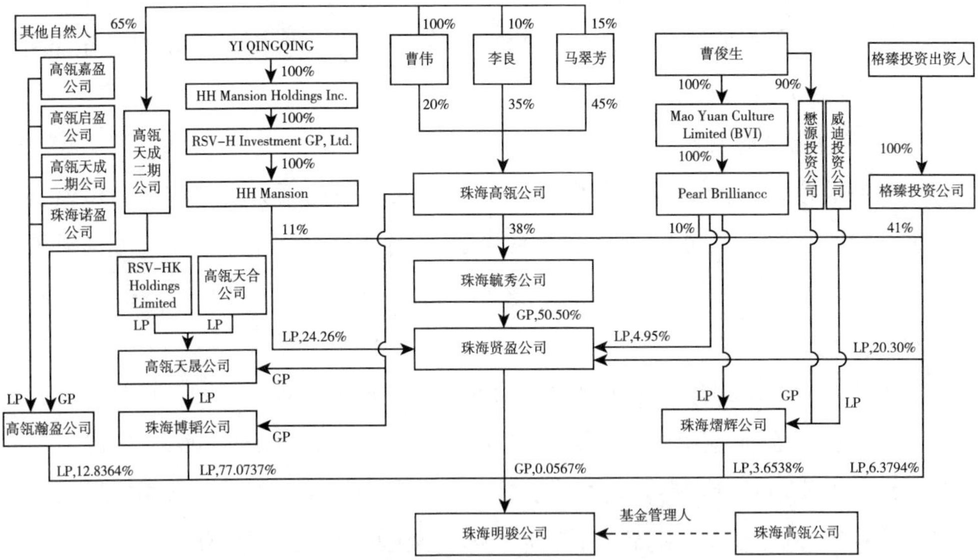

图 5－5　珠海明骏公司控制关系结构

2. 管理层合作方案

三层投资架构中最为核心的内容是对每层投资机构的决策机制的安排。这些机制的主要内容,即通过珠海格臻公司于 2019 年 12 月 2 日与珠海明骏公司及相关主体签署的一系列合作协议予以约定。主要内容概括如下:

(1)珠海明骏公司治理结构

珠海明骏公司的上层投资结构中,珠海毓秀公司的董事会将作为珠海贤盈公司的最终决策机构,对珠海明骏公司和珠海贤盈公司的重大事项作出决策。珠海毓秀公司的董事会由 3 名成员组成,其中珠海高瓴公司和 HH Mansion 有权共同委派 1 名董事、明珠熠辉公司有权委派 1 名董事、格力电器公司高管持股平台有权委派 1 名董事。

根据格力电器公司披露的信息,珠海毓秀公司董事表决事项包括普通和特定事项,其中需要董事会一致同意的普通事项主要为珠海毓秀公司自身经营过程中的事项,由珠海毓秀公司章程和珠海贤盈有限合伙协议明确规定,包括章程修订、注册资本增减、合并分立等;除前述事项外,珠海毓秀公司董事会决议由 2/3 以上董事成员通过即可。

持有份额较小的格力电器公司高管持股平台虽并非本次交易的主导方,但从另一方面来看,尽管本交易由高瓴资本公司组局募集主要资金,但其实际上也并未实现对格力电器公司的绝对控制权。珠海毓秀公司实际上是处于三方共同控制之下的,类似的安排可以在珠海明骏公司合伙人退出机制中得以窥见。

(2)股权激励安排

根据披露的信息,珠海高瓴公司、HH Mansion、明珠熠辉公司和格力电器公司高管持股平台一致同意,在本次交易交割后,计划将推进上市公司层面给予管理层实体认可的管理层和骨干员工总额不超过4%上市公司股份的股权激励计划。

2021年6月21日,格力电器公司发布了第一期员工持股计划。该员工持股计划的持有人范围包括公司董事(不含独立董事)、监事、高级管理人员,以及公司及控股子公司经董事会认定对公司整体业绩和中长期发展具有重要作用的中层干部和核心员工。员工持股计划为了体现激励与约束对等,有效绑定公司与员工利益,设定公司和个人层面的考核指标,以达到指标作为员工持股计划权益归属的条件,从而使员工长期关注发展以更好地实现激励效果。

员工持股计划的推进实际上也是格力电器公司混改的后续,管理层与公司的利益绑定将由此进一步加强,同时也能够对员工起到激励作用。

(3)格力电器公司董事提名和选举

按照珠海毓秀公司董事会决议选出的人选,珠海明骏公司有权提名3名董事候选人,其中应包括1名由珠海高瓴公司提议的董事候选人,1名由明珠熠辉公司提议的董事候选人,1名由格力电器公司高管持股平台提议的董事候选人,且应保持其中的至少2名董事人选为格力电器公司高管持股平台中的人士。由于格力电器公司高管持股平台已经占有1个董事席位的提名权,这个约定实际上即说明珠海高瓴公司和明珠熠辉公司提名的董事人选需获得格力电器公司高管持股平台的同意。

(4)退出和转让承诺

珠海高瓴公司、HH Mansion、明珠熠辉公司和格力电器公司高管持股平台一致达成协议,共同制定格力电器公司竞争对手名单,并不时予以更新。任何珠海明骏公司的有限合伙人不得通过直接或间接的方式将其持有的珠海明骏公司份额和/或珠海明骏公司持有的格力电器公司股票转让给主营业务与格力电器公司存在竞争的主体。

根据披露的公告信息来看,交易各方在 2019 年 10 月至 12 月,就投资架构安排以及管理层合作等多方面进行磋商方最终达成一致。从投资成本和未来分红的角度来看,高瓴资本公司获得优先权益,而以董明珠为核心的管理层则取得对重大事项的共同控制力。

三、核心要点分析

(一)交易架构设计

本次交易搭建了三层投资主体,珠海明骏公司位于最底层,是格力电器公司的直接投资主体。珠海明骏公司之上,还包括珠海贤盈公司、珠海毓秀公司两层投资平台。

格力电器公司高管持股平台的逐层向上出资,体现了格力电器公司管理层的深度参与,由下至上地全面介入格力电器公司及其上层架构,也保证了高瓴资本公司作为财务投资者的经济利益和基本股东权益。

(二)决策机制设计

交易各方同时通过签订一系列的管理层合作方案,制定了三层投资架构的决策机制安排,由此,格力电器公司的高管以 13.94 亿元的出资,在 400 多亿交易中获得相当大的话语权。

(三)市场影响

格力电器公司的此次混改是 2019 年并购重组交易市场上最大的亮点。以高瓴资本公司和董明珠为核心的格力电器公司管理层以近 416.62 亿元的价格共同完成了股权转让,是国企引入社会资本进行混改中备受关注的案例。

对于格力电器公司这样股东分散、管理层强势的上市公司,各方对于利益的取舍和博弈、政府的支持以及内部团队的认可,由此方能完成交易全过程的管理,风险与收益的合理分配,同时为上市公司谋划更长远的未来。

中篇　硬科技行业股权投资

CHAPTER

第六章

风险投资

第一节　融资准备

一、硬科技行业融资渠道概述

过去20多年,中国的风险投资(Venture Capital,VC)伴随着互联网与科技的迅猛发展,形成了与国外惯例相融合又兼具中国特色的流程、习惯和法律文件体系。对初创企业而言,风险投资的资本游戏规则神秘又复杂,其在资本市场中乘风借力逐渐成为公司必不可少的一项核心竞争力。而对大部分风险投资人而言,与消费、模式创新类型的企业相比,科技企业的技术实力所构筑的壁垒直接影响投资人的决策判断。因此,了解风险投资的规则对创业团队成功募资、推动公司健康快速发展以及保护企业利益至关重要;熟悉科技企业的特有风险和行业规律、掌握投资底层逻辑,有助于投资人更精准地了解被投企业并精准把控风险。

无论是国内还是国外的企业,其快速发展很大程度上都依赖于风险投资在其早期的帮助。不少著名国内企业,如腾讯、中微半导体等,都因受到风险投资的青睐而快速发展,在行业内脱颖而出。在国外企业中,仙童半导体是第一家由风险投资支持而成立的硅谷公司，英特尔、苹果、微软等现在仍为行业翘楚的高科技企业在创建时也都获得了风险投资的鼎力支持。硬科技行业依赖中小企业的创新活力，而风险投资对中小企业的支持是推动硬科技产业发展的主要力量之一。目前，我国风险投资领域增长强劲，许多企业也吸引了众多海外资本的参与。

对硬科技行业的企业来说，不同发展阶段的融资渠道、融资金额、资金用途各不相同。

创业公司的早期主要发展目标是组建基本团队、产品研发等。早期通常需要经历1～3轮融资，此时的资金来源以创始团队自筹资金、天使投资人以及专注早期阶段的风险投资为主，其中风险投资最为重要，因为他们所带来的不仅是资金支持，还有很多成熟的经验和资源。很多知名大企业在早期都因接受了优秀的风险投资的帮助而快速成长并崛起。

当公司进入成长期后，业务重心转移到升级打磨产品、扩大生产规模、扩充人员等。这一阶段公司将在初步商业化的基础上提升销售规模，公司在融资时不仅看重资金支持，同时也会更加注重投资人背后的商业资源，所以，除传统的风险投资或财务投资人之外，具有产业背景的投资人和政府资金也是公司需要重点考虑的融资对象。一些成长速度非常快，急需资金推动业务发展的公司，也会考虑从银行获得债务融资，或引入能够快速提供过桥借款的投资人。

当收入规模和盈利能力提高到一定水平时，公司一方面可以寻求上市以获得更多的资金。如果准备上市，上市前公司也会进行1～2轮融资，此时国家基金、保险等大型投资机构、专注成熟阶段的民营基金和产业投资人可能成为上市前的投资方。另一方面，公司也可以通过并购补足产业链或业务线中的短板，在并购中，公司通常需要从风险投资基金和银行获得融资。

投资人的资金来源各有不同，既有出身“国家队”“地方队”的国有资本，也有民间募集的民营资本。民营资本中，既有财务机构的出资，也有产业资本如大型科技公司内部风险投资部门的出资，以及活跃于硬科技产业的其他民间资本。通常来说，前期投资以风险投资机构为主，后期融资则更为多元化。

除资金外，风险投资基金的另一大价值就是为公司提供软资本，如为被投资企业引入人力资源、外部顾问、行业网络和关系，为企业提供知名度和信用，以及提供知识管理方面的经验，在未来融资、上市等活动中为企业对接资源。

二、风险投资的含义

风险投资可分为广义的风险投资与狭义的风险投资。广义的风险投资是指一切有着高风险和高收益的投资。狭义的风险投资是指投资者在创业公司发展初期投入资金并取得该公司股权的融资方式。在国际市场用法中，风险投资一般指对具有高成长潜力的小型企业的私募交易的早期股权投资。根据美国全美风险投资协会的定义，风险投资是由职业金融家投入到新兴的、迅速发展的、具有巨大竞争潜力的企业中的一种权益资本。风险投资是一种新型的金融运作模式，其通过资本的投入与退出赚取资本增值。[1] 从投资行为的角度来讲，风险投资是把资本投向蕴藏着失败风险的高新技术及其产品的研究开发领域，旨在促使高新技术成果尽快商品化、产业化，从而取得高资本收益的一种投资过程。

风险投资中的投资者通常会在公司成熟后的合适时机通过上市、并购、清算、回购或股权转让等方式实现退出，以期获得高额收益。硬科技行业的公司，特别是处于创业期的中小公司，由于还未能实现盈利，往往面临难以通过银行等其他回避风险型金融机构获得融资的困境，而风险投资则为这些初创企业提供了较为充裕的资金支持，很大程度上解决了上述问题，成为初创企业较为理想的一种主要融资渠道。

风险投资与并购交易最大的不同之处在于，风险投资不以获得目标公司的控制权或所有权为目的，兼有投资和融资的特点，追求的是投资回报。而并购交易的核心通常是为获得对目标公司的股权或资产的控制权而进行的交易活动。因而，这两种交易中的投资逻辑并不相同，需要引起注意。

与风险投资常常联系在一起的还有天使投资（Angle Investment）、私募股权投资（Private Equity ，PE）。天使投资、风险投资、私募股权投资的目的其实都是获得高额的回报。天使投资、风险投资、私募股权投资的主要区别在于，其主要关注的被投企业处于不同的发展阶段［一家企业可能会经历创业期、成长扩张期、转型期（如适用）、成熟期几个不同的发展阶段］，投资的规模也有所不同。

---

〔1〕 参见刘曼红、［美］林博、刘小兵：《风险投资学》（第 2 版），对外经济贸易大学出版社 2018 年版，第 1 页。

三者的特点和不同之处具体表现为：

1. 天使投资：指个人投资者或天使投资机构对原创项目构思或小型初创企业进行的一次性前期投资，主要关注小型初创项目，被投企业可能在较长的一段时间内都还没有具有商业前景的产品和完善的商业计划。天使投资规模较小，天使投资人一般拥有丰富的自身资源以及创业和管理经验，在被投企业发展和后续融资中承担着重要的作用。天使投资属于广义上风险投资中的一种投资形式，但其风险会更加大。

2. 风险投资：风险投资中的投资机构更加关注处于初创和成长期的企业，将资本投入具有风险及巨大潜力的高新技术及产品研发领域，推动高新技术成果的产业化和商品化以获得高回报率。风险投资中的被投企业可能离上市还有一些距离，需要资金快速扩张规模、改善生产能力。风险投资具有高风险、高收益的特点。

3. 私募股权投资：通过非公开形式募集资金并对私有企业进行权益性投资。私募股权投资主要关注临近上市（如3年内上市）的成熟型企业，这些企业需要在上市前进行融资以达到证券交易市场的相应要求。私募股权投资相较于天使投资、风险投资而言，被投企业上市的可能性较大，投资机构面临的风险程度相对较小，但同时越往后期被投企业的估值也越会水涨船高，投资机构的投资回报率相对会降低。

一般而言，越是在早期的投资，所需要的资金就相对越少，对投资人而言，投资成本越低，若项目成功，投资收益率就越高，但是风险也相对更大。值得注意的是，在中国当下的股权投资领域中，私募股权投资与风险投资的界限在某些时候并不是泾渭分明的，而是存在交集。在投资行业中，有许多投资偏向较为明显和清晰的基金，但也有一些风险投资基金会参与C轮、D轮甚至更后期的融资，而私募股权/创业投资基金也会关注较为早期的优质项目。

三、风险投资融资流程

风险投资融资流程通常开始于风险投资机构对推介项目的筛选，终止于通过上市或并购等渠道实现资本退出。典型风险投资融资流程如图6－1所示。

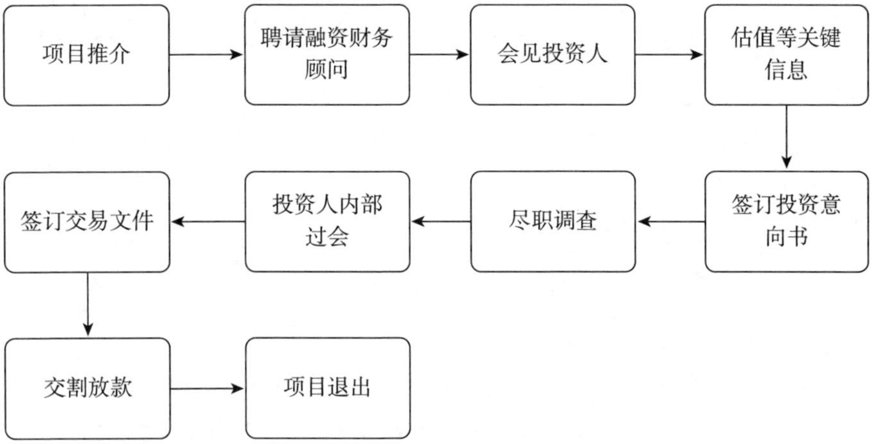

图 6-1　典型风险投资融资流程

（一）项目推介

在国内，绝大多数风险投资交易谈判的发起来自风险投资、股权/创业投资基金经理通过个人关系或通过融资中介机构获得推介，或初创企业通过各种渠道与投资人对接。当前，越来越多的企业进行风险融资的意愿与日俱增，投资机构在优质项目上的竞争也十分激烈，风险投资交易的谈判难度也随之增加，此时项目推介就起到尤为关键的作用。成功的项目推介能够使融资企业从一众项目中脱颖而出，获得资本的青睐。

风险投资的项目推介材料包括：

1. 融资宣传材料如商业计划书（可以是 PPT 形式）或备忘录，主要包括关于企业的简介、创始人和管理团队及核心员工的背景及介绍、企业组织结构、服务和产品基本情况、销售与定价、业务发展历史和现状、行业及市场分析（包括全球维度和国内维度，横向行业内对比和纵向上下游对比）、战略合作分析、竞争者分析、竞争优势分析等，旨在扬长避短，突出企业的优势和特色（例如，集成电路行业企业可突出企业的产品技术特色和发展空间等）；

2. 历史财务数据，主要包括企业经审计或未经审计的财务报告；

3. 财务预测，主要是对融资完成后企业未来 3 年销售收入和净利润的增长的预测（投资人通常参考该预测进行企业估值，因此，财务预测尤为关键）。

（二）聘请融资财务顾问

很多企业都会聘请具有融资经验和人脉的财务顾问（Financial Advisor，

FA)。财务顾问在风险投资融资过程中协助企业准备简介和商业计划书,联系投资人及协助估值,辅导企业应对投资人的询问和尽职调查等。同时,财务顾问作为独立于企业和投资人之间的第三方中介机构,可以为投资人和企业之间的沟通提供缓冲带,使交易的推进更为顺畅,从而节省融资的时间成本,提高企业融资的成功率。

虽然出于多种原因,财务顾问所做的财务预测有时并不完全被投资人所认可,但是对于对资本市场较为陌生的企业而言,聘请优秀的财务顾问将有助于提高风险投资融资成功的可能性。

在聘请财务顾问之前,企业应与财务顾问签署服务协议,确定财务顾问为企业获得风险融资所提供的整体服务范围和服务费用。聘用关系确定后,财务顾问团队作为中介服务机构将与企业进行对接,协助企业准备及优化材料。融资佣金一般以现金支付,有时在现金之外还要求以融资主体股权作为服务对价。融资佣金可以在服务协议签署后即支付基础服务费和合理差旅费,融资成功后收取成功费。融资佣金的安排及支付方式应提前书面约定,以免后续在支付佣金时产生纠纷。

(三)会见投资人

投资人在初步了解公司情况、分析评估项目后如有初步投资的意向,则会与融资企业的管理层进行会谈,若企业聘请了财务顾问,则由财务顾问负责安排双方会谈。投资人与企业的会谈对双方而言都是获得对方信息的重要渠道,在会谈中,企业可以获得投资人的背景和情况,投资人也能进一步了解企业的重要信息,并对投资人关心的问题进行针对性回答。在会后,投资人会基于其与企业创始团队的沟通情况,并结合公司及财务顾问准备的材料和推介,对公司的情况和潜在投资风险作出初步判断,进而决定是否正式立项,进行下一步动作。一般而言,投资项目立项报告由如下几部分组成(见图6-2)。

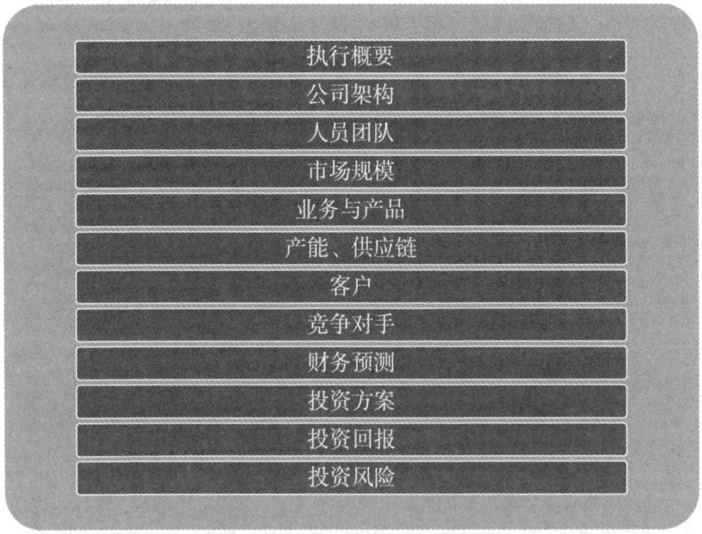

图 6－2　投资项目立项报告

（四）估值

在股权融资交易中，估值是非常关键的一步。对于融资企业而言，这决定了企业的“身价”；对于投资人而言，这决定了投资的成本对价和未来的回报率。但是，对未上市企业，尤其是对还在发展早期阶段的企业进行估值并非一件容易的事。通常，早期企业预测在一段时间内都是负现金流，其预期回报高度不确定。除预期盈利的不确定性外，初创企业的主要资产可能是公司员工、创意和研发成果，但员工可能会离职，创意也难以进行有效保护，这导致公司的估值尤为复杂。在市场环境迅速变化的时期，上述因素会导致对同一家企业的估值大相径庭。一般而言，传统的估值方法主要着眼于被投企业的历史记录与过去表现，而风险投资中的估值则更多关注企业未来的发展状况、未来销售额、未来现金流等，即主要着眼于被投企业的未来。[1]

虽然估值极具挑战性，但通过应用不同的估值方法，仍然可以尽量合理地确定企业价值。估值不仅依据相关的财务理论与模型，还依赖对估值方法的选择、估值的专业水平。估值的方法有很多，交易方也可以借助中介机构的服务。常

---

〔1〕 参见刘曼红、[美]林博、刘小兵：《风险投资学》（第 2 版），对外经济贸易大学出版社 2018 年版，第 138 页。

见的估值方法有可比企业法、净现值法、调整现值法、风险资本法和期权分析法等。

在实操中,投资人在面对特别早期的企业时,往往比较关注企业现阶段推广运营的资金需求,根据创始团队能够释放出的股权比例,计算出一个初始的估值,并以此为基础,再根据创始团队的背景和产品的成熟度等其他因素进行相应调整。对于中后期的企业,投资人会结合企业前几次融资的时间节点、投资人背景、历史估值情况,再对照同行业的上市公司,最后综合适用相应比率进行估值计算。

(五)签订投资意向书

在投资人正式立项,且投资人与融资企业双方对估值达成初步一致后,为表明合作意向,投资人与目标公司会就投资交易文件的主要条款进行初步洽商,并在达成一致后签订投资意向书。投资交易文件名称可能叫“投资条款清单”(term sheet)或“投资意向书”(letter of intent),涉及基本内容大致相同。下文均使用“投资意向书”一词指代此类文件。

投资意向书的内容涉及正式交易文件的重要内容,起到初步确定正式协议主要条款的作用,其内容受限于最终正式交易文件的条款及尽职调查的结果等。由于此时尚未进行尽职调查与实质性谈判,为便于后续需要根据尽职调查以及实质性谈判的进展修改相关条款或退出交易,实践中,双方会约定,除投资意向书中的个别条款(如保密条款、排他性条款、管辖法律与争议解决条款、费用分担条款等)具有法律约束力外,其余条款均不具有法律约束力。尽管作出了如上约定,但是在正式交易文件中,如无特殊理由,投资意向书中的关键条款基本不会进行较大修改。因此,投资意向书对投资人和目标公司双方尤为重要。

(六)尽职调查

签署投资意向书后,投资人将委托各家中介机构(如律师、审计师和税务师)对目标公司展开尽职调查。通过尽职调查,投资人可以对目标公司进行全面的了解,发现公司的潜在问题和风险,从而有助于其判断公司的真实价值和评估投资风险。若投资人与公司进入谈判交易文件阶段,其会将尽职调查的结果、发现的问题和解决方案体现在最终的交易文件中。由于硬科技行业为技术密集型企业，除常见的普遍性问题之外，目标企业的重大合同状况、知识产权状况、高端研发人员情况也将会是尽职调查的重点。

（七）投资人内部过会

投资人内部过会，是指风险投资基金项目团队将拟投企业和项目具体情况向内部投资决策委员会进行汇报，由委员会决定和确认是否开展该次投资的流程。通常，投资意向书和交易文件的交割先决条件中都包括该次投资需取得投资人投资决策委员会的内部批准。

对于投资早期项目的投资基金而言，内部投资决策委员会的过会流程可能会提前到签署投资意向书之前。因为通常处于发展早期阶段的企业在经营情况和财务数据方面较为简单，法律合规方面存在风险的可能性相对较低，所以签署投资意向书后，只要投资人在后续的尽职调查中未发现较为严重的问题，其决定进行投资的可能性较高。而对于投资中后期项目的投资基金而言，签署投资意向书只是其表达初步投资意向并希望开展深入尽职调查的橄榄枝，最终是否进行投资还要根据进一步的尽职调查结果来综合判断，因此，该类项目的投资人内部过会流程将会放到尽职调查结束之后。

（八）签订交易文件

在完成尽职调查且投资人内部过会通过后，双方进入签订交易文件的环节。签订的交易文件一般包括一份股权购买协议（Share Purchase Agreement，SPA）以及一份股东协议（Shareholders' Agreement，SHA）。此外，公司的章程性文件通常也会约定一些具体的股东权利，因此投资人也会要求公司更新其章程性文件，以反映其权利。一般而言，双方会在 SPA 中规定投资数额、交割先决条件、陈述与保证、交割后承诺等条款，而优先权条款通常会放在 SHA 及章程性文件中进行确定，包括优先购买权、优先认购权、优先清算权、优先分红权、知情权、共售权、反稀释条款、对赌协议条款、拖带权、保护性条款、回购权等。

双方会就投资交易文件展开充分的沟通、协商和谈判，投资人会尽可能多地争取到对自己较为有利的优先权条款，从而尽可能规避投资中的风险。融资企业和创始团队亦不能忽视交易文件的谈判，以免自身陷入过于被动的局面。许多发展早期的融资企业对交易文件不够重视，或者出于控制成本的考虑，未聘请专业的律师对文件进行审阅、修改和谈判。由于后轮次融资的交易文件常常以前轮次融资的文件为基础进行扩充，前轮文件下已有的对公司重大不利的条款在后轮如要通过谈判删除，难度可能较大。因此，建议融资企业创始人在早期融资时即聘请专业的律师代表公司处理融资交易相关事宜，以免在早期轮次的融资时将公司和创始团队囿于被动地位。

（九）交割放款

交易文件完成签署的同时或签署后，各方将为交易的交割做各项积极准备。交割在投资交易中是最重要的一个时间节点。在交易文件签署日或签署日后的特定时间内，投资人将投资款打入目标企业的银行账户，而目标企业向投资人签发出资证明，更新股东名册、董事名册及公司章程，向投资人递交其他必要的交割文件。至此，投资人将以股东的身份进入公司。投资人和创始团队的终极利益形成一致，致力于促使公司发展壮大。对于交割后的公司经营和发展，投资人也会行使自己的权利，敦促公司方积极履行其交割后的各项义务，从而确保其投资风险的最小化，早日实现投资收益。

交易文件中通常具体规定了交割日、地点、资金支付的方法、交割时各方的义务（包括应交付的文件）等，双方（特别是公司方）将为交割的早日完成积极履行各自的义务。

从风险投资基金角度出发，常见的投资项目管理流程如图 6－3 所示。

基金牵头主体	投资流程	事项/文件
投资经理	1.项目收集、筛选	1.项目行业研究、立项报告
立项委员会	2.项目立项	2.立项会决议
投资经理	3.签署投资意向书	3.投资意向书
项目小组	4.尽职调查	4.商业尽职调查报告、财务尽职调查报告、法律尽职调查报告等
投资决策委员会	5.投资决策	5.投资建议书 投资决策委员会决议
项目小组	6.项目实施	6.投资方案各要素具体实施
投资管理部门	7.投后管理	7.监督和决策投资方案的落实、执行及变更等，提供增值服务
投资管理部门 投资决策委员会	8.投资退出	8.退出方案/建议书 投资决策委员会决议
项目小组 投资管理部门	9.项目结束	9.法律变更手续

图 6－3　投资项目管理流程

(十)项目退出

风险投资基金的 4 种主要退出模式如下：

1. 上市退出

上市退出是对投资者而言获利最大的退出方式，是大多数项目的理想退出途径。资本溢价将为投资带来较高的回报，因此，传统上风险投资基金退出渠道多以上市为主。然而,由于退出价格受资本市场本身波动的干扰较大,同时也受到锁定期和减持规定的限制,上市退出的回报率难以预期,投资人可能也会寻找其他退出方式。就公司发展角度而言,也应当考虑上市节点,在完成首次公开发行股票后,公司就需要在公众和监管的监督下从事经营活动。

2. 并购退出

风险投资基金投资目标企业后,在其他企业对目标企业进行收购时,其可以作为收购交易中的卖方实现退出。并购退出在企业的任何发展阶段都可能发生,对企业自身的类型、市场规模、资产规模等均没有约束,双方经协商一致后即可并购。此外,并购退出在并购交易完成后即可一次性全部退出,交易价格及退出回报较为明确。

有时,投资人可将其持有的目标企业股权全部或部分转让给其他投资机构。通常而言,对于经营良好的企业,投资机构希望持有其股权直到上市或被实力雄厚的其他企业高价收购,但对于业绩不突出、上市时间拖后的企业,加之风险投资基金都有一定的存续期,投资人可能中途转让其股权,实现退出。

3. 创始人回购退出

创始人回购退出是指目标企业或者其创始人等按照约定的价格将股东持有的目标企业股权购回,从而使风险投资基金等投资人退出的方式。

若风险投资基金认为目标企业发展方向与其投资增值意图不符,主动要求目标企业回购股权,对企业而言,其属于消极回购。通常情况下,创始人无法给予投资人足够的回购溢价,因此,对投资人而言,通过创始人回购退出并不是一种理想的退出方式,交易文件中回购条款的设置系风险投资基金为自己保留的一种退出渠道,以保证当目标企业发展未达预期时,其仍有机会实现退出。

4. 清算退出

若目标企业发展缓慢,或由于市场波动,该风险投资项目较难成功时,风险投资基金无法通过上市、并购等途径退出,而目标企业和创始人也无充足资金回购股权,此时的风险投资基金只能通过清算收回部分或全部的投资额,减少损失。清算退出是各方最不愿采用的一种方式,只能在投资失败时将损失尽可能降到最低。同时,由于清算时通常企业的财务状况已非常不堪,可能还涉及债权债务纠纷,清算的实现可能还会面临烦琐又费时的法律程序。

第二节　风险投资中的尽职调查

一、风险投资尽职调查的准备

风险投资尽职调查是指投资人在与目标企业达成初步合作意向后，经协商一致，投资人对目标企业一切与本次投资有关的事项进行资料分析、现场调查的一系列活动，包含财务尽职调查和法律尽职调查等。[1] 风险投资人通常作为财务投资人对被投企业进行投资，更注重财务回报，对行业的熟悉度可能无法达到与产业/战略投资人同等的程度，而尽职调查是投资人全面了解被投企业以及所在行业的重要途径。因此，风险投资人会对被投企业做详尽地尽职调查，并相应地在交易文件中设置保护机制。

尽职调查的信息主要来自被投企业提供给投资人的文件和信息。对公司而言，要想最终获得投资人的投资一般都需要经过投资人的尽职调查，使投资人了解公司的财务情况、业务模式、内部管理状况，且尽职调查也是公司发现自身潜在问题，或向投资人证明自身价值的过程，因而建议企业和创始团队积极配合投资人尽职调查，企业可聘请财务顾问、律师等中介机构协助其准备相关材料。值得提示的是，在交易的初期阶段，尤其是投资人的意愿尚不明朗时（投资人前期持股的其他企业与被投企业存在一定竞争关系时），被投企业需格外注意披露信息的范围。比如，对于专有技术、商业秘密、供应商信息、客户信息等重要信息，可考虑延迟至双方投资意愿更为明确后披露，并确保此类信息受到保密协议的保护，但由于专有技术、供应商信息、客户信息等可能对被投企业估值有正面影响，如有可能，被投企业也可考虑剔除其中对估值影响较小的敏感部分，采取折中的披露方式。

此外，尽职调查文件传送的方式不无讲究。当前的尽职调查对效率和便利性的要求日益增高，电子传输逐步替代了传统的纸质材料邮递，现在仅提供纸质尽职调查材料的情况已经十分少见。但以纸质方式提供材料也有其优点，比如，

---

〔1〕 参见刘曼红、［美］林博、刘小兵：《风险投资学》（第2版），对外经济贸易大学出版社2018年版，第131页。

部分被投企业可能对部分敏感信息仅提供纸质材料的现场审阅,并要求不得带出该特定场所或复印纸质文件,这时尽职调查团队就需要去企业现场进行尽职调查。电子邮件传输成本低廉、操作简易,但安全性不足、文件下载和使用无法追踪,材料组织结构松散。很多项目采取网上服务器数据下载的方式,但有效期短,安全性和系统性不强。第三方服务商的虚拟数据库是大型交易常用的方案,由资料分享方设置资料的浏览与下载权限,也可追踪资料的使用情况。此外,如多个中介团队均需要查看相关尽职调查材料,资料分享方也可方便地通过虚拟数据库实现,但虚拟数据库及相关服务的使用需收取一定的费用,故主要在较为大型的交易中,各方才会选择虚拟数据库提高尽职调查效率。

投资人的尽职调查通常从商业、法律、财务、税务及技术等多个角度进行,在法律和财务方面,投资人会聘请专业人士对被投企业做尽职调查。下文将首先对法律尽职调查中应当重点关注的问题作梳理,随后简要介绍财务、商业和技术尽职调查。

二、硬科技行业企业法律尽职调查

硬科技行业有着高技术、高研发、高市场集中度的行业特点。硬科技行业是新兴的领域,硬科技行业企业具有巨大的增长潜力,但也蕴藏着很高的风险。因此,在对硬科技行业被投企业作尽职调查时,除核查尽职调查中常见的普遍性问题之外,还需重点关注与行业特点密切相关的风险。尽职调查风险和尽职调查综述,请参考本书第二章相关内容。以下将介绍在法律尽职调查中通常关注与核查的几个方面。

(一)股权及组织文件

对于投资硬科技行业企业的风险投资机构而言,通过企业上市退出是最为主流和理想的方式,因此,在对邻近上市的硬科技行业企业进行尽职调查时,应当特别注意目标公司可能存在的会对企业上市造成影响的问题。在股权及组织文件方面,被投企业股权权属及转让变更的历史沿革是否清晰,股权上是否存在质押等问题,是投资人了解被投企业时首先会关注的问题。如果被投企业存在股权代持的情况,一般需要向投资人阐明代持的原因,由于中国境内上市的交易所和监管机构并不允许上市主体出现股权代持的情况,通常投资人会要求企业根据具体情况和上市计划进行股权还原。另外,若目标公司存在历史上的股权转让情形,由于中国境内上市的交易所和监管机构以及香港交易所对于历史上的股权转让是否存在未依法缴纳所得税的情况比较关注,在进行尽职调查时,投资人应当关注相关主体是否依法履行了纳税义务,申报并缴纳了相应税费,如未缴纳应当及时与税务主管部门沟通并足额缴纳;同时也应当核查历史上股权转让的对价是否都已经足额支付完毕,避免因对价未支付完毕而产生股权权属纠纷和争议,从而对目标公司未来上市带来不利影响。对于中后期融资,若目标公司存在股东认缴注册资本但尚未足额缴纳的问题,应当要求目标公司根据上市计划,最迟在企业进行股份制改革前完成注册资本的实缴,防止影响上市进程。若被投企业的股权上存在质押等权利负担,尽职调查时也会核查质押背景原因、主债务的履行情况及预期履行完毕时间。

实践中,许多硬科技行业的公司选择使用境外架构以吸引美元投资人投资,被投企业需根据其未来上市计划提早规划公司重组。此外,投资人还需关注前轮投资人如有以境内主体投资的,是否已完成境外直接投资审批;未完成境外直接投资审批的境内主体是否存在境内资金借款安排;中国籍创始人是否完成《国家外汇管理局关于境内居民通过特殊目的公司境外投融资及返程投资外汇管理有关问题的通知》(汇发〔2014〕37 号,以下简称 37 号文审批)中所规定的境外投资外汇登记手续;被投企业的员工股权激励计划中是否有对中国籍员工履行 37 号文审批方可实际持有公司股权的相关规定。由于硬科技行业中的多数企业不属于中国外商投资限制类的企业,对于搭建了 VIE 架构的公司,投资人还会特别关注 VIE 架构的合理性和必要性、VIE 协议是否完整全面并有效签署、VIE 协议中的股权质押是否已经完成登记等问题。

被投企业组织文件是公司治理的纲领性文件,包括章程、股东协议及其他类似性质的文件。此类文件提供了被投企业的基本信息,如股权结构、决策权/决策程序、股份转让/股份发行受到的限制、分红政策等。在股东协议中,投资人应当关注不同轮次投资人的优先权利,是否存在影响或限制本次拟议交易的约定等。中国法律语境下默认股东享有优先认购权、优先购买权,但对于选择使用红筹结构的公司,境外结构下其他股东是否对新发或转让的股份享有优先认购权、优先购买权,或是否享有其他形式的优先权利需根据所在法域的情况结合组织文件具体分析。

(二)重大合同

硬科技行业企业通常涉及高度技术创新、专业知识和高投入,因此,在进行尽职调查时需要详细了解被投企业的业务状况和重大合同。硬科技行业企业的重大合同一般包括供应商合同、客户合同、技术许可协议、研发合作协议等。

以集成电路行业为例,集成电路设计企业对代工制造企业的依赖度极高,如果更换可能需要1年左右时间;对封装测试企业的单一依赖性也很高,上下游之间的联系十分紧密。因此,在对集成电路设计企业投资尽职调查的过程中,往往会重点关注被投企业是否存在供应商过度集中或单一的问题,以及重大合同是否授予供应商单方解除权等风险点,如有,应及早与关键供应商展开沟通,取得供应商对于交易的认可,并将供应商解除协议的风险纳入重点评估。同时,对于被投企业有竞争限制效果的合同及条款也需要重点关注。

此外,集成电路企业的知识产权极为重要,投资机构还会关注重大商业合同履行中新开发的知识产权的归属约定。如果重要知识产权属于下游客户,投资机构应协调技术尽职调查团队核查新开发知识产权的范围,评估该等新开发知识产权对相关产品的影响,并在确定被投企业估值时将评估结果纳入考量。如相关条款约定新开发的知识产权由双方共同所有,则应当明确被投企业及该等合同相对方对新开发知识产权的使用是否有限制,该等限制是否会对被投企业的业务经营造成不利影响。

(三)知识产权

硬科技产业的高技术、高研发特性将知识产权归属、许可的重要性提到了十分优先的位置,被投企业对知识产权是否享有权利也是贯穿整个尽职调查的重要主题。无论是前文所提的重大合同对知识产权权属的约定,还是下文劳动部分对员工知识产权的探讨,都是为了尽量确保被投企业对核心知识产权享有无争议的权利。在有条件的情况下,建议投资人组建专业的知识产权团队对被投企业的知识产权情况作全面的调查与分析。

投资人需重点核查被投企业所拥有的知识产权,确保相关知识产权权利人为被投企业或由被投企业全资持股或控制的集团公司。其中,尤其应当注意被投企业是否存在使用员工(尤其是核心员工以及创始人)的知识产权的情况,明确公司核心员工以及创始人是否自己持有与公司业务相关的知识产权。

在少数情况下,考虑专利的公开性以及专利保护有一定时间限制,部分公司会选择将对时间敏感度较低的核心技术作为技术秘密予以保护。投资人需在各中介机构的协助下,确保由被投企业所拥有的知识产权(包括已经过知识产权登记的部分以及采用技术秘密的形式保护的部分),足以覆盖被投企业的业务需求。

为公司的业务布局考虑,一些公司常常会为公司专利额外根据专利合作条约(Patent Cooperation Treaty,PCT)提交国际专利申请,以使公司的专利能享有更大范围的保护。如在尽职调查中发现被投企业未申请 PCT 专利,投资人应当衡量其是否需要要求被投企业申请 PCT 专利。需要注意的是,PCT 专利的申请时间有一些严格限制,投资人应当关注公司的 PCT 专利申请的时间线是否符合相关要求。

除自身拥有的知识产权外,被投企业还可通过许可的方式取得相关技术、商标等使用权。对于许可获得的知识产权使用权,投资人应当重点关注许可范围、许可期限(及到期后是否有权选择续期)是否符合被投企业的业务需求;此外,对许可过程中开发的知识产权归属也应参照前文对重大合同的描述进行相应审阅。

除专利权、集成电路布图设计专有权与软件著作权之外,对硬科技行业企业进行知识产权方面的尽职调查时还要注意核查相关商标权。通常而言,需要核查被投企业持有的注册商标或申请中的商标是否可以涵盖企业的主营业务范围,如商标申请曾发生过被驳回的情形,需要了解驳回的原因;还需核查被投企业正在使用的商标是否已经有在先商标注册申请,被投企业是否存在侵犯他人商标专用权、是否存在潜在的商标权侵权纠纷等情况,以避免被投企业在商标的取得或使用方面存在重大不利变化的风险,对被投企业的运营及未来上市造成影响。

(四)创始人和关键员工

对于硬科技行业的企业,特别是处于发展早期阶段的企业,投资人更看重创始人及创始团队其他核心成员的个人背景、能力,以及团队的组建构成和分工。在尽职调查过程中,投资人通常会关注创始人是否另外设立或持有未并入集团公司的其他公司股权(如果存在业务相关的未并表企业,是否要求尽快整合入集团公司;如果存在其他与业务无关的企业,是否要求创始人从该企业退出;如果存在其他无业务的企业,是否要求及时注销该等企业)。若创始人或其他核心员工参与了其他企业的运营管理,在外进行任职,投资人一般也会要求其作出对公司的全职服务承诺,尽快退出于其他企业的任职和服务。

(五)不动产

在硬科技行业中,不同类型的企业对不动产的需求程度有所不同。例如,某些企业在生产活动中需要大量的不动产资源,如厂房、土地和设施,对于这类企业,投资人在尽职调查过程中需要特别关注这些企业的不动产情况。而对于对不动产需求相对较低的企业,投资人在尽职调查中可以将关注重点放在其他方面。

有的轻资产科技企业对不动产的需求相对较低,且通常可通过租赁满足需求。对不动产需求较低的硬科技行业的企业包括以软件和服务为主的企业,如人工智能、大数据分析和云计算领域的企业。此类企业的业务主要依赖于计算机软件和网络服务,往往不需要自持大量不动产。

另外,其他硬科技行业的被投企业可能会有自建厂房和生产线,以研发、生产其产品。例如,太阳能电池制造商、风力发电设备制造商等新能源企业通常需要大量的生产厂房;新材料企业,如石墨烯生产商、纳米材料制造商等,也需要专门的实验室和生产设施以满足研发和生产需求。通常而言,被投企业有自建项目的,应当主要关注以下资质证照、备案或材料是否齐全完备:土地使用权出让合同或国有土地划拨证书、建设用地规划许可证、建设工程规划许可证、建设工程施工许可证、环评、安全评价、节能评估和审查、排污许可证、消防设计审核和消防竣工验收、人防(公用建筑除外)、地震安全性评价等、建设项目竣工验收备案、不动产权证书等。如被投企业未依法获得建设项目相关的资质证照,相关部门可能会视情节和危害后果处以罚款、责令改正整治、停产停业等行政处罚。

(六)劳动

无论是对硬科技行业企业还是对非硬科技行业企业进行法律尽职调查,对于劳动及员工的法律分析一般都还集中在是否签署劳动合同、是否足额缴纳社会保险及住房公积金等基本劳动合规情况。其中,被投企业存在未为其员工足额缴纳社会保险及住房公积金的情况可能较为常见,如出现该等问题,可能存在被主管部门责令罚款或限期缴存的风险。从未来被投企业上市角度考虑,应当从财务角度计算可能需补缴的社会保险及住房公积金的金额总额,以判断是否会影响被投公司满足上市财务指标以及经营现金流。另外,中国的被投企业可能会聘用部分外籍员工,从劳动合规的角度,被投企业应当为其申请外国人就业许可证和工作类居留证,且应当为该等外籍员工依法足额缴纳社会保险。

在硬科技行业中,知识产权不仅属于公司的核心资产,且一旦产生争议,还可能导致公司产生大笔维权开支或遭受极大损失。因此,除基础的劳动合规之外,对硬科技行业被投企业的尽职调查还需着重分析被投企业与员工之间的知识产权权属安排。

第一,硬科技行业员工常在其他同类公司有工作经验。针对被投企业员工与前雇主的关系及协议安排,应注意是否有相关材料表明被投企业已采取相应措施,确保员工受聘于被投企业不会违反其与前雇主所签署的任何竞业限制协议(如有),且员工不会在被投企业的工作中使用前雇主的知识产权(尤其是商业秘密)。若员工曾与前雇主签署过竞业限制协议(通常会约定一定的竞业限制期限),在实践中,被投企业出于规避竞业风险等谨慎方面的考虑,可能不会与该等员工签署劳动合同,而是安排第三方实体与该等员工签署劳动合同,用工的实际成本由被投企业支付给第三方实体,第三方实体再向该等员工支付工资等。然而,根据相关法律法规的规定,虽然被投企业未直接与该等员工签订劳动合同,但是如果被投企业依法制定的各项劳动规章制度适用于该等员工,该等员工受被投企业的劳动管理,从事被投企业安排的有报酬的劳动,且该等员工提供的劳动是被投企业业务的组成部分,则上述安排很可能会构成事实上的劳动关系。构成劳动关系的,被投企业应当与该等员工补签劳动合同,如发生劳动争议,该等员工有权要求公司承担经济补偿金。另外,该等安排仍然有违反竞业限制的风险。负有竞业限制义务的人员到与前雇主生产或经营同类产品、从事同类义务的有竞争关系的其他企业中任职将有可能违反竞业限制义务。该等员工和被投企业也将可能存在涉嫌侵犯商业秘密、构成不正当竞争的风险,从而可能导致被投企业有需承担民事责任、行政责任甚至刑事责任的风险。因此,投资人应当着重关注上文所述的问题和相应风险,并根据项目的实际情况结合其他因素进行考量,决定对策。

第二,确保被投企业已与员工签署知识产权转让协议,明确员工职务作品的范围,并约定职务作品所涉的知识产权由被投企业所有。

第三,对于设立了员工股权激励计划的企业,在尽职调查过程中,投资者会关注激励计划条款的合规性和合理性,计划实施过程是否遵循相关的必要程序,剩余未发放的员工期权是否足够等。

第四,为了进一步降低员工离职可能给被投企业带来的不利影响,被投企业应与相关人员签署不竞争、不招揽、保密、知识产权归属等条款。对于竞业限制条款,被投企业应当与负有保密义务的管理层和关键技术人员签署,以避免被投企业的商业秘密等核心信息被同业竞争者取得。在形式上可以签署竞业限制协议,也可以在劳动合同或保密协议中约定竞业限制条款。

(七)合规

投资人通常会要求被投企业对其经营的合规性作全面的陈述和保证。对于合规性,首先应重点关注企业的主营业务和资质证照,包括是否已取得经营所必需的全部证照、已取得的证照是否有效。

值得一提的是,近年来,中美贸易摩擦不断,半导体行业作为未来发展的关键行业变得极为敏感,美国为阻碍中国半导体行业的发展而多管齐下。在这样的背景下,经济制裁及出口管制合规成为投资人对半导体行业公司尽职调查的重要组成部分。

就制裁相关的合规情况,投资人应着重关注被投企业的供应商、主要客户或其他交易相对方是否被列入相关清单,包括但不限于美国商务部实体清单、美国财政部主管的特别指定国民和封锁人员清单(List of Specially Designated Nationals and Blocked Persons,SDN)等。如相对方被列入该等清单,应进一步评估被投企业与该等实体交易的性质、应采取的措施以及该等补救措施可能对被投企业的业务造成影响。

就美国出口管制的合规情况,投资人应当关注被投企业是否在美国有商业存在(如分公司、子公司、办公室、办事处、团队等),且上述商业存在是否承担研发职责、是否持有知识产权。此外,确认和甄别被投企业是否使用美国开发的技术及产品也构成合规分析的重要一环。同时,如果被投企业需要从美国进口重要设备或技术的，还应关注此类设备或技术是否涉及美国出口管制许可，以及被投企业是否被列入相关清单，包括但不限于美国商务部主管的实体清单。

反垄断合规风险也越来越成为硬科技行业中投资机构重点关注的问题。根据国家市场监督管理总局发布的中国反垄断年度执法报告，信息技术、医药、半导体、汽车等行业是反垄断执法重点关注的行业领域。风险投资机构在进行相关领域的投资交易时可能会引发反经营者集中申报问题。经营者通过取得股权或者资产的方式取得对其他经营者的控制权，以及经营者通过合同等方式取得对其他经营者的控制权或者能够对其他经营者施加决定性影响的，属于我国《反垄断法》规定的经营者集中情形。投资机构在对企业进行股权投资时，如该投资人获得了对目标企业的控制权或可以对其施加决定性影响，且该投资人经穿透合并计算后的营业额达到申报标准的（所有经营者上一会计年度在全球范围内的营业额合计超过100亿元人民币，并且其中至少两个经营者上一会计年度在中国境内的营业额均超过4亿元人民币；所有经营者上一会计年度在中国境内的营业额合计超过20亿元人民币，并且其中至少两个经营者上一会计年度在中国境内的营业额均超过4亿元人民币），将触发经营者集中申报义务[1]。值得注意的是，对基金而言，其营业额的计算可能远超上一会计年度的自身的营业额，还需合并计算该基金最终实际控制人所控制的所有其他实体、基金以及被投企业的营业额。一般而言，在风险投资与私募股权投资交易中，若投资人有权向目标企业委派董事，或拥有与公司发展运营、经营决策事项（如任免首席执行官、总经理、财务总监等高级管理人员，批准对外重大投资，经营期限、经营范围变更，核心业务变更等事项）密切相关的一票否决权，可能会被反垄断执法机构认定为取得目标企业控制权或对目标企业施加决定性影响。如果触发经营者集中申报义务，则投资人应当在拟议投资交易交割前完成该等经营者集中申报。

在我国，反垄断执法和监管呈现不断加强的趋势，2022年修订的《反垄断法》还新增规定了即使经营者集中未达到国务院规定的申报标准，但如果有证据证明该经营者集中具有或者可能具有排除、限制竞争效果，国务院反垄断执法

[1]《反垄断法》(2022年修正)第25条;《国务院关于经营者集中申报标准的规定》(2018年修订)第3条。

机构也可以要求经营者申报[1]。新修订的《反垄断法》还大幅提高了违法处罚的力度,经营者违反《反垄断法》的规定实施集中,如果具有或可能具有排除、限制竞争效果的,将可能导致反垄断执法机构实施责令停止实施集中、限期处分股权/股份或者资产、限期转让营业等措施,并最高处上一年度销售额10%的罚款;如果不具有排除、限制竞争效果的,则最高处500万元的罚款。[2] 因此,在目前强监管的背景下,投资人应当对《反垄断法》合规风险予以重视。

(八)诉讼、仲裁及行政处罚

在尽职调查中,还应当核查被投企业涉及诉讼、仲裁及行政处罚的情况。首先可以在公开网站上独立检索核查被投企业的涉诉情况。通常而言,通过在公开网站上检索可以核查到被投企业、创始人及其他相关实体或人员的裁判、被执行信息和行政处罚记录。然而,公开网站平台的检索结果存在一定的滞后可能性,或可能无法全面反映所有已决或未决的裁判、裁决、被执行信息和行政处罚记录,因此,需要被投企业主动向投资人提供及披露公司被诉和主动起诉的相关文件(包括但不限于起诉状、答辩状、判决书、裁定书等)以及相关案件的执行情况说明。

对于硬科技行业而言,投资者应当着重关注涉及被投企业核心知识产权争议纠纷或潜在的争议纠纷、股权权属的争议纠纷或潜在的争议纠纷、商业秘密侵权纠纷、涉及公司核心业务的商业争议纠纷、行政处罚等方面。

三、硬科技行业企业商业尽职调查

商业尽职调查着重调查分析目标公司的商业模式和业务发展前景,通过对目标公司业务发展的内部和外部环境情况进行全面调查,评估和分析目标公司达到其发展计划的关键因素,评析判断包括行业发展前景、业务吸引力和发展空间、市场集中度、竞争情况等在内的商业风险。商业尽职调查遵循审慎原则,有着一套严谨的流程。从外部角度来看,通过商业尽职调查可以了解目标公司的商业发展前景以及所处的行业地位;从内部角度来看,通过商业尽职调查可以了解目标公司运营管理情况,为作出是否进行投资的决策提供更多的参考。

---

[1] 《反垄断法》(2022年修正)第26条。

[2] 《反垄断法》(2022年修正)第58条。

对于特别早期的企业，由于其一般在财务上还没有足够的数据和基础资料，投资人可能仅进行商业尽职调查和法律尽职调查，不再单独进行财务和税务尽职调查。对这个阶段的企业而言，相较于公司当前的经营状况，投资人更关注的是整个行业的发展趋势和创始团队的个人能力。就商业尽职调查而言，投资人通常是通过与创始团队的沟通来进行判断，除此之外还通过对产品的测试，与下游客户或竞争对手进行访谈来获取有用的信息。当然，对于特别专业化的领域，投资人也可通过聘请外部专业团队来完成商业尽职调查。聘用外部第三方专业团队进行商业尽职调查的好处在于，其交易经验丰富，对行业情况比较熟悉，分析模型和方式较为专业。

与法律、财务尽职调查一样，商业尽职调查能够揭示目标公司及交易活动中隐蔽的风险，减少投资人与目标公司之前的信息不对称情况，帮助投资人更好地评估目标公司的价值和协同效应，作出明智的投资决策。与法律、财务尽职调查有所不同的是，法律尽职调查评估交易潜在的法律风险，财务尽职调查评估目标公司的经营状况和财务情况，主要着眼于目标公司的过去和现状，而商业尽职调查分析业务行业前景，着重于评估目标公司的未来和发展。商业尽职调查与法律、财务尽职调查并非完全分立。在内容上，商业尽职调查的覆盖面较广，有时会包括法律尽职调查和财务尽职调查的一部分。比如，在进行商业尽职调查时会分析目标公司的盈利能力和财务情况，而这也是财务尽职调查中会涉及的内容。投资人应当综合考量不同方面的尽职调查结果，作出商业决策。

商业尽职调查一般包含以下阶段：初步调研、团队访谈、运营数据分析、行业和产业链研究以及预期分析。

（一）初步调研

该阶段旨在对目标企业和所在行业形成一定初步认知，可以通过浏览目标公司的网站（如有）、介绍小册子、媒体对公司新闻报道收集公司信息，也可以通过了解公司的产品、服务或者去企业、工厂、研发中心等场所参观获得一些感性认识，还可以通过阅读行业报告或者同行业上市公司的年报了解一些行业情况，包括行业的盈利方式、利润水平等。

（二）团队访谈

访谈目标公司的团队需获得目标公司和其成员的配合。目标公司为了获得融资，通常会给投资人与管理团队访谈的机会，并且随着沟通的深入，访谈的次数和深度也会有所增加。通过访谈团队成员，可以了解其背景、职责，对不同成员的访谈内容交叉验证，也可判断目标公司团队特长和能力等。

(三)运营数据分析

该阶段旨在对企业的运营数据进行详尽分析，一般可以关注公司的财务数据、关键业绩指标以及业绩的“转折点”和“波动点”。

(四)行业和产业链研究

该阶段通过对比目标公司和行业内其他公司、上下游企业访谈，了解该行业市场规模、市场进入门槛、市场驱动力、供应商所在行业的变化、下游客户需求的变化以及相应的监管法规的变化。

(五)预期分析

该阶段旨在基于其他阶段搜集的信息以及得出的结论，分析公司是否有能力实现预期目标。

四、硬科技行业企业技术尽职调查

随着科技的发展、知识和信息经济的兴起，技术知识、经营管理知识和品牌在公司发展中变得比以前更加重要，技术尽职调查的重要性也因此水涨船高。技术尽职调查是广义商业尽职调查的一种细分，一般指围绕技术来源、法律状态、属性、效果、使用自由、使用范围、稳定性、可靠性等，进行内容确认和价值评估的系统性调查研究活动，以期帮助投资方厘清事实背景，结合尽职调查结果评估、衡量潜在风险。简言之，技术尽职调查的对象包括目标公司的软件系统、硬件和正在开发的技术，投资者通过确定这些技术是否独特价值对公司进行评估。

技术尽职调查是面向特定需求的信息收集与分析过程，因而对于不同类型的目标公司，技术尽职调查的侧重点不同。例如，对某新能源企业开展技术尽职调查可能重点关注以下方面：与当前最先进技术和未来新兴技术相比是否具有竞争力、节能效率、技术升级或将面临的阻碍与周期性，是否可以享受及享受何种程度上的政府补贴等。技术尽职调查报告将从三个方面对目标公司进行分析：投资的技术风险、投资后的成长机会、应该保留和继续发展的优势。

对企业的科技成果、知识产权、核心技术资产、关键技术人才等进行全面的技术尽职调查,不仅有助于投资方清晰认识拟投资企业的发展前景,还能够帮助其准确把握相关的技术实施风险,避免交易损失,减少交易风险。技术尽职调查可以分为以下 6 个阶段,根据不同目标公司的要求和业务目标,该阶段可能有所不同。

(一)准备阶段

开展技术尽职调查是十分常见的,因此首先应当与合作方开诚布公,与未来的合作伙伴或投资者建立信任是所有创业公司都必须具备的条件。

(二)正式开始

通常,在讨论了技术尽职调查过程的所有细节和要求后,技术尽职调查就将正式开始。此外,双方还会设定准备必要文件的最后期限。

(三)审核资料

审核的资料往往涉及公司的技术资料、知识产权信息、核心成员、流程架构等,具体而言,主要包括以下内容。

1. 相关技术情况

相关技术情况包括技术生命周期与开发方式、技术架构、可扩展性、新技术研发计划、费用与成果归属等。

对于以技术作为公司核心竞争力的科技型公司而言,核查其技术来源尤为重要。如果某项关键技术并非独立开发,则需要厘清是否获得第三方授权许可、使用是否合法、是否会对公司的业务独立性与日后发展形成阻碍、是否存在一定的诉讼风险等。在对尚不成熟的初创型公司进行技术尽职调查时,可以从核查集团公司是否存在并购分立等情况,公司核心技术团队成员是否有高校、研究机构的学习背景或曾经从事相关领域的工作背景,是否曾与第三方达成技术合作等方面入手,确认相关技术是否在公司成立前就已经产生以及公司获取技术的途径是否合法合规。

产品的可扩展性也是调查要点之一,在技术尽职调查过程中,投资者通常要了解系统是如何运转的,在成长过程中会出现什么问题。检验产品的可扩展性,即检验系统是否准备好应对可能出现的问题、是否具备快速有效解决这些问题的能力。

2. 知识产权信息

知识产权信息包括专利、商标、著作权、专有技术的清单、权属、法律状态、权利负担以及诉讼情况。若拟进行股权投资，则清单须包含全部知识产权信息，包括已申请但未公开的专利申请和专有技术等。以专利为例，进行技术尽职调查时，投资者不仅要关注专利权属及其有效性，核实专利证书的真伪，是否属于职务发明，以及专利保护期限，还需要判断该项专利是否对企业的核心竞争力有帮助、是否与核心业务有直接关联，以评估相关技术在公司运营与盈利中起到的作用。不仅如此，该项专利的权利保护范围、许可情况、是否可被轻易规避以及针对目标公司专利的仲裁或诉讼情况均应纳入分析评估其技术稳定性、先进性的范畴。

有时，技术尽职调查还需要了解相关行业的技术现状或竞争对手的业务方向，比较目标公司技术优劣势和专利壁垒，使投资人或收购方得以对行业态势与企业未来发展进行权衡。若为实施转让或许可目的而进行技术尽职调查时，还需要重点关注目标公司的相关产品或技术是否存在侵犯他人知识产权的风险，也就是侵权风险排查检索，以确保实施相应技术不会侵犯他人权利或违反法律法规。

3. 保护方式

由于专利需要公开且存在相应的保护期限，企业还可能依靠商业秘密来保护其核心技术，使其不受专利保护年限的限制，同时，免于承担专利价值贬损的风险。然而，这实际对企业保密制度、保密技术、人员管理、竞业限制等提出了一定的要求，因此，在进行技术尽职调查时，需要关注目标公司是否严格实施保密措施、相关人员是否严格遵守其保密条款与保密协议。

4. 内部流程与核心成员

除狭义的知识产权外，内部流程、核心人员也是公司技术的一部分，因此，技术尽职调查也常对公司内部流程、核心人员等一并展开尽职调查。对于内部流程而言，一方面，战略投资人可能希望借鉴目标公司成熟的内部流程；另一方面，财务投资人可能希望弥补目标公司内部流程的不足，以使公司未来的发展更加迅速。对于核心人员而言，投资人更关注目标公司内部的人力资源价值，尤其希望了解哪些员工在公司发展过程中起到关键作用，技术尽职调查需要了解工程师、设计师、产品经理等公司核心成员的信息以及他们的分工。若有研发外包项目,最好一并提供外包团队信息,便于投资人判断公司的自主研发能力。

(四)安排谈话或会议

由尽职调查人员与企业高管、下游客户乃至竞争对手进行访谈。这一阶段可能持续一至两天,有助于了解企业的内部流程,以及公司产品或服务的分析说明。

(五)讨论问题

前两个阶段将会产生许多问题,在此需要讨论所有细节,并予以解决。

(六)完成报告

技术尽职调查的最后一步是编写最终报告,报告中将会描述投资者或收购方可能遇到的风险、利益和预期收入。

五、硬科技行业企业财务尽职调查

财务尽职调查是指由财务专业人员对目标企业中与投资有关的财务状况进行审阅、分析、核查等。财务尽职调查非常重要,因为其能够向投资者充分揭示财务风险或危机。借助财务尽职调查,投资者可以分析目标企业的盈利能力,预测目标企业未来前景,了解企业的资产负债、内部控制、经营管理的真实情况,从而判断投资是否符合战略目标及投资原则。

一般而言,在投资尚未产生收入的初创企业时,投资人并不一定会进行财务尽职调查,因此在天使轮或者早期投资轮次中,常常以法律尽职调查为主。但对于已经产生收入的企业,投资人会更加关注企业的经营状况,进行财务尽职调查的频率也就相应更高。

财务尽职调查的基本方法是访谈、查询、分析,具体方式如下。

(一)检查书面材料

向目标公司发送财务资料清单,收集目标公司的财务资料,一般包括公司介绍、业务合同、近3年财务报表、科目余额表、明细账、收入成本明细表、合同台账、银行对账单等。对于公司重要的合同、收发账单、凭证,需要现场核实。

(二)独立调查

主要通过工商年检公示官网、企业信用报告、天眼查/企查查等公开渠道进行查询,印证书面材料的真实性。

(三)访谈与询问

在对目标公司进行访谈与询问前,投资者要准备好访谈提纲,提问既要具体、有针对性也要兼具技巧,不能笼统直接,否则可能达不到访谈的效果。

(四)实地考察

现场查看目标公司的厂房、设备、资产、土地及权属凭证、环境等,必要时还需要盘点存货等。

在财务尽职调查过程中,财务报表的质量十分重要,不仅监管机构对财务信息的披露有严格要求,投资者也会把财务信息及财务指标作为判断投资与否的重要标准。由于财务信息质量影响投资决策和 IPO,部分企业会对财务数据进行粉饰,乃至造假,因而如何甄别财务报表的真实性非常重要。财务三大表包括资产负债表、利润表和现金流量表。

在现实中,造成财务数据失真的原因很多,包括公司发展早期阶段管理跟不上、账务处理不规范、为了节税或融资对报表进行了一定的粉饰等,这些都导致了财务报表中信息的不真实、不准确、不完整。

因此,在财务报表中,投资者应重点关注其中的大额及历史变动幅度较大的异动项目。除了财务上的信息,也要关注公司的商业模式、核心团队的作用、品质和动机及一些非财务异动信号,从而加强对公司财务真实性的甄别。

确定财务报表真实性后,应对财务报表展开详细分析。

首先是资产负债表。主要观察资产负债表中的公司总资产、净资产规模、公司的资产结构和资产的利用效率、公司的资本结构、公司的偿债压力。公司的总资产、净资产规模反映了公司近年来的变动趋势、有哪些大动作、资产负债率和同行业相比如何。公司的资产结构和资产利用效率反映了公司的资产布局和质量、资金的去向分布及循环,体现了公司经营模式和经营风险。公司的资本结构反映了公司资金的来源、资金成本状况和是否存在短期刚性兑付压力。公司的偿债能力反映了公司的融资能力和成本、贷款条件等。

其次是利润表。主要关注公司近 3 年销售收入和回款情况,判断公司利润可持续性。关注影响公司毛利的因素,如产品的单价、销量、产能利用率、原材料价格、人工成本等。一般来说,如果公司的毛利率高、存货周转快、现金周转期短,则说明公司盈利能力较强。同时,要记得关注公司同行业情况,所有的财务指标只有进行行业对比才更能凸显优劣。

最后是现金流量表。通过观察公司经营活动、投资活动和筹资活动现金流量的分布,可看出公司的业态、现金流来源以及资金成本如何。通过对比公司销售收入、销售商品提供劳务收到的现金及应收账款占收入比,可评价公司收入的质量。将公司经营活动现金流量净额与营业利润进行对比,可评价公司营业利润的质量。如果公司的经营活动现金净流量持续为负,意味着公司的正常生产经营活动需要持续垫资完成。关注公司筹资活动现金流的分布,包括偿还债务所支付的现金,分配股利、利润或偿付利息所支付的现金,支付的其他与筹资活动有关的现金。如果公司为筹资支付了显然高于正常水平的利息或中间费用,可能意味着公司遇到了生存危机。

财务尽职调查是投资及整合方案设计、交易谈判、投资决策不可或缺的基础工作,重视财务尽职调查对目标公司价值发现、风险发现和投资可行性分析方面具有重要作用。

六、尽职调查发现问题的处理

尽职调查为投资人作出是否继续进行交易的决定提供了重要参考。如尽职调查中发现的问题、责任和风险对交易进行的基础有重大不利影响,大于投资人可接受的范围,投资人可及时止损,放弃交易;如其中发现的问题、责任和风险并未动摇投资人投资的基础,则可通过其他方式处理或规避此类问题。此时,尽职调查起到了识别风险、降低损失的作用。

对于尽职调查中发现的大额债务或经济责任,通常可通过调整估值实现责任较为公平的分配。

对于可能影响交易目的,但可在短期内补救的事宜,一般将其作为交割先决条件,要求被投企业在融资交割前处理完毕。例如,在尽职调查中发现根据被投企业与银行签署的一份借款协议,股权融资事项可能会触发需要事先通知并获得银行书面同意的义务,对于此种问题,通常投资人应要求被投企业与银行沟通此次融资事项,并在交易交割前取得银行的同意。

对于重要性相对较低、补救所需时间较长的事宜,可将其作为交割后义务,要求被投企业在融资完毕后合理时间内处理完毕。例如,在尽职调查中发现被投企业未按照约定办理相关建设项目环境影响评价手续,对于此类问题,投资人通常可要求被投企业在交易交割后尽快完成相关环评手续。

对于特别的风险和或有的责任,可约定特殊赔偿条款,约定一旦出现该等事宜,被投企业创始人、被投企业及/或原有股东应对投资人承担赔偿责任。例如,当发现被投企业存在未足额缴纳社会保险及住房公积金的问题时,投资人可在交易文件中要求上述主体就未能合规缴纳社会保险及住房公积金而给投资人带来的损失连带承担特殊赔偿责任。关于尽职调查的详细介绍,具体可参考本书第七章的内容。

投资人律师在进行法律尽职调查时,不应当仅依赖被投企业提供的文件和信息,还应当充分利用公开信息,对被投企业提供材料的完整性作交叉验证。公司登记系统信息、法院系统诉讼查询、知识产权登记信息、征信系统等都是常见的公开信息来源。

第三节　风险投资中的常见问题

承前文所述,广义的风险投资是指一切有着高风险和高收益特点的投资。本节所述的风险投资是指广义的风险投资。根据国家发展和改革委员会 2021 年 4 月 14 日发布的《创业投资主体划型办法(征求意见稿)》,被投资创业企业发展阶段,可以分为种子期、初创期、成长期和成熟期等阶段。本节将从公司发展的生命周期和阶段切入,主要从种子期、早期、中后期 3 个阶段描述风险投资融资可能存在的风险。

一、种子期交易

处于种子期的企业大多尚处于酝酿、研究和开发产品的阶段,产品或服务可能还未上市,可能仅有原型产品或概念,没有或很少有销售收入。种子期企业进行融资时,创始人、家庭朋友、天使投资人、孵化器、政府引导/扶持基金等是主要的外部资金来源,种子期企业通常会将获得的资金用于市场调研和产品开发、组建团队以及制订和执行商业计划。对于风险投资机构而言,其如果想要投资能够带来10倍、20倍甚至更高倍数收益的项目，往往需要选择有极大发展潜力的企业进行投资，且需要在估值相对低的较早期阶段进入，如此才有可能实现该等投资目标。

处于种子期的公司公司结构通常较为简单和干净，且对资金的需求量较小，因此融资交易的成本相对较低，通常交易文件谈判中的争议点也相对较少，条款可能较为简单。

尽管如此，但是种子期的融资交易也存在隐含的潜在风险。一般而言，对处于种子期的公司进行估值并不容易，处于初始阶段的企业在估值的时候很难找到在现实中可以参照的可比企业，需要结合每家企业的情况独立分析，公司的估值通常建立在对公司核心团队、产品前景、市场的评估之上，有较大的不确定性和难以评估性。特别是对于硬科技企业而言，其核心资产可能是专利、非专利技术、创意、团队等无形资产，对这些无形资产进行评估本身存在一定程度上的随意性，另外，尽管这些资产在将来可能有很大的价值，但是在种子轮阶段其价值还难以体现出来。公司的创始人可能会有希望通过提高公司估值来提高种子轮融资金额的倾向，但是在种子期定下了一个远超公司实际价值的估值存在较大风险。即使投资人在该轮融资中接受了公司的较高估值，若公司的后续发展和表现不如预期，在下一轮融资时的估值没有比种子期的估值高，那么就会产生稀释前轮股东股权价值的后果。在这种股权价值稀释的情况下，在种子期投入资金进入公司的投资人可能会行使其拥有的反稀释权利（如在交易文件中有所约定），要求进行反稀释调整，目标公司或创始人通过补偿现金或股权的方式补偿投资人［反稀释条款（anti-dilution provision）通常会在股东协议中约定，详见第八章］。如果在种子期进入的投资人没有在交易文件中约定上述反稀释相关条款，他们也可能会通过在股东会或董事会投反对票的形式不同意公司进行损害他们权利的下一轮融资，无论怎样，都会对公司和创始人后续融资产生影响。因此，公司对种子期企业的估值问题应当予以注意和重视。

二、早期交易

在早期交易中的初创企业，其企业产品往往已经完成了开发，但是尚未量产，或者其商业模式经过一定验证需要进一步进行更大范围的推广。

对于早期融资交易,应当特别注意交易条款的设置和谈判。一方面,公司与投资人在早期时约定的交易条款在后续的所有融资轮次中很有可能会继续得到沿用,或在沿用的基础上规定更加严苛的条款。另一方面,相较于后期临近上市的企业进行的融资,在早期融资交易时投资人与公司的谈判余地更大,获得有利于投资人优先权条款的可能性也会更大。

早期融资交易谈判需要注意的交易条款包括保护性条款、优先清算权、回购权条款等。以保护性权条款为例,保护性条款又称为一票否决权或重大事项否决权,通常为了风险投资人而设计,是指风险投资人或风险投资人委派的董事在被投企业的(有时包括被投企业的附属公司)的重大事项决策上拥有的否决权。一票否决权既可以仅在股东会层面约定,也可以仅在董事会层面约定,还可以在股东会层面和董事会层面同时约定,投资人股东或投资人股东委派董事可以行使否决权事项的范围视公司与投资人谈判的结果而定。

对投资人而言,其可能更加偏好在股东会层面,或股东会加董事会层面设置一票否决权,因为投资人委派的董事对公司负有应当为公司利益做出决定的勤勉尽职义务,而公司的利益与投资人股东的利益在某些特定情形下可能是存在冲突的,此时投资人委派的董事在根据投资人的意愿行使一票否决权时可能会存在问题和阻碍,且可能存在因投资人在未来的持股比例下降到规定(通常会在交易文件中约定)门槛以下,导致投资人丧失委派董事的权利的情形。另外,在强监管的背景下,投资人应当特别注意一票否决权被认定为对公司构成控制,从而可能引发的反垄断问题。

对公司而言,设置过于严苛的保护性条款可能会对公司的经营和日常运营产生一定的影响和阻碍。另外,在早期交易中,公司可能会同意为早期轮次的投资人股东单独设置保护性条款,但如果在后续轮次融资中的领投方投资人都享有各自单独的投票权和否决权,各轮次的投资人基于自己不同的动机进行投票,可能会造成公司难以管理和决策的局面。

三、中后期交易

在中后期交易中,融资企业可能处于成长期或成熟期。企业的产品已被市场肯定或商业模式已经过一定范围的验证,可以实现营收,或者企业营收稳定增长或商业模式成熟,在所处行业具有一定地位,有较强的生存能力和竞争能力。

相比于风险投资人在早期交易中更关注公司的团队、创意、市场和发展前景等要素,在中后期融资交易中,投资人会更加重视公司的数据表现和结果。投资人投资中后期企业(特别是临近上市企业)的退出风险相对较小,但是中后期交易的估值往往也随着一轮轮融资的进行而大幅提高。在一些项目中,中后期的投资人实际上承担了和早期投资人相同的风险,但是相比之下可能没有对应的潜在高收益。另外,在偏后期的融资交易中,投资人对优先权利的谈判余地通常较小。

我们在前文提到过,对于投资早期项目的风险投资基金而言,内部投资决策委员会的过会流程可能会提前到签署投资意向书之前,签署投资意向书后,只要投资人在后续的尽职调查中未发现较为严重的问题,其决定进行投资的可能性较高。而对于投资中后期项目的风险投资基金而言,签署投资意向书只是其表达初步投资意向并希望开展深入尽职调查抛出的橄榄枝,最终是否进行投资还要根据进一步的尽职调查结果来综合判断,该类项目的投资人内部过会流程将会放到尽职调查结束或者交易谈判完成之后。因此,对中后期项目而言,尽管签署了投资意向书,但是交易仍有可能在后期阶段终止。

另外,当融资进入中后期时,公司和创始人对董事会席位的控制非常重要。各融资轮次中的领投方可能会要求其委派的人员享有一个董事会席位,公司经历多轮融资后,董事会的规模可能较大,因此,公司需要避免董事会过度扩张而导致创始股东委派的董事丧失董事会控制权的情况,或者董事会人数过多导致决策效率低下的情况。通常,限制董事会人数的方法包括规定只有持股比例达到一定门槛的投资人股东才享有委派董事的权利等。

CHAPTER

第七章

风险投资法律文件详解

第一节　条款清单

风险投资交易中涉及一系列文件,包括条款清单、保密协议等交易初期签订的文件,也包括认购协议、股东协议等确定性文件。风险投资交易前期最主要的法律文件是条款清单,条款清单确定后,投资人开展尽职调查。条款清单是被投资企业与投资机构就下一步的投资交易所达成的原则性约定,其主要内容包括交易框架、投资人的优先权、对创始人及团队的限制、公司治理等。这些内容都会反映在最终签署的包括正式股权购买协议在内的交易文件之中,签署条款清单的意义在于建立投融资交易双方对正式交易文件中核心条款的共同认知。它标志着潜在交易的开始,也是为启动正式尽职调查、推进实质性商业谈判、签约和交割而签署的第一份法律文件。

从法律性质上来看,条款清单的特点为框架性、非约束性和排他性。

一、框架性

条款清单相对于正式的交易文件而言,其内容、篇幅和复杂性均大大降低,仅罗列了会出现在未来的股权购买协议、股东协议、章程中的核心条款。签署条款清单可以在很大程度上节约交易双方的时间和成本，降低后期因重要条款产生分歧而导致交易失败的可能性。一般来说，投资机构会向被投企业发送其标准模板条款清单，其条款相对有利于投资机构，不利于被投企业。对于创始人来说，其可以从以下两方面维护自身的利益。

一方面，如被投企业此前已进行过股权融资，可以参考前轮条款清单或前轮最终交易文件修改当前轮次融资的条款清单，这样可以确保当前轮次投资人条款总体上不会过分优于上轮投资人，在加速当前轮次融资谈判的同时，也便于进行前轮投资人的投资者关系维护。另一方面，被投企业可以要求对特定条款留待谈判实质性交易文件时确定，而仅在条款清单中泛泛规定"对于某某条款将在正式交易文件中予以确定"，这样不仅有利于快速推进交易，且对交易双方容易产生重大分歧的条款留待后续再慢慢和投资人展开拉锯，还可以让被投企业有更多回旋余地。当然，这种方式也是一把"双刃剑"，被投企业有更多回旋余地也就意味着投资机构也有更多的谈判空间，双方很可能因在后续交易文件核心条款上存在重大分歧而导致交易节奏拖沓。因此，被投企业和投资机构双方都需要具体情况具体对待，根据实际需要把握融资节奏。

二、非约束性

一般来说，条款清单中会声明，除"排他性""保密性""交易费用""适用法律及争议解决"等特定条款之外，条款清单载明的其他条款对任何一方均没有法律约束力。也就是说，签署条款清单虽然是绝大部分股权投融资交易的必经环节之一，但这仅意味着投资人对被投企业抛出了橄榄枝，并不代表投资机构担负任何法律义务必须对被投企业进行投资。

创始人应当了解实践中不同的投资机构对"非约束性"的尺度把握不一。有的投资机构在签署条款清单后，如尽职调查没有发现重大问题，一般会推进项目的正式签约和交割；有的投资机构则不同，其签署条款清单更多只是为进一步获取公司资料进行研究，签署条款清单的项目中可能仅有部分会获得最终内部批准。

三、排他性

某些情况下，条款清单中会约定排他期条款，禁止被投企业在与投资人进行谈判的同时和其他投资方接触。从被投企业的角度来看，条款清单中若没有排他性条款，被投企业可以同时与多个投资人进行接触，甚至合理利用不同投资人之间的竞争心理，谈下有利于公司的条款。另外，排他性条款有时间限制，对被投企业来说，排他期越短越好，一方面，有利于尽快完成签约并获得融资；另一方面，在和某一家投资机构未能最终完成融资交易的前提下，能尽早接触其他投资机构。市场上较为常见的排他期在30～60日。如多家投资机构均有投资意向，被投企业掌握着较大的主动权，可以拒绝接受排他性条款，或仅与领投方约定排他性条款（但约定排他期间不禁止公司与跟投方磋商），同时，将与领投方的排他期尽量控制在1个月之内。

从核心条款角度来看，投资机构与被投企业谈判的重点主要落在被投企业的两个方面：一是经济利益，包括投资价格、投资后各种退出情形下的回报；二是控制权力，即投资完成后如何通过监督公司的稳定运营来保障投资机构的利益。因此，除基础安排条款之外，条款清单所罗列的条款主要对应“经济利益”和“控制权”两个维度的功能[1]。

私募股权投融资的交易模式源于美国，经过40多年的发展，其在与中国的商业环境及法律制度的不断磨合下，形成了具有中国特色的私募股权融资文件和惯例。具有中国背景的被投企业，根据其实际的融资和上市需求，分为境内的人民币融资结构和境外的美元融资结构，二者整体内容类似。

表7－1是对条款清单主要条款的梳理分析，除另有说明外，该表将主要集中于境内人民币风险投资相关条款，也基本适用于跨境美元投资。

[1] 参见[美]布拉德·菲尔德、杰森·门德尔松：《风险投资交易：条款清单全揭秘》，桂曙光译，机械工业出版社2014年版，第36页。

表 7－1　风险投资条款清单

序号	条款名称	条款范例	分析
1	被投企业	[公司名称],一家由创始人已经/将要设立的[中国]公司	明确融资主体的名称及设立地。 中国被投企业大部分在境内设立,也有部分为了吸引美元投资而搭设了海外持股平台。 在美元投融资架构中,开曼群岛等离岸地是最常见的融资主体设立法域
2	创始人	[×]、[×]和[×],[中国/某法域]公民,其身份证/护照号如下	明确创始人及其国籍
3	投资人	[×]基金及/或其关联基金(以下简称投资人)	在存在跟投方的情况下,跟投方往往不会单独签署条款清单,跟投方的条款需要与领投方的条款保持一致。尽管跟投方不会单独签署条款清单,但是公司需要确认跟投方是否与领投方同时签署同一份股权购买协议,以及是否同时交割
4	发股种类	可转换[A/B/×]轮股权,最初可按1:1的比例转换为公司的普通股股份	公司通常向投资人发售某一系列的股权,附带相应的股东特殊权益。在本轮融资的估值高于前轮融资的前提下,本轮融资中拟发行的股权,在优先级顺序上一般应高于前轮融资。这里提到的优先级顺序,通常体现在分红权、优先清算权和回购权中约定的公司资产分配顺序上。 但公司在进行加轮融资时,需要视估值的上涨幅度,决定优先级顺序是比前轮股权更高,还是与前轮融资中发行的股权相同。加轮融资是指本轮融资的估值在前轮融资基础上有所提高,但就融资资金量和估值提高幅度而言,尚不足以称为新的一轮融资。加轮融资通常在公司尚未成就里程碑式的事件,但需要额外的资金支持的情况下适用

续表

序号	条款名称	条款范例	分析
5	投资金额	合计投资[×]元人民币,交割后获得公司[×]% 的股权(在完全稀释的基础上,包括任何公司预留的员工期权)	投资人预计的投资金额以及在完成该轮投资交割后投资人预计获得的公司的股权比例。"在完全稀释的基础上",是指所有预留而未发的股权(包括期权、认股权等可转换为公司股权的工具)都被计算在总股数中。 就员工期权问题,投资人往往会关注融资后公司是否会继续增发员工期权池,进而导致稀释投资人持股比例的情形。因此,投资人通常要求公司在本次融资交割前预留足够的员工期权份额
6	估值	投前估值/投后估值为[×]元人民币	有的投资人倾向于在条款清单中明确规定投后估值,目的在于锁定投后股比,促使公司只接受自己的投资,不再开放融资机会给其他潜在投资人。 对于公司长期融资发展来说,未必是估值越高对公司越有利。估值应当结合公司实际循序渐进,通常伴随过高的估值的是不切实际的业务增长目标,一味追求高估值可能反而会为后续融资设置障碍

续表

序号	条款名称	条款范例	分析
7	股权结构	交割前公司股权结构为(在完全稀释的基础上,包括员工持股平台持有的员工期权股份): ·创始人持有[×]股的股份,占比[×]; ·员工持股平台持有[×]股的股份,占比[×]; ·现有投资人持有[×]股的股份,占比[×]; ·上述股东持有[×]股的股份,占比 100% 交割后公司股权结构为(在完全稀释的基础上,包括员工持股平台持有的员工期权股份): ·创始人持有[×]股的股份,占比[×]; ·员工持股平台持有[×]股的股份,占比[×]; ·现有投资人持有[×]股的股份,占比[×]; ·本轮投资人持有[×]股的股份,占比[×]; ·上述股东持有[×]股的股份,占比 100%	条款清单通常会在附件中附上该轮次投资交割前后的公司股权结构表,以使投资人较为清晰直观地了解公司的股权结构、各方的持股情况。 如果创始人在公司的持股比例并未足够地高出投资人在公司的持股比例,意味着创始人对公司缺乏实际控制权。在与投资人接洽的初期,投资金额、估值、股权结构是决定双方是否进行后续合作的关键
8	过桥贷款	本条款清单签署以后[×]天内,投资人将根据《贷款协议》,向公司提供[×]元人民币过桥贷款,期限[×],利息[×]元	一些情况下,投资人可以通过过桥贷款的形式将部分投资款先借给公司,用于公司的日常运营,并约定在完成交割时转化成对公司的股权投资款或者还款

续表

序号	条款名称	条款范例	分析
9	购股权证	投资完成的同时,公司将授予投资人按照[本轮投资价格]/[下轮投资价格]的[×]%的价格向公司投资购买[A/B/×]轮股权的购股权证。 该购股权证可在交割后任何时间内无条件行使,但在以下事件中较早发生的时间到期:(1)交割后[18]个月;(2)合格IPO;(3)清算事件;(4)下轮股权融资交割	以下两种情况下,公司可能向投资人发行购股权证: (1)投资人看好公司未来发展,因此双方合意由公司给予投资人一项未来以一定价格追加认购公司一定数量股份的权利。虽然该等行权价格通常会稍高于当前轮次的认购价,但会低于未来轮次的认购价。若公司未来发展良好,投资人愿意继续追加投资的,即可以行使购股权证,以比届时公司股价更优惠的价格购买公司股份。 (2)如上所述,有的人民币投资人可能尚未办理对外投资的备案批复手续,或暂时未完成足额的人民币换汇。为尽快完成交易,境外公司可先向投资人发放一项购股权证,即一项未来以一定价格追加认购公司一定数量股份的权利。投资人在未来完成对外投资的备案批复手续并取得足额美元后,可以行使购股权证,将美元投资款支付给公司,取得境外公司的股份。 在购股权证中,需要额外注意的是,投资人对购股权证的行使是否被包含在该投资人优先认购权行使的额度内,即购股权证是仅给该投资人在未来一个认购价格上的折扣,投资人通过行使购股权证获得的股数不应超过其通过行使优先认购权可认购的股权这一上限;抑或独立于优先认购权,使投资人可以在优先认购权的上限之外额外取得一部分股权

续表

序号	条款名称	条款范例	分析
10	资金用途	公司将从[A/B/×]轮股权融资获得的资金用作业务扩张、研发、资本支出和其他运营资本	作为投资人,其自然是希望自己的投资款项能够被公司用在“刀刃上”。因此,一般双方在交易文件中会界定集团公司的主营业务范围,明确投资款项需用于主营业务,且无投资人的许可,不得挪作他用
11	陈述保证	[A/B/×]轮股权的购买应根据公司和投资人都能接受的股权购买协议进行。股权购买协议应包括由公司和创始人作出的适当和通用的陈述、保证和承诺	投资人通常会在正式交易文件下要求公司和创始人对集团公司的各个方面作出覆盖性的陈述、保证和承诺,但在条款清单中不会详细列明
12	交割条件	本轮投资的交割前提条件包括但不限于下述内容: (1)签署正式的交易文件; (2)投资人完成并确认对公司全部的尽职调查,包括但不限于公司知识产权、财务、法律的尽职调查; (3)创始人及关键员工已与公司签订了标准的不竞争协议、保密协议和职务发明归属协议等; (4)其他惯常交割条件	交割条件是投资人支付投资款的前提条件。在签署条款清单阶段,投资人通常还未完成尽职调查,因此,交割条件中会写明交割条件之一是投资人完成尽职调查且尽职调查的结果令投资人满意。 另外,有的投资人要求交割条件中包含投资人的投资决策委员会批准投资

续表

序号	条款名称	条款范例	分析
13	董事会	交割完成时,公司的董事会将由[×]名董事组成,其中创始人有权任命[×]名,投资人有权任命[×]名。 公司将为投资人任命的董事提供惯常的董事保险及最大限度的免责	董事会的席位设置体现了投资人和创始人对公司治理的安排。通常每一轮次的领投方或持股比例较大的投资人,都会要求在公司的董事会中(甚至集团体系内的重要子公司的董事会)派驻董事,以保证对公司决策重大事宜时有知情权和一定的决策权。从公司角度出发,其可以要求投资人有权委派董事的前提为,投资人的持股比例不低于一定比例(如5%、8%或10%),且投资人持股一旦低于最低比例,即丧失委派董事的权利。跟投方或持股比例较小的投资人,以及丧失委派董事权力的投资人,有时会要求委派无投票权观察员参加董事会,以及时知晓公司重大事项及其决策过程
14	信息权及检查权	公司和其子/关联公司应向投资人提供: (1)至少于新财政年度开始30日之前,经其董事会批准的年度预算计划; (2)每年结束后90日内,按美国/中国会计准则编制经四大或其他知名会计师事务所审计的年度财务报表; (3)每季度结束后45日内,未经审计的季度财务报表; (4)每月结束后30日内,未经审计的月度财务报表; (5)业务数据和经投资人合理要求的其他信息。 另外,投资人股东有权对公司的财务账簿和其他经营记录进行查看核对。该信息权条款在公司上市后终止	此条款主要是为保证投资人对公司经营管理状况享有一定的知情权。 有的公司比较强势,通常要求只有股比超过一定比例的股东才享有信息权,以减少汇报沟通成本。在这样的情况下,个别小股东(特别是美元VC基金为满足美国法律下的合规要求)如特别坚持享有信息权的,公司也可以与之签署单方面协议,单独给予该投资人信息权

续表

序号	条款名称	条款范例	分析
15	投票权	每一股[A/B/×]轮股权所具有的表决权与其可兑换的相应数量的普通股所具有的表决权相同。 [A/B/×]轮股权原则上与普通股共同进行投票表决,而非作为单独类别分开投票表决;但涉及本合同所约定的“保护条款”的事项除外	对于中国境内公司,股东通常根据其在公司注册资本所占比例进行表决
16	优先分红权	如果董事会宣布派发股息,[A/B/×]轮股权持有人有权优先于普通股持有人,按照购买价每年[×]%的息率获得[累积/非累积]股息。除非[A/B/×]轮股权的持有人按照转换后股份数已经全额获得相同股息,否则公司不得向其他任何类型的股票持有人发放股息	对于中国境内公司,原则上同股同权,当然,公司和股东可以在股权购买协议等交易文件中另行作出特别约定。 一般来说,后轮次的投资人股东较前轮次的投资人股东享有更优先的获得分红的顺位。另外也需要注意:(1)分红是否为累积计算,即如果分红当年没有支付,是否会一直累积,直到支付为止;(2)分红是否为复利,即当分红为可累积时,如果分红当年没有支付,是否下一年度这部分未支付分红加计入投资额重新计算新的分红;(3)分红是否有参与权,即投资人在优先获得其分红后,是否可以和普通股股东一起分配剩余的分红;(4)分红的支付方式,除以现金支付外,公司是否可以选择以普通股支付。 一般初创公司不会分红,故从创始人的角度,这条可以特别说明“当且仅当公司宣布分红或实际分红时”,[A/B/×]轮股东享有优先分红权

续表

序号	条款名称	条款范例	分析
17	优先清算权	若发生清算事件(包括通常视作清算的事件,如合并、并购、出售重要资产或控制权变化),[A/B/×]轮股权的持有人可优先于普通股持有人分别获得相当于每股[×]倍的股权购买价加上任何宣布而未派发红利的金额(以下简称股权份额)。在[A/B/×]轮股权份额得到全面偿付之后,公司的全部剩余资产、公司或其股东所获的款项按照比例派发给普通股和[A/B/×]轮股权(按照转换后普通股计算)持有人	对于中国境内公司,原则上同股同权,公司和股东可以在股权购买协议等交易文件中另行作出特别约定。但是,由于中国《公司法》对清算剩余财产的分配顺序有强制性规定,实操中的分配仍需受限于该等规定。 投资人股东可约定优先清偿款的计算方式,一般是投资额的一定倍数。不同系列的投资人股东也可以设置不同的优先清偿款的计算方式和顺位。一般来说,后轮次的投资人股东较前轮次的投资人股东享有更优先的获得优先清偿款的顺位。 优先清算收益一般包括:(1)原始投资成本;(2)积累应付的利润;(3)已宣告但尚未分配的利润;(4)额外的优先清算权益。 根据参与分配方式,优先清算权也分为:(1)不参与分配优先清算权,即投资人股东获得优先清算回报后,不参与剩余资产的分配;(2)完全参与分配优先清算权,即股权股东获得优先清算回报后,剩余资产由普通股股东和投资人股东按比例分配;(3)附上限参与分配优先清算权,即投资人股东获得优先清算回报后,投资人股东与普通股股东按比例分配剩余资产,直到投资人股东获得特定回报上限。 由于创始人等其他普通股股东通常只能在投资人获得全部优先清算收益之后方可分配剩余收益,顺位在先的投资人拿走的优先清算收益可能过高,顺位在后的投资人、创始人和其他普通

续表

序号	条款名称	条款范例	分析
17	优先清单权		股股东将面临清算收益过低甚至颗粒无收的结局。鉴于此,建议创始人在早期融资时不要轻易答应投资人过高的优先清算收益率,一般与投资人给予其有限合伙人的预期回报率相挂钩或适当上浮即可(8%～15%),避免直接设定一定回报倍数(如1.5～2倍)。 优先清算权与拖售权等条款的竞合。在投资人行使拖售权的情况下,通常会触发优先清算权。这样即使公司出售价格较低,投资人也可以因为行使优先清算权,通过参与分配公司出售的价款获得优先清算额后实现退出
18	回购权	从交割日起的[第×年始]或当公司或创始人严重违反融资文件的情况发生时,持有公司[A/B/×]轮股权的股东可要求公司或创始人按照投资人的初始购买价,加上[×]%的复利,加上应付但未付的股息(以下统称赎回价格)赎回其持有的全部或部分的[A/B/×]轮股权,该赎回价格根据股票分拆、红利股、资本重组和类似交易按比例调整	投资人通常会设定一个收回投资的触发条件(例如:投资完成后一定期限内公司未完成上市;公司或创始人严重违反交易文件;创始人丧失实际控制人地位;其他投资人行使回购权等)。至于回购价格,通常是初始投资金额加上一定年利率计算的利息,以及所有应付未付的股息。有的投资人还会要求,以前述标准计算的回购价格与股权的"公平市场价格"孰高为准。对此,公司可以"回购是保底条款,而不是获得投资人超额回报的途径"来予以拒绝。 值得注意的是,若创始人也作为回购义务人之一,将会对创始人个人产生较重的义务,这一点通常是双方谈判时的争议焦点之一

续表

序号	条款名称	条款范例	分析
19	转换权	任一序列的[A/B/×]轮股权的持有人都有权利按自己的判断在成交之后的任何时候将所持有的全部或者部分[A/B/×]轮股权转换成普通股。初始转换价格为购买价格，即转换比例为1:1。 [A/B/×]轮股权应按届时适用的转换比率，在下述任何情形下（以较早发生者计）转换成普通股：若公司申请普通股在投资人认可的市场公开上市且与承销机构达成确定的包销协议，且上市前公司估值至少在[×]亿元人民币，且上市融资规模至少在[×]万元人民币（"合格首次公开发行股票"），或在持有至少[×]%的已发行[A/B/×]轮股权的股东（作为同一级别股票）投票或同意的日期转换	对于中国境内公司，由于投资人持有的是公司注册资本的份额，不存在转换问题。 对于可以进行股权安排的境外公司，转换权是股权的基本权利，初始的转换比例一般都是1:1，即一股股权可转换成一股普通股。 在公司上市时，所有的股权都将被自动转换成普通股。此外，双方还可约定在一定比例的股权股东同意的情况下，所有的股权都自动转换成普通股。转换权也属于结构性反稀释条款的一种，即在公司发生股份分拆、股份合并等类似事件时，转换价格做相应调整，防止股份价格被稀释
20	反稀释调整机制（anti-dilution）	转换价格和比率将根据股权或股票分拆、分红、资本重组以及类似交易按比例调整。 若公司增发股权类证券且增发价格低于当时[A/B/×]轮股权转换价格，则[A/B/×]轮股权的转换价格应降至新发股份的发行价格，除非股票增发属于ESOP股票，[A/B/×]轮股权转换或行使既有期权或购买权，公司的注册包销公开发行股票，或者与股票分拆、分红、资本重组和类似交易相关的按比例做出的调整（例外新发行）	在私募股权融资过程中，若后续公司以低于前轮投资人投资时的价格发行新股，会对前轮投资人的股份造成贬值。因此，投资人和公司可以约定在公司后续以低价发新股的情况下，通过调整转换价格保障前轮投资人的权益。 调整的方式可以分为很多种，最常见的就是完全棘轮法和加权平均法。 完全棘轮是指前轮投资人每股价格调整之后，应和新发股的价格一致。该方式仅考虑低价发行新股时的价格，而不考虑该低价发行新股时的规模。

续表

序号	条款名称	条款范例	分析
20	反稀释调整机制（anti-dilution）		加权平均是指如果后续发行的股份价格低于前一轮的转换价格，那么新的转换价格就会降低为前一轮转换价格和后续融资发行价格的加权平均值。加权平均又分为广义加权平均和狭义加权平均，前者在计算已发行普通股数时按完全稀释方式，即包括已发行的在外的普通股、[A/B/×]轮股权可转换成的普通股、行使期权或认购股权可获得的普通股，以及可转换证券转换后可得的普通股等，后者在计算已发行普通股数时仅包括发行在外的普通股。 对投资人最有利的是完全棘轮法；对公司方和创始人较有利的是广义加权平均法
21	创始人及其他普通股限制	除非公司董事会（包括投资人任命的董事同意）特别批准，否则创始人和员工期权股份（以下合称限制性股份）将根据下述条件分[4年]释放：[25]%在投资完成（其正式加入公司/正式发放）之日满[1年]时释放，其余[75]%在剩下的[3年]里逐年/季度/月释放。 在公司上市前如果未经特定股权股东同意，创始人不得转让或出售其所持有的公司股份	公司的创始人所持的股份和员工通过员工期权激励计划持有的股份均为普通股。投资人一般要求对普通股设定一些限制，如归属限制和转让限制。普通股一般需要分期释放给创始人和其他员工，且未经投资人的同意，一般不得自行处分

续表

序号	条款名称	条款范例	分析
22	新股优先认购权	[A/B/×]轮股权持有人有认购最多与其持股比例相当的(根据转换后的普通股的比例)公司任何新发证券的优先认购权,且购买的价格、条款和条件应与其他潜在投资人的购买相同,如果有[A/B/×]轮股权持有人放弃购买其优先认购权的,则其他股权持有人有权认购其放弃部分。认购新股的优先权不适用于例外新发行	优先认购权保障了投资人在公司进行后续融资时优先追加投资的权利,其也属于结构性反稀释条款的一种,保证投资人的持股比例不被稀释
23	优先购买权和共同出售权	股东协议应赋予[A/B/×]轮股权持有人在任何的公司普通股股票转让中的优先购买权和共同出售权。 若股东计划向任何第三方出售其全部或部分持有的普通股,则必须首先通知[A/B/×]轮股权持有人且应赋予[A/B/×]轮股权持有人如下权利:以计划出售的同样条款购买股票的优先购买权(包括超额配售权)以及以拟受让人提出的同样条款共同售卖股票的共同出售权。 [A/B/×]轮股权的转让不受优先购买权、共同出售权或者其他协议条件或限制的制约	在普通股股东向外转让普通股的情况下(一般已取得了投资人的同意),投资人可以行使优先购买权,使其可优先受让该部分股份,或者行使共同出售权,使其可以按比例参与该等出售交易。无论是优先购买权还是共同出售权,其目的都是最大限度地保护投资人的利益,以使投资人可以享有有效的退出方式、参与交易获得收益以及防止不必要或不受欢迎的股东进入公司

续表

序号	条款名称	条款范例	分析
24	拖售权(drag-along right)	如果公司出售其全部或大部分公司资产、股权(以下简称出售),在[2/3 以上][A/B/×]轮股权股东同意,并满足下列条件的情况下,普通股股东应同意该出售: (1)该出售于该股权投资满[3 年]后发生;和(/或) (2)该出售价格为该股权价格(经拆股、派息等相应调整后)的[5]倍。 不同意上述出售的普通股股东,则有义务按第三方提出的收购公司的价格购买该[A/B/×]轮股权股东的全部股份	当公司收到一个符合条件的潜在收购要约,拖带权人可以通过行使拖售权,要求全体股东参与该次收购并整体退出。 由于拖售权可能存在滥用风险,损害创始人利益,创始人可以要求设置一些触发条件,比如,只有达到一定股比的投资人才有权行使,或者要求创始人同意或董事会批准,或者要求只有达到一定的出售估值,拖售权才可能被触发
25	保护性条款(protective provisions)	任何下列可影响公司(为本条目的,公司包括子公司及关联公司)的公司行为和交易(无论是通过修改公司章程还是其他方式,无论是单一交易还是多笔相关交易)均需要获得[2/3]以上的[A/B/×]类股权持有人(包括股权转换成普通股后的持有人)或投资人委派的董事的同意(视情况而适用)	由于投资人在公司的持股比例通常不会很高,对于公司的重大事项(特别是影响投资人权益的事项,如公司的发股、修改章程、回购股票、处置公司重大资产、主营业务变化、重大借款投资、重组并购、解散清算等),如按照一般表决机制,投资人往往并无否决权。因此,在交易文件中,投资人通常会对公司的重大事项要求有一票否决权,其实现方式可以在股东会层面和/或董事会层面,要求公司在从事列举的事项之前,需要取得投资人或其委派的董事的同意。 从公司角度,公司可以要求对享有一票否决权的股东单独或合计的最低持股比例进行约定

续表

序号	条款名称	条款范例	分析
26	创始人及关键员工的全职承诺和非竞业承诺	在成交日前,创始人股东应保证其将尽全力为公司服务且不从事与公司产生竞争的业务,期限至其在集团公司不持有股权且不担任职位后的[1]年,或公司实现合格首次公开发行股票[1]年之后。 在法律允许的范围内,核心技术人员和其他关键员工也应作出竞业限制承诺	创始人和关键员工是被投公司的重要资产,也是决定投资人是否进行投资的关键因素。 一些情况下,创始人也会要求投资人不投资竞争性公司(或未经创始人同意,不得将投资人持有的被投公司的股权或股份转让给竞争性公司等),但有些投资人也会在投资协议中明确要求,其有权利投资竞争性公司。
27	股权激励计划	在交割时,由员工持股平台持有的[×]%公司股权,对应交割后公司注册资本[×]元人民币,预留给员工股权激励计划下发放给公司员工的股权激励使用。 在交割后,所有通过股权激励计划授予的股份和股份等同物应按照惯例分[4年]逐步生效。授予[1年]后,[25]%的ESOP将生效,剩余的将在之后的[36]个月内逐月生效	在投资人投资的同时,公司也会设立股权激励计划预留部分股权用以激励员工、高管和顾问等。由于中国境内公司存在有限责任公司股东人数限制,通过一家有限合伙企业作为员工持股平台代为持有公司该部分股权是实践中较为常见的做法。设立员工持股平台,一方面解决了上述股东上限问题,另一方面也有利于公司股权结构的稳定性。同时,创始人也可以通过控制员工持股平台的方式,加强对公司的控制
28	最惠国待遇	若公司在既有股东权利中存在比本次交易更加优惠的条款,则投资人有权享受更优惠条款	在签署条款清单阶段,投资人对公司之前的投资人所拥有的优先权利的细节可能并不十分清楚,因而在条款清单中所要求的己方优先权利也可能并不如前轮投资人的优惠。因此,最惠国待遇条款可以保证新投资人至少能拥有与前轮投资人同等程度的优先权。 一些情况下,在先的投资人同意公司在本轮次后续向不特定第三方发行一定数量的公司新增股份时,也会要求公司承诺,基于该轮增发加入的公司新股东所享有的权利不得优于在先的投资人的股东权利;领投方也会要求公司承诺跟投方所享有的权利不得优于领投方

续表

序号	条款名称	条款范例	分析
29	保密性	除非法律要求,本条款清单的条款,包括其本身,均为保密信息,不得向任何第三方披露。如果其中一方依法需要向监管机构或政府部门披露本清单,该方应该在披露前的合理时间内向另一方征询意见,并在可能情况下对另一方要求予以保密处理的信息争取采取保密措施	保密性条款是条款清单中具有法律约束力的条款之一,双方对条款清单本身和其中的条款内容均有保密义务
30	排他性	各方秉持诚意达成前述约定。公司和创始人同意并保证,在本条款清单签署后[×]日内(排他期),未经投资人书面同意,不与任何其他第三方就公司的融资和发股事宜进行任何招揽、协商,亦不接受任何其他第三方的要约提议	排他性条款也是条款清单中具有法律约束力的条款之一,是为保护双方锁定交易而设置的条款。通常来说,投资人会希望排他期尽量长一些,能够使其有足够的时间进行尽职调查和内部决策。但对公司(特别是那些足够吸引资本的优质标的公司)来说,融资时间非常关键。公司和创始人当然希望吸引能给予公司更高估值和更充分支持的投资人,而过长的排他期将阻碍公司与其他潜在投资人进行沟通。因此,如有多家机构有投资意向,建议公司尽量不接受排他性条款,或仅与领投方投资人约定排他期条款(但约定排他条款不禁止公司与跟投方磋商)。同时,将与领投方投资人的排他期尽量控制在 1 个月之内

续表

序号	条款名称	条款范例	分析
31	交易费用	公司应向投资人补偿投资人已支出或即将支出的与本次投资相关的尽职调查及准备、谈判和制作所有文件的费用,包括聘请外部律师、会计师和其他专业顾问的费用,无论投资是否完成。公司还应向投资人支付在交割完成后,投资人所发生的与本次投资相关的合理的外部律师费用,包括但不限于与文件审查、通知、放弃或修订投资人权利的费用。公司应向投资人支付的上述费用总额应不超过[×]元人民币	通常来说,公司会在一定范围内承担一些投资人因参与投资而产生的费用(包括律师和会计师的费用等)。这部分费用可能从投资人支付的投资款中提前扣除,也可能由公司直接支付给提供服务的专业机构。 此外,对于在投资未完成的情况下投资人产生的费用,一般双方可根据未完成的原因自由约定如何分摊,如投资未完成是由公司方的故意或重大过失造成的,公司方需要补偿投资人一定费用
32	法律适用和争议解决	本条款清单有约束力的条款受中国[香港]法律管辖,任何与本条款清单有关的争议均因应递交[香港国际仲裁中心],根据其届时有效的仲裁规则于[香港]仲裁裁决,仲裁员[1 名],且仲裁语言为[中文]。仲裁裁决对各方有最终效力	对于法律适用和争议解决条款,建议公司方慎重考虑,选择对己方有利或预计成本较低的解决方式和裁决地点
33	约束力	除“排他性”“保密性”“交易费用”“适用法律和争议解决”条款之外,其他条款对任何一方均没有法律约束力	如前所述,条款清单中除特定声明的条款之外,其他条款对任何一方均没有法律约束力

第二节　投资文件及谈判要点

股权认购协议、股东协议和章程性文件作为股权融资中最核心的文件,三者相互关联,密不可分,共同引导着股权融资的顺利开展和完成。其中,股权认购协议主要围绕股权融资中的“交割”事项展开，约定相关流程；股东协议及章程性文件则重点关注“交割”之后（投资完成，投资人成为公司股东），投资人和创始人及其他股东的权利义务如何分配。本章将对股权认购协议、股东协议和章程性文件进行详细介绍。

一、股权认购协议

股权融资项目中的主交易文件之一是股权认购协议。投资人通过该协议认购公司的新发股票实现股权融资。在境内项目中，其通常被叫作股权认购协议或增资协议，投资人通过该协议认购公司新增注册资本实现股权融资。下文统一将该类协议称为股权认购协议。

风险投资中的股权认购协议的内容总体与取得控制权的并购交易中的股权收购协议类似，可以参照本书第四章的内容，但由于风险投资中的交易标的是小比例股权，有一些特有的约定、惯例和权利机制，其与取得控制权的并购交易中的股权认购协议也有一些不同。本节将按照惯常体例，由前至后介绍风险投资中股权认购协议的主要架构和内容。

（一）标题、鉴于、定义

1. 协议标题

股权认购协议的开头一般是标题部分。标题部分会写明协议名称、各当事方的名称以及协议日期。一般而言，股权认购协议的当事方包括公司、创始人、本轮投资人以及前轮投资人（如有）。

2. 鉴于

标题部分后一般会加入鉴于条款，有时也称背景条款，用于解释交易基础与项目背景。协议一般会用“鉴于”“考虑到”等用语展开鉴于条款，条款内容常包括公司之前的融资历史和为本轮融资提供的贷款情况等信息。

3. 定义和释义

“定义”部分用于对股权认购协议中出现的术语进行定义。定义部分对股权认购协议整体十分重要，应当引起重视。此部分通常置于文件正文的第 1 条，也可能置于正文最后一条或以文件附件的形式呈现，有时还以交叉引用表的形式出现。

（二）交易、交割和投资款支付

1. 交易和交割

协议在定义部分之后就会具体约定拟进行的股权融资交易内容，主要约定投资人将以何对价购买何等数量及何种类别的股权/股票。

就境内公司而言，由于在市场监督管理局办理股权变更通常难以在交割日当天完成，交割日当天一般要求公司交付自行制作并加盖公司公章的股东名册和出资证明。当然，双方可根据公司和投资人的谈判能力和交割时间安排灵活处理，要求工商变更在交割之前完成，或在交割之后作为交割后义务完成（对交割后义务的介绍详见第360页“2. 公司方的交割后义务/承诺”中的内容）。境外公司以开曼公司为例，在交割日，公司应通过秘书公司办理变更手续，且一般应至少向投资人出具下列交割文件：（1）经秘书公司认证的公司更新后的股东名册（register of members，ROM）；（2）如投资人新委派董事的，需递交经秘书公司认证的公司更新后的董事名册（register of directors，ROD）；（3）经公司董事签署的有关新发股票的股票证书（certificate of shares）；（4）秘书公司已将章程递交备案的确认邮件。

2. 投资款支付

股权认购协议中一般会要求公司在交割前数日提前向投资人发出付款通知，提供公司的收款账户信息，以便投资人可以在交割日当日或交割后一定期限内向公司支付投资款。支付方式既有一笔支付，也有根据交易进展分笔支付投资款的情况。

此外，如果各方在股权认购协议签署之前已经签署了过桥贷款协议，并且投资人据此已经向公司提供了过桥贷款，股权认购协议中应约定过桥贷款的处理方式，例如：转股时贷款本金是否计息；在交割的时候直接转股，还是交割时需要公司另行还款。如果过桥贷款的借款人不是公司，而是公司的关联方的，还需要在股权认购协议中对借款用途、借款人和还款人身份的衔接有所释明和约定。

（三）各方的陈述和保证

股权认购协议的交割先决条件［对交割先决条件的介绍详见“（四）交割先决条件”］中，一般包括各方的陈述和保证在股权认购协议签署日和交割日均真实、完整、准确。陈述和保证一般是就目前和过去某一时间点的事项进行保证，而不是对未来的事项进行保证。对未来事项的保证主要包含在交割后承诺条款下。如果集团公司、创始人及其持股平台(以下合称公司方)的陈述和保证不属实,在交割前可能导致投资人拒绝交割或是要求进行价格调整;在交割后,公司方也会因为违反陈述和保证而产生对投资人的赔偿义务。因此,投资人律师的工作是起草广泛而全面的陈述和保证,争取在交割前发现问题时及时叫停,在交割后有权主张得到赔偿;而公司方律师的工作则是在其中寻找过于严苛的要求、填补漏洞,确保公司融资顺利进行,并且在融资后无须就公司的事实情况进行补偿。

1. 公司方的陈述和保证

在交易文件中,投资人通常要求公司方作出大量的陈述和保证,如公司方不能作出相应的陈述和保证,则应在披露函中就特定陈述和保证的例外情况进行披露。如果公司方作出的陈述和保证不真实,则可能构成交易文件中的重大违约,投资人将有权获得公司方的赔偿,甚至会触发回购权的行使。

陈述和保证包括以下几个主要方面:

(1)法律地位。例如,各公司方均为中华人民共和国公民或基于中华人民共和国法律合法设立并有效存续的实体,具有完全的民事权利能力和民事行为能力,能够独立承担法律责任,并可以独立地作为一方诉讼主体。

(2)正式授权和拘束力。例如,公司方签署和履行该交易文件是自身真实意思表示,其具备签署及履行交易文件的所有必要的能力、权利及授权,交易文件构成对其有约束力的法律义务。

(3)合规和经营许可。例如,集团公司均有完全的权利和授权持有、出租或经营其财产并经营其现有的业务,拥有为持有、出租或经营其财产并经营其现有的业务所必需的所有批准、许可、执照、证书、同意或其他政府机关的批准文件(以下统称批准文件)。就公司方所知,没有正在发生的或潜在的政府机关的批准文件可能被中止或撤销的情况。

(4)无冲突。例如,公司方签署和履行该交易文件,不会违反与第三方之间的合同或其他有约束力的文件、法律法规,或与之相抵。

(5)第三方投资安排、同意及批准。例如,公司方没有与任何机构或个人达成或签署与该交易文件有关,或可能对该交易文件项下交易产生任何不利影响的任何协议或安排。各集团公司就该交易文件和任何其他交易文件的有效签署、交付或履行，均不需要任何政府部门或其他主体的同意、批准、资格证明、命令或授权，不需要其采取任何行动，也不需要向其报备或通知。

(6)股权。例如，创始人未向任何第三方以口头或书面的方式作出出售、转让、赠与、质押或处置各集团公司任何股权的承诺。除在该交易文件的附件中另行披露的内容以外，公司现有股东享有其所持股权的所有权，该股权上无任何担保或其他任何权利负担。[A/B/×]轮投资方按照协议约定增资后即取得该等股权完整的、有效的所有权。公司的股权均不存在任何现有或潜在的法律纠纷或争议。不存在任何针对公司及其权益或资产的有效的控制协议或类似安排。

(7)重大合同。例如，公司作为一方参与的，或牵涉公司或任何其各自名下财产或资产的任何合同均为依据正常商业条件签订。公司并未在重大方面违背或违反任何合同，且并未发生任何将构成重大违约行为的事项，且据公司方所知，合同对方对合同未发生重大违背或违反行为，或任何将构成重大违约行为的事项。

(8)关联交易。例如，除在披露函中另行披露的内容以外，不存在公司与公司及/或关联公司及其董事、高级管理人员、经理、股东或其他关联方之间的任何关联债权债务关系。就已披露的关联交易，公司方应就关联交易的公允性作出陈述和保证。

(9)财产所有权/无负担。例如，公司在所有重大方面拥有其财产、权利和资产的完整的、具有市场价值的权利，且在该等权利之上无任何担保或其他权利负担；公司的一切重要财产、权利和资产均登记在公司的名下。公司不存在任何重大负债或对外担保。

(10)知识产权。例如，集团公司合法拥有从事主营业务所需的核心知识产权的所有权、权益、权利或者授权，或者正在就该等知识产权提起了必要的申请。公司拥有知识产权的所有权和/或全部的、排他性的、有效的和可执行的权利使用权，无任何担保或其他权利负担，不受任何许可的约束，未对任何其他第三方的权益造成侵犯，也不存在任何其他第三方针对该知识产权提出的权利请求或权利主张。

(11)财务报表和会计记录。例如，集团公司对其财务报表与集团公司的账簿、凭证和财务记录相吻合，财务报表根据中国会计准则或者其他适用的会计准则编制作出陈述和保证；对财务报表日之后，集团公司无重大不利变化作出陈述和保证；对集团公司贷款情况已在财务报表中完整体现，无未披露负债作出陈述和保证；对自该等财务报表出具之日起，未发生对集团公司的财务状况或生产经营产生或可能产生重大不利影响的事件，且在可知范围内无此风险作出陈述和保证。

(12)担保。例如，集团公司对集团公司无对外担保作出陈述和保证。

(13)员工。例如，任何集团公司均不存在任何在重大方面违反适用的劳动方面的中国法律(包括但不限于劳动合同、工资、工作时间、社会保险和住房公积金缴纳等方面)的情形或者因适用的劳动方面的中国法律的要求存在任何重大负债，或有债务或未缴纳的费用。

(14)纳税。例如，所有需要集团公司提交的税务报表、报告和表格(以下简称税务报表)已经向主管政府机关及时提供，且所有的税务报表就所记载的期间、财产或事件在各重要方面都准确地反映了集团公司的税收负担。所有的税收，包括税务报表中的税收或任何政府机关认为集团公司应当支付的税收，或针对集团公司的财产、资产、资本、营业额或收入征收的税收已经全部支付(相关财务报表中充分预留的税款除外)。目前没有任何主管部门针对集团公司的尚未结束的或潜在的检查、询问或审计。所有集团公司根据法律规定应当预提的税收已经预提并交给主管的政府机关，或者由集团公司正当地保管。集团公司没有任何性质的重大税收责任或义务，除非该等税收责任或义务是在财务报表中有充分体现的或是发生在集团公司成立以来的正常经营活动过程中的。

(15)遵守法律。例如，公司方没有严重违反法律规定，严重违反有关政府机关的批准，违反其章程的规定，或不履行或遵守以其为一方或对其或其任何财产有约束力的任何合同中的任何重要义务、约定、承诺或条件。公司方未曾收到任何该等违约、违反或不作为的通知，无论是已经发生的还是可能发生的。

(16)不竞争。例如，创始人及其关联方没有以任何形式直接或间接设立、投资或经营与公司所处行业相同或类似的有竞争性质的公司、实体或业务。创始人及其关联方没有直接或间接持有公司经营主营业务所需要的任何有形或无形资产。

(17)诉讼和政府程序。例如，不存在任何针对创始人提起的、未决的或就公司方所知威胁提起的,或者重大不利影响各交易文件的订立、效力与可执行性以及交易文件项下的交易的下列情形,无论是已经完成的、未决的还是就公司方所知可能发生的:针对各集团公司或创始人的民事诉讼、刑事诉讼、行政诉讼、仲裁等其他程序或争议、权利主张。不存在任何法院、仲裁机构、政府机关或其他机构针对创始人或其财产开始采取的任何法律程序、行政程序或其他强制性措施。

(18)完整披露。例如,任何公司方提供的,与该交易文件及其他交易文件项下拟议交易有关的文件、声明以及一切信息均为真实、准确,不存在任何虚假信息或误导信息,亦不存在虽应披露但怠于披露的重大事项。公司和创始人不持有任何与该交易文件及其他交易文件项下拟议交易有关的,可能会被合理地认为对该交易文件一方有重大不利影响的文件、声明和信息,或者一旦向投资人披露,将有可能对投资人达成该交易文件的意愿有重大不利影响的文件、声明和信息。

由于交易文件按惯例由投资人律师起草,陈述和保证中的事项会十分详细,可能不限于上述内容。建议公司方和公司律师一起逐条审核,对照集团公司情况确认是否能够就每一条事项作出相应陈述保证。

此外,陈述保证条款下一般有以下需要注意的事项和术语。

首先,公司及创始人通常会要求对其较难确保的情况增加知情限制,即对部分陈述事项,仅表述为"据公司方所知",以避免集团公司及创始人被迫对其不知悉(且无法知悉)的事项作出陈述和保证。同时,应当关注"知悉"主体的定义。例如,有的股权认购协议中规定将创始人个人和集团公司一些特定的高级管理人员知悉的事项视为集团公司"知悉",有的股权认购协议中会将任何人了解视作集团公司"知悉";又如,一些股权认购协议将"知悉"定义为相关人士的实际所知,另一些文件下,投资人要求"知悉"还应包括推定应知的情况。

其次,公司及创始人通常会要求在陈述和保证中引入"重大"或"重大不利影响"的程度限制,但是,投资人高度关注的事项往往不接受"增加重要性"限定。同时,应当关注"重大"或"重大不利影响"的定义。例如,是否需要排除影响整个行业共同面临的事件或整体经济状况的事件对公司的影响,该等事件是否应视为对集团公司没有造成不利影响。

最后,应审慎考虑集团公司是否能够作出“负面”陈述和保证。例如,投资人一般会要求公司方就未作出误导性陈述或遗漏陈述作出陈述和保证,还可能要求公司方对其关注的特定问题作出陈述和保证,如要求集团公司保证不存在客户投诉。集团公司应注意此类“负面”陈述和保证与公司实际情况是否相符。

2. 披露函

通常,陈述和保证的例外情况以及其他一些关于集团公司的特定具体信息(如集团公司的知识产权情况)被包含在一份由公司方准备的、名为披露函的文档中。通过起草并提交披露函,投资人可以允许公司方在陈述和保证中存在适量例外。作为公司方,其应尽可能详细地披露其自身知晓的已存在问题,从而控制和降低公司方未全面披露的风险。

公司方向投资人提供的信息更新和通知对披露函的效力是谈判重点之一。如果公司方对披露函的更新构成对披露函的有效修订和补充,相当于公司方在签约后有权单方面修订陈述和保证条款,而投资人的权利就受到很大影响。谈判中,投资人通常要求在协议中明确,如果签约后的信息更新和通知的事件构成重大不利影响或构成重大违约情形,导致先决条件不能满足,投资人有权不完成交易并终止协议,而公司方通常希望可以有权更新披露函。

3. 投资人的陈述和保证

投资人作出的陈述和保证通常较少,一般仅限于对其主体资格、进行交易的能力、取得充分授权、投资款来源合法等事宜作出陈述和保证。

(四)交割先决条件

交割先决条件是私募股权融资交易中最重要的章节之一,交易双方的交割先决条件是否满足直接决定了是否能够顺利完成交割。一般而言,股权认购协议中通常会将投资人和公司方的交割先决条件分别阐述。

1. 投资人的交割先决条件

投资人在交割日完成交割的义务是以公司方完成一系列交割先决条件或这些条件被投资人豁免为前提的。

常见的投资人交割先决条件包括:

(1)各相关方已经签署及交付所有交易文件之正本。

(2)公司方在股权认购协议中作出的所有陈述和保证于签署日和交割日均

是真实、准确、完整且不具有误导性的;公司方应在交割日之前遵守股权认购协议规定的承诺及应在交割日之前履行的义务均已得到遵守和履行,且公司方并未违反股权认购协议的任何规定。

(3)在签署日至交割日这一期间内(以下简称过渡期),集团公司并未发生重大不利变化。

(4)各集团公司的现有股东(会)和董事(会)已经作出决议,内容包括批准该交易及相应集团公司签署交易文件、通过新的公司章程、批准投资人委派的董事人选等;公司现有股东已经以书面方式同意放弃行使针对新增股份/股权的优先认购权。

(5)集团公司已与其核心员工签署了令投资人满意的劳动合同、竞业禁止协议、保密协议以及知识产权归属协议。

(6)公司已经向投资人交付了令其满意的经营计划、财务报表、财务预算和战略规划。

(7)与投资人相关的事项,包括就公司的业务、财务、法律、技术、知识产权和管理方面进行的尽职调查结果令投资人满意,以及各投资人已就该轮增资取得了其内部投资委员会的批准且该批准在交割日仍然有效。

(8)与尽职调查结果相关的集团公司特定整改事项,比如,某项协议的修订、重述或终止、某笔款项的结付、某项业务资质的取得或续延。为节省交割时间,加快交割进度,一般公司会要求尽量缩减在交割之前需要完成的事项范围,并局限于耗时短且较易操作和完成的事项,要求将耗时长的事项作为交割后义务。

(9)对于境内项目,公司股权结构变更需要在市场监督管理部门进行变更登记和备案,较难在计划的交割日当日完成,因此对公司更有利的方式是在交割之后完成相关变更登记。对于境外项目,公司股权变更比较灵活,公司注册代理可以在事先确定的交割日完成变更,因此登记变更的完成一般作为交割条件。

(10)投资人通常会要求交易需获得必要的政府同意或裁定或获得必要的第三方批准,并且没有针对该交易的外部禁令,而公司则通常不会接受过于严苛的表述。例如,投资人可能会要求"不存在禁令、行政程序、任何未决或可能受到威胁的诉讼",公司方则更希望接受"不存在针对该交易,并对交易产生不利影响的禁令、程序和诉讼"这类更加宽松的表述。另外,公司方可以考虑加入一些限定条件,例如,相较于“公司方应确保……”的表述,“公司方应尽最大努力确保……”则对公司方更为友好。

(11)公司方以书面方式向各投资人确认交易的各项交割条件已得到满足。

2. 公司方的交割先决条件

公司方的交割先决条件通常比较简单。一般包括投资人的陈述保证真实完整准确、投资人已经完成了所有股权认购协议下的义务以及投资人已经签署了全部交易文件。

(五)义务/承诺

1. 公司方的过渡期义务

在过渡期内,各方将为交割做准备,以尽快满足各项交割先决条件(如针对尽职调查中发现的某些问题采取补救措施)。因此,双方会约定各方在过渡期内的一系列义务,包括:

(1)各方应当完成各自义务;

(2)为避免公司价值在过渡期内发生重大变化,公司方有义务禁止消极事件的发生。

过渡期期间,常见的消极事件(限制行为的负面清单)包括:

(1)向他人提供保证担保、为其财产设定抵押、出质及其他担保权利;

(2)免除任何对他人的债权或放弃任何求偿权;

(3)任何集团公司遭受任何损失,或发生任何与供应商、客户或雇员的关系变化,该损失或变化将导致对集团公司的重大不利影响;

(4)修改会计核算方法、政策或原则、财务会计规章制度;

(5)重大资产转让、转让或许可他人使用集团公司的知识产权;

(6)财务状况发生重大不利变化;

(7)产生任何有别于常规事宜的任何股东会决议或董事会决议,但为履行股权认购协议而形成的决定除外;

(8)宣布、已经支付、造成或准备宣布、准备支付、造成任何股息、红利或其他形式进行股东分红;

(9)任何可能导致上述情形发生的作为或不作为;

(10)任何可能导致交割先决条件无法满足的作为或不作为;

(11)任何可能导致公司集团公司所作出的陈述、保证或承诺存在不真实、不准确或被违反的作为或者不作为。

在交割之前,公司方也应将其获悉的、将会或据合理预计可能会发生的消极事件,及时告知投资人。

公司方在交易文件谈判时应审慎限定过渡期义务,例如可以加入相关例外条款,以免影响公司的正常经营。

2. 公司方的交割后义务/承诺

公司方的交割后义务/承诺一般包括:投资款的用途仅用于集团公司的业务发展;集团公司运营应遵守法律,并取得所有法律要求的资质证照;公司方应尽最大努力维持和保护集团公司的知识产权;建设并维持会计制度的合规;竞业限制和勤勉尽职;制订股权激励计划;交割后一定期限内的上市承诺;业绩承诺;反不正当竞争和反商业贿赂;其他尽职调查中发现并要求公司方在交割后一定期限内完成整改的事项。

公司方应注意确认列为交割后义务的尽职调查相关事项是否确实为公司现有的不合规事项,是否确实需要采取进一步行动,如需采取进一步行动的事项是否能够在投资人要求的期限内完成。在交割完成之后,建议公司方也派专人负责跟进各项交割后义务的完成,以免构成违约。

(六)赔偿

赔偿条款是股权认购协议中最重要的条款之一,因为其直接涉及双方的经济利益,需要格外慎重。在股权融资交易中,赔偿条款主要针对公司方的违约行为,主要内容如下。

1. 赔偿主体

一般情况下,股权认购协议约定,集团公司和创始人在任何情况下均承担连带赔偿责任。有的股权认购协议约定,创始人和集团公司仅就特定公司方的违反行为承担连带赔偿责任,或先由集团公司承担赔偿责任,若集团公司无法全部赔偿,再由创始人赔偿。只有少数情况下,股权认购协议会约定仅由集团公司承担赔偿责任。

2. 赔偿行为

一般,赔偿责任典型的表述是,若公司方未正当完全履行其根据股权认购协议或其他交易文件所负义务、承诺或其他约定,或者所作的陈述与保证是重大不真实的,则公司方应被视为违约,且集团公司和创始人应向投资人赔偿投资人因其违约而遭受的任何损失(包括股权价值遭受减损)。集团公司和创始人赔偿投资人损失或承担赔偿责任并不影响投资人要求公司方继续履行协议或解除协议的权利。

通常,对于投资人特别关注的问题,投资人律师在起草股权认购协议时也会约定特殊赔偿责任,包括对陈述和保证以及义务的细微违反,且无论公司方是否就该等事件向投资人披露以及投资人是否通过尽职调查了解到该等事件。例如,股权认购协议要求公司依法缴纳社保与公积金,而公司仅按当地最低工资标准为基数为其员工缴纳社保和公积金的,投资人可能要求集团公司和创始人对此类轻微违法行为也需进行赔偿。硬科技企业的投资人较为关注集团公司的知识产权问题,因此通常会设置与知识产权相关的特殊赔偿事项。例如,集团公司知识产权的使用与任何第三方知识产权冲突,包括但不限于公司侵犯或盗用任何第三方知识产权、公司未能采取有效的知识产权保障措施或怠于维权而致使其遭受知识产权侵权或在与知识产权相关的诉讼/仲裁中败诉等。

公司方及公司方律师在谈判中会尽量将触发赔偿的行为限定在公司方的故意或重大过失的范围内,有时甚至加上“造成集团公司重大损失”的后果条件,以避免集团公司和创始人对所有轻微违约行为都产生赔偿义务。

3. 赔偿限制

公司方作为主要承担赔偿责任的一方,通常会要求对赔偿额度进行限制。

公司方常见的赔偿额度限制包括以下几种机制:(1)免赔额机制(basket),即公司方对在免赔额以下的损失不进行赔偿,仅赔偿超过免赔额的部分;(2)各方约定一个较小的金额作为“起赔点”(threshold),对于投资人在起赔点以下的损失部分,公司方不予赔偿,但是一旦超过起赔点,公司方应赔偿违约行为给投资人造成的全部损失,包括起赔点以下的部分;(3)公司方还会要求设定一个最高赔偿限额(cap),通常是投资人投入的投资款总额;(4)创始人为保护自身权益,也会要求以按照市场公允价值善意出售其所直接或间接持有的全部集团公司股权而实际获得的金额为限,创始人在公司直接或间接持有股权以外的个人财产不应用于履行其赔偿责任。对此,投资人通常会要求将某些索赔事项排除在赔偿限制之外，如公司方存在重大过失、故意或欺诈性违约。

实践中，交割后投资方就投资完成前的违约情况要求索赔的情况比较少见。但风险投资文件中对公司和管理层的交割后义务/承诺是持续有约束力的，只要投资人持股就需要满足。因此，在公司出现问题的时候，赔偿条款对于投资人格外重要。

（七）终止

终止条款也是股权认购协议重要的条款之一。通常，股权认购协议的终止条件包括：如果交割条件在一个指定的未来日期仍无法全部满足，则任何一方都可以终止股权认购协议；一方存在重大违约或陈述保证不实的，守约方有权解除股权认购协议。除因违约解除股权认购协议的以外，双方通常不因股权认购协议终止而向对方承担任何责任。

股权认购协议中还会约定部分特定条款，如保密、法律适用、争议解决等，应在合同终止后继续有效。

（八）其他

股权认购协议最后还会列举其他条款，这些条款中比较重要的有：

1. 合同义务是否可以转让：约定股权认购协议各方在股权认购协议项下的权利和义务是否可以转让。通常情况下，投资人的权利和义务可以转让，公司方并无此项权利，但公司方可能会要求投资人转让该等权利义务的对象不能是集团公司的竞争公司。

2. 整体性条款：阐明投资人与公司方就该投资事宜的所有沟通和讨论结果均已反映在股权认购协议中，股权认购协议将取代此前所有有关该投资事宜的书面及口头讨论。

3. 法律适用和争议解决条款：约定股权认购协议适用的法律与适用的争议解决方式。通常，投资人会选择对其更便利的争议解决方式，如投资人常驻香港特别行政区，可能会选择将所有争议放在香港进行仲裁，但公司设立及主要业务均在上海开展，因此公司方应考虑是否在谈判中争取将仲裁地点选择为上海。尤其是跨境交易的法律适用和争议解决，还需要考虑境内外判决或裁决的承认与执行的可能性。

二、股东协议及章程性文件

本小节将从股东协议及章程性文件的内容和形式两方面展开论述。

(一)内容

股东协议及章程性文件主要约定了投资人和创始人之间以及不同轮次的投资人之间的权利义务分配,主要包括公司治理(corporate governance)、投票权、保护性条款、信息权及检查权、创始人限制(founder restriction)、优先认购权(pre-emptive right)、优先购买权(right of first refusal)、共售权(right of co-sale)、拖售权(drag-along right)、优先清算权(liquidation preference)、回购权(redemption right)、优先分红权、反稀释调整机制、登记权(registration right)等。

1. 公司治理及投票权

公司治理,是指公司日常经营事项的决策、执行和监督。一般而言,公司有两个治理结构,即股东会和董事会,因此,相关条款也会分为两个层级进行约定。《公司法》第59条、第67条分别以列举的形式规定了股东会和董事会的职权,董事会、股东会均有法定职权和章程规定职权等两类职权。无论是法定职权还是章程规定职权,强调的都是权利,在没有法律明确禁止的情况下,权利可以行使、可以放弃,也可以委托他人行使。实务中,股东会将职权下放给董事会行使,或股东会直接行使董事会部分职权的现象较为普遍,但需注意必须遵守《公司法》的强制性规定和公司章程相关规定。例如,《公司法》第66条第3款规定,“股东会会议作出修改公司章程、增加或者减少注册资本的决议,以及公司合并、分立、解散或者变更公司形式的决议,应当经代表三分之二以上表决权的股东通过”。从此条规定中的法律表述用语“应当”可以看出,修改公司章程、增加或者减少注册资本的决议,以及公司合并、分立、解散的决议有且只有公司股东会才有决定权,若股东协议或公司章程约定股东会的该法定权利由董事会行使,则可能会因为违反了上述强制性法律规定而被认定为无效。

《公司法》下,股东会是公司的最高权力机构。通常,股东会上的投票遵循一股一票制,投资人持有的一股和创始人持有的一股,具有相同的投票权。但是,伴随着公司融资的开展,创始人不可避免地面临股权被稀释,丧失股东会上控制权的窘境。在此情形下,可以考虑通过投票权委托、一致行动协议、多层级投票制等方式，加强创始人对股东会的控制。

投票权委托与一致行动协议的机制类似，即将多个股东的投票权集中于某一个股东，从而扩大共同的表决权数量，形成对股东会一定的控制力。投票权委托通常适用于存在多个创始人的情况，受托方通常是公司的某一个创始人，如首席执行官。采取一致行动的范围主要包括提案的一致行动与投票的一致行动，而各创始人依据其作为公司股东所享有的其他权利（包括但不限于股票处置权、分红权、查询权等）则不受影响。

多层级投票制突破一股一票制，即约定某一类别的股权或某一个股东持有的股权，每一股允许若干票投票权，也就是常说的 AB 股。因而创始人可以获得比"同股同权"结构下更多的表决权，从而使投资人更难掌管公司决策权。该制度主要适用于允许"同股不同权"的境外公司，但上交所发布的《上海证券交易所科创板股票上市规则》中明确允许设置差异化表决权的企业在科创板上市，这是 A 股对于多层级投票的首次实践。设置多层级投票制的企业多为互联网企业、科技企业、传媒企业，如京东、百度等。

对于早期企业而言，由于公司架构比较简单，股东人数也不多，投资人通常不会允许多层级投票制。但在公司经过若干轮股权融资后，投资人也希望创始人在公司中占有绝对的话语权，此时，投资人通常会支持甚至鼓励设立投票权委托制度或签署一致行动协议，甚至有不少风险投资基金也被要求将投票权委托给创始人。

董事会是公司最主要的决策机构，董事会的席位设置体现了投资人和创始人对公司治理的安排。《公司法》下，董事会上的投票遵循一人一票制，投资人委派的董事和创始人委派的董事，具有相同的投票权。

每一轮次的领投方或持股比例较大的投资人，通常都会要求在公司的董事会中（甚至集团体系内的重要子公司的董事会）派驻董事，以保证其在公司决策重大事宜时有知情权和一定的决策权。投资人通常也会要求公司为投资人任命的董事提供惯常的董事保险及最大限度的免责。在创始人较为强势的情况下，可以考虑要求，如果投资人在公司的股权低于某一比例，则丧失委派董事的权利。董事会通常会设置奇数个席位，由创始人委派董事占多数，投资人委派董事占少数。每个轮次的领投方通常会要求其拥有委派董事的权利，而无权委派董事的投资人或丧失委派董事权利的投资人，也有可能要求委派无投票权的董事会观察员，以及时知晓公司重大事项及其决策过程。

中国境内公司往往还设立监事会。监事会的权限仅限于监督，并没有实际决策和执行的权能，在公司治理中通常不作重点讨论。

2. 保护性条款

保护性条款也称一票否决权，是投资人为了保护自身的利益而设置的条款。这类条款一般要求公司在执行某些对运营具有重大意义的事项前，需要事先获得投资人的批准。事实上，保护性条款赋予了投资人对某些特定事项的单方否决权。

保护性条款也分股东会层面和董事会层面。保护性条款的数量和内容，取决于商业谈判的结果，数量从几条到几十条不等。保护性事项通常包括涉及公司的股权结构、股东权利、合并分立、清算解散等重大事项，以及对集团公司的日常经营具有重大影响的事项。需要注意的是，公司往往不会向同一轮次中的每一个投资人都赋予保护性条款，且每一个轮次的投资人享有的保护性条款可能并不完全相同。其中，常见的保护性条款的模式包括：(1)只有一个轮次的投资人(或特定的投资人)享有保护性条款；(2)两个或两个轮次以上的股权中，每一轮次的股权中持有一定表决权比例的投资人分别享有保护性条款；(3)两个或两个轮次以上的股权中，持有所有轮次股权中合并计算持有一定表决权比例的投资人享有保护性条款。

股东会层面的保护性事项可能包括：

(1)影响投资人优先权利的重大事项

①公司增加、减少或注销公司股本，发行、分配、授予、重设股权类别，购买或回购股权或可转股证券、购股权、期权，或进行任何其他稀释或减少投资人有效持股的行为；

②更改或调整为保障投资人利益而设定的各项权利；

③增加或调整公司股权的类别，使其拥有与投资人相同或更优先的权利。

(2)影响公司组织形式的重大事项

①公司清算、停业、解散；

②公司合并、收购、重组、控制权变更等；

③新设分公司、子公司、附属公司或其他类型的法人或非法人实体，以及进行对外投资；

④批准上市方案，包括上市时间、地点、价格、选择承销商、律师事务所和其他重要条款和条件等。

(3)影响公司资本运作的重大事项

①直接或间接处置、稀释公司在子公司中的权益；

②以任何形式进行利润分配(包括宣布或支付任何股息)和弥补亏损；

③出售或处置公司全部或大部分业务、商誉、资产或知识产权；

④关联交易(包括为关联方提供贷款或提供担保)；

⑤发行公司债券。

(4)影响公司治理的重大事项

①修改公司的章程及其他关键文件；

②调整董事会或届时设置的委员会规模及董事或委员的任命方式。

(5)影响公司日常运营的重大事项

①不再从事公司目前的业务，改变主营业务；

②公司开展新的业务线；

③批准或修改年度预算、决算方案、年度业务计划；

④进行其他严重影响公司运营情况的事项。

董事会层面的保护性条款中，常见的模式包括：(1)每一位投资人委派的董事都享有保护性条款；(2)投资人委派的多数董事享有保护性条款。另外，每一个轮次的投资人委派的董事享有的保护性条款可能并不完全相同。

董事会层面的保护性事项可能包括：

(1)影响公司资本运作的重大事项

①公司以其资产、业务、权利进行任何对外担保、抵押、质押，但为公司股东提供担保的除外；

②向公司以外的任何实体(除非为公司全资拥有)、个人(包括公司员工、董事)提供借款或预付款，或从前述实体或个人处借入资金；

③购置、承租或转让、出售或以其他方式获得或处置超过特定金额的资产；

④出售、转让、授权、抵押或以其他方式处置公司知识产权；

⑤提起、放弃、做出让步或和解的任何重大争议、索赔、诉讼或仲裁；

⑥对证券、期货或金融衍生品的投资。

(2)影响公司治理的重大事项

①聘任或解聘公司的首席执行官、首席财务官、首席运营官、首席技术官等同等职位的公司高级管理人员并决定其薪酬；

②设置和修改公司奖励、福利、利润分享计划和员工股权激励计划；

③向公司或其子公司的任何员工发放报酬(包括工资、奖金及其他福利)超过特定金额。

(3)影响公司日常运营的重大事项

①改变公司会计政策；

②指定或变更公司的审计师；

③年度预算外单笔超过特定金额或年度累计超过特定金额人民币的支出；

④其他应由董事会决定的重大事项或/及非通常经营过程中的行为或交易。

保护性条款往往是投资人和创始人博弈的重中之重。投资人需要保护性条款来保护其在公司中的利益,创始人需要防止投资人利用保护性条款干扰公司的正常运营。例如,公司收到了一份融资意向,创始人认为接受融资对股东和公司有利,但如果投资人在同一赛道上投资了公司的竞品公司,且投资人在竞品公司的投入更高,同时公司的融资又阻碍了竞品公司的发展。在此情况下,即使融资对公司和全体股东是有利的,投资人也有可能通过保护性条款否决融资。投资人和创始人需要在谈判中找到一个适当的平衡。

3.信息权及检查权

《公司法》第57条第1款和第2款第1句规定,“股东有权查阅、复制公司章程、股东名册、股东会会议记录、董事会会议决议、监事会会议决议和财务会计报告。股东可以要求查阅公司会计账簿、会计凭证”。鉴于投资人一般不参与公司的日常经营,信息权和检查权可以保证投资人了解公司的经营情况,这也是投资人行使其他权利的前提。

信息权要求公司有义务在合理的时限内定期向投资人提供公司的财务报表、预算、商业计划等;检查权要求投资人有权访问公司的办公场地,并访谈公司管理层及其他相关人员。

信息权往往会要求公司：

(1)在每公历月度结束后特定时间内向投资人提供月度财务报表和管理报表；

(2)在每公历季度结束后特定时间内向投资人提供季度财务报表和管理报表；

(3)在每一会计年度结束后特定时间内向投资人提供经审计的年度合并财务报表或经投资人认可的管理报表；

(4)在每一会计年度结束后特定时间内向投资人提供下一会计年度的财务预算和商业计划；

(5)向投资人提供所有提供给其他股东的文件或信息副本。

对于月度和季度的财务报表和管理报表,投资人不会要求审计,而对年度合并财务报表和管理报表会要求审计,且审计机构通常需要投资人认可。需要注意的是,投资人通常有向其上层投资人出具季度或年度财务报表的要求,从而对公司提供报表也有时间要求,因此提供报表的时间往往是投资人与公司谈判的博弈要点。

检查权会要求公司,允许投资人在事先通知的情况下：

(1)在公司的正常办公时间内检查公司及其子公司的资产和账户资金流转记录、检核报表、财务账簿、财务凭证等相关文件；

(2)与政府、其他股东,公司董事、监事、高级管理人员、核心员工、雇员,公司聘请的审计师、法律顾问等专业服务机构沟通公司事务；

(3)自行委托有资质的机构对公司进行财务审计。

对外提供财务数据和其他重大公司信息对公司来说是一种负担且还可能涉及泄密风险。出于商业保密需求和市场竞争的考量,公司在谈判中通常会主张限定行使知情权的主体范围及限制信息权和检查权可查看的信息范围。例如,公司会要求主张信息权和检查权的投资人不与公司的主营业务存在任何直接或间接的竞争关系,在要求限制投资人查看属于公司敏感信息范围的同时要求投资人承担严格的保密义务。

4. 创始人限制

创始人限制通常分为创始人股权限制、创始人工作限制。创始人股权限制,又分为创始人股权兑现限制及创始人股权处分限制。

创始人股权兑现限制要求创始人持续为公司服务，并规定创始人持有的股权为限制性股权，按一定的兑现时间表进行兑现。创始人股权处分限制，要求未经投资人同意，创始人不得处分其持有的公司股权，包括出让、出质、抵押等。

目前，常见的创始人股权兑现限制会设置4年的兑现期，第一年届满的时候兑现全部股权的25%，后3年按月等额兑现全部股权的75%，4年届满时全部兑现完毕。如果创始人与公司的劳动关系或者服务关系在兑现期届满之前终止，则未兑现部分由公司或其他股东回购，已兑现部分的投票权委托给其他股东。

就创始人股权兑现限制，创始人有以下需要注意的方面。

第一，创始人一般可以尽量争取较早的兑现起算点，如第一期劳动合同的签署日。强势投资人有时会要求兑现的起算点为股权融资的交割日，且每轮股权融资时，兑现起算点重新起算。但通常发展较为顺利的公司创始人不会接受这样的条款。

第二，未兑现部分股权的回购价格，也会是双方谈判的内容之一。目前，市场上较为常见的安排是选择创始人付出的成本价或名义对价或法律允许的最低价格，这是最不利于创始人的表述，而创始人视其谈判能力通常会尝试将回购价格调整为创始人股权发行时的市场价或创始人股权回购时的市场价的一定折扣，甚至创始人股权回购时的市场价。

第三，对于已兑现部分股权，投资人有时也会希望有权但无义务要求投资人回购，折中的方法是创始人同意让渡该部分股权的投票权和董事会席位。

第四，在公司具有明确发展目标的情况下，创始人可以考虑要求加速兑现条件。比如公司的某一里程碑事件成就，创始人的部分股权立刻兑现。公司如果被收购或者进行上市，创始人的股权同样会加速全部兑现。

创始人股权处分限制，通常也会设置例外。创始人可以争取要求为了财产规划而向配偶、父母、子女转让或设立信托，也可争取设置允许创始人转让不超过一定比例的股权、股权激励计划、重大资产重组前的股权转让等的例外。但该等受让人同样需要遵守创始人股权处分限制。

创始人工作限制，要求创始人将其全部个人工作时间和精力用于服务公司，并在创始人不再持股和与公司劳动关系终止后一定期限内（通常为1～2年），不得在公司的竞品公司持股,或向竞品公司提供服务。创始人往往要求对竞品公司的清单有所限制,投资人则可能要求每年更新修改竞品名单的权利。投资人往往会要求公司和创始人另行签署协议,约定保密、不竞争、不招徕、知识产权归属等问题。

5. 优先认购权

优先认购权约定投资人有权在公司拟发行新股时,按投资人在公司持股的比例,以同等价格及条件按比例优先认购拟新发行的股权。优先认购权主要的目的在于防止公司因增发新股而稀释投资人的股权比例,维持投资人自身的股权比例不下降,但因董事会通过的员工期权计划或其他股权激励而进行的增资,或为实现利润按比例向全体股东转增注册资本或将资本公积按比例向全体股东转增注册资本的除外。

投资人行使优先认购权,使股权融资交割后投资人的持股比例与股权投资交割前的持股比例持平。该持股比例又可分为相对持股比例和绝对持股比例,前者为投资人按照投资人股东之间的相对持有公司股权的比例认购新增股本,后者则为投资人按照投资人股东持有公司股权的绝对比例认购新增股本。目前市场上的优先认购权以绝对比例为主。

尽管我国《公司法》规定,每个股东都有权优先按照实缴出资比例认缴公司的新增资本,但是优先认购权要求包含价格在内的条件一致,也就意味着创始人若要行使优先认购权需以与投资人同样的价格进行认购,因此,创始人争取自身同样享有优先认购权并不具有现实意义。如果创始人希望增加自身的持股比例,可以考虑通过员工股权激励的方式实现。

公司以任何形式增加股本的,公司应当向全体股东发出书面通知以及邀请全体股东认购公司新增股本的要约书。投资人股东收到通知和要约书后应向公司书面通知其是否行使优先认购权,如果决定行使优先认购权的,应当同时作出行使优先认购权的书面承诺,其中应当注明行权数额。投资人也会要求优先认购权的二次行权,即如果部分投资人股东未认购或足额认购其享有优先认购权的股权份额,则其他完全行权的投资人股东有权进一步认购剩余的公司新增股本。

若投资人股东通过优先认购权进行二次行权后仍有未被优先认购的剩余股

本,则公司可以与第三方就拟新增股本中未被优先认购的剩余部分订立相应的增资协议,但该增资协议一般不能约定比要约书中载明的条件更为优惠的条款和条件。

6. 购股权证

若投资人愿意继续追加投资的,双方也可以约定行使购股权证,即由公司给予投资人一项未来以一定价格追加认购公司一定数量股份的权利。虽然该等行权价格通常会稍高于当前轮次的认购价,但是会低于未来轮次的认购价。

在购股权证中,需要额外注意的是,投资人对购股权证的行使是否被包含在该投资人优先认购权行使的额度内,即购股权证是仅给该投资人在未来一个认购价格上的折扣,其通过行使购股权证获得的股数不应超过其通过行使优先认购权可认购的股权这一上限,还是独立于优先认购权,使投资人可以在优先认购权的上限之外额外取得一部分股权。

7. 优先购买权

优先购买权约定投资人在创始人及其他持有普通股股权的股东,如员工持股平台,向第三方出售其股权时,投资人有权在实质同等的条件下,主张优先受让。"实质同等的条件"包括股权转让的数量、价格、支付方式、履行期限等方面。

拟出售股权的股东,应提前向公司及其他股东发出书面通知。该股东出售通知应包括以下内容:第三方买方的基本情况;拟出售给第三方买方的目标股权的数量;出售价格;关于所拟出售的所有重要条款和条件。收到股东出售通知后,投资人可以向公司及出售股东发出书面通知,表明其有意按照其持股比例及根据股东出售通知所列明的条款和条件对拟出售股权行使优先购买权的意愿。

与优先认购权不同的是,创始人在向第三方出售其股权时,投资人的持股比例不会被稀释,但公司仍然会赋予投资人优先购买权,因此惯例以相对比例居多。

与优先认购权相同的是,尽管《公司法》第 84 条第 2 款规定,在公司股东拟出让其持有的公司股权时,其他股东都有权优先购买,但是由于优先购买权要求包含价格在内的条件一致,而投资人在出售其持有的公司股权时,出于其财务回报率的要求,价格会高于发行时的价格,创始人争取自身享有优先购买权同样不具有现实意义。

投资人也会要求优先购买权的二次行权,即如果部分投资人股东未购买或足额购买其享有优先购买权的股权份额,则其他完全行权的投资人股东有权进一步认购剩余的拟出售股权。具体的计算方式需要根据项目的具体情况进行约定,比如:

(1)若各二次行权的投资人拟二次购买的股权总数低于剩余拟出售股权总数,则每一名二次行权的投资人有权二次购买的剩余拟出售股权数量应为该二次行权的投资人在二次行权承诺中承诺的二次购买股权数量;

(2)若各二次行权的投资人拟二次购买的股权总数超过剩余拟出售股权总数,则每一名二次行权的投资人有权按比例二次购买剩余拟出售股权,该比例的分子为该二次行权的投资人在二次行权承诺中承诺的二次购买股权数量,该比例的分母为全体二次行权的投资人在二次行权承诺中承诺的二次购买股权总数量。

投资人的优先购买权一般也存在例外情况。例如,自然人普通股股东因继承发生变化时或因董事会通过的员工股权激励计划而导致股权转让时,投资人无优先购买权。

值得一提的是,投资人的股权处分通常不会受制于类似创始人处分限制的类似限制,但创始人通常会要求投资人不得将其持有的公司股权向公司的竞品公司出售。

8. 共售权

共售权,是指投资人在不行使前述优先购买权时,有权按照与创始人相同的出售条件,以其与创始人之间在公司持股的比例,向第三人出售其持有的公司股权。与优先购买权相同,共售权也存在除外情况,例如,董事会通过的员工股权激励计划以及公司为履行反稀释股权调整、业绩承诺股权调整而导致股权转让时,不宜受到投资人的共售权限制。相较于优先购买权,《公司法》并未对共售权作出任何明文规定。

共售权旨在防止在投资人退出之前,创始人提前退出。尽管创始人股权限制已经约定了未经投资人同意,创始人不得处分其持有的公司股权,但共售权是对创始人提前离场套现的第二重保障。作为投资人退出的方式之一,甚至在有些情境下,共售权是比回购权更好的退出方式,特别是当投资协议约定了在有些情况下投资人可以先于创始人出售其持有的全部标的公司股权时，毕竟多数情况下公司方的回购履约能力并不比第三方收购者强。

9. 拖售权

拖售权，是指在公司收到一个收购要约时，在特定股东同意的情况下，其他股东有义务按照同等的条件出售自身持有的公司股权。

收购是除公司上市之外，投资人的另一条重要的退出路径。在收购中，拟收购方通常要求收购公司大部分甚至全部股权。而拖售权的设置，正是旨在防止某些小股东的不配合或者反对而使收购受到阻碍甚至失败。

拖售权通常会设置两个条件，包括触发条件和批准主体。

首先，对于拖售权的行使，需要设置触发条件，比如：

(1)关于上市的约定：在一定期限内未完成上市计划；

(2)关于业绩的约定：公司业绩未达预期一定比例，或业绩持续下滑一定周期；

(3)关于估值的约定：收购方的收购报价超过本次投资人投后估值一定倍数；

(4)其他：公司方存在特定的违约行为等。

需要注意的是，拖售权的行权条件一旦满足，往往会同时触发优先购买权等涉及股权转让安排以及优先清算权的分配机制，因此，提前安排好各个条款的效力顺序将有助于减少权利行使中的争议。

其次，批准主体通常要求包括创始人、投资人和董事会的批准。在多个创始人和多个投资人的情况下，创始人通常指持有所有创始人股权中过半数的创始人，投资人通常是多数投资人。“多数投资人”的范围可以是持所有股权中过半数或2/3的投资人，也可以是持每轮股权中过半数或2/3的投资人，某些强势的投资人还会要求特别拖带权的行使必须经过其单独同意。这样设置的目的是，一方面可以防止创始人或投资人单方批准收购，另一方面也能保证收购不被小股东干扰。因此，真正被拖售的往往是创始人团队中的小股东，以及投资人团队中的小股东。

10. 优先清算权

优先清算权，是指公司发生清算事件时，在创始人和投资人之间就清算所得的分配顺序。触发优先清算权的“清算事件”通常包括以下两类:第一类是“法定清算事件”,包括公司清算、解散、关停。此时,优先清算的计算基数为公司可供分配的全部剩余财产,这是保护投资人尽可能从公司回收投资成本时的“最后一根稻草”。第二类是“视同清算事件“,包括公司被吸收合并、出售重要资产或业务、控制权变更(如创始人丧失第一大股东地位)等,这是针对投资人通过公司并购退出而回收投资成本及收益的情况。

在公司发生清算事件时,可供股东分配的清算财产将优先按照认购公司股权价格由高到低的顺序进行分配,即后轮的投资人优先于前轮的投资人取得清算财产。如果投资人优先清算财产分配完成后仍有剩余清算财产,则在创始人之间(或创始人和投资人之间)进行分配。

首先,投资人获得优先分配的清算财产金额通常为:认购价格的比例加固定的年化回报率,再加已宣布但未分配的股息。目前,市场上最常见的认购价格的比例为价格的100%,固定的年化回报率为8% ~10%的年化单利。

其次,根据参与分配方式,优先清算权分为:(1)不参与分配优先清算权,即股权股东获得优先清算回报后,不参与剩余资产的分配;(2)完全参与分配优先清算权,即股权股东获得优先清算回报后,剩余资产由普通股股东和股权股东按比例分配;(3)附上限参与分配优先清算权,即股权股东获得优先清算回报后,股权股东与普通股股东按比例分配剩余资产,直到股权股东获得特定回报上限。

由于创始人等普通股股东通常只能在投资人获得全部优先清算收益之后方可分配剩余收益,若投资人拿走的优先清算收益过高,则创始人等其他普通股股东将面临清算收益过低甚至颗粒无收的结局。对于创始人而言,要求投资人享有认购价格的100%,加8% ~10%的年化单利,再加已宣布但未分配股息的无参与权的优先清算权,是在一种相对公允条件下,对创始人较为有利的选择。

需要特别注意的是,《公司法》第236条第2款规定,对于公司清算所得,即公司财产在分别支付清算费用、职工的工资、社会保险费用和法定补偿金,缴纳所欠税款,清偿公司债务后的剩余财产,有限责任公司按照股东的出资比例分配,股份有限公司按照股东持有的股份比例分配。因此,为避免争议,对于注册地址位于中国境内的公司,股东协议中会额外约定,公司可供分配的财产可在全体股东之间按照其各自持有的公司股权比例进行分配,待分配完成后,创始人应以其在清算中的全部所得为限向投资人进行补偿。

11. 回购权

回购权，是指在回购触发事件发生时，投资人有权要求公司和/或创始人以一定价格，回购投资人持有的公司股权的权利。

回购权的设置是为了在公司的发展进入“瓶颈”期时（既没有差到破产清算，又没有好到上市收购），赋予投资人一条退出的路径。投资人作为私募股权基金，存在自身的生命周期，通常为 8～10 年，前 4 年为投资期，后 4～6 年为退出期。投资人也存在来自其有限合伙人的压力，要求特定期限届满后变现退出。因此，投资人往往不能永久地陪伴公司，其商业性质决定了其必须在某个时间变现离场。比较乐观的退出方式为上市退出，或者高估值时的被收购退出。通过行使回购权退出，是一种投资人和创始人都不愿意看到的退出方式。在公司既达不到上市的标准，又没有被并购的吸引力的情况下，公司和创始人都不会留存有足够的现金来回购投资人的股权，因此，回购权几乎不会被执行，也无法被执行。尽管如此，但是几乎所有的投资人也都会要求回购权，把一部分压力和责任转移给创始人，让创始人有动力帮助其实现财务回报。[1]

具体而言，回购触发事件一般包括公司未能在股权融资交割后的一定期限内完成上市（通常是 5 年），创始人及公司在股权融资交易文件中发生了重大的违约，以及其他投资人要求行使回购权。根据不同投资人的要求，有时会增加额外的回购触发事件，包括创始人和公司的劳动关系终止，创始人存在重大诚信问题或重大违法行为等。有趣的是，在某些上市公司创始人的新闻轰动投融圈之后，创始人的个人品格、形象的严重受损，也会被要求作为回购触发事件。

回购对价通常是认购价格的 100%，加已宣布但未分配股息。在投资人比较强势时，往往还会额外要求固定的年化回报率。

回购权行使的对象，通常包括公司、创始人或公司及创始人连带承担。作为创始人，最优选择是要求仅将公司作为回购权行使的对象；次优选择是将公司及创始人公司作为回购权行使的对象，并要求在公司无法全额支付的情况下，创始人承担补充责任，且以创始人在公司持有的股权价值作为上限（当然，投资人通

[1] 参见赫利明编著：《一本书读懂风险投资与股权管理》，人民邮电出版社 2018 年版，第 124 页。

常也会要求,如果因创始人个人故意、欺诈等违反交易文件导致触发投资人回购权的,创始人应承担的回购责任不限于其所持的公司股权价值)。

同时,越来越多的项目中会约定投资人行使回购权取得的回购对价,也按照认购公司股权价格由高到低的顺序在投资人之间进行分配,即后轮的投资人优先于前轮的投资人取得回购价款。

需要特别注意的是,对于注册于中国境内的公司,除我国《公司法》第 74 条明确规定的 3 种情形之外,其股东要求公司回购的约定是否有效,一直以来颇具争议,实践中各级各地法院的审判态度也存在差异。

《九民纪要》第 5 条第 2 款指出:“投资方请求公司回购股权的……经审查,目标公司未完成减资程序的,人民法院应当驳回其诉讼请求。”而减资需要超过 2/3 的公司股东及公司协力方可完成。但在私募投融资实务中,投资人要求回购公司股权之时,往往也是公司财务状况不良或者与创始股东关系不良之时,如果把完成减资决议作为人民法院支持投资人回购股权请求的前提条件之一,实际上存在履行不能的风险。所以,在注册地位于中国境内公司的股权融资项目中,通常投资人仍会要求将创始人作为回购义务人之一,以提高实现回购权的可能性。

12. 对赌协议

对赌协议又称估值调整协议,是指投资方与目标公司或目标公司的创始股东/实际控制人,为解决交易双方对目标公司未来发展的不确定性、信息不对称以及代理成本而设计的包含了股权回购、股权补偿或金钱补偿等对未来目标公司的估值进行调整的协议。其本质在于将估值不当的风险由投资人转移到目标公司或创始股东/实际控制人承担。

从最早 2012 年最高人民法院判决的“海富案”[(2012)民提字第 11 号]确认“创始人对赌有效,公司对赌无效”,到 2017 年最高人民法院判决的“通联案”[(2017)最高法民再 258 号]确认“公司依法担保对赌有效”,再到 2019 年江苏省高级人民法院判决的“江苏华工案”[(2019)苏民再 62 号]确认“合理范围内公司对赌有效”,《九民纪要》对此最终进行了回应。

《九民纪要》第 5 条第 1 款指出,投资人与公司订立的“对赌协议”在不存在法定无效事由的情况下,公司仅以存在股权回购或者金钱补偿约定为由,主张

“对赌协议”无效的,人民法院不予支持。该条亦表达了最高人民法院对公司与股东之间股权回购协议效力原则上支持的态度。但2022年,上海市高级人民法院在作出的一则终审判决中认定,在上市公司IPO股权投资交易中,与股票市值挂钩的“对赌协议”无效。

该案作为国内首例,其判决与中国证监会监管措施一致,即对IPO审核规则明确必须清理的“对赌协议”,即使未经披露明示清理,上市后依此主张权利也不会得到法院的支持。对2022年下半年已上市或上市申请中的公司进行的统计显示,约定“对赌协议”的多数公司已在上市申报前提前对“对赌协议”进行了清理。

13. 优先分红权

优先分红权,是指当公司董事会宣布分红时,投资人有权按投资轮次,优先取得公司分红。

投资人之所以要求优先分红权,目的并不在于希望通过行使优先分红权取得财务回报,而是通过设置投资人优先于创始人的障碍,打消创始人进行分红的动力,从而把更多的资金留在公司内部运营,而不是流出公司。而实践中,在上市之前,几乎没有接受股权融资的公司进行分红。

具体而言,如约定了优先分红的金额,该金额通常是认购价格的8%/年。优先分红权也会要求按照认购公司股权价格由高到低的顺序在投资人之间进行分配,即后轮的投资人优先于前轮的投资人取得公司分红。同时,按照前一年度的分红是否可以累计到下一年度,又分为可累计分红和不可累计分红。

目前,市场上最常见的是不可累计分红,即只有在公司董事会决议宣布进行分红时,公司方可进行分红,过往年度未宣布的分红并不累计发放。

14. 反稀释调整机制

反稀释调整机制,是指在公司发生降价融资时,即后轮的认购单价低于前轮的认购单价时,投资人有权要求调整其取得公司股权的成本。

在正常情况下,公司估值伴随着公司发展水涨船高,前轮投资人支付投资款的时间较早,对应的公司估值相对较低。但如果后轮投资人投资公司时,公司估值不升反降,会稀释前轮投资人的经济利益。因此,反稀释调整机制要求在公司发生降价融资时，给予前轮投资人一定补偿。[1]

具体而言，反稀释调整机制根据调整原始的认购单价，分为完全棘轮模式和加权平均模式。

完全棘轮，是指前轮投资人每股价格调整之后，应与新发股的平均价格一致。该方式仅考虑低价发行新股时的价格，而不考虑该低价发行新股时的规模。

加权平均，是指如果后续发行的股份价格低于前一轮的转换价格，那么新的转换价格就会降低为前一轮转换价格和后续融资发行价格的加权平均值。加权平均又分为广义加权平均和狭义加权平均：前者在计算已发行普通股数时按完全稀释方式，即包括已发行的在外的普通股、股权可转换成的普通股、行使期权或认购股权可获得的普通股，以及可转换证券转换后可得的普通股等；与之相对，后者在计算已发行普通股数时仅包括发行在外的普通股。

完全棘轮模式是更加保护投资人的方式，但创始人通常会选择加权平均模式，将其作为一种折中的方式。

需要特别注意的是，对于注册地位于中国境内的公司，由于不存在转换价格的调整，其往往会选择现金补偿、股权补偿或二者的结合。其中，现金补偿包括了公司进行现金补偿和创始人进行现金补偿两种方式，股权补偿亦包括了公司发行新股和创始人出让股权两种方式。

15. 登记权

登记权主要适用于海外架构的交易，是美元基金投资于海外创业公司的必备条款。登记权是美国法律语境下的概念，是由美国《证券法》和 SEC 所规定的一项权利。美国《证券法》对股份发行和交易存在限制，如果股份的发行没有向 SEC 登记，即使公司上市，未经登记的股份也不能在公开市场交易。因此，投资人往往会要求公司将投资人持有的公司股份在 SEC 进行登记，从而实现退出。

具体而言，登记权分为要求登记权、共同登记权、S－3 或 F－3[2]登记权三种类型。

---

〔1〕 参见赫利明编著：《一本书读懂风险投资与股权管理》，人民邮电出版社 2018 年版，第 121～122 页。

〔2〕 S－3/F－3 登记权（S－3/F－3 Registration Right）是一种简化的向美国证券交易委员会登记证券方式，供已满足其他 IPO 报告要求的企业使用。相对于适用于首次公开募股的 S－1/F－1 表格而言，S－3/F－3 表格更为简短，可在公司首次公开募股一年后使用。

要求登记权是指投资人可以强制公司将其所购买的股份进行登记上市的权利。要求登记权在公司的全部阶段存在,无论公司是否上市。如果公司还没有上市,在投资人要求行使要求登记权的情况下,公司必须同时进行上市的操作。

共同登记权相比于要求登记权更加保护创始人,是指投资人在公司进行上市时,可以要求将投资人持有的公司股份进行登记的权利。共同登记权不赋予投资人主动要求公司进行上市的权利,而仅允许在公司进行上市时,投资人有权将公司股份一起进行登记。

S-3 或 F-3 登记权,允许投资人要求公司将其股份进行 S-3 表格登记。S-3 表格是一种比上市使用的 S-1 或 F-1 表格更简单的登记方式。S-3 或 F-3 登记通常是在公司上市 12 个月或更长时间之后的一种登记方式。简单来说,要求登记权是公司上市之前的权利,共同登记权是公司上市时的权利,S-3 或 F-3 登记权是公司上市之后的权利。

16. 小结

除上述典型的投资人优先权利条款外,精明的投资人往往还会要求将最惠国待遇条款作为兜底,即要求公司赋予其他投资人的优先权利也会赋予特定投资人。最惠国待遇又分为向前最惠和向后最惠,向前最惠要求公司将赋予前轮投资人的优先权利赋予本轮投资人,向后最惠要求公司将赋予后轮投资人的优先权利赋予本轮投资人。公司在考虑最惠国待遇条款时需要额外谨慎。在很多项目中,公司基于各方面的考虑,由于对某些优先权利仅愿意赋予某个特定的投资人又不希望其他投资人知晓,往往会通过签署补充条款的方式实现。在此情况下,尽管补充条款中往往会约定严格保密义务,但是享有最惠国待遇的投资人一旦发现,有权主张享受同等权利。

投资人的各项优先权利并非孤立,而是环环相扣。在实践中,某一特定事件的发生,往往需要进行通盘的、全面的考虑。

比如,当公司被收购时,首先,基于保护性条款,收购需要投资人的同意;其次,基于拖带权,只有收购价格符合约定,且创始人大股东及投资人大股东均已同意时,小股东才有义务配合出售自身的股权;最后,基于优先清算权,投资人将优先于创始人分配公司出售所得的价款。再如,当公司决定分红时,首先,基于保护性条款,分红需要投资人的同意;其次,基于优先分红权,投资人将优先于创始人分配公司股息。

尽管公司在进行股权融资时,各项优先权利的约定不尽相同,但一致地是在公司上市时,投资人的优先权利会全部终止,这也是各主流上市地法律法规和证券交易所的要求。根据公司上市中介的安排,公司的股权融资文件往往也要进行修订和调整。在公司发展的中后期,尤其是在上市前一轮的融资中,投资人的优先权利终止的时间点也会是谈判的内容之一。公司往往会要求一旦公司递交上市申请材料,投资人的优先权利即告终止,但投资人也会要求如果公司上市申报撤回、终止或失败,则被终止的投资人的优先权利自公司上市申报撤回、终止或失败之日起全部恢复,并且该等恢复效力应溯及终止的全部期间。如果公司上市完成,则投资人的优先权利永久性终止。

(二)形式

股东协议及章程性文件约定的核心内容大同小异,对于注册地位于不同国家和地区的公司,受到公司法、实践惯例的影响,其股东协议及章程性文件的形式、内容存在差别。

1. 中国境内

对于注册地位于中国境内的公司,其章程需要进行中国市场监督管理部门的相关登记。由于不同地区的市场监督管理部门的执法口径不同,很多地区的市场监督管理部门不允许章程中约定超过中国《公司法》或与中国《公司法》不一致的内容。因此,中国境内公司的章程条款通常都较为简单和格式化,具体包括公司治理、股东的权利和义务、股权转让、优先分红权、清算等标准化内容。章程中的条款大部分是中国《公司法》中普遍适用于全体股东的条款,与投资人的优先权会存在一定冲突,章程和股东协议中会约定如果章程与股东协议不一致,以股东协议约定的内容为准。投资人也会要求在市场监督管理部门允许的范围内,尽可能在章程中约定投资人优先权。

对于注册地位于中国境内的公司,其股东协议承载了投资人和创始人之间以及不同轮次的投资人之间的权利、义务的几乎全部内容,具体包括优先分红权、优先清算权、回购权、反稀释权、投票权、公司治理、保护性条款、信息权及检查权、创始人限制、优先认购权、优先购买权、共售权、拖带权、创始人从业限制等内容,基本囊括了投资人、创始人及公司的全部权利、义务的分配。

2. 开曼群岛

对于注册地位于开曼群岛的公司，其章程主要约定了不同轮次股权之间的权利义务的区别，具体包括优先分红权、优先清算权、回购权、反稀释权、投票权、公司治理、保护性条款；其股东协议主要约定了投资人和创始人持有股权的权利义务的区别和联系，具体包括信息权及检查权、创始人限制、优先认购权、优先购买权、共售权、拖带权、登记权等内容。创始人限制有时也会独立准备一份限制股权协议（share restriction agreement）另行单独签署。

3. 美国

对于注册地位于美国的公司，创始人和投资人之间的权利义务安排通常会更加细分地体现在多份协议或文件中。其章程的内容通常较为格式化，主要约定了程序性细则，具体包括股东会及董事会的召集、开会、投票的流程和形式；其注册证书主要约定了投资人持有股权的部分优先权，包括优先分红权、回购权、优先清算权、公司治理、保护性条款、反稀释权等内容；其投票权协议（voting agreement）主要约定了投票权、公司治理、拖带权等内容；其投资人权利协议（investors' pight agreement）主要约定了登记权、信息权和检查权、优先购买权、保护性条款等内容；其优先认购及共售权协议（right of first refusal and co-sale agreement）主要约定了创始人限制、优先认购权、共售权等内容。

4. 小结

尽管股东协议与章程性文件存在重复约定的情况，且形式不尽相同，但二者在各个法域中类似的是，其强制执行效力不同。股东间协议（包括股东协议、投票权协议、投资人权利协议、优先认购及共售权协议）由全体股东及公司签署，对全体签署方均有约束力；而章程性文件（包括章程、注册证书）是公司内部文件，对公司与其股东有约束力。

中国境内公司的股东间协议通常由中国法律管辖，通过中国境内的仲裁机构执行；章程性文件通常由中国《公司法》管辖，通过中国法院执行。

红筹架构中开曼群岛公司的股东间协议通常由香港法律管辖，通过香港仲裁机构执行；章程性文件通常由开曼公司法管辖，通过开曼法院执行。

美国公司的股东间协议通常由特拉华州《公司法》管辖，通过美国商会仲裁机构执行；章程性文件通常由特拉华州《公司法》管辖，通过美国法院执行。

本文前述的股东间协议和章程性文件的形式分类，为目前市场上最常见的分类。在保证条款内容合法、有效的情况下，不同项目中采取的条款分类形式也可能不尽相同。

实践中，股东协议和章程性文件也存在预定不一致的情况。因此造成纠纷时，法院通常会根据以下原则进行判断：处理公司内部事务时，适用股东协议的相关约定；处理外部事务时，即涉及公司及股东之外的外部第三人相关问题时，则适用章程相关规定。

若纠纷仅涉及内部事务，首先需审查股东协议与章程性文件中是否有约定优先适用条款，例如“河南聚汽涞新能源技术有限公司、郭某田公司决议纠纷案”[(2021)豫01民终8685号]。通常，股东协议中会约定“如果公司章程与本协议的约定相冲突或存在不一致之处，则以本协议的约定为准；如果公司章程未规定而本协议有约定的，则以本协议的约定为准”。若股东协议与章程中均未约定优先适用条款，则需探究股东协议或章程哪一份文件表示了股东之间的真实意思，例如“上海联合汽车大道开发建设有限公司、中国五冶集团有限公司与上海联合汽车(集团)有限公司公司决议撤销纠纷案”[(2013)沪二中民四(商)终字第733号]。若无法判断股东之间的真实意思表示，则以股东协议和章程的签署时间二者孰后作为判断依据，例如“谢某来、深圳前海汇能金融控股集团有限公司股东出资纠纷案”[(2019)粤03民终12430号]。

若纠纷涉及外部事务，因章程作为公司对外公示公信力的表现，外部第三方会将其作为了解公司基本情况的依据，大部分法院为保护外部第三人的信赖利益，通常会认定章程作为判断相关纠纷的依据。例如“李某斌、成都颜色股东出资纠纷案”[(2019)川01民终527号]。

CHAPTER

第八章

非控股投资的法律问题

第一节　共同投资与退出

一、概述

1. 概念介绍

共同投资(co-investment)又称联合投资,在国际并购实践中一般是指由私募股权基金和一个或多个其他投资人联合进行的、针对单一项目的一次性投资行为。实践中,共同投资所针对的项目有可能是非控股权的投资行为,也可能是取得控制权或收购全部股权的并购活动。共同投资中有牵头投资人,也有跟投的投资人。投资人有私募基金、产业集团、上市公司等各种类别,其投资目的有的是追求回报,有的是希望最终自行收购项目公司。

共同投资是典型的以资金为基础的合作关系,具有合资企业的一些特征(合资企业的介绍请参见本书第九章)。但与合资企业不同的是,合资企业汇聚的资源种类更多,往往有持续经营、市场开拓等多元化功能,而共同投资参与方的主要目的或者唯一目的是获得资金汇报,因此,其更关注的是与项目有关的决策机制、项目退出机制和回报分配等经济利益安排。

风险投资活动或者私募基金主导的并购中,基金发起人在主基金因各种原因无法提供全部资金时,可能邀请其他投资人"共同投资"。其中,典型的原因包括:项目资金需求很高,超过主基金投资于单一目标公司的投资额度上限;主基金已接近使用完毕可使用的基金总投资额度;基金因其他原因的限制而无法完成某一投资项目,或者发起人认为某一投资项目不适合由主基金执行。这些投资限制主要基于基金的有限合伙协议,包括合伙协议限制基金投资于特定公司、特定行业或特定地理位置(例如,某一国家或者某一类国家或地区),以及合作协议对基金在某些领域投资的最高投资额度。

此外,主基金及其管理人也可以事先约定某些共同投资机会与特定的投资人分享。例如,有的数家私募基金之间可能有项目分享的安排。又如,私募基金可能根据项目为其管理人员和员工分配一定的共同投资额度,或设立专项共同投资池,抑或私募基金可向部分本基金的投资人承诺在将来的特定项目中有共同投资的权利。

在产业企业、上市公司等企业主导的并购项目中,企业经常需要从各种渠道募集资金。其募集资金的方式除银行贷款、释放股权融资等方式外,还可以设立项目基金,借助于私募基金、政府基金等各类主体的资金。

与海外的并购活动不同,中国的并购活动中,产业企业与私募股权往往合作大于竞争,经常深入合作组成财团,直接开展收购活动,或通过已有平台或收购平台收购标的公司。比如,2015 年江苏长电科技股份有限公司(以下简称长电科技公司)(600584)与国家集成电路产业投资基金股份有限公司(以下简称国家大基金公司)、芯电半导体(上海)有限公司(以下简称芯电半导体公司)联合成立三层投资主体架构,共同收购新加坡上市公司 STATS ChipPAC Ltd.(以下简称星科金朋公司)(以下称为星科金朋收购项目),实现了企业产业地位跃升、基金获得可观回报的双赢结构。

共同投资在私募股权基金的语境中,有时也会指代与主基金在同一时期募集设立,并以"同进同退"的投资策略进行投资运作的平行基金。但平行基金和共同投资仍存在一定区别,如设立平行基金的目的是获得主基金所做的每一投资中特定比例的份额,与主基金同时投资,且因税收、其他监管或法律或基金文件中的规定（如地理位置等）而受到同等限制；而与平行基金不同，共同投资一般是一次性的、就特定目标公司展开的投资行为。另外，平行基金的投资人并不会在每一次投资时都与基金管理人就投资条款开展谈判。与投资主基金的投资人一样，平行基金的投资人会在认购平行基金的权益时就确定其投资基金的条款，并在每次投资时适用与主基金相同的条款。因此，平行基金和主基金具有较强的关联关系，区别于一般的共同投资。篇幅所限，本章不对平行基金作深入探讨。

共同投资一词也可以用来指主基金和投资人同时直接投资于同一家公司，但各自投资的是不同类别的权益，比如常见的投资人向目标公司提供债权融资，而主基金提供的是股权融资。但是此类交易并不是真正意义上的共同投资安排。在草拟补充协议中的共同投资权条款时，应当将这种投资安排和真正的共同投资区别开来。建议发起人明确约定，共同投资的权利仅指主基金和投资人购买同一公司的同一类权益。

2. 共同投资的资金来源

私募股权投资活动中，如有共同投资机会，牵头方通常可以从以下一个或多个来源寻求共同投资的资金：

(1)主基金现有的有限合伙人；

(2)主基金的关联基金；

(3)发起人的关联方；

(4)共同投资基金（而非主基金的关联基金）；

(5)战略投资人（如可能在其他交易中共享投资机会的另一只基金）；

(6)对某项交易的价值贡献仅在于注入资金的第三方，但无任何关联关系或者战略投资意义。

发起人在综合考察了这些资金来源之后，便可确定自身和其共同投资人，是否有足够的投资资金继续对该项目开展投资。而共同投资人也应具备足够的判断力确认他们对各项共同投资机会是否有投资意向，并及时作出投资决定。

并购交易背景下，共同投资的参与方更为多元化。常见的为上市公司主导模式，上市公司或其实际控制人与私募股权基金、地方政府基金等合作，共同组建并购项目公司完成收购。随后，上市公司可以通过现金、股票或者二者结合的形式，从投资人手中回收项目公司全部股权，这样就可以有限资金整合各方面资金和资源，最终取得对目标公司的控制权。

私募股权基金主导的并购模式也很常见。私募股权基金主导收购项目的，可以新设子基金进行收购，由母基金提供增信。项目基金的共同投资人，首选上市公司或其关联企业，未来可以将目标公司出售给上市公司。项目基金的财务投资人可能是地方政府，承诺未来项目落地，也可能是其他的私募股权基金。在这类项目中，一般由私募基金负责项目选择及投资，上市公司深入参与项目运营及投后管理。

“上市公司＋PE”的运作模式是适合当前政策环境和经济环境且容易实现上市公司和并购基金双赢的中国特色模式。对于基金来说，这种运作模式可以稳定资金来源，锁定退出渠道，也可以据此和上市公司达成长期合作，获得资产管理费和投资增资的双重收益。而对于上市公司来说，并购基金扩充了上市公司融资渠道，为上市公司储备并购标的，进行孵化和整合，降低并购风险。[1]

3. 投资退出机制

在并购语境下，共同投资人的退出机制也是各投资人之间利益权衡的结果，其中占主导地位的投资人（特别是产业投资人）为了维持其对被投企业的控制权，常会承诺其他共同投资人退出渠道和/或保本收益。但私募基金牵头的并购中，牵头基金不一定会给其他投资人回购承诺，也极少承诺保本收益。

比如，在前述星科金朋收购项目中，占主导地位的投资人——上市公司长电科技公司对其他共同投资人国家大基金公司和芯电半导体公司承诺了退出方式，包括：(1)以发行长电科技公司的证券、现金或二者结合的方式收购该等共同投资人持有的收购特殊目的公司的股权，以间接持有目标公司的控股权；(2)如果共同投资人不能取得上市公司的股权，则有权向任何第三方转让股权，而不需经过长电科技公司的同意；(3)长电科技公司也对共同投资人承诺，其退出的年收益率应不低于10%，且不高于12%，如果由长电科技公司的实控人来收购，则共同投资人的年收益率不应低于15%，且需支付相当于出资额5%的赔偿金。

4. 共同投资的结构

风险投资背景下，基金发起人和有限合伙人开展的共同投资常见以下3种

〔1〕 参见王以锦编著：《海外并购基金操作实务与图解》，法律出版社2015年版，第46～49页。

基本结构：

（1）共同投资基金，即发起人建立一个共同投资实体，以盲池（blind pool，指有限合伙人决定向基金出资的时候，基金未来几年中将要投资的项目处于不确定状态）形式或以授予投资人对交易的否决权的方式，为一个或多个共同投资人管理基金。投资人通过共同投资基金可以进行重复的、对多个项目公司的投资，而不是局限于一次性的投资。

（2）特殊目的实体（SPV），即由发起人建立一家特殊目的实体（可以是公司或者有限合伙），并接纳一个或多个共同投资人作为该实体的股东或合伙人，并以该实体完成对同一家公司的共同投资。与共同投资基金不同的是，特殊目的实体一般仅限于向同一家被投企业投资或追加出资。特殊目的实体和共同投资基金一样，都便于发起人统一管理共同投资项目，并且因为实体的存在，各投资人可能需要分担实体的管理费用，一些实体或基金还需要向发起人进行业绩报酬（carried interests）分配。

（3）直接投资，即共同投资人和主基金一同对目标公司直接进行投资，成为被投企业的直接股东，而不通过任何中间实体投资。基金有限合伙人之外的战略投资人可能更偏向以这种方式投资，因为共同投资人不再需要支付管理费和绩效收益，同时能够获得对被投企业更为直接的控制和更深层次的了解，所获经济收益也更大。如果采取直接投资，发起人可以考虑是否应该与该投资人签署授权书或委托代理书，或要求拖售权或随售权，从而确保该有限合伙人在投资之后仍可以和主基金在行使股东权利和处置其投资权益时保持一致。

在并购的背景下，共同投资参与方可以采取与风险投资特殊目的实体和直接投资类似的结构，但特殊目的实体结构更为常见。比如，前文所述的2015年星科金朋收购项目中，各共同投资方设立了三层特殊目的实体，并且设计了复杂的架构来平衡各方权益。例如，一方面长电科技公司要求国家大基金公司提供的投资资金分拆为两部分，分别投入两层特殊目的实体，以维持长电科技公司在每层特殊目的主体上的控股地位。另一方面国家大基金公司也持有其中一层特殊目的实体的可转债，有权在收购后进一步增持其中一层实体的股权。

5. 补充协议

私募股权基金牵头的共同投资和共同并购活动常签署补充协议，约定一些额外的安排。私募股权基金的基金文件条款一般较为统一和标准化。相比之下,私募股权共同投资项目的条款内容和权利安排难以标准化,因为共同投资的条款是基于投资人和发起人之间的谈判结果而确定的,各个条款都是根据具体情况逐案拟定的。有时,投资人在对基金作出出资承诺的同时就会和发起人另外签署补充协议,以书面形式固定其与发起人就共同投资的结构、费用和条款等投资条款的谈判结果。但是更常见的是,在发起人向投资人实际提供共同投资机会之时,双方再就该次具体的共同投资的条款展开谈判。无论共同投资的条款何时确定,投资人的总体诉求一般都是希望就共同投资能够支付较低的管理费和业绩报酬,甚至可以不支付该等费用。如同时计算共同投资所适用的较为优惠的管理费用和较低的业绩报酬结构,以及主基金所适用的一般管理费用和业绩报酬,通常共同投资人总体上为其参与的基金投资组合所支付的管理费和业绩报酬会低于不参与共同投资的基金投资人。

此外,基金合伙协议的补充协议下约定的共同投资条款详略程度在业界也没有统一标准。补充协议很可能仅有原则性约定,或简单确认投资人有兴趣进行共同投资,但不规定发起人有法律义务向投资人实际提供任何共同投资的机会。补充协议也可能明确投资人享有共同投资的法律权利,而此类共同投资权利所对应的是发起人有法律上的义务向享有此权利的基金有限合伙人提供共同投资机会,并按比例分配共同投资的投资额度。有限合伙人偶尔会获得与普通合伙人共同投资的权利。不过,发起人在向战略投资人提供共同投资机会时,通常不会邀请有限合伙人参与同一投资项目。当然,任何此类补充协议条款都应受制于基金合伙协议的规定和发起人对基金的诚信义务,且合伙协议本身也可能限制基金合伙人和基金一起参加共同投资机会的权利。

补充协议有以下两个主要方面需要考虑:

(1)发起人和共同投资人的投资权利条款

共同投资人应与主基金及其平行基金以实质相同的价格、条款和条件进行投资,但是在少数情况下,平行基金退出投资的时间可能与主基金的退出时间不同,因此二者适用的退出条件也可能不同。如果通过共同投资基金或特殊目的公司进行共同投资,共同投资人常常会被要求与主基金以基本相同的条款和条件处置其投资权益。无论在何种情况下,如果共同投资人没有通过发起人管理的实体进行共同投资,而是选择直接投资的,发起人也可以事先约定强制拖售权,通过该等权利要求共同投资人与主基金同步保留或处置各自的投资权益。

基金或共同投资人也常常会不再愿意对某被投企业进行后续投资,或者希望向被投企业超额追加投资,这时就需要确认已有利润的分配,或者需要确认他们各自对同一被投企业的后续投资比例的分配。共同投资人和主基金(包括任何平行基金)一般有权按各自原投资额的相对比例进行后续投资,但因为事前不会约定对后续投资的资本承诺,共同投资人也没有任何法律义务进行后续投资,因此他们最终是否实际参与后续投资在事前是无法确定的。在被投企业发展势头良好的情况下,发起人更希望通过主基金追加投资,而共同投资人通常更希望由其自身通过股东优先认购权、优先受让权或类似其他权利直接投资,或者通过共同投资基金或特殊目的公司开展后续投资。相对地,共同投资人可能会要求享有类似于私募股权投资中的投资人权利,可能包括优先购买权(进行后续投资的权利),查阅被投企业向基金提供的信息的权利,与被投企业的董事接触和会谈的权利,对重大交易的投票权或否决权,以及共同出售权和拖售权等。因此,如何平衡双方的后续投资份额以及退出机制,是起草补充协议以及投后管理中需要关注的问题之一。补充协议中的共同投资人主要权利在本章第二节详细讨论。

对比在并购背景下,一般在原协议约定的事项未能如期完成,或者协议各方对原协议所约定的交易架构有修改时,各方签署补充协议。比如,在签署原交易文件之后,某一投资人的出资义务因各种原因无法按时履行,或无法全部履行,且其他共同投资人和目标公司为顺利推进项目和维持良好的商业关系选择不主张违约,而一致同意修改原交易结构和出资义务履行方式的,该投资人、目标公司和其他相关投资人可以签署补充协议。

(2)费用

普通合伙人通常很难向共同投资人收取管理费或业绩报酬,但是如果共同投资是以共同投资基金的形式展开的,则该共同投资基金的投资人一般应支付管理费。但即使发起人能够向共同投资人收取管理费或业绩报酬,他们通常也会按低于2% ~20%(每年以基金规模收取2%的管理费,并以基金收益利润部分的20%作为业绩报酬)的标准收费。如从基金现有的有限合伙人的角度来看,在已承诺的主基金之外所提供的更多资本投入,是为发起人的业务增加价值,因此不应支付管理费用或业绩报酬。而战略投资人或已经向其自身的投资人收取费用的其他基金,也同样不愿支付任何管理费或业绩报酬。归根结底,费用和业绩报酬只有在发起人有谈判优势的情况下才能收取。

除管理费和业绩报酬外,共同投资人还可能会承担因投资而产生的实际费用。共同投资的文件一般包括投资人收益回拨(investor claw-backs)条款,其目的之一是涵盖共同投资中的赔偿义务和支付其他费用,包括准备经审计的财务报表的成本。除非各方另有约定,否则与投资相关的费用和其他义务应由主基金(及其平行基金)和共同投资人按投资比例承担。未能完成的投资项目所产生的全部费用及成本原来惯常是由主基金(及其平行基金)承担,但目前市场上共同投资人也逐渐开始为终止的投资项目或为共同投资实体支付部分运营费用。

二、共同投资要点

在进行共同投资之前,共同投资人需要考虑并落实一系列投资权利安排的要点,其中一些要点较为实质和重大,是每一项目都需要考虑的首要问题,均已在前文有所论述,而另一些则较为细节,需要在不同项目的不同阶段中加以留意。我们整理了一份概要清单,适用于风险投资和并购等各类交易,供读者参考。

1. 法律监管

共同投资人(或其直接或间接股东)是否属于受特殊规定约束的实体,是否需要签署特别的条款或文件(例如,中国法律语境下的国有企业,地方政府参与投资,美国法律语境下的 Small Business Investment Company,SBIC,或者银行控股股东的投票权限制)。

2. 投资架构

(1)共同投资人是否与发起人直接投资于同一家实体。

(2)如发起人和共同投资人不采用直接投资,是通过共同投资基金,还是通过特殊目的实体展开投资。

(3)投资载体在税收上的性质。公司或有限合伙的纳税义务不同。

3. 股权类别

(1)发起人和共同投资人所认购的被投企业权益是否属于同一类别。

(2)如果共同投资人所认购的权益或证券和发起人认购的属于不同类别，该两类证券是否具有相同的经济性权利？经济性权利的范围如以下第4点至第6点。

4. 股权或其他权益的购买价格

(1)共同投资人据以认购权益的每一股份或每单位权益的单价是否和发起人所依据的单价相同。

(2)共同投资人是否需要向发起人支付任何绩效收益？如需支付，依据怎样的支付标准。

5. 交割费用

(1)发起人是否可以就该次股权投资收取一笔“交割费用”，即补偿为推动该次投资项目而事先投入的成本。

(2)共同投资人是否可以就该次股权投资收取一笔“交割费用”。

6. 管理费

(1)发起人是否可以持续收取管理费用。

(2)共同投资人是否可以收取任何管理费用。

7. 治理机构

(1)共同投资人是否有权向被投企业的治理机构(如董事会、管理委员会等)委派一名或多名成员。

(2)共同投资人是否有权向被投企业的治理机构委派一名或多名观察员，即虽无权投票，但有同等权利获取会议召开通知和会议材料，并列席会议。

(3)共同投资人在治理机构的正式成员席位或观察员席位是否可以延伸至该治理机构下设的所有委员会。

(4)共同投资人在被投企业享有的正式成员席位或观察员席位是否可以延伸至该企业分支机构的治理机构以及该等治理结构的下设各委员会。

(5)共同投资人所委派的正式成员或观察员因行使其职责而发生的费用是否可以从被投企业处获得补偿。

(6)共同投资人所委派的治理机构成员是否有权获得报酬。

(7)被投企业是否购买了董事责任险和高管责任险。

(8)被投企业是否应与每一位治理机构成员签署董事责任赔偿协议。

8. 投票权、承诺

(1)共同投资人所持有的各类别的股权、股票或股票单位占该类别的比例，以及占全部股本的比例。

(2)共同投资人所持有的股权、股票或股票单位是否具有投票权？如果具有投票权，投票权的占比是多少。

(3)就被投企业拟更改其主营业务的，是否需要取得共同投资人的批准，或者是否需要取得共同投资人所持类别股票的整体批准。

(4)就被投企业拟开展关联交易的，是否需要取得共同投资人的批准，或者是否需要取得共同投资人所持类别股票的整体批准。

(5)就被投企业的关联交易，是否还设置了其他限制？比如，该等关联交易必须在被投企业日常经营确实需要的基础上，并以公平合理条款执行。

(6)为保护共同投资人的权利，被投企业是否还作出了其他限制性承诺？比如，发行新的股权性权益、回购、收购兼并、出售股权或重大资产、资本支出、通过预算决算等事项是否需要取得共同投资人的同意，或者通过该等事项是否需要取得共同投资人所持类别股票的整体批准。

9. 转让限制

(1)受限于惯常例外情况，被投公司的管理机构是否对共同投资者对外转让其持有的权益拥有否决权。

(2)发起人是否对共同投资者对外转让其持有的权益拥有否决权。

(3)对于经允许的转让，是否有任何其他限制(如受让人限制、其他方的优先购买权等)。

10. 优先购买权

(1)如共同投资人拟将其权益转让给第三方的，被投企业、发起人和/或其他第三方是否就此享有优先购买权。

(2)共同投资人是否就其他股东对外转让权益享有优先购买权。

11. 随售权

(1)如发起人拟将其所持股权转让给第三方，共同投资人是否有权以同等价格按照相对持股比例跟随出售。

(2)如共同投资人享有随售权，发起人是否享有自由转让股权的豁免额度，即只有发起人转让股权超过一定数量或比例之后，共同投资人才可以行使其随售权。

(3)跟随出售权是否也受限于强制出售的条款(详见下文“12.强制出售/拖售权”)。

(4)如共同投资人拟将其所持股权转让给第三方，其他股东是否有权按照持股比例跟随出售。

12.强制出售/拖售权

(1)在强制出售的交易中，共同投资人是否有义务就被投公司的情况向收购方作出陈述和保证。

(2)在强制出售的交易中，共同投资人是否有义务就其他股东持有的被投公司股权情况向收购方作出陈述和保证。

(3)共同投资人的陈述和保证是否仅限于根本性陈述和保证(fundamental representations and warranties)。根本性陈述和保证一般包括公司有效存续、出售方具备的交易授权、执行交易不会导致违反适用法律及组织章程、出售股权的所有权完整，无权利瑕疵、其他权利负担或第三方权利等，有时也会包括其他事项，如税务，无经纪费用等。

(4)共同投资人对买方的赔偿责任是否限于其所售股权占整体出售股权的比例，除非该等赔偿责任系出于共同投资人违反其作出的根本性陈述和保证、共同投资人就其自身及其所持股权向买方作出的承诺，或者共同投资人存在欺诈或故意。

(5)共同投资人的赔偿责任是否以其出售股权所得扣除成本费用和所得税的净收益为限，除非该等赔偿责任系出于共同投资人违反其作出的根本性陈述和保证、共同投资人就其自身及其所持股权向买方作出的承诺，或者共同投资人存在欺诈或故意。

(6)仅当股权出售的价格、条款和条件与被投公司其他股东出售所适用的价格、条款和条件一致时，共同投资人方有义务参与强制出售。

(7)共同投资人无义务因其股权出售交易而做出竞业限制承诺或者不招揽承诺。

(8)共同投资人就其股权出售所收取的对价和其他股东收到的对价应具有相同的形式，或者共同投资人至少应有权选择收取相同形式的股权对价。

13. 授权书

共同投资人是否需要签署授权书,授权发起人行使共同投资人享有的任何股东权利。

14. 优先认购权

为避免在被投企业中的股权比例随着将来每轮融资而被稀释,共同投资人是否享有优先认购权(受限于惯常的行使例外)。

15. 信息权

(1)被投企业是否应当定期向共同投资人提供经审计的年度财务报表和其他税务信息。

(2)被投企业是否应当定期向共同投资人提供未经审计的季度财务报表。

(3)被投企业是否应当定期向共同投资人提供未经审计的月度财务报表。

(4)共同投资人是否有权要求被投企业提供其他必要信息。

(5)被投企业是否承诺在特定时间之前应递交报税资料。

16. 检查权

(1)共同投资人是否享有审阅被投企业财务账簿等资料的检查权。

(2)共同投资人是否有权要求与被投企业的董事、高级管理人员和职员讨论公司的运营情况。

17. 保密

(1)共同投资人是否应就其投资行为或公司业务承担保密义务。

(2)共同投资人的保密责任是否受限于任何惯常例外情况。

18. 权利修改

共同投资人对以下条款的修改是否享有否决权:其作为股东的有限责任、董事会席位或组成、其提供额外资本或收购额外证券的权利义务、拖售权、随售权、信息权、股权转让限制和针对共同投资人的其他特别条款。

19. 股权认购协议

(1)共同投资人是否需要作出有限的、基础的陈述和保证,比如其具有履行协议和执行本次交易的授权,其合法设立并存续,以及其具有合适的投资人地位等。

(2)被投企业是否就其发行股权作出了根本性的陈述和保证,比如获得了适当授权、有效发行股权及其股本结构等。

三、共同投资条款清单示例

以下是采取直接投资结构，并以购买老股形式开展的共同投资项目的重大投资条款清单示例，也可适用于风险投资和并购交易。

共同投资条款清单

共同投资条款清单（以下简称本清单）是签署双方在前期初步了解和接触基础上达成的意向性条款，以作为双方进一步执行项目的基础。本清单的内容将在其后双方最终签署的相关投资协议中得到更充分体现。

本清单由以下签署方于［×］年［×］月［×］日在中国北京签订，内容对双方均具有法律约束效力。

表8-1　共同投资条款清单示例

序号	条款	内容
1	签署双方	［共同投资人］（以下简称共同投资人）； ［发起人］（以下简称发起人）
2	标的公司及卖方	(1)［标的公司］（以下简称标的公司）； (2)［标的公司卖方］（以下简称卖方）持有标的公司100%股权的有限责任公司
3	投资方、出资额度和本次交易	(1)发起人将收购标的公司25%的股权； (2)共同投资人将收购标的公司25%的股权； (3)另有地方政府平台在特定条件满足的情况下将收购标的公司25%的股权； (4)“本次交易”：发起人、共同投资人和地方政府平台拟通过一家中国境内公司，设立一家海外公司，并通过海外公司从标的公司的卖方处收购标的公司共计75%的股权（在政府平台收购条件满足的情况下）； (5)出资额：本次交易总出资额为人民币［×］亿元，由发起人、共同投资人和地方政府平台各支付人民币［×］亿元
4	后续出资承诺	收购完成后，发起人、共同投资人和地方政府平台应向标的公司展开进一步出资。各方的出资承诺如下： (1)发起人承诺出资不低于人民币［×］亿元； (2)共同投资人承诺出资不低于人民币［×］亿元； (3)地方政府平台承诺出资不低于人民币［×］亿元

续表

序号	条款	内容
5	交易流程	各方应尽各自的最大商业努力,相互合作并争取在以下规定的截止期限前签署相关最终协议,完成相关拟定事项: (1)[×]年[×]月[×]日签署有关标的公司股权的收购协议; (2)[×]年[×]月[×]日之前完成相关境内政府监管机构的审批; (3)[×]年[×]月[×]日之前完成持有海外公司股权; (4)[×]年[×]月[×]日之前签署股东协议,并定稿公司章程; (5)[×]年[×]月[×]日之前完成交割
6	政府平台的出资先决条件	在满足以下各项出资先决条件的前提下,政府平台将参与投资本项目: (1)尽职调查考察:政府平台已经完成对本项目的尽职调查,并对尽职调查结果合理满意; (2)交割先决条件:本项目收购协议中约定的各项交割条件均已满足; (3)协议签署:收购协议、股东协议及其他附属文件等均已适当签署; (4)产业落地:地方政府已就实施本项目产业化落地达成一致,并签署相关落地协议
7	退出	在本次交易交割完成之后,双方应努力启动通过现金收购或换股方式将标的公司重组置入上市公司体系内
8	资金使用	资金专款用途:出资仅限用于并购本项目和支付在本项目正式启动之前,发起人就本项目的垫付费用,包括订金、中介费用、差旅费用、开办企业费用、收购海外壳公司的费用等
9	标的公司的运营和治理机构	本项目交割后,标的公司应设董事会,董事会由三(3)名董事组成。其中,发起人有权委派二(2)名董事,地方政府平台有权委派一(1)名董事。地方政府平台所委派的董事对标的公司的特定重要事项享有一票否决权,具体事项清单在股东协议项下进一步约定。 共同投资人不参与标的公司的实际运营,但在交割后有权获得标的公司的运营信息和财务资料,有权向标的公司董事了解公司运营情况
10	交易披露义务和随售权	发起人有义务及时向共同投资人告知交易进度,交割后充分向共同投资人及时披露退出机会,保证有意愿收购的第三方以同等条件收购共同投资人持有的标的公司股权份额。 在发起人向第三方转让标的公司股权时,共同投资人有权按出资比例,与发起人以同等条件向该第三方共同出售。但在随售交易中,共同投资人仅保证其享有所售股权的完整所有权,没有义务向收购方就标的公司情况和其他股东/出售方的情况作出陈述和保证,也不应承担竞业限制义务

续表

序号	条款	内容
11	股权转让限制和优先受让权	本项目交割后五(5)年内,非经其他各方事先书面同意,任何一方不得转让其持有的标的公司股权。 在其他各方事先书面同意的前提下,非转让方在相同条款和条件(包括价格)下,有权优先受让拟出售股权。在其他各方均行使完毕或者放弃行使优先受让权之后,出售股东方有权向第三方出售剩余的拟出售股权
12	项目管理	各方确认及同意,发起人应以合理判断尽最大商业努力促成交易完成,发起人全权执行海外收购的各项事宜,包括但不限于: (1)谈判、修订、商定本次交易的交易文件,包括任何附属文件和补充协议,选择合作的金融、法律和其他中介机构; (2)协调、谈判、商定本次交易所需的境内外融资,选择合作的金融和中介机构谈判和商定相关法律文件; (3)协调境内外所需的政府审批、备案,申报,并就该等申请与政府机构沟通; (4)确认本次交易交割条件的满足与放弃、确认交割的完成; (5)决定本次交易的终止; (6)其他本次交易相关的事宜
13	本次交易费用	本次交易的交易前期费用由发起人先行垫付,包括订金、中介费用、差旅和开办企业费用等。各方同意按照其相对出资比例予以承担,该等费用包含在各方认缴的项目公司注册资本和后续出资中,在各方支付认缴出资和后续出资后,标的公司应偿还给发起人和/或垫付资金或提供融资的其他相关方。 各方同意按相对持股比例承担本次交易的各类交易费用(包括但不限于上段中列举的前期费用、融资费用等)
14	本次交易的终止	如发起人认为出于合理商业考虑应终止本次交易,则发起人不应对其他各方承担任何责任,但发起人存在故意、过错或重大过失的除外。 无论因何种原因终止本次交易,各方均应按相对出资比例承担发起人及其关联方为进行本次交易而支付的前期费用,并分担分手费、违约金等(如适用)
15	保密条款	除非法律另有要求,否则本清单的存在及其条款和条件均为保密且禁止披露,但因为实现本清单项下所述本项目交易而向本投资所涉及的各方关联方及各方授权代表披露的除外。如需依法披露,在允许的范围内,披露方应提前十(10)个工作日书面通知其他方,且接受信息的第三方应当承担相同的保密义务。如果各方或其关联方决定就本清单项下拟议的交易和/或本清单之条款清单的签署发布公告,则各方应事先相互协商并就该等公告发布的时间、方式及内容达成一致后方可公告

续表

序号	条款	内容
16	未按时履行出资义务的违约条款	如出资先决条件均满足,任一方未能按本清单和最终签署的收购协议、股东协议约定履行全部的出资义务,则该方应向各守约方支付违约金,该等违约金按未支付金额的每日千分之二(2‰)计算,自违约方应当缴付的出资期限之日起累计,至实际支付之日止。 缴纳违约金不得免除该违约方缴纳出资的义务,其他方有权要求违约方实际履行其出资义务。若违约方未在协议规定的期限内全额缴付其出资或其他应付资金,导致本次交易整体失败的,应承担本次交易产生的全部费用(包括但不限于全部的前期费用、交易费用、分手费、违约金等),或导致公司为完成海外收购进行额外融资的,应承担因此而增加部分的融资成本
17	效力、适用法律和争议解决	本清单经各方加盖公章或签署后生效。本清单一式贰(2)份,每方各执壹(1)份,每份均具有同等法律效力。本清单适用中华人民共和国法律,并依据其解释。任何因本清单产生或与此有关的争议、纠纷或索赔,任何一签署方均有权向其所在地人民法院提起诉讼解决

第二节　公司治理及其他商业安排

一、概述

公司治理在于界定公司经营者、监督者、股东及其他利害关系人之间的权利义务关系[1]。在公司治理结构中,存在两大基本内部关系:

第一层关系是公司股东与股东之间的内部关系。股东因其拥有的股权或股份数量不同,自然分为控制股东(controlling shareholder)和中小股东两类。资本多数决原则是公司议事制度的基本原则之一,能够保障公司经营决策的高效运行,其背后的理论基础是公司股东的投资回报率与风险承担系数应保持一致。不少情况下,这种多数是简单多数,即 1/2 以上多数投票权同意;而特定的公司重大事项决议中,这种多数则为绝对多数,即需要取得 2/3 或以上的多数同意。但是,我们也应看到资本多数决引发的一系列问题:(1)资本多数决削弱了少数股东对公司事务的管理权和参与程度,进而导致股东会或股东大会会议流于形式;(2)资本多数决存在被滥用的危险,在一定程度上妨碍了股东平等原则的实现。

---

〔1〕 2004 年 OECD 公司治理准则(OECD Principles of Corporate Governance)。

第二层关系是股东与公司管理层(包括中国、美国等法域中的董事会,另一些法域中的管理委员会、董事会或管理委员会的下设委员会、经理、高级管理人员等)之间的委托关系。鉴于在快速、不停变化的市场中管理公司事务的复杂程度,股东虽然是公司权益的持有人,但不应被委以管理公司运营事务的责任。因此,公司战略和运营的权利和责任往往由股东授权给董事会以及由董事会选择、任命、激励和必要时更换的管理团队行使。董事会和管理团队在授权范围内行使其对公司的管理权,向公司股东负责并汇报。如何控制公司管理层在其授权范围内合理行权、不滥用职权,也是公司治理中的一个重要话题。

综上,如何通过一套机制协调公司与股东及其他利益相关者、控制股东与中小股东,以及各股东与管理层之间的关系,使这三者之间的代理成本最小化、平衡各方的利益、使公司决策快速高效的同时又能够保护小股东的权益,是设置公司治理结构的主题和目标。而不同国家出于不同的法律传统,对公司治理模式的侧重和法律规定也都不同。本章下列内容基于我国的法律制度,希望能为中小股东对公司治理结构的设计提供思路。

二、法定表决权

股东表决权或投票权,是指为了公司及全体股东的利益通过股东会或股东大会而行使的表决权。表决权是参加股东大会的核心权利,只有在股东大会行使表决权才有可能将股东个人意志上升为公司意志,并借助董事会和管理层实现其投资的资本化收益。表决权是公司治理的核心,往往也是公司控制权争夺的焦点。最主流和传统的表决权分配方式即前文所述的“资本多数决”,即谁出资最多,谁在股东会上就享有多数票,继而掌握公司的决策权。

在我国《公司法》下,有限责任公司的股东按出资比例行使表决权,章程另有规定且不违反法律法规强制性规定的除外[1];股份有限公司的股东所持每一股份都有一表决权,但是公司持有的本公司股份没有表决权[2]。对于持有多少比例的股权才能享有对公司何种程度的控制权或者影响力,我国《公司法》规定了4项重要的比例门槛标准:

---

〔1〕《公司法》第65条。

〔2〕《公司法》第116条。

1. 持股超过66.67%,取得对公司的绝对控制权。股东会或者股东大会作出修改公司章程、增加或者减少注册资本的决议,以及公司合并、分立、解散或者变更公司形式(本段下称公司重大事项)的决议的,对股份有限公司来说,必须经出席股东大会会议的股东所持表决权的2/3以上通过,对有限责任公司来说,必须经过代表2/3以上表决权的股东批准通过。[1]

2. 持股超过50%,取得对公司的相对控制权。如股东会需要执行公司重大事项以外的事项,不需要2/3以上表决权同意,只需过半数表决权同意即可通过。因此,如果一名股东持股比例超过50%,实际上就取得了对公司的相对控制权,有权独立就公司重大事项之外的其他事项作出决定。

3. 持股超过33.33%,对重大事项有一票否决权。持股比例超过1/3的股东虽然没有对公司的绝对或相对控制权,但是对于批准公司重大事项,由于法律规定需要通过取得2/3以上表决权同意,必须取得持股比例超过1/3(33.33%)的股东的同意,这些股东实质上享有一票否决权。

4. 持股超过10%,具有申请公司解散、自行召集和主持股东会的权利。《公司法》规定,公司经营管理发生严重困难,继续存续会使股东利益受到重大损失,通过其他途径不能解决的,持有10%以上表决权的股东可以请求人民法院解散公司[2]。另外,单独或者合计持有公司10%以上股份的股东请求的,公司应召开临时会议[3],监事会或者监事不召集和主持股东(大)会的,代表10%以上表决权的股东可以自行召集和主持。

投资人在投资公司时,应结合其需要取得的控制程度,尽量持股到目标比例。如果投资人在被投企业中的持股比例无法达到所需的控制比例,也可以考虑争取在公司章程或者股东协议中设立下文讨论的机制,以保护其作为中小股东的权益。

三、累积投票制

如被投企业是股份有限公司,董事、监事选举可以采用累积投票制。累积投

[1] 《公司法》第66条、第116条。
[2] 《公司法》第231条。
[3] 《公司法》第62条、第113条、第114条。

票制是一种与直接投票制相对应的公司董事、监事选举制度。在该制度下，选举视每一股份拥有与应选董事或者监事人数相同的表决权，股东拥有的表决权可以集中使用[1]，每位股东持有的有表决权的股份数乘以本次股东大会选举董事或监事人数的乘积，即为该股东所有能用于投票的累积表决票数。董事或监事候选人根据得票的多少决定是否当选。

以下举例说明累积投票制的运用：上市公司 A 有 1000 万股股份，其中大股东持有 51% 的股份，其他所有股东合计持有 49% 的股份。该上市公司拟新选 3 名董事（不含独立董事）。如果按照直接投票制，针对每个提名人选，每一股份对应一个投票权，则控股的大股东能够使自己推选的 3 名董事全部当选，其他全体股东毫无话语权。相比之下，如果采取累积投票制，则控股大股东的累积表决票数为 1530 万票（1000 万股 ×51% 持股比例 ×3 个董事会席位），其他全体股东的表决票数有 1470 万票（1000 万股 ×49% 持股比例 ×3 个董事会席位）。累积投票制下，股东可以集中投票给一个或几个董事候选人，并按所得同意票数多少的排序确定当选董事。理论上，如果小股东们能够把全部票数集中投给某位候选董事，则至少可以使自己提名的 1 名董事当选。

根据我国《公司法》第 117 条的规定，累积投票制不是强制性规定，一般由公司自由选择适用，如公司章程没有特别规定，则采取直接投票制。此外，中国证监会于 2018 年发布的《上市公司治理准则》规定，单一股东及其一致行动人拥有权益的股份比例在 30% 及以上的上市公司，应当采用累积投票制；采用累积投票制的上市公司应当在公司章程中规定实施细则。[2] 但是，累积投票制的适用也存在一些障碍。首先，除股权集中度超过 30% 的上市公司外，其他股份有限公司采用累积投票制首先需要股东大会通过决议批准，增加了施行该制度的难度。其次，即使大股东同意采用，在实际投票时，中小股东也只有团结一致才能使集中投票权达到一定比例，从而左右投票结果。

四、大股东或控股股东的表决权限制

我国法律规定对上市公司表决权限制的情况有不少，比如：

---

[1] 《公司法》第 117 条。

[2] 《上市公司治理准则》第 17 条。

1. 关联交易。上市公司董事不得对董事会拟议的、与该名董事有关联关系的交易行使表决权，也不得代理其他董事行使表决权。该董事会会议由过半数的无关联关系董事出席即可举行，董事会会议所作决议须经无关联关系董事过半数通过。出席董事会的无关联关系董事人数不足 3 人的，应将该事项提交上市公司股东会审议。[1]

2. 优先股。发行优先股的公司，优先股股东不出席股东大会会议，除特定与优先股权益相关的事项外，优先股股份原则上没有表决权，但长期未按约定支付优先股股息的，优先股股东有权出席股东大会，优先股股份享有表决权。[2]

3. 违规增持。如果上市公司的收购方违反《证券法》和《收购管理办法》等法律法规的规定增持、未履行信息披露和报告义务、有虚假记载、误导性陈述或者重大遗漏等，可能受到来自中国证监会的关注，并在购入上市公司有表决权的股份后的 36 个月内，就违规增持部分被限制表决权。[3]

但是，就非上市公司而言，我国法律仅规定了对关联担保的表决权限制：公司为公司股东或者实际控制人提供担保的，必须经股东会或者股东大会决议，且

---

〔1〕《公司法》第 139 条。

〔2〕《上市公司章程指引》第 33 条规定：发行优先股的公司，应当在章程中明确优先股股东不出席股东大会会议，所持股份没有表决权，但以下情况除外：(1) 修改公司章程中与优先股相关的内容；(2) 一次或累计减少公司注册资本超过百分之十；(3) 公司合并、分立、解散或变更公司形式；(4) 发行优先股；(5) 公司章程规定的其他情形。

发行优先股的公司，还应当在章程中明确规定：公司累计三个会计年度或者连续两个会计年度未按约定支付优先股股息的，优先股股东有权出席股东大会，每股优先股股份享有公司章程规定的表决权。对于股息可以累积到下一会计年度的优先股，表决权恢复直至公司全额支付所欠股息。对于股息不可累积的优先股，表决权恢复直至公司全额支付当年股息。公司章程可以规定优先股表决权恢复的其他情形。

〔3〕《证券法》第 63 条规定：通过证券交易所的证券交易，投资者持有或者通过协议、其他安排与他人共同持有一个上市公司已发行的有表决权股份达到百分之五时，应当在该事实发生之日起三日内，向国务院证券监督管理机构、证券交易所作出书面报告，通知该上市公司，并予公告，在上述期限内不得再行买卖该上市公司的股票，但国务院证券监督管理机构规定的情形除外。

投资者持有或者通过协议、其他安排与他人共同持有一个上市公司已发行的有表决权股份达到百分之五后，其所持该上市公司已发行的有表决权股份比例每增加或者减少百分之五，应当依照前款规定进行报告和公告，在该事实发生之日起至公告后三日内，不得再行买卖该上市公司的股票，但国务院证券监督管理机构规定的情形除外。

投资者持有或者通过协议、其他安排与他人共同持有一个上市公司已发行的有表决权股份达到百分之五后，其所持该上市公司已发行的有表决权股份比例每增加或者减少百分之一，应当在该事实发生的次日通知该上市公司，并予公告。

违反第一款、第二款规定买入上市公司有表决权的股份的，在买入后的三十六个月内，对该超过规定比例部分的股份不得行使表决权。

接受担保的股东或者实际控制人,不得参加股东(大)会有关该等事项的表决,该等表决应由出席会议的其他股东所持表决权的过半数通过[1]。

除此之外,我国法律对非上市公司的其他关联表决并没有作出如上市公司语境下的限制。这对公司和中小股东来说非常不利。比如,在除担保外的其他关联交易中,如果对关联股东或者关联董事的表决权不加以限制,则有权作出决定的控股股东或大股东就能轻而易举地展开不公允的关联交易,为其自身进行利益输送。因此,非控股股东可以参考法律对上市公司股东投票权限制的强制规定,考虑要求在公司章程中明确规定如下 4 个方面:(1)所有的关联交易中的关联股东和关联董事都不具有表决权。(2)在决定有关董事、监事报酬事项时,关联股东如果是董事和监事,表决权也应受限制。(3)对公司相互持股情况下的股权表决权也应进行限制,比如可以约定子公司对母公司没有表决权。为了排除控股股东利用相互持股损害小股东利益,也可以争取在章程中约定被控股公司禁止持有控股公司的股权或股份。(4)在个别股东违反对公司和其他股东的重大义务(如未能履行对公司的出资义务,或者抽逃对公司的出资)的情况下,限制其投票权的行使。

五、股东表决权代理和表决权征集

股东表决权代理是为了补充股东个人的能力并扩张意思自治,针对股东不能亲自参加股东(大)会并行使表决权而设计的补救性措施。其行使方式是由股东将其所持股权或股份上的表决权在一定期限内,将表决权委托给代理人,由代理人代为在股东(大)会上代为投票。

股东表决权征集,或称委托书竞争(proxy solicitation),是指股东不愿或不能出席股东大会,也未选用适当的代理人行使表决权时,有关人士将记载必要事项的空白授权委托书交付公司股东,劝说股东选其自己或第三方代理行使表决权。表决权征集常见于股份有限公司或者上市公司,这些公司人数众多,其中小股东因其专业知识储备、信息和资金的弱势地位,难以真正影响公司运营决策,如果对公司治理不满,只能采取在二级市场出售股票的被动方式退出。而表决

[1] 《公司法》第 15 条。

权征集和代理制度的产生可以整合凝聚小股东意见，帮助小股东有效表达自己参与公司重大事项决策的意愿，有利于实现股东民主。表决权征集与表决权的一般代理的区别在于，前者代理人权限的获取是源于代理人的主动争取，而后者的代理权由股东自行委托给代理人。

在我国，《公司法》允许表决权代理的一般原则。《公司法》第118条规定，股东委托代理人出席股东会会议的，应当明确代理人代理的事项、权限和期限；代理人应当向公司提交股东授权委托书，并在授权范围内行使表决权。在很长一段时间内，无论是《公司法》还是《证券法》，均未直接对表决权征集制度本身进行规范，仅在其他相关法律法规条款中简单体现[1]，其主旨是：(1)征集主体是公司董事会、独立董事、持1%以上表决权的股东或投资者保护机构；(2)不得对征集投票权设定最低持股比例限制；(3)应向被征集人充分披露具体投票意向等信息；(4)禁止以有偿或者变相有偿的方式征集投票权。但法律长期以来对于表决权征集的过程操作缺乏具体规范。2021年11月，中国证监会公布了《公开征集上市公司股东权利管理暂行规定》，自2021年12月3日起施行。《公开征集上市公司股东权利管理暂行规定》进一步规定了征集主体的负面清单、表决权征集流程、提案权征集流程、股东委托要求等。

近年来，上市公司股东表决权征集事例也层出不穷。2020年6月30日，中国宝安股份有限公司（以下简称中国宝安公司）2020年年度股东大会对《关于修改公司章程的议案》进行了表决，同意股份占有效表决权股份总数的74.15%，超过有效表决权股份总数的2/3，议案获通过。中国宝安公司公司章程原第10条规定："当公司被并购接管，在公司董事、监事、总裁和其他高级管理人员任期未届满前如确需终止或解除职务，必须得到本人的认可，且公司须一次性支付其相当于其年薪及福利待遇总和十倍以上的经济补偿。"该条款增加了董监高换

---

〔1〕《上市公司治理准则》第10条规定：上市公司董事会、独立董事和符合有关条件的股东可以向公司股东征集其在股东大会上的投票权。上市公司及股东大会召集人不得对股东征集投票权设定最低持股比例限制。投票权征集应当采取无偿的方式进行，并向被征集人充分披露具体投票意向等信息。不得以有偿或者变相有偿的方式征集股东投票权。

《上市公司章程指引》第79条规定：公司董事会、独立董事、持有百分之一以上有表决权股份的股东或者依照法律、行政法规或者中国证监会的规定设立的投资者保护机构可以公开征集股东投票权。征集股东投票权应当向被征集人充分披露具体投票意向等信息。禁止以有偿或者变相有偿的方式征集股东投票权。除法定条件外，公司不得对征集投票权提出最低持股比例限制。

届成本,并可能导致利益输送,蚕食公司利润。中国宝安公司的小股东之一,也是中国证监会设立的投资者保护机构,中证中小投资者服务中心(以下简称投服中心)提议删除该章程条款。投服中心作为征集人,通过公开征集委托投票权的方式,请求中国宝安公司的中小股东委托投服中心代为出席股东大会,并代为行使表决权。本次股东大会参与投票的股东(代理人)共3026人,其中,现场出席共20人,通过网络投票的股东(代理人)共3006人,创近几年参与中国宝安公司股东大会投票人数的记录。该议案的顺利通过,不仅体现了中小股东对决议事项的关心,也是新《证券法》实施以来,投保机构首次启动股东投票权"公开征集",属中国资本市场首例。

六、一票否决权

"一票否决权"条款又称为"保护性条款",可以说其属于创业及股权投资协议中的标配条款。在股权投资模式下,财务投资人一般不要求掌握目标公司的经营控制权,其完成投资后也一般不会派员参与目标公司的日常经营管理,通常仅以委派董事的方式参与目标公司重大事项的决策和监管。财务投资人持有的股权比例不具有控制地位,且在董事会中的席位也占少数,不会形成多数优势,因此,投资人一般会要求在股东协议或者章程中设置"一票否决权"条款,以保护己方的权利。一票否决权条款的内容一般是,投资方要求在被投公司股东会和/或董事会对特定重大事项,或者与其切身利益相关的事项表决时享有一票否决权。一票否决权条款的设置是为了增强作为小股东的投资者的话语权,保护投资者的利益,防止大股东及其管理团队滥用控股地位。一票否决权条款的示例和具体内容在本书第七章已有讨论,本章不再赘述。但投资人和公司在设置一票否决权时,需要注意该权利的效力和界限。

1. 一票否决权的效力

在有限责任公司设置董事会和股东会层面的一票否决权,有其法律依据。《公司法》第65条、第73条规定,有限责任公司股东原则上按出资比例投票,董事一人一票,但这些不是强制规定,公司章程可以就股东和董事的投票权另外约定,以补充或取代法律默示条款。因此,有限责任公司通过公司章程对股东会和董事会的表决方式作出特殊约定后,董事和股东可以行使一票否决权。司法实践中,也承认了有限责任公司股东和董事的一票否决权效力。[1]

相比之下,《公司法》并未允许股份有限公司通过公司章程改变法律一般规定,实际没有授予股东和董事一票否决权。《公司法》第116条规定,股份有限公司股东出席股东会会议,所持每一股份有一表决权。但是,公司持有的本公司股份没有表决权。《公司法》第124条规定,董事会决议的表决,实行一人一票。对比有关股份有限公司的规定,法律条款并没有给予股份有限公司的章程对表决权另作约定的空间,在股份有限公司设置"一票否决权"缺乏相应的法律基础。

但这并不意味着股份有限公司的中小投资者对所有事项绝对丧失了否决权。法律法规规定,上市公司如需通过影响中小投资者利益的重大事项时,应该取得中小投资者的单独同意[2]。相应地,未上市的股份有限公司和有限责任公司的中小股东,也可以考虑要求在章程中规定,如果公司需要通过任何影响其权益的事项,应取得各中小股东的同意,或取得受影响的该股权或股份类别的中小股东的整体同意。

2. 一票否决权的边界

董事会一票否决权适用范围的边界应以《公司法》第67条规定的董事会职权范围为界,不可无限扩大,特别是,不可扩大至《公司法》第59条规定的股东会职权。分析《公司法》第59条和第67条的规定可知,如果说股东会的职权是"批准""决定",那董事会的主要职权就是"制定""执行"。董事会职权,概括起来可以分为宏观决策权(如经营计划、投资方案)、经营管理权(如制定年度财务预算方案、决算方案)、机构与人事管理权(如内部管理机构设置、聘任经理),以及基本管理制度的制定权。

相比之下,司法实践中的主流观点更倾向于认为《公司法》第59条列举的股东会的职权是法定职权,对股东会将职权授权给董事会行使,尤其是概括性授

---

〔1〕 案例包括:奇虎三六零软件(北京)有限公司与上海老友计网络科技有限公司、蒋某文等请求变更公司登记纠纷案,上海市第二中级人民法院民事判决书,(2014)沪二中民四(商)终字第330号;北京金冠汽车服务有限公司与东联科技有限公司董事会决议撤销纠纷案,北京市高级人民法院民事判决书,(2009)高民终字第1147号。

〔2〕 《上市公司章程指引》第79条第2款规定:股东大会审议影响中小投资者利益的重大事项时,对中小投资者表决应当单独计票。单独计票结果应当及时公开披露。

权给董事会行使持否定态度。例如,上海市第一中级人民法院(2013)沪一中民四(商)终字第 822 号民事判决书认为:资产收益是公司股东享有的根本权利之一,应由公司全体股东决定公司未分配利润的分配方案,即使存在不按照出资比例分取红利的情况,也应建立在公司全体股东对分配方案认可的基础上。股东会决议中概括性授权董事会决定上岗股东奖的分配方案问题,并约定"以前及今后由董事会决定的上岗股东奖金分配方案,股东会均表示认可",该决议内容未考虑到今后公司是否有利润、利润多少、上岗股东具体奖金利润分配方案如何,即不仅在股东无法预见自己利益损失的情况下未经全体股东充分讨论,还未告知议事事项供股东分析该决议对自己的股东利益是否有损,故该决议内容限制了股东对未知奖金利润分配方案行使否决的行为,一旦实施完全有可能终止或者限制股东的资产收益权,因此股东会决议的该条内容违反了法律的规定应确认为无效。

根据上述判决内容,以及经对比《公司法》第 59 条对股东会职权的规定、第 67 条对董事会职权的规定,将股东会的法定职权授权董事会行使有被认定无效的风险。投资人在设置一票否决权时,应注意将董事会无权决定的事项列入股东会层面的一票否决,避免权利设置无效。

七、董事会和监事会

董事会结构的首要表现形式是董事会的构成情况,其中各董事的产生方式,包括由特定股东委派或由全体股东选举,独立董事的比例与内部董事和外部董事的比例等。董事会结构的另一种表现形式是董事会内部划分出一系列二级职能委员会,包括薪酬委员会、审计委员会、提名委员会等。除本章前文已经讨论的小股东可以要求的董事会席位和一票否决权外,在设置董事会和监事会结构时,还可以从以下角度出发争取权益。

首先,在董事、监事提名、选举或任命方法和对不称职董事、监事的更换中争取设置对小股东有利的制度。小股东可以要求在章程中明确小股东提名的董事、监事候选人在提交股东大会表决的候选人总名单中的比例。在有限责任公司股东大会选举公司董事、监事时,股东可以参照股份有限公司的规定,向公司提出采取累积投票和差额选举的请求,可以在章程中争取规定,对董事、监事不适任的,小股东亦有权提出解除建议。而董事、监事应当有明确的职责,对不能履行职责的董事或监事,应当在章程中确定辞任或免除的条件和程序。

其次,小股东可以在董事会和监事会选举中争取职工代表的比例。根据《公司法》第17条、第68条的规定,有限责任公司和股份有限公司董事会成员中可以有公司职工代表。根据《公司法》第76条的规定,公司如设立监事会,其组成中应当包括股东代表和适当比例的职工代表。股东可以在章程中明确规定,职工代表担任公司董事和监事的人数应占全体董事和监事的一定比例,以及其应以由职工(代表)大会选举,或者由其他有利职工权益保护的方式产生。职工代表作为董事和监事,虽然与小股东没有直接利害关系,但是职工代表的增加可以削弱和限制控股股东的独断专行,在保护职工权益的同时也保护了公司利益,间接保护了中小股东利益。

再次,非控股股东可以在章程中争取有利于全体股东、董事发表意见和对大股东独断专行行为制约的股东会和董事会的议事方式和表决程序。我国《公司法》虽然对公司的股东会和董事会的召开、议事和表决流程有所规定,但是也均允许公司通过其章程作补充规定[1]。因此,可以同时约定股东会、董事会的法定参会人员里,中小股东应当到会的人数、比例或者特定应当到会的股东或其委派董事,如实际到会人数低于规定人数、比例,或者应到会的特定人员未到会的,则不得召开会议,以此促进表决结果更有利于保护小股东的正当利益。

最后,非控股股东可以争取董事长和经理分设。经理是指由董事会聘任、负责组织公司日常经营管理活动的常设业务执行机关。与股东会、董事会和监事会不同,经理机关并非会议形式的机关,其行为不需要通过会议以多数原则形成意志或决议,而是以担任总经理的高级管理人员的最终意志为准。一方面,实践中,经理直接操控公司经营,权力范围很大;另一方面,在目前股份有限公司大多一股独大和绝大部分有限责任公司存在控股股东的情况下,大股东或控股股东往往在公司董事会中占大多数,董事长常常由大股东或控股股东担任。如果董事长和经理再由同一人担任,将造成决策程序和执行程序中中小股东失去说话

[1] 《公司法》第66条第1款规定:股东会的议事方式和表决程序,除本法有规定的外,由公司章程规定。第73条第1款规定:董事会的议事方式和表决程序,除本法有规定的外,由公司章程规定。

的权利的情形。兼任总经理的董事长也往往倾向于向董事会隐瞒一些重要信息,从而降低董事们评估公司业绩的能力,在此模式下,没有人可以对经理进行有效监督。因此,小股东可以争取经理职位,也可以建议经理外聘,至少应杜绝目前许多公司两职位由一人担任的情况。在两职分任的情况下,由于董事长与总经理各自代表着不同的利益层,董事长是委托方,代表着董事会和股东利益,而经理是代理方和职业经理人。经理运作公司,而董事长则运作董事会,其职能之一就是监督经理。两职分任从根本上是对经理权力的控制,同时减小了经理只注重短期目标的风险。

八、知情权、质询权、检查权

股东的知情权指股东有权查阅反映公司经营状况的相关财务资料、股东会和董事会会议记录等。

根据我国《公司法》第 57 条的规定,有限责任公司的股东有权查阅、复制公司章程、股东名册、股东会会议记录、董事会会议决议、监事会会议决议和财务会计报告。股东可以要求查阅公司会计账簿、会计凭证。股东要求查阅公司会计账簿、会计凭证的,应当向公司提出书面请求,说明目的。公司有合理根据认为股东查阅会计账簿、会计凭证有不正当目的,可能损害公司合法利益的,可以拒绝提供查阅,并应当自股东提出书面请求之日起 15 日内书面答复股东并说明理由。公司拒绝提供查阅的,股东可以向人民法院提起诉讼。

我国《公司法》第 110 条规定,股份有限公司的股东有权查阅、复制公司章程、股东名册、股东会会议记录、董事会会议决议、监事会会议决议、财务会计报告,对公司的经营提出建议或者质询。

小股东可以通过对相关概念的界定,更好地保护其知情权:

首先,《公司法》第 57 条规定,若公司有合理根据认为股东查阅会计账簿有不正当目的,可能损害公司合法利益的,可以拒绝提供查阅。如果不界定“不正当目的”,小股东的正当要求往往被大股东以此为理由拒绝,或者,章程可以直接约定,符合一定条件的股东享有直接的会计账簿查阅权。

其次,可以考虑建立股东审计请求制度,即在章程中约定当股东对公司财务情况存在疑义时,有权直接从公司外部聘请审计人员对公司财务情况进行审计。

股东行使权利的依据是法律规定、章程约定以及股东间的协议。我国法律没有规定股东的审计请求权，司法实践中，在公司章程没有作出约定的情况下，法院一般不支持股东直接申请对公司进行审计，股东只能通过召开股东会，以股东会决议的形式要求对公司进行审计，并不能直接要求审计公司。[1] 因此建议公司章程可对此作出明确规定，为平衡各方利益，可进一步规定，如果审计结果和提供给股东的财务报表不符，审计费用应由公司承担，反之则由提起审计要求的股东承担。

九、权利救济

中小股东可以从以下几个角度确保其权力得到救济。

首先，明确公司控股股东和董监高的赔偿责任。《公司法》规定："公司的控股股东、实际控制人、董事、监事、高级管理人员不得利用其关联关系损害公司利益。违反前款规定，给公司造成损失的，应当承担赔偿责任。"该条法律规定第一次把违反公司章程的行为作为董事、监事、高级管理人员承担责任的条件之一。但是如何赔偿，应当有具体的损失计算方法。因此，建议在章程中明确约定董事、监事、高级管理人员对公司、第三人应当承担责任的具体条件和损失的计算方法，以使上述法律规定具有可操作性。

其次，扩大异议股东股份收买请求权的适用条件。虽然《公司法》第 89 条规定了有限责任公司的股东退股制度，但是，在公司发生僵局、大股东攫取和滥用公司资产和剥夺股东参与公司事务的经营管理权以及因股东个人原因难以继

---

〔1〕 比如(2013)沪一中民四(商)终字第 1007 号。

基本案情：甲公司于 1999 年 4 月成立，黄某自公司成立时起即为甲公司的股东，持有 20% 的股份。甲公司章程规定："股东有权查阅股东会议记录，股东要求查阅公司会计账簿的，应当向公司提出书面申请，说明目的。公司有合理根据认为……公司拒绝提供查阅的，股东可以请求人民法院要求公司提供查阅。"2012 年 3 月 20 日，黄某向甲公司提交查阅公司财务账簿、会计凭证、财务会计报告及司法审计的申请，要求查阅、复制公司自成立至查阅日……并要求对公司财务状况进行司法审计。

裁判结果：甲公司在收到书面申请后，未满足黄某的上述要求，黄某诉至法院。本案经上海法院二审终审，判定黄某无权要求进行司法审计。

裁判理由：知情权是《公司法》赋予股东的一种基础性权利，应依法得到保护，但股东行使知情权应当受到一定的限制。审计系指由接受委托的第三方机构对被审计单位的会计报表及其相关资料进行独立审查并发表审计意见，并不属于股东知情权的法定范围，是否对公司财务账簿进行审计，属于公司自治的内容，需要通过公司章程或股东会决议的方式作出决定，股东个人无权对公司进行审计。

续合作的情况出现时,处于困境的小股东仍无法退出公司。而基于公平之考虑,法律不能强迫少数异议股东继续留在结构及权利较其加入时均已作重大改变的公司中。因此,建立在章程中对异议股东行使股份收买请求权的条件作进一步明确具体的规定。比如,可以在章程中规定:出现大股东擅自决策造成公司财产、信誉受到一定损失,或者大股东严重侵犯小股东利益,或者侵占公司财产等情况时,小股东有权退出公司;协商不成时,异议股东有权向法院起诉。又如,在股东会或者股东大会就特殊事项如公司收购合并、出售公司资产或者修改公司章程等做出决议时,若股东对上述特殊事项的决议持反对意见,则有权要求公司暂缓执行并聘请中介机构重新做出独立评估,并且在不能达成一致的情况下退出公司,要求公司或者大股东以合理的价格购买其持有的股份。有关退出价格,可以考虑约定,股东的退股价格应由退股股东和股权受让人协商确定,协商不成时,委托相关机构评估,或向人民法院起诉确定。通过这些约定,使小股东退股易于操作。

最后,可以考虑要求公司控股股东对其他股东承担诚信义务,作为一项小股东的兜底性权利。《公司法》未明确规定公司控股股东对中小股东的诚信义务,仅从关联交易〔1〕、利润分配〔2〕等角度提及大股东及董监高不得损害中小股东的利益。为了限制和清除因资本多数决原则给公司带来的负面影响,同时也是为了保护小股东,可以考虑在章程中争取约定控股股东负有如下两方面的概括诚信义务:第一,在股东大会召开和决议过程中,应当保证小股东股东权利的行使。第二,股东大会和董事会的决定应当维护小股东的利益,应当在章程中明确,股东会或股东大会虽然可以根据多数股东的意思作出决议,但是,应当确保公司的决议不侵犯小股东的利益。

---

〔1〕《公司法》第22条规定:公司的控股股东、实际控制人、董事、监事、高级管理人员不得利用其关联关系损害公司利益。违反前款规定,给公司造成损失的,应当承担赔偿责任。

〔2〕最高人民法院《关于适用〈中华人民共和国公司法〉若干问题的规定(四)》第15条规定:股东未提交载明具体分配方案的股东会或者股东大会决议,请求公司分配利润的,人民法院应当驳回其诉讼请求,但违反法律规定滥用股东权利导致公司不分配利润,给其他股东造成损失的除外。

第三节　章程和股东协议

一、法律效力

公司章程和公司股东之间签署的协议本质不同，公司章程在《公司法》下具有特殊地位，而股东协议本质是合同，主要受制于《民法典》合同编的规定。

我国司法实践[1]认为，股东协议是由全体投资人共同参与订立的协议，其主要作用在于表明发起人设立公司的目的、确定公司的基本性质和结构，以及分配和协调发起人之间的权利义务关系，其协议本质应属于合同，依法受我国《民法典》合同编一般规则的规范和调整。在公司设立过程中，由认缴注册资本的股东签署的公司章程，则具有公司自治规范的性质，依法属于我国《公司法》所规制的范围，并对签署股东、公司以及公司董事、监事等人员具有规范和约束的效力。因此，股东协议与公司章程系由投资人形成的两种本质存在不同的协议安排，两者之间应为相互平行而非前后承接的法律关系。基于此，股东协议的效力存续与否与公司章程的制定不存在效力上的关联性，依法只受限于该协议本身的约定条款内容以及我国《民法典》合同编的相关调整规范。股东协议中的许多内容并未被纳入公司章程，这是因为公司章程需要递交市场监督管理部门备案，具有公示意义，而有时股东协议确实存在某些不便载入公司章程并公示的约定内容。此外，政府部门往往还要求按照其统一制定的样本格式起草公司章程，造成许多股东间特别约定的协议内容无法被载入公司章程之中。在此情形下，股东协议实际承担了公司章程之外的规则性协议的功能。因此，在公司完成工商登记设立或变更后，由全体投资人所共同参与订立的股东投资协议仍具有法律效力，其中涉及以公司成立后的股东之间、股东与公司之间的权利义务关系为调整对象的协议内容，只要未违反法律的强制性规定或与公司章程的规定相冲突，就对各缔约投资股东依法具有规范和约束的效力。

基于合同相对性原则，如股东协议未由全体股东签署，则存在无法约束公司的风险。如上海市第一中级人民法院在（2018）沪 01 民终 916 号民事判决书中认为，

---

〔1〕 参见上海市第二中级人民法院民事判决书，（2012）沪二中民四（商）终字第 65 号。

未经全体股东签字的股东协议不具有公司章程的性质,当事人认为涉案股东会决议违反股东协议的约定,并据此要求撤销股东会决议,缺乏事实和法律依据。

在没有特殊约定的情况下,公司股东间协议约定和章程规定产生冲突的,应以章程的规定为准;如股东间协议和公司章程没有冲突,但公司决议内容违反股东间协议约定的,股东可以请求人民法院撤销决议。最高人民法院在(2017)最高法民再172号再审民事判决书中认为,由全体股东一致同意并经公司签署的含有"董事长在某股东委派的董事中产生"内容的《增资扩股协议书》等文件虽名为协议,但在主体上包括公司和全体股东、内容上属于公司章程的法定记载事项、效力上具有仅次于章程的最高效力,其法律性质应属对公司章程相关内容的具体解释。该协议对董事长选任范围的限制,如果不违反公司章程关于董事长经选举产生的规定,应为有效,违反该约定而作出的董事会决议,可以撤销。

实务中,为避免股东协议与章程产生冲突,造成股东协议效力存在不确定性,建议:股东协议和章程内容应尽量保持一致;在股东协议和章程中应当约定,如章程未约定的事宜,应以股东协议为准,如章程和股东协议存在冲突,且股东协议未与法律法规强制规定冲突的,应以股东协议约定为准。

二、基本内容

股东持有的公司权益份额和权益所附的经济效益是股东协议核心部分之一。我国《公司法》第46条规定,有限责任公司的章程应当载明股东的出资方式、出资额和出资时间;股份有限公司章程应当载明发起人的姓名或者名称、认购的股份数、出资方式和出资时间。具体来说:

1. 出资额。《公司法》第47条规定,各股东的出资额是其认缴的注册资本。但是,股东向公司实际支付的投资款金额有时会高于其认缴的注册资本金额,其高于注册资本的部分将计入资本公积金。资本公积金源于《公司法》对股份有限公司的规定,[1]但实务中,有限责任公司同样适用。从会计角度看,资本公积金属于所有者权益,作为公积金中的一项,是公司资本,可以用于转增注册资本,但不得用于弥补亏损和利润分配。[2] 资本公积金和注册资本一样,具有维持企

〔1〕 参见《公司法》第213条。

〔2〕 参见《公司法》第214条。

业资本信用的作用,不得随意减少、调整、抽回。而投资款金额除以认缴的注册资本数额(在境外项目中,是除以投资者取得的股份数额),即为取得股权的原始每股单价。这一单价在风险投资项目中,将影响适用于该投资者的优先回购价格、优先清算价格,且是反摊薄条款的触发门槛(详见第七章)。

2. 出资方式。《公司法》允许股东可以用货币出资,也可以用实物、知识产权、土地使用权等可以用货币估价并可以依法转让的非货币财产作价出资;对作为出资的非货币财产应当评估作价,核实财产。[1] 一些国家允许以劳务和信用出资,我国明确不允许股东以劳务、信用、自然人姓名、商誉、特许经营权或者设定担保的财产向公司出资[2],但是我国允许以劳务向合伙企业出资[3]。

3. 出资时间。《公司法》第47条、第49条规定,股东应当按期足额缴纳公司章程规定的各自所认缴的出资额,且应在公司成立之日起5年内缴足。但是章程或股东协议也会进一步约定,股东的出资义务应在法律规定情况下或者公司上市之前加速到期。而"法律规定情况"主要是为保护公司债权人的利益,在下列情况下,未实缴出资的公司股东应实缴:公司破产申请后[4];公司解散时[5];公司已资不抵债,符合破产原因;公司债务发生后,股东(大)会延长股东出资时限[6]。

---

[1] 参见《公司法》第48条。

[2] 《市场主体登记管理条例》第13条第2款第2句规定,公司股东、非公司企业法人出资人、农民专业合作社(联合社)成员不得以劳务、信用、自然人姓名、商誉、特许经营权或者设定担保的财产等作价出资。

[3] 《合伙企业法》第16条规定,合伙人可以用货币、实物、土地使用权、知识产权或者其他财产权利出资,也可以用劳务出资……合伙人以劳务出资的,其评估办法由全体合伙人协商确定,并在合伙协议中载明。

[4] 《企业破产法》第35条规定,人民法院受理破产申请后,债务人的出资人尚未完全履行出资义务的,管理人应当要求该出资人缴纳所认缴的出资,而不受出资期限的限制。

[5] 最高人民法院《关于适用〈中华人民共和国公司法〉若干问题的规定(二)》第22条第1款规定:公司解散时,股东尚未缴纳的出资均应作为清算财产。股东尚未缴纳的出资,包括到期应缴未缴的出资,以及依照公司法第二十六条和第八十条的规定分期缴纳尚未届满缴纳期限的出资。公司财产不足以清偿债务时,债权人主张未缴出资股东,以及公司设立时的其他股东或者发起人在未缴出资范围内对公司债务承担连带清偿责任的,人民法院应依法予以支持。

[6] 《九民纪要》第2条第6项规定,在注册资本认缴制下,股东依法享有期限利益。债权人以公司不能清偿到期债务为由,请求未届出资期限的股东在未出资范围内对公司不能清偿的债务承担补充赔偿责任的,人民法院不予支持。但是,下列情形除外:(1)公司作为被执行人的案件,人民法院穷尽执行措施无财产可供执行,已具备破产原因,但不申请破产的;(2)在公司债务产生后,公司股东(大)会决议或以其他方式延长股东出资期限的。

4. 分红。《公司法》的默认规定是，股东按照实缴的出资比例分取红利[1]，但全体股东如果一致同意以其他方式分红的（如按照持股比例，而不是按照实缴出资比例），则按另外的约定执行。投资项目的章程和股东协议有时也会约定投资人的优先分红权，比如，在公司当年弥补亏损和提取公积金后，仍有可分配的税后利润的，经董事会或股东会批准，投资人有权优先获得一定比例或金额的分红。优先分红权可包括如下几种：累积性和非累积性优先分红权、参与性和非参与性优先分红权、固定和浮动优先分红权、全部和部分优先分红权，详见第七章。

5. 表决权。股东之间的表决权分配关系到公司的控制权分配。表决权分配一般和持股比例一致，但也可以通过各种约定实现脱钩。本章第二节已总结了我国法律规定下的法定表决权，也详细讨论了可通过累积投票制、大股东表决权限制、中小股东表决权代理和一票否决权等机制来保护中小股东利益。除此之外，将表决权和股权脱钩还可以通过无表决权股票（常用于优先股）和多表决权股票（常用于保证持股比例不高的创始股东保证其对公司的控制力）实现。这些一般会在公司章程和股东协议下同时约定。为集中一些利益原则上一致的股东（如存在多位创始股东，但每位创始股东的持股比例单独不构成控制）的表决权，实现共同控制，在章程和股东决议之外，该等股东还可以签署一致行动协议或者其他类似委托协议，将表决权授权给某一位股东统一行使。

6. 董事会。除股东会层面的表决权之外，董事会的席位和表决权分配也是公司控制权争夺下的另一话题。本章第二节已详细讨论了为保护小股东权益，董事提名方式、董事会组成方式、董事会层面一票否决权有利于中小股东的会议召开流程。这些事项均应在章程和股东协议下同步约定。

7. 期权池。为在创业初期吸引人才，补偿高级管理人员的创业风险和设立长期激励机制，公司会预留员工期权或股权激励池。硅谷的惯例是预留公司全部股份的10% ~20% 作为期权池，较大的期权池对吸引员工和投资人具有更大的吸引力。在境内项目中，期权池一般由期权持股平台代持、由创始人暂时代持或者发虚拟股票（在公司内部建立虚拟股票账册，员工按照在该账册登载的虚

[1] 《公司法》第210条。

拟股数量享有相应的分红、增值权益等经济性利益);而境外项目中一般在公司的未发股本中预留期权池,在员工行权之后发放。无论期权池的预留方式如何,其预留方式、份额、管理职责等原则都会在公司股东协议或章程中作出概括约定,而发放规则、行权价格和方式及赎回价格等期权管理制度一般另行制定并由股东会或董事会批准通过的期权激励计划详细规定。

三、股东特殊权利和商业安排

前文所述的出资、股权、投票权分配和利润分配是每一公司章程和股东协议的必备条款。但在风险投资项目中,PE/VC 投资机构会进一步关注对其投资收益以及投资本金安全的保障,同时也关注对目标公司的管理层,尤其是对创始股东、实际控制人的约束和激励作用。由此,股东协议和/或章程中包括的一系列风险投资条款大致可以分为以下两类。

首先,对投资人的本金和收益的保证。投资收益体现在目标公司在将来上市或者被并购时,投资人退出能获得多少收益,这是投资人最为关注的事项,也是考察各投资机构业绩的关键指标。因此,传统风险投资常注重保护投资人投资本金、维持投资价格、持股比例和预期收益的考虑,这包括了投资人投前对目标公司的估值是否准确,以及收益水平、退出机会是否有保证等,落实到股东协议和/或章程条款中,则包括对赌条款、优先分红权条款、优先清算权条款、优先购买权条款、回购权条款和反摊薄权条款等。各项权益的具体安排详见第七章。

其次,对公司的控制条款以及对创始人个人的约束条款。投资人投资后往往成为目标公司的小股东,基于信息的不对称以及小股东对目标公司有限的控制力,为保障投资安全,避免因大股东道德风险及目标公司突发事件造成的不可控风险,股东协议和/或章程中常会引入董事会席位条款、保护性条款、领售权条款和董事一票否决条款等。此外,对于创始人个人,也常约定其股权在特定时间内锁定,分期兑现,并要求创始人承诺不竞争、不招揽。以上各约定具体详见第七章。

但是在不同项目公司中,考虑到公司股东之间的关系是风险投资关系还是合资合作关系,以及区别于风险投资展开的法域,股东的特殊权利和商业安排相差较大。主要有以下几个方面:

1. 创始股东限制。相对于美国的风险投资项目，中国风险投资市场对目标公司和创始人的限制总体来说更为严格。而美国的风险投资项目通常不会涉及创始人的个人责任，创始人的个人财产不会用以对投资人承担责任。这体现在投资条款上，包括：

(1)回购权。不仅风险投资中约定回购权在市场上越来越罕见，特拉华州法院对优先股股东的回购权也持谨慎态度，要求受限于董事会的忠实义务。[1]即使美国的投资项目设置有回购权，回购投资人股权权益的主体也是公司，而不是创始股东。相比之下，中国境内项目中，投资人的回购权更常见，且如果约定了回购权，常常需由公司和创始人承担连带回购义务和连带支付回购价款的义务。其原因除商业考虑外，还包括中国《公司法》下烦琐的减资程序，以及回购公司股权的诉讼请求在《九民纪要》的背景下更难以得到执行。

(2)创始人的赔偿责任。在美国的风险投资项目中，就被投公司所进行的陈述和保证是由公司作出的，创始人一般不会以个人名义作出陈述和保证，也就不会因为违反陈述和保证而承担个人责任。而在中国的风险投资行业中，陈述和保证一般是由公司和创始人共同向投资人作出，如果违反陈述和保证，创始人对此负有个人责任。

(3)创始人的超级表决权股份。美国独角兽公司多采取双重普通股股权结构，规定一类普通股拥有明显高于另一类普通股的表决权。业者统计[2]，22%的独角兽公司采取了双重普通股股权结构，这些公司中仅 37.5% 为创始人和/或管理层提供了超级表决权普通股，25% 为创始人/管理层和早期投资者提供了此类普通股，另外 37.5% 为所有 IPO 前的投资者提供了此类普通股。如前所述，该类表决权股份的目的主要是保证创始人和管理层对公司的控制。但是根据我们的经验，很少有境内项目会规定创始人的超级表决权。

(4)创始人的不竞争承诺。作为中国的风险投资项目的惯常条款，投资人常要求创始人作出长时间的全职服务承诺，时间经常延续到公司上市后的一段

〔1〕 参见张巍：《资本的规则 II》，中国法制出版社 2019 年版，第 127 ~143 页。

〔2〕 [美]科百瑞、[美]潘明科、[美]妮可·哈珀：《独角兽估值背后的条款(截止 2015 年 3 月 31 日)》，载泛伟律师事务所官网 2015 年 5 月 6 日，https://assets.fenwick.com/legacy/FenwickDocuments/%E7%8B%AC%E8%A7%92%E5%85%BD%E4%BC%B0%E5%80%BC%E8%83%8C%E5%90%8E%E7%9A%84%E6%9D%A1%E6%AC%BE-Unicorn-Survey.pdf。

时间。其背后的商业逻辑在于，投资人选择投资项目的背后是选择创始人的个人能力，是基于对特定个人的信任。相比之下，美国的风险投资项目很少要求创始人作出这样的服务承诺，也很少有创始人能够接受这样的承诺。

2. 对赌。对赌协议又称估值调整协议，是指投资方与目标公司或目标公司的创始股东/实际控制人，为解决交易双方对目标公司未来发展的不确定性、信息不对称以及代理成本而设计的包含了股权回购、股权补偿或金钱补偿等对未来目标公司的估值进行调整的协议。其本质在于将估值不当的风险由投资人转移到目标公司或创始股东/实际控制人。

在我国，投资方和目标公司签署的对赌协议在执行上可能存在一定障碍。根据《九民纪要》，投资方与目标公司签署以股权回购为估值调整方式的对赌条款的，目标公司需要经过减资程序，如果未完成减资程序，法院应驳回投资人要求公司回购股权的诉讼请求。而对于现金补偿型，如公司没有利润或者虽有利润但不足以补偿投资方的，人民法院也应当驳回或者部分支持其诉讼请求，投资人可待公司将来有利润时，另行提起诉讼。

在美国，所谓“硅谷无对赌”〔1〕，风险投资交易文件极少约定对赌条款。其背后的商业逻辑一方面在于，投资活动天然有风险，有些风险本来就需要投资者自己承担或与创业者共同承担，而估值风险如何在投资者与创业者之间分配通常是市场博弈的结果；另一方面，初创企业多处于“烧钱”阶段，创业者也缺乏个人财富积累，强制要求企业进行现金补偿会导致本就经营困难的企业雪上加霜。此外，美国的一些州（如加利福尼亚州）的法律禁止公司赎回，除非公司满足一些财务标准。因而，对于项目初期可能存在的估值错误，投资者控制出价过高风险的主要方式是分期注入资本，从而减少估值判断错误时可能遭受的本金损失。

需要说明的是，不同于风险投资，并购项目，特别是对非上市公司的收购项目，无论其是在中国开展还是在美国开展，由于标的公司估值无法通过流通市场获得直观验证，其收购价格的调整机制都屡见不鲜。这一机制使部分收购对价先留在买方这里，或通过第三方提存。一旦估值调整，则立即向卖方支

---

〔1〕 张巍：《资本的规则》，中国法制出版社2017年版，第4页。

付调整后的部分。但这一调整机制和收购价格相关,一般会约定在股权购买协议下,而不是约定在股东协议或章程下。具体调整方式请见第十二章第二节。

3. 优先清算权。无论是中国还是美国,投资者都常使用一系列优先权保护自己的投资收益不受公司估值下降或被第三方收购的影响,并提高其在公司中的投资升值潜力,优先清算权就是这些优先权之一。优先清算权,即在公司发生清算或者整体出售的情况下,优先清算权人有权优先于普通股股东和/或其他优先股股东,优先获得其投资成本和一定比例投资回报的优先权利。在美国的风险投资项目中,优先股参与剩余资产的分配存在更多限制,比如,以投资额的特定倍数作为优先分配上限,且大多数是非参与型的优先分配,即优先股获得优先清算额之后,不再参与普通股对剩余财产的分配。在这两条限制下,当投资人按持股比例将获得的分配财产数额高于优先清算回报时,投资人将放弃优先清算权,将其持有的优先股转换成普通股,和普通股股东一起按比例分配。但在中国,我们的项目经验是超过80%的风险投资项目采取的是参与型优先清算,且对最高清算分配额没有倍数限制。

第四节　案例:长电科技公司收购星科金朋公司

一、项目背景

(一)概况

硬科技并购中,企业与投资机构的合作可以起到四两拨千斤的效果,长电科技公司收购星科金朋公司是产业与资本结合共同投资的成功案例。2015年8月,长电科技公司联合国家大基金公司和芯电半导体公司,通过全现金要约收购的方式,以约7.8亿美元(折合人民币约47.8亿元)的交易对价,正式完成了对新加坡上市公司星科金朋公司的跨境并购,该并购是一个典型的上市公司与私募基金联手完成的海外并购。

(二)交易主体

1. 目标公司

表 8-2 目标公司基本信息

企业名称	STATS ChipPAC Ltd.
企业类型	上市公司
注册地	新加坡
成立时间	1994 年
上市地	新加坡

星科金朋公司是一家新加坡上市公司,其控股股东是淡马锡的全资子公司 Singapore Technologies Semiconductors Pte Ltd. (STSPL),持有星科金朋公司 83.8% 的股权。星科金朋公司为全球各地的客户提供先进半导体封装和测试服务。

2. 长电科技公司

表 8-3 长电科技公司基本信息

企业名称	江苏长电科技股份有限公司
企业类型	上市公司
注册地	江苏省江阴市
成立时间	1998 年 11 月 6 日
上市地	上海证券交易所

长电科技公司的控股股东为江苏新潮科技集团有限公司(以下简称新潮集团),本次交易前新潮集团持有上市公司长电科技公司 16.28% 的股份。

长电科技公司的主要业务领域包括集成电路的系统集成、设计仿真、技术开发、产品认证、晶圆中测、晶圆级中道封装测试、系统级封装测试、集成电路成品测试等。

二、交易方案

(一)收购方的交易结构:三层收购主体

1. 第一层主体:苏州长电新科投资有限公司

长电科技公司在苏州工业园区设立特殊目的公司(SPV)苏州长电新科投资

有限公司(以下简称长电新科公司)。随后,长电科技公司与国家大基金公司、芯电半导体公司签署了共同投资协议,约定对长电新科公司增资。具体出资比例如表 8－4 所示。

第一层主体长电新科公司总计融资 5.1 亿美元等额人民币,该笔资金将用作长电新科公司向苏州长电新朋投资有限公司(以下简称长电新朋公司)的出资。

表 8－4　长电新科公司层面出资情况

序号	股东	出资额	持股比例
1	长电科技公司	2.6 亿美元等额人民币	50.98%
2	国家大基金公司	1.5 亿美元等额人民币	29.41%
3	芯电半导体公司	1 亿美元等额人民币	19.61%
总计		5.1 亿美元等额人民币	100%

2. 第二层主体:长电新朋公司

长电新科公司和国家大基金公司签署了共同投资协议,协议约定设立苏州长电新朋公司,具体出资比例如表 8－5 所示。除共同投资协议之外,国家大基金公司还向长电新朋公司提供了一笔约 1.4 亿美元的贷款。基于该笔贷款,国家大基金公司享有在合适时间债转股的权利。长电新朋公司总计融资 6.6 亿美元,该笔资金将用作长电新朋公司向要约人 JCET-SC(Singapore) Pte. Ltd.(以下简称 JCET-SC)的出资。

表 8－5　长电新朋公司层面出资情况

序号	股东	出资额	持股比例
1	长电新科公司	5.1 亿美元等额人民币	98.08%
2	国家大基金公司	0.1 亿美元等额人民币	1.92%
总计		5.2 亿美元等额人民币	100%

3. 第三层主体:JCET-SC

JCET-SC 是为并购融资而设立的融资平台,即本次并购交易的要约人,由长电新朋公司直接持股,具体持股比例如表 8－6 所示。

除长电新朋公司出资的 6.6 亿美元之外,中国银行还向 JCET-SC 提供了

1.2 亿美元的贷款承诺函,总计融资 7.8 亿美元。收购完成后,JCET-SC 将直接持有星科金朋公司 100% 股权,而长电科技公司间接控股星科金朋公司。

表 8-6 JCET-SC 层面出资情况

股东	出资额	持股比例
长电新朋公司	6.6 亿美元	100%
总计	6.6 亿美元	100%

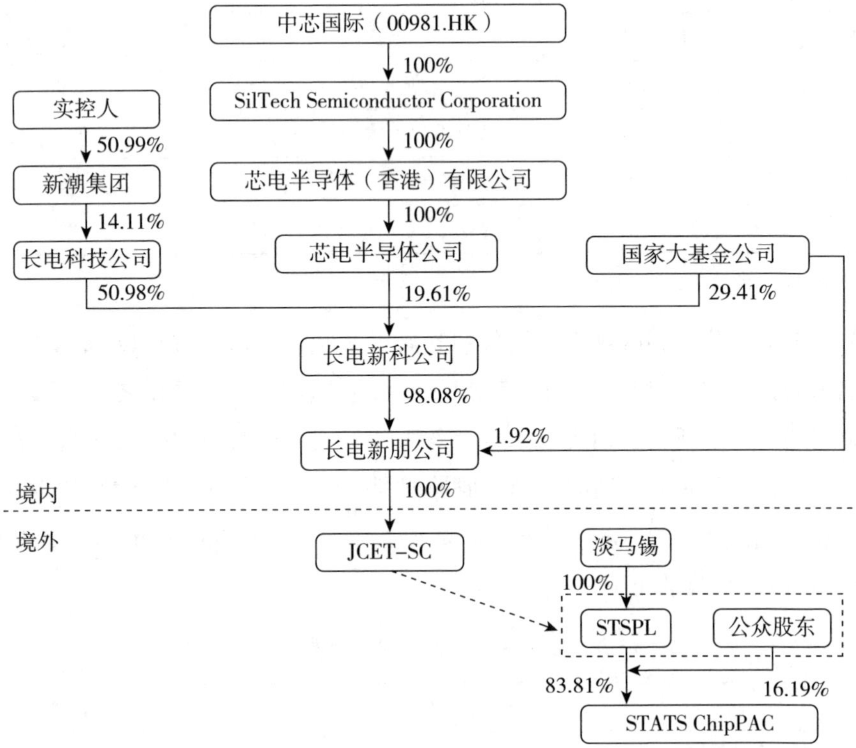

图 8-1 收购方交易结构

(二)交易方式

长电科技公司与国家大基金公司、芯电半导体公司通过共同设立的融资平台 JCET-SC,以自愿有条件全面要约收购的方式,收购新加坡证券交易所上市的星科金朋公司的全部股份,收购总价为 7.8 亿美元。星科金朋公司完成私有化后退市。

(三)业务剥离

星科金朋公司在新加坡、韩国、中国上海和中国台湾地区经营四个半导体封装制造及测试工厂和两个研发中心,这些业务由11家公司承担运行。星科金朋公司对其所属的11家公司绝大部分持有100%股权。

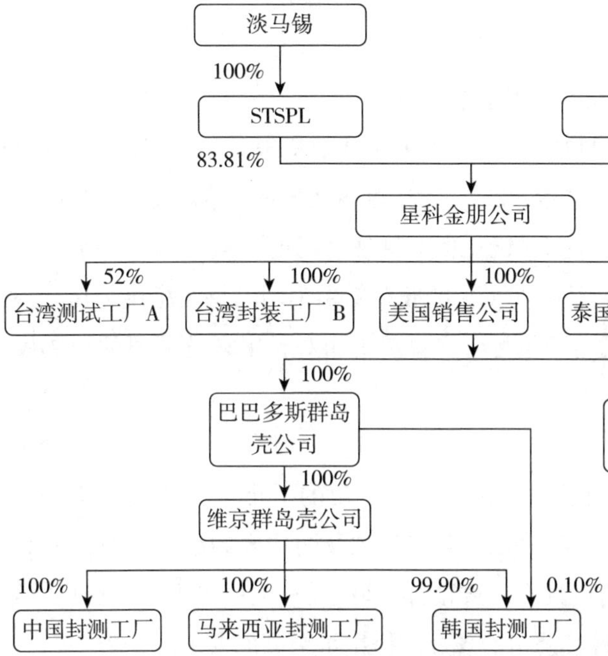

图8-2　目标公司业务重组结构

为了满足中国台湾地区对外商投资的审批要求,即陆资企业不得以直接或间接方式投资控制台湾半导体相关行业企业。星科金朋公司对台湾子公司进行了剥离,具体如下:

1. STATS ChipPAC Taiwan Semiconductor Corporation(以下简称台湾测试工厂A)以现金方式收购STATS ChipPAC Taiwan Co., Ltd.(以下简称台湾封装工厂B),收购对价为1500万美元。收购后,台湾封装工厂B成为台湾测试工厂A的全资子公司。

2. 星科金朋公司在新加坡设立一全资子公司Newco,将其持有的台湾测试工厂A的52%的股权以7412万美元的对价转让给Newco,并获得Newco向其发行的股份;星科金朋公司再以减资的方式,向所有股东派发Newco的全部股权和总计约1500万美元的现金,从而剥离台湾子公司。星科金朋公司的股东既可以接受Newco股份,也可以选择以现金方式退出Newco。但星科金朋公司的控股股东STSPL承诺将选择接受Newco的全部股票。

3. 与此同时,台湾封装工厂B归还欠星科金朋公司的1.27亿美元的债务。

三、核心要点分析

(一)为了保证公司控制权选择全现金收购

在并购交易之前,长电科技公司2014年6月融资报告显示,长电科技公司负债56.6亿元,资产负债率高达68%。就其财务状况而言,长电科技公司无法独立完成融资收购。除高负债率以外,长电科技公司的股权结构也是影响其收购能力的原因之一。长电科技公司最大的股东新潮集团的持股率仅为14.11%,如果通过发行股份的方式予以收购,那么新潮集团对长电科技公司的控制权将会受到影响。

虽然2014年中国证监会修订了《上市公司重大资产重组管理办法》和《上市公司收购管理办法》,取消了对不构成借壳上市的上市公司重大购买、出售、置换资产行为的审批,取消了要约收购事前审批及两项要约收购豁免情形的审批,对上市公司并购重组的审批有所放松,但是涉及重大资产重组的仍需审批。全现金收购模式也对长电科技公司的现金流提出了更高的要求。

(二)利用精巧的交易结构完成"以小博大"的跨境收购

从公司的资产规模及盈利能力来看,长电科技公司是星科金朋公司的一半左右。星科金朋公司是当时全球排名第四的半导体封测公司,2013年年末,星科金朋公司的资产总额约为144亿元,2013年的营收总额约为98亿元,而长电科技公司2013年的资产总额为75.8亿元。

在此情况下,长电科技公司如果想要以47.8亿元现金收购星科金朋公司,则必须借助外力。因此,长电科技公司联合了国家大基金公司和芯电半导体公司,最终完成了7.6亿美元的资金筹措。同时,为了保证大股东新潮集团的控制权不受影响,长电科技公司设计了复杂的交易模式,以三层投资主体的架构实施跨境并购。

这一交易结构的核心要点包括:

1. 拆分股东资金来源以实现对收购标的的控制

长电科技公司出资仅为 2.6 亿美元，国家大基金公司出资 3 亿美元，芯电半导体公司出资 1 亿美元，共计 6.6 亿美元。单看出资额，国家大基金公司的出资额最高，应该拥有最高的控制权，但是在该交易中，这笔 3 亿美元的资金被拆分为了 1.6 亿美元出资和 1.4 亿美元借款两部分，其中 1.6 亿美元出资又进一步拆分为两笔分别对长电新科公司和长电新朋公司的出资额，投资的集中度大大降低，保障了长电科技公司在该并购交易中的控制权。

2. 委派董事以保证对董事会的控制权

通过委派董事的方式，长电科技公司在三家公司（长电新科公司、长电新朋公司、JCET-SC）的董事会中拥有多数控制权。三家公司董事会均由 7 名董事组成，其中长电科技公司委派 4 名，国家大基金公司和芯电半导体公司分别委派 2 名和 1 名。

（三）博弈形成的退出机制

为了融资，长电科技公司、国家大基金公司和芯电半导体公司分别签署了《共同投资协议》《售股权协议》《投资退出协议》《债转股协议》等一系列合作协议。

鉴于国家大基金公司和芯电半导体公司的主要目的不在于获得控制权，而更多视其为财务投资，希望未来能够在二级市场变现，所以两者对退出机制的设计持谨慎态度，既要保证资金退出的机制顺畅，也要保证退出时能够获得较高的收益。以股权条款为例，国家大基金公司和芯电半导体公司在条款里约定，如果长电科技公司无法在 18 个月内完成发行股份，那么新潮集团应当按照年收益率 15% 的价格进行收购。以债转股的条款为例，国家大基金公司不仅享有债转股的权利，还享有 10% 的保底收益，如果其转股后股权无法注入上市公司，则 1.4 亿美元贷款利率上升至 15%。

而对于新潮集团和长电科技公司而言，本次收购是为了并购后公司的经营发展，所以在各类合作协议中更加强调控制权，特别是保证大股东新潮集团的控制权。为了能够保证这一点，长电科技公司在其他方面做出了妥协，例如同意尽快对长电新科公司的股份进行换股；收购方式的选择权由国家大基金公司决定，但在股权出售时间方面约定国家大基金公司不得早于芯电半导体公司；约定国家大基金公司的1.4亿美元债权的转股权,以及0.1亿美元长电新朋公司股权的出售权延长至3年后等,以减轻其对并购后控制权的影响。

通过上述权利分配,三方的利益相互达到一种较为平衡的状态。

(四)通过对目标公司进行债务重组,降低并购整合后的债务风险

在本次并购交易之前的2012年至2014年的3年内,星科金朋公司的资产负债率一直呈上升趋势,直至2014年9月底该公司的负债率已达到64.14%。除高资产负债率之外,星科金朋公司还多次搬迁工厂、新设新厂,对公司地理位置进行重新规划。所有的搬迁、改建等项目均属于大规模支出项目,使星科金朋公司的营收大幅下降。

为了避免并购后出现债务危机,长电科技公司协助星科金朋公司实施了债务重组,具体包括:

1. 长电科技公司与新加坡星展银行就债务重组安排签署了委任函,以过桥贷款置换星科金朋公司现有债务。该贷款的上限为8.9亿美元,期限为6个月,在缴付延期费用的前提下可延长至12个月,贷款利率为相应美元LIBOR加适用利差。后续星展银行将通过退出贷款及协助其他债务融资(如银行贷款、发行债券或两者结合)等方式进一步替换星科金朋公司的债务。

2. 长电科技公司为星科金朋公司向所有股东配售的规模为2亿美元的永续证券提供担保承诺。若星科金朋公司3年后仍无法赎回上述永续证券,永续证券持有人有权将所有永续证券出售给长电科技公司。长电科技公司作为永续证券担保人,将按照出售价格偿付包括永续证券本金及所有应付未付的利息。

通过上述债务重组的方式,长电科技公司减轻了星科金朋公司的债务利息支出,从而有利于并购交易后的平稳过渡。

CHAPTER

第九章

合资企业

第一节　合资企业介绍

一、概述

合资经营企业(equity joint venture,以下简称合资企业),一般指多个参与方基于商业合作,将资金、技术等资产进行汇聚,与其他一个或多个非关联合资方以股权或协议为基础共同投资设立共同经营的经济主体,是一种商业合作模式。合资企业与一般的投资并购交易有很大区别,但从经济角度看,其属于广义的并购,相关的交易文件与投资并购文件也有千丝万缕的联系。

除合资企业外,还存在另一种仅签署合作协议,不设立公司的合同式合营模式(contractual joint venture)。在传统行业中,如果企业需求的产品或服务成熟且容易获取,产品或服务的需求方及提供方可以采取合同式合营的模式进行商业合作。在能源领域中,由于行业的特殊性,在产权和利益分散的情况下常采用合同式合营的模式合作。然而,在硬科技行业中,进行合资或合营的主要目的是进行研发、开拓市场,甚至企业转型,往往需要进行大量研发工作,合作伙伴间需交换大量重要商业资料乃至商业秘密。此时,合同式合营难以提供合作所需的保障与资源,因此,硬科技行业的合资普遍采用合资企业的形式。本章的后续内容仅针对合资企业讨论,而不讨论合同式合营。

在中国法律语境下,合资企业的概念起源于1979年颁布的《中外合资经营企业法》,目的是吸引海外投资者到中国投资。在2020年之前,由外国主体与中国的公司、企业或其他经济组织经中国政府批准,在中国境内共同设立的合资企业被称为“中外合资经营企业”。当时,根据《中外合资企业法》,合资企业的许多规定与内资公司有较大差别,如合资企业不设股东会,由董事会作为合资企业的最高权力机构。2020年1月1日,《外商投资法》施行,《中外合资企业法》同时失效。自此,在中国境内设立的公司均依照《公司法》设立。

合资方可能出于以下几种原因设立合资企业[1]:

(1)合资方可能希望通过设立合资企业从而实现优势互补,增强竞争力。例如,传统制药企业A可以与从事生物科技研发的企业B共同设立合资企业,企业A从而可以利用企业B的相关技术以及研发人员;相应地,企业B也可以利用企业A的销售渠道与市场占有份额,使新药未来投产时顺利占领市场。

(2)从事生产的企业可能希望通过设立合资企业以确保原材料供应。例如,两家生产企业共同设立合资企业,从事原材料的生产、采购、销售工作。

(3)从事生产的企业还可能希望通过设立合资企业以增强产品或服务的供应能力。例如,产品生产企业C可以与物流企业D共同设立合资企业,从而利用企业D的物流能力确保企业C产品的供应能力。

(4)业务涉及不同地区的合资方可以设立合资企业,使双方可以通过合资企业进入对方市场。例如,2017年,United Parcel Services(UPS)与顺丰在中国香港设立了环球速运控股有限公司(Global Connect Holding Limited)。通过设立合资企业,顺丰可以借助UPS的服务更好地处理由中国发往其他国家和地区的包裹。

(5)并购交易的出售方可以使用合资企业的交易模式分步出售企业。如果出售方难以找到愿意购买拟出售企业100%股权的收购方,可以通过出售拟出售企业部分股权的方式,将拟出售企业转变为出售方与收购方共同持股的合资

---

〔1〕 参见Alan S. Gutterman:《国际合资企业的建立与管理》,李克宁、张放译,中国人民大学出版社2012年版,第3~4页。

企业。同时,约定在特定事件达成后,收购方应当收购出售方持有的剩余股权。

二、与其他投资方式的对比

相较于第六章与第七章详细阐述的风险投资而言,合资企业虽然在法律意义上同为股权投资,受《公司法》管辖,但从商业角度审视,相较于风险投资主要追求财务回报而言,合资企业的合资方除追求财务回报外,还主要寻求对合资企业的控制能力、项目的顺利推进以及合资企业与合资方业务上的协同。基于以上原因,合资企业与风险投资一般存在以下区别:

1. 股东人数不同。一般,合资企业合资方人数不多,最常见的合资企业一般由两位合资方设立,持股比例相近,一般为50%∶50%至40%∶60%。即使合资企业中有多家合资方,总体股东数量也有限。风险投资中,被投企业的投资者人数较多,除创始人团队外,一般每一轮风险投资都会加入一名或多名投资者。

2. 协议重点不同。合资企业协议(Joint Venture Agreement/Joint Venture Contract,JVA/JVC)中,重点关注合资企业的治理机制是否公平、可行、顺畅、合规,以设立一套顺畅且尽可能减少争议的治理机制,兼顾各合资方的商业需求与经济利益为主。风险投资中,投资协议会约定复杂的投资者保护机制,而较少约定被投企业的商业治理机制,以重点保护投资者的经济利益与预期收益为主。

3. 项目期限不同。设立合资企业一般出于合资方的长期商业目的,其项目周期经常长达数十年。有的项目难以确定具体期限,导致合资企业的经营周期也无法准确估算。因此,合资协议中除了约定较长的企业经营期限外,还会约定合资方可以合意延长企业经营期限。风险投资中,投资人一般为基金,通常存在退出变现要求,因此投资协议中会约定投资者的退出期,退出期短则3~5年,长则7~8年,且一般无法延长。因此,即使被投企业发展较好,投资者也无法长久陪伴被投企业。

4. 投入资产不同。为了顺利推进合资企业的经营活动,合资企业的合资方除需要投入资金外,还经常投入技术、设备、土地、厂房、人员等推进项目所必需的资源。而风险投资的被投企业一般自身已经有了初步的经营能力,风险投资的投资者主要负责为企业投入资金,而较少投入其他形式的资源。

根据以上特点，在实务中，不能简单地认为基金进行的投资活动就属于风险投资类交易，产业界公司进行的投资就属于合资企业类交易，而应当根据交易各方的商业目的，分析具体项目应当属于哪一类交易。实务中也不乏基金与产业界公司共同设立合资企业的例子，如 GitLab、诺基亚、红杉基金、高成资本就共同在国内设立了极狐信息技术(湖北)有限公司，计划在国内提供开源软件的开发运维服务。同样地，也不乏产业界公司以财务投资者的身份进行风险投资。以腾讯为例，截至 2022 年 12 月 31 日，腾讯持有的投资组合总额为人民币 9185 亿元，其中上市公司权益的价值为人民币 5851 亿元。[1]

相较于第一章至第五章详细阐述的企业并购，合资企业在控制、整合程度、退出便利程度等方面与其存在较大区别。就控制能力而言，收购方完成并购交易后，通常取得被收购企业的控制权，甚至全部股权；而合资企业交易完成后，合资方仅能根据《公司法》以及合资企业相关协议对合资企业行使部分控制权。就整合程度而言，收购方完成并购交易后，为顺利达成并购目的，需要将被收购企业整合进入收购方的经营体系中；而合资企业交易完成后，各合资方通常希望合资企业能够根据合资企业相关协议相对独立地开展运营，而不会对合资企业进行整合。就退出便利程度而言，收购方通常只能通过一般的谈判或竞价流程，以出售被收购公司股权的方式完成退出，相对而言退出流程较长，退出比较困难；而合资企业交易完成后，可以约定在特定情况下，允许合资方将股份出售给其他合资方，或允许合资企业解散清算，在特定情形下退出更加容易。

在实务中，相较于其他开展商业活动的模式，合资企业开展商业活动一般有以下优势：[2]

1. 相较于一般商业合作，合资企业能够将合资方的经济利益更紧密地结合在一起，且各方的职责分配更加明确；

2. 相较于风险投资，合资方在合资协议中可以加入长期合作的承诺，从而使合作更加稳定；

---

〔1〕 腾讯控股有限公司：《截至二零二二年十二月三十一日止 2022 年度全年业绩》，载 https://static.www.tencent.com/uploads/2023/03/22/04983fdfe04453994fcaf15d92188f47.pdf。

〔2〕 参见 Alan S. Gutterman：《国际合资企业的建立与管理》，李克宁、张放译，中国人民大学出版社 2012 年版，第 4 ~6 页。

3. 相较于并购，合资方一般无须进行繁复的整合工作；

4. 相较于独自开展业务，由于加入了其他合作方，合资企业可以分散风险，且可以汇集、交换或整合各方的资源。

当然，合资企业开展商业活动也存在一些风险，例如：

1. 合资各方的商业利益在企业设立后可能会出现变化。当各方利益存在不一致时，可能影响最初商业目的的达成。

2. 各方更加关心合资企业如何运营，合资企业中运营权力的分配会影响合资企业能否顺利运营，运营上的分歧会导致合资企业的效率降低，合资方之间也更常产生与运营权力相关的争议。

3. 合资企业可能对一方提供的服务、资源等较为依赖。

4. 合资方之间可能会相互不信任。

5. 合资企业需要合资方提供知识产权甚至商业秘密，而合资方可能因为种种原因拒绝提供，或合资方/合资企业违反约定使用了上述知识产权或商业秘密。

在实务中，除因为上述原因设立合资企业外，国内外的合资方也可能会设立跨国合资企业。除国内合资企业存在的优势外，对于内资方而言：

1. 可以通过外资方接触国际市场，拓展自身的业务渠道；

2. 可以接触到外资方的企业文化与经营模式，有利于取长补短，相互借鉴。

对于外资方而言：

1. 可以借助内资方在当地完整的供应链尽快进入当地市场，尽快开展正常生产经营活动；

2. 市场进入成本较低；

3. 进入市场后政治风险相对较低；

4. 如果依据东道国法律或法律实践，目标行业中外资主体无法或难以进行绿地投资及并购，则合资将成为外资方进入当地市场的重要途径。

当然，在跨国合资企业的实践中，由于存在语言、文化、法律等客观差异，沟通效率可能会降低，甚至产生误会，继而损害合资各方的利益，这也是跨国合资企业额外存在的风险因素。

设立合资企业的优势与风险见表 9－1。

表9－1　设立合资企业的优势与风险

	国内合资企业	跨国合资企业	
		对于内资方	对于外资方
优势	1. 紧密结合合作各方经济利益，职责明确； 2. 取得合作各方的长期承诺； 3. 无须进行整合，退出便利； 4. 共担风险； 5. 资源互补/联合	1. 接触国际市场； 2. 接触不同的企业文化与经营模式	1. 尽快进入当地市场，尽快开展正常生产经营活动； 2. 市场进入成本较低； 3. 政治风险较低； 4. 可以在无法进行绿地投资或并购时进入市场
风险	1. 各方利益不一致时可能导致无法达成商业目的； 2. 运营分歧会导致合资企业的效率降低，更常产生分歧； 3. 可能的不信任会限制双方的合作； 4. 合资企业可能对一方提供的服务、资源等较为依赖； 5. 合资方不提供知识产权或商业秘密，或合资方违反约定使用其他方提供的知识产权或商业秘密	语言、文化、法律等差异可能导致合作效率降低，甚至导致误会	

考虑到以上特点，合资企业是较为成熟的硬科技企业进一步发展的一种方案。硬科技的投资金额大、回报周期长、见效慢、商业落地难。一方面，合资企业可以整合各方资源，有利于以较低成本取得硬科技企业发展所需的资源。另一方面，合资企业也可以尽可能分散随之而来的高风险，尽可能降低合资方的投入，分散风险。同时，合资企业有助于合资方之间开展长期稳定的合作。此外，合资企业可以通过引入下游产业链，提早攻克商业落地难的问题，为项目铺平道路。

出于上述原因，合资企业成为国内外硬科技企业进一步发展的选择。表9－2列举了几个硬科技合资企业的案例。

表 9-2 硬科技行业合资企业案例

序号	合资方	合资企业	领域
1	华域汽车和 ABB(瑞典)	华域智能装备科技有限公司	汽车行业智能制造
2	波音(美国)和中国航空工业集团	天津波音复合材料有限责任公司	飞机复合材料结构及内饰件
3	派克汉尼汾(美国)和航空工业南京机电液压工程研究中心	南京航鹏航空系统装备有限公司	为 C919 系列飞机提供完整的燃料、惰性和液压系统
4	ARM(英国)、软银(日本)、厚朴等	安谋科技(中国)有限公司	将 ARM 架构授权其 IP 给中国授权客户,并进行相关自主开发
5	GitLab(美国)、诺基亚(芬兰)、红杉基金、高成资本等	极狐信息技术(湖北)有限公司	开源软件开发运维
6	Meng Tech(美国)、上海彤程电子材料有限公司等	北京科华微电子材料有限公司	光刻胶研发、生产、检测、销售
7	宝马汽车(德国)和长城汽车股份有限公司	光束汽车有限公司	新能源汽车的研发、生产和销售
8	LG 化学(韩国)和浙江华友钴业股份有限公司	LG BCM(韩国)	电池正极材料生产
9	通用汽车(美国)和 LG 新能源(韩国)	Ultium Cells LLC(美国)	新能源车用电池制造

本章第二节将分析合资企业常见的法律问题,第三节将对合资企业相关法律文件进行解读。

第二节 合资企业常见法律问题

由于合资企业与风险投资的种种差异,合资企业在设立过程中面临诸多与风险投资截然不同的法律问题。接下来,本节将展开分析主营业务、出资方式、利润分配、公司治理、知识产权以及合资企业的终止这几个合资企业常见的法律问题。

实践中,出于对公司治理结构的便利性以及合资方责任可控性的考虑,新设立硬科技行业合资企业一般均采用有限责任公司的形式,而不考虑股份有限公司或合伙企业的形式。因此,以下分析均基于有限责任公司这一组织形式展开。

一、主营业务

合资企业的主营业务是设立合资企业前首先应当确定的事宜。考虑到合资方设立合资企业一般出于重要商业目的,因此应当详细约定合资企业的主营业务,避免合资企业出于各种原因将投资用于其他领域,确保合资企业的经营与运作能够达成最初计划的商业目的。在硬科技行业,情况更是如此。硬科技行业的投资金额大、回报周期长,需要合资方长期的付出与经营,因此更加需要限制合资企业的主营业务。

除资金原因外,明确合资企业的主营业务还有助于:

(1)确定各方竞业禁止义务以及保密义务的范围;

(2)确定是否需要合资方将现有知识产权向合资企业进行授权,以便于后续经营;

(3)确定是否需要其他安排(如服务协议)以推动合资企业的运营;

(4)确定是否需要取得政府审批或许可;

(5)建立适当的财务模型,尽早进行业务规划;

(6)未来解决商业机会问题。

为明确约定合资企业的主营业务,可以从以下角度考虑:

首先,可以在协议中明确表述合资方的商业意图,并从正面详细列举合资企业设立后应当从事的主营业务,如特定产品或技术的研发、生产和销售。同时,也可以从反面列举合资企业不得从事的业务活动,如不得从事投资类业务。

其次,可以从地理范围上进行规定。为追求经济效益,投资方可以约定合资企业经营的地域范围。在合作范围包含产品、服务的销售或技术授权时,地域限制尤为常见。约定地域限制,可以避免合资企业与合资方展开竞争,从而最大化合资企业与合资方的利益。

最后,实务中,如果无法通过约定主营业务和地域限制避免合资方与合资企业之间竞争的,还可以对合资企业与合资方之间可能产生的竞争进行规定,约定合资方不在合资企业的主营业务与地域范围中与合资企业或其直接或间接设立的分支机构竞争。但在进行此类约定时,应当注意避免违反反垄断法律法规。

结合上述限制,合资企业在设立后仅有权在特定地域范围内从事特定商业活动。

在此基础上,考虑到合资企业未来可能的经营扩张与业务变动,可进一步约定对上述限制的修改程序,例如在所有合资方书面一致同意或超过一定比例表决权的合资方书面同意的情况下,可以调整合资企业的主营业务。同时,考虑到合资企业在实际经营活动中可能超过许可的主营业务以及地域限制经营,因此合伙企业协议中也可以约定对合资方在确实发生营业范围条款违约时的救济措施。合资方可以选择对此类违约进行一次性豁免、修改主营业务条款,或根据违约条款追究合资企业乃至其他合资方的违约责任。

由于中国要求企业按照登记机关公布的经营项目分类标准办理经营范围登记,合资企业需要将股东一致同意的主营业务的商业用语转换为经营项目分类标准中的标准用语。在这一过程中,不仅要确保合资企业最终登记在营业执照上的经营范围符合登记要求,还要确保经营范围同时能够涵盖合资企业的全部主营业务,以及经营主营业务所必须进行的主要商业活动。为此,经营范围中的用语会尽可能详细地描述合资企业可能经营的业务,可以根据研发、生产、销售、营销等多个具体方面分别详细描述,并可以视情况加入咨询、进出口等常见商业活动类别。

若合资方包含外资,也应当注意外商投资准入事宜。根据《外商投资准入特别管理措施(负面清单)》(2021 年版)(以下简称《外资负面清单》)的相关规定,外资(包含外国合资方以及中国境内的外商投资企业,下同)合资方在中国境内投资,应符合《外资负面清单》的有关规定。虽然《外资负面清单》中包含的硬科技行业非常少,但仍要注意,根据《外资负面清单》的规定,在生物科技领域,禁止外资投资人体干细胞、基因诊断与治疗技术开发和应用。此外,如果涉及增值电信业务的,需注意外资股比不超过 50% 的限制要求。除上述行业外,合资方的外资成分一般不构成障碍。

二、出资方式

在合资企业设立过程中，出资是另一个重要问题。硬科技领域合资企业往往投资巨大，且各方可能不单独以货币形式出资，因此出资方面也会产生许多合同以及法律上的争议点。接下来，本文将分别讨论货币出资和非货币财产出资中可能碰到的法律问题。

（一）货币出资

各方的后续出资义务是一个重要问题。在硬科技领域中，新产品的研发、测试与生产往往需要消耗大量的资金，并且可能需要合资方额外的注资方可长期维持正常运营。为避免产生分歧，各方可以在合资企业协议中约定后续出资事宜。

实践中，各方是否有义务在特定情形下向合资企业进行后续出资是一个重要的问题。如果各方可以就后续出资义务达成一致，可以在合资企业协议中明确规定，在何种情形下各方有义务（而非权利）进行后续出资，例如支付项目研发费用、项目预算超支或资金短缺。协议中还可以规定，发生上述情形后合资企业对合资方的通知方式，合资方收到通知后的出资期限和出资形式，合资方后续出资义务的上限，以及各方届时的出资分配方式。

合资企业协议中还可以约定合资方未按协议约定出资的后果。如果合资方未按照协议约定以及合资企业通知出资，协议可以规定以下后果：

1. 以零对价或注册资本等较低的价格向守约方转让合资企业的注册资本并承担相应税务成本；

2. 暂停或取消违约方公司治理权力，例如董事委派权、一票否决权、特殊投票权约定等；

3. 守约方有权代违约方出资，视为违约方向守约方借款出资；

4. 守约方有权寻找善意第三方代替违约方进行出资；

5. 降低合资企业的注册资本；

6. 暂停向违约方分配利润；

7. 解除合资企业协议。

如果合资方无法就后续出资义务达成一致，也可能会约定各方有权利（但无义务）出资，并且会约定后续出资的形式。常见的后续出资的形式一般是合资方向合资企业提供贷款，但有时也会约定可以以认购合资企业新增注册资本的形式出资。此外还可以约定，如果合资企业通过金融机构贷款的方式取得后续资金，合资方应当提供必要的融资信用支持。

如各方约定采用股东贷款的形式向合资企业提供资金，合资协议中还可以提前约定相关的债务条款，包括还款期限、偿还的优先级等。

（二）非货币资产出资

合资方常用非货币资产出资，在硬科技领域尤其如此。根据《公司法》第48条以及《市场主体登记管理条例》第13条的规定，股东可以用实物、知识产权、土地使用权、股权、债权等可以用货币估价并可以依法转让的非货币资产作价出资，但不得以劳务、信用、自然人姓名、商誉、特许经营权或者设定担保的财产出资。因此，只要合资方用于出资的非货币资产符合上述规定，就可以合法约定以非货币资产出资。同时，合资方也仍需关注非货币资产是否属于合资公司开展业务经营所需的资产，否则合资企业还需要将非货币财产变现，承担不必要的时间成本与税务成本。

在具体操作的过程中，除出资财产的类型应当符合规定外，还应当注意完成非货币资产的出资手续。根据《公司法》第49条以及《公司法司法解释（三）》第8～11条的相关规定，非货币资产出资应当依法办理其财产权的转移手续，并实际交付公司使用。《公司法司法解释（三）》的上述相关条款规定了部分常见的用于出资的非货币资产的转移手续。对于房屋、土地使用权以及需要办理权属登记的知识产权等财产，应当依法办理权属变更手续；对于股权，应当履行关于股权转让的法定手续。

《公司法司法解释（三）》未规定以其他资产出资的转移手续，对于其他财产应当依据法律的一般规定进行财产权转移。《民法典》第225条规定，船舶、航空器和机动车等特殊动产的物权转移需完成交付，但未经登记不得对抗善意第三人。因此，为保证合资企业能够依法享有对特殊动产的所有权，以特殊动产出资时，除应将特殊动产交付给合资企业外，还应当进行权属变更登记。[1] 而一

---

〔1〕 参见山西并州高速快客集团有限公司诉山西并州高速快客集团朔州长途客运有限公司股东资格确认纠纷案，山西省高级人民法院民事裁定书，（2015）晋民申字第204号。本案中，山西省高级人民法院认定，一审被告以机动车出资，但未进行交付，也未办理权属变更登记，未履行出资义务。

般动产的物权转移自交付时发生效力。但需要注意的是,如果一般动产在转让前由受让人占有动产的,物权转移自民事法律行为生效时发生效力,而无须进行实际交付。

因此,以非货币资产出资的合资方应当依法办理非货币资产的转移手续,否则可能会被认定为未履行出资义务。对不动产而言,应当完成权属变更登记;对部分无形资产以及特殊动产而言,除应当完成交付外,还应当完成权属变更登记;对一般动产而言,不仅需要合资方将财产交由公司控制或使用,还需要合资方与合资企业具有转移动产物权的意思表示,此种意思表示可以包括出资过程中的合资方与合资企业的出资合意或事后的合资企业对合资方的出资认可,具体可以体现为合资方之间或合资方与合资企业的出资协议、合资企业的股东会决议以及合资企业出具的出资证明书等。

除出资手续外,由于非货币资产的价值存在不确定性,还应当注意依法对非货币资产进行出资前评估。根据《公司法》第 48 条以及《公司法司法解释(三)》第 9 条的规定,以非货币资产出资的,应当评估作价,核实财产。因此,以非货币资产出资的合资方应当依法对非货币资产进行评估,以避免未来发生争议损害合资方与合资企业利益。

此外,硬科技企业还经常涉及以知识产权出资的情况。知识产权出资过程中的法律问题还可参考下文“知识产权”部分。

三、利润分配

利润分配也属于合资协议中常见且重要的法律问题。在常见的风险投资交易中,投资者更希望被投企业将利润用于企业经营,增强企业实力,尽快上市。因此,投资者通常希望设立对利润分配的一票否决权以及优先分红权,以达到限制被投企业利润分配的目的。相较而言,合资企业合资方一般并不要求合资企业上市,此类需求较少。不过,考虑到合资企业设立初期现金流的稳定性,合资方可能会在合资企业协议中约定在合资企业设立后的一段时间内不进行利润分配。

根据《公司法》第 210 条的规定,股东按照实缴出资比例进行利润分配,但全体股东约定不按照实缴出资比例分取红利的除外。因此,如果不采取其他约定,合资方将按照实缴出资比例而非认缴出资比例进行利润分配。如果合资方希望以其他方式分配利润,应当在合资企业协议中写明。实务中,合资方可能因为以下两种原因采取特殊约定。

1. 各方出资时间不同,导致在一方完成出资但另一方未完成出资之前,实缴注册资本的比例与认缴注册资本的比例可能存在差异。如合资方希望按照认缴出资比例分配利润,则应当在合资企业协议中明确约定按照认缴出资比例,而非实缴出资比例分配。

2. 合资方可能希望依照特定里程碑事件的达成与否,进行分段累进式利润分配,则合资方应当在合资企业协议中明确约定相应里程碑事件以及达到里程碑事件后的利润分配方式。合资方可以将特定财务数据达标与否作为里程碑事件,如净利润和税前息前折旧前摊销前利润等,也可以将特定非财务事件作为里程碑事件,如取得特定监管审批、产品上市、开拓市场等。

合资方有时还会约定,如果由于监管原因,无法按照约定的方式分配利润,则应当由其他合资方在取得依照《公司法》分配的利润后,将多余部分支付给其余合资方,以保证利润分配条款的执行。

四、公司治理

公司治理无疑是合资企业设立过程中最为常见且最为重要的法律问题之一,在不同的情境下,问题的侧重点也有所不同。在设计合资企业交易时,尤其是合资方持股比例相近时,应当着重考虑公司治理相关事宜。

(一)持股比例相同

合资方持股比例相同可以使合资方有较强的动力积极参与合资企业的管理与经营,有利于各方资源的整合。然而,需要注意的是,如果合资方在公司文化、财务水平、业务能力上相差过大,持股比例相同的股权结构安排很可能会导致合资方的冲突。即使合资方差异较小,合资方也可能需要付出更多努力来维持各方权利与义务之间的平衡。如果合资方最终决定采取这种股权结构,那么各方关注的重点通常是如何避免产生公司僵局的问题。公司僵局可能在股东会和董事会两个层面发生。

在股东会层面,根据《公司法》第 65 条的规定,若公司章程未另行规定,则股东会会议由股东按照认缴出资比例行使表决权。[1] 若各方认缴出资比例相同,则表决权比例相等,在各方产生分歧时可能无法作出有效股东会决议。合资企业只有两位合资方,且股权比例为50%∶50%的情况更是如此。根据最高人民法院《关于适用〈中华人民共和国公司法〉若干问题的规定(二)》(2020年修正)第1条的规定,如果公司2年以上无法作出有效股东会决议,导致公司经营管理发生严重困难的,即可认为存在公司僵局。在实务中,"导致公司经营管理发生严重困难"并不要求公司存在亏损,即使公司可以盈利,只要公司2年以上无法作出有效股东会决议且有股东根据《公司法》第231条的规定请求解散公司的,就可能得到人民法院的支持。[2]

要解决股东会层面的公司僵局,就要尽可能避免各方表决权相等导致无法作出有效决议的情况。根据《公司法》第65条的规定,如果公司章程另有约定,股东在股东会会议上可以不依照出资比例行使表决权。因此,各方可以在合资企业协议以及公司章程中对各方投票权进行特殊约定,例如表决权约定/双重股权结构以及表决权委托,以避免公司僵局的发生。

1. 差异化表决权约定/双重股权结构,一般也称AB股,是指合资方将合资企业的不同注册资本赋予不同的表决权。[3] 在实践中,有如下几种具体处理办法:

(1)各方约定,对于合资企业中50%的注册资本,每1元注册资本享有多于1元注册资本的表决权,并将该部分注册资本命名为B类股权,其余注册资本命名为A类股权。合资企业设立时,合资方A认购50%A类股权,合资方B认购B类股权。约定后,合资方B将拥有合资企业股东会上的多数表决权。目前这

---

〔1〕《九民纪要》于2019年11月8日发布。根据其第7条的规定可知,"股东按照出资比例行使表决权"的出资比例具体是指实缴出资比例还是认缴出资比例,应当根据公司章程来确定。公司章程没有规定的,应当按照认缴出资比例确定。

〔2〕参见广西壮族自治区桂林市中级人民法院发布15起优化营商环境典型案例之六:原告甲某诉被告乙公司、第三人丙某公司解散纠纷案。判决认为,判断公司是否符合解散的条件,应当从该公司的人合性和资合性等要素,依次考察公司是否处于僵局状态,即判断该公司的人合基础是否已完全丧失、公司是否处于恢复正常生产经营无望的严重状态……即使公司仍在盈利亦不能否定股东利益受损的可能性,因为股东利益可分为公司管理控制权益和投资收益权益两方面,应结合股东矛盾的激化原因、持续时间以及化解可能性等因素综合判断。

〔3〕参见Alan S. Gutterman:《国际合资企业的建立与管理》,李克宁、张放译,中国人民大学出版社2012年版,第127页。

种机制主要应用于在海外设立的合资企业，在国内适用较少。

(2)各方约定，其中合资方A持有的50%的注册资本仅享有合资企业股东会不超过49%的表决权；合资方B持有的50%的注册资本将享有合资企业股东会不低于51%的表决权。约定后，合资方B将拥有合资企业股东会上的多数表决权。这种约定方式较为便利，但一旦后续合资企业股权发生变更，就需要各方重新约定表决权。

2. 双方协商机制，是指双方在无法就某一事项达成一致时，将该事项交由双方的内部高级管理人员协商。如果协商不成的，将继续将该事项交由更高层级的人员协商，直至达成一致。该机制中一般会约定数个层级的管理人员负责相关事项的协商，并且会约定每一层级协商时间不得超过一定期限，否则将交由更高层级协商，以保证合资企业能够尽快作出决策。

3. 独立第三方调解或裁决，是指双方在无法就某一事项达成一致时，将该事项交由双方共同认可的非政府第三方调解或裁决，如双方共同认可的会计师事务所。但可以通过这一方式解决的事项一般仅限于与独立第三方日常业务相关的事宜，适用性不广。

4. 仲裁，即双方出现分歧时，将相关事宜交由仲裁机构仲裁。然而，仲裁耗时较长，费用较高，一般不被作为解决公司僵局的首选方式。为避免通过仲裁费时费力解决公司僵局问题，合资方有时可能在合资企业协议中约定不得将公司僵局提交仲裁解决。

5. 一方退出或合资企业清算，即在双方分歧无法依照上述约定方式解决时，有权要求一方退出合资企业，或者要求合资企业清算，以此作为终局性解决手段。相关条款可以参考本节“合资企业的终止”部分。

在实践中，也可以考虑共同使用上述方法。选择上述方法解决股东会僵局时，应当考虑到上述事项解决方式的便利程度，以便于合资企业能够正常经营。

而在董事会层面，则要根据董事会席位的数量区别对待。如果计划设立的合资企业的董事会席位数量为奇数，则一般不会产生公司僵局的问题。然而，在各方持股比例相同时，董事会席位的分配可能较难协商一致。在这种情况下，各方常约定董事会席位数量为偶数，各自委派半数董事。

实践中，要解决董事会僵局，除适用上述股东会僵局的解决方式外，还可以将对特定最终事项的最终决定权(casting vote)或一票否决权授予各方委派的董事。例如,可以约定,如果双方无法达成一致,则合资方 A 委派的董事有权决定合资企业总经理的人选;相应地,合资方 B 委派的董事有权决定合资企业财务负责人的人选。通过这种方式,也可以解决合资企业董事会的僵局问题。

但应当注意的是,《公司法》对董事安排有以下两类强制性规范,不允许各方另行约定。根据《公司法》第 68 条的规定,除设立执行董事的情况以外,有限责任公司的董事会成员为3 人以上。因此,各方不能约定董事会人数为2 人。根据《公司法》第 70 条的规定,董事任期由公司章程规定,但每届任期不得超过 3 年。

(二)持股比例不同

在各合资方持股比例不同的情况下(持股比例较高的合资方称"大股东",其他方称"小股东"),大股东可以取得更多的控制权,从而有助于大股东保护自身利益。相较于各方持股比例相同的情况,小股东可能缺乏动力积极参与合资企业的运营与管理。

对于硬科技行业而言,知识产权与商业秘密的保护尤为重要。大股东可以在知识产权与商业秘密保护的相关岗位委派己方人员,保护自身知识产权及商业秘密不发生意料之外的泄露。而如果小股东提供了知识产权与商业秘密,应当着重保护自身权益不受侵犯。

除此之外,如果合资企业属于中外合资企业,且如果外资方为小股东,通常在经营过程中内资方的经营以及决策在合资企业经营过程中将占据主导作用。因此,外资方小股东应当谨慎选择内资方。

如果确实采取此类股权结构,小股东普遍希望对合资企业有一定的控制权,避免大股东治理不善导致亏损,或者大股东侵犯己方合法利益。虽然大股东由于出资比例较高而在董事会和股东会占有一定优势,但小股东仍可以通过法律规定与合同约定保护自身利益。这种保护一般可以体现在股东会、董事会和高级管理人员三方面。

1. 股东会层面

在股东会层面的保护,有以下 6 种路径。

第一种,如上文所述,合资方之间可以约定各股东不依照出资比例行使表决权,小股东可以借此取得高于自身持股比例的表决权,从而保护自身利益。

第二种,根据《公司法》第 66 条的规定,股东会会议作出修改公司章程、增加或者减少注册资本的决议,以及公司合并、分立、解散或者变更公司形式的决议,必须经代表 2/3 以上表决权的股东通过。因此,只要大股东的表决权不超过 2/3,小股东就可以依据《公司法》享有对上述特定重要事项的否决权。

第三种,根据《公司法》第 66 条的规定,股东会的议事方式和表决程序,除本法有规定的外,由公司章程规定。因此,合资方之间可以约定,股东会决议中特定事项的通过只有取得小股东的同意方能生效。如果有多个合资方,并且采取上述安排可能导致部分持股比例较低的小股东有能力否决对合资企业日常经营影响较大的决议,可能影响合资企业正常经营的,也可以约定部分特定事项应取得合资企业不少于 2/3 的表决权。实践中,需要全部股东一致同意的决议通常包括[1]:

(1)批准合资企业的年度业务计划和预算或对任何已批准的年度业务计划或预算进行任何更改;

(2)对合资企业及其子公司的章程进行修改;

(3)更改合资企业的主要办公地点;

(4)变更合资企业的名称;

(5)变更合资企业的经营范围;

(6)设立分公司、子公司;

(7)新合资方的加入;

(8)合资企业及其子公司股权的发行、转让或出质,合资企业协议中另有约定的除外;

(9)合资企业的合并、分立、公司形式变更;

(10)合资企业采取与破产清算相关的行动;

(11)更换合资企业的会计师事务所、会计年度以及审计标准。

实践中,需要不少于 2/3 的表决权通过的决议通常包括:

(1)进行利润分配,以及利润分配的具体方案;

(2)合资企业的上市计划;

---

〔1〕 参见 Alan S. Gutterman:《国际合资企业的建立与管理》,李克宁、张放译,中国人民大学出版社 2012 年版,第 127 页。

(3)通过合资企业的年度审计报告;

(4)通过或修改员工股权激励计划。

第四种,股东也可以通过约定知情权条款保护自身权益。从法律规定的角度分析,《公司法》第57条规定,股东有权查阅、复制公司章程、股东会会议记录、董事会会议决议、监事会会议决议、财务会计报告和公司会计账簿;最高人民法院《关于适用〈中华人民共和国公司法〉若干问题的规定(四)》(2020年修正)(以下简称《公司法司法解释(四)》)第9条规定,公司不得因公司章程或股东间协议的原因拒绝股东行使《公司法》第57条规定的股东知情权。因此,小股东即使没有额外的协议保护,也依法享有一定的知情权。

当然,行使法定知情权行存在一定限制。根据《公司法》第57条以及《公司法司法解释(四)》第8条的规定,如果股东存在不正当目的[1],公司可以拒绝股东查阅公司会计账簿。此外,法定知情权需要股东通过要求公司提供账簿、文件等积极主张自己的权利,在这一过程中可能需要聘请第三方财务、法律顾问审阅相关文件,这对于股东而言可能较为不便。

因此,小股东在实务中可以尝试在合资企业协议中加入额外的股东知情权条款,将股东的权利转变为公司的义务,要求公司主动提供相关文件,以进一步保护小股东的知情权。股东知情权条款可以包括以下内容:

合资企业(及其关联公司)应向合资方提供:

(1)每月结束后特定时间内,按中国企业会计准则准备的未经审计的财务报表;

(2)每年结束后特定时间内,按中国企业会计准则、经具有合法资质的会计师事务所审计的财务报表;

(3)董事会批准年度预算报告后的特定时间内,提供该年度预算报告;

(4)其他重要信息。

第五种,小股东还可以约定会议的法定人数。根据《公司法》第66条的规

---

〔1〕 不正当目的包括:(1)股东自营或者为他人经营与公司主营业务有实质性竞争关系业务的,但公司章程另有规定或者全体股东另有约定的除外;(2)股东为了向他人通报有关信息查阅公司会计账簿,可能损害公司合法利益的;(3)股东在向公司提出查阅请求之日前的3年内,曾通过查阅公司会计账簿,向他人通报有关信息损害公司合法利益的;(4)股东有不正当目的的其他情形。

定,股东会议事方式可由公司章程约定。因此,小股东可以在公司章程中约定召开股东会会议需至少包括一名小股东代表参加,以避免在股东会占优势比例的大股东妨害小股东在股东会层面的知情权与参与权。

第六种,小股东也可以通过合资企业终止条款,约定在特定情况下可以将小股东持有的股份出售给大股东,借此保护自身利益。相关条款可以参考本节“合资企业的终止”部分。

2. 董事会层面

在董事会层面,小股东可能无权通过董事会投票聘任高级管理人员,导致小股东对高级管理人员控制能力较低,不利于自身利益的保护。根据《公司法》第67 条的规定,董事会可以享有公司章程中规定的其他职权;根据《公司法》第 74 条的规定,公司章程对经理职权的规定若与《公司法》不一致的,从其规定。因此,小股东可以在协议中约定,将一些惯常属于高级管理人员职权内且可能影响小股东利益的职权授予董事会,并约定小股东委派的董事对相关事项享有一票否决权,从而更好地保护小股东的利益。此类事项可能包括:

(1)对超过一定数额的诉讼进行和解(超过一定数额的需要批准);

(2)进行超出正常业务范围的交易(每个自然年/财务年超过一定数额的需要批准);

(3)进行超出经营范围的投资(每个自然年/财务年超过一定数额的需要批准),年度业务计划和预算中有规定的情况除外;

(4)合资企业进行借贷、抵押或提供担保,年度业务计划和预算中有规定的情况除外;

(5)合资企业的处置超过特定金额的资产,年度业务计划和预算中有规定的情况除外;

(6)合资企业为董事、监事、高级管理人员或任何职员提供任何贷款;

(7)合资企业更换高级管理人员;

(8)合资方的员工在合资企业任职的,此类员工在合资企业任职的报酬;

(9)合资企业与存在关联关系的个人或企业进行关联交易,且关联交易的总额超过一定数额,或超过合资企业最近一期经审计净资产特定比例的。

同时,考虑到合资企业的股权结构未来可能发生变化,也可以对合资方持股比例与合资方有权委派的董事数量之间的关系进行约定,以免对合资企业协议以及章程进行反复修改。以 9 人董事会为例,常见的持股比例与董事数量管理安排如表 9－3 所示。

表 9－3　合资企业常见的持股比例与董事数量管理安排

持股比例	董事数量
<10%	0
10%～20%(不包含 20%)	1
20%～30%(不包含 30%)	2
30%～40%(不包含 40%)	3
40%～50%(不包含 50%)	4
≥50%	5

在董事会层面,小股东也可以约定会议的法定人数。根据《公司法》第 73 条的规定,董事会的议事方式可由公司章程约定。因此,小股东可以在公司章程中约定召开董事会会议需至少包括一名小股东委派董事参加方为有效,以避免在董事会占优势比例的大股东妨害小股东在董事会层面的知情权与参与权。

3. 高级管理人员层面

在高级管理人员层面,小股东可以尝试争取在合资企业协议中约定聘任高级管理人员的权利。若无法争取,也可以如上文所述,尝试限制高级管理人员的权限,并将相应权限授予董事会,从而更好地保护自身利益。

除上述情形外,合资企业设立过程的另一个重要法律问题是印章的管理问题。在国内法律实务操作中,在法律文件上加盖印章的行为一般都会被视为企业的认可。因此,一旦印章管理不善,很有可能会对合资企业的经营造成影响。实务中,印章的管理事宜一般不会被纳入合资企业协议或相关投资文件的谈判中,合资方可以在合资企业设立后在公司规章制度或内部文件中规定印章管理事宜。

(三)《外商投资法》实施后的制度衔接

在《外商投资法》实施之前,根据《合资企业法》第 6 条的规定,中外合资企业的最高权利机构是董事会,而非股东会。在《外商投资法》实施之后,原先按照《合资企业法》设立的中外合资企业应当在 2025 年之前根据《公司法》的规定完成调整，与内资公司保持一致。

为符合上述规定，原先按照《合资企业法》设立的中外合资企业应当考虑对章程进行修改。在处理原先章程中公司治理方面的相关规定时，比较简单的处理方法是通过股东会授权，将多数重大事项的决策权交给董事会，从而保留原先以董事会为主的决策机制。然而在实务中，部分公司特别重大事项的决策权无法由股东会授权董事会行使。一般认为，股东会的一般经营性职权可授予董事会，但股东会的非经营性、参与性以及身份性职权不可授予董事会。

目前，司法实践中比较典型且公认的无法授权给董事会行使的股东会职权包括：(1)修改合资企业章程，增加或者减少注册资本，合资企业合并、分立、解散或者变更合资企业形式〔1〕；(2)选举或者更换董事会、监事会成员〔2〕；(3)公开发行新股、改变公开发行股票所募集资金的用途〔3〕。目前，司法实践中对于是否可以将其他职权授予董事会仍存在一定争议。

为避免股东会授权被认定为无效，建议中外合资企业在修改章程时按照目前《公司法》及相关法律的约定，重新修改合资企业章程。如果仍计划将重大事项的决策权授权给董事会行使，应当注意避免授予上文所述的不得授权的职权，且在授权时应当明确授权内容与授权期限，避免概括性授权。

五、知识产权

《民法典》第 123 条规定："知识产权是对下列客体享有的专有权利：(一)作品；(二)发明、实用新型、外观设计；(三)商标；(四)地理标志；(五)商业秘密；(六)集成电路布图设计；(七)植物新品种；(八)法律规定的其他客体。"知识产权的管理也是硬科技领域合资企业的关键问题。

---

〔1〕《公司法》第 66 条第 3 款规定，股东会作出修改公司章程、增加或者减少注册资本的决议，以及公司合并、分立、解散或者变更公司形式的决议，应当经代表三分之二以上表决权的股东通过。徐丽霞等诉安顺绿洲报业宾馆有限公司公司决议效力确认纠纷案，贵州省高级人民法院民事判决书，(2015)黔高民商终字第 61 号。法院认为，上述条文中使用的"应当"一词，通常被理解为规定条款中事项必须由股东会决定，不得授权给董事会决定。

〔2〕参见上海市第一中级人民法院民事判决书，(1998)沪一中民终字第 171 号。法院确认，选举和更换董事的职权由股东会行使。

〔3〕《证券法》第 14 条规定，公司对公开发行股票所募集资金，必须按照招股说明书或者其他公开发行募集文件所列资金用途使用；改变资金用途，必须经股东大会作出决议。

（一）知识产权保护条款

硬科技领域的合资企业在经营过程中难免会接触到大量合资方持有的知识产权，如软件著作权、集成电路布图设计、商标权、专利权以及商业秘密。合资方不希望其他合资方通过合资企业侵犯自身的知识产权，因此普遍会在合资企业合同中约定知识产权保护条款。这类条款包括：

1. 知识产权保护承诺：各方均有义务保护各方通过授权或转让向合资企业提供的知识产权；各方均有义务保护因合资企业原因接触到的其他合资方的知识产权；各方均保证不侵犯其他合资方以及合资企业的知识产权。

2. 信息保密义务：各方均有义务对接收到的其他合资方以及合资企业的信息进行保密，不向第三方披露；除为了合资企业的经营外，不因任何原因使用收到的相关保密信息。各方有时也会为此签订专门的保密协议，与保密协议相关的内容可参考本书第三章的内容。

3. 竞业禁止条款：各方均有义务保证在合资企业任职的己方员工与合资企业签署相关竞业限制协议，协议中应当约定员工在离职后一段时间内不从事与合资企业相同的工作，且不在合资企业的竞争对手处任职。

4. 商业秘密条款：各方均有义务保护各方通过授权或转让向合资企业提供的商业秘密；各方均有义务保护因合资企业原因接触到的其他合资方的商业秘密；各方均保证不侵犯其他合资方以及合资企业的商业秘密。各方有时也会为此签订专门的保密协议，与保密协议相关的内容可参考本书第三章的内容。

（二）知识产权跨境转移法律风险

在实践中，除知识产权保护问题外，硬科技行业合资企业也常涉及知识产权的跨境转让、授权，高精尖物料的跨境运输，以及重要信息的跨境传输。此类活动存在诸多法律风险。

1. 知识产权跨境转让限制风险

硬科技行业合资企业存在知识产权跨境转让限制风险。以中国相关制度为例，根据《对外贸易法》《技术进出口管理条例》等，中国出于保护国家安全、维护公共道德、影响生态安全、淘汰落后技术、维护公共利益等原因，限制或禁止通过贸易、投资或者经济技术合作的方式从境外向境内转让特定知识产权。对于限制进口的知识产权，应当向商务部门提交技术进出口申请并取得许可证；对于禁止进口的知识产权,不得转让。若在未取得许可证的情形下取得限制进口的知识产权或禁止进口的知识产权,可能面临撤销对外贸易经营许可、没收违法所得、罚款等行政处罚,甚至会被追究刑事责任。

2. 在先权利风险/知识产权流氓风险

硬科技行业合资企业存在在先权利风险/知识产权流氓风险。部分知识产权有极强的地域性,因此可能导致合资企业在取得海外合法有效的知识产权之后由于境内存在相似的在先权利,其在境内的使用面临障碍。由于部分知识产权,如商标权,采取纯粹的注册制度,可能存在专门的知识产权流氓在其他国家内抢注他国内有影响的商标,以谋取不正当利益的风险。面临上述风险时,合资企业可能无法在境内使用相关知识产权,无法获得相关知识产权的权利,或需要额外支付高昂的许可费以正常使用相关知识产权。

3. 出口管制风险

硬科技行业合资企业存在出口管制风险。如果经营过程中需要对技术信息、保密信息、商业秘密以及使用相关技术的物料进行跨境传输,权利方需将相关物料或信息通过跨境运输、跨境电子传输或现场培训等方式将相关信息转移给合资企业。但这一行为可能导致合资企业违反相关国家的出口管制(export control)法律法规。

以美国的出口管制法律法规为例,基于美国国家安全及对外政策,美国对将来源于美国的物料、软件、信息出口给特定国家、特定主体或个人的行为实施全面管制。

美国商务部下属的工业与安全局(Bureau of Industry and Security,BIS)负责实施出口管制条例(Export Administration Regulations,EAR)。BIS 主要负责商用以及两用物品,包括含有特定加密算法的硬件和软件的出口管制。BIS 还负责特定国防相关物品,包括用于军用飞行器以及军事用途的部件和零件的出口管制,用于商业目的的太空设备硬件,包括商业卫星的出口管制。目前,BIS 对与芯片、通信设备、高新材料、航空航天等硬科技领域相关的技术均依据 EAR 实施了出口管制。

BIS 管制的出口行为包括将相关物料或信息通过跨境运输、跨境电子传输或现场培训等方式进行的转移。BIS 禁止在未取得许可证的情况下将特定种类的物料或信息以任何方式出口或再出口至中国，并对中国特定主体实施清单式制裁，禁止将受 EAR 管辖的几乎全部技术转让给特定主体。若违反上述法律法规，不仅相关物料或信息无法合法转移给合资企业，相关主体可能还将被列入美国的相关出口管制清单，面临更加长远的法律后果。

为避免上述风险，合资方应当对其他合资方做好 KYC(Know Your Client)尽职调查，对跨境传输的物料及信息做好筛查工作，避免因未及时筛查而违反相关法律法规。同时，合资方也可以在合资企业协议中约定相关事宜，以避免产生纠纷时自身权利受到损害。

(三)知识产权出资相关问题

知识产权出资是指以知识产权专有权利作价进行出资的行为。如果合资方计划以知识产权进行出资，除需要注意出资手续、评估作价等出资流程相关问题，以及知识产权保护、知识产权跨境转移法律问题外，还需要注意出资权利、排他事宜、新知识产权归属等常见法律问题。

以知识产权出资的，需要明确约定合资方的出资客体是知识产权的所有权还是知识产权的使用权。如以知识产权的所有权进行出资，应当注意履行知识产权的转让手续。以发明、实用新型、外观设计、商标、集成电路布图设计等登记主义的知识产权出资时，应当确保完成相关转让登记。以著作权一类转让时无须进行登记备案的知识产权出资时，合资方应当与合资企业签订著作权转让的书面协议，并对著作权的转让行为进行备案，以避免产生后续争议。

以知识产权的使用权进行出资，实质上是知识产权权利人以对公司使用该知识产权所享有的使用费用请求权出资，因而是一种债权出资。[1] 虽然知识产权使用权无法进行登记，但仍应当采取合理措施完成知识产权使用权的授权，并实际交付合资企业使用，以履行出资义务。一般而言，只要通过授权许可协议完成了授权，就可以认为履行了非货币财产出资过程中的转移手续。[2] 同时，各合

---

〔1〕 参见最高人民法院民事审判第二庭编著:《关于公司法司法解释(三)、清算纪要理解与适用》，人民法院出版社 2014 年版，第 166 页。

〔2〕 参见云南亿润文化旅游发展有限公司与上海亿润影视制作有限公司股东资格确认纠纷上诉案，上海市第二中级人民法院民事判决书，(2016)沪02民终2714号;杭州炳盛投资管理合伙企业、中国长城铝业有限公司等执行异议之诉民事申请案，最高人民法院民事裁定书，(2021)最高法民申7457号。两案中，法院均根据出资方与公司签订的授权许可协议，结合案件中实际情况，认定出资方已经履行了出资义务。

资方也应当事先就此类授权的主要条款达成合意,例如授权是否属于排他性授权,在授权知识产权上产生的新知识产权的归属等关键事宜,以避免产生后续争议。

(四)合资企业终止时的知识产权事宜

一旦发生合资方退出或合资企业解散的情况,往往会涉及大量知识产权保护事宜,在硬科技行业更是如此。因此,合资方在合资企业相关法律文件中,应当注意约定合资方退出或合资企业破产清算后的知识产权保护事宜。相关约定可以包括:

1. 实务中,合资企业的名称很可能包含合资方的公司名称,乃至包含合资方拥有的商标字符。因此,在一方退出后,应当约定合资企业相应修改其名称,并且应当设立时间限制,以使上述修改尽快落实,或者各方可以约定,一方退出后,合资企业可以以授权的形式继续使用名称以及合资方的商标,但需支付相应许可费用。

2. 由于设立硬科技合资企业的目的可能涉及产品研发,各方需要约定合资方退出或合资企业解散后,各方是否可以继续使用合资企业的知识产权。各方可以约定合资方可以无偿使用合资企业开发的知识产权,也可以就知识产权达成其他安排。

3. 各方还会对合资企业与合资方之前签订的许可相关协议进行安排。如果合资方将知识产权授权给合资企业,且合资方退出后合资企业仍继续存续,可以约定许可继续有效,以避免合资企业无法继续正常经营。当然,合资方可以约定,如果合资方退出前的授权是无偿授权,退出后可以转变为有偿授权,授权许可费可以另行约定,或根据合资企业相关协议中的约定确定。此外,各方还可能修改此前授权的条款,如修改双方在授权下享有的权利。

4. 各方有时会约定,在合资方退出后一段时间内,合资方不得另行从事与合资企业相竞争的业务,并且会约定不竞争的范围。

六、合资企业的终止

实践中,合资企业在其经营期限届满前终止的案例屡见不鲜。[1] 为避免分

〔1〕 参见 Alan S. Gutterman:《国际合资企业的建立与管理》,李克宁、张放译,中国人民大学出版社 2012 年版,第 159 页。

歧,在设立合资企业时,各方应当认真考虑合资企业终止的程序与约定,避免在争议发生时,花费更多的时间和成本解决这一问题。相关条款主要包括两个部分:股权处分限制条款以及合资企业终止条款。

(一)股权处分限制条款

若某一合资方对外处分其在合资企业中的股权,这一行为将引入新的合资方,并可能终止原来合资方之间的合资关系。因此,合资方一般会在合资企业协议以及章程中限制股权处分行为。

根据《公司法》第 84 条的规定,合资方向合资企业股东以外的人转让股权,应当将股权转让的数量、价格、支付方式和期限等事项书面通知其他股东,其他股东在同等条件下有优先购买权。股东自接到书面通知之日起 30 日内未答复的,视为放弃优先购买权。因此,根据法律规定,合资方之间本身依法享有对其他合资方对外转让股权一定的控制权。

然而,法律规定的保护存在一定的局限性。首先,如果一方不同意其他股东对外转让股权,必须购买计划转让的股权。这一限制大幅提高了否决权行使的成本,行使时存在许多不便。其次,这一限制的立法目的是保护有限责任公司的人合性,而不是禁止股东转让股份。即使一方行使了否决权,最终的结果也是必须购买其他合资方计划出售的股权,导致各方之间的合资关系实质上终止。最后,上述限制仅针对股权的转让,不针对股权的其他处分行为。

根据《公司法》第 71 条的规定,公司章程对股权转让另有规定的,从其规定。因此,针对以上局限性,各方一般会同意在一定期限内(以下简称限制期),在公司章程中另行约定,以限制合资方处分股权的行为。各方会约定,在限制期内处分股权需要取得其他合资方的同意,否则不得处分,且不同意处分的合资方无须购买计划转让的股权。各方通常也会约定,即使已经超出限制期,合资方也不得将合资企业股权转让给合资企业的竞争对手。处分行为一般包括直接对外出售股权,有时也会包括对股权的质押行为。当然,为便于合资方管理资产,各方也可以约定,尽管有上述股权处分限制的存在,但合资方可以将股权转让给关联方或关联个人,且此类股权转让无须取得其他合资方的同意,但需要在一定时间内向其他合资方发送通知。

即使合资方根据相关协议有权转让持有的股权,各合资方也还拥有优先购买权。根据《公司法》第71条的规定，经其他股东同意转让的股权，在同等条件下，其他股东有优先购买权。两个以上股东主张行使优先购买权的，协商确定各自的购买比例；协商不成的，按照转让时各自的出资比例行使优先购买权。因此，根据法律规定，各方之间享有优先购买其他合资方计划出售股份的权利。

然而，上述规定在具体操作过程中容易产生分歧。因此，各方可以在合资协议及公司章程中详细约定，在限制期结束后，或在限制期内经其他合资方同意出售股份时，其他合资方行使优先购买权的规则与流程。例如，出售股权的合资方在收到善意第三方提出的要约后，应当以不劣于收到的要约的条件，优先将股权出售给其他合资方。只有其他合资方在收到通知后一定期限内不愿以该条件收购股权，出售股权的合资方才可以在规定期间内将股份出售给善意第三方。如果存在多位合资方，有时候还会约定数轮优先购买权的行使期间，以保证当其中一位或多位合资方放弃行使优先购买权时，希望行使优先购买权的合资方有机会购买全部计划出售的股权。优先购买权的具体安排，可参考本书第七章的内容。

（二）合资企业终止条款

在满足特定条件时，某一合资方将被允许退出合资企业，或者合资企业将提前清算。如果某一合资方的退出将对合资企业的经营产生重要影响，例如合资方提供了主要资金投入、技术投入，一般会约定合资企业提前终止。如果某一合资方的退出不会对合资企业的经营产生重要影响，也可以约定该合资方退出合资企业，合资企业继续经营，当合资者数量较多时更可能出现这种情形。

此类特定条件可包括：

1. 一方严重违约，且在一定时间内未补救，或违约事件的性质无法补救的；

2. 一方发生控制权变更的；

3. 一方破产清算或发生类似事件的；

4. 合资企业经营亏损超过特定数额或特定时限的；

5. 合资企业的全部或实质性全部资产被出售的；

6. 发生公司僵局且无法按照约定解决的；

7. 各方就合资企业经营长期无法达成一致，影响合资企业正常经营的；

8. 发生不可抗力对合资企业的经营发生重大不利影响超过特定时限的；

9. 合资企业的重要政府许可被修改或撤销的；

10. 政府行为对合资企业产生其他重大不利影响的；

11. 约定的里程碑事件未能实现的；

12. 合资企业协议、公司章程或其他合资方之间的协议被全部或部分宣告无效的。

发生上述事件后，如果协议中约定合资企业继续存续的，协议中可能还会约定退出方有权将持有的全部股权出售给其他合资方或投资企业外的善意第三人，有时也会约定各合资方有权向其他合资方发出要约，收购其他合资方持有的合资企业股权。此外，投资协议还可以约定届时股权的出售价款的确定方式。对于出售价款，合资方可能约定，上述事件发生后，聘请专业的评估机构评估；也可能约定依照特定公式，根据合资方投入的成本、合资企业的经营情况等因素计算。同时，协议中还可能约定合资方退出后在过渡期内需继续向合资企业提供部分服务的事宜，以尽可能减少合资方退出对合资企业经营的影响。

如果根据协议，合资企业应当解散的，那么各方应当依照约定在合资企业股东会上表决通过合资企业解散的决议。此后，按照协议的规定，合资方应当分别委派清算委员会的成员，组成清算委员会。清算委员会应当依法处理合资企业的所有清算事宜，包括履行合同、提起或参加诉讼、处置资产等。

协议中还会约定随售权和/或拖售权。随售权可以约定，如一方符合股权处分限制条款的要求，计划对外出售持有的股权的，其他合资方有权要求以相同的条件出售各自持有的股权；若其他合资方无法依据随售权出售的，原本计划出售的合资方不得出售股权。拖售权可以约定，如一方符合股权处分限制条款的要求，计划对外出售持有的股权的，有权要求其他合资方以相同的条件出售各自持有的股权。如果同时触发随售权与拖售权，实质上可能构成合资企业的整体出售，也因此可将其作为合资企业退出的一种方式。

第三节　合资企业相关法律文件解读

在合资企业设立过程中，一般会签署三份主要法律文件，包括投资意向书、合资企业协议以及合资企业章程。这三份文件各有不同，又相互联系。接下来，本节将介绍这三份文件。

当然,除上述文件外,各合资方为顺利谈判还可能签署保密协议,为合资企业的顺利设立与运营签署资产转让协议、货物买卖协议、知识产权转让/授权协议、技术支持协议、劳务派遣协议乃至租赁协议。此类协议由于并非合资企业所独有,因此本节不再赘述。

一、投资意向书

投资意向书是各方在完成交易初期谈判后以书面形式达成的基础约定,包括各方初步同意的设立合资企业的基本条款和条件,合资方会在投资意向书的基础上进行后续文件的谈判。虽然没有法律要求合资企业交易必须起草投资意向书,但依据交易习惯一般会起草。类似文件也可能被称为条款清单、主要条款书(heads of agreement)及备忘录(memorandum of understandings)。如果各方均认可投资意向书中的基本条款,就会继续推进合作,投资意向书中的条款会在后续法律文件中得到细化和落实。

除用于确定基础商业条款外,投资意向书还可以用于申请反垄断等政府审批、与银行协商获得融资。双方也可以在初步意向的基础上,将其他安排纳入投资意向书。在签订投资意向书之前,双方可能会就与合作有关的双方基本情况提供部分信息,但是涉及更深层次的信息提供以及尽职调查则往往要在投资意向书订立之后才会展开。各方签署了投资意向书就代表各方就合作初步达成合意,为下一阶段的深入磋商奠定基础。

投资意向书一般可以分为有约束力的投资意向书或无约束力的投资意向书两类。绝大多数交易中,各方一般会签订无约束力的投资意向书。在这种情况下,应当注意以下事项:

(1)需要在投资意向书中明确,投资意向书不具有法律上的约束力。

(2)如果其中一方是上市公司,其在签署投资意向书后可能依据上市地法律存在披露义务。

(3)如果各方没有签署其他协议,应确保投资意向书中的保密、非招徕、不竞争、争议解决以及有效期条款具有约束力。

在少数交易中,各方也会签订有约束力的投资意向书,在这种情况下,应当注意以下事项：

(1)各方一般会约定，未经各方批准(一般由董事会批准)，不得对投资意向书进行重大变更，且直至双方签署最终协议前，该投资意向书一直具有约束力。所以，如果各方签订了有约束力的投资意向书，应当确保涵盖所有合资企业协议中的关键条款。一旦双方签署了具有约束力的投资意向书，签署后可能难以修改投资意向书中的条款。

(2)如果各方无法就最终协议达成一致意见，或者对于投资意向书的解释存在争议，则可考虑通过仲裁解决。然而，这种做法也存在一定风险，如果争议事项无法作为仲裁对象，则可能仍需要通过诉讼方式解决。

(3)应当考虑是否包括本着善意进行谈判以达成最终协议的义务。一旦存在该义务，若双方未能达成最终协议，一方可能会声称双方未进行过善意谈判，从而认定其他方违约。

(4)应当确保投资意向书中包含不竞争以及不招徕条款。

(5)应当考虑是否保留各方签署的保密协议。如果选择以投资意向书中的保密义务替换保密协议，则应确保意向书实际上具有约束力，并且保密义务在意向书终止后应继续有效。

二、合资企业协议/合资企业章程

合资企业的设立以及设立后的运营一般都根据合资企业协议的约定进行，但由于目前中国法律并未规定合资企业各合资方一定要签署合资企业协议，各方也可以签署股东协议，其内容基本与合资企业协议保持一致。各方会在合资企业协议中详细列出合资企业的基本条款、设立流程、运营方式等合资企业的关键事宜。从性质上来讲，合资企业协议本质上是合资方之间就合资企业相关事宜进行约定的内部协议，对合资方以外的第三方无约束力。

依据《公司法》第5条的规定，设立合资企业应当制定合资企业章程。依据《公司法》第46条的规定，章程应当载明合资企业名称和住所，合资企业经营范围，合资企业注册资本，合资方的姓名或者名称，合资方的出资额、出资方式和出资日期，合资企业的机构及其产生办法、职权、议事规则，合资企业法定代表人的产生、变更办法，股东会认为需要规定的其他事项。

如前文所述,合资方如需对出资方式、利润分配方式、公司治理方式进行特殊约定的,也需要在章程中约定。从性质上来看,章程不仅体现了合资方之间的合意,还进一步对合资方以外的第三方具有一定约束力。根据《公司法》第5条的规定,章程对公司、股东、董事、监事、高级管理人员具有约束力。但一般认为,章程在一般情况下不具有对外或对世效力。

鉴于合资企业章程的重要性,合资方一般会在谈判合资企业协议时同步谈判合资企业章程,以确保内容的一致性,并将谈判完成的章程作为合资企业协议的附件,一并签署。尽管如此,但是实践中考虑到登记审批的便利性,仍可能出现章程与合资企业协议不一致的情况。没有特殊约定的情况下,当公司股东间协议约定和章程规定产生冲突的,应以章程规定为准。为避免疑义,合资方一般会约定,如章程与合资企业协议发生冲突的,应以合资企业协议的约定为准。如股东间协议和公司章程没有冲突,但公司决议内容违反股东间协议约定的,股东可以请求人民法院撤销决议。[1]

合资企业协议以及合资企业章程中一般会包含以下内容。

(1)基础条款:列举协议的各方当事人,一般包括合资企业的所有合资方以及合资企业。若合资企业在合资企业协议签订时尚未设立,可以在设立后加入协议,因为协议中的部分权利和义务将由合资企业承担。

(2)信息条款:描述计划设立的合资企业的具体信息,一般包括合资企业的名称、地址以及组织形式。在实践中,可以为计划设立的公司预留公司名称,因此可以在签约前约定合资企业的名称。通常,合资方会选择有限责任公司作为合资企业的组织形式。

(3)经营范围条款:表明合资企业的主营业务与经营范围。条款要点可参考本章第二节"主营业务"部分。

(4)资本条款:确定合资企业各方的认缴出资额以及相对比例,设立各方的出资时间表,并明确合资方收到股权证明及其他相关证明文件的流程。条款要点可参考本章第二节"出资方式"部分。

---

〔1〕 参见北京中证万融医药投资集团有限公司与曹某君等公司利益纠纷再审案,最高人民法院再审民事判决书,(2017)最高法民再172号。法院认为,如果股东间协议和公司章程没有冲突,但公司决议内容违反股东间协议约定的,股东可以请求人民法院撤销决议。

(5)后续出资条款:建立合资企业的后续出资机制,包括如何发起后续出资、后续出资的方式以及出资的程序等。条款要点可参考本章第二节“出资方式”部分。

(6)利润分配条款:明确合资企业经营所产生的利润与亏损如何在各方之间分配或分摊。条款要点可参考本章第二节“利润分配”部分。

(7)公司治理条款:明确合资企业开展公司治理的规则与程序,包括股东会、董事会以及监事会的设立方式、开会流程和各自权限。条款要点可参考本章第二节“公司治理”部分。

(8)陈述和保证条款:合资方就自身与设立合资企业相关的事宜进行陈述和保证,并且通常会辅以法律和商业尽职调查对相关事宜进行验证。合资方陈述和保证的目的是在合资企业设立之前保证恰当的尽职水平,如果没有尽到相关责任和义务,会对其他合资方负有责任。实践中,各方可以约定陈述和保证应当在公司成立时有效,且在公司成立内一定时间内持续有效。合资方甚至可以将部分具有不确定性的事宜放入陈述和保证,将未来可能发生的风险在各合资方之间进行分配。陈述和保证的内容可以包括:

①合资方合法设立且有效存续;

②合资方已获得相应同意、批准和授权以签订并履行合资企业协议;

③合资方依法可以履行合资企业协议项下的义务,包括根据适用的法律、法规和规则的要求,具备对合资公司的投资者资格;

④签字人有权代表合资方;

⑤合资方没有破产,也没有任何程序可能导致合资方破产或发生类似事件;

⑥合资方签署和履行合资企业协议不会违反在先义务;

⑦合资方之间提供的事实性信息是真实的,且在任何方面均不具有误导性;

⑧自其生效日期起,合资企业协议,包括其所有配套协议,即构成对合资方合法、有效并具有约束力的义务;

⑨不存在影响合资方履行合资企业协议下义务能力的诉讼、仲裁或其他司法、行政程序;

⑩如果合资方需要向合资企业转让有形或无形资产,合资方还需要对其对此类资产享有法律以及实益所有权、第三方对此类资产不享有权利、不存在与资

产所有权相关的诉讼等方面作出惯常的陈述和保证。

(9)义务条款:合资方通常会约定签约后各方的合同义务,通常包括如下内容。

①足额缴纳注册资本;

②如涉及非货币财产出资的,完成相应出资手续与评估流程;

③为设立合资企业向主管部门申请批准、登记注册、领取营业执照、税务申请、土地使用权申请、施工审批、进出口报关等事宜;

④为合资企业招聘相应管理人员、技术人员等;

⑤协助外籍合资方(如有)为相关人员办理入境签证、工作许可等事宜;

⑥合资企业委托的其他事宜。

有时协议各方也会将签约后各方在合资企业中的商业角色一并约定在义务条款中。

(10)赔偿条款:明确合资方在违反协议的情况下,例如违反出资义务、知识产权保护义务、股权转让限制以及陈述与保证条款的情况下,向其他合资方或向合资企业的赔偿义务。

(11)退出条款:确定合资企业的营业期限,并确定其他可能导致合资企业提早解散的事宜。条款要点可参考本章第二节“合资企业终止条款”部分。

(12)违约条款:一般包括合资方违反合资企业协议后的通知、救济、赔偿等事宜。

①违约后的通知流程:通常会约定非违约方应当向违约方就违约情况发出书面通知,并允许违约方在一定期限(以下简称补救期)内对违约行为进行补救,也允许非违约方代表违约方对违约行为进行补救(费用由违约方承担);

②若违约行为无法补救,或补救期内违约方未进行补救的,非违约方有权解除合资企业协议;

③确定合资方违反合资企业协议后应当承担的后果:若违约行为无法补救,或补救期内违约方未进行补救的,由违约方赔偿非违约方因违约产生或导致的所有损失、损害或支出并使非违约方免受损害;

④对违约方的赔偿义务进行限制:通常会约定将违约方的赔偿义务限制在直接损害的范围内,有时也会对违约方的赔偿义务设定上限;

⑤违反出资义务的违约安排可参考本章第二节“出资方式”部分。

(13)转让限制条款:明确各方转让持有的合资企业注册资本所需要遵循的流程及限制。条款要点可参考本章第二节“股权处分限制条款”部分。

(14)财务、会计与内部控制:规定企业的财务会计制度以及相关事宜。各方通常会约定,合资企业应当保持完整而准确的会计账目,且合资企业进行交易应当符合内部授权规定,以适当的方式进行记录,便于制作财务报表。该条款中还可以约定合资企业进行内部审计的频率与流程,以及必要时合资方可以独立对合资企业进行审计。为此,合资企业通常还会聘任独立的会计师事务所。

(15)章程效力:章程与协议之间存在矛盾,一般会约定协议优先。但需要注意的是,章程本身具有一定公示效力,一旦协议内容与章程产生矛盾且可能对外部第三人利益产生影响,协议内容无法对公司外善意第三人生效。

(16)争议解决条款:挑选各方认为合适的争议解决机制,如调解、仲裁或诉讼。在相关条款中可能还会表明合资企业协议适用的法律。一般主要采用的争议解决方式包括谈判、调解以及仲裁。

①谈判:谈判是一种解决问题的有效方式,以一种相对非正式的方式讨论产生的问题有助于问题的尽快解决。各方可以约定,谈判由各方特定级别以上的高级管理人员参加,一方面高级管理人员参与谈判的压力可以促使问题的解决,另一方面将问题提交给更高级别的管理者,有助于调动更多的资源解决问题。合资方也可以将谈判作为进入其他更加正式的争议解决程序的前置条件。

②调解:在特定场合,如果合资方之间因为事实或者法律的原因就特定事项产生分歧,可以选择调解。调解一般由各方共同选定的调解机构指定一名调解人,与合资方分别私下会谈,依据双方的要求和意见得出尽可能满足双方要求的解决方案,并反复与各方商讨,调整方案,以使各方最终可以接受解决方案。这种方式的费用和时间成本较低,便于解决分歧。然而,如果各方的分歧是因为业务经营中的政策或业务判断问题而产生的,调解人只能帮助双方沟通,难以代替双方进行商业决策。

③仲裁:相比其他具有拘束力的争议解决方式,仲裁程序更加灵活,能够使当事人通过高效的、保密的和公平的程序,获得终局的、有约束力和可执行的裁决。根据《民事诉讼法》第244条和第281条的规定,仲裁机构的裁决可以通过

向人民法院申请予以执行,且当事人对仲裁裁决效力提出异议的权利非常有限,保障了仲裁程序一裁终局的效率。起草仲裁条款时,各方应当确定仲裁机构、仲裁事项、适用的仲裁规则、仲裁使用语言、仲裁适用法律等事宜。

需要注意的是,由于硬科技行业合资企业产生的纠纷可能涉及各方重要商业秘密,考虑到保密性的需求,合资方一般不通过诉讼的方式解决争议。此外,如果最终执行涉及多个法域,出于执行方便的考虑,一般也不通过诉讼的方式解决争议。

(17)其他条款:合资方也可以根据具体商业安排在合资企业协议中加入与具体商业安排相关的条款,如知识产权转让、知识产权许可、知识产权开发、委托生产、分销、商业服务、商业咨询、不竞争、不招徕等条款。

(18)杂项条款:包括定义、通知、不可抗力、保密、完整协议、协议修改、语言、谈判费用等常用条款。

①定义:约定协议中特定词语的含义,常以附件的形式纳入协议中。

②通知:约定各方的通知地址与通知方式。

③不可抗力:约定不可抗力事件以及不可抗力事件发生的后果。

④保密:约定各方的保密义务。

⑤完整协议:约定协议及其相关文件构成各合约方的完整合同,取代此前就相同事宜达成的所有口头或书面约定。

⑥协议修改:约定协议修改的程序与方式,一般约定协议只能通过书面方式修改。

⑦可分割性:约定如果协议任何条款被认定为无效或不可执行,不影响其他条款的效力;合资方应当对被认定为无效或不可执行的条款进行修改,在有效可执行的前提下尽可能符合合资方的最初意图;如果此类条款无法修改,则应当从合资企业协议中删去。

⑧语言:如协议以多种语言书就,约定各语言的效力。

⑨谈判费用:约定各方谈判费用的承担方式。

⑩适用法律:约定合资企业适用的法律,各方通常会约定适用中国法律。

在实务中,应考虑不同项目的特点,修改和调整上述内容。

上文所述合资企业常见法律问题及备选条款见表9-4。

表 9-4　合资企业常见法律问题

问题	注意点
主营业务	1. 明确表述合资方的商业意图，详细列举合资企业设立后应当以及不得从事的业务范围； 2. 从地理范围上规定合资企业经营的地域范围； 3. 限制合资企业与合资方之间的竞争； 4. 约定上述限制的修改流程； 5. 外资合资方需注意《外资负面清单》规定
出资方式	1. 出资期限，出资违约的惩罚措施。 2. 货币出资方面考虑下列事宜： (1)后续出资义务； (2)违反后续出资义务的责任； (3)后续出资的权利； (4)后续出资的方式。 3. 非现金财产出资方面考虑下列事宜： (1)可以用作出资的财产类型； (2)出资流程； (3)评估作价。 4. 知识产权出资还应当考虑下文知识产权部分的相关内容
利润分配	1. 考虑是否约定一段时间内不分红； 2. 考虑分配利润的特殊约定； 3. 约定不按照实缴出资比例分配； 4. 约定无法按照约定分配利润的补救措施
公司治理	1. 持股比例相同时考虑避免公司僵局问题： (1)在股东会层面，可采取以下一种或几种方式： ①差异化表决权约定/双重股权结构； ②双方协商机制； ③独立第三方调解或裁决； ④仲裁； ⑤一方退出或企业清算。 (2)在董事会层面，可采取以下一种或几种方式： ①董事会席位数目为奇数时，不存在僵局问题； ②董事会席位数目为偶数时，除采取股东会中可采取的方式外，还可采取将最终事项的决定权/一票否决权授予各方委派的董事的方式。 2. 持股比例不同时，小股东希望取得尽可能多的控制权与知情权： (1)在股东会层面，存在以下几种路径： ①差异化表决权约定/双重股权结构； ②小股东本身依据《公司法》享有一定保护；

续表

问题	注意点
公司治理	③约定小股东一票否决权或约定特定事项需获得超级多数表决权支持方能有效通过； ④小股东也可以通过法定以及约定知情权享有相关保护。 (2)在董事会层面,存在以下几种路径： ①限制高管权利,并将相关权利授予董事会； ②约定小股东指派的董事的一票否决权。 (3)在高管层面,小股东可以争取聘任高管的权利,也可以尝试限制高管权利。 3.公司印章管理问题,可以通过公司章程的方式进行规定。 4.《外商投资法》实施前按照《合资企业法》设立的中外合资企业修改章程时应当注意股东会将职权授权给董事会行使可能被认定为无效的问题
知识产权	1.知识产权保护条款包括： (1)知识产权保护承诺条款； (2)信息保密义务条款； (3)竞业禁止条款； (4)商业秘密条款。 2.知识产权及相关物项跨境转移存在以下风险： (1)知识产权跨境转让限制风险； (2)在先权利风险/知识产权流氓风险； (3)出口管制风险。 3.知识产权出资时需要额外注意合资方是以知识产权使用权还是以所有权进行出资,如以使用权出资,还应当注意使用权授权的排他事宜、新知识产权归属等重大条款的安排。 4.合资企业终止后的知识产权事宜： (1)约定合资企业的名称修改及商标授权事宜； (2)约定合资方能否继续使用合资企业开发的知识产权； (3)约定合资方向合资企业授权的知识产权能否继续使用； (4)约定合资方退出后的不竞争事宜
合资企业的终止	1.股权处分限制条款： (1)股权转让限制条款： ①约定限制期； ②限制期内不得处分股权,除非取得其他合资方的同意； ③对关联方之间的处分行为豁免上述限制。 (2)优先购买权条款： ①在法律规定的基础上约定限制期后的股权转让限制； ②规定详细的流程与行权期间。 2.合资企业终止条款： (1)满足特定条件时,允许某一合资方退出合资企业,或允许合资企业提前终止；

续表

问题	注意点
合资企业的终止	(2)满足上述条件时,如果合资方退出合资企业,允许合资方将其股份出售给其他合资方或外部人士; (3)满足上述条件时,如果合资企业终止,应当约定合资企业的清算事宜; (4)随售权与拖售权

下篇　科技行业海外并购

CHAPTER

第十章

海外收购交易结构

第一节　交易结构介绍

一、概述

随着我国步入高质量发展阶段，各行业内部整合与跨行业合作交流成为常态，并购作为企业外延式发展的手段，其重要性进一步凸显。特别是在科技行业，随着技术的创新发展，越来越多的企业活跃在市场前沿，市场蓬勃发展进一步促进了成熟科技企业间的并购交易。在我国，生物医疗、半导体及电子设备等行业是并购交易的热点领域。为了提高市场竞争优势，许多科技企业会选择通过海外并购的方式来拓展自身业务，进一步实现技术与产业资源的融合。

在实践中，中国企业海外并购的动因很多，包括拓展海外市场、取得关键资产和技术、获得团队和商业渠道等。例如，国内有的企业希望通过收购客户、供应商或竞争对手，以实现经营规模化，提高经营效率；有的企业希望通过并购的方式扩大产品范围，实现产品的多元化，提升企业的市场定位，获得更高的发展前景；有的企业希望通过并购的方式获取优质的专业技术与资产，实现战略调整，提升企业的创新能力和研发能力；有的企业出于资本运作或投资目的收购海外资产,完成海外收购后再转手出售给境内上市公司等来获取回报;有的国内上市公司利用其可在资本市场上融资的有利地位,收购优质的海外资产来扩大市场、提升股价。

对于科技行业而言,技术更新迭代快是其行业特点之一。面对日趋激烈的市场竞争,很多企业会选择并购交易的方式,及时对外部技术环境变化作出调整。例如,为了应对各类创新技术的环境变化,美国艾默生电气公司(EMERSON)在2020年至2021年连续两年通过并购交易进行资源整合,其中,2020年,该公司以16亿美元收购了专注于自动化科技研发的Open Systems International公司。2021年,又以60亿美元收购了专注于软件优化领域的艾斯本技术有限公司(Aspen Technology, Inc.),这些并购交易加速了其软件技术整合,使其能够广泛支持行业运营垂直领域的整个生命周期,包括设计和工程、运营、维护和资产优化等。[1] 在智能汽车迅速发展的背景下,2022年5月,中国民营汽车集团吉利汽车控股有限公司收购了法国雷诺集团旗下韩国子公司雷诺韩国汽车有限公司的股份,通过其子公司Centurion Industries Limited持有雷诺韩国汽车有限公司34.02%的股份,吉利汽车控股有限公司希望通过海外并购,整合技术资源,联合开发推出高效节能的燃油和智能混动车型。[2]

在海外科技行业并购市场中,并购、合并、重组的原因纷繁复杂,且在交易过程中需要考察、甄别、设计的要点更为广泛,包括但不限于尽职调查、交易结构设计、交易风险识别和控制以及监管政策。海外并购所适用的交易协议也各有不同,需要针对不同交易的特点,进行细致分析、把握重点,并作出相应的调整。

本篇将对科技行业海外并购中所涉及的交易结构、交易风险、国内外监管政策、尽职调查,以及其可能涉及的法律文件进行介绍。

海外并购交易中往往会涉及多个主体。为了更好地协调交易各方的利益,

---

〔1〕 *Emerson and AspenTech Complete Transaction*, *Creating New AspenTech*, *Emerson* (Aug. 9, 2023), https://www.emerson.com/en-us/news/corporate/emerson-and-aspentech-complete-transaction; Emerson Completes Acquisition of Open Systems International, Inc. (OSI Inc.), Emerson (Oct. 1, 2020), https://www.emerson.com/en-us/news/corporate/osiinc-close.

〔2〕《吉利汽车控股有限公司(股份代号:175)须予披露交易认购目标公司34.02%之股权》,载香港交易所披露易官网2022年5月10日,https://www1.hkexnews.hk/listedco/listconews/sehk/2022/0510/2022051000004_c.pdf。

买卖双方会针对该并购交易设计一个交易结构(deal structure),通过合同条款的方式确定交易各方之间对权利和义务的划分。合适的交易结构能够清晰界定交易各方的权利义务,合理满足交易各方的要求,使交易各方都处于可接受的风险水平上。从卖方的角度来看,卖方希望在交易中向买方转移更多的商业风险,并尽可能减少交易中需要作出的承诺。从买方的角度来看,买方希望以合适的价格购买到期望的资产,把握好并购交易中的关键时间点,使交易成本最小化。

在海外科技并购交易中,买卖双方关注的因素各不相同。出于不同的商业目标,买方可能希望取得目标公司全部或部分股权,也可能关注特定的子公司、业务部门,抑或知识产权、人力资源、客户资源及销售渠道。通常而言,买方最重视目标企业的独有技术和具有显著竞争优势的产品。此外,目标企业在细分领域中的市场领导地位、创始人团队的专业背景以及专业管理团队的良好运营,也可以提高目标公司的收购价值。海外并购交易双方的商业考量如表 10－1 所示。

表 10－1　海外并购交易双方的商业考量

卖方的商业考量	买方的商业考量
• 进入互补产品和市场 • 获得运营资金 • 获得最佳和最快的投资回报 • 增强技术实力 • 提高分销能力 • 更快速地扩大客户群	• 获得关键技术 • 淘汰竞争对手 • 扩展或添加产品线 • 获得创新人才 • 获得专业知识并进入新市场 • 获得上市时间优势 • 提高公司每股的收益 • 获得新的分销渠道

交易结构设计涉及多个方面,如参与方利益的协调、并购方式及并购载体的选择、交易对价的支付方式、会计筹划和税收筹划等。在海外并购中,由于不同国家在文化、商业惯例、法律政策和税务环境等方面存在显著差异,买方和卖方需要因地制宜,设计合适的并购交易结构,以实现双方的预期目标。

在海外科技并购交易中,中国企业拟收购的目标公司或目标资产包括海外大型科技公司剥离的子公司、业务部门、产品线、生产线等,或者具有一定品牌知名度、技术规模成熟但资金短缺的海外科技公司。对这些目标公司或目标资产而言,交易结构涉及的并购方式(如股权收购、资产收购、合并)、交易对价支付形式(如股票支付、现金支付、"股票+现金"支付、其他现金等价物等)以及并购的载体(如控股公司、壳公司、有限责任公司等)都是交易双方所关注的重点。

二、交易结构设计的主要框架

在设计海外并购交易结构时,并购双方所需考虑的重要因素包括如何选择收购工具、如何选择支付方式和如何选择收购方式。

具体而言,选择海外并购交易结构时需要考虑表10-2主要问题[1]。

表10-2 交易结构设计的主要框架

编号	主要问题	并购交易的选择
第一部分 收购工具	(1)交易各方的并购目标是什么?例如,整合双方的公司资源,拓宽业务渠道,调整公司财务状况等。 (2)交易各方预期的风险有哪些? (3)交易各方如何管理和控制预期风险? (4)交易各方预计如何管理、整合并购后的业务?是否保留原有的管理团队、管理模式? (5)并购后存续的新企业的组织结构将如何安排? (6)买方是否需要承担目标公司的负债?具体需要承担的债务有哪些?	• 有限责任公司 • 控股公司 • 子公司或孙公司 • 壳公司 • 合资企业 • 合伙企业
第二部分 支付方式	(1)交易双方如何评估拟收购/拟出售标的的价值?如何衡量收购价格与拟收购/拟出售的目标公司、资产、业务部门是否相匹配? (2)在并购交易中,交易双方要承担哪些税负?税负需要立即缴付还是可以递延交付? (3)税收对交易对价有哪些影响? (4)交易对价具体的组成部分是什么? (5)交易对价是固定的、根据其情况而变的还是递延支付的? (6)交易双方对交易时间有怎样的预期? (7)在交易交割前和交易交割后,交易双方如何分担风险?交易双方各自需要作出哪些陈述和保证? (8)尽职调查中发现的问题是否会影响交易标的的交付和交易对价的支付?	• 现金或者债务 • 股票(固定或可转换) • 不动产 • 额外对价、其他备付 • 递延支付

---

[1] 参见[美]唐纳德·德帕姆菲利斯:《收购、兼并和重组:过程、工具、案例与解决方案》(原书第7版),郑磊译,机械工业出版社2022年版,第248页。

续表

编号	主要问题	并购交易的选择
第三部分 收购方式	(1)并购交易中拟收购/拟出售的标的是卖方的公司股权、业务部门还是资产?具体以何种形式转移至买方? (2)拟收购/拟出售的目标公司/目标资产/目标业务的组织架构如何? (3)如果拟收购/拟出售的标的是目标公司,那么该目标公司的股权结构是怎样的?组织形式是有限公司、股份制公司或合伙企业? (4)目标公司的重大协议是否可以转让? (5)交易是否涉及第三方同意、股东批准和监管机构批准或备案? (6)目标公司是否存在税收优惠或非经营性亏损?目标公司是否存在小股东?交易中是否涉及收购小股东的股权?	• 股权收购 • 资产收购 • 合并

(一)关于收购工具的选择

收购工具,又称收购载体,是买方为了收购目标企业或目标资产而设立的法律实体。收购工具的主要类型包括控股公司、子公司或孙公司、壳公司、有限责任公司、合资企业、合伙企业等。

买方会根据目标企业或资产的具体情况,以及对卖方实体的法律形式、并购后公司的组织结构、税务、会计等方面的考量来设立适当的收购工具。在海外并购交易中,控股公司、子公司(孙公司)等收购工具较为常见;而采用有限责任公司、合资企业、合伙企业、壳公司等形式作为收购工具则较少。

1. 控股公司

对于境外主体的收购,多数中国投资者会选择采用控股公司作为收购工具,买方只需要收购控股公司控制权,就可以实际控制多家公司。

2. 子公司(孙公司)

针对科技行业的海外并购,除了选择控股公司作为收购工具外,中国投资者还可能选择通过设立子公司或孙公司的形式来进行收购。这主要是基于我国对外投资监管政策和审批手续的考量。

我国境内企业对外投资的主体通常分为两种,上市公司海外并购和非上市公司海外并购。上市公司海外并购除需要符合发改委、商务部、外管局、国资委等多个部门的法规监管外,同时还需要符合中国证监会和交易所的信息披露要求。虽然相比上市企业,非上市企业的海外并购交易的审批流程和信息披露要求相对较少,但是也涉及相应的国内审批环节。为了减少审批时间,便于融资收购,很多境内企业会借用境外子公司(或孙公司)来实现海外并购。例如,中国民营汽车集团吉利汽车控股有限公司收购法国雷诺集团的韩国子公司雷诺韩国汽车有限公司的案例中[1],吉利汽车控股有限公司将通过其子公司(Centurion Industries Limited)来持有雷诺韩国汽车有限公司34.02%的股份。

另外,借由境外子公司(或孙公司),除可以简化审批手续、便于融资之外,还有利于隔离交易风险,如果并购整合后业务效益不佳,还可以通过子公司(孙公司)将标的资产或目标企业整体剥离或寻求转让出售,以减轻对母公司的影响。

(二)关于支付方式的选择

在海外并购中支付方式的选择是一项重要的风险管理战略,无论是从税务层面还是从商业层面来看,在大多数情况下,卖家总是希望获得尽可能高的价格,但相反,买方希望支付尽可能低的价格。在这种情况下,交易需要协调并满足双方的考量。

作为企业为了完成业务交易而使用的金融工具,并购支付方式包括:

1. 股票支付:买方发行新的股票,用于购买目标公司的股票或资产。

2. 现金支付:现金支付具备直接且透明性较强的特点,可以被广泛应用于所有业务领域。但是现金支付对买方的现金流要求较高,可能会产生较高的交易成本。

3. 债券支付:买方通过发行公司债券的方式来购买目标公司的资产或股份。如果买方希望通过债券的形式来支付并购价格,那么这类公司债券应当具备较高的信用评级,并且可流通性较强。

4. 杠杆收购(LBO):指买方在并购交易中通过举债融资的一种支付方式。买方可能以并购后目标公司现有现金流或未来预计的经营现金流作为一种承

〔1〕《吉利汽车控股有限公司(股份代号:175)须予披露交易认购目标公司34.02%之股权》,载香港交易所披露易官网2022年5月10日,https://www1.hkexnews.hk/listedco/listconews/sehk/2022/0510/2022051000004_c.pdf。

诺，向投资人（以银行为例）进行债务融资，通过借款的方式支付交易对价。与债券支付相比，杠杆收购导致了更高的资本成本，因为银行贷款利率一般高于公司发行的债券利率。

5. 混合支付：综合上述支付方式，买方可向卖方以“现金＋股票”“现金＋股票＋债券”“现金＋债券”“股票＋债券”等形式支付。

在海外并购交易中，采用现金支付、股票支付和混合支付的情况较为常见。特别是现金支付，在硬科技行业的海外并购交易中十分常见。卖方往往会优先选择能够进行全现金支付的买方，因为现金支付无须考虑交易对价的流动性和保值。

但是全现金支付对于买方提出了更高的现金流要求。而且，通常而言科技行业的海外并购所需要的交易规模较大，能够在短时间内筹措出足够的现金以实施并购交易的买方并不多见，所以在多数收购案例中买方会采用股票支付，或者“股票＋现金”的方式进行支付。

除需要考虑支付方式的可行性以及可操作性问题之外，还需要结合并购方式（股权收购、资产收购以及合并等）综合考虑支付方式的选择。

表 10－3 中对现金支付、股票支付和混合支付的优点和缺点进行了对比。

表 10－3　关于海外并购交易中各类支付方式的对比

序号	支付方式	优点	缺点
1	现金支付	• 现金支付方式比股票支付方式花费更少的时间来完成交易	• 并购交易中的现金支付方式对盈利能力没有积极影响； • 即时纳税使得现金支付比股票支付的税务成本更高，无法享受股票支付可以递延纳税的优惠
2	股票支付	• 买方的资金流压力较小； • 转让方可以享受递延纳税的优惠	• 股票支付的交易时间较现金支付更长； • 买方的公司股票估值对交易对价的影响较大
3	混合支付	• 混合支付方式因其灵活性，是目前并购交易中更多使用的方式； • 大型并购交易通常采用混合支付方式融资	• 对交易结构设计的难度较高

(三)关于收购方式的选择

股权收购、资产收购和合并是海外并购的三种基本模式。其中,股权收购的应用最为普遍,资产收购也较为常见,合并在美国等国家也是常用的交易方式。以下将分别介绍这三类交易方式。

1. 股权收购

股权收购(share acquisitions/stock acquisitions)是海外并购中最常见的并购方式。买方通过购买目标公司的股权完成对目标公司的收购,收购完成后,买方成为目标公司的股东。目标公司的股东从买方收取交易对价。

买方可能从现有股东购买股权,或从目标公司认购新增发的股权,有时,买方既购买现有股东的股权,也认购目标公司新发的股权。买方通过购买现有股权,可以促使目标公司的现有股东实现退出;买方通过认购新股,可以使并购后的公司获得股权融资,拓展企业经营。具体的股权类别包括普通股、优先股、可转债(在一定条件下可以转换成目标公司股权的债权)、可交换债(在一定条件下可以转换为目标公司的关联公司股权的债权)以及权证等。

- 普通股(common stock/common share/ordinary share)是公司发行的普通股权,每股或每单位的股权对应公司一定金额的股本。
- 优先股(preferred share/preferred stock)是公司发行的具有优先级别的股权。其"优先性"体现在分红时、公司清算时以及股东投票表决等方面。
- 可转债(convertible debt/convertible bond/convertible note)是公司的债务,一定条件下可以按照一定价格转换成公司的股权。
- 可交换债(exchangeable debt/exchangeable note)是公司的债务,一定条件下可以按照一定价格转化为公司的母公司、子公司或其他关联公司的股权。
- 权证(warrant)是公司发行的,约定持有人在规定期间内或特定到期日,有权按约定价格向发行人购买或出售标的证券的一种期权。

在硬科技行业的海外并购中,由于受到国内外监管政策的限制,越来越多的中国企业更倾向于采用下文所述的资产收购方式,或采用少数股权投资和与私募股权(PE)基金进行战略合作等多元化对外投资的方式来进行海外并购交易。自2020年以来,法国、荷兰、德国、意大利和西班牙政府都接连收紧了外商直接投资审查制度,英国政府也宣布了更严格的审查程序。如采用股权收购的方式,可能会触发海外反垄断审查及国家安全审查，并购交易的不确定性增加。

2. 资产收购

在资产收购(asset acquisitions)方式中，买方购买目标公司的特定资产，买方将交易对价支付给目标公司，交易完成后买方获得资产的所有权，卖方和目标公司继续独立存在。

资产收购通常适用于跨国公司整体剥离业务部门、资不抵债的企业出售资产以及能源和矿产权益转让等情况。对于历史上资产权属和负债状况比较复杂的目标公司，实践中买方也常倾向于收购其所需的目标公司资产，而非股权。因为如果采取股权收购，买方就会继承目标公司现有及潜在的债务及风险，并购交易的风险也会增加。而且，由于政府监管、第三方同意等因素，股权收购可能面临障碍而难以完成。所以在上述情况中，采用资产收购方式更为可行。在资产收购中，买方需要注意掌握卖方的业务和资产范围，并应当注意在协议中规定的收购资产的范围，以免遗漏重要资产，对未来运营带来不便。例如，如果协议中未对目标资产及其权利义务进行明确的约定，收购后所取得的标的(如生产线或业务部门)可能还需要与卖方共用部分固定设施及知识产权，可能影响未来的业务经营。

在硬科技行业的海外并购中，资产收购模式是常见的收购模式之一。就并购目的而言，资产收购和股权收购一样，可以帮助科技行业的企业进一步拓展产品组合、提升公司在全球的市场地位。而相较于股权收购而言，资产收购可以帮助交易各方更好地管理控制监管政策上的风险。

在硬科技行业的海外并购中，收购目标公司的业务部门是一种比较常见的海外并购交易方式。与股权收购、资产收购和合并等收购方式不同，买方在业务部门收购中购买的是卖方剥离(carve-out)的经营特定业务的整个部门，可以认为是一种广义的资产交易，但要复杂得多，这种模式在在中国企业海外并购中尤为常见。

收购业务部门的交易属于特殊类型的收购，同时涉及资产和股权，因此收购文件需要结合资产收购协议和股权收购协议的特点。交易方需签署一份主收购协议，并针对卖方子公司在相关的国家和地区的资产及股权签订多个买卖协议，约定由买方或其指定的子公司在相关国家和地区收购卖方子公司的资产及股权。

从买方的角度来看,收购业务部门属于混合并购形式。作为交易标的,特定业务部门不但包括各子公司与被剥离的业务相关的全部资产,还包括相关子公司以及参股公司的股权。买方在购买卖方的业务部门的同时,不仅需要收购相关资产,还需要收购卖方的相关子公司的股权。

从卖方的角度来看,交易为股权收购模式卖方需要先对公司内部的业务部门进行分拆,剥离特定业务部门的资产,包括生产设施、采购渠道、客户渠道、知识产权许可等,然后将整个业务部门作为交易标的对外出售。有的卖方会将业务部门剥离、重组注入一家或数家子公司之后再进行出售,买方只需要收购相关新设子公司的股权即可。但有的卖方的组织结构和资产持有状况较为复杂,拟出售的业务部门可能和多个子公司或关联方开展业务,存在设备、专利共享情况,买方则需要从卖方的数个子公司购买与标的业务相关的资产并且同时从卖方购买多个相关子公司的股权,交易过程较为繁杂。

3. 合并

在海外并购中买卖双方有时会采取合并方式,买方和目标公司在交易完成后成为一家公司。合并模式下,在成交之后,买方(或其用于收购的子公司)与目标公司成为一家公司独立存在。从融资角度,买方的并购贷款在合并后,成为存续公司的贷款,融资成本可以从未来利润中支付,有利于总体交易成本和会计的规划。

合并与股权收购和资产收购的区别主要在于并购后存续的实体不同。股权收购完成后,买方成为目标公司的股东,买方和目标公司作为独立实体继续存在。资产收购完成后,买方获得目标资产,买方与卖方作为独立实体继续存在。而在合并中,买方和目标公司共同成立为一家新公司,合并后该公司将作为独立实体存续。

以美国科技并购交易市场为例,多数买方较为看中目标企业的利润增长空间、未来发展潜力以及核心技术的应用,倾向于在收购后保留目标公司核心业务的主要成员以及相关技术开发研究成果,促进企业并购后的发展。而相对于股权收购、资产收购,合并的交易模式保留了目标公司的管理团队,并购整合的阻力较小,有利于现有员工团队的留任和核心技术开发的延续性。在这种情况下,买方可就交易结构设计与目标公司协商,综合考虑双方的意见后,可以选择合并的方式并在并购后继续保留这些业务。

除直接合并(正向合并)之外,合并的模式还包括反向合并、正向子公司合并、反向子公司合并、新设合并等。其中,出于商业战略整合、税务因素的考量,反向子公司合并的并购形式在美国并购市场颇受欢迎,特别是注册在开曼群岛、英属维尔京群岛(BVI)的在美国上市的公司。在反向子公司合并中,目标股东一般会收到现金、买方股票,或现金和股票的组合。与股权收购相比,反向子公司合并的优势在于只需要多数表决权的股东批准(除非公司章程中要求了更高的百分比),而不是所有股东的批准。反向子公司合并还常见于目标公司持有不可转让(non-assignment)的专利授权协议的情况下。通过反向子公司合并的方式,目标公司作为买方子公司继续存续,避免违反与第三方签署协议中的不可转让条款。

合并的主要方式如表 10－4 所示。

表 10－4　关于各类合并方式的对比

序号	合并的方式	具体内容
1	正向合并 (forward merger)	• 正向合并指的是成交后,买方继承目标公司的资产和责任后继续存在,目标公司的股东获得收购对价,目标公司在成交后法律实体消失
2	反向合并 (reverse merger)	• 反向合并指的是成交后,目标公司继承买方的义务和责任后继续存在,买方的股东成为目标公司的股东,买方在成交后法律实体消失。 • 反向合并与正向合并的区别在于,反向合并是买方被目标公司吸收,而正向合并为目标公司被买方的公司吸收
3	正向子公司合并 (forward subsidiary merger)	• 正向子公司合并指的是买方通过其全资子公司进行交易,成交后,买方的子公司继承目标公司的资产和责任后继续存在,目标公司的股东获得收购对价,目标公司在成交后法律实体消失
4	反向子公司合并 (reverse subsidiary merger)	• 反向子公司合并指的是买方通过其全资子公司进行收购,买方的子公司被目标公司吸收。成交之后,目标公司继承买方子公司的义务和责任后继续存在,买方的子公司在成交后法律实体消失,目标公司成为买方的全资子公司,目标公司的股东获得收购对价。 • 反向子公司合并是美国常见的交易方式之一,广泛用于收购上市公司和非上市公司

续表

序号	合并的方式	具体内容
5	新设合并(consolidation)	• 新设合并指的是成交后,买方子公司和目标公司成为一家新公司,新公司继承买方子公司和目标公司的义务和责任后继续存在,买方子公司和目标公司的法律实体各自消失,买方和目标公司股东共同成为新公司的股东

第二节　交易结构设计

本章第一节重点梳理了海外并购交易中的交易结构设计的主要框架,包括收购工具的选择[控股公司、子公司(孙公司)等]、并购方式的选择(股权收购、资产收购和合并)、支付方式的选择(现金支付、股票支付和混合支付等)。

本节将针对本章第一节中所涉及的收购工具、并购方式、支付方式的主要衡量要点进行分析介绍。鉴于篇幅限制,在收购工具方面,本节将重点介绍海外并购交易中常见的控股公司的架构及地域选择;在并购方式的选择方面,本节将重点描述其法律考量,包括不同交易结构在责任承担、内部程序、第三方同意方面的区别;在支付方式层面,本节将就会计、融资、税收等相关问题进行重点分析。

一、控股公司

海外并购的交易架构可简单划分为直接架构和间接架构。直接架构是指境内主体通过股权收购、资产收购或合并等方式直接收购境外目标公司的股权或资产。相对于直接架构,间接架构在海外并购中的应用更加常见。间接架构是指买方会先在其他国家或地区设立中间控股公司,再由中间控股公司实施境外并购。许多境内公司会选择在中国香港特区、开曼群岛、英属维尔京群岛、卢森堡等地设立一个中间控股公司,然后由该控股公司作为买方收购境外目标公司的股权、资产等。

(一)控股公司的架构

在实践中,需要根据实际情况对控股公司的架构进行规划和设计。出于信息披露等因素的考虑,海外并购的交易方往往会设计较为复杂的跨境交易架构,通常包括三个层级:投资层、中间控股层以及拟收购的目标公司。如图

10－1 所示。

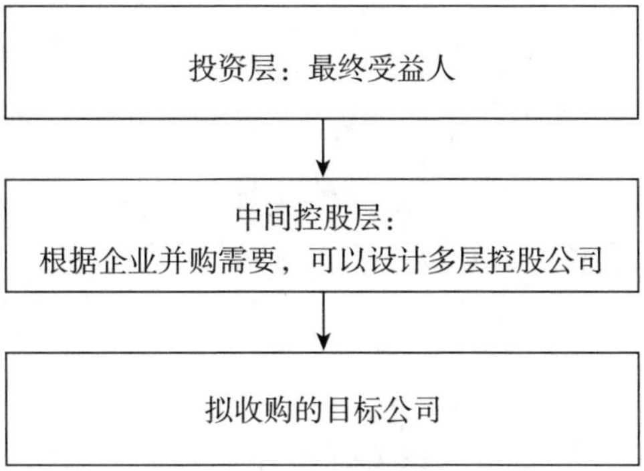

图 10－1　跨境交易架构

1. 投资层：最终投资人或受益人。有时候出于保护股东的背景信息可能会另外构建多层离岸企业或离岸基金公司等。

2. 中间控股层：买方基于法律法规、税务筹划、交易风险隔离、控制权等因素的考量，在境外所设立的中间控股层，主要用于协调投资层和目标公司之间的关系，也可作为投融资平台。

中间控股层可以不止一层，具体可根据买方的要求设计。在常见交易中，买方一般采用三层控股结构：

（1）最上层为中国控股公司，主要用于引入投资人。如果未来企业战略调整，需要进行资产剥离或业务重组，可以直接出售中国控股公司。

（2）中间层可以设在香港等低税地区。如果之后企业需要处理海外资产，可以直接出售该中间层。该中间层也可以用于海外融资。

（3）最下层设在目标公司所在国或者税收协议优惠国，有利于税收筹划。

3. 拟收购的目标公司：买方计划在境外收购的目标公司，收购的标的包括该境外目标公司的股权或资产等。

（二）设立控股公司的考虑因素

在选择海外并购的交易架构时，中国公司通常不直接持有海外目标公司，而是通过控股公司间接持有。如果中国公司采用直接投资架构，那么该中国公司就会直接受到目标公司所在国家或地区政府严格的监管审批、外汇管制，也不利于税务筹划，可能需要缴纳税率点较高的预提税。而且，如果并购后的企业需要重组或进行业务剥离,直接式的股权架构的灵活性较低。

1. 法律监管

中国公司在进行境外并购时,设立中间控股公司的主要考量之一是各国法律法规的要求。以国资背景的中资企业为例,在投资时通常面临标的所在国政府严格的审查和监管,因此需要设计收购主体,在一定程度上规避监管。此外,在投资退出时,可以采取在境外转让中间控股公司股权的方式,避免投资地国家严格的法律管制。

2. 税务

税收优惠是设立控股公司的主要优势之一。如上文所述,中间控股层可以包含多个控股公司,最下层的控股公司一般会选择在与目标公司所在国签署了避免双重征税相关协定的国家或地区设立。

通过使用境外的控股公司作为并购载体来收购境外的目标公司,企业可以适用控股公司所在国家/地区与目标公司所在国家/地区之间签订的关于避免双重征税的相关协定,享受股息和财产转让收益的优惠税率,降低适用的预提税率,减轻利润分配时的税负,递延中国的企业所得税和出售投资时的资本利得税。

此外,中国企业还须特别注意某些反避税规则,包括:投资目的地国家/地区的反滥用税收协定规则和其他反法律滥用的规定;控股公司所在国家/地区对控股公司实质方面的要求;中国有关对外投资的法律法规,包括外国税收抵免规则、受控外国公司(controlled foreign corporation,CFC)和税收居民认定等相关规则等。

3. 融资

中国公司还可以将控股公司作为融资平台,同时收购多家境外企业,并且将其股权统一归属在同一家控股公司之下,从而便于在未来进行融资、再投资、并购等活动。在合适的注册地(如税负较低、维护费用较少的国家或地区)设立中间控股层作为目标公司的并购融资平台或者是上市融资平台,还能够有效降低融资成本。

4. 外汇管制

如果将中间控股公司的注册地选为日常经营或贸易中资金流动限制较少或

者几乎没有限制的地区，还可以适当减少外汇管制。

5. 风险隔离

设立中间控股公司有利于中国企业隔离境外标的所涉及的不良资产、债务风险。

在并购交易中或者并购整合后，如果发现目标公司存在不良资产、债务风险、税务风险等问题，基于境外中间控股公司独立法人人格，境内的收购方中国企业可以在一定程度上有效隔离标的不良资产、债务风险以及破产风险等。

如果未来目标公司的发展低于预期，或发生破产清算或债务纠纷，由于已经采用了中间控股的方式持有该目标公司，中国企业不需要将目标公司进行资产剥离，只需要转让上层公司的股权就能避免波及其他产业。

6. 知识产权管理

中间控股公司还可以作为统一管理和持有知识产权的平台。有些国家的知识产权交易的税制十分优惠。许多美国公司有时为了优化税收筹划，会将子公司设在爱尔兰等国家（地区），并且将知识产权的所有权和收益权相分离，以降低税负。

（三）如何选择控股公司所在国家/地区

通常而言，中国香港特区、开曼群岛和英属维尔京群岛是中国公司设立境外公司的优先选择地。

中国香港特区作为国际金融中心和人民币离岸业务枢纽，拥有稳定可靠的国际外汇管理制度，常被中国企业视作拓展国际市场的窗口。香港特区的税率较低，中国企业在香港特区容易获得国际信用和信贷，且物流、资金进出自由度较高。所以，很多中国企业都会先在中国香港特区设立境外子公司来进行境外并购、投资。

开曼群岛和英属维尔京群岛也是中国企业注册离岸公司的主要选择地。开曼群岛和英属维尔京群岛的法律中没有有关公司税、所得税或利得税的规定。开曼群岛的公司注册管理方便，维护成本低，无外汇管制限制。而且，开曼群岛对公司信息保密严格，信息披露要求少，且在当地无业务经营，无须交税。英属维尔京群岛的注册公司无须递交经审计账目，不受外汇管制，货币进出自由，可在世界各地银行开设账户。同时，注册材料要求较少，能为注册公司提供私隐保护,且注册公司在外地经营所得利润无须交利得税。

但是,仅在中国香港特区、开曼群岛和英属维尔京群岛设立境外公司用来持股可能并不是中国企业的最理想选择。英属维尔京群岛和开曼群岛有一些明显的劣势:(1)未与其他国家/地区签有关于避免双重征税的协议协定;(2)被部分国家/地区列入避税地或低税国家/地区的黑名单。因此,如果中国投资者利用一家位于英属维尔京群岛或开曼群岛的控股公司来进行对外投资,就可能无法在投资所在国获得预提税的减免。和英属维尔京群岛公司或开曼群岛公司一样,中国香港特区也存在类似的问题,2021 年 10 月 5 日中国香港特区被欧盟列入税务合作事宜观察名单(简称“灰名单”),可能会对设立在中国香港特区的控股公司产生一定的影响。

因此,中国企业在海外并购中会设立多层控股公司。以收购欧洲公司为例,其中第一层可能设立在中国香港特区、开曼群岛、英属维尔京群岛,第二层可以设立在卢森堡、荷兰、瑞士和爱尔兰等国家和地区。以收购美国公司为例,在实践中,中国公司将先在香港特区设立一个中间控股公司,再在卢森堡设立一个控股公司,由卢森堡控股公司作为收购主体收购美国公司。通过这样的股权结构设计,中国公司可以享受税收优惠。根据香港特区相关规定,香港控股公司将利润汇回中国企业无须缴纳股息预提税。根据香港特区与卢森堡的税收安排,卢森堡公司向香港公司分配利润时无须缴纳股息的预提所得税。根据美国与卢森堡的税收协定,美国公司向卢森堡公司汇回股息,最低只需要缴纳 5% 的预提所得税。

综上所述,在中国香港特区、英属维尔京群岛以及开曼群岛地区设立控股公司,再通过其在荷兰、卢森堡、瑞士、爱尔兰这些国家/地区再设立控股公司来进行对外收购,可以达到税收优化的目的。

二、交易结构的法律考量

海外并购交易的交易方式主要以股权收购、资产收购以及合并为主。股权收购模式下,交易完成后买方成为目标公司的股东,目标公司作为一个法律实体以买方的子公司或参股公司身份继续存在。资产收购模式下,买方通过交易获得目标公司的资产,买方和目标公司分别作为独立法律实体继续存在。合并模式下,交易后买方和目标公司成为一个法律实体,其中的一家或者两家不作为法律实体继续存在。

但是不同的并购模式在目标公司责任的承担、必要的内部程序和是否涉及第三方同意等方面均有所不同。下文将从这三个角度出发,梳理交易结构设计流程中的核心要件,对比股权收购、资产收购及合并之间的特点,分析不同的并购方式对买卖双方的影响。

(一)目标公司责任的承担

买方希望对目标公司在成交前的各类责任都不予以承担,卖方则希望各类责任全部由买方承担。买卖双方的预期往往难以两全。双方往往会经过多次协商、商业谈判,通过交易结构的设计,对目标公司的责任进行划分。

在不同的收购模式下,目标公司的责任承担范围也不同。在股权收购模式下,买方通过购买股权直接成为目标公司的股东,间接承担了目标公司的义务和责任,但是可以约定并要求卖方在成交后就此类责任带来的损失进行赔偿。在资产收购模式下,买方可以选择收购的资产类型,约定不继受哪些责任。在合并模式下,买方(或其用于收购的子公司)与目标公司成为一家公司独立存在,此时,合并后的公司将会承担目标公司的责任。关于不同收购模式下目标公司责任承担的对比如表 10 -5 所示。

表 10 -5 关于不同收购模式下目标公司责任承担的对比

类型	目标公司责任的承担
股权收购	• 股权交易中,买方直接购得目标公司股权,成为目标公司股东,间接承担目标公司的资产、权利和责任。成交后,目标公司作为独立的法律实体存在,成为买方的控股子公司或参股公司。 • 股权交易中,买方通过成为目标公司股东,间接承担目标公司责任。由于目标公司作为独立的法律实体存在,买方无须直接承担目标公司的责任,其对目标公司的风险和责任通常以其股权出资的份额为限,一般不会追及到其自身。 • 对于股东众多的目标公司,如果个别小股东不同意出售股权,买方就无法获得目标公司 100% 股权,必须与小股东长期共存。 • 股权收购方式下,买方不能挑选目标公司的特定资产和债务,其通过购买目标公司股权,必须承受全部资产、权利和责任
资产收购	• 资产收购中,买方可以选择购买的资产,以及受让的责任,排除那些不需要的资产及不愿承受的责任。购买协议可以明确规定买方承担哪些责任,降低买方承担未知或未披露责任的风险。

续表

类型	目标公司责任的承担
资产收购	•资产交易中，买方可与卖方协议约定不收购目标公司的部分资产，且不承担目标公司的特定责任，但有时根据法律的强制规定，也要就环境污染责任、员工责任等义务负责。例如，根据美国的部分州的法律规定，如果买方购买目标公司的大部分资产后，且目标公司清算不复存在，就历史遗留的环保责任则由买方继续负责
合并	•合并模式下，买方和目标公司两家公司根据法律成为一家公司。交易完成后，存续的公司继受两家公司的全部资产、权利和责任。 •买方在收购完成后持有存续公司的股权，对目标公司的风险和责任以其对合并后公司所持股权为限，不会影响其自身

(二)内部程序

并购交易往往需要获得交易方的董事会、股东会等内部职权机构的批准。大型海外并购通常需要获得买卖双方的董事会批准。有的国家还需要监事会(supervisory board)等企业内设机构批准。

股权收购通常需要获得买方内部的批准，也可能需要目标公司的内部批准。资产收购过程中如果不构成非常重大资产处置，一般不需要股东会审批。

在上市公司作为目标公司的交易中，由于上市公司股东分散，难免会出现无法取得少数股东同意的情况，因此，在符合相关法域法律规定的情况下，有时会采取可以不经小股东同意即可完成交易的收购方式。

董事会审批应符合章程等要求。有时候并不能得到全体董事通过，此时应格外注意董事会的程序、表决方式以及效力。关于不同收购模式下交易方内部程序的对比如表10-6所示。

表10-6　关于不同收购模式下交易方内部程序的对比

类型	交易方的内部程序
股权收购	•需要买卖双方内部审批，买卖双方如果是公司，通常需要买卖双方各自的董事会审批，也可能还需要股东会的批准，具体取决于适用的法律以及其章程等治理文件的规定。 •是否需要目标公司的董事会或股东会批准则需要关注目标公司的章程或股东协议对此是否有特别约定。 •目标公司的股东协议和/或公司章程可能会规定，一方股东转让股权时，其他的股东有优先购买权(该权利也是大部分国家公司法中明确规定的股东法定权利)、跟随出售权等。在具体交易中，买方通常需要审阅目标公司的章程等基础文件以及股东协议确定相关内部程序

续表

类型	交易方的内部程序
资产收购	• 资产收购多需要卖方董事会或其他有权机构批准。如果资产处置规模重大,还可能需要卖方股东会批准
合并	• 合并模式常用于股东众多的目标公司,需要买卖双方内部审批,买卖双方如果是公司,通常需要买卖双方各自的董事会审批,也可能还需要股东会的批准,具体取决于适用的法律以及其章程等治理文件的规定

(三)第三方同意

在海外并购交易中,目标公司的重大商业合同常包括“禁止转让”(anti-assignment/non-assignment)条款及“控制权变更”(change of control)条款。禁止转让条款禁止目标公司将合同权利和义务转让给第三方。控制权变更条款要求在并购导致目标公司控制权变更的情况下,目标公司有义务通知合同相对方或者获得相对方对并购的同意。

并购交易中常涉及买卖双方之外的第三方的权利。目标公司签订的商业合同,对于目标公司控制权变更的情况常有规定。该商业合同通常限制合同各方将合同的权利和义务转让给第三方。例如,股权收购和合并交易常常会触发“控制权变更”条款,而资产收购则可能会受到“禁止转让”条款的限制。交易方在决定交易结构时需考虑交易模式涉及的哪些合同需要合同相对方的同意,以及取得同意的难度。

在硬科技行业的海外并购中,涉及第三方同意条款的情况较多,如涉及境外企业在海外租赁的办公场所、工厂设施,与第三方共享的知识产权等。关于不同收购模式下第三方同意的对比如表 10－7 所示。

表 10－7　关于不同收购模式下第三方同意的对比

类型	第三方同意
股权交易	• 在股权收购中,除了股东变化,目标公司作为独立法律实体不变化,也不需要转让合同权益,所以涉及的第三方同意较少。相较之下,如果是资产收购模式,由买方继承的合同都需要转让,需要的第三方同意可能较多。 • 目标公司的合同可能包括控制权[1]变更条款,要求目标公司 50% 以上权益变更时,应通知或取得合同相对方的同意。如果买方通过股权收购成为目标公司新的控股股东或获得 50% 以上的投票权,则需要通知此类协议相对方或取得该相对方的同意

[1] 控制权的定义一般为:取得 50% 的股权或投票权,取得一半以上股东会或董事会投票权,或其他形式可以对经营和财务施加决定性影响的权利。

续表

类型	第三方同意
资产收购	•资产收购模式下的第三方同意,相对于股权收购要复杂得多。买方从卖方受让的各类合同通常需要获得合同相对方的同意。其次,不同资产(如土地、知识产权)的转让需要完成不同的法定登记程序。 •在资产收购的实践中,买方需要从卖方受让各类合同才能保证收购的资产在成交后可以独立运营。需要转让的合同、协议、文件可能包括采购、销售、服务、技术许可、租赁、保险等商业合同以及政府许可、授权
合并	•在合并交易中,是否涉及第三方的同意,取决于合并之后目标公司是否继续作为独立法律实体,合并是否触发目标公司的商业、融资等合同下控制权变更条款或禁止转让条款

三、会计、融资和税收

(一)会计

买方按照会计准则准备财务报表时,对被收购的企业应合并处理。买方通常需要确定收购成本,依次分配有形净资产、无形净资产,并分别入账。收购价格超过被收购净资产的部分则会影响商誉。

如果买方以高估值购买目标公司,支付了过高价格,未来就会造成商誉减值,等于承认为标的资产支付了过高价格。在2015~2017年中国上市公司海外并购中出现了很多这样的情况。[1]

在海外并购中,不同的会计准则、同一会计准则下不同的会计政策或会计估计对估值结果产生的影响不同。海外并购常用的估值方法包括收益法和市场法。与市场法相比,通过收益法计算而得的估值受不同会计准则的影响较小。采用收益法的估值计算,需要保证用于预测未来盈利的会计准则与之前所采用的会计准则保持一致。而采用市场法计算的话,由于会采用盈利指标作为市场倍数的基础,而不同会计准则中的盈利指标不同,所以采用不同的会计准则对采用市场法计算而得的估值影响较大。

在硬科技企业海外并购的案例中,应具体根据目标公司的经营状况、利润率、现金流量、未来经营计划等情况,选择适用收益法或市场法。国际应用较广的方法是收益法,具体强调对一项技术资产的投资回报,收益法主要用于估计拟

[1] 参见《上市公司商誉及商誉减值情况》,载《上海证券报》2018年8月22日,第3版。

获得的收益现值,通过现金流折算的方式评估技术资产的投资回报。收益法更有利于现金净流入为正值的公司,如果目标公司现金流不足,则无法适用收益法。市场法主要基于可比市盈率值及目标公司的预期收益进行评估,在目标公司同行业市场中选取相近于目标公司的可比对象,通过类比推算评估目标公司的重要指标,其主要目的是评估目标公司所在行业的市场竞争力。两种估值方式在海外并购中都较为常见,具体选择需要综合考察目标公司的财务状况和行业市场情况。

中国企业进行海外并购交易,应及时寻求专业的律师事务所、会计师事务所、投资机构等专业中介机构的帮助,有利于买方在收购目标公司的时候更深入地理解目标公司的估值及财务状况有更深入地理解,便于决策。

(二)融资

融资对于交易结构也有很大影响。海外并购通常涉及外部资金和目标公司所在国的金融机构。在涉及境内外融资时,交易方需考虑利润汇出、利息税务抵扣和退出税务成本等问题。融资架构筹划需考虑资金成本、融资条件、汇率等因素。

在硬科技行业的海外并购交易中,通常涉及的交易金额规模大,交易时间安排紧凑。为了能够抓住海外交易并购的时机,在短时间内筹措出交易对价,往往需要借助合适的融资架构。有的企业为了最大化地利用融资杠杆,会设计多重控股公司或特殊目的公司(SPV),每一层都通过股权融资或者债务融资等方式进行并购融资。这种融资方式常见于“蛇吞象”式的海外并购交易。企业在利用杠杆进行融资的同时,还需要注意股权融资和债务融资在融资总额中的占比。如果融资杠杆过大,银行则会设定一定的债务融资的“红线”,避免并购风险过高。

(三)税收

在税收方面,卖方主要关注税务申报义务、潜在税款和节税可能性。买方则主要关注纳税申报、代扣代缴义务、计税基础等。买方在设计海外并购的交易架构中,除了需要考量全球化经营范围、合理的商业目的还需要配合未来的资金和投资退出的策略以及优化税务成本。就税务筹划的角度而言,合并模式下,买方和目标公司成为一家公司有利于税务地位的继承。

对于中国企业海外并购而言,除了印花税、契税等潜在税负,还涉及日后经营期间所产生的税务成本(包括未来利润或利息分配回中国的过程中可能产生的额外境外预提税和所得税税负以及受政策影响无法抵免的境外所得税等)、未来退出的税务成本(包括需要缴纳的境外资本利得税和中国企业所得税)、海外利润再分配且用于境外再投资的税务成本。

因此,并购交易双方在谈判设计的时候会聘请专业的税务团队,从交易谈判初期就加入股权设计,并且就目标公司的税务情况进行尽职调查。

第三节　竞价

本节将主要介绍硬科技行业的海外并购的交易流程。海外并购交易流程主要分为两种:非竞价交易和竞价交易。

非竞价交易是指买方和卖方进行一对一的谈判,确定并购意向、协商确定交易价格,最终完成收购。当卖方本身所在的市场较小,无法吸引到足够多的买方来竞价或不愿公开披露过多企业信息时,非竞价交易模式更为合适。

竞价交易是指卖方通过竞价(竞拍)流程(Auction)出售目标公司。竞价过程中,卖方向多个买方发出邀请,保证有尽可能多的潜在买方参与到竞价过程中。然后,卖方与数个买方同时展开磋商,筛选出提出最优收购条件的买方,获得最优的交易条件。

非正式的、有效的、协商式的竞价是出售企业的有效手段。在竞价和谈判结合的过程中,通常会有数轮的讨价还价。多位潜在买方的价格角逐使得目标企业的卖方能够通过有效的多边谈判来争取最大收益。卖方有时需要和数十个潜在买方接触,但受招标时间限制,与每一个买方交流的内容有限。相对于后加入的买方,提早参与到竞标程序中的买方可以取得一定先机,提前了解卖方的出售目的,以便更有针对性地设计合适的并购方案。

对于卖方而言,通过公平竞价的方式可以吸引更多的买方,以更优的价格出售目标资产,但其缺点在于卖方在竞价过程往往需要公开披露较多企业信息来提高交易信息的透明度。对于买方而言,由于竞价是卖方主导的流程,在交易谈判中较为被动,需要在短时间内评估目标资产的价值,同时探察其他竞争方的实力。卖方为了避免实力买方稀缺的情况,很多卖方及其顾问团队会提前与潜在买方沟通,了解市场情况。

竞价交易在大型海外并购、跨国公司资产剥离、私募基金等财务投资者出售其投资公司等情形中较为常见。近年来,竞价交易模式在中国企业处置海外资产的交易中也越来越受欢迎。

一、竞价模式的类型

从筛选买方的方面来看,可以将竞价模式分为三种类型:针对性竞价(Targeted Solicitation)、有限竞价(Limited Auction)和公开竞价(Broad Auction)。

在针对性竞价中,潜在买方的数量相对较小,一般由五个或更少的买方组成,买方的情况通常与卖方拟出售的目标企业高度契合,如专业的战略买方等。这些潜在买方不包括许多金融机构,如私募股权机构等。但是,如果该私募股权机构是专注于某一细分市场的并且经验丰富的,那么就可能被囊括在内。在针对性竞价的过程中,相对于另外两种模式(有限竞价和公开竞价),目标企业出售的速度更快,保密性也更严格。但该竞价模式的缺点在于,由于买方之间缺乏竞争,卖方的估值往往会比较低。

在有限竞价中,潜在的买方群体比针对性竞价的买方群体大,通常在20～40位,所吸引的大多都是对交易感兴趣的人。在有限竞价中,卖方可能会接触到一些金融机构的买方,但是卖方拟交易的对象主要还是偏向于战略买家。鉴于有限竞价的规模较大,所以想要保持极其严格的保密性是较为困难的,但是卖方获得较大的收购溢价的可能性比针对性竞价高。

相对于针对性竞价、有限竞价,公开竞价最为常见,特别是对于希望获得流动资金的卖方而言。但当企业扩张到一定估值门槛(如1亿美元以上)时,买方的数量就会锐减,从这个角度来说,估值标准可以视作公开竞价用来筛选针对性的买方的门槛之一。

在公开竞价中,卖方委托中介机构寻找数量尽可能多的合适的买方,中介机构会通过发布官方网站信息、广泛的电子邮件推广、一对一的电话联系等方式寻找潜在战略买方和金融机构买方。公开竞价的优点在于,卖方可以从公众竞价中识别出最有利于卖方的报价。公开竞价的缺点在于,由于买方名单较长,卖方从签订意向书直至谈判成交,所花费的时间较长、费用较多。同时,因为人数众多,公开竞价这种模式很难保证目标公司的保密信息不被泄露。为了保障卖方的信息安全,卖方和中介机构可以在宣传过程中对目标公司进行匿名、脱敏处理,并且卖方可以和广泛的买方签订保密协议。

二、竞价模式的特点

竞价模式对于买卖双方而言各有利弊。通常而言,竞价是由卖方主导的并购流程,卖方会拥有更多的主动权,但是其所承担的成本也相对而言更高。对于买方而言,通过竞价模式可以接触到合适的卖方,但是其承担的交易风险相对较大。竞价模式中交易双方的利弊对比如表 10－8 所示。

表 10－8　竞价模式中交易双方的利弊对比

	卖方	买方
优势	(1)从交易策略来看,卖方可以接触众多买方,充分了解市场状况,在买方之间引入竞争机制,使成交价格最大化,同时获得尽可能优惠的交易条款; (2)从交易的主动性来看,卖方可以主导竞价流程,在谈判中占据有利地位,还可以控制尽职调查过程、披露的文件以及调查时间,并限制信息的对外披露,提高效率; (3)从交易确定性的角度来看,卖方可以与数个买方同时磋商,节约时间,提高交易成功率。如果中标者中途退出,卖方还可以转而与其他候选潜在买方谈判磋商	(1)卖方在公开渠道或者在投资银行、中介机构中获得公开竞价信息,有利于买方寻觅和挑选适合的拟收购的目标公司; (2)买方可以依靠竞价的标准流程,有序地安排并购的相关流程及手续; (3)买方可以在竞价过程中,获得目标公司的商业信息; (4)买方可以通过公开竞价,快速了解市场行情
劣势	(1)如果已有买方发出邀请进行协商,再进行竞价就会影响与现有买方的友好沟通; (2)在竞价模式中,卖方所聘用的财务顾问、法律顾问、咨询机构都是贯穿整个竞价、谈判、交易过程的,并且还涉及同时与多个买方磋商,交易成本较高; (3)竞价模式的过程较长,影响目标公司的正常经营。如果被外界发现卖方在市场上寻求潜在买方,可能还会对其市场地位、员工稳定、客户关系造成影响;	(1)买方之间互相竞争,而且不清楚彼此的报价条件,往往不得不支付较高价格; (2)并购交易成交的概率较低,可能会浪费成本,极端情况下,由于买方不知道其他买方的身份,随时有可能被其他买方抢先成交; (3)获得的商业条件和保护机制较差;

续表

	卖方	买方
劣势	(4)有的买方参与报价的目的是获取目标企业的信息,并非完成交易,也会对卖方造成不良影响; (5)如果采取竞价程序但最终未能成交,市场会对目标公司产生负面印象和评价	(4)时间紧迫,获得的尽职调查资料较少,因而可能承担更多风险; (5)与管理层的沟通和互动较少,甚至几乎没有交流; (6)容易发生业务和人员流失,可能会对并购后的企业整合产生影响

三、竞价的交易步骤

竞价是卖方主导的并购流程。采取竞价模式的卖方会在前期做好初步准备,然后邀请潜在买方进行报价。大型海外并购项目多采取两轮报价,卖方也可能要求潜在买方进行三轮甚至更多轮报价,直至选定一家进行双边谈判。第一轮报价一般是非约束性报价,交易的推进以买方内部批准为前提条件。第二轮通常是约束性报价,买方成交只能以政府审批等客观外部情况为前提条件。

竞价模式的简易流程如图 10－2 所示。

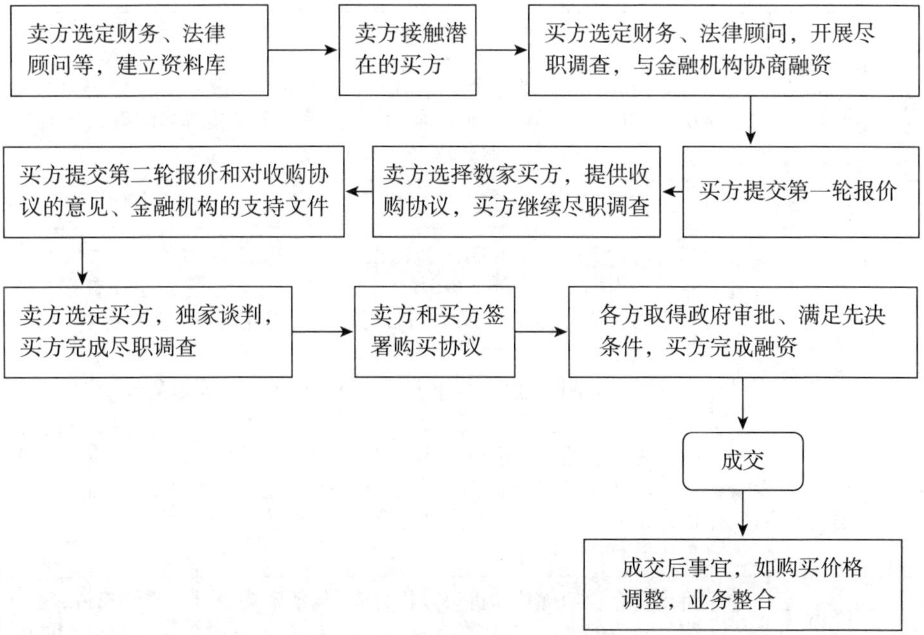

图 10－2　竞价模式的简易流程

(一)卖方的前期准备工作

竞价前期,卖方通常会聘请财务顾问协助谈判和协调流程,接洽和评估潜在的买方,同时也需聘请法律顾问、会计师等从卖方角度开展尽职调查。对于科技行业大型项目而言,卖方通常会聘请顾问分别准备目标公司的法律尽职调查报告、财务尽职调查报告、税务尽职调查报告、商业尽职调查报告等材料,供潜在的买方进行尽职调查时参考,使潜在买方能够在较短的时间内增进对卖方的了解,加快并购谈判的进程。

卖方在顾问的协助下通常会准备一份关于目标公司业务情况的信息备忘录(information memorandum)。信息备忘录,又称保密信息备忘录(confidential information memorandum,CIM),发行备忘录(offering memorandum)和信息文稿(the book),是卖方用于向买方介绍目标公司的重要文件。近年来,有的卖方还会准备演示文稿(teaser),对目标公司进行简要介绍,但演示文稿未必披露公司名称。

一般来说,信息备忘录包含表10-9的内容。

表10-9 信息备忘录的主要内容

序号	条目	内容
1	摘要	在不透露目标企业名称的前提下,该摘要归纳总结了目标公司的概况、财务概要(如前三年的营业收入、增长率以及净利润等)、市场核心竞争力等内容,以吸引潜在买方的注意
2	业务概览	待出售企业的业务范围、产品或服务介绍等
3	待出售企业所在的行业介绍	通常由财务顾问及其团队通过市场调研完成,帮助潜在买方对企业在行业内的定位有更形象的了解。该部分也会包含对企业直接竞争对手的介绍,使得潜在买方对目标企业有更直观和精准的定位
4	待出售企业的历史沿革	包括设立时间、大股东介绍、公司结构、纳税情况等相关信息
5	待出售企业的特殊资产	待出售企业的特殊生产工艺、方法,以及技术等方面进行一定程度的介绍。在硬科技行业的海外并购中,该部分会简单介绍待出售企业的产品的特点、产品的应用场景、产品的市场地位、所在行业的行业准则及行业标准等
6	待出售企业的企业分析	待出售企业的优势和机遇分析,甚至包括劣势分析。通常来说,出于交易诚意的考虑,在信息备忘录阶段披露劣势比交易后期提出更能表达卖方的诚意

续表

序号	条目	内容
7	其他重大事件披露	重要的租赁情况、财务抵押情况等(按照会计的重要性原则划分)
8	拟出售企业的雇员情况	包含核心管理层的组织结构图、核心员工的教育背景、不同部门、不同业务单元的人员统计表等。需要注意的是,为了防止核心员工流失,该部分的人名通常是脱敏的,有关核心员工的信息仅给出职位而隐去其姓名
9	重大合同及客户的信息	通常包括基础信息,一般不会给出具体名称
10	财务顾问通用版的财务报表	相对税务师或企业内部使用的格式,财务报表一般会采用投资银行的标准格式
11	附录	包括拟出售企业的财务报表,由第三方会计师准备

与此同时,卖方需要准备尽职调查资料库,预备潜在买方下一步的深入尽职调查。一般情况下,如果卖方对买方提出的交易条件感到满意,卖方会向买方开放尽职调查资料库(data room),以便让买方全面进行尽职调查。信息备忘录作为最初步的尽职调查文件,包含了交易标的的主要内容。买方可以通过信息备忘录来把握尽职调查中需要注意的要点,控制尽职调查的进程。

在这一阶段,卖方的法律顾问会开始准备初步交易文件,如保密协议、收购协议等。

(二)向潜在买方分发资料

前期准备工作之后,卖方通过财务顾问将项目资料发给潜在的买方,资料主要包括信息备忘录和程序函(process letter),有的情况下还会包括卖方准备的尽职调查报告等。其中,程序函是卖方用来规范竞价交易程序的文件,通常包含买方提交报价时所需提供的信息、尽职调查流程、成交前提、对交易文件的审阅和提出修改意见等的具体要求。在程序函的约束下,买方应依据文件要求提供报价及其他文件,按照程序逐步推进交易。实践中不同交易的程序中会存在一定差异,卖方会根据具体情况灵活处理。

在获得上述信息备忘录和程序函之前,买方通常会被要求签署保密协议,作为获得相关资料的前提。买方及其顾问团队在获得卖方提供的相关资料之后,结合公开信息,展开初步的尽职调查。

(三)潜在买方第一轮报价

潜在买方在接收了卖方发出的信息备忘录之后,潜在买方会提供非约束性报价(indicative offer 或 non-binding offer),内容包括收购价格、尽职调查的问题、内部批准过程、成交所需的基本前提条件如政府审批、融资安排等。

买方的第一轮报价函中通常包括价格、估值、资金来源、先决条件等信息。第一轮报价是初步报价,买方常会报一个价格区间。实践中,第一轮报价的截止时间有时候会适当迟延。

尽管买方的第一轮报价函是非约束性的,但买方在报价函中应对报价、交割的条件、融资安排进行说明,可以提高进入下一轮的可能性。

(四)卖方确定短名单

卖方收到各潜在买方的报价后,会在其财务顾问的协助下评估并决定邀请哪些买方进入下一轮报价。在一些竞价过程中,由于潜在买方的数量较多,为了能够较快地识别出优质的、成交可能性较大的、有足够实力可以提供更优报价的潜在买方,卖方通常会先确定一份短名单(short list)。

在实践中,出于商业策略的考量,有的卖方会筛除与拟出售的目标公司的业务匹配度低、收购意愿低或资金实力较弱的买方;有的卖方会在短名单中留下三至五家资金实力强、行业背景优秀的潜在买方,并对这些预期成交概率较高的买方重点关注,希望在交易确定的前提下,拿到最高的价格。

确定短名单之后,卖方会向该名单上的潜在买方开放资料库、提供现场考察以及与管理层会晤的机会,以供买方推进尽职调查。同时卖方也会把交易文件初稿(如卖方草拟的收购协议初稿等)交给买方审阅。

尽职调查资料库一般是通过网上虚拟资料库形式提供,由卖方的律师协助准备,为买方的代表开放权限。卖方根据资料收集进度,会对资料库进行更新。

在管理层访谈中,目标公司及主要子公司的管理层一般会向买方做项目报告,介绍公司的经营管理情况,并针对买方的问题进行解答。

在这一阶段,卖方的律师会将草拟的收购协议初稿发给买方审阅。买方可以针对初稿给出具体的修改意见。卖方的初稿中的条款通常而言都是有利于卖方。买方对初稿的修改意见的深度和广度可能会影响卖方对买方的商业意图以及诚意的判断。

（五）买方第二轮报价

随着尽职调查的推进，卖方会要求潜在买方提交最终的约束性报价（final offer 或 binding offer），其中包括收购价格和对交易文件的审阅意见。在此基础上，卖方评估各个买方的报价，与各买方分别磋商并请买方优化报价，然后选定一家进行排他双边谈判（或者与 2 ~ 3 个买方同时平行谈判）。

根据交易的情况，有时可能有第三轮甚至更多轮的报价。卖方通常会锁定一家买方进行谈判，有时候会和两家甚至多家买方同时磋商。

在硬科技行业的海外收购中，在海外卖方主导的情况下，很多中国企业作为买方可能会较为被动。特别是在卖方所持有的技术在市场上处于奇货可居的情况下，这种被动状态更为凸显。

卖方会同时与多个买方进行协议谈判。在多方博弈之后，卖方会从中选定一家买方签约。签约之后，卖方会终止与其他买方的谈判。这种谈判、签约的方式可以使卖方利益最大化，同时会给买方带来较大的压力。每一家买方都会尽力给出更优的收购方案和更贴近卖方预期的收购价格。如果买方不尽力争取直至签约成功的话，买方之前在投标、尽职调查到谈判的过程中所花费的人力和物力成本将无法收回，最终一无所获。

（六）双边谈判直至签约和成交

经过购买价格、成交所需的相关政府审批、资金确定性等各个方面的评估和挑选，通常卖方会从最后一轮的买方报价中选定一家买方进行排他谈判，其他买方只能在候选清单上。实践中，卖方一般要求在一定的排他期内（1 ~ 2 个月）达成交易。如果卖方与选中的买方未能在排他期内达成协议，卖方可以中止谈判转而与其他买方继续磋商，或者同步平行与多个买方谈判，直至成交。如果经过谈判最终未能成交，由于市场上往往已知晓交易，则常常会对目标公司造成负面影响。

被选中的买方可以进一步展开尽职调查，提供补充问题清单，卖方会进行回复并提供文件。在买方提交的交易文件审阅意见的基础上，双方就正式交易法律文件进行谈判，确定商业和法律条款，签署约束性法律文件。随后，交易各方依据协议约定逐一满足成交的先决条件，直至交割。

此外,卖方也可以不公布投标结果,同时与多个买方进行磋商甚至协议谈判,直至最终与一个买方签署收购协议。

四、投标中的文件介绍

(一)程序函

程序函/竞标流程函(process letter/bid process letter)是卖方的财务顾问(投资银行)向潜在买方发出的关于竞价流程和规则的文件,包括竞价轮次、各轮的程序和要求投标者提供的信息、投标截止日期、尽职调查要求、卖方及其财务顾问联系方式、管理层展示及现场参观等内容和信息。

程序函一般会与信息备忘录一起发出,信息备忘录包含有关卖方目标公司业务的重要信息。

1. 第一阶段的程序函

在卖方与潜在买方签订保密协议后、潜在买方提供第一轮报价前,卖方的财务顾问会将第一阶段的程序函提供给潜在买方。此阶段的程序函会描述此次竞价流程以及接下来的步骤,规定潜在买方提交初步非约束性报价的程序安排。另外,此时的程序函还可能要求潜在买方提供投标的具体信息,包括交易融资结构与来源、尽职调查方案、必要的内部审批和第三方批准等。第一阶段的潜在买方可能较多,程序函可以帮助卖方缩小潜在买方的数量,筛选出提供符合卖方预期价格范围、更有可能在合理时间内完成交易的买方。

对目标公司感兴趣的买方会在程序函规定的截止时间前向卖方的财务顾问提交非约束性报价,以及其他程序函要求的信息。

2. 第二阶段的程序函

在收到第一轮非约束性报价等投标信息后,卖方的财务顾问和法律顾问将会帮助公司的董事会进行评估,筛选出少数具有吸引力的买方,并邀请这些投标者进入第二轮的竞价流程。卖方的财务顾问会准备并发送第二轮的程序函给入选该轮的投标者。此阶段的程序函会规定投标者提交最终报价的程序和时间安排,提供开放尽职调查数据库的信息,安排管理层演示访谈和现场考察以及收购协议的修订等。

根据交易的不同情况以及卖方的要求,程序函的具体内容可能会随之改变。

总体而言,程序函通常会规定要求投标者在报价函中涵盖表 10 – 10 内容。

表 10 – 10　报价函的主要内容

序号	内容	原因
1	投标人的信息	卖方通常会要求投标人提供基本信息,如公司名称、公司介绍、主要业务等。有些卖方会要求投标者提供之前是否有类似交易经验的信息
2	估值和估值的依据	卖方想知道买方提出的对价的依据,这样卖方可以以该估值依据为基础进行谈判,提高公司估值
3	资金的来源	对于卖方而言,资金的来源和确定性非常重要。卖方想知道投标者是否有足够的现金,还是需要外部融资。若需要进行融资,卖方可能会要求投标者与报价函一起另外提供一份或数份融资承诺书(commitment letters),如果投标者未按要求提供,可能会在竞价流程中处于不利地位。 融资承诺书包括两类:股权投资人出具的股权承诺书(equity commitment letters);银行等提供的债务承诺书(debt commitment letters)。 各类承诺书的总金额,加上买方的自有资金应足够支付交易价格
4	内部/外部审批	卖方希望知道对于拟议的交易,买方是否需要或已经获得内部审批,以及是否需要获得政府监管部门的批准和第三方的同意。在硬科技行业的海外并购中,提前做好政府审批的各项准备是关系到交易能否成功的关键因素。海外并购项目中常见的政府审批有反垄断审查、国家安全审查、中国企业需要完成的发改委、商务委的境外投资审批备案登记等程序(如涉及国资企业,还需要获得国资委的审批或备案)
5	管理层及员工的安排	卖方会评估买方在交易完成后对管理层和一些员工去向的安排,为表示诚意,买方通常表示维持现有人员,不裁员。 在硬科技行业的并购中,目标公司的核心关键技术团队往往是买方看重的重要资产之一。所以对于核心员工而言,在交易前买方一般会提出对管理层和核心员工全部予以留任
6	交割先决条件	虽然交割的前提条件的讨论主要体现在收购协议的审阅和修订中,但是卖方通常会在程序函中要求投标者在提交的报价函中说明其成交的先决条件,以此来衡量相关信息,做出选择。 在报价阶段,一般会在交易先决条件中列出强制性政府监管,如中国境外投资(ODI)、相关国家的反垄断审查、国家安全审查。企业内部程序,如董事会审批、投委会审批固然可以列出,但卖方通常会认为这些属于买方可控的。股东会批准比较特殊。对于一般的买方而言董事会批准即可进行交易;需要股东会批准才能进行并购交易的买方大多是上市公司或股东分散的企业。卖方原则上会反对任何可以由买方单方面控制的事项作为交割先决条件,避免买方操控该事项,自由选择是否继续与卖方交易

续表

序号	内容	原因
7	尽职调查	程序函会要求投标者说明拟进行尽职调查的范围和程度、尽职调查的周期等
8	股权激励计划安排	卖方想知道投标者计划怎样处理目标公司的股权激励计划，如尚未行权的期权

(二)报价函

报价函/标书是竞价流程中的另一个重要文件，买方根据程序函的要求进行回复，提供相关信息及投标方认为有利于中标的其他信息。报价函可分为示意性/非约束性报价函(indicative offer/non-binding offer)和最终报价函(final offer)。

非约束性报价函是第一轮报价中投标者给出的文件，没有约束力，是买方表达对标的有投资兴趣的文件。

潜在买方会依据第一轮程序函的要求，提供投标人信息、预估的购买价格和估值依据、对价支付方式、尽职调查安排、融资结构与来源等。虽然非约束性报价函是没有约束力的，但是卖方可以通过比较各潜在买方的报价了解各方意向，对自己的市场地位作出更为精准的判断，筛选掉不感兴趣的、成交可能性低的、实力弱的或主要目的是获取卖方的机密信息的投标者。

最终报价函是第二轮(或后轮)报价中，投标者提交最终报价和有关条款的文件。与最终报价函同时提供的还有买方对收购协议的修订意见。

最终报价函需要按照第二轮程序函的指示，提供其要求的所有信息，如对价和对价支付方式、确定的融资安排、内部/第三方/政府审批情况、对卖方管理层安排等。另外，投标者也会在报价函中加入其他内容，如强调该报价函的保密性。

最终报价函对于买方构成一种商业、诚信上的约束。投标者会在最终报价函中说明，该报价函不是具有法律约束力的承诺，且交易的完成受限于正式交易文件和其他确定性文件的签订。如果投标者较为强势，也可加入排他性条款，要求卖方给予其一段合理时间独家谈判确定性文件的权利，否则投标者将退出竞价流程。

硬科技海外并购的流程与工程、采购领域的招投标不同。硬科技海外并购竞价中的中标是谈判的开始。而工程、采购领域一旦开标即可迅速达成协议。

硬科技并购交易中各个阶段的报价其性质都是一对一的谈判,并非传统的邀约承诺理论的要约邀请。只有进入协议谈判,双方就书面协议达成一致才具有完整法律效力,才能真正锁定交易。

中标后,除非卖方明确表示是排他性的交易谈判,否则该并购交易不一定是独家谈判。卖方同时接触多家买方的情况屡见不鲜。即使买方和卖方约定了一至两个月的排他期,排他期到期后,卖方也随时会和其他买方接触谈判,如果在随后的买方中发现更为优质的交易对象,卖方随时会和优质买方签订协议。简言之,硬科技海外并购交易中,不一定是先来者占据谈判签约优势,如果后来者能够给出比先来者更优的并购方案和收购价格,那么后来者签约的可能性更大。

五、中国企业参与硬科技行业海外竞价收购的注意事项

(一)了解目标公司、卖方和交易特点

中国企业参与海外竞价的首要问题是了解交易本身。在竞价过程中,卖方会通过其财务顾问向大量买方发出邀请,并公开部分目标公司相关信息。通过网站、中介机构、投资银行公开的信息,买方可以初步了解目标公司。如果收购资产优质,买方购买意愿较高,其可以采取积极的态度,与中介机构或投资银行积极接触,了解相关信息。

与一般的海外并购不同,多数硬科技并购交易中的卖方都是专于技术研发、产品制造、场景应用的实体企业,而非一般的财务投资者。对于此类卖方而言,其商业目的和谈判策略也会有不同,所以买方需要因地制宜,对商业谈判的规划进行一定针对性的改进,比如,买方在谈判中承诺保留其创业团队,不影响其正常商业运营等。

除需要了解目标公司和卖方之外,买方还需要关注竞标中的竞争对手,判断己方在竞价中的地位如何。一般来说,卖方在第一轮非约束性报价提交后,就会初步选定数家作为重点的谈判对象。虽然卖方一般不会公布自己心中已经选定的潜在买方,但是在实践中,买方在第一轮报价之后,尤其在多个同行业或同来自中国的买方参与竞价时,基本也会推测出己方在竞价中的地位。出于买方自

身利益考虑,买方应该在第一轮报价之后,视卖方的反应,判断自己是否是本次并购交易中的重点谈判对象,并及时准确作出商业决策,是否继续参与竞价抑或及时退出竞争等。

(二)估值与报价

硬科技行业的市场估值近年来波动较大,不确定性较强。科技技术水平的更迭速度较快,市场周期短,如何在硬科技行业的并购市场中对目标公司进行准确的估价,特别是在目标公司在公开信息中并没有披露过多信息的情况下,对于买方来说有一定困难。所以,买方在报价中会采取种种商业策略进行博弈。

实践中,有的买方出于自身利益考虑,在标书中提供一个区间报价,而不是一个固定数字,以便在后续商业谈判中留有一定的余地。有的买方在竞价过程中,为取得独家谈判资格先报较高价格赢得谈判权,之后再通过尽职调查中发现的问题或其他理由来压低价格。这种做法对于卖方十分不利,常常令卖方措手不及,直接影响交易的推进,甚至导致并购交易中途夭折。有的买方在竞价中不明确说明其价款的支付是否分期支付,有无先决条件,在谈判后期再一一提出。针对这种竞价策略,卖方一般要求买方在标书中明确其报价的条件,否则认为是一次性全额支付。如果买方在进入独家谈判阶段再提出分期支付价款及其他条件,会令卖方认为缺乏诚意,可能导致谈判破裂。

(三)前期文件及谈判对收购的影响

在海外并购交易中,保密协议、排他协议、意向书是常见的前期文件。竞价前期,卖方拟定潜在买方之后,会与其签署上述前期文件。前期文件虽然不是最终约束性的交易协议,但是对于双方后续的交易谈判十分关键。买卖双方会通过签订前期协议,表示双方期望继续交易的意愿,并对后续交易进行铺垫,就交易预期达成合意。所以,前期谈判的尺度把握非常关键,要根据项目的不同情况来审慎决策。

在实践中,有的买方花费较多时间谈判保密协议,实则收效不大。这主要是因为保密协议属于竞价过程前期签署的常规文件,其内容多较为标准化,谈判协商的空间不大,还容易给卖方留下谈判艰难的印象,影响最终短名单入选。

就硬科技行业而言,对于行业市场中拟出售的优质资产,买方可能不容易获得与卖方的独家谈判权,而卖方往往有足够的实力同时与几个买方进行磋商谈判。如果买方在未取得独家谈判权的情况下就对意向书和收购文件提出许多修改意见，使卖方感到谈判艰难，从而寻找其他有收购意愿的潜在买方，以至于影响最终结果。有的企业在前期标书中给出的意见非常少，在获得独家谈判权后提出更多意见，令卖方感到意料之外，也可能影响交易的成功。

如果中国企业收购意愿较强，建议在竞价前期及时准确地把握并购交易的重点，针对交易要点对交易文件进行有针对性的修改，避免笼统地给出大量意见，影响并购交易的后续谈判。

（四）融资的确定性

在硬科技行业的海外并购中，通常而言，融资规模较大。同时，由于卖方主导并购市场，如果卖方提出全现金收购的方式，买方的融资要求会变得更高。为了保证交易的顺利进行，卖方可能会要求买方提供自有资金证明，或一份或数份的融资承诺书，融资承诺书包括两类，股权投资人出具的股权承诺书和银行等提供的债务承诺书，各类承诺书的总金额，加上买方的自有资金应足够支付交易价格。

实践中，融资问题是中国企业不能成交的主要原因之一。对于不熟悉竞价流程的中国企业而言，无法在卖方规定的时间内提供充足的资金来源证明，那么就意味着该买方无法直接进入商业交易谈判的下一阶段。

有的中国买方在被锁定成为独家谈判对象后，未能与并购贷款银行、股权共同出资方达成有效约定，导致并购交易签约后融资不能及时到位，影响交易完成。有的中国买方没有能够及时设立并购特殊目的公司，或没有完成海外账户的开立，都可能影响最后的交割。此外，人民币出境的外汇管制也是资金不能到位的重要原因。

（五）政府审批和股东同意的确定性

海外并购有时需要获得目标公司所在国的政府审批，包括反垄断、安全审查等。在竞价过程中，卖方应关注买方完成交易所需的内部和外部审批情况。除反垄断、国家安全审批等常规政府审批外，中国企业海外并购还通常涉及发改委、商务部门、外汇管理部门等政府部门审批，国有企业有时还需要主管国资监管部门许可。中国企业应在交易前期就对各项审批进行准备。

在硬科技行业的海外并购实践中，反垄断审批和国家安全审批是最主要的政府审批。反垄断审批主要关注交易是否导致并购后的企业在特定的市场成为垄断企业,影响经济市场的有效运作;而国家安全审查重点关注交易是否导致目标公司和资产所在国的关键技术、基础设施被外国人控制。反垄断审查涉及更广,但相关监管部门较少否决交易,不容易导致交易失败;国家安全审查适用于部分敏感行业,但在当前的地缘经济和国际局势下,国家安全审查更容易导致交易失败。由于硬科技行业中涉及的科学技术可能被海外国家归为关系国家安全的敏感领域,所以其所受到的国家安全审查也较多,对并购交易的影响较大。

由于政府审批的周期较长,不确定性较强,有可能会出现监管部门虽然没有明确否决,但交易方已经不愿或不能再等,于是终止交易。为了避免卖方在这种情况下承担损失,卖方可能会要求,如果交易因特定审批未能在一定期限取得而导致失败,由买方向其支付“分手费”(breakup fee/termination fee),并终止并购协议。

除政府批准以外,硬科技行业的企业内部批准也十分重要。有时企业海外并购需要获得控股母公司的内部批准和母公司层面的股权、财务支持。外国卖方一般期待中国买方确保其能够获得内部同意和支持,否则会直接影响交易结果。实践中,买方的内部批准通常在第二轮以后的约束性报价中已经不宜作为交易的前提条件,不然很可能无法继续推进谈判。

(六)招标的程序和内容

在竞价过程中,主要由卖方主导交易的流程。买方需要按照招标文件的程序和内容要求提交竞价材料,否则在竞价中会处于不利地位。而卖方一般会预先对数家买方做出判断,对于其青睐的买方,卖方有可能会在程序上放宽要求。

在竞价过程中,如果买方获得了独家谈判权,应特别注意独家谈判的流程和时间,以防不必要的拖延导致在排他期内无法达成一致,从而促使卖方转而与其他买方进行磋商。此外,在实践中买方还需要特别注意排他期的到期日,防止卖方在到期后同时与其他买方磋商,最终失去交易机会。

除排他期之外,竞价过程中的报价时间点、提交融资证明材料的时间点、获得政府审批备案、外汇审批备案的时间点也是十分重要的,建议买方提前规划准备。

(七)交易确定性

在竞价流程中,开高价的买方对卖方的吸引力相对较强。但是,如果报价超出市场平均水平过高,也会引起卖方的怀疑,即买方缺少对硬科技行业市场的了解,或者为了掩盖交易本身可能存在的其他不足之处。所以,买方既需要根据市场平均水平进行估值报价,也需要注重报价的合理性和交易本身价值的匹配性,毕竟卖方所重视的是高价格与交易确定性的平衡。

交易的确定性是卖方选择买方的重要考量因素之一。虽然通过竞价的模式,卖方积累了多家潜在买方,但是如果在一一协商谈判之后发现最终交易无法成交,对于卖方而言可能需要承担企业信息被泄露、时间成本、资金成本过大的风险。所以为了能够规避不必要的风险,卖方在选择买方的时候会额外注意交易的确定性。

交易确定性,本质上是要求交易可以确保交割,具体表现为两个方面:买方资金的确定性和政府审批的确定性。

资金的确定性要求买方有充足资金可以支付对价。无论是自有资金还是银行贷款,或第三方股权投资人的股权出资,卖方需要看到买方提供的证明文件。因此,买方需要证明各个资金渠道的确定性,而不是口头上的支持或表示有并购交易的意愿。

在政府审批方面,首先需要确定该交易要获得哪些政府审批。对于反垄断审查而言,所花费的时间较长,但最终大多可以获得审批。所以,买卖双方需要在收购协议中留足时间,并且明确双方是否能接受交割迟延。相对于反垄断审查,国家安全审查对于交易的影响更大。有的交易可能会被国家政府识别为涉及国家敏感行业的交易,一旦政府展开调查,很多时候会直接导致交易失败,特别是美国外国投资委员会审查。在硬科技行业的并购交易中,因为国家安全审查而最终未能完成交割的并购交易屡见不鲜。

就大部分交易而言,确定性表现为买方的资金充足性和是否需要政府审批。而买方如果要向卖方证明其为最优的买方,一方面体现在报价上,另一方面要证明有交割资金且相关政府审批不至于否决交易。

(八)商业口碑

在硬科技行业的环境中,优质的卖方往往受到广泛关注。买方的商业口碑是卖方选择是否与其交易的重要因素之一。卖方一般会通过投资银行等顾问寻找潜在买方,借助后者成熟的信息网络系统将并购项目推介给各国买方。在交易过程中,潜在买方是否具备良好的商业口碑、是否有成功的交易业绩是卖方及其财务顾问筛选买方的标准之一。

对于中国企业而言,在得到交易信息之后,如果硬科技行业的海外并购经验有限,应聘请专业的投资银行、国际律师、会计师,组建专业的项目团队,尊重对方的商业交易惯例及习惯,有利于给卖方留下良好的第一印象,提高交易成功的机会。如果企业的商业口碑不佳,容易在同行业中造成不良影响,后期需要很大的努力才能修复。企业需要在实践中熟悉交易规则,遵守行业规则,才能逐渐成为业内受尊敬的并购参与方。

在硬科技行业,口碑是在交易实践的过程中慢慢积累的,涉及诸多因素的结合,包括是否具备足够的融资实力、是否具备足够的资产规模、在同行业中是否具有良好的社会商誉、(如果是上市公司)是否具备高于市场平均水平的市值。除这些书面上的背书之外,在这之前是否成功实施并购交易的经验也是商业口碑中的重要组成部分之一。

CHAPTER

第十一章

海外并购的风险与政府监管

第一节　海外并购的风险

近年来，为了快速提升国际竞争力，越来越多的中国硬科技企业在海外投资时倾向于并购海外优秀的硬科技公司或技术资产。例如，2005 年联想公司收购 IBM 个人电脑部、2010 年吉利公司收购沃尔沃公司等。与国内的并购交易不同，在海外并购交易中拟收购的公司和拟收购的资产通常横跨多个国家和地区，受不同国家及地区的法律法规之约束，而且由于海外并购交易时间跨度较长，在交易流程的各个阶段都可能产生风险，因此充分理解和应对风险对中国硬科技企业海外并购至关重要。

一、海外并购交易的特点[1]

（一）交易流程复杂

海外并购为硬科技企业提供了扩大业务范围、优化资源配置等诸多优势的

〔1〕 参见任谷龙、韩利杰：《海外投资并购法律实务：操作细节与风险防范》，中国法制出版社 2017 年版，第 16 页。

同时,也因其需遵循相关国家和地区不同的商业规则和法律规定而面临复杂的挑战和风险。海外并购交易的时间跨度较长,通常从寻找标的公司开始,收购方会经过分析目标市场和标的企业、对目标企业的初步评估、尽职调查、交易结构的制定、交易谈判、交易文件签约、取得相关审批并完成其他交割先决条件和收购后的整合等环节。此外,海外并购交易还需要考虑到目标国家和地区的政治、文化和经济环境等因素,因此每个环节都较国内交易更为复杂。

(二)国际惯例认知不足

在海外并购中,由于交易各方拥有不同交易背景、交易经验和交易传统,通常交易各方会遵照国际交易惯例进行沟通和交易管理,以节约交易成本和时间,包括尽职调查文件的提供方式、交易文件的起草和签署方式、交易的交割方式等等。但中国企业与经验丰富的国外企业相比,尤其是与欧美国家的企业相比,中国企业往往对国际交易惯例的认识存在不足,从而影响交易的效率。

(三)法律文件艰深

海外并购交易文件受欧美惯例的影响较大,大多数的交易文件都是用英语写就的,且在法律文件结构、术语、谈判要点等方面都与境内交易文件存在差异。同时,海外并购交易文件的条款也会受到目标公司或目标资产所在国的法律制度和交易传统的影响。

(四)并购审批繁复

海外并购通常横跨多个国家和地区,监管环境各有差别,故而可能需要取得多个相关政府部门和/或相关第三方的批准或许可。在实践中,交易各方常会将获得跨境并购审批作为交易交割的前提条件,有的交易还会将并购审批作为支付“分手费”的条件。中国企业在海外并购需要取得的主要相关审批、备案,具体参见本章第二节至第四节。

(五)交易整合困难

除了海外并购交易过程中涉及的问题较为复杂之外,由于不同国家和地区的政治、文化等差异,海外并购交易后面临的整合风险也较境内交易更为困难,如人力整合风险、品牌整合风险、管理整合风险等。

二、海外并购交易的常见风险和应对措施

海外并购交易因上述特点存在的风险千差万别,交易双方在通过尽职调查

等手段对风险进行识别和分析后，可以通过法律文件的相关条款对风险进行分配和防范。对买方而言，充分理解和应对风险有助于买方准确做出交易判断，在成交前利用退出机制，在成交后避免或降低责任与风险，从而将交易带来的利益最大化。对卖方而言，提前合理分配风险有利于把握交易机会，签约后有效锁定交易并促成交易完成，降低成交后的责任与风险，从而提高交易的回报率。[1]

海外并购交易的风险可按照签约前、签约后到成交前、成交后三个阶段划分，就硬科技企业海外并购而言，总体可以参考以下常见风险因素和应对措施的总结归纳，[2]详见表11－1至表11－3。

（一）并购交易签约前

表11－1　海外并购交易签约前常见风险

序号	风险因素	具体内容	应对措施
1	保密信息	在初步接触磋商阶段，交易双方都将在一定程度上披露各自的保密信息，如若泄露对潜在交易以及交易双方都将造成巨大的危害	通常交易双方会签定双边保密协议，要求潜在交易相对方及其关联方、雇员、代表等就获得的保密信息承担保密责任。具体可参考本书第三章
2	独家谈判	海外并购交易中，尤其是硬科技行业中，优秀的目标公司或目标资产往往会吸引多个竞争者争相竞价，而导致陷入价格战	为免受来自竞争收购方的压力，尽快完成尽职调查及交易谈判，通常买方会要求获得一定期限内的独家谈判权，有时交易双方会签署单独的排他协议，但大多数时间双方会在意向书中约定排他期（exclusivity）条款。具体可参考本书第三章

〔1〕参见任谷龙、韩利杰：《海外投资并购法律实务：操作细节与风险防范》，中国法制出版社2017年版，第17页。

〔2〕参见任谷龙、韩利杰：《海外投资并购法律实务：操作细节与风险防范》，中国法制出版社2017年版，第18～22页。

续表

序号	风险因素	具体内容	应对措施
3	特有风险	与境内并购类似,在海外并购交易前期的尽职调查过程中,买方需在专业律师的协助下识别各类风险。除本书第二章所列举的常见风险外,海外并购交易还需要注意以下特有问题: (1)政治风险:海外并购交易所涉及的活动较为复杂,受目标公司所在国家或地区的政治环境、国家制度、市场监管政策、国家经济环境等多种因素影响。不稳定的政治环境,可能会使并购交易无法顺利实施或使并购交易的预期收益率下降。此外,各个国家之间的外交关系也是并购交易中较为看重的因素之一,选择对中资友好的投资环境有利于企业合并后的资源整合及未来的协同发展。 (2)政府监管风险:多数的海外并购交易通常会涉及反垄断审查,同时各国的外商投资审查政策日趋严格,具体请参见本章第三节和第四节。如果未取得反垄断审批或国家安全审查的,那么并购交易可能无法顺利推进,根据协议约定买方可能因此需向卖方支付反向分手费。 (3)政府调查风险:以美国市场为例,常见的政府机构调查包括美国司法部和美国联邦调查局地调查等。美国政府机构调查主要针对的是企业违法行为,包括洗钱、金融欺诈、证券欺诈,以及其他违法违规等行为。 (4)知识产权风险:知识产权具有地域性,在中国受保护的知识产权在其他国家不一定能受保护。如果中国硬科技企业在目标公司所在国家进行有关知识产权的商业活动,可能会侵犯目标公司所在国其他企业的知识产权。如果在交易时对知识产权不够重视,或未及时向知识产权部门申报知识产权保护信息,或未在并购交易中对企业技术进行保护,当存在知识产权纠纷或发生法律诉讼时且缺少完善的应对之策,很可能会导致并购失败	(1)除慎重选择投资国家或地区之外,中国企业在并购前可与目标公司或目标资产所在国或地区的海外商业伙伴、当地的驻外使馆及其他官方机构取得联系,了解最新政策,及时调整并购交易的方案,以便拟定相应的应对措施。同时,也可以考虑购买政治风险保险来减轻相关政治风险影响。 (2)中国企业应及时更新所了解相关政策信息,聘请专业的律师团队以评估拟议交易是否会引起广泛的反垄断审查和国家安全审查。如遇相关审查,应积极和相关政府机构协商沟通,针对审查准备陈述的材料以应对相关询问,并就交易条款进一步磋商谈判,以寻求相关政府机构的批准。 (3)中国企业应聘用专业的律师团队对目标公司以及对并购交易本身进行审查,及时发现并处理交易中可能存在的不当行为。如果在东道国机构调查中发现目标公司或并购交易中可能存在不合规的活动,交易双方应积极配合调查活动,遵守东道国当地政策标准要求,及时调整实施符合当地法规要求的合规计划。 (4)中国硬科技企业首先应建立有效的知识产权管理组织保障体系,同时在交易中应聘用专业的律师团队和知识产权咨询团队,就目标公司的知识产权进行全面尽职调查,以便更好地识别和控制交易中和交易完成后可能会产生的知识产权风险

(二)并购交易签约后至成交前

表 11－2　海外并购交易签约后至成交前常见风险

序号	风险因素	具体内容	应对措施
1	政府审批	海外并购交易中,获得跨境并购审批是推进交易顺利完成所必需的重点环节。拟进行海外并购交易的中国企业需依法在境内取得的相关审批、备案包括:国家发展和改革委员会的审批、备案;商务部审批、备案;外汇备案;国务院国有资产监督管理委员会的审批、备案(如涉及国企或央企)等,具体参见本章第二节	并购协议中通常会约定交易双方承诺将积极、努力获得并购交易所有必要的政府审批。同时,买方也会在并购协议中约定将在一定期限内取得政府审批作为交易成交的前提条件
2	第三方同意	与境内并购交易相类似,股权收购模式下,海外并购交易会导致目标公司所有权变更,而触发目标公司与第三方协议中的控制权变更条款(change of control),资产收购模式下,相关第三方商业合同也需根据转让条款(assignment)转移至买方,而这些条款往往要求取得该第三方对交易的同意。以贷款协议为例,如果目标公司与当地银行签署了长期贷款协议且协议中约定其并购交易行为需事先获得银行的批准,那么卖方在进行并购交易之前需依协议征得银行的同意	买方可以在并购协议中约定将卖方应积极取得重大合同相对方或相关第三方对交易的同意作为交易成交的前提条件,并在陈述保证条款中约定目标公司签署并购交易文件并完成该并购交易不引发其他合同(如贷款合同、担保合同等)项下的违约,除了已列明第三方同意外,交易不需要获得其他批准或同意

续表

序号	风险因素	具体内容	应对措施
3	融资风险	多数的海外并购不仅交易对价金额较高，而且对支付方式也较为严格，例如硬科技企业的海外收购交易常会采用全现金收购的方式。对于目标公司而言，为了保证未来交易的稳定性，目标公司通常会要求买方提供确定的融资证明，以确保在交易完成时买方有能力付款。 由于海外并购项目涉及的资金金额较大，多数交易会通过银行融资的方式来提高并购交易的杠杆。除银行之外，有的买方还会向私募股权基金寻求融资。对于买方而言，过高的融资杠杆可能会引起银行的高度关注，对贷款地审核标准将更为严格，审核时间加长。贷款协议下，买方还可能对银行负有重大事项告知义务。并购情况可能构成提前还款事由，加大买方交易的资金成本。此外，买方收购后进行相关业务重整、股权结构调整可能也需要事先对银行进行披露，有些特定事项(如对外转让目标资产等)需获得银行批准	对于买方而言，过高的融资杠杆会增加企业资金的流动性风险。为了能够降低风险，买方通常会采用如下方法：逐步置换高成本、长周期的杠杆资金；拓宽融资渠道，使融资来源多样化。除国内商业银行的贷款融资之外，也可与私募股权基金合作，或向目标公司所在国的银行提出借款申请，提高融资渠道的多样性
4	其他买方竞价	海外并购交易中，若目标公司为上市公司，则其可能存在法定义务，即在并购协议签署后也需要考虑第三方的报价。如果第三方的竞争报价对股东更为有利，则有可能导致现有的并购交易夭折	为了保证海外并购交易的顺利完成，买方和上市公司签署的并购协议中会约定设置一系列交易保护机制，以尽量排除或降低上市公司无法完成交易的可能性，比如约定不招徕(no-shop)条款、信息权(information right)和匹配权条款(matching right)等，具体参见本书第十二章

续表

序号	风险因素	具体内容	应对措施
5	卖方违约	在并购交易签约后至交易成交前，如果卖方不履行并购协议下的义务，不积极促成成交的先决条件，或陈述保证存在不实或发生重大变更，将对交易的顺利成交造成重大不利影响	受到损害的买方一般可以要求卖方继续根据协议履约或根据争端解决约定要求强制履约，也可以根据终止条款终止交易，并要求卖方赔偿损失。 有些并购协议中约定，卖方只对部分约定的违反对买方承担赔偿责任，或赔偿责任存在上限。买方可以考虑购买交易责任保险，如并购保证保险、税务及或有责任保险等，直接向保险公司申请赔付，转移买方风险损失
6	汇率波动	对于海外并购交易而言，交易双方来自不同的国家，所使用的货币不同，多数并购交易以国际化的货币，如美元、欧元、英镑等，作为支付货币。 鉴于海外交易的时间周期长，特别是硬科技行业的并购，交易双方往往需要花费一定的时间对目标企业的核心资产、重要技术等各个方面进行评估，耗时较长，所以汇率波动对并购交易的影响也较大	在交易初期可考虑如何通过合适的金融工具以应对外汇波动的风险，例如银行远期售汇业务、期权组合等方式提前锁定交易时的外汇成本。就银行远期售汇而言，如果外汇市场波动频繁且波动幅度大，那么锁汇的成本也会相应增大。就期权组合而言，如果人民币汇率超出了锁汇区间，那么并购方将会有额外的汇兑损失。其他减轻汇率波动的方案还包括在合同中约定汇率补偿或协定汇率、购买汇率保险、推动交易使用人民币结算等
7	知识产权	对于硬科技企业而言，在并购交易签约后至交易成交前的这段过渡期内，确保成交后能够顺利整合目标公司知识产权，防止目标公司核心技术员工或核心技术流失至关重要	买方通常会在并购协议中要求目标公司核心技术员工签署令其满意的劳动合同、过渡期服务协议、保密协议与知识产权归属协议作为交易成交的先决条件。有时，视具体情况也会要求卖方签署相关知识产权许可协议、知识产权转让协议、不竞争和不招徕等附属协议，以确保成交之后可以继续使用卖方的知识产权和限制卖方在特定领域开展竞争性业务等

(三)并购交易成交后

表11-3　海外并购交易成交后常见风险

序号	风险因素	具体内容	应对措施
1	目标公司的问题和责任	股权收购模式下,在直接获得目标公司股权的同时,也间接承担了目标公司的资产、权利和责任,因此目标公司的历史问题和责任都可能在成交后给目标公司带来损失,从而导致买方承担损失	通常买方会在并购协议中明文规定,目标公司在成交前的问题与责任即便在成交后也由卖方承担,如果目标公司在成交后由于该等问题和责任承受损失的,则买方可以根据收购协议相关条款向卖方寻求赔偿
2	整合风险	(1)文化差异:除不同国家的文化不同,经济发展水平不同之外,海外并购过程中还存在语言障碍、社会差异、价值观差异等诸多文化差异性情况,文化之间的差异性较大,可能会影响并购后企业文化的融合程度。 (2)劳动人事:不同国家所设定的有关雇佣员工的劳动法规往往是与其政治、经济、文化、社会环境相匹配的,特别是在工时、休假、种族歧视、性别歧视、工会、辞退制度等方面海外国家和地区与中国的法律法规的差异较大。中国企业如果在劳动制度上沿用国内的制度规范,可能会与当地的工会发生冲突,严重的情况下还可能会产生集体诉讼的风险。 (3)管理层:收购后企业的管理层可能在公司治理方面存在如下风险,具体表现为:管理层缺乏企业组织结构方面的专业知识,无法有效控制、管理公司;并购后企业组织结构不合理,公司制度不健全;员工绩效管理偏离实际情况,对业绩考核过高或过低;企业项目执行的成本费用出现误判,偏离公司的经营目标等;并购后公司的业务与原公司的业务上存在冲突等	(1)中国企业需要重视企业文化建设,重视品牌保护以及团队建设,对目标公司企业文化进行研究、归纳、总结,制订合理、可行的国际化计划,找出与并购后企业实际情况相匹配的文化理念并加以有效贯彻执行。 (2)中国企业应根据企业整体情况,因地制宜,制定全方位的整合策略,将中国文化与海外文化相融合,尊重当地的习俗惯例,遵守当地有关劳动法、雇佣法的法律法规,尽可能地避免劳资冲突和矛盾摩擦。 (3)在海外并购交易中,除了可以通过尽职调查、管理层培训等方式减少并购后管理层和公司组织架构的不适配性,还可以在并购交易磋商初期,就让未来接管并购后企业的管理层团队加入交易的谈判磋商,从而增强管理层对目标公司所在国家或地区的经济市场、目标公司原先的企业架构以及目标公司业务运营有所了解,减少资源管理脱离实际的风险。此外,交易双方还可在交易协议中就管理层人员的任命条款进行磋商。例如,双方可以在交易协议中约定,为了保证目标公司能够在并购后平稳运营,在并购后保留原有的管理层人员等

三、海外并购的尽职调查

并购交易中买卖双方之间信息不对称，若买方未能在交易初期充分发现目标公司或目标资产相关风险，则可能导致错估目标公司或目标资产价值和并购后的协同效应，也可能影响交易架构的设计和保护性条款的设置。因此，开展尽职调查对于买方来说至关重要。本书第二章已概括性介绍了尽职调查的工作流程、方法及信息来源和常见问题，本章节结合海外并购交易的特点，着眼于硬科技企业在海外并购中买方法律尽职调查与境内并购中买方法律尽职调查的不同之处。

(一)海外并购尽职调查流程

实践中，中国硬科技企业开展海外并购尽职调查，主要流程如图 11 -1 所示。

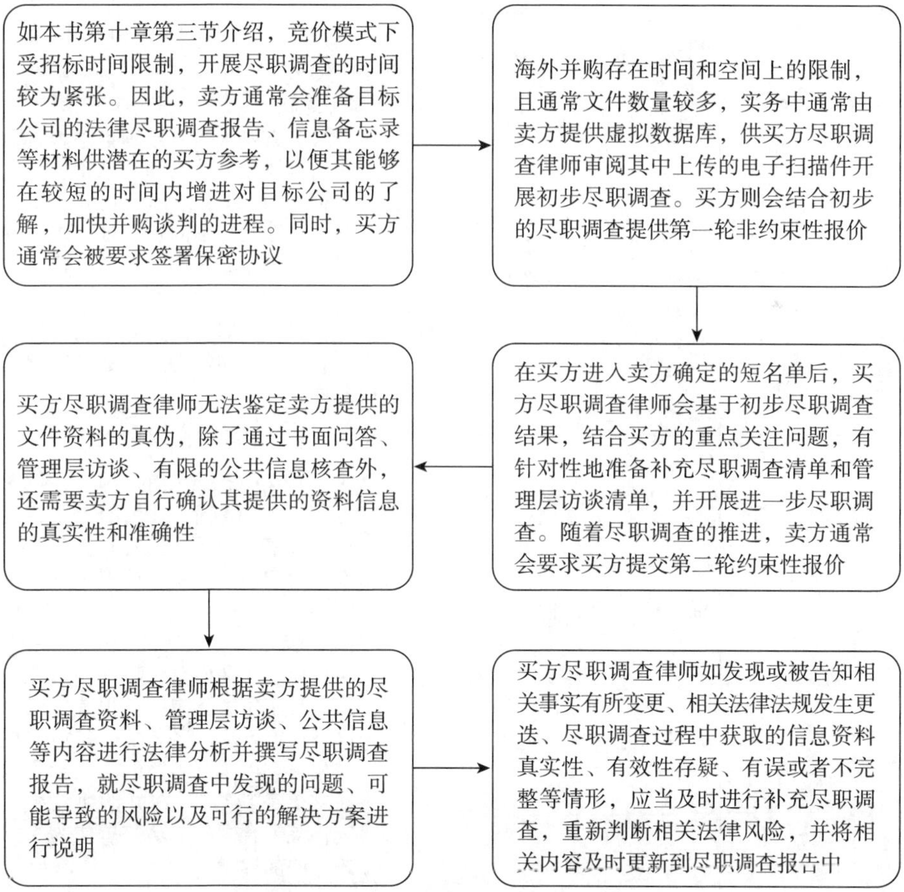

图 11 -1　海外并购法律尽职调查流程

（二）海外并购尽职调查内容

海外尽职调查的要点可以参考本书第二章，表 11－4 就硬科技海外并购交易中的特殊问题进行介绍，但仍需注意要根据交易的具体情况和卖方的关注重点拟定有针对性的尽职调查事项。

表 11－4　海外并购法律尽职调查之特殊问题

序号	类型	主要问题	解决方案
1	设立和存续	与境内不同，海外较少有较为全面的企业信息公示系统，海外公司注册处一般仅有注册证书（certificate of incorporation）及相关的注册存档文件，海外公司的股权结构、股东董事信息、对外投资情况等均不一定公开	建议买方要求卖方提供目标公司所有的组织文件，包括股权结构图、注册证书、章程、股东协议等文件，说明股权权属及转让变更的历史沿革、股权质押、冻结等权利受限制情况、股权代持或协议限制等特殊安排，并提供相关书面协议和公司决议
2	业务经营	海外公司通常不存在“经营范围”的概念，其经营活动不受经营范围的限制。例如美国公司通常在注册证书中写明“公司可根据注册州公司法从事任何合法行为或经营活动”	建议买方要求卖方详细描述目标公司的具体业务活动和已取得相关资质证照，以判断目标公司开展的业务是否涉及特别的资质证照以及是否已取得所有开展业务所必需的资质证照。同时，在并购协议中约定将目标公司取得其开展活动所需的所有资质证照作为交易成交的前提条件
3	重大合同	海外公司的商业合同形式各异，有一些复杂冗长，有一些则采取订单等较为简单的格式，约束力相对松散，并购完成后存在不能延续商业关系的风险	对于较为烦琐复杂的合同，建议关注其中的重点条款，例如控制权变更条款和转让条款等，并在并购协议中约定将卖方应积极取得重大合同的相对方的相关第三方对交易的同意作为交易成交的前提条件；对于约束力较弱但对于目标公司业务经营具有重大影响的订单等简易合同，则建议买方要求目标公司与交易相对方以买方满意的合同形式重新签署商业合同，在并购协议中约定将该等合同的成功签署作为交易成交的前提条件

续表

序号	类型	主要问题	解决方案
4	知识产权	海外硬科技公司的核心知识产权不仅以专利形式存在,更多的是以商业秘密的形式存在,因此高度依赖于员工对技术的掌握以及文件资料的留存。海外并购交易中或完成后的员工流失,将可能给买方造成重大损失	建议买方在尽职调查阶段重点核查目标公司的核心技术员工的情况,评估该等核心技术员工对核心技术的影响力以及是否与并购后的企业发展方向相匹配。同时买方可以在并购协议中要求目标公司核心技术员工签署令买方满意的劳动合同、过渡期服务协议、保密协议与知识产权归属协议作为交易成交的先决条件
5	劳动人力	海外公司的高管、员工不一定都与公司签署了正式的劳动合同,如有些公司可能只与员工签署了聘用书(offer letter)。此外,与境内可在劳动协议中约定员工竞业禁止的规定不同,竞业禁止在海外的有效性在不同国家、地区也存在差异。例如英国对于劳动合同中的竞业禁止条款,公司必须举证该条款的合理的必要性,否则原则上均为无效条款;在美国,各州对竞业禁止的效力认同截然不同,加利福尼亚州明确禁止竞业禁止,而纽约州则承认竞业禁止的合理性	建议买方尽早确认需要并购整合的目标公司高管、员工名单,并视具体情况而定,在并购协议中要求该等员工签署令买方满意的劳动合同等交易文件作为交易成交的先决条件。同时买方需要注意,劳动文件中的条款,如竞业禁止条款等,须符合当地的法律法规规定
6	员工福利	类似于境内法律要求公司为其员工缴纳社会保险和住房公积金,海外公司也需为其员工缴纳法定社保福利。例如,美国公司需要为员工缴纳社会保险(social security)和医疗保险(medicare)等	建议买方在尽职调查阶段初期了解目标公司所在国家或地区所适用的员工福利制度,以便核查目标公司是否按照法律规定为员工缴纳社保福利。同时买方应在并购协议的陈述保证条款中约定目标公司在劳动人事方面符合所有当地适用的法律法规的规定

续表

序号	类型	主要问题	解决方案
7	诉讼和行政处罚	与境内不同,海外较少有统一的诉讼或行政处罚查询系统,一些国家的法院或行政机构所开放查询的案件范围也有限	建议买方要求卖方提供所有目标公司相关的诉讼、仲裁、调查或行政处罚文件,并在并购协议的陈述保证条款中约定目标公司不存在任何已决、未决的诉讼、仲裁、调查或被处以任何行政处罚的情况
8	环境保护	如果目标公司拥有从事生产工作的工厂或用于未来扩展建设的土地,那么此类并购交易可能涉及环保责任。不同国家对于并购中的环保责任的分配不同。以美国为例,在大多数情况下,如果买方向卖方购买目标资产,买方并不自动承担由卖方所负的环保责任。但根据美国法律项下对继任责任(successor liability)的相关规定,买方在某些特定情况下需要在并购交易完成后承担目标资产上所负的环保责任	为了评估是否存在污染、是否需要实施相应的环境保护措施,建议买方可以单独聘请专业的环保评估团队来详细审查目标资产或目标公司上是否存在未来可能需要承担的环保责任。如果评估后发现买方有可能需要承担相关环保责任,买方应将此类费用支出纳入并购交易估值的考量中,避免造成对并购交易估值的低估或错估。通常而言,买方还可以在并购交易协议中约定双方各自承担环保责任的范围

第二节　中国政府监管

海外投资并购所涉及的是不同国家的交易主体。对于一个想要在境外进行投资的中国企业而言,需要先经过中国境内的备案或审批的过程,其中涉及多个政府机关部门。具体而言,根据中国现行的法律法规,中国企业欲进行境外投资,首先需要经过中国国家发展和改革委员会(以下简称国家发改委)的审批或备案、中国商务部的审批或备案和银行的外汇登记。其中,对于国有企业而言,除上述三个部门的批准或备案之外，还需要获得国务院国有资产监督管理委员会（以下简称国资委）的核准或备案。

本小节将详细介绍中国境内监管部门的职责及其权限、审批/备案的流程和时间，以及针对境外并购交易中重点关注的问题进行分析。

一、国家发改委

国家发改委主要从海外投资角度对投资项目进行核准，根据维护国家利益和国家安全的需要，对境外投资进行宏观指导、综合服务和全程监管。[1]

国家发改委进行核准/备案的主要法律依据为 2017 年 12 月 26 日颁布的《企业境外投资管理办法》，该管理办法自 2018 年 3 月 1 日起施行。

（一）核准的范围

国家发改委实行核准管理的范围是投资主体直接或通过其控制的境外企业开展的敏感类项目。这里的“敏感类项目”主要分为两种：“涉及敏感国家和地区的项目”和“涉及敏感行业的项目”。

2018 年 1 月 31 日，国家发改委发布了《关于发布境外投资敏感行业目录（2018 年版）的通知》（发改外资〔2018〕251 号）。其中，《境外投资敏感行业目录（2018 年版）》在原有的“敏感行业”（武器装备的研制生产维修、跨境水资源开发利用、新闻传媒等）的基础上新增了 6 项限制境外投资的行业，[2] 详见图 11 –2。

---

〔1〕《企业境外投资管理办法》第一章第 6 条。

〔2〕《国务院办公厅转发国家发展改革委、商务部、人民银行、外交部关于进一步引导和规范境外投资方向指导意见的通知》（国办发〔2017〕74 号）第 4 条规定，需要限制企业境外投资的行业：（1）房地产；（2）酒店；（3）影城；（4）娱乐业；（5）体育俱乐部；（6）在境外设立无具体实业项目的股权投资基金或投资平台。

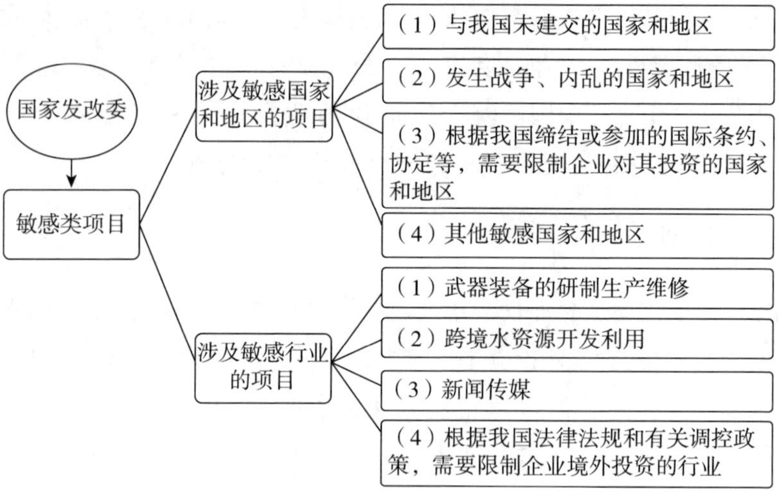

图 11－2　国家发改委核准范围

（二）备案的范围

国家发改委实行备案管理的范围是投资主体直接开展的非敏感类项目。[1]此处的“直接开展”具体表现为“直接投入资产、权益或提供融资、担保”；“非敏感项目”指代“不涉及敏感国家和地区且不涉及敏感行业的项目”。其中对于中央管理企业和地方企业而言，视投资项目的不同情形，备案机关也不相同。详见图 11－3。

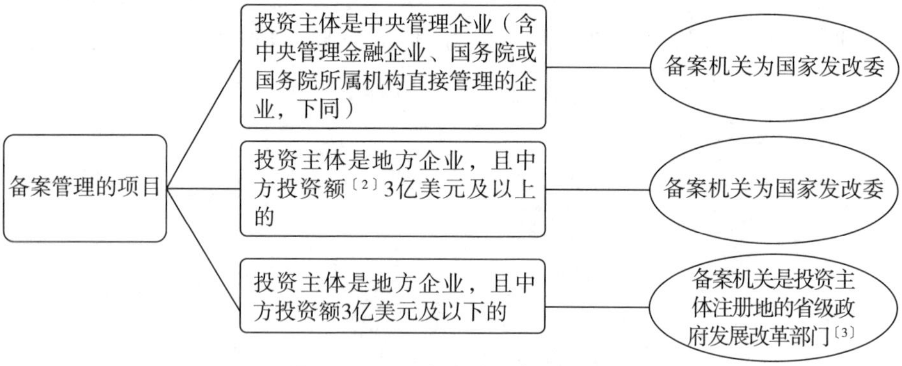

图 11－3　国家发改委备案范围

〔1〕《企业境外投资管理办法》第三章第一节第 14 条第 1 款。

〔2〕中方投资额，是指投资主体直接以及通过其控制的境外企业为项目投入的货币、证券、实物、技术、知识产权、股权、债权等资产、权益以及提供融资、担保的总额。

〔3〕省级政府发展改革部门，包括各省、自治区、直辖市及计划单列市人民政府发展改革部门和新疆生产建设兵团发展改革部门。

(三)核准的流程

实行核准管理的项目,投资主体应当通过网络系统向核准机关提交项目申请报告并附具有关文件。其中,投资主体是中央管理企业的,由其集团公司或总公司向核准机关提交;投资主体是地方企业的,由其直接向核准机关提交。[1]

此外,投资主体应当在项目完成[2]之日起20个工作日内通过网络系统提交项目完成情况报告表。[3] 关于国家发改委核准项目的流程如图11-4所示。

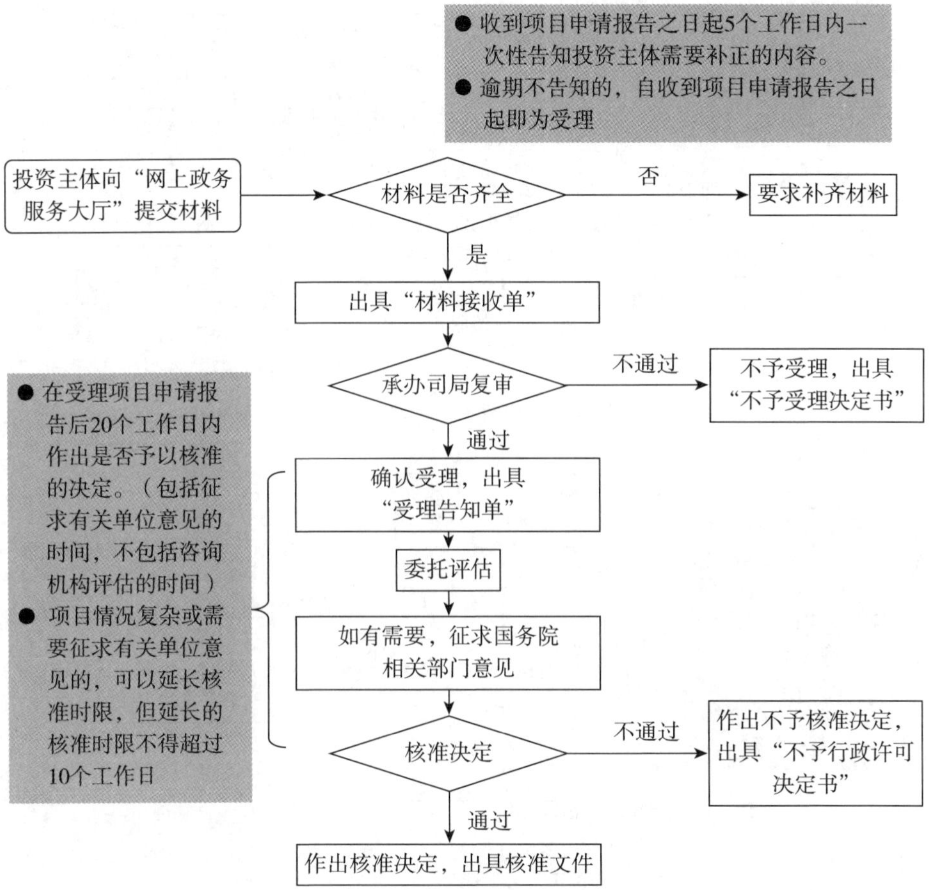

图11-4 关于国家发改委核准项目的流程

---

[1] 《企业境外投资管理办法》第18条。

[2] 项目完成,是指项目所属的建设工程竣工、投资标的股权或资产交割、中方投资额支出完毕等情形。

[3] 《企业境外投资管理办法》第四章第44条第1款第1句。

（四）备案的流程

实行备案管理的项目，投资主体应当通过网络系统向备案机关提交项目备案表并附具有关文件。其中，投资主体是中央管理企业的，由其集团公司或总公司向备案机关提交；投资主体是地方企业的，由其直接向备案机关提交。[1]

此外，投资主体应当在项目完成[2]之日起20个工作日内通过网络系统提交项目完成情况报告表。[3] 关于国家发改委备案项目的流程如图11－5所示。

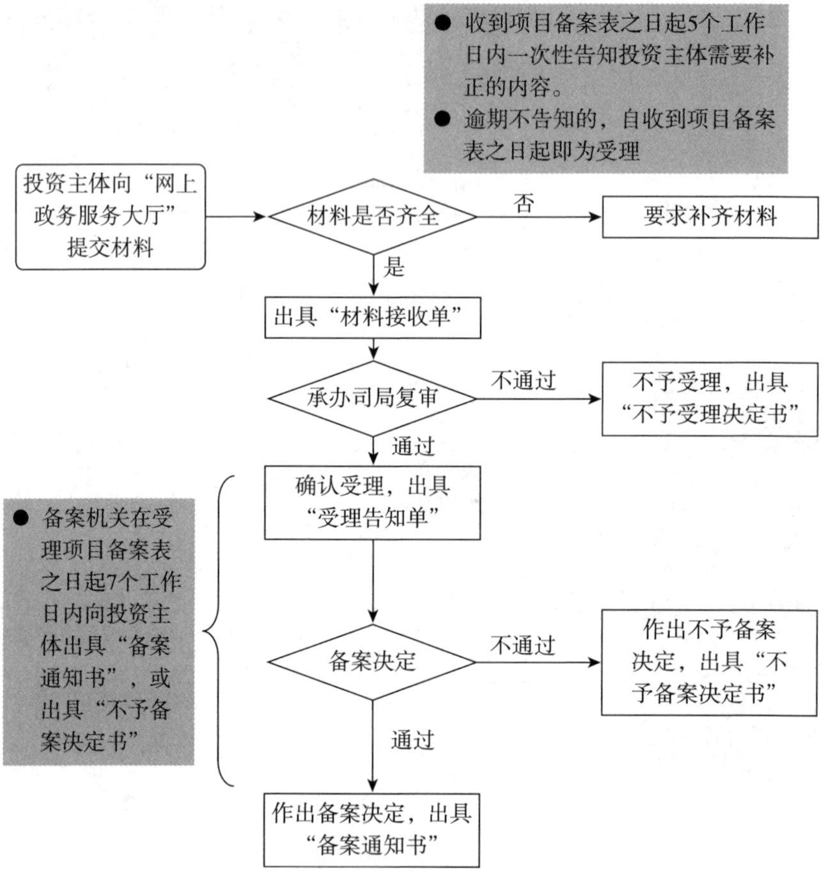

图11－5　关于国家发改委备案项目的流程

---

〔1〕《企业境外投资管理办法》第三章第三节第29条第1款第2句。

〔2〕项目完成，是指项目所属的建设工程竣工、投资标的股权或资产交割、中方投资额支出完毕等情形。

〔3〕《企业境外投资管理办法》第四章第44条第1款第1句。

(五)其他需要提交报告的情形

1. 大额非敏感类项目(中方投资额3亿美元及以上的非敏感类项目)

如果投资主体通过其控制的境外企业开展大额非敏感类项目的,投资主体应当在项目实施前通过网络系统提交大额非敏感类项目情况报告表,将有关信息告知国家发改委。[1]

2. 重大不利情况

如果在境外投资过程中发生外派人员重大伤亡、境外资产重大损失、损害中国与有关国家外交关系等重大不利情况的,投资主体应当在有关情况发生之日起5个工作日内通过网络系统提交重大不利情况报告表。

3. 对于重大事项问询函的书面报告

国家发改委、省级政府发展改革部门可以就境外投资过程中的重大事项向投资主体发出重大事项问询函。投资主体应当按照重大事项问询函载明的问询事项和时限要求提交书面报告。[2] 该问询事项和书面报告经过国家或省级发改委审核后,如果认为有必要公示的话,该问询函及书面报告将会被公示。

(六)注意事项

1. 国家发改委的核准/备案是境外投资的前置程序

属于核准、备案管理范围的项目,投资主体应当在项目实施前取得项目核准文件或备案通知书。如果没有取得相关文件,外汇管理、海关等有关部门将依法不予办理相关手续,金融企业依法不予办理相关资金结算和融资业务。

为了保证境外并购的顺利进行,此处建议企业首先应评估判断项目是否属于需要国家发改委核准/备案的项目,并及时在项目实施之前办理核准文件/备案通知书,避免对之后的外汇登记、海关等手续的办理产生影响。

另外,为了尽可能避免核准文件/备案通知书对交易项目的影响,并购双方通常会将“取得政府机构审批”作为交易文件生效的前提条件。

2. 有效期

核准文件、备案通知书有效期为2年。如果需要延长有效期的,投资主体可以在有效期届满的30个工作日前向出具该项目核准文件或备案通知书的机关

[1] 《企业境外投资管理办法》第四章第42条第1款。

[2] 《企业境外投资管理办法》第四章第45条第1款。

提出延长有效期的申请。[1]

为了保证境外并购的顺利进行，此处建议企业根据交易项目所需的时长，提前判断是否需要延长有效期。

二、商务部

商务部主要是从海外投资设立境外企业的角度对海外并购交易进行备案、核准。商务部对海外项目的管理文件主要有两个，一个是《境外投资管理办法》(商务部令2014第3号)，另一个是《对外投资备案(核准)报告暂行办法》(商合发〔2018〕24号)。前者具体规定了需要核准的项目和需要备案的项目，后者规定了各个部门之间就境外投资项目的协作与监管以及违反相关规定需要承担的法律责任。

(一)核准的范围

对于涉及敏感国家和地区、敏感行业的企业境外投资，商务部和省级商务主管部门实行核准管理。[2] 商务部对于"敏感国家和地区"[3]和"敏感行业"[4]的定义与国家发改委的定义有所区别，具体对比如表11-5所示。

表11-5 关于商务部与国家发改委对"敏感国家和地区"和"敏感行业"的定义之区别

	商务部	国家发改委
敏感国家和地区	(1)与中国未建交的国家;[5] (2)受联合国制裁的国家;[6] (3)其他实行核准管理的国家和地区的名单	(1)与中国未建交的国家和地区; (2)发生战争、内乱的国家和地区; (3)根据中国缔结或参加的国际条约、协定等，需要限制企业对其投资的国家和地区; (4)其他敏感国家和地区

〔1〕《企业境外投资管理办法》第三章第四节第35条第1款。

〔2〕《境外投资管理办法》第二章第6条。

〔3〕《境外投资管理办法》第二章第7条第1款。

〔4〕《境外投资管理办法》第二章第7条第2款。

〔5〕关于未建交国家的名单，可通过网址查询，网址为：cs. mfa. gov. cn/zlbg/bgzl/t1094257. shtml(未建交国家)。

〔6〕关于受联合国制裁的国家名单，可通过网址查询：www. un. org/security council/zh/sanctions/information。

续表

	商务部	国家发改委
敏感行业	(1)涉及出口中国限制出口的产品和技术的行业;[1] (2)影响一国(地区)以上利益的行业	(1)武器装备的研制生产维修; (2)跨境水资源开发利用; (3)新闻传媒; (4)根据中国法律法规和有关调控政策,需要限制企业境外投资的行业[2]

值得注意的是,2014 年 9 月 16 日商务部颁布《商务部办公厅关于做好境外投资管理工作的通知》,其中对为实现其实际拥有的公司权益在境外上市而设立特殊目的公司取消了"逐案核准"。如果不涉及敏感国家(地区)和敏感行业,按《境外投资管理办法》进行备案即可。[3]

对属于核准情形的境外投资,中央企业[4]向商务部提出申请,地方企业通过所在地省级商务主管部门[5]向商务部提出申请,[6]如图 11-6 所示。

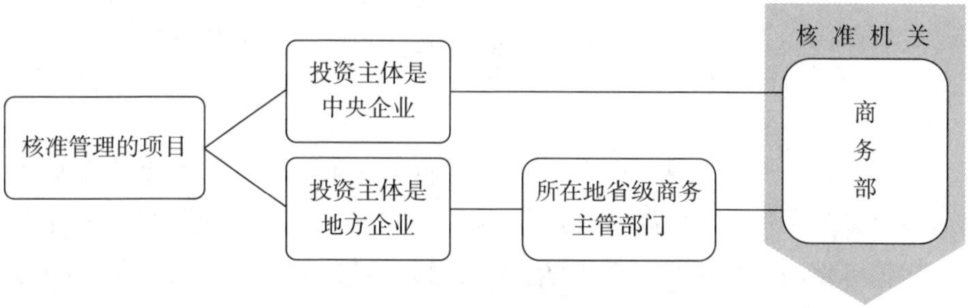

图 11-6　商务部核准范围

[1] 根据中华人民共和国商务部官方网(www.mofcom.gov.cn/index)公布的常见问题之回答,此类限制出口的产品和技术可参考《出口许可证管理货物目录(2023 年)》(商务部、海关总署公告 2022 年第 40 号)、《两用物项和技术进出口许可证管理目录》(商务部、海关总署公告 2022 年第 42 号)等相关规定。

[2] 《国务院办公厅转发国家发展改革委、商务部、人民银行、外交部关于进一步引导和规范境外投资方向指导意见的通知》(国办发〔2017〕74 号)第 4 条规定,需要限制企业境外投资的行业:(1)房地产;(2)酒店;(3)影城;(4)娱乐业;(5)体育俱乐部;(6)在境外设立无具体实业项目的股权投资基金或投资平台。

[3] 参见《商务部办公厅关于做好境外投资管理工作的通知》。

[4] 中央企业在地方的下属企业应通过中央企业集团总部在商务部办理境外投资备案和核准手续,其备案表或申请表应加盖中央企业集团总部公章。

[5] "省级商务部门"指的是"各省、自治区、直辖市、计划单列市及新疆生产建设兵团商务主管部门"。

[6] 《境外投资管理办法》第二章第 10 条第 1 款。

(二)备案的范围

对于上述涉及敏感国家和地区、敏感行业以外的其他情形的企业境外投资，由商务部和省级商务主管部门实行备案管理。对属于备案情形的境外投资，中央企业报商务部备案，地方企业报所在地省级商务主管部门备案，如图 11 －7 所示。

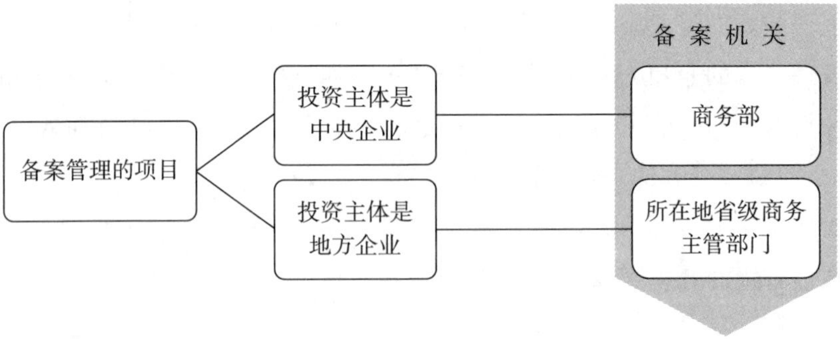

图 11 －7　商务部备案范围

(三)核准的流程

对属于核准情形的境外投资，中央企业向商务部提出申请，地方企业通过所在地省级商务主管部门向商务部提出申请。需要进行核准的境外投资项目除需要获得商务部的核准之外，还应当征询中国驻外使(领)馆(经商处/室)意见。涉及中央企业的，由商务部征求意见；涉及地方企业的，由省级商务主管部门征求意见。对予以核准的境外投资，商务部将会出具书面核准决定并颁发企业境外投资证书(以下简称境外投资证书)；对于不予核准的项目，商务部也会出具相关的书面说明。境外投资证书是企业境外投资获得备案或核准的凭证，按照境外投资最终目的地颁发。

1. 中央企业的核准流程(见图 11－8)

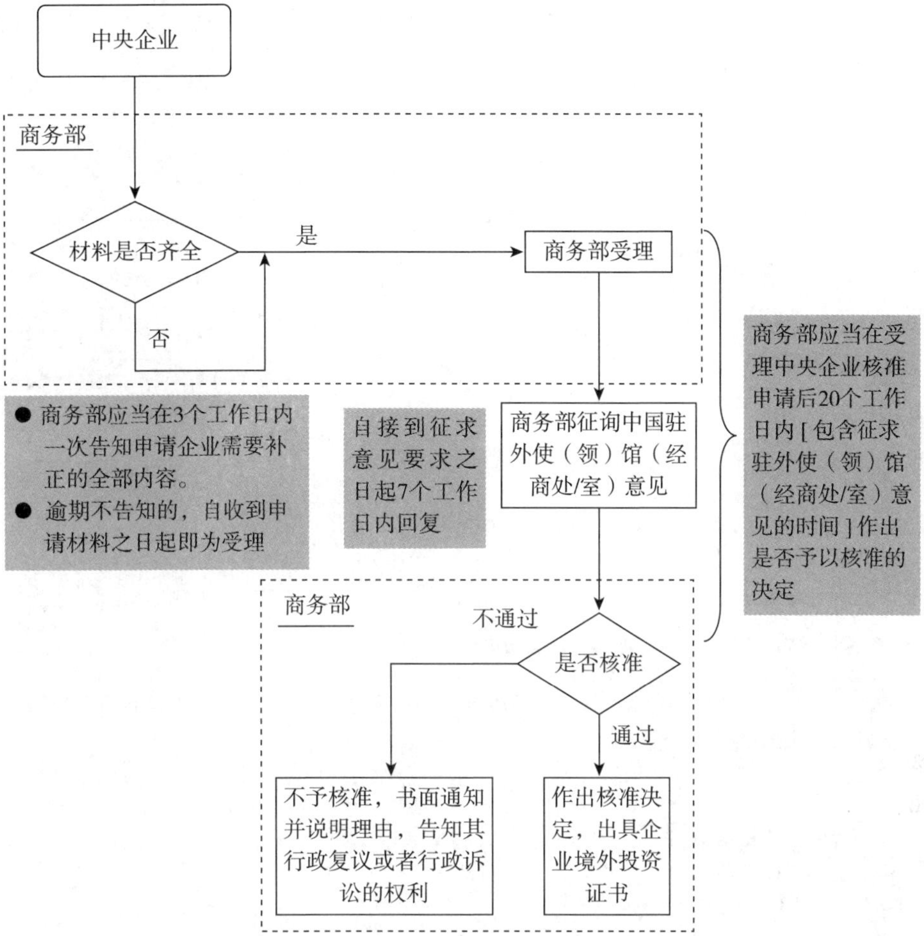

图 11－8　中央企业商务部核准流程图

2. 地方企业的核准流程(见图 11 －9)

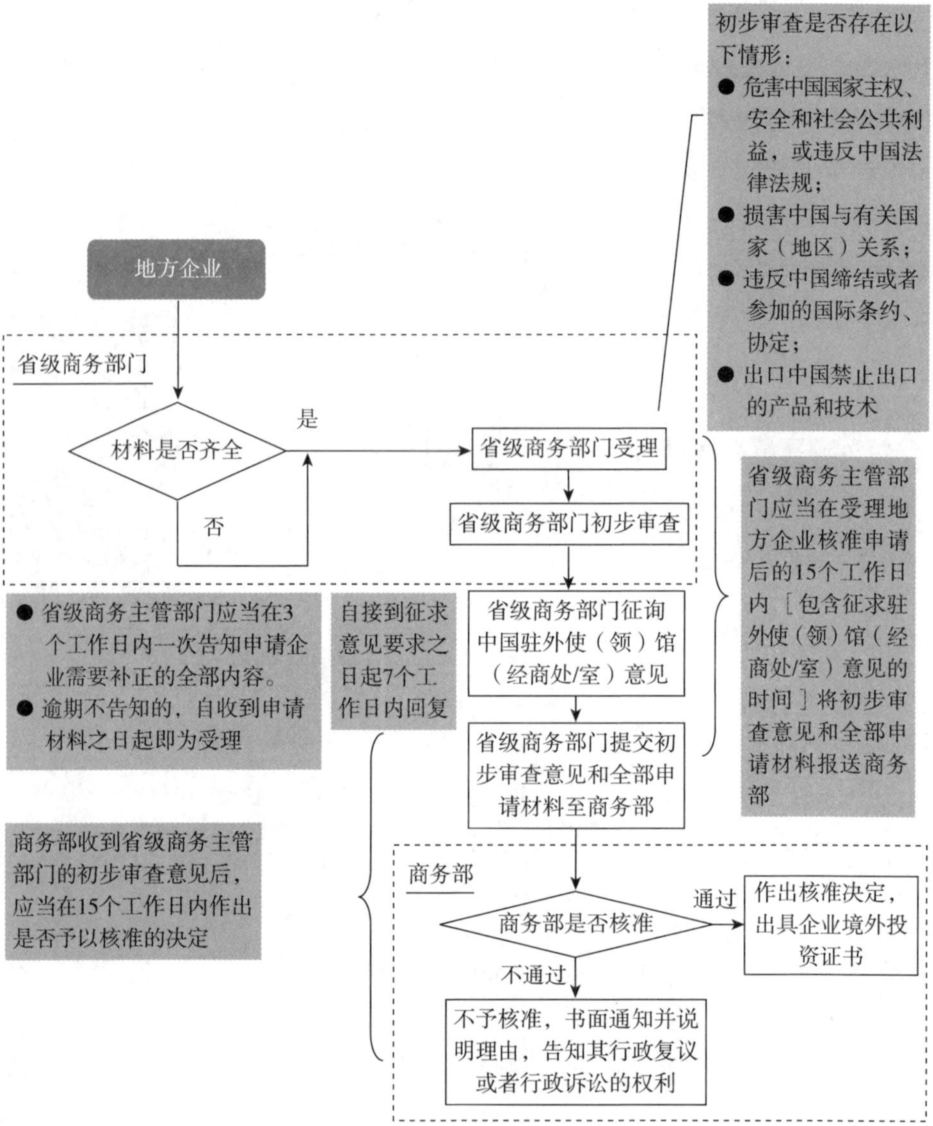

图 11 －9　地方企业商务部核准流程图

(四)备案的流程

对属于备案情形的境外投资，中央企业报商务部备案，地方企业报所在地省级商务主管部门备案,[1]如图11－10所示。

判断"是否予以备案"的标准包括[2]以下方面。

1. 备案表填写是否如实、完整、符合法定形式;

2. 交易项目中是否存在以下情形:

(1)危害中国国家主权、安全和社会公共利益,或违反中国法律法规;

(2)损害中国与有关国家(地区)关系;

(3)违反中国缔结或者参加的国际条约、协定;

(4)出口中国禁止出口的产品和技术。

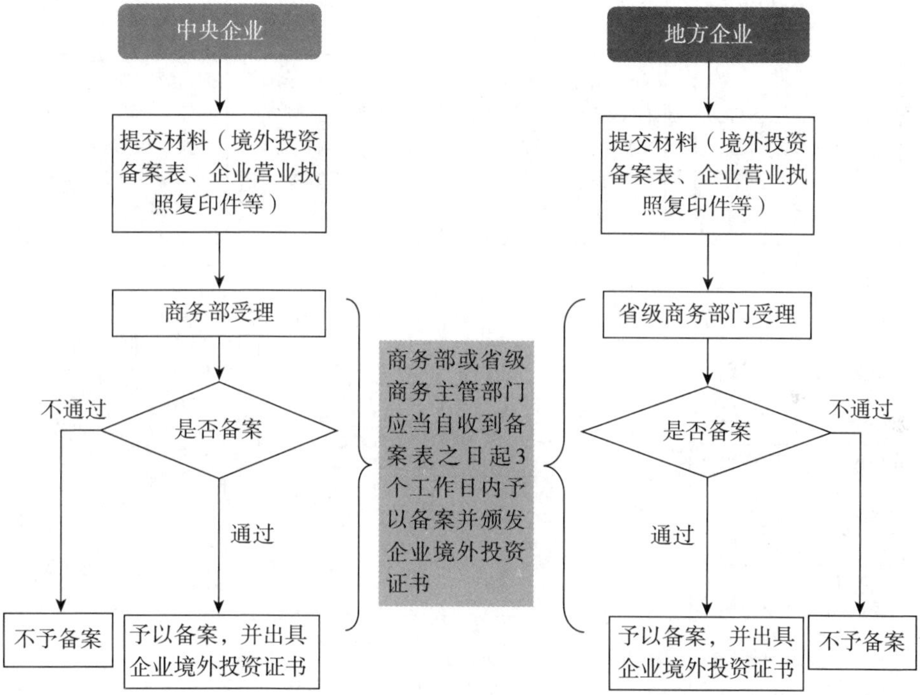

图11－10　中央及地方企业商务部备案流程图

[1]《境外投资管理办法》第二章第9条第1款。

[2]《境外投资管理办法》第二章第9条第3款。

三、外汇管理部门与银行

《对外投资备案(核准)报告暂行办法》第二章第11条规定,境内投资主体履行对外投资备案(核准)手续后,应根据外汇管理部门要求办理相关外汇登记。

国家外汇管理局(以下简称外管局)作为国务院的职能部门之一,有权对境内机构境外直接投资的外汇收支、外汇登记实施监督管理,具有依据法律和行政法规的授权制定部门规章的权限。

(一)法规变迁

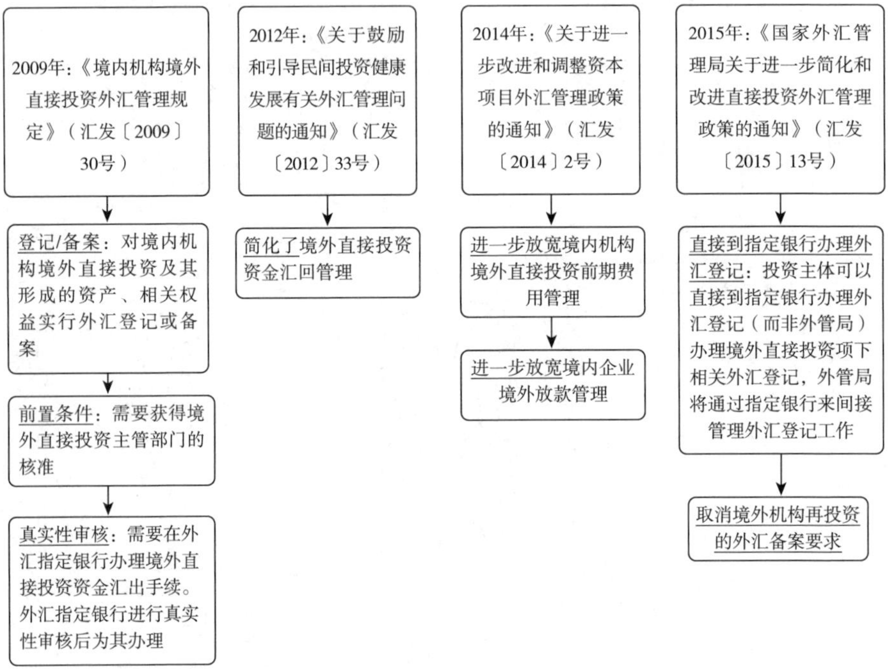

图11-11　关于外汇管理规定的法规变迁

经过一系列改革之后,如图11-11所示。根据自2015年6月1日起开始实施的《国家外汇管理局关于进一步简化和改进直接投资外汇管理政策的通知》规定,企业境外直接投资业务在获得相关主管部门批准后只需到银行办理外汇登记手续及后续账户开立及购付汇业务。银行主要是对境外投资所涉的外汇之金额和流向进行登记,然后将登记好的信息传输至外管局,由外管局进行监督管理。

（二）境外直接投资外汇业务的注意事项

1. 前期费用的金额限制和时间限制

如果企业需要向国外汇出前期费用，该笔费用需要在所在地银行办理“前期费用登记”，并且有金额限制。累计汇出的金额原则上不超过300万美元且不超过中方拟投资总额的15%。而且，即使是境内机构汇出境外的前期费用，该笔费用仍旧需要列入境外直接投资的总额。

除金额限制之外，境内机构对前期费用的使用还有时间限制。如果境内机构自汇出前期费用之日起6个月内仍未取得境外直接投资主管部门核准或备案的，应向所在地外汇局报告前期费用使用情况，并将剩余资金退回。如确有客观原因，境内机构可向所在地外汇局申请延期，但最长不超过12个月。

2. 多家机构共同投资

如果是多家境内机构共同投资的话，那么可以指定其中一名机构去办理境外投资的外汇登记。办理完成之后，各个机构都可以分别向注册地外汇局领取外汇业务登记凭证，并且凭借外汇业务登记凭证到外汇指定银行办理投资资金汇出手续。

3. 股权出资和债权出资的区别

根据《国家外汇管理局关于进一步改进和调整直接投资外汇管理政策的通知》规定，境内机构对境外企业出资形式具体分为股权出资和债权出资。这主要是为了简化境外投资外汇管理，以满足一部分境内机构其所投资的境外企业投资总额与注册资本的差额以借款形式存在并且该部分差额需要汇回境内的需求。目前，外管局在办理境外投资外汇登记时，会根据境外投资主管部门的批准文件，将境外企业注册资本部分以股权出资进行登记，投资总额与注册资本的差额部分以债权出资进行登记。如果境外企业有充足的资金可以将债权出资部分的资金通过债权形式汇回境内，则无须再到境外投资主管部门办理减资等手续。

此外，需要注意的是，境内机构通过债权形式汇回境内的资金，必须是在外管局已经办理了债权登记并且是以债权形式汇出的资金；债权形式汇回境内的资金需要通过开立境外投资项目资产变现账户并入账后方可按规定使用。境内机构可直接到银行办理境外投资项目资产变现账户开户和债权资金的入账手续。

4. 实物或其他非货币形式的境外直接投资

境内机构以实物、无形资产或股权等非货币形式进行境外直接投资的，除需要办理境外直接投资外汇登记外，在完成非货币形式出资后，还需要到其注册所在地外汇局办理非货币形式出资的确认登记。境内机构未办理非货币形式出资确认登记的，将无法办理减资、转股、清算等资金调回手续。

5. 转股、减资资金汇回

对于因转股、减资等原因不再持有境外企业股权的境内机构，如需将转股、减资资金汇回境内，首先需要在其注册所在地外汇局办理外汇变更登记手续。多个境内机构共同投资设立境外企业的，由约定的其中一个投资主体向其注册地所在外汇局申请办理变更登记，其他境内机构无须重复申请。境内机构在外汇局办理变更登记并获得外汇业务登记凭证后，凭外汇业务登记凭证直接到外汇指定银行办理境外资产变现账户开立、汇回资金入账手续。

6. 人民币境外直接投资

境内机构可以直接使用人民币进行境外直接投资。境内机构以人民币进行境外直接投资的，在办理境外直接投资外汇登记的程序上与其他货币出资没有区别。

四、国务院国有资产监督管理委员会

如果境内企业在进行海外投资的过程中，涉及国有企业或者国有资产的时候，除需要获得国家发改委和商务部的审批之外，还需要经过国有资产主管部门核准、备案及登记。

与国家发改委和商务部的审批不同，国资委主要是从国有资产监督管理的角度进行核准。其中涉及的管理条例包括《中央企业境外投资监督管理办法》（国资委令第 35 号）、《中央企业投资监督管理办法》（国资委令第 34 号）、《市场准入负面清单（2022 年版）》（发改体改规〔2022〕397 号）、《中央企业境外国有资产监督管理暂行办法》（国资委令第 26 号）及《中央企业境外国有产权管理暂行办法》（国资委令第 27 号）等。

（一）禁止投资及列入负面清单的投资项目

《中央企业投资监督管理办法》第 9 条第 1 款第 2 句及《中央企业境外投资

监督管理办法》第9条第1款第2句规定，列入负面清单禁止类的投资项目，中央企业一律不得投资；列入负面清单特别监管类的投资项目，中央企业应报国资委履行出资人审核把关程序；负面清单之外的投资项目，由中央企业按照企业发展战略和规划自主决策。

《对外投资备案（核准）报告暂行办法》（商合发〔2018〕24号）第9条规定，国务院国资委履行出资人职责的中央企业的对外投资，属于《中央企业境外投资监督管理办法》（国资委令第35号）规定的“特别监管类”项目的，应按照国有资产监督管理要求履行相应手续。

（二）涉及国有产权变动的情形

根据《中央企业境外国有产权管理暂行办法》（国资委令第27号）规定，需要报国资委审核同意的情形如表11－6所示。

表11－6　《中央企业境外国有产权管理暂行办法》规定之涉及国资委审核同意的情形

序号	适用情形	所需手续	法律依据
1	中央企业重要子企业由国有独资转为绝对控股、绝对控股转为相对控股或者失去控股地位的	报国资委审核同意	《中央企业境外国有产权管理暂行办法》第11条
2	境外注册并且上市公司属于中央企业重要子企业的股份发生变动	报国资委审核同意或者备案	《国有股东转让所持上市公司股份管理暂行办法》（国资委令第19号）；《中央企业境外国有产权管理暂行办法》第15条

根据《中央企业境外国有产权管理暂行办法》（国资委令第27号）规定，需要报国资委核准的情形如表11－7所示。

表11－7　《中央企业境外国有产权管理暂行办法》规定之涉及国资委核准的情形

序号	适用情形	所需手续	法律依据
1	中央企业及其各级子企业以其拥有的境内国有产权向境外企业注资或者转让，或者以其拥有的境外国有产权向境内企业注资或者转让	聘请具有相应资质的境内评估机构对标的物进行评估，并办理评估备案或者核准	《企业国有资产评估管理暂行办法》（国资委令第12号）；《中央企业境外国有产权管理暂行办法》第9条

续表

序号	适用情形	所需手续	法律依据
2	涉及中央企业重要子企业由国有独资转为绝对控股、绝对控股转为相对控股或者失去控股地位等经济行为的	评估项目或者估值情况应当报国资委备案或者核准	《中央企业境外国有产权管理暂行办法》第10条第1款

（三）其他需国资委备案或核准的情形

国资委在对中央企业[1]的海外投资管理上，分为备案和核准两种类型。根据《中央企业境外投资监督管理办法》第7条和第14条的规定，属于企业主业[2]的境外投资项目制度要报送国资委，非主业境外投资项目须报国资委审核。

另外，根据《中央企业境外国有资产监督管理暂行办法》（国资委令第26号）规定，需要报国资委备案或核准的情况如表11－8所示。

表11－8 《中央企业境外国有资产监督管理暂行办法》规定之涉及国资委备案或核准的情形

序号	适用情形	所需手续	法律依据
1	中央企业及其重要子企业收购、兼并境外上市公司以及重大境外出资行为	依照法定程序报国资委备案或者核准	《中央企业境外国有资产监督管理暂行办法》第7条第2款
2	以非货币资产向境外出资的	应当依法进行资产评估并按照有关规定备案或者核准	《中央企业境外国有资产监督管理暂行办法》第9条
3	境外金融衍生业务	按照相关规定报国资委备案或者核准	《中央企业境外国有资产监督管理暂行办法》第14条

根据《中央企业境外国有资产监督管理暂行办法》规定，仅需要报国资委备案的情况如表11－9所示。

---

〔1〕《中央企业境外投资监督管理办法》第2条规定，中央企业是指国务院国有资产监督管理委员会代表国务院履行出资人职责的国家出资企业。

〔2〕这里的主业是指由中央企业发展战略和规划确定并经国资委确认公布的企业主要经营业务；非主业是指主业以外的其他经营业务。

表 11－9　《中央企业境外国有资产监督管理暂行办法》规定之涉及国资委备案的情形

序号	适用情形	所需手续	法律依据
1	外派人员薪酬管理办法	报国资委备案	《中央企业境外国有资产监督管理暂行办法》第 15 条第 2 款
2	重要境外企业中方负责人的经济责任审计报告	报国资委备案	《中央企业境外国有资产监督管理暂行办法》第 34 条

第三节　反垄断审查

世界上有上百个国家/地区制定了反垄断法。从海外并购项目的启动到交易的整个流程，所有关于经营者集中反垄断审查的要点，都要引起交易方足够的重视。

买方应当尽早地判断该国家/地区是否要求反垄断审查，并对有关国家/地区的反垄断法进行适当的预测。如果并购活动引起了某些国家/地区的反垄断部门的关注，则需要事先制订相关措施计划，如资产剥离、业务独立等，并寻找第三方收购人，以便最大限度地降低反垄断对跨国并购的投资可能造成的影响。

一、交易初期

在此阶段，买方在制定并购战略时，应当慎重考虑在该国家/地区是否需要进行反垄断法的审查以及需要获得哪些许可。通常，如果目标公司的资产和经营指标达到相关区域的反垄断法审查的要求，则需要对其进行反垄断法评估。

在申报过程中，大多数国家/地区是以双方资产、销售或市场份额为依据的。在跨国并购案中买方不但需要向证券交易所所在地的反垄断机构提出，而且要确定是否有向其他国家/区域提供反垄断申报的责任。

二、并购磋商阶段

在并购谈判阶段，交易方应充分考虑到企业在反垄断申报过程中所要承担的责任以及不能顺利通过反垄断审查的风险，以及如何防范可能被判定为“垄断”的行为。

在起草协议时，应充分考虑反垄断的审批与风险的分配，其主要内容有：

(1)反垄断审查的批准是否为先决条件。目前，世界上大多数国家/地区都实行强制性申报。

(2)反垄断复审阶段申报主体的确定。在提交反垄断复审时，通常会在协议中约定一方为牵头申报人，其他各方配合牵头申报人提供相关申报信息等。

(3)反垄断监管机构提出的修改意见。通常而言，如果并购交易初次提交后未得到反垄断监管机构的批准，监管机构可能会向并购交易方提出修改方案，如资产剥离或改变交易结构等。在交易协议中可就可能涉及的修改方案进行约定。

(4)交易协议中是否涉及与反垄断审批相关的特殊条款(如陈述与保证、“分手费”及反向“分手费”、违约条款等)或定价机制等。

(5)如果交易前最终未获反垄断核准，应如何分配各方的权利义务等。

另外，即使并购交易没有达到“垄断”的审核标准，买方和卖方的信息交换也是一种可能触发“反垄断审查”的行为。通常，当买方和卖方都是竞争者、市场份额很大的时候，当一方向另一方提供价格、市场状况和敏感的竞争信息时，也可能会遭到反垄断法的调查或起诉。因此，在进行收购的过程中，双方都要小心遵守相关的反垄断法。

三、经营者集中的反垄断申报

企业并购使相关行业集中度上升，容易产生或加强部分企业的市场支配地位，使其更容易排除或限制竞争。因此，各国反垄断法一般都包含并购审查或经营者集中的规定以维护市场竞争秩序，交易各方也通常会在收购协议中对反垄断事项作出相应规定确保交易的顺利完成，反垄断审查已成为企业并购交易过程中必须予以重视的一个环节。

各国的并购交易反垄断申报制度(也称经营者集中申报)，均要求达到一定营业规模的并购参与方就并购事宜向反垄断(也称竞争法)执法机关进行申报，反垄断执法机关经审查可依法决定批准、附条件批准或禁止并购。需要注意的是，即便并购交易方位于该国之外，只要对该国国内产业有影响，达到申报的标准,就应申报并获得批准。以下介绍欧盟、美国和中国的反垄断申报制度。

（一）中国

根据《反垄断法》及其他相关的法律规定,当一项交易同时满足以下条件时,需要向国家市场监督管理总局反垄断局提交经营者集中反垄断申报:(1)该项交易属于法律规定的“经营者集中”情形;(2)该项交易中参与集中的经营者满足经营者集中的申报标准;(3)该项交易不符合法律规定的豁免申报情形。

1.“经营者集中”情形

《反垄断法》第25条规定,经营者集中是指通过经营者合并、股权取得、资产取得、合同等方式取得对其他经营者的控制权或者能够对其他经营者施加决定性影响的情形。虽然新设合营企业的情形不属于《反垄断法》明文规定的经营者集中类型,但此类交易一般都伴随着股权和资产的控制权变更以及经济力量的联合或竞争关系的改变,在达到申报标准的情况下同样也应当进行经营者集中申报。《关于经营者集中申报的指导意见》对此作出相关规定,即对于新设合营企业,如果至少有两个经营者共同控制该合营企业,则构成经营者集中。

根据上述规定,判断控制权或决定性影响对于界定交易是否构成经营者集中至关重要。《〈反垄断法〉修订草案(公开征求意见稿)》规定“控制权”是指经营者直接或者间接,单独或者共同对其他经营者的生产经营活动或者其他重大决策具有或者可能具有决定性影响的权利或者实际状态。但现行《反垄断法》及相关法律法规并未对控制权或决定性影响进行明确界定,仅对控制权的考量因素进行了列举。《经营者集中审查规定》中对控制权的考虑因素作了如下罗列:

(1)交易的目的和未来的计划;

(2)交易前后其他经营者的股权结构及其变化;

(3)其他经营者股东(大)会的表决事项及其表决机制,以及其历史出席率和表决情况;

(4)其他经营者董事会或者监事会的组成及其表决机制;

(5)其他经营者高级管理人员的任免等;

(6)其他经营者股东、董事之间的关系,是否存在委托行使投票权、一致行动人等；

(7)该经营者与其他经营者是否存在重大商业关系、合作协议等。

值得关注的是，反垄断语境下的控制权不同于一般公司法语境下的控制权。在反垄断语境下，即使并非绝对控股或相对控股，仍然可能被认定为具有控制权。因此，控制权与持股比例没有必然关系，一项股权收购交易是否会触发经营者集中申报不在于收购的股权比例有多少，即使收购的是少数股权，如果因此享有对目标公司日常经营或者战略决策事项的否决权，仍有可能会被认定为对目标公司具有控制权。

2. 营业额标准

中国采用经营者集中事前申报制度。经营者营业额的计算关系到一项集中是否需要在事前强制申报，以及未申报是否需要承担相应的法律责任。

国务院《关于经营者集中申报标准的规定》第3条规定，经营者集中达到下列标准之一的，经营者应当事先向国务院反垄断执法机构申报，未申报的不得实施集中：(1)参与集中的所有经营者上一会计年度在全球范围内的营业额合计超过120亿元人民币，并且其中至少两个经营者上一会计年度在中国境内的营业额均超过8亿元人民币；(2)参与集中的所有经营者上一会计年度在中国境内的营业额合计超过40亿元人民币，并且其中至少两个经营者上一会计年度在中国境内的营业额均超过8亿元人民币。

在计算上述参与集中的经营者的营业额时，《经营者集中审查规定》(国家市场监督管理总局令第67号)给出了较明确的计算标准：

(1)营业额包括相关经营者上一会计年度内销售产品和提供服务所获得的收入，扣除相关税金及附件。

(2)在计算参与集中的具体经营者的营业额，不仅要计算该经营者自身及其直接、间接控制的所有经营者的营业额，还应包括其最终控制人及最终控制人直接或者间接控制的所有其他经营者的营业额，上述营业额不包括被同一最终控制人控制的经营者相互之间的内部营业额。

(3)计算参与集中经营者的营业额以申报前与其有控制关系的经营者的范围为准。在申报时已失去控制权的，其营业额不计入参与集中经营者的营业额；在申报前新取得控制权的，其营业额应计入参与集中经营者的营业额。

(4)参与集中的经营者之间或参与集中的经营者与未参与集中的经营者之间有共同控制的经营者时,计算参与集中的经营者的营业额,应当包括被共同控制的经营者的营业额,但其营业额应在共同控制方之间进行合理分配,不应重复计算。

(5)经营者取得其他经营者的组成部分时,出让方失去对被出让部分控制权的,出让方不是参与集中的经营者,被出让的部分属于参与集中经营者。因此,在计算其营业额时,仅计算被出让部分及其直接或间接控制的所有经营者的营业额。

(6)金融业经营者营业额的计算,按照金融业经营者集中申报营业额计算相关规定执行。

3. 豁免情形

《反垄断法》第 27 条规定,经营者集中有下列情形之一的,可以不向国务院反垄断执法机构申报:(1)参与集中的一个经营者拥有其他每个经营者 50% 以上有表决权的股份或者资产的;(2)参与集中的每个经营者 50% 以上有表决权的股份或者资产被同一个未参与集中的经营者拥有的。

对于不属于上述法定豁免情形,且营业额达到标准的经营者集中情形,需要根据相关法律法规规定进行经营者集中申报。实践中,若属于豁免情形但仍进行申报的,可以向反垄断局申请撤回申报。

(二)美国

在美国,美国联邦贸易委员会(Federal Trade Commission)每年需要根据上一年度的国民生产总值来调整每年 HSR 法案(Hart-Scott-Rodino Antitrust Improvements Act)中并购申报标准。

1. 2024 年申报标准

是否需要提交 HSR 申报取决于收购方在交割时所持有的投票权证券、非公司权益和/或资产总额价值是否超过了 HSR 法案规定的交易规模门槛。2024 年美国联邦贸易委员会将最低交易规模门槛的标准定为 1.195 亿美元,即若被收购人持有超过 1.195 亿美元的有表决权证券、非公司权益或资产,则可能需要进行 HSR 申报。接着,交易主体需要进一步满足交易方规模门槛的标准才需要进行 HSR 申报,具体有下述两种标准:

(1)标准一:交易规模大于1.195亿美元,但小于或等于4.78亿美元;一方[或其最终母公司(ultimate parent entities)]的总资产或年度净销售额大于或等于2.39亿美元,且另一方(或其最终母公司)的总资产或年度净销售额大于或等于2390万美元。

(2)标准二:交易规模大于4.78亿美元,无论交易方资产/销售额规模大小均须进行申报。

2. 申报费用

与中国反垄断申报无须申报人承担任何审查费用不同,申报人在向美国反垄断审查机关提交材料时,需要缴纳一笔价格不菲的审查费用,该费用由美国联邦贸易委员会每年根据国民生产总值的变化进行调整。

2022年12月29日,美国总统拜登签署了2022年《并购申报费现代化方案》。自2024年起,申报费将根据居民消费价格指数(CPI)的变化进行调整。

2024年申报费用如表11-10所示。

表11-10 美国2024年反垄断审查申报费用

序号	交易规模	申报费用
1	小于1.733亿美元	30,000美元
2	1.733亿美元或以上但小于5亿美元	105,000美元
3	5.365亿美元或以上但小于10亿美元	260,000美元
4	10.73亿美元或以上但小于20亿美元	415,000美元
5	21.46亿美元或以上但小于50亿美元	830,000美元
6	53.65亿美元或以上	2,335,000美元

3. 申报程序

一旦交易方能够提供启动审查的具体文件,比如签订了正式协议、意向书或宣布了公开要约,即可进行申报,未进行HSR申报的交易方会因违规而处以以日为单位计算的巨额罚款。进行HSR申报的交易在提交材料并缴纳费用后便进入审查初始等待期,然后美国司法部和联邦贸易委员会经过协商确定具体审查机关,对申报交易进行审查并给出相应的批准或禁止决定。

如果买方在等待期结束前就对被并购主体的义务或资产施加了控制,则会被视为抢跑(gun-jumping)。监管机构可能会对实施"抢跑"违法行为的交易方提起诉讼,并处以罚款。

(三)欧盟

在欧盟,有关经营者集中制度的相关规定主要是第 139/2004 号条例 [Council Regulation (EC) No. 139/2004 of 20 January 2004 on the control of concentrations between undertakings],也称欧盟并购条例(the EC Merger Regulation)。

1. 申报情形与标准

在欧盟并购条例中,“经营者集中”是指企业合并、取得企业控制权(股权或资产收购,或通过其他方式取得控制权)以及合资交易达到“共同体规模”的情形。

具体的申报标准为,参与集中的企业在全球范围内的总营业额超过 50 亿欧元,且至少其中两家企业在欧盟范围内的营业额分别超过 2.5 亿欧元,或者同时符合以下条件:(1)参与集中的企业在全球范围内的营业总额超过 25 亿欧元;(2)这些企业在三个以上成员国境内的营业总额分别超过 1 亿欧元;(3)在符合(2)中条件的每个成员国内,至少两个企业的营业额分别超过 2500 万欧元;(4)至少两家企业在欧盟范围内的营业额分别超过 1 亿欧元。

但是,如果参与集中的所有企业在同一成员国境内的营业额分别超过各自在欧盟范围内总营业额的 2/3,则该交易不需要向欧盟委员会(European Commission)申报。

2. 申报义务

根据欧盟并购条例规定,符合申报情形的经营者必须在交割前进行申报,申报可以在交易交割前的任何时间提交到欧盟委员会,包括签署最终协议或者公开招标之前,只要各方能够向欧盟委员会证明其出于善意希望签署协议或宣布进行公开招标。如经营者未经申报或申报后未获许可就实施集中,欧盟委员会将根据违法行为的性质、严重性和持续时间,对违法企业处以不超过所有交易中相关企业全球年度营业额 10% 的罚款。

3. 申报程序

如经营者仅一项交易满足了欧盟反垄断申报条件,其一般仅需受到欧盟竞争委员会(European Competition Commission)审查并取得其批准即可,而无须在其涉及的每一成员国进行申报。通常,欧盟委员会需要25个工作日对该申报进行调查,最多延长至35个工作日。若欧盟委员会认为此项集中将在共同市场上产生限制或排除竞争的影响,欧盟委员会可以决定开展第二阶段的进一步调查,第二阶段审查期限为90个工作日,可根据情况延长,但在至多125个工作日内欧盟委员会必须作出许可或禁止交易的决议。

四、并购中的反垄断问题的评估与管理

(一)签约前评估

交易前期,交易方应预先评估交易在哪些国家应进行申报。多数国家都要求事前申报,未获得批准前,交易将会被认定为无效。

对中国企业海外并购而言,反垄断审查最主要的国家和地区涵盖中国、美国、欧盟。交易筹划初期中国企业应听取律师的意见,初步判断在哪些国家和地区有申报义务,并评估获得审批的可能性。

有时候交易双方在部分国家和地区的资产和营业收入不多,但由于此类国家的申报门槛很低或程序不够透明,也可能需要申报。如果将申报全部完成作为交割的先决条件,就很可能会影响交易进程。交易方应首先判断相关国家和地区是否需要进行申报,评估不申报的后果。其次考虑哪些国家的反垄断审查的完成应作为交割的先决条件,哪些不作为先决条件。最后还需约定,如果在个别国家的反垄断申报尚未完成的情况下交易即已交割,且在该等国家的反垄断申报遭遇阻碍,交易方尤其是买方应采取的措施(如剥离、第三方托管等)。

1. 尽职调查过程中的信息交流

除了并购申报制度,各国反垄断法通常禁止竞争对手之间交流敏感信息。如果买卖双方是竞争对手,并购过程中交易方还需要判断尽职调查以及其他信息交流是否违反反垄断法关于垄断协议的规定。

2. 签约后到交割

签约后到交割前,一方面交易方会准备申报材料,向世界各地相关反垄断执法机关提交报告,并努力取得相关反垄断机关的批准。另一方面还需要避免采取违反其他反垄断法禁止的行为。实践中,特别是交易方是竞争对手的情况下,在交割之前买方应避免干预目标公司的经营,尤其是涉及市场、产品竞争等敏感

信息,如产品定价和折扣、当前及未来的研发活动、营销的地区、资本支出和产能扩建、聘用和人事活动、市场竞争战略的执行等。

在实践中,有时交易方已经具备交割条件,但在个别国家仍然未能取得批准。虽然交易方在该国家的资产和营业收入可能不多,但法律却可能明确规定不获得审批的交易无效,或者规定巨额罚款。此时对于交易方,就需要制定妥善的处理方案,决定继续等待该国的审批还是先行完成交易。如果决定先行完成交易,也可以考虑给予相关政府部门通知或申请豁免,或采取其他协议方式,以达到符合该国反垄断监管要求的目的。

(二)并购法律文件对于反垄断的约定

鉴于反垄断问题对并购交易的重要性,交易方通常会在收购协议中作出相应约定,对于反垄断问题主要约定在陈述与保证、取得反垄断审批的义务、交割的先决条件、终止费等条款中,下面将进行阐述。

1. 陈述与保证条款

在陈述与保证条款中,反垄断方面主要体现在交易方在保证其在历史上没有违反垄断法的行为,以及说明除并购所涉及的国家和地区的反垄断审批及其他列明的政府审批外,交割不需要取得其他政府审批。

2. 取得反垄断审批的义务

在收购协议中通常约定各方,特别是买方有义务尽快完成反垄断申报,而鉴于反垄断申报往往需要双方配合提供资料,进行市场分析,在协议中也会规定双方的配合义务。值得注意的是,如果双方约定在确定时间内完成申报,双方尤其是买方需要评估所涉地区申报准备和提交的时间。

3. 交割的先决条件

反垄断审批的取得一般作为交割的先决条件,但如果在一些对于买卖双方业务而言不重要的国家也需要申报,交易方有时会将部分国家反垄断审批的取得作为交割的先决条件,而将对于买卖双方业务而言不重要的国家的申报作为后续义务,不影响交割。

4. 终止费

终止费,也称分手费,通常指由于一方原因导致交易无法完成情况下,应支付给对方的金额。卖方原因不能完成交易时,卖方支付给买方的金额一般称为终止费。由于买方原因导致交易不能完成时,买方应向卖方支付的金额一般称为反向终止费。在一些海外并购交易中,处于优势地位的卖方会要求并购协议规定,如果由于交易因未获得反垄断审批而失败,买方应向卖方支付反向终止费。

第四节　国家安全审查

中国企业在海外投资并购中,不仅将受到《反垄断法》的管制,也会引起其他地区对外资的监管。欧盟委员会2020年6月发布了《关于在外国补贴方面创造公平竞争环境的白皮书》,旨在制定一项新的针对在欧洲开展业务或收购业务的中国企业(尤其是国有企业)的监管机制。2019年2月,欧盟通过《欧盟统一外资安全审查框架建议》,设立了外资审查机制,将于2020年10月11日正式实施。时任美国总统特朗普于2018年8月签署了《外国投资风险审查现代化法案》(FIRRMA),扩大了美国外国投资委员会(CFIUS)安全审查的权力。

近年来,中国企业的海外投资、并购业务都受到了一些限制,如国家安全监管。在如今的国际政治和跨境贸易的环境下,中国企业在进行跨国收购时,应充分重视其在国际上的影响。尤其是在涉及敏感行业和地区的贸易事务时,尽早聘请有丰富经验的律师,审查所有可能对交易流程和结果产生重要影响的因素。

外商投资安全审查制度是指由行政机关对外国公司收购本国资产进行监管,对跨国并购与外国投资中可能影响国家安全的因素进行考察,从而决定是否批准并购和允许外资进入的制度。近年来,美国在硬科技领域对外国企业,特别是中国企业收购美国相关企业和资产采取严控政策。英、德、法、意、韩等硬科技产业先进国家,从本国的经济、军事安全及硬科技领域竞争力等角度出发,纷纷出台保护本国产业的政策,加强对外国资本收购本国硬科技企业的审查,可见,各国政府对硬科技行业的保护尤为重视。

中国企业进行海外硬科技行业的投资与并购,反垄断和安全审查将继续构成其主要的监管障碍。着眼于市场集中的反垄断法在跨国并购中是最重要的政府审批,防止市场过度集中,保障市场竞争,也保护本国产业利益。硬科技行业作为现代科技皇冠上的“明珠”，被广泛用于民用和国防，国家安全成为外国政府顺理成章的监管理由。外商投资的国家安全与反垄断审查并驾齐驱，是硬科技行业跨国并购的两大主要监管障碍，对中国企业而言，国家安全审查是最主要的挑战。

2019 年以来，美国出口管制法直接限制了华为等中国企业获得美国产品与技术。出口管制和安全审查是两套制度，关注的对象不同，前者是对产品和技术的出口、转让进行管制，后者是对外国人士直接和间接收购本国资产进行审查。但二者也有很多关联，首先，如果一个国家对中国收购其某个硬科技企业有顾虑，那么该企业的关键技术向中国的转移也可能受到限制。其次，如果中国企业成功收购某外国公司，但该外国公司的部分技术受到东道国的出口限制，那么并购后，外国公司的技术或产品向中国的转让可能需要获得出口许可证，中国籍员工可能不得接触该技术。因此，在海外并购中，中国企业对出口管制法规也需要充分考虑。

一、美国国家安全审查制度简介

CFIUS 是对中国企业海外并购影响最深的外国安全审查机构。CFIUS 是负责对外国人士收购美国资产进行国家安全审查的美国跨机构组织，由美国财政部长担任主席，国防部长、国土安全部长、国务卿、商务部长、能源部长、司法部长、美国贸易代表、白宫科技政策办公室主管等作为共同组成人员。

CFIUS 如认定某一交易对美国的国家安全构成威胁，其根据相关的法律规定，有权禁止交易或对交割附加条件。CFIUS 对于已经完成的交易也有权进行调查，可以认定已完成的交易无效并责令恢复原状。

2018 年 8 月 13 日，时任美国总统特朗普签署了 FIRRMA，强化了美国的国家安全审查制度。根据该法案规定，CFIUS 对于“受控制的交易”（covered transactions）有管辖权。一般而言，“受控制的交易”是指“外国人士”对“美国业务”（US business）进行投资并获得对“美国业务”的“控制”（Control）的交易。

“外国人士”，即指外国人、外国政府、外国主体（并非由美国人拥有多数权益的主体），或一个由上述三类主体掌握控制权的美国国内或美国境外主体。

若投资方是一家成立于美国的公司，但上述三类主体拥有该公司的控制权，则投资方仍将被 CFIUS 认定为是外国人士。

“美国业务”，是指任何在美国进行跨州商业活动的实体（无论其控制人的国籍），但仅限于其在美国的跨州商业活动，也即实体的业务经营地点位于美国，而并非仅仅取决于其设立地。如果仅从美国公司收购资产，而收购的资产本身不足够独立进行业务运营，通常不认为构成“美国业务”。换言之，即便买卖双方和目标公司都不是美国公司，但目标公司有美国子公司或其他资产，也可能是受控制的交易。

2018 年 11 月之前，对 CFIUS 申报属于自愿申报。若外国投资者收购美国业务可能涉及美国“国家安全”、“关键技术”和“关键基础设施”，企业可以主动向 CFIUS 申报，由 CFIUS 就其对美国国家安全的影响进行评估。申报一旦提交，在获得 CFIUS 批准前不得交割。尽管在 2018 年 11 月之前美国并未强制要求交易各方向 CFIUS 进行申报，但 CFIUS 有权就过去交割的项目进行调查，并对其发现的交易中存在的无法解决的国家安全问题，可命令撤销该交易或剥离被收购企业或资产。事实上，CFIUS 自 2019 年以来也会对历史交易审查。

2018 年 11 月以后，根据 FIRRMA 规定，部分行业的外国投资受到强制提前申报的要求。对特定生产、设计、检测、制造、开发等 27 个行业的关键技术的业务进行外商控股或非控股投资，需要事前提交申报。这 27 个行业包括“存储电池的制造”和“硬科技机械制造”等。该规定仅适用 2018 年 11 月 10 日之后交割完成的交易。

企业在判断是否需要向 CFIUS 申报时，可以采取如下步骤进行逐步分析。

首先，判断交易中的投资方是否为外国人士。其次，判断交易是否涉及美国业务的直接或间接权益。最后，判断该外国人士是否获得美国业务的控制权。控制权可以体现于有投票权的所有权、董事会席位、投票权委托、特殊股份安排、合同约定、整体资产收购、正式或非正式的共同行动安排或其他形式，而不仅是狭义的购买 50% 或控股股权。控制权变更投资具体可包括：

（1）股权、资产收购、合并、上市公司收购，以及其他企业合并投资；

（2）使投资方表决权占比大于 10% 的少数股权投资；

（3）使投资方获得董事会席位或获得董事会观察员身份的投资；

(4)间接收购(如通过收购美国公司或其他美国业务的外国母公司的股权);

(5)对美国业务拥有重大控制权的合资企业以及其他商业安排等。

对于中国企业而言,表决权占10%以上的少数股权投资、获得董事会席位或获得董事会观察员身份的投资、收购那些有美国子公司或其他美国业务的外国公司的股权也应分析是否受到CFIUS管辖。

若外国人士获得了美国业务的控制权,且投资的目标公司的技术用于或涉及用于FIRRMA规定的27类特定行业的"关键技术"或"基础与新兴技术",则必须向CFIUS进行申报。若并未涉及这27类特定行业中的"关键技术"或"基础新兴技术",则没有强制申报的要求。但基于影响美国国家安全的具体程度,仍可以考虑自愿申报。

值得注意的是,外国人士并未获得美国业务的控制权,并非意味着不会被要求强制申报,还需判断是否取得了"重大但不变更控制权"。重大但不变更控制权的交易主要包含:

(1)所有导致外国人获得董事会权利的交易(包括获得董事会席位或获得董事会观察员身份);

(2)所有导致外国人能够接触公司与"关键技术"相关的非公开重要技术信息(不包括财务信息);

(3)所有导致外国人有能力影响公司有关"关键技术"的使用、研发、获取或出售的重大决策过程(不包括通过投票权影响);

(4)所有可能导致权益变动的或有权利,包括可转债、权证、期权等方式(存在一些例外);

(5)所有通过合资企业取得控制权的交易。

若外国人士取得了重大但不变更控制权,且投资的目标公司的技术用于或设计用于FIRRMA规定的27类特定行业的"关键技术"或"基础新兴技术",则也必须向CFIUS进行申报。此外,由外国政府持有49%及以上表决权的外国人士,且该外国人士在涉及美国业务的交易中获得25%及以上的直接或间接权益的情形时,也需进行强制申报。

中国企业、投资机构进行海外并购应当始终高度重视CFIUS机构,未及时申报CFIUS可能会引发CFIUS的主动审查，导致交易失败。无须申报的项目如果在申报后引发CFIUS深度调查，又会拖延项目成交。至于如何取舍，则需要中国企业、投资机构对收购标的是否需要申报及交易获批的可能性进行全面分析和审慎决策。

二、多国外商投资安全审查制度一览

多国外商投资安全审查制度详见表11－11。

表11－11　多国外商投资安全审查制度一览

国家/地区	审查部门	审查周期	交易类型	行业领域	审查标准	相关法规
美国	美国外国投资委员会	初步审查周期为30～45天，在特定情形下可再延长15天	外国人士对美国业务进行投资并获得对美国业务的控制权的交易	技术用于或设计用于FIRRMA规定的27类特定行业的“关键技术”或“基础与新兴技术”	审查是否对美国“国家安全”、“关键技术”和“关键基础设施”造成影响	FIRRMA等
欧盟	欧盟委员会	初步审查周期为35天，收到补充信息要求时可再延长20天	非欧盟投资者进行的旨在与被投资者建立和保持长期和直接联系，从而方便其在欧盟成员国开展经济活动的投资，包括但不限于能够有效参与企业管理或控制的投资	关键技术和军民两用产品；关键基础设施；关键材料的供应和粮食安全；敏感信息的获取	基于公共安全或公共秩序审查可能影响欧盟利益的特定外商直接投资	《欧盟外商直接投资审查条例》等

续表

国家/地区	审查部门	审查周期	交易类型	行业领域	审查标准	相关法规
英国	英国商业、能源与产业战略部	初步审查周期为30天，在特定情形下可再延长45天	投资者的权益跨越25%、50%、75%的门槛取得被投资企业控制权，将触发强制申报义务	先进材料、先进机器人、人工智能、通信、计算机硬件等17个行业	从标的本身是否涉及敏感因素（如敏感行业与敏感地理位置）、是否可能滥用地位影响英国利益、投资方现有的行业投资和影响力、投资方的既往行为等方面，综合审查是否存在国家安全风险	《国家安全与投资法案》等
日本	财务省	初步审查周期为30天，最长可延长至5个月	股权收购（获取上市公司10%以上的股权；或取得非上市公司的任意股权）	IT、电信技术制造、软件开发和基础设施建设（包含高科技、闪存设备、终端产品PC和移动电话、信息处理软件和某些IT支持服务）	由财务大臣和负责相关行业的大臣对投资进行审查，以考察收购是否会对国家安全及其他公共安全、公共秩序和经济秩序等产生损害等影响	《外汇和外国贸易法》、关于对内直接投资的法令等
韩国	韩国公平贸易委员会	初步审查周期为30天，在特定情形下可再延长90天	具有国家核心技术的目标机构的境外收购、兼并等事项、核心技术出口事项	12个领域中被认为是国家核心技术的73种技术	对韩国境外投资者进行的旨在与被投资者建立和保持长期和直接联系并对被投企业有一定控制权的交易进行审查	《外汇交易法》《外国人投资促进法》等

CHAPTER

第十二章

海外并购的法律文件

第一节　常见法律文件介绍

并购是企业发展和行业整合的必要手段,过去的50年中,海外并购随着经济全球化和跨国公司的全球扩张蔚然成风。在海外并购交易中,法律文件的结构、术语、内容及谈判要点均与中国国内法律文件存在一定程度上的差异。在跨国企业及金融机构频繁的海外并购、投资、并购融资活动中,主流法律文本和交易惯例逐渐形成,影响力遍及全球。在实践中,海外并购的法律文件,尤其是收购协议、股东协议等,不仅会受到目标公司所在国的法律制度和传统的影响,也会受到欧美惯例的影响,如德国、法国、意大利、西班牙、荷兰等欧洲国家的法系与英美迥异,但在跨国并购领域,法律文件的内容和结构都受到英国法的深刻影响。在过去的40年中,美国企业、私募基金和银行采用的惯例也渗透进欧洲的交易文件中,海外并购交易的实务和文件内容逐渐有融合的趋势。

海外并购也演化出一些常用词汇,如“重大不利影响”等。海外并购交易中常用术语可参考本书附录一中的投资并购常用词汇表。

海外并购中的法律文件名目和种类繁多,根据交易的不同阶段,大致可分为三类,即前期法律文件、主要交易文件以及附属协议等(如图 12－1 所示)。

前期法律文件	• 保密协议、意向书、顾问聘用协议、排他协议以及静止协议等
主要交易文件	• 收购协议，如股权收购协议、资产收购协议、合并协议等
附属协议	• 托管协议、过渡期服务协议、知识产权许可协议/转让协议、不竞争不招徕协议、股东协议、劳动合同、顾问协议、财团协议、供货协议、设施共享协议、品牌授权协议等

图 12－1　海外并购中的法律文件

一、前期法律文件

前期法律文件是在交易方签署约束性的收购协议之前签订的法律文件,用于规定交易方之间的前期重要事项,如保密协议、意向书、排他协议等。此外,前期法律文件还包括交易方与其各自聘请的财务顾问、律师、审计师等签订的聘用协议等。

(一)保密协议

保密协议(confidentiality agreement)又称不披露协议(non-disclosure agreement),用于约定就交易一方披露的信息,获得信息的交易另一方不得向任何第三方披露。无论是上市公司收购还是非上市收购,交易中涉及交易方之间披露保密信息及提供资料的,通常会签订保密协议。

保密协议是海外并购交易中常见的法律文件之一,通常是交易各方签署的第一份正式协议,广泛见于各类交易模式,包括并购、合营企业等。考虑到国内并购交易中使用的保密协议在内容和形式上与海外并购交易中的保密协议大致相同,我们在此不再对保密协议的主要条款展开进一步阐释,具体条款解读请参见本书第三章。

尽管内容上总体大致相同,但境内并购交易和海外并购交易中的保密协议在部分条款中仍会存在一定程度的差异性。以违约救济方式为例,在适用英美法的海外并购交易的保密协议中,披露方会要求在出现违约情形时,其有权获得衡平法下的救济(equitable relief),也即禁令救济。过去,美国仅有衡平法院才能够颁布禁令救济;而现今,美国已经不再区分两类法院系统,但仍然要求只有在经济赔偿不足以弥补损失的情形下方可采取禁令救济。

美国 Martin Marietta Materials, Inc. v. Vulcan Materials Co. 案就涉及了这一点。Martin Marietta 与 Vulcan 就潜在收购交易签订了两份保密协议,根据由此所掌握的信息,Martin Marietta 计划对 Vulcan 进行恶意收购,并希望在收购后召开股东大会罢免 Vulcan 原有董事。在最初订立保密协议时,Martin Marietta 担心自己的保密信息被泄露,要求在保密协议中加入了衡平法下的禁令救济条款。最终该条款的效力被特拉华州法院认可,美国特拉华州法院认定 Martin Marietta 无权利用保密信息进行恶意收购,并且判定 Martin Marietta 4 个月内不得采取恶意收购行为,最终拯救了 Vulcan。因此,在审查保密协议时,可以根据交易主体以及交易背景的实际情况考虑是否加入前述条款,明确由于经济赔偿不足以弥补一方违约给另一方造成的损失,因此披露方有权要求禁令救济来保护己方利益。

Martin Marietta Materials, Inc. v. Vulcan Materials Co. 案介绍

Martin Marietta Materials, Inc. (Martin Marietta) 与 Vulcan Materials Co. (Vulcan) 均是美国大型建筑材料供应商。2010 年,为商谈潜在的收购交易,Martin Marietta 与 Vulcan 签订了禁止披露协议(Nondisclosure Letter Agreement)和联合防御与保密协议(Joint Defense and Confidentiality Agreement)。两份协议签订后,Vulcan 向 Martin Marietta 提供了有关其经营活动、收入亏损以及劳动人事等方面的机密信息。

禁止披露协议中约定,Martin Marietta 与 Vulcan 只能以"评估交易价值为目的",使用对方提供的"评估材料","交易"规定为 Martin Marietta 与 Vulcan 之间的"合并交易"。此外,协议中约定,除非是经法院或监管部门要求的披露,否则未经对方同意,禁止一方单方面披露双方进行的谈判及相关信息。

然而,可能是由于 Martin Marietta 与 Vulcan 就并购交易进行的谈判并非如预想中的顺利,Martin Marietta 随后着手准备对 Vulcan 发起敌意收购,并向

Vulcan 的股东公开发出熊抱信(bear hug letter),以及换股交易的要约,又向美国证券交易委员会提交了新股发行公告。向美国证券交易委员会提交的申报材料不仅包括法律规定必须披露的交易方之间的谈判信息,也包括 Martin Marietta 通过禁止披露协议自 Vulcan 获得的非公开的保密信息。

Martin Marietta 在发起要约收购的同一天向特拉华州法院提起了诉讼,要求确认其自披露的信息均出于法律要求。对此,Vulcan 提起反诉,要求认定 Martin Marietta 违反了双方签订的两份协议,确认其换股要约不合法。

特拉华州法院判定,两份协议中明确表示 Martin Marietta 获取的信息只能被用于 Martin Marietta 与 Vulcan 正在商讨的交易,既不涉及换股要约,也无关乎委托投票权。与此同时,协议中并未授权任一方直接披露保密信息,Martin Marietta 在收到披露信息的法院或监管部门的要求后,应当履行事先通知义务。但由于 Martin Marietta 既没有收到法院或监管部门就信息披露提出要求,也没有事先通知即作出披露,因此 Martin Marietta 违反了上述协议的规定。

(二)意向书

交易方为记载拟达成的核心商业及法律条款,通常签署一份意向书(letter of intent)来确认交易的主要条款。意向书有时称为条款清单(term sheet)、合同主要条款(heads of agreement)或谅解备忘录(memorandum of understandings)。

意向书是并购各方在交易初期达成的基础约定,包括交易的基本条款和条件,如果交易继续推进,其具体内容会充实和细化并体现在收购协议中,如股权收购协议、资产收购协议或合并协议。意向书的具体条款内容请参见本书第三章。

在交易过程中可能需要交易双方订立一系列的并购意向性文件,才能最终达成正式并购交易文件。在并购的谈判过程中,交易双方可能有备忘录、意向书等各种形式的口头和书面文件确认阶段性谈判成果,意向书应明确取代全部前期的文件。随着谈判的深入和尽职调查的开展,签署后的正式交易文件也应明确取代意向书等文件,以避免任何解释的分歧。

常见的海外并购交易中常见的意向书模板可参考本章附录 1《海外并购条款清单》。

(三)聘用协议

在并购过程中,交易双方面对复杂的并购事宜,出于不同的目的和需要与不同顾问签订聘用协议。通常在实践中,买方和卖方都会聘请财务顾问和律师,在竞价交易中,卖方有时还会聘请战略和管理顾问、会计师,而买方可能会聘请会计、税务、评估、环境保护、战略管理等专门顾问,有时还需要聘请技术和行业顾问等。无论是买方还是卖方都需谨慎对待顾问的聘用选任,合理规定双方权利和义务。

表12-1将以财务顾问的聘用协议为例,介绍顾问聘用协议中的内容。

表12-1 聘用协议主要条款内容

条款	内容
服务范围	在并购交易中,财务顾问的职责主要是协助卖方接触潜在买方,并协调谈判过程,还可能包括协调和管理各顾问、估值、交易架构、组织尽职调查、收购策略、协助谈判、出具意见等。 在涉及上市公司的交易中(包括上市公司为买方、上市公司为目标公司、上市公司出售资产的交易),财务顾问经常需要出具公允意见书。通常而言,相较于根据交易价格确定服务费的公允意见书,支付固定服务价格出具的公允意见书更有参考价值。由于其他服务通常需要根据交易价格确定费用,因此建议不要将公允意见书与其他服务混合使用,并且无论公允意见书的结论是否有利于交易,都为其支付固定的服务费用
交易的定义	在并购交易中,财务顾问协助企业完成并购交易。交易的定义与财务顾问是否能够拿到相应报酬息息相关,是确定支付报酬的基础。 从企业角度来看,聘用协议中交易的定义应尽量精确,包括确定交易是否包括对目标公司资产以及运营权进行的交易,是否合并计算多次交易,是否包括目标公司的子公司,是否包括非控股权益转让及合营企业,是否包含股权交易、资产交易、合并以外并购交易中常见的其他合同安排等

续表

条款	内容
报酬的计算和支付	在确定报酬条款时，按照市场惯例，通常包括聘用费（retainer fees）、固定费（fixed fees）、成功费（success fees）、公允意见费（fairness opinion fees）等。 上述报酬的支付方式可分为“预付”“按月支付”“在交易关键节点支付”等。聘用费、固定费用、公允意见费等与交易是否成功并无关联，顾问通常希望客户能在特定时间点按时支付。而客户则希望在谈判中就支付哪些种类、支付的数量、时间点等进行修改。 大部分财务顾问聘用协议中会包含聘用费，且通常会约定在签约时支付大部分，少部分会约定在签约后按月支付。 对财务顾问而言，其报酬主要是交易完成后的成功费。成功费的计算方式多样，可基于交易价格的一定百分比进行计算，也可商定固定报酬。更为常见的做法是采用累进计算方式，交易价格越高成功费的比例越高，起到对财务顾问的激励作用。累计计算通常会采用三段累进比例，如0.8% ~1.5% ~3.5%。 财务顾问一般希望买方直接在交割时在交易价格中扣除成功费，并将该部分费用直接支付给财务顾问。如果交易涉及对赌条款的，交割时支付的成功费则应当按照交易价格中的固定部分（不会根据对赌条款退回的部分）计算。在卖方依据对赌条款收到额外的价格时，应当再就该部分额外价格支付成功费。如果交易价格的一部分以服务费、分成等方式由买方在未来一段时间中收取，则该部分费用应当以买方合理预计将收到的现金流的净现值折算为交易价格的一部分，并支付成功费。 此外，顾问通常希望对差旅、办公等费用（out-of-pocket expenses）实报实销。企业通常希望如果交易成功，则报销费用视为包含在成功费内一并支付；如果交易不成功，则报销费用有一个封顶数额
交易价格的定义	以交易价格的一定比例计算报酬时，交易价格的定义也是谈判的要点。 一般而言，如果交易文件中明确约定了交易价格，以约定为准。如果交易文件中没有明确约定交易价格，则各方会约定复杂的计算机制。 在股权交易中，交易价格应包括为收购股权之目的支付或应付给权益所有人的或在新发行股权情况下支付或应付给目标公司的总对价，加上所有借款债务的金额。如果收购交易标的少于100%的股权，那么交易价格应视同交易对方收购交易标的总股权的100%。 按照上述方法计算，在资产交易中，交易价格应包括为收购资产所支付或应付的总对价，加上承担的全部债务金额，加上卖方保留的任何流动资产（不包括现金和现金等价物）的账面净值减去应付账款/流动负债（根据与公司历史惯例一致的会计惯例确定）以及卖方保留的除营运资本资产以外的任何资产的市场公允价值，减去卖方保留的除债务或应付账款/流动负债以外的任何资产负债表负债总额。 在合资交易中，交易价格应包括合资方支付的作为拟议交易组成部分的投资款（包括但不限于注册资本、资本公积金及其他款项）。同时，如果合资方向合资企业超出市场公允价值出资或增资，则交易价格应包括客户在合资企业所持股权因合资方不合比例或超出市场公允价值的出资或增资所产生的增值或获益。 在其他交易中，交易价格应包括客户从交易对方收取的、将收取的或者合理期内待收取的其他任何形式的对价和商业经济利益的净现值，而无论该等对价是否在协议期间内实际收取和实现。交易价格应包括所有形式的对价，包括但不限于现金和现金等价物、期权和其他债务、证券和其他财产

续表

条款	内容
期限和终止	在顾问聘用协议中,通常客户会要求无理由的任意解聘权,即只要提前通知,客户就能与顾问方解除聘用关系。这样的条款对于客户十分有利,但是对顾问则有一定的风险。 为避免客户在交易完成之前终止聘用而规避支付成功费,财务顾问通常会要求,如果聘用终止后,客户在一定时间内完成交易,仍需支付成功费或相关费用,这一阶段一般称"尾期"(tail period)。尾期通常为协议终止或期限届满后的12个月,但也可能依据谈判情况延长或缩短
免责	在顾问聘用协议中,顾问的责任限制是一个重要问题。从企业的角度来看,聘用顾问为其提供专业服务,是基于对其专业度的信赖和认可,在信赖和认可的基础上,企业可能会根据顾问的服务内容展开一系列的决策和布局,如果客户收到不合格的建议或误导,理应有权追索更多的损失。 而每个顾问方都有各自的内部政策,规定了自身能够承担的最大损失(如在承担责任时以收到的服务费为限)。在这种情形下,双方会在顾问聘用协议的免责条款上进行协商,企业希望在其关注的几个重点问题上获得更高的赔偿额,而顾问方通常会希望在自身无重大过失、故意等情况下免除己方责任
保密	财务顾问在向企业提供服务之前,往往与企业单独签署保密协议,也可能在顾问聘用协议规定保密条款
补偿	财务顾问方不希望因为向客户提供服务而受到损失。如果造成损失,财务顾问通常希望客户对其进行补偿,且在有任何第三方提出请求时也得到补偿。 从企业角度来看,往往会在聘用协议中对补偿进行限制,如规定补偿上限,以及规定如果是顾问在提供服务时存在过失,如故意、欺诈、重大疏忽等情况,则不予提供补偿

并购交易中的各方在签署上述前期文件后,通常会开展尽职调查,并且就交易文件展开谈判。

(四)排他协议

排他协议(exclusivity agreement)又称独家谈判协议,是约定一定期限内卖方不与协议方之外的其他潜在买方就同一交易进行协商的协议。交易方有可能在意向书或保密协议中规定排他性条款,也可在意向书和保密协议之外单独签署排他协议。

排他协议的签署可以使买方免受其他潜在买方的压力,给买方的前期投入提供保障。买方在签署最终收购协议之前要花费大量的时间和金钱,进行尽职调查以及准备谈判收购协议。因此,买方要确保卖方没有同时与其他潜在买方进行谈判,从而保障其花费的时间和费用是值得的。一旦卖方没有遵守约定,与第三者进行谈判达成协议,则买方可追究其违约责任,赔偿自己的损失。

在排他协议的谈判过程中,买方希望卖方在得到第三方的报价时应告知存在排他协议,并且将第三方报价通知买方。卖方希望如果收到第三方的报价,明显优越于买方给出的条件,卖方的董事会、管理层出于对股东的诚信义务有责任考虑该第三方的报价,则排他协议应不再具有约束力。

(五)其他

依据交易结构不同或目标公司所在国家地区不同,交易还可能涉及部分特殊协议。例如,目标公司为上市公司,买方和上市公司可能会在交易初期达成静止协议(standstill agreement),或在保密协议等文件中规定静止条款,约定买方在一定期间内,不经上市公司同意不得通过公开市场增持目标上市公司股票。其目的是防止买方一方面与上市公司谈判,另一方面又通过在市场上增持股票等方式恶意收购,对上市公司造成不利影响。

二、主要交易文件和附属协议

(一)交易文件

在海外并购中,随着沟通深入,各方会签订各类交易文件,约定交易达成的细节。交易文件可分为主要交易文件和附属文件(ancillary agreements)。主要交易文件包括股权收购协议、资产收购协议、合并协议等,可参考本书第四章。本章第二节主要介绍跨境并购协议的特色条款。

(二)附属协议

附属协议作为主要交易文件之外的辅助法律文件,旨在体现交易方的特殊商业安排,用于规定成交之时以及成交之后的事项。附属协议通常会与主要交易文件同时签署,作为主要交易文件的附件,也可以在交割时签署。附属文件可能包括托管协议、股东协议、过渡期服务协议、劳动合同、知识产权许可协议等。

(三)托管协议

并购交易的各方可能会签订托管协议(escrow agreement),约定在交易结束后的一段特定时期内,将交易对价的一部分交由第三方托管机构(主要是银行)保存。并购交易的各方使用托管账户有助于确保产生赔偿义务或交割后的付款义务(如价格调整机制)时,有充足的资金可以用来履行此类义务。托管协议在交易涉及多个卖方,或卖方可能在交易结束后解散的情形中较为常见。

(四)股东协议

在交易中,如果买方在成交后不能取得目标公司100%的股权,在仍有其他股东的情况下,股东有时需要签订股东协议(shareholders agreement 或 stockholder agreement),用于约定了交割后股东之间的权利义务分配方式。股东协议的条款主要包括公司治理(corporate governance)、投票权(voting rights)、保护性条款(protective provisions)、信息权及检查权(information right and inspection right)、股权转让限制(transfer restriction)、优先认购权(pre-emptive right)、优先购买权(right of first refusal)、共售权(right of co-sale)、拖带权(drag-along right)、清算优先权(liquidation preference)等。

(五)过渡期服务协议

在大型海外并购交易中,如果目标公司此前由卖方集中经营,或在交易结束前目标公司依赖卖方提供某些服务和功能的,各方可以签订过渡期服务协议(transition services agreement),约定由卖方在指定的期间内为目标公司提供特定服务。过渡期服务协议的主要内容与整体框架可参考本书第三章的相关内容。

(六)劳动合同

目标公司的管理人员、研发技术、销售采购等岗位的关键员工往往对目标公司的持续经营和买方商业计划的落实很重要。因此,作为并购整体安排的一部分,买方可能希望在并购交易中与关键员工签订新的劳动合同和/或聘请该类核心人员作为顾问。

(七)资产转让协议

在资产购买交易中,双方通常在主要收购协议之外签订辅助协议,以证明和实现资产的转让。

(八)不竞争与不招徕协议

买方可能希望在交割后对卖方施加特定的限制性义务,包括:

(1)竞业禁止义务,防止卖方与目标公司的业务竞争;

(2)不招徕义务,防止卖方为了建立竞争业务而雇佣目标公司的关键员工;

(3)不损害名誉义务,防止买方损害目标公司的名誉等。

各方可以单独签订附属协议或通过收购协议进行约定上述义务。不竞争不招徕协议的主要内容与整体框架可参考本书第三章的相关内容。

(九)财团协议

数个非关联公司的买方组成一个财团收购同一目标公司的情况下,常需要签署财团协议(consortium agreement)约束各个买方之间的关系,如出资、决策、成交后管理及利益分配等。

(十)其他协议

根据交易结构的不同以及所处国家和地区的不同,交易可能涉及特有的附属文件,如供货协议、设施共享协议、顾问协议等。本章不展开讨论。

第二节 收购协议

一、收购协议的条款概要

(一)股权收购协议

在硬科技领域的海外并购中最常见的交易方式是股权收购,即买方通过收购目标公司的股权取得对目标公司的控制权。买方可能自现有股东手中收购目标公司股权,也可能认购目标公司新增的股本。在买方从目标公司现有股东收购股权的交易结构下,卖方为目标公司的现有股东。在买方认购目标公司新增股本的交易结构下,卖方为目标公司。

股权收购协议(share purchase agreement、stock purchase agreement 或 securities purchase agreement)是股权收购交易中的主要法律文件,规定交易各方的商业和法律约定,并对目标公司本身和交易的风险与责任在协议方之间进行配置。股权收购协议的作用,首先是确认协议方的商业和法律交易,其次是在协议方之间分配风险和责任,最后是推动尽职调查和谈判的进程。

(二)资产收购协议

资产收购是硬科技企业海外并购中的另一形式。尽管收购具体标的不同,但资产收购协议的基本结构与股权收购协议类似。股权收购协议和资产收购协议的具体内容可参考本书第四章。

二、收购协议要点分析

在海外并购交易中,买方和卖方通过签署保密协议和意向书等前期文件确定初步的交易意向。此后,随着法律和财务等方面的尽职调查工作的开展,目标公司的整体情况逐步清晰地呈现在台面之上。例如,双方就并购交易内容基本达成一致,即可以开始着手草拟和签署收购协议。

我国《民法典》合同编的理论基础是权利、义务与责任。海外股权交易中的收购协议的条款固然可以从权利、义务角度解读,但其内容更强调流程管理、交易风险控制和责任分配。接下来我们将主要围绕海外协议收购中较为具有特色的条款设计,重点解读定价机制条款、重大不利变化条款以及交易保护机制条款。

为了取得控制权,中国硬科技企业在进行海外收购时,通常希望取得目标公司全部或控股股权,此类交易中的买卖双方的利益多有冲突,股权购买协议谈判中的争夺也相对激烈。下文假设买卖双方并非关联企业,买方寻求成为目标公司唯一股东或控股股东,各方按照市场规则进行充分谈判,股权收购协议的内容需要平衡和协调存在冲突的各方利益,并对风险和责任进行细致划分。

(一)定价机制条款

在股权收购协议的谈判过程中,确定收购价格极为关键,也是各方利益角逐的关键条款。在交割前的过渡期内,目标公司的盈利情况和现金流量往往会产生变化。简单的固定价格(fixed price)不能体现目标公司估值的实时变化。为了将签约时的收购价格与交割时目标公司的实际价值调整一致,定价机制应运而生。在实践中,定价机制通常有交割后价格调整机制(purchase price adjustment)和锁箱机制(locked box mechanism)两类。

1. 价格调整机制

(1)基本含义

因买卖双方间在交割前存在有关定价的信息差,考虑历史财务表现不能准确反映目标公司在交割时的财务状况,在目标公司是非上市公司的情况下,在美国交易中各方常会约定一个基本价格,并根据事先商定的方式对基本价格进行调整,此类条款被称为价格调整条款。价格调整机制现如今也逐渐影响了各国交易,欧洲交易中也有类似的“交割财务报表”(completion accounts)定价机制。

买方通常根据目标公司的历史财务报表、业务预期以及其他因素确定一个基本价格,并在交割后根据目标公司的实际情况调整基本价格,以确保对价尽量与反映交割时的实际情况相符。价格调整机制通常假设目标公司无现金无负债(对价应减去交割日公司的债务并加上交割日公司的现金及现金等价物),其他调整所依据的财务标准包括目标公司的通常水平的营运资本(working capital),存货、净资产(net assets),资产账面价值(book value)等。此外,盈利支付(earn-out payments)有时可以起到与价格调整机制类似的作用,本部分最后也会介绍盈利支付的相关内容,也可以参考本书第四章。

(2)营运资本调整

营运资本是一家公司的流动资产(current assets)减去流动负债(current liabilities)所得的数额,其体现了公司短期内承担义务及进行生产经营活动的财务能力。由于目标公司的营运资本的数额处于变动中,在签约时无法预知交割日的金额,因此交易各方常选择在交割日后根据交割时的营运资本来调整购买价格。交易各方会根据目标公司的历史营运资本数额或根据最新的财务报表的数据,来约定一个基准额。

营运资本定义的示范条款如下:

“Working Capital” as of a given date shall mean the amount calculated by subtracting the current liabilities of Seller… as of that date from the current assets of Seller… as of that date.

The Working Capital of Seller as of the date of the Balance Sheet (the “Initial Working Capital”) was ________ dollars ($ ________).

目标公司交割时营运资本的数额如果低于基准额,则卖方应把差额返还买方,如果超出基准额,则买方应将差额支付给卖方。

交易各方通常约定,根据交割后准备的交割当日的财务报表对交易对价进行最终调整。英文表述示例如下:

The "Adjustment Amount" (which may be a positive or negative number) will be equal to the amount determined by subtracting the Closing Working Capital from the Initial Working Capital.

If the Adjustment Amount is positive, the Adjustment Amount shall be paid by wire transfer by Seller to an account specified by Buyer.

If the Adjustment Amount is negative, the difference between the Closing Working Capital and the Initial Working Capital shall be paid by wire transfer by Buyer to an account specified by Seller.

实践中,协议方常约定,在计算营运资本时不考虑特定会计项目,如流动资产应减去税项资产(tax assets)、流动负债应减去税项负债(tax liabilities)。

最简单的营运资本调整形式是一步式调整,即交易各方事先约定交割时应当满足的营运资本基准额。交割后,买方对目标公司进行审计,以确定目标公司在交割时的实际营运资本,并据此进行调整。

另一种调整形式是两步式调整。第一步,由卖方在交割前提供营运资本估算,交易各方根据估算对交割时所需支付的对价预先进行调整。第二步,交割后,由买方对目标公司进行审计,再次调整价格。两步式调整有助于减少交割后的进行的价格调整,因此更受欢迎。

实践中,有关营运资本的争议屡见不鲜,因此交易各方往往会在收购协议中加入针对营运资本调整的独立争议解决程序。一般而言,交易各方可以将此类争议提交给双方认可的独立会计师事务所。

(3)净资产价值调整

目标公司的净资产等于总资产(total assets)减去总负债(total liabilities),即目标公司的所有者权益。净资产价格调整机制,就是交易各方通过比较基准日和交割日的净资产,相应增加或减少购买价格的机制,调整方法与营运资本调整比较类似。

(4)谈判要点

在起草和谈判价格调整机制条款时可以关注以下要点:

(a)定义财务数据

以营运资本调整为例,"净营运资本"通常被定义为流动资产减去流动负债。较为简单的定义可能会在交割后导致各方产生争议,如重复计算已经在其他条款中进行过调整的现金与债务。为避免此类问题,建议交易各方可以在上述定义的基础上加入营运资本计算过程中所包含的项目的清单,甚至可以在协议中附上一份计算模板以进一步减少争议发生的可能性。

(b)设置基准额

在起草交易文件时,交易各方应当注意设置基准额。某些营运资本项目(如应计薪酬)在一年中波动很大,如果不加处理可能会导致价格调整机制做出不合理的调整。在这种情况下,交易各方可以考虑在价格调整机制中剔除此类波动较大的营运资本项目。此外,应尽量避免将基准额笼统约定为某一个时间点的资产负债表上的净营运资本,而可以将基准额直接设定为具体数额,这样可以避免各方就该特定时间点的资产负债表的编制情况产生争议,以减少争议发生的可能性。

(c)会计原则和方法

在价格调整机制条款中,交易各方通常会默认使用公认会计准则(以下简称 GAAP)作为会计原则。然而,由于 GAAP 可能会承认同一项目下存在多个可接受的会计基础,GAAP 有时不具有确定性。虽然双方可以约定"与历史财务报表适用的 GAAP 相一致"(consistently applied with the historical financial statements),但仍然留下了产生争议的空间。因此,交易各方可以考虑在 GAAP 的基础上详细约定相关会计原则与方法。

(d)财务报表的准备

交易各方通常会就价格调整所依据的财务报表由哪一方负责准备以及确认程序展开谈判。虽然会计师会独立对目标公司进行审计,但聘用会计师的一方仍有可能对会计师施加一定程度的影响,从而可能占据一定优势,因此各方都希望由己方会计师准备财务报表。相应地,交易各方也往往要求保留审核和批准财务报表的权利。

(e)纠纷解决方法

交易各方也会约定因购买价格调整所产生的纠纷的解决方法和效力,如就价格调整依据的财务报表无法达成一致，由双方认可的第三方独立会计师作出判断，独立会计师的判断终局且不可再诉。协议方有时还会约定价格调整金额的上限。

(5)盈利支付

在有些情况下，交易各方对交易价格的分歧较大，于是约定交易价格并非一次性支付，而是通过数笔支付。交割时，买方支付第一笔对价，在交割后的一定期间内，买方在一定条件满足后再向卖方支付额外金额，如果条件不满足则卖方无权获得后续支付，或者规定在交割后的一定期限内，若目标公司未能达到约定目标（如财务目标）则卖方应接受一定惩罚，如将交易对价或购买价格调低，此种安排称为“盈利支付条款”。[1]

如果交易各方对目标公司或其特定业务部门的未来表现的预期差别悬殊，盈利支付有助于弥合各方在交易价格上的分歧。对买方而言，可以尽量降低目标公司业务不确定性的影响，并且盈利支付条款具有融资性质可以使买方在交割时支付较低的价格，有助于降低买方的资金压力；对卖方而言，如果目标公司的未来表现较好，则会获得更高的收益，并且如果交割后原股东仍持有目标公司股权，并且在目标公司中担任高级管理职务，则盈利支付安排可以激励管理层。但是上市公司收购交易中通常不使用盈利支付，财务投资者作为卖方的交易中也少见使用盈利支付。

判断盈利支付的基准通常是财务目标，常见的财务目标包括营业收入、利润等，如目标公司的总收入或息税折旧摊销前利润（EBITDA）。[2] 在特定行业中，非财务目标也可以作为判断盈利支付的基准，如产品研发、客户挽留或开发、员工的留任、推出新产品或获得特定监管审批。盈利支付的时间段一般是成交后的1~3年。

在谈判过程中，卖方通常希望盈利支付条款内容尽可能具体，以限制买方在交割后操纵目标公司的财务表现（如在不同实体之间转移现金收入和支出）以

---

[1] *Earn-outs in M&A Transactions: Key Stuctures and Recent Developments*, the M&A Journal, Vol. 10:10.

[2] *Earn-outs in M&A Transactions: Key Stuctures and Recent Developments*, the M&A Journal, Vol. 10:10.

规避盈利支付义务的能力。而买方通常不希望盈利支付条款中包含过多的限制,致使其在交割后无法作出必要的管理决策。

2. 锁箱机制

在美国,价格调整大多通过上述价格调整机制完成。然而,在英国和欧洲大陆的并购市场,锁箱机制更为主流。

锁箱机制最简单的形式是固定价格交易,是指交易各方将股权收购价格在签署股权收购协议之时即予以固定,且不在交割后再采取任何调整。常见的锁箱机制是买卖双方根据其约定的特定日期(锁箱日,locked box date)的资产负债表进行谈判与协商,最终确定一个股权收购价格,并将其在股权收购协议中明确并签约,且该价格直到交割日这一节点原则上不再变化,交割后交易各方也不会根据交割日的财务指标进行价格调整。

但是在锁箱日和交割日之间,根据收购协议中的陈述和保证与赔偿条款,卖方不得进行可能导致目标公司价值减损的行为。除非发生约定禁止的价值减损事件,否则无须在交割日后进行价格调整。如在过渡期间内发生导致目标公司价值减损的现金流出,则视为泄露项(leakage)并从收购价格中予以扣除,而反之如有现金流入,则由买方给予卖方补偿。泄露项通常包括卖方从目标公司提取价值或主动减损目标公司价值的行为,如分派股息、支付管理费、以低价转让资产和放弃债务、给员工发放高额奖金等。交易双方可能会约定特定的允许泄露项(permitted leakage),如在正常业务过程中向雇员支付的工资。

锁箱机制的实质是以锁箱日为基础对目标公司估值,从此之后目标公司的经济利益和风险均归属于买方,即目标公司正常的价值变动的风险也分配给买方承担。因此在实务中,卖方通常更希望采用此类机制。锁箱机制在欧洲应用更为广泛,这也是由于相较之下欧洲并购交易没有那么频繁,因此交易各方更加关注交易的确定性。为满足交易确定性方面的需求,在交易便利性以及风险分配方面作出适当的调整,导致了锁箱机制与价格调整机制的区别。锁箱机制与价格调整机制的区别可以参见图 12 - 2。

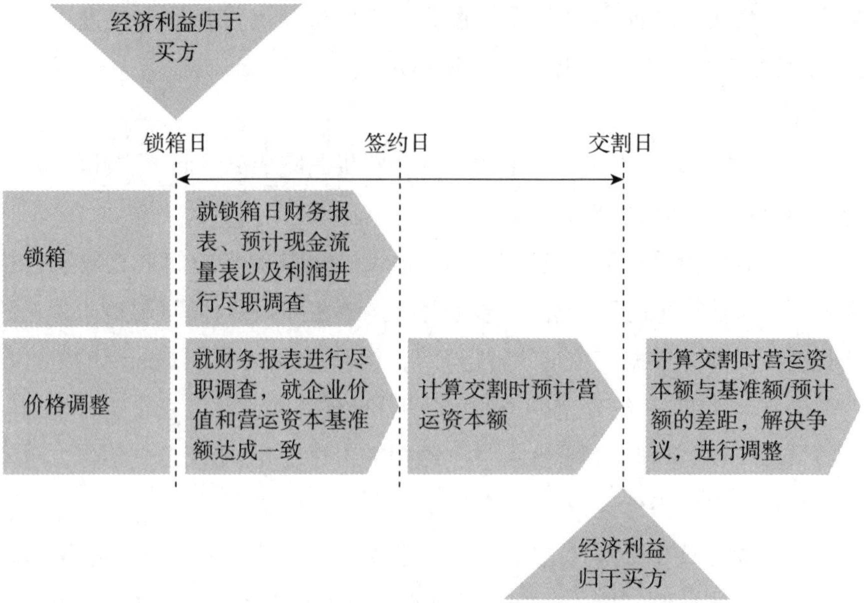

图 12－2　锁箱机制与价格调整机制的区别

锁箱机制有许多优势。例如,交易各方在签署收购协议时就可以确定交易对价,流程简单,因此特别受私募股权投资机构和财务卖方的青睐。

(二)重大不利影响

1."重大"限制语

"重大"(material/materiality)是海外并购交易文件的常用限制语,主要用于对陈述和保证中的条款进行限制。例如,卖方就目标公司对适用法律的遵守作出"目标公司遵守所有对其适用的法律"的陈述和保证,在增加"重大"限制语后则改为"目标公司在所有重大方面(in all material aspects)遵守所有对其适用的法律"。如图 12－3 所示。

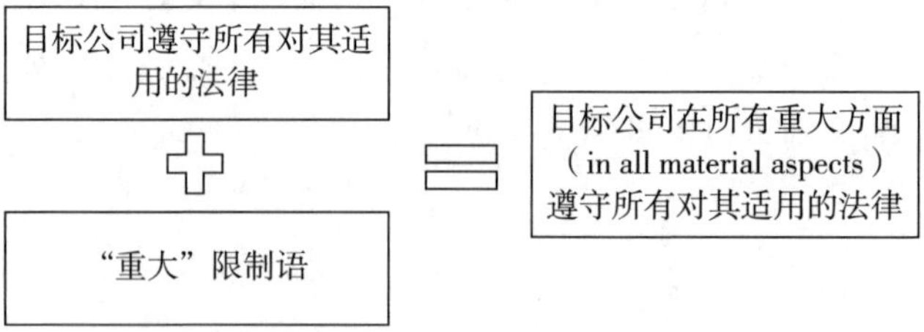

图 12－3　"重大"限制语在陈述和保证条款中的适用

"重大"也限制承诺、先决条件、终止条款下的规定。例如,承诺条款中要求卖方在过渡期使目标公司遵守法律、保有其资产,卖方常提出对此承诺增加"重大"限制语,改为"卖方有义务在过渡期使目标公司在所有重大方面遵守法律、保有其资产"。如图 12 – 4 所示。

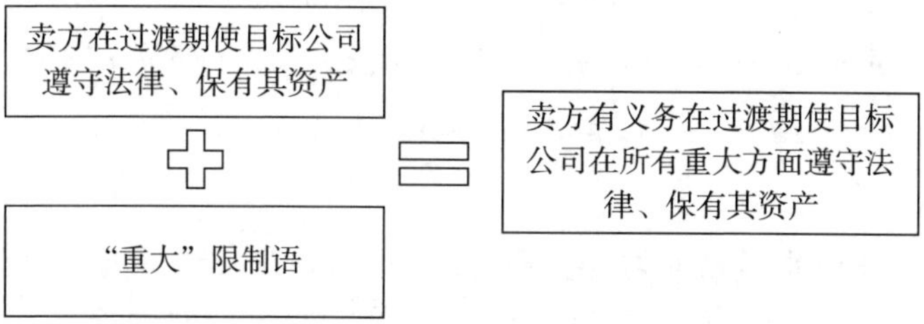

图 12 – 4　"重大"限制语在陈述和保证条款中的适用

在先决条件条款中列举的各项成交前提条件也常加"重大"限制语,如"卖方在所有重大方面履行其承诺"。在终止条款中,协议方单方解约的条件也包括另一方"重大违反其陈述和保证"。

2. "重大不利影响"限制语

(1)含义及示例

与"重大"相似的限制语还有"重大不利变化/重大不利影响"(material adverse change/material adverse effect,以下简称重大不利影响),也是海外并购交易文件中常用的限制语。

重大不利影响在收购协议的不同部分均可能被应用,最常出现在陈述与保证条款中。举例而言,重大不利影响条款有时会作为单独的一项陈述和保证出现,由卖方就自某一特定日期以来没有发生重大不利影响的情况作出陈述。英文表述如下:

Since the respective dates as of which information is given, except as may otherwise be stated therein or contemplated thereby, there has not occurred a MAC, whether or not arising in the ordinary course of business.

重大不利影响也可以对卖方义务进行限制。例如,承诺条款中要求卖方签约后有义务使目标公司遵守法律、保有其资产，增加“重大不利影响”限制语后为“卖方有义务使目标公司遵守法律、保有其资产，那些不造成重大不利影响的违反除外”。英文表述如下：

Since[ ], there has been no change in the business, property, condition (financial or otherwise) or results of operations of the Company and its Subsidiaries which could reasonably be expected to have a Material Adverse Change.

重大不利影响也常被列为先决条件之一，如果在交割日前目标公司发生了重大不利变化，则买方有权根据约定选择终止交易。示例如下：

Representations and Warranties:

Since[ ], there has not been any Material Adverse Change.

Closing Conditions:

Each of the representations and warranties made by Company in this Agreement shall have been true and accurate in all respects as of the date of this Agreement, and shall be true and accurate in all respects as of the Closing Date as if made on the Closing Date.

以卖方就目标公司对适用法律的遵守所作的陈述和保证为例，“目标公司遵守所有适用的法律”加入“重大不利影响”限制后改为“目标公司遵守所有适用的法律，但是那些不会对目标公司产生重大不利影响的不守法情形除外”。如图 12－5 所示。

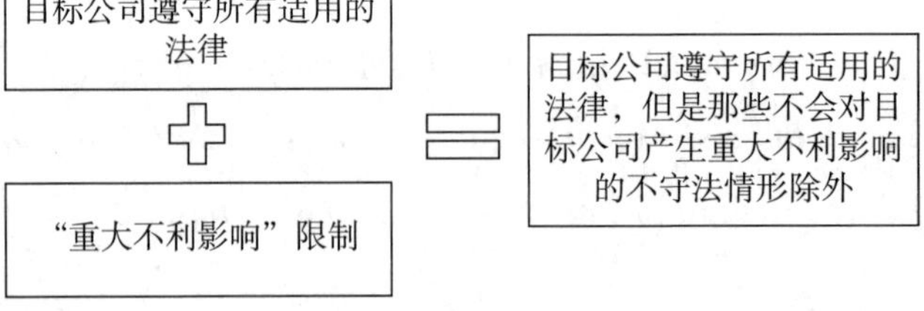

图 12－5 “重大不利影响”限制语在陈述和保证条款中的适用

(2)作用

在并购交易中,签署日与交割日常常会间隔一段过渡期,买卖双方需要考虑过渡期内如何分配相关的风险。重大不利影响条款就可以用于风险分配,在发生对目标公司或其资产产生重大不利影响的事件时,给予买方在交割前退出交易的权利。交易双方通常会约定,在过渡期内,目标资产或目标公司发生或预期将发生重大不利影响,此时买方有权解除交易或就交易内容重新进行谈判。交易文件通常会对重大不利影响作出具体阐释,如:"重大不利影响指对目标公司业务、资产、财务状况或运营结果产生或者经合理预计会产生重大的不利影响的事件、变化及状况"。

此外,重大不利影响条款既可以作为先决条件,也可以纳入陈述与保证条款,而在实务中,买方会更加倾向于将重大不利影响条款加入陈述与保证条款,以获得更全面的保护。如果卖方未能满足重大不利影响的陈述与保证条款,则买方不仅可以根据交割先决条件中的重述条款(bring-down condition)选择退出交易,也可以向卖方要求损害赔偿。

3."重大不利影响"条款的谈判要点

在实务中,加入"重大不利影响"限制语比加入"重大"限制语对买方更为不利。一方面,发生重大不利影响的举证较为困难;另一方面,就协议上下文的词语解释和适用而言,对目标公司造成重大不利影响的事件应比构成重大方面违约的事件更为严重。

根据交易的具体情况不同,重大不利影响条款的谈判结果也会有所不同。在有些收购协议中会对重大不利影响采取较为简单直接的定义。而在美国等国家,交易双方通常会就重大不利影响的定义展开深入谈判,谈判的要点会包含以下方面:

(1)出现重大不利影响情形的主体是否包括个别或所有子公司。英文表述如下:

"*Material Adverse Effect*" *means any result*, *occurrence*, *fact*, *change*, *event*, *or effect that is or could reasonably be expected to have a materially adverse effect on the business*, *assets*, *liabilities*, *capitalization*, *condition* (*financial or other), or results of operations of Target or any of its Subsidiaries.*

(2)是否包括对卖方/买方交易能力的影响。英文表述如下：

"Material Adverse Effect" means any result, occurrence, fact, change, event, or effect that is or could reasonably be expected to have a materially adverse effect on (i) the business, assets, liabilities, capitalization, condition (financial or other), or results of operations of Target, (ii) Seller's ability to consummate the transactions contemplated hereby, or (iii) Buyer's ability to operate the business of Target immediately after Closing in the manner operated by Seller before Closing.

(3)交易双方有时可能会围绕重大不利影响的定义是否应包括"前景"(prospects)进行博弈,买方可能会主张"重大不利影响指对公司业务、资产、财务状况、运营结果及前景产生重大的不利影响的(事件)",卖方则多以前景不可预测而拒绝。英文表述如下：

"Material Adverse Effect" means any result, occurrence, fact, change, event, or effect thathas a materially adverse effect on the business, assets, liabilities, capitalization, condition (financial or other), results of operations (or prospects) of Target.

(4)交易双方还会讨论构成重大不利影响的事件是否包括未来展望性的,即是否包括"合理预计"(could/would/may reasonably be expected to 等用语)会导致重大不利影响的事件。英文表述如下：

"Material Adverse Effect" means any result, occurrence, fact, change, event, or effect that has, or could reasonably be expected to have, a materially adverse effect on the business, assets, liabilities, capitalization, condition (financial or other), or results of operations of Target.

(5)卖方有时就“重大不利影响”的定义要求约定除外情形(carve-outs),将若干情形明确排除在重大不利影响之外,交易各方会对除外情形进行反复磋商。举例而言,重大不利影响的除外情况的规定可能包括:

(a)一般经济形势的变化(changes in general economic conditions);

(b)普遍影响目标公司所在行业和市场的变化(changes affecting generally the industries or markets in which the target company operates);

(c)战争、恐怖主义行为及军事行动等(acts of war, terrorism or military actions);

(d)法律及财务准则变更(any changes in applicable laws or accounting rules or principles, including changes in GAAP);

(e)按照本股权收购协议采取的行动(any other action required by this agreement);

(f)就本股权收购协议项下交易所做的公告(the announcement of the transactions contemplated under this agreement)。

在上市公司为目标公司的收购中,重大不利影响的除外情形还常包括目标公司的股价下跌(decline in the target company's stock price)和目标公司未能达到预期(failure of the target company to meet projections)。很多文件明确将自然灾害、不可抗力、流动疾病的影响也排除在重大不利影响之外。英文表述如下:

"Material Adverse Effect" means any result, occurrence, fact, change, event, or effect that is or could reasonably be expected to have a materially adverse effect on the business, assets, liabilities, capitalization, condition (financial or other), or results of operations of Target, except to the extentresulting from:

(A) changes in general local, domestic, foreign, or international economic conditions,

(B) changes affecting generally the industries or markets in which Target operates,

(C) acts of war, sabotage or terrorism, military actions or the escalation thereof,

(*D*) *any changes in applicable laws or accounting rules or principles, including changes in GAAP*,

(*E*) *any other action required by this Agreement*,

(*F*) *the announcement of the Transactions*,

(*G*) *any earthquakes, floods, hurricanes, tornadoes, fires or other natural or man-made disasters or force majeure events, or any epidemic, pandemic or other outbreak of disease.*

买方则可能会要求对重大不利影响的上述除外情形作出限制,如要求“但是上述的情形、变化或行动不应以显著不相称的方式对目标公司带来影响”(provided that such event, change, or action does not affect target company in a substantially disproportionate manner)。例如,如果发生了影响全行业的重大不利变化,则适用重大不利变化的除外情形,买方无法向卖方主张发生重大不利变化的损害后果;但若目标公司受到与同行业企业相比不相称的负面影响,则无法适用除外情形,该等情形仍应构成重大不利变化。

(三)交易保护机制

在海外并购交易中,文件签署与交易交割往往并非同时发生。在过渡期内,交易各方往往都不希望对方退出交易。为了提高交易的确定性,在海外并购交易中形成了一系列的交易保护机制(deal protection mechanisms)。

通常而言,站在买方的角度,采用交易保护机制可以避免因为目标公司董事会未能约束目标公司导致无法促成交易的情况;也可以在出现竞争要约时保护买方的利益。站在卖方及目标公司的角度,交易保护机制会限制目标公司接受竞争要约的能力,因此对卖方不利。但随着海外并购交易逐渐复杂化,在有些情况下,卖方也越来越关注交易确定性,避免浪费机会成本,因此反向分手费等有利于卖方的交易保护机制由此出现,也越来越多地运用到了交易机制中。

在大型海外交易中,目标公司董事会通常都会同意设置交易保护机制,这其中包含诸多考量。有的交易中,目标公司董事会对交割后目标公司的长期发展有信心,并且目标公司董事会可能在交割后继续留任;又或者是目标公司董事会考虑交易有利于其员工、客户、供应商,因此希望促成这一交易;有时提供交易保护机制可能是完成交易的必要条件。

接下来本节将介绍常见的交易保护机制。

1. 对买方有利的机制

在实践中，常见的有利于买方的交易保护机制主要包括禁止招徕/排他条款（no-shop clause）、匹配权（matching right）、分手费（break-up fee）、推荐变更（change of recommendation）、强制表决（force-the-vote）。本章将主要介绍禁止招徕条款、匹配权、分手费以及强制表决条款。除此之外，本章附录3还将列举对买方有利的交易保护机制在实践中的谈判要点。

（1）禁止招徕条款

禁止招徕条款旨在限制目标公司董事会利用其“信义义务”（fiduciary duties）寻求或回应其他第三方提供的报价，以此达到限制第三方竞争性出价并保护交易稳定性的目的。禁止招徕条款中通常会规定，目标公司在买卖双方约定的交易期间内不能寻求、发起、鼓励、诱导或促成第三方进行报价。同时，交易双方还会在禁止招徕条款中进一步明确和细化例外情形，规定目标公司在不主动招徕的情况下，可以向那些表示对交易感兴趣的第三方提供信息并与之谈判，以及目标公司可以在存在更优报价的情况下，向第三方提供信息并与之谈判。

禁止招徕条款和信义义务条款常常是美国并购交易中谈判最为激烈的两项条款。在设计这些条款以适用于交易背景和买卖双方的需要时，常常会有诸多需要考量的因素。

例如，就目标公司向第三方提供信息或与第三方谈判的条件而言，双方可能会约定以下内容。

①目标公司必须取得外部律师的建议，即不向第三方提供信息或不与第三方谈判将可能导致违反信义义务；

②目标公司必须对第三方提供的提案作出合理判断，有时买方甚至要求卖方就第三方提案取得财务顾问的意见；

③目标公司必须通知买方其自第三方收到的报价，通知的细节和时间可以由双方协商；但如果买方不享有匹配权，则卖方可能会主张不就第三方报价通知买方；

④目标公司必须向买方提供关于向第三方提供信息或开始谈判的情况，通

知的时间可以由双方协商；

⑤目标公司必须与第三方签订保密协议的，买方通常要求其限制性不低于买方与目标公司之间的协议。

而就信义义务终止或改变交易推荐以履行信义义务的条件而言，双方可能会约定以下内容：

①目标公司必须获得外部律师的建议，即不终止或改变其交易推荐将违反信义义务；

②目标公司必须确定符合更优报价方案的标准等，该标准可能包括：

i. 第三方报价属于善意报价；

ii. 提案计划收购目标公司的全部已发行股份或全部资产；

iii. 提案已经完成全部融资要求。

交易各方也常就上述条件进行谈判。

(2)匹配权条款

匹配权条款也是并购交易中较为常见的一种交易保护措施，其应用场景通常是在卖方自第三方潜在买方处收到更优的报价之时，匹配权条款允许买方在目标公司的董事会决定改变其交易推荐并终止收购协议之前提高其初始的报价，以此来匹配目标公司从第三方处收到的更优方案。

匹配权通常会涵盖在收购协议中的禁止招徕条款部分，但有时也会被安排在终止条款部分。匹配权条款可以设置为一次性的匹配权，也可以设置为是对第三方提出的任何报价方案进行匹配的权利。尽管在不同的交易背景下，匹配权条款可能因交易而异，但在谈判匹配权时，交易各方一般都会关注以下问题：

①匹配权的期限。常见的匹配权的期限是 3 个工作日，但有时约定的范围可以从 48 小时到 5 个工作日或更长。

②买方是否可以多次行使匹配权。

③目标公司是否有义务在匹配权期间与买方进行善意的谈判。

从买方的角度来看，通常会倾向于具有谈判权和可以多次提出的匹配权条款，而目标公司则反之更希望能尽量缩小匹配权条款的范围，以避免买方过度干扰竞争性出价。在实践中，目标公司最终往往会同意对买方有利的匹配权，以保证交易的确定性，并希冀以匹配权的来换取更好的交易价格。

(3)分手费

分手费又称终止费,尤其在大型海外并购交易中较为常见,是指买卖双方在签署收购协议后,由于触发双方约定的特定事件导致买方不能完成交易退出时,由卖方根据事先协商确定的金额向买方支付的用以补偿买方在交易谈判中所花费的时间和资源的费用。分手费是一种较易于量化的交易保护机制。

常见的触发分手费条款的事件包括如下:

①目标公司的董事会决议不再继续推荐股东进行交易;

②目标公司的股东会未批准交易;

③目标公司的股东收到更高的报价,决定选择其他潜在买方;

④买方在目标公司中发现此前尚未披露的缺陷等。

由于竞争要约必须涵盖交易中的分手费,分手费通常会降低目标公司在竞争者眼中的价值,增加竞争者发出要约的成本。在美国交易中,分手费通常为交易总价值的2% ~4% 。

(4)强制表决条款

强制表决条款,是指虽然买方允许目标公司董事会在存在更优提案(superior proposal)或干预事件(intervening events)的情况下改变其推荐交易的态度,但目标公司不得终止现有收购协议,并且必须将现有交易方案提交给股东会投票,并且目标公司董事会仍旧需要使用合理努力取得股东投票。

通常卖方会主张,如果更优提案采用全现金对价并且已经完成融资,同时不存在重大政府审批风险时,不适用强制表决条款。

2. 对卖方有利的机制

常见的有利于卖方的交易保护机制主要包括买方预付款、反向分手费等。

(1)买方预付款

付款方式是在海外并购交易中尤为核心的条款,交易各方可能会采取由买方先行支付预付款,或协商确定将相关款项放入双方一致认可的托管账户中。

预付款是买方表示诚意的方式,这笔款项可以用于支付反向分手费以及违约金,也可以用于根据价格调整机制进行的对卖方有利的价格调整中。

(2)反向分手费

与因卖方过错而由卖方向买方支付的分手费不同,反向分手费系运用于交易期间，由于买方的过错而触发特定事件导致卖方不能完成交易时，由买方向卖方支付的、用以补偿卖方在交易谈判中所花费的时间和资源的费用。有时也用于在交易各方之间分配无法取得特定审批的风险。

在实践中，常见的触发买方支付反向分手费的情形主要包括：

①买方融资失败，未能取得并购融资款；

②买方违反陈述与保证条款；

③买方的股东会未批准交易；

④交易未能获得需要应取得的审批或许可等。

反向分手费的数额通常占到交易对价的1%～3%，但在特定情况下也可能更高。在2018年博通公司收购高通公司的交易中，交易总对价为1210亿美元，而反向分手费高达80亿美元，占交易总对价的6.6%，这体现出博通公司非常希望能够完成对高通公司的收购。

三、陈述与保证保险

(一)基本含义

为了避免卖方违反陈述与保证条款对买方造成损失，交易各方会在协议中约定相应的赔偿责任。在实践中，卖方陈述与保证的期限、卖方的赔偿责任及其上限，往往是各方谈判中尤为关注的焦点。解决买方与卖方在陈述与保证条款下的利益冲突，分配交易双方的风险，是海外并购交易谈判过程中的重要问题。

在这种情况下，陈述与保证保险(通常译为warranty and indemnity insurance或representations and warranties insurance)提供了一种解决方案。如果卖方违反陈述和保证而造成损失的，买方可以直接向保险公司追偿。买方通过将此类风险从卖方转移到保险公司，可以限制甚至消除卖方违反某些陈述与保证的责任，同时也不会实质上削弱买方在协议项下应享有的保护。[1] 在海外并购交易中，陈述与保证保险广泛用于管理和分配交易双方之间的风险。实践中，此类安排在欧洲市场较为常见，近年来美国也越来越多见。

---

[1] Jeffrey Chapman, Jonathan Whalen and Benjamin Bodurian, *Representations and Warranties Insurance in M&A Transactions*, Harvard Law School Forum on Corporate Governance (2017).

根据买方投保还是卖方投保，陈述与保证保险可分为买方保单和卖方保单。在买方保单中，如卖方违反陈述与保证条款时，买方可通过保险理赔获取部分或全部赔偿；在卖方保单中，卖方系为违约责任投保，在买方以卖方违反陈述与保证条款为由起诉或要求赔偿时，该保险为卖方提供赔偿责任保障。实践中，买方购买陈述与保证保险更常见。

陈述与保证保险可以帮助卖方实现无责任退出，也为买方提供一定的成交后保障，在大型交易中较为常见。在部分通过竞价流程进行的并购交易中，购买陈述与保证保险有时是卖方的要求之一。如果买卖双方在陈述和保证的谈判中僵持不下时，寻求购买陈述与保证保险也是可选的办法。值得注意的是，陈述与保证保险一般不赔偿交割时买方已知的情况，包括在卖方在披露函中披露的事实以及买方顾问在尽职调查报告中列明的事实带来的损失。

（二）陈述与保证保险的应用情形

实践中，交易双方通过陈述与保证保险进行赔偿的索赔请求较多涉及财务报表、法律合规、重大合同和税务事宜。[1]

2017年以前，保费（premiums）通常为承保限额（limits）的3%～4%，免赔额（deductible retentions）通常为交易价值的1.5%～2%。交易规模越大，保险公司赔付的比例越小。此后，保费和免赔额稳步下降。在2017～2018年，保费通常低于承保限额的3%，免赔额通常为交易价值的1%或更低。[2] 并且，如果陈述与保证保险仅涵盖交易文件中的特定陈述与保证，则保费还可以进一步降低。

随着交易的复杂性越来越高，交易各方对陈述与保证保险的依赖程度也随之变高，交易市场上的买方逐渐更加熟悉陈述与保证保险的索赔流程。加之近年来保险公司依据陈述与保证保单支付赔偿金额的案例时有出现，并购交易中的买方也开始对陈述与保证保单的作用产生更多信任。对于卖方而言，陈述与保证保险可以限制交割后进行赔偿的风险，使其退出更加便利。

---

〔1〕 Joseph Verdesca, Paul Ferrillo and Gabriel Gershowitz, *Representations and Warranties Insurance: What Every Buyer and Seller Needs to Know*, LexisNexis Corporate Law Advisory (2016).

〔2〕 Jeffrey Chapman, Jonathan Whalen and Benjamin Bodurian, *Representations and Warranties Insurance in M&A Transactions*, Harvard Law School Forum on Corporate Governance (2017).

（三）陈述与保证保险在并购交易中的作用

1. 陈述与保证保险的一般优势

使用陈述与保证保险可以限制或消除卖方违反陈述与保证的责任，显然该保险更有利于卖方，但对于买方也有诸多好处。

在竞价流程中，陈述与保证保险有助于提高买方提出的收购价格对卖方的吸引力。一方面，陈述与保证保险有利于卖方的经济利益；另一方面，既然赔偿主要由保险公司负责，卖方不会纠结于陈述与保证条款细节，这就可以缩短并购协议的谈判时间，这也是竞价过程中卖方的重要考量因素。

此外，如果通过陈述与保证保险来限制或免除卖方的责任，卖方会更加倾向于扩大其陈述与保证的覆盖范围，并且减少对相关事宜了解程度的限制，这也有助于买方交割后根据陈述与保证保险向保险公司进行追偿。[1]

2. 免除卖方责任的独特优势

大多数陈述与保证保险政策中会包括两类增加承保范围的条款，一类是排除重大限制（full materiality scrape）条款，另一类是赔偿限制排除（damages limitation exclusion）条款。根据排除重大限制条款，保险公司在确定是否存在违反陈述与保证条款以及确定相应损害时，将排除陈述与保证中的"重大"限定用语。根据赔偿限制排除条款，保险公司在判断买方可请求的赔偿金额时，将排除收购协议中的赔偿限制条款，因此买方可以请求因卖方违反陈述与保证条款而导致的间接损害以及利润损失。在免除卖方责任的交易中，大多数陈述与保证保险政策都会包括两类增加承保范围的条款。[2] 相比之下，在限制交易方责任的交易中，只有在协议中包括排除重大限制条款以及赔偿限制排除条款时，保险公司才愿意将此类条款纳入陈述与保证保险政策中。由于卖方通常不愿意在协议中加入以上两类条款，因此保险公司也不会同意在陈述与保证保险政策中包括上述条款。

---

〔1〕 Jeffrey Chapman, Jonathan Whalen and Benjamin Bodurian, *Representations and Warranties Insurance in M&A Transactions*, Harvard Law School Forum on Corporate Governance (2017).

〔2〕 Jeffrey Chapman, Jonathan Whalen and Benjamin Bodurian, *Representations and Warranties Insurance in M&A Transactions*, Harvard Law School Forum on Corporate Governance (2017).

免除卖方责任还有助于在交割后维持买方与卖方的商业关系。如果买方交割后仍需要卖方提供过渡服务，或卖方的部分成员继续参与目标企业管理的，免除卖方责任可以避免买方因为卖方违反陈述与保证而起诉卖方。

最后，从交割后管理的角度来看，免除卖方责任的交易对买方在操作上也更为便利。如果出现违约情形，买方可以与一家信誉良好且经营稳定的保险公司共同处理索赔事宜，而无须因小额赔偿事宜向卖方不断索赔。同时，免除交易方责任也意味着交易各方无须建立托管账户。

3. 陈述与保证保险的局限性

尽管陈述与保证保险有不少优势，但也具有其局限性。陈述与保证保险仅涵盖违反陈述与保证而产生的索赔，但并不涵盖因违反承诺及其他义务、价格调整机制或基于协议其他条款下可能产生的其他付款义务。

就承保限额而言，买方通常购买的陈述与保证保险的承保限额约为交易价值的10% ~25%，一旦卖方违反陈述与保证给买方造成的损失超出承保限额，超出部分通常只能由买方承担。实践中，卖方常同意赔偿买方因其违反基本陈述与保证而造成的超过陈述与保证保险承保限额的损失。

就承保事项而言，绝大多数的陈述与保证保险政策都会排除特定承保事项。例如，买方对于其在陈述与保证保险生效前就了解的目标公司风险无权通过陈述与保证保险进行索赔。因此，在交易准备阶段，买方一方面希望开展尽可能全面的尽职调查，以了解目标公司存在的风险，但同时全面彻底的尽职调查可能会导致买方就特定事项无法在交割后根据陈述与保证保险进行索赔，这是买方在开展尽职调查过程中所面临的困境。部分陈述与保证保险不会对部分特殊事项造成的损失承保，如石棉污染、转让税、资产负债表上应计的税款、披露计划中披露的税款、净营业损失和其他类型的递延所得税资产等。尽管如此，如今对此类陈述与保证保险排除的事项，也逐渐有越来越多的保险公司愿意为此类事宜提供保险。

为解决陈述与保证保险的局限性，如果买方经判断认为由于陈述与保证保险无法承保等原因，交易项下可能产生其无法承担的风险时，可以寻求与卖方共同分担此类风险。

(四)保单示例

表 12 – 2 为买方保单条款的示例。

表 12 – 2　买方保单条款内容

项目	主要内容
被保险人	买方名称
保险公司	保险公司名称
保险经纪人	经纪公司名称
保险费总额	美元/人民币[ ],为责任限额的[ ]% 增值税[ ]
最高责任限额	最高限额美元/人民币[ ]
单笔最低索赔额	a. 所有权和行为能力保证为 0 元; b. 一般保证,税务保证以及税务赔偿为美元/人民币[ ] 根据保单的条款和条件,对于每一项损失和赔偿,应包括超出单笔最低索赔额度的部分
免赔额	a. 所有权和行为能力保证为 0 元 b. 一般保证,税务保证以及税务赔偿为美元/人民币[ ](保险期间累计)
保险期间	自 2023 年[ ]月[ ]日上午 12:01(起始日)至下述情形事件发生的上午 12:01 a. 对于一般保证,在交割完成后的 3 年内; b. 对于所有权和行为能力保证以及税务保证(和基于税务保证的税务赔偿),交割完成后的 7 年内 (上述任一适用的情形,称为到期)
经纪佣金	20%
承保范围	保单附件,会列出哪些陈述保证的哪些段落不在范围之内
律师费	承担保险经纪(封顶金额)的律师费

第三节　并购融资

一、概说

并购融资，是指并购交易中的买方为了收购目标公司而通过各类方式筹措资金的行为。在实践中，并购与融资两者息息相关，并购交易文件和融资文件是相辅相成的两个方面，确定的资金来源是交易双方达成合意的必要条件，对交易的成功具有关键意义。

硬科技企业海外并购交易中的融资通常数额较大，融资方式多样，通常包括股权融资、债务融资以及两者结合的形式，具体有银行贷款融资、私募股权融资等。由不同的资金来源和融资渠道取得的资金，也会导致企业权益资本与债务资本、长期融资和短期融资、各种融资方式和融资类型的比例关系各有不同，对目标公司的股权结构、组织结构、业务经营等多方面产生影响。

以下我们将就并购融资的具体形式和相关的法律文件展开介绍。

二、并购融资的形式

在交易实践中，并购融资的形式大致可分为三种，即股权融资、债务融资以及混合融资。[1]

（一）股权融资

股权融资，是指买方及融资方以股本形式出资作为并购交易的对价。具体方式包括以下两类。

1. 发行股票

公司可以采取增发新股的方式进行融资，其优点在于不会使公司产生新的负债，并会扩大公司的资产规模，增加企业的再融资能力，也是企业常常采用的融资方式。公司也可以通过设立并购目的子公司来股权融资，向融资方发行优先股。资金提供方是股权融资方，同时多是私募股权基金等投资人。

---

〔1〕 参见任谷龙、韩利杰：《海外投资并购法律实务：操作细节与风险防范》，中国法制出版社 2017 年版，第 351 页。

在海外并购中，买方为了向卖方证明其资金确定性，也会要求股权融资方出具股权承诺书。在股权承诺书中，融资方承诺提供资金支持，认购买方或者控股公司的股权。

2. 换股并购

换股是指买方以其自身股票作为并购交易的对价，取得目标公司的股权，通常采用的形式包括增资换股、换股吸收合并等。这种方式的优点在于可以帮助企业避免在短期内出现大量现金流动，也不会受并购融资规模的限制，有利于交易各方之间的并购整合。但中国企业进行海外换股交易受到政府审批限制，目前的使用空间有限。

（二）债务融资

除股权融资的形式之外，买方也可以从外部渠道取得债务融资，以此来支付交易的对价。根据融资方的性质不同，主要包括以下两类。

1. 向金融机构贷款

最传统的债务融资就是买方向银行等金融机构获得贷款。金融机构贷款成本较低、贷款经验丰富，常常是企业最先考虑采用的融资方式之一。但这种传统融资方式也同时存在一定弊端，如对企业未来现金流的影响。并且在有些贷款协议中，银行可能会要求企业披露一定的经营信息，并在融资、管理层变化或其他重大事项发生时取得银行方面的事先书面同意，或要求提供一定的资产抵押。私募股权基金也常提供债务融资，包括贷款、可转债等。

2. 发行债券

除向金融机构申请贷款之外，企业（特别是上市公司）有时可以通过资本市场向机构投资者发行债券或其他债务融资工具进行并购融资。相对发行股票而言，发行债券有利于避免公司股权的稀释，但其融资规模通常会受到资产规模的限制，并且需要在有关监管部门进行审批备案。

3. 债务的类别

除根据融资方性质进行分类之外，债务融资根据债务受偿的级别和担保情况还可以有进一步细化的分类方式。

就债务得到偿还的次序而言，债务融资有优先债（senior debt）和低级债（junior debt）的不同。相关方可以通过签署协议对债务的优先级别进行明确，或通过融资结构来予以决定。优先债顾名思义即为最优先受偿的债务，通常债权人为银行或保险公司等金融机构。而在优先债清偿之后，低级债的债权人才可以取得受偿，具体低级债包括第二顺序担保债务（second lien debt）、夹层债（mezzanine debt）等。[1]

从担保安排来看，债务融资可分为担保债务（secured debt）和无担保债务（unsecured debt）。在实践中，并购融资通常会采取担保债务的形式，根据具体情形可能由买方、目标公司及其关联方作出保证。

（三）混合融资

除上述融资方式之外，企业也可能采用混合融资的方式，同时获得股权融资和债务融资。企业还可能采取发行可转换债、可交换债等形式融资，融资方可以获得利息，也可以转换为股权，更具吸引力。

如图 12－6 中展示了海外并购融资过程中较为常见的模式和路径。

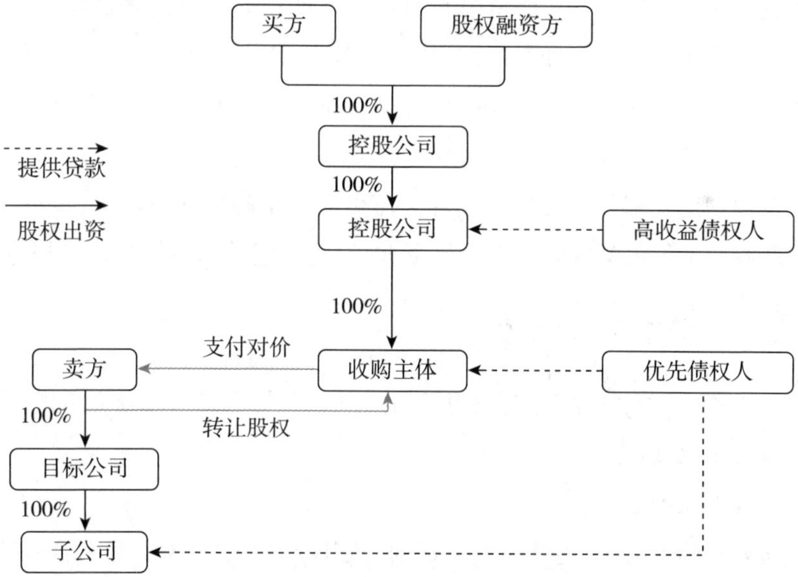

图 12－6　海外并购融资常见模式和路径

在上述示例的融资结构中，股权融资方认购最上层控股公司的股权，应将相

〔1〕 参见任谷龙、韩利杰：《海外投资并购法律实务：操作细节与风险防范》，中国法制出版社 2017 年版，第 354 页。

应的出资用于支付收购目标公司的价款;第二层控股公司发行高收益债券,所取得资金可同样用于支付交易对价以及在交易中产生的其他费用;优先债权人提供的资金则可用于支付交易对价、为目标公司及其子公司提供再融资以及流动资金等作用。

三、并购融资的还款方式

交易各方在进行并购融资时,应同步开始考虑并购完成后债务融资的还款形式和来源。通常企业并购融资的还款方式包括以下几种。

(一)依靠自身经营所产生的现金流

通过目标公司或买方自身经营所产生的现金流常常是债务融资的主要还款来源。

(二)出售部分资产

如企业在一定期间内不能依靠自身经营所产生的现金流来偿还债务,企业也可能考虑安排处理其部分资产,尤其针对部分不再适合公司未来经营情况,但在市场中还有需求的资产,企业可以考虑将其出售以取得一定的现金流。

(三)再融资

在企业预期未来公司的利润或现金流可能产生问题的情形中,也会考虑对外增发新股或发行债券等方式来筹措资金,以此来应对到期的贷款或其他债务。

四、并购融资中的法律文件

并购融资中涉及的法律文件根据其作用的不同,主要可以分为承诺文件、贷款文件以及担保文件三类。

(一)承诺文件

在海外并购交易中,为证明其资金的确定性和稳定性,买方通常会向卖方出具相关的证明,较为常见的是银行签署的承诺文件(commitment papers),其中包括承诺函、条款清单和费用函等文件。

在承诺函中,银行会说明其同意提供承诺函中规定的相关融资。承诺函中一般包括以下主要内容:

(1)贷款方对提供全部或部分融资所做的承诺;

(2)拟进行的并购交易的简要情况,包括任何重组、补充融资以及为目标公司或买方债务而进行的再融资;

(3)如果融资将采用银团方式,贷款方在融资银团内的权利和借款方的义务;

(4)一份或多份描述融资的关键条款的条款清单;

(5)提供融资前必须满足的融资条件。

在签署承诺函之前,银行通常会审查最终收购协议以确认协议内容和形式符合其要求,并相应设置提供资金的条件,包括要求并购交易将以最终收购协议所规定的方式完成交割。除确认最终收购协议正确反映出交易架构和其他关键条款外,银行也会确认其中是否包括惯常的贷款方保护条款。

承诺函通常附有一份或多份条款清单和费用函。融资的利率以及其他与融资相关的商业或法律条款通常均会被记录在承诺函所附的条款清单中。而买方支付给银行的与安排和筹划融资相关的酬劳费用则会记录在一份或多份单独的费用函中,以保护此类信息的机密性,其中可能有承销费、安排融资架构费以及代理费,同时可能会约定市场弹性定价机制(market flex)等。

(二)贷款文件

并购融资安排的主要法律文件是贷款协议。在具体的交易中,基于不同的贷款分类和额度类型,贷款协议中的条款内容也会有相应的差异。

1. 贷款的分类如表 12-3 所示。

表 12-3　贷款的分类

分类	内容
按贷款期限划分	短期贷款:一年以下(含一年) 中期贷款:一年以上(不含一年)至三年以下(含三年) 长期贷款:三年以上(不含三年)
按贷款用途划分	项目融资、资产融资、并购融资、房地产融资以及贸易融资
按贷款方义务划分	承诺性贷款 非承诺性贷款

2. 贷款的额度类型如表 12 –4 所示。

表 12 –4　贷款的额度类型

类型	内容
定期贷款额度	(1)定期贷款额度是贷款方向借款方提供的承诺性贷款额度，由借款方一次性提取(在某些情况下也允许分次提取)，贷款期限固定，借款方按照约定的计划还款，在到期日清偿全部贷款； (2)如果借款方提前偿还贷款，偿还部分不得重新提取； (3)定期贷款的期限通常为 1 ~5 年，对于信用较好的贷款方也可能延长到七年
循环贷款额度	(1)循环贷款额度是允许借款方在一定期限(额度有效期)内重新提取已经偿还的额度的短期贷款； (2)贷款提前偿还后在额度有效期内仍可以继续提供； (3)循环贷款额度一般都是承诺性的，在额度有效期内只要借款方申请，贷款方就有义务放款，但需以借款方满足先决条件为前提； (4)有些银行也会提供非承诺性的循环贷款，在额度有效期内贷款方有权决定是否放款，即使借款方满足先决条件银行也有权拒绝放款

3. 贷款协议结构。

贷款协议中主要包含财务条款、管理条款以及法律条款。

财务条款：财务条款是有关贷款规模、贷款类型、贷款利率、还款期等方面的商业内容。财务条款是贷款协议中最基本的内容。这部分内容主要取决于贷款方和借款方之间的商业约定。如表 12 –5 所示。

表 12 –5　财务条款的主要内容

条款	内容
信贷安排 (debt arrangement)	(1)信贷安排的当事人：贷款协议的借贷双方，但在复杂的融资交易中，也存在多个贷款方和多个借款方的情况，如集团授信和银团贷款； (2)授信额度：贷款协议必须明确授信额度的币种和金额； (3)贷款用途：协议中必须约定贷款用途，即借款方如何使用贷款资金
贷款的提取 (drawdown/disbursement)	贷款提取条款规定了借款方提取贷款的流程，其在申请使用贷款前必须向银行提交提款申请书，并且通常会有条款对借款方每次提款的金额设置一个最低门槛

续表

条款	内容
还款（repayment）和提前还款（prepayment）	(1)还款条款是贷款协议的必备条款之一,还款的方式一般包括三类:按照贷款协议约定的还款计划还款,借款方主动提前还款,特定情况下的强制提前还款; (2)自愿提前还款:借款方可在向贷款方发出通知后提前偿还贷款,无须贷款方另行同意; (3)强制提前还款:当出现违约或控制权变更等情形时,可能威胁到贷款安全,贷款方会强制要求借款方提前还款
额度取消（cancellation）	(1)额度取消是指借款方在全部使用授信额度之前取消全部或部分额度; (2)额度取消条款仅适用于提款期内,因为提款期结束后所有授信额度将自动失效; (3)作用是降低可用承诺额度,从而减少借款方需要支付的承诺费
利息和费用（interests and fees）	(1)利息是资金的价格,是借款方使用贷款所支付的对价。利息由两部分组成,一为银行取得贷款资金的成本,即融资成本;二为银行贷款业务的利润,即利差; (2)贷款收费,除贷款利息外,银行还会收取其他费用,如安排费、承诺费、代理费和提前还款费等

管理条款:管理条款是关于贷款方对贷款进行监督和管理的条款。管理条款中既包含商业内容,也包含法律事项,也是贷款协议的谈判重点。主要内容见表12－6。

表12－6　管理条款的主要内容

条款	内容
先决条件	先决条件条款规定了贷款方发放贷款之前必须满足的各项条件,目的是贷款方在发放贷款资金前,确保各项法律上、事实上以及交易层面的事项已实现或确定。 初始先决条件:其一般作为贷款协议的一个附件列明,一般包括融资文件、公司组织文件、授权文件、财务报表、费用支付证明、法律意见书和其他文件。 进一步先决条件:在允许多次提款的贷款交易中,除满足初始先决条件外,在每一次提款时均要求借款方满足进一步的先决条件
陈述	陈述条款更多地被称为陈述与保证,是借款方就其自身及其他相关当事人和交易本身相关的法律和事实所做的描述。陈述条款的主要目的是保障贷款交易的合法有效。可分为两大类,即法律陈述和商业陈述

续表

条款	内容
承诺	承诺是借款方作出的有关其业务和其他事项的保证,包括积极承诺与消极承诺。承诺条款的一个重要目的是保障信贷安全
违约事件	在发生约定的违约事件后,贷款方有权取消未发放的贷款,要求已经发放的贷款加速到期,要求立即偿还,并执行担保

法律条款:法律条款是贷款协议中相对标准化的条款,无论什么类型的贷款交易,无论什么类型的借款方,贷款方一般不允许对法律格式条款提出修改。其主要内容见表12-7。

表12-7　法律条款的主要内容

条款	内容
法律保护条款	抵消条款、计算和证明、部分无效以及救济和弃权
其他格式条款	转让条款、通知条款、协议修改、保密条款、分别签署以及争议解决

(三)担保文件

在实践中,有时贷款协议中会包括详细的担保权益相关的条款,但更为常见的情况是,相关方会签署单独的担保协议,此类协议中通常会就抵押物(collateral)予以约定,并明确相关方的权利和义务。借款方或任何其他适用的相关方将向贷款方授予抵押物之上的担保权益,以保证其支付本金、利息和其他经济上的义务,以及履行贷款协议下的义务。

常见的抵押物包括股份、库存、账户、应收账款、知识产权、不动产、固定资产等。在并购融资中,如果买方要以目标公司资产为抵押物获得贷款,一方面要确认相关国家和地区对目标公司资产为抵押物进行并购融资提供支持是否有限制。另一方面抵押可能涉及各类法律文件,根据抵押物的不同,相应签署的文件可能包括股权质押协议、知识产权质押协议或账户质押协议等,约定将相应的抵押物质押给融资方,作为并购融资的担保。同时相关的抵押物还需要根据其所属地和具体情况进行登记和公示,以使相关担保权益得以有效设立。

附表　交易保护机制谈判要点[1]

谈判条款	机制要点	有利于买方的版本	有利于目标公司的版本	可能谈判结果/备注
禁止招徕	禁止招徕条款的范围	目标公司不得寻求、发起、鼓励、诱导或促成收购提案	目标公司不得寻求、发起收购提案，也不得在明知的情况下鼓励、诱导或促成收购提案。 目标公司通常希望加入提供信息条款（“window shop” provision），在禁止寻求收购提案的前提下，允许目标公司向主动与目标公司取得联络的竞购方提供信息，并与其进行谈判	谈判分歧通常不大
	禁止招徕条款的例外：更优提案	但回应更优提案的情况除外	但回应收购提案的情况除外。 在包含允许招徕条款的交易中，禁止招徕条款的例外应当包括允许招徕条款下允许进行的所有活动	但回应有合理可能会产生更优提案的收购提案的情况除外
	“收购提案”的定义	买方倾向于约定一个较低的比例，因为收购提案的定义主要用于决定目标公司何时有义务向买方支付终止费，而不太影响目标公司向竞购方提供信息或与其谈判的权利	目标公司通常倾向于约定较高比例	典型的比例为15%至20%，具体比例需要根据交易具体情况确定。一般会约定收购目标公司超过一定比例的股权和资产的提案即属于收购提案。该比例是否适用于目标公司的净收入、净利润或其他财务数据通常取决于目标公司业务的性质

〔1〕 以设立在美国特拉华州的目标公司为例。

续表

谈判条款	机制要点	有利于买方的版本	有利于目标公司的版本	可能谈判结果/备注
禁止招徕	“更优提案”的定义	对更优提案的限制包括： • 善意提案； • 提案非经目标公司主动寻求； • 书面形式； • 提案由第三方提出； • 提案计划收购目标公司的全部已发行股份或全部资产； • 需出具知名财务顾问的书面意见； • 已完成融资	包括计划收购目标公司超过50%已发行股份或资产的提案。 不要求出具财务顾问的公允意见，仅要求目标公司咨询其财务顾问。 在包含允许招徕条款的交易中，更优提案的定义应当包括根据允许招徕条款寻求到的提案	在控制权变更交易中，目标公司的Revlon义务（Revlon Duties，即当目标公司被收购、分拆或出现其他控制权变更情形时，目标公司董事会应当采取措施使股东利益最大化）要求其接受更优提案，因此需要对更优提案进行定义。在纯现金交易中，“更优提案”的定义包括计划收购目标公司超过50%已发行股份是合理的。在换股交易或资产收购中，买方可以提出Revlon义务并不适用，因此目标公司应当同意“全部或实质上全部”的标准
	及时通知条款	目标公司应当向买方及时通知任何与竞争交易相关的“咨询或提案”（inquiry or proposal）	不包括此类条款，除非买方享有匹配权（详见后续内容）。 或者，目标公司可以要求通知义务仅限有合理可能会产生更优提案的收购提案	即使买方在与其他竞购方的竞购中落败，买方仍可以因目标公司违反该条款向目标公司索赔[1]

[1] NACCO Indus, Inc. v. Applica Inc., 997 A.2d 1, 16 – 17 (Del. Ch. 2009).

续表

谈判条款	机制要点	有利于买方的版本	有利于目标公司的版本	可能谈判结果/备注
禁止招徕	允许招徕条款	不包含	包含	通常在目标公司未开展签约前市场调查时才包含允许招徕条款。主要谈判要点包括： • 允许招徕条款的期间； • 允许招徕条款的内容（仅允许接收提案或允许积极寻求其他交易机会）； • 买方匹配权的范围； • 在目标公司接受了招徕过程中产生的新交易的情况时，双方就分手费的数额进行谈判，以及如果此类交易在允许招徕条款过期后或被修改的情形下，是否允许降低分手费
	禁止招徕要求与静止条款的关系	除非目标公司与潜在竞购方签署静止条款，否则不得向其提供保密信息以及尽职调查文件。目标公司必须执行现有的静止条款	无须签署新的静止条款，并且目标公司可以放弃现有静止条款下的权利	特拉华州的法院判决中曾指出一些静止条款无法强制执行，但特拉华州法律也不要求合同必须要有积极例外情形时，才可强制执行静止条款。[1]许多保密协议会约定如果目标公司存在 Revlon 义务的，静止条款自动失效

〔1〕 In re Celera Corp. Shareholder Litigation, No. 6304 - VCP, 2012 WL 1020471, at ＊21 (Del. Ch. Mar. 23, 2012) (questioning the validity of "Don't Ask-Don't-Waive" standstills because the provisions, coupled with a "no-shop", create an "informational vacuum" for a board); In re Topps Co. S'holder Litig., 926 A. 2d 58, 92 (Del. Ch. 2007) (issuing a preliminary injunction delaying shareholder vote until competing bidder was released by board from standstill agreement).

续表

谈判条款	机制要点	有利于买方的版本	有利于目标公司的版本	可能谈判结果/备注
禁止招徕	禁止招徕要求与毒丸的关系	除非协议被终止，否则目标公司应当在交割前维持其毒丸计划的有效性。如果目标公司没有毒丸计划，应当采用毒丸计划	无此类要求	并购协议中很少会要求目标公司采用毒丸计划，但戴尔公司收购 Compellent 的交易中就包含此类要求
匹配权	是否包括匹配权	包括，且仅需与更优提案保持一致即可，无须优于更优提案。在行使匹配权的期限内，目标公司需要就更优提案向买方分享信息，并与买方积极谈判	不包括，或仅包括受限匹配权，尤其是当协议中包含允许招徕条款时。对匹配权的限制包括买方仅有一次行使匹配权的机会，没有权利对竞购方后续的提议再次行使匹配权，因此买方需要在行使匹配权时给出尽可能好的提议。目标公司还可能要求如果竞购方提出的提议价格超过买方最初提议一定比例的，买方丧失匹配权	特拉华州法院经常支持匹配权[1]，即使有时匹配权条款涉及终止费[2]。如果目标公司同意授予买方匹配权，同意就更优提案向买方分享信息，并与买方积极谈判的，谈判分歧通常不大
	行使匹配权的期限	多于5个工作日	3～5个工作日。后续再次行使匹配权时期限会进一步缩短	—

[1] In re Toys "R" Us, Inc. S'holder Litig., 877 A.2d 975, 1017 (Del. Ch. 2005) (holding that matching right is "a common contractual feature that, when assented to by a board fulfilling its fundamental duties of loyalty and care for the proper purpose of securing a high value bid for the stockholders, has legal legitimacy").

[2] In re Cogent, Inc. S'holder Litig., 7 A.3d 387, 502 (Del. Ch. 2010).

续表

谈判条款	机制要点	有利于买方的版本	有利于目标公司的版本	可能谈判结果/备注
推荐变更	通知	如果目标公司计划改变其推荐交易的态度的，应当通知买方	通常可以接受	董事会不得同意因为正在行使匹配权的期限内就推迟告知股东，董事会已经改变了其推荐交易的态度。[1] 然而，董事会可以在改变推荐交易的态度之前给买方一定时间对更优提案进行回应[2]
	推荐变更的条件	条件包括： • 存在更优提案； • 目标公司的董事会善意作出决定； • 此类改变是目标公司董事会遵守适用法律中对股东忠实义务所必需的	不限于因为更优提案，可以因为任何原因	通常会限于因为更优提案以及其他干预事件（签约后的特定变动，可以将此类事件限制在目标公司董事会签约时不知道也无法合理预测会发生的事件）。[3]相应地，买方会同意允许目标公司董事会根据其忠实义务的要求向目标公司股东给披露相关重大信息

〔1〕 In re Compellent Tech., Inc. S'holder Litig., No. 6084 – VCL, 2011 WL 6382523, at *11 (Del. Ch. Dec. 9, 2011).

〔2〕 In re Micromet, Inc. S'holders Litig., No. 7197 – VCP, 2012 WL 681785, at *9 (Del. Ch. Feb. 29, 2012).

〔3〕 DEALBOOK, Deal Lawyers Are Getting Creative, N. Y. TIMES (Apr. 14, 2009), http://dealbook.nytimes.com/2009/04/14/deal-lawyers-start-getting-creative (Vice Chancellor Strine expressed concern that a provision "limiting the right of a target company's board to change its recommendation in the absence of a superior proposal" would violate Delaware law).

续表

谈判条款	机制要点	有利于买方的版本	有利于目标公司的版本	可能谈判结果/备注
强制表决条款	存在更优提案情况下的强制表决条款	包括此类条款。 允许目标公司董事会在存在更优提案的情况下改变其推荐交易的态度，但目标公司不得终止现有并购协议，并且必须将现有交易提交给股东投票，并且董事会仍旧需要使用合理努力取得股东投票。同时董事会仍受限于其他过渡期义务限制，绝对责任条款以及其他合同义务限制	不包括此类条款。 在包含允许招徕条款的交易中，强制表决条款不适用于目标公司董事会因允许招徕条款取得的新的要约而改变推荐交易态度的情况。买方会主张允许招徕期后取得的要约仍适用强制表决条款	《特拉华州一般公司法》第146条明确规定肯定强制表决条款的效力。主要考虑因素包括货币的时间价值以及不同提议之间提供对价的可比性与确定性。因此，通常交易双方会同意仅在不同提议之间对价形式不同和/或合规/融资风险相差较大时适用强制表决条款。在这种情况下，如果不同提议均采用现金交易，且不存在融资条件或合规风险时，不适用强制表决条款。 如果多数股东之间存在表决权协议，会导致投票结果不会发生改变的，强制表决条款可能会被认定无法强制履行[1]

[1] Orman v. Cullman: No. Civ. A. 18039, 2004 WL 2348395, at * 8 (Del. Ch. Oct. 20, 2004).

续表

谈判条款	机制要点	有利于买方的版本	有利于目标公司的版本	可能谈判结果/备注
强制表决条款	存在干预事件情况下的强制表决条款	包括此类条款。 允许目标公司董事会在存在干预事件的情况下改变其推荐交易的态度，但目标公司不得终止现有并购协议，并且必须将现有交易提交给股东投票，并且董事会仍旧需要使用合理努力取得股东投票。同时董事会仍受限于其他过渡期义务限制，绝对责任条款以及其他合同义务限制	不包括此类条款	对目标公司而言，该条款比存在更优提案情况下的强制表决条款更容易接受，因为相比董事会对两个竞购提议的比较，董事会对干预事件的财务后果分析相对不够客观，因此有必要允许股东通过投票的方式表达其观点

注：其他谈判条款包括：

（1）终止权：可参见本附件中的“终止条款要点”表。该表列出了常见的终止权以及相关终止费，但在实际交易中的行使终止权的结果可能会根据目标公司是否进行了签约前市场调查、交易是否是两家相近规模的公司进行的合并或买方使用了股份作为对价，以及交易各方的谈判筹码而有所不同。

股票期权：发行目标公司一定数额的股票期权也可以起到交易保护的作用，但非常少见。

（2）皇冠明珠期权：考虑不认可皇冠明珠期权合法性的案例，实践中较少使用皇冠明珠期权，但仍有使用此类保护制度的案例。例如，AT&T 与 T-Mobile 的交易中就使用了与无线频谱相关的皇冠明珠期权，Pfizer 与 Pharmacia 的交易中也使用了与医药合作协议相关的皇冠明珠期权。

（3）增购期权：增购期权允许买方在成功进行第一步要约收购后，向目标公司购买额外股份，从而使买方可以根据《特拉华州一般公司法》第 253 条对目标公司进行短表合并。判例认为增购期权可以合法用于交易保护，但在评估计算时应当排除增购期权的稀释效应。[1]

---

〔1〕 Olson v. EV3, Inc., 2011 WL 704409 (Del. Ch. 2010); In re Cogent, Inc. Shareholder Litigation, 7 A.3d 487 (Del. Ch. 2010).

附录1 投资并购常用词汇

序号	词汇	词汇含义
1	Acceleration 债权加速到期	指违约事件发生后,债权人或债券持有人根据协议约定宣布债权立即到期,要求债务人立即偿还债务。债务人的控制权变更常被视为违约事件之一
2	Acquisition 收购	指收购另一方股票或资产的商业活动
3	Actual Controller 实际控制人	根据中国相关法律法规规定,指通过投资关系、协议或者其他安排,能够实际支配公司行为的主体
4	Affiliate 关联方	一般指受某一主体控制、其他控制主体或与某一主体受同一主体共同控制的分公司、子公司、合伙企业或其他主体
5	All or Substantially All 全部或几乎全部	实践中用“全部或几乎全部”来形容的对象包括资产、收入、利润等
6	Ancillary Agreements 附属协议	指交易各方在并购交易签约时签署的除主交易文件以外的各种协议。常见的附属协议包括托管协议、过渡期服务协议、知识产权许可协议/转让协议、不竞争不招徕协议等
7	Anti-dilution 反稀释条款	指当公司后续融资的估值低于本轮融资的估值时,投资方有权要求公司或创始人采取一定的措施,调低公司本轮融资的估值的权利
8	Asset Acquisition 资产收购	指收购目标公司的资产。在很多交易场景中,责任承担是资产收购中的一部分。各方可以就收购资产范围、承担责任范围等问题进行协商,资产收购在交易结构和交易结果上比合并以及股权收购更加灵活

续表

序号	词汇	词汇含义
9	Asset Purchase Agreement (APA) 资产购买协议	指约定有关收购目标公司的所有或部分资产的协议,有时还会约定需要承担的目标公司的全部或特定部分责任。在资产收购中,买方可以选择不购买目标公司的部分资产
10	Assumed Liabilities 承担的责任	在资产收购中,指买方所接收的原由卖方承担的责任
11	Auction 竞价	指卖方出售目标公司股权或资产的竞价流程,其中至少有两位竞购方相互竞争出价。 竞价流程没有固定的规则,其中有两类竞价模式最为常见。一类是有限数量的竞购方被邀请参加的竞价,流程通常私下进行,且会对外保密;另一类是公开竞价,有意向的竞购方均可以参与竞价,有时还会公开发布有关竞价流程的通知
12	Beneficial Owner 实益所有人	如果特定财产的法定所有权属于一方,而财产利益属于另一方,该方就是特定财产的实益所有人。 根据《美国证券交易法》第13(d)条和美国证券交易委员会的相关规则,如果一个实体有权对某一特定证券进行投票或处置,无论它是个人还是作为集团或其他一致行动人的一部分,那么这个实体就是该证券的实益所有人
13	Best Efforts/Best Endeavors 最大努力	最大努力在收购协议中是一个常见表述,常用于描述一方应穷尽一切努力来达成某事项方能满足其承诺义务。在许多合同中,常会用一个或多个形容词来形容"最大努力",如"最大合理努力""最大商业努力"或是"最大合理商业努力",都可以从一定程度上限制应尽努力的程度
14	Knowledge 所知	可以用于限定卖方的陈述保证,即卖方仅就其所知事实作出陈述保证。而"所知"也可进行进一步限定,如以公司的董事或管理层成员的所知,或者对该等事实的存在进行合理调查之后可获得的所知为限
15	Books and Records 账簿与记录	指目标公司的账簿、记录、文件、数据和信息,通常包括目标公司的客户和供应商名单、财务和会计记录、采购订单和发票、销售订单以及信贷和收款记录。常见于收购协议的陈述保证、承诺等条款

续表

序号	词汇	词汇含义
16	Bridge Loan/Bridge Financing/Bridge Facility 过桥贷款	如果要求买方在签署收购协议时资金充足,或并购的长期融资计划中的票据或债券在并购完成后发行等情形,买方会选择通过过桥贷款的方式来融资。一般来说,过桥贷款后期会被其他长期贷款代替。 在风险投资中,过桥贷款是指为缓解目标公司资金压力,投资者在正式交割前以贷款形式向目标公司提前提供全部或部分投资款的行为。交割时,过桥贷款转为股权或由公司返还;如无法交割,公司应返还过桥贷款
17	Bring Down 延续条款/重述条款	该条款适用于签约与交割存在时间间隔的交易文件,用于在交割时确认另一方在签约时作出的陈述与保证仍然准确
18	Material Adverse Change (MAC)/Material AdverseEffect (MAE) 重大不利变更	指公司的业务、资产、责任、财务状况、营运业绩等方面发生的可能导致公司价值显著降低的事件。在收购协议中,"目标公司不存在重大不利变化"常作为交割先决条件之一,或作为陈述和保证的限定
19	Bylaws 公司章程细则	在许多法域,公司的 bylaw 和 articles of incorporation 共同构成一家公司的章程性文件
20	Call Option 买入选择权	指一方有权利,而非义务,在未来某一时间点或某一特定时期内以行权价格要求对方交付特定资产(如股份)
21	Cash Free/Debt Free 无现金/无债务	指以目标公司在交割时既没有现金也没有负债为假设前提来确定目标公司的收购价格的一种方式。最终的交易价格等于各方确定的目标公司企业价值(enterprise value)减去公司债务并加上公司现金及现金等价物
22	Committee on Foreign Investment in the United States (CFIUS) 美国外国投资委员会	CFIUS 是美国外国投资委员会的简称。该委员会为美国行政分支下的一个跨部门委员会,负责审查外国投资者投资美国公司可能对国家安全产生的影响。美国外国投资委员会由财政部长担任主席,包括 16 个美国部门和机构的代表。这些部门和机构包括国防部、国务院、国土安全部和国家安全局等重要机构

续表

序号	词汇	词汇含义
23	Change of Control（COC）/ Change in Control（CIC） 控制权变更	指单独或一系列涉及公司所有权、管理层或董事会组成的变更事件。控制权变更事件不仅包括收购全部股权，还包括收购50%或者50%以下的股权、目标公司管理层以及董事会组成的重大变化也可能构成“控制权变更”事件。常见的控制权变更条款包括公司发生控制权变更时，触发高管高额补偿、雇员激励期权加速到期、债权加速到期、合同相对方有权解除协议等
24	Closing/Completion 交割	当所有交割先决条件均已达成或被豁免，各方完成收购协议下的拟议交易，一般包括转移股权或资产所有权以及支付价款
25	Common Stock/Common Shares/Ordinary Shares 普通股	指公司发行的普通股权，普通股持有人一般不享有投资方的特殊权利
26	Condition Precedent 交割先决条件	指交易各方进行交割的先决条件，一般包括无重大不利影响、陈述与保证准确、无不利于交易的法院命令或判决、提交相关文件证明、通过相关政府审批等
27	Confidentiality Agreement/ Non-Disclosure Agreement（NDA） 保密协议/不披露协议	指交易各方约定对另一方所提供的信息进行保密的协议。保密协议在并购中非常常见，用于禁止一方公开披露并购交易的存在以及从交易对方获取的保密信息
28	Control 控制	指通过拥有股权、投票权、协议控制或其他方法，直接或间接拥有的对某实体的控制权
29	Control Documents 控制协议	指通过协议控制方式实现对境内运营实体的控制和合并财务报表的公司架构（VIE结构，定义见本附录），境内运营实体、实际控制方以及境内运营主体的股东签署的相关协议，一般包括借款协议、股权购买权协议、股权质押协议、股东表决权委托协议、独家服务协议以及配偶同意函（如适用）
30	Convertible Debt/ Convertible Bond/ Convertible Note 可转债	指在一定条件下，可以按照一定价格转换成公司股权的债务

续表

序号	词汇	词汇含义
31	Co-sale Right/Tag-Along Right 共售权/共同出售权	指如果创始人或其他普通股股东向第三方转让股权时，投资方如不行使优先购买权，则有权要求参与出售的权利
32	Disclosure Schedule/Disclosure Letter 披露函	指目标公司根据收购协议中的陈述与保证向投资方交付的书面披露函，用于披露陈述与保证中约定的特定事项，以及不符合陈述与保证的情形，作为陈述与保证的例外情况
33	Drag-Along Right 拖售权/拖带权/强制随售权/领售权	指如果事先约定的出售条件成就，权利方有权要求其他股东一起参与第三方出售
34	Due Diligence 尽职调查	指并购交易的各方及其顾问为了解一家公司所做的调查工作，包括商业尽职调查、财务/税务尽职调查和法律尽职调查。买方（及其律师、投行和会计师）进行尽职调查是为了更好地了解目标公司的情况，确保目标公司的实际情况与买方对目标公司现状和未来潜力的理解相一致。 如果买方以其股票作为并购交易对价，则卖方（及其顾问）也会对买方进行尽职调查，以便了解买方公司股票的价值
35	Earn-Out 业绩补偿条款	指收购协议中的一项条款，规定如果目标公司在收购后的一段时间内达到特定的目标（特定财务目标、获得监管审批或其他里程碑事件），买方则需要向目标公司的股东支付额外对价
36	Employee Share Option Plan (ESOP) 员工股票期权计划	指公司董事会和/或股东会通过的一项股权激励计划，通过授予公司员工期权，授予员工以特定价格购买承诺数量的股票的权利，作为员工薪酬待遇的一部分
37	Encumbrance/Lien 权利负担	指任何旨在确保义务履行的任何财产或资产权益，包括留置权、抵押、质押、担保、地役权、产权负担、所有权保留、附条件出售、扣押、征收、索赔等权益，而无论此类权益是自愿的还是非自愿的，也无论此类权益是通过协议、根据任何法律或其他方式产生的

续表

序号	词汇	词汇含义
38	End Date/Outside Date/Long Stop Date/Drop Dead Date 最终截止日	最终截止日是指交易双方协议中所约定的一个终止日期,如果交割条件在该终止日期之前没有被满足或被豁免,则一方有权终止交易协议。最终截止日也可以用来指代交易自行终止的日期
39	Enterprise Value 企业价值	指在不计算企业债务与现金的基础上所估计的商业价值
40	Escrow 托管	指将资金或文件交给第三方以保证后续义务履行的一种安排,并购交易中买卖双方与托管人(多为银行)达成托管协议,把资金或文件交给托管人管理,在满足一定条件下释放
41	Exchangeable Debt/Exchangeable Note 可交换债	指在一定条件下可以按照一定价格转化为公司的母公司、子公司或关联公司的股权的债务
42	Fully Diluted 完全摊薄	指一种用于计算某个特定事件(如收购完成)发生时目标公司届时发行的普通股的数量的方式。完全摊薄的已发行的普通股数量是指目标公司在特定日期实际已发行的普通股数量加上在未来特定条件发生时应发行的额外股份,包括通过行使或转换所有期权、认股权证和可转换证券所增发的普通股
43	Generally Accepted Accounting Principles(GAAP) 公认会计准则	指一套记录和报告会计信息的权威标准。不同法域的公认会计准则会有所不同
44	Going Private 私有化	指上市公司控股股东或外部收购方向所有社会公众股东收购上市公司股份权益的交易
45	Hostile Takeover 恶意收购	指在并购交易开始前受到目标公司管理层反对的并购交易。常见的恶意收购方式为直接向目标公司多数或全部股东发出收购要约或者投票代理权争夺

续表

序号	词汇	词汇含义
46	Indebtedness 负债	泛指目标公司的各类债务,如:(1)借款(不包括应付账款和其他类似债务)产生的所有债务总额(包括应计未付利息、律师费、提前清偿的费用以及其他相关付款义务);(2)任何票据、债券或债务担保产生的所有债务总额;(3)任何履约保函、信用证、银行承兑汇票、票据授信或类似授信安排项下的未偿还的所有债务总额;(4)任何融资租赁项下产生的所有债务总额;(5)以抵押、质押、留置等担保的债务;(6)与本次交易相关的递延购买价款或赔偿责任,以相关的最高应付金额计算;(7)任何对冲或衍生交易下的净付款义务;(8)向股东宣布但未支付的股息;(9)上述义务的担保;(10)与上述义务相关的任何利息、费用、其他开支
47	Information Right 知情权	又称信息权,指投资方了解和获取公司的财务等情况和信息的权利
48	Joint Venture/JV 合资公司	指由两家或以上合资方共同投资设立,分别拥有部分股权,并共同分享利润、风险、经营权的实体
49	Letter of Intent/Term Sheet/Memorandumof Understanding (MOU) 意向书/投资条款清单/谅解备忘录	指交易双方在交易早期就交易所达成的原则性约定文件。这类文件通常仅有部分条款对双方具有约束力,且通常包含有关约束力的具体规定。在涉及上市公司的交易中,上市公司通常有义务在签署意向书后披露交易的存在
50	Locked Box 锁箱机制	指一种交割机制,根据该机制,买方应支付的交易金额是根据目标公司的历史资产负债表计算的。因此,交易金额在签约日就已确定。只要在过渡期内未发生特定价值减损,则无须像价格调整机制一样在交割后再编制现金流、债务和运营资本的账目,并据此调整交易价格
51	Materiality Qualifier 重大程度的限定语	指在陈述与保证或承诺条款中对条款以重大事件、重大变化或重大事实作为限制的限定语。“重大的”“重大地”“重大不利变化”“重大不利影响”等词语都是典型的重大程度限定语
52	Merger 兼并	指两个或者两个以上的交易主体合并为一家主体的交易

续表

序号	词汇	词汇含义
53	Negative Covenant 消极承诺	指不进行特定行为的承诺。消极承诺常用于约束并购或投资协议签署后直至交割前期间内目标公司的运营行为
54	Non-solicitation 不招徕	指负有不招徕义务的一方(如投资方、卖方、离职员工、创始人等)在一定期限内不得招徕目标公司的管理层、雇员、供应商、客户以及其他合作方
55	ODI Approvals 境外直接投资审批	指因中国境内企业直接或通过其控制的境外企业,以投入资产、权益或提供融资、担保等方式,获得境外所有权、控制权、经营管理权及其他相关权益的投资活动而需进行的审批。审批主体包括商务部门、发改部门以及外汇部门。如果境内企业涉及金融行业的,需获取行业主管部门的批复或无异议函。境内主体属于国有企业的,需取得国有资产监管部门的审批同意
56	Opinion/Legal Opinion/ Opinion Letter 法律意见书	指律师根据特定法律出具的针对交易主体、交易文件的正式法律意见
57	Ordinary Course of Business 正常业务经营	指某经营主体的惯常经营方式、习惯和操作。该概念可以用于限制陈述和保证,也可要求卖方承诺在签约和成交期间,目标公司应从是正常业务经营
58	Permit 许可	泛指任何政府机构颁布的许可证、执照、注册、认证、证书、安全许可、批准、同意、资格、豁免、特许经营权和授权
59	Private Investment in Public Equity (PIPE) 私人投资上市公司股份	指投资者以一级市场交易的方式购买上市公司股份或股份权益
60	Preferred Stock/ Preferred Share 优先股	指享有优先权的股票,如享有优先股息、特殊投票权、优先清算、优先回购、特殊公司治理权等

续表

序号	词汇	词汇含义
61	Purchase Price Adjustment (PPA) 价格调整机制	指收购协议中的价格调整机制。通常,交易双方会在初步了解公司状况后在协议的价格条款中预先约定在交割日应付的初始价格,随后以交割日作为基准日,在交割日后约定期间内编制财务报表,初始价格将根据交割日作出的财务报表进行调整,调整后的价格为最终的交易价格。价格调整机制在非上市公司的收购中相对常见,在上市公司的收购中很少见
62	Put Option 卖出选择权	指一方有权利,而非义务,在未来某一时间点或某一特定时期内以行权价格向对方出售特定资产(如股权或股份)
63	Redemption 回购权	指股东在特定情况下,要求公司或创始股东以特定价格回购其持有股权的权利。回购价格一般为投资金额加上固定的回报率
64	Registration Rights 登记权	境外交易文件中指证券持有人要求公司根据适用的证券法登记持有人的证券以便对外出售的权利。登记后的证券可以自由交易
65	Representations and Warranties Insurance/R&W Insurance (RWI) 陈述与保证保险	指赔偿买方因卖方违反陈述和保证而产生的损失的保险。卖方或买方均可购买此类保险。此类保险有助于减少卖方交割后的风险,使买方在卖方违约时直接向保险公司追索
66	Representations and Warranties 陈述与保证	指交易各方对与交易相关的事实进行的陈述与保证,合同一方借此向另一方保证,特定事项在特定时间是真实的。如果起草得当,陈述和保证也可用于分配未知事实和/或未来事件的风险。卖方和标的公司的陈述和保证一般包括对公司及其业务、股份的所有权、有权进行交易以及不存在违约行为等的详细陈述与保证。投资方的陈述与保证通常限于进行交易的能力
67	Representative 代表	指特定主体的关联方和相关方,包括特定主体的董事、高管、员工、代理人、顾问(包括财务顾问、法律顾问、会计师以及其他顾问)以及特定主体关联方的董事、高管、员工、代理人、顾问(包括财务顾问、法律顾问、会计师以及其他顾问)

续表

序号	词汇	词汇含义
68	Right of First Offer 优先报价权	出售股东在未给予权利人提交购买其股权的优先报价的机会之前,不会出售其股权
69	Right of First Refusal 优先购买权	权利人有权以同等的价格和条款购买拟出售股权
70	Securities 证券	可包括任何(1)票据、股票、库存股、证券期货,(2)基于证券的掉期、债券、借款、债务凭证、利益证书或参与任何利润分享协议、信托证书、预设立证书或认购股份、可转让股份、投资合同、投票权委托、投资协议,(3)石油、天然气或其他矿权的权益,(4)任何证券、证券指数(包括其中的任何权益)的任何买入权、卖出权或期权,(5)在任何国家证券交易所签订的与外币有关的任何买入权、卖出权或期权,(6)上述任何权利的临时证书、权证、担保或购买权利
71	Share Purchase Agreement (SPA) 股权购买协议	指约定购买目标公司的特定股权的协议
72	Side letter 补充协议	指除惯常的主交易协议之外,交易各方就特定事宜签署的补充协议,常用于向特定投资人授予特定单边权利,或约定与政府监管的相关事宜
73	Special Purpose Vehicle (SPV) 特殊目的实体	指为隔离风险、实施特定商业目的等原因而设立的公司
74	Standstill 静止条款	在静止期内收购方不得采取可能导致进一步取得目标公司股权的行为,包括不得继续取得股票,提出收购要约,进行投票代理权争夺,投票替换现有管理层,以及寻求第三方合作采取任何前述行动。静止条款可约定在保密协议与收购协议下
75	Strategic Bidder 战略竞购方	指出于商业战略理由希望收购目标公司的竞购方。战略竞购方一般意在通过与目标公司的合并或与目标公司相关业务的合并来创造协同价值。在竞价中,因为战略竞购方通常期望在交易成功后能从协同效应中获益,因此可以为目标公司支付更高对价,通常认为战略竞购方比财务竞购方更有优势

续表

序号	词汇	词汇含义
76	Subsidiary 附属公司	就任何主体而言,如果该主体直接或间接拥有或控制另一主体的董事、经理选举中的多数投票权,或直接或间接拥有或控制另一主体的多数股权权益,或担任另一有限合伙的普通合伙人,则另一主体/另一有限合伙为该主体的附属企业
77	Transaction Documents 交易文件	指进行交易所需的全部法律文件,视不同项目需要,可包括股权购买协议、资产购买协议、股东协议、托管协议、过渡期服务协议、知识产权许可协议或转让协议、不竞争不招徕协议等
78	VIE/Variable Interest Entities 可变利益实体	VIE 架构也称协议控制架构,指不通过持股,而是通过签订一系列控制协议实现对境内运营实体的实际控制和合并财务报表的公司架构
79	Warrant 认股权证	认股权证持有人有权在规定期间按约定价格认购权证发行人的股权权益证券

附录2　常见并购交易文件概要

协议类型	序号	条款	概要	具体内容	本书章节
收购协议	1	交易类型	交易方、交易对价、交易结构	股权收购	第四章第一节 第十章第二节 第十二章第二节
				资产收购	第四章第七节 第十章第二节 第十二章第二节
				风险投资交易	第六章 第七章
				上市公司交易	第五章
				财团收购	第八章第一节
				资产剥离	第十章
	2	定义	协议中常见用语	协议中常见用语	附录1
	3	交易标的和对价	标的、对价、价格调整	基础规定	第四章第二节
				价格调整机制	第十二章第二节
				锁箱机制	第十二章第二节
				盈利支付	第四章第二节
				业绩补偿	第五章第一节

续表

协议类型	序号	条款	概要	具体内容	本书章节
收购协议	4	交割	交割时间和地点,先决条件,交割文件,各方义务	交割机制	第一章第四节 第七章第二节
				交割清单	第一章第四节
				先决条件	第四章第五节 第七章第二节
				国内政府审批	第一章第一节
				海外交易政府审批	第十一章第二节
				反垄断审查	第十一章第三节
				国家安全审查	第十一章第四节
	5	陈述和保证	卖方、买方、目标公司及其他协议方就自己及交易标的作出的承诺和确认	陈述和保证介绍	第四章第三节 第七章第二节 第九章第三节
				陈述和保证保险	第十二章第二节
				限定语:努力	第四章第五节
				限定语:知悉	第四章第三节
				限定语:重大不利影响	第十二章第二节
	6	承诺	交易各方约定应当采取的行动或不得采取的行动	承诺条款	第四章第四节 第七章第二节 第九章第三节
				正常经营的标准	第四章第四节
	7	保密	约定就交易对方披露的信息保密义务	保密协议	第三章第二节
	8	终止	交易各方在何种情形下可以终止协议	一般条款	第四章第六节 第七章第二节 第九章第三节
				分手费	第四章第六节 第十二章第二节
				反向分手费	第十二章第二节

续表

协议类型	序号	条款	概要	具体内容	本书章节
收购协议	9	赔偿	违反收购协议下的陈述和保证、承诺等约定时的赔偿责任	赔偿条款	第四章第六节 第七章第二节
	10	交易保护机制	限制交易相对方退出交易的机制	概述	第四章第六节 第十二章第二节
				排他条款	第十二章第一节
				买方交易保护机制	第十二章第二节
				卖方交易保护机制	第十二章第二节
	11	披露函	针对交易文件中的陈述和保证,列举与说明例外情况或提供补充信息	概述	第二章第三节 第七章第二节
				功能	第二章第三节
				审阅和谈判要点	第二章第三节
股东协议	1	协议形式	股东协议的主要形式	协议形式	第七章第二节
	2	法律效力	股东协议的法律效力	股东协议的法律效力	第八章第三节
	3	出资	规定股东对公司出资的出资额、出资方式、出资时间等事宜	出资额	第八章第三节
				出资方式	第八章第三节
				出资时间	第八章第三节
				后续出资义务	第九章第二节
				非货币资产出资	第九章第二节
	4	创始人限制	对创始人的部分限制条款	全职工作	第七章第二节
				不竞争	第八章第三节
				赔偿责任	第八章第三节

续表

协议类型	序号	条款	概要	具体内容	本书章节
股东协议	5	股权处分限制	对股东处分自己持有股权权利的限制	股权兑现限制	第七章第二节
				股权处分限制	第七章第二节 第九章第二节
				优先购买权	第七章第二节 第九章第二节
				共售权	第七章第二节
	6	购股权	股东进一步购买公司股权的权利	认股权证	第七章第二节
				优先认购权	第七章第二节
	7	其他经济权利	股东在公司中享有的其他经济权利	拖售权	第七章第二节
				清算优先权	第七章第二节 第八章第三节
				回购权	第七章第二节 第八章第三节
				对赌安排	第七章第二节 第八章第三节
				反稀释	第七章第二节
	8	公司治理	公司治理中的各种商业安排	股东会	第七章第二节 第九章第二节
				董事会	第七章第二节 第八章第三节 第九章第二节
				表决权	第八章第二节 第八章第三节 第九章第二节
				累积投票制	第八章第二节
				表决权限制	第八章第二节
				表决权征集	第八章第二节
				一票否决权/保护性事项	第七章第二节 第八章第二节 第九章第二节

续表

协议类型	序号	条款	概要	具体内容	本书章节
股东协议	9	知情权	股东了解公司运营情况的权利	知情权、质询权、信息权与检查权	第七章第二节 第八章第二节 第九章第二节
	10	分红	与分红相关的权利	优先分红权	第七章第二节 第八章第三节
				分红特殊安排	第九章第二节
	11	登记权	股份经登记后在公开市场交易的权利	要求登记权	第七章第二节
				共同登记权	第七章第二节
				S－3或F－3登记权	第七章第二节
交易附属协议	1	托管	约定在交易结束后的一段特定时期内，将交易对价的一部分交由第三方托管机构（主要是银行）保存	托管协议	第十二章第一节
	2	过渡期服务	约定卖方或其关联公司在交割后的一定期间内继续为买方提供约定的服务	过渡期服务协议	第三章第五节 第十二章第一节
	3	劳动	约定在交割后的一定期限内目标公司继续聘用关键员工及具体聘用条款	劳动合同	第三章第五节 第十二章第一节
	4	知识产权许可	在交割后的一定期限内允许买方使用卖方的知识产权	知识产权许可协议	第三章第五节
	5	知识产权转让	约定卖方交割后向买方转让约定的知识产权	知识产权转让协议	第三章第五节

续表

协议类型	序号	条款	概要	具体内容	本书章节
交易附属协议	6	不竞争	约定卖方在交割后的一定期限内不得从事或协助他人从事与目标公司有竞争的业务	不竞争协议	第三章第五节 第十二章第一节
	7	重组	约定目标公司的资产、股权、债务或内部运营结构进行的调整、转移、处置、整合等活动	重组 重组协议	第三章第四节 第三章第四节
	8	共同投资	用于规范共同投资过程中共同投资人的投资权利以及投资费用等事宜	共同投资协议	第八章第一节 第十二章第一节
	9	聘用	交易过程中聘用专业顾问的协议	聘用财务顾问的服务和报酬	第十二章第一节
	10	贷款协议	提供贷款的协议	贷款的条件、偿还	第十二章第三节
	11	担保	就贷款的抵押与担保情况进行约定的协议	担保协议	第十二章第三节

附录3　海外并购条款清单

TERM SHEET

收购条款书

, 202_

This Term Sheet is not a legally a binding agreement among the parties with respect to the subject matter hereof, unless otherwise expressly specified. A legally binding agreement between the parties will not occur unless and until all necessary corporate approvals have been obtained by the parties hereof (as applicable) and the parties have negotiated, approved, executed and delivered the appropriate definitive agreements. Until execution and delivery of such definitive agreements, the parties shall have the absolute right to terminate all negotiations for any reason without liability therefore.

本条款书不构成各方之间就所述主题具有法律约束力的文件,但另行明确规定的除外。仅在各方取得相应公司授权并谈判、签署并提交具体正式协议后,双方形成正式的合意才具有法律约束力。在正式协议签署生效及提交前,各方有权利终止谈判。

BUYER 买方	(Company Name) (公司名称)
SELLER 卖方	(Company Name) (公司名称)
COMPANY 公司	(Company Name) (公司名称)
TRANSACTION 交易	Possible acquisition of ( )% of the outstanding capital stock of the Company 拟购买公司全部发行股票的( )%
PURCHASE PRICE 购买价格	(Fixed/Purchase Price Adjustment/Locked-box) (固定价格/价格调整/锁箱机制)
ADJUSTMENT/ EARNOUT 价格调整/盈利支付	The Purchase Price is subject to adjustments (a) based on the results of the Purchaser's due diligence review ofthe Company prior to execution of the Definitive Agreements, and (b) as set forth in this section. 购买价格根据下列作相应调整(a)买方对公司的尽职调查的结果,和(b)本段中的机制。 Price Adjustment Mechanism:( ) 价格调整机制:( ) The Seller will be entitled to an earnout amount payable upon satisfaction of certain events to be agreed. 卖方有权根据待约定的事项的达成获得一笔盈利支付

续表

CLOSING CONDITIONS 交割条件	Conditions precedent to Closing include but not limited to the following: 交割前提条件包括但不限于下述内容: (i) execution of Definitive Agreements; 签署最终协议; (ii) completion of satisfactory due diligence by the Buyer including, without limitation, review of the Company's financial, legal, environmental and intellectual property due diligence; 买方满意完成对公司全部尽职调查,包括但不限于公司财务、法律、环保和知识产权的尽职调查; (iii) accuracy of the Seller's and the Company's representations and warranties; 卖方及公司的陈述和保证的准确性; (iv) compliance by the Seller and the Company with their covenants and agreements; 卖方及公司履行其承诺和约定; (v) no material adverse change in the Company; 公司未发生重大不利变化; (vi) receipt of all requisite regulatory and other third party approvals, including approval of the transactions contemplated herein by the anti-monopoly authorities (and CFIUS); 收到所有必需的监管部门和其他第三方的批准,包括反垄断机构(和CFIUS); (vii) all key management team and technology personnel ("Key Employees") have entered into the Company's standard employment agreement, proprietary information and inventions agreement, non-competition agreement in form and substance acceptable to the Buyer; 公司的主要管理和技术人员已与公司签订了相关的劳动合同、不竞争协议、保密协议和职务发明转让协议等; (viii) successful completion of the restructuring involving the Company and its subsidiaries (the "Restructuring"); 公司及其子公司已完成重组程序; (ix) as requested by the Purchaser, an opinion of the counsel for the Company; and 根据买方求所提交的公司律师出具的法律意见书;及 (x) Other customary closing conditions. 其他惯常交割条件

续表

DEFINITIVE AGREEMENTS 最终协议	The purchase agreement together with any ancillary documents (the "Definitive Agreements") shall be drafted by the Purchaser's counsel and shall include representations and warranties by the Seller, covenants, indemnification and other clauses customary for a transaction of this nature. 收购协议连同附属文件(最终协议)由买方的法律顾问起草,包括卖方的声明和保证、承诺、赔偿以及其他同类交易惯常包括的条款
REPRESENTATIONS AND WARRANTIES; UNDERTAKINGS 陈述与保证;承诺	Customary representations and warranties, indemnities, and undertakings relating to the business, the Company and the sale shares shall be provided by the Company and the Seller. 公司和卖方提供惯常的关于公司、公司业务及出售股权的陈述与保证、补偿及承诺
POST-CLOSING COVENANTS 交割后承诺	(Non-competition, non-solicitation, confidentiality, etc.) (不竞争、不招徕、保密等)
EMPLOYEE ARRANGEMENTS 员工安排	(Agreements with Key Employees) (与核心员工签订协议)
BOARD 董事会	As of the Closing, the Board of Directors of the Company will consist of (____) seats. The Buyer shall be entitled to elect (____) member to the Company's Board of Directors. 交割完成时,公司的董事会将由(____)名董事组成,其中买方有权任命(____)名
CONFIDENTIALITY 保密条款	The terms and conditions described in this Term Sheet, including its existence shall be confidential information and shall not be disclosed to any third party, unless required by applicable law. If either party determines that it is required by law to disclose information regarding this Term to any regulatory authority or governmental agency of any jurisdiction, it shall, at a reasonable time before making any such disclosure, consult with the other party regarding such disclosure, to the extent possible, seek confidential treatment for such portions of the disclosure as may be requested by the other party. 除非法律要求,本意向书的条款,包括其本身,均为保密信息,不得向任何第三方披露。如果其中一方依法需要向监管机构或政府部门披露本意向书,该方应该在披露前的合理时间中向另一方征询意见,并在可能情况下对另一方要求予以保密处理的信息争取采取保密措施

续表

EXCLUSIVITY 排他性条款	The Seller and the Company agree, for a period of (30) days (the "Exclusivity Period") after this Term Sheet is agreed upon, to refrain from, direct or indirect solicitation, consideration, or acceptance of alternative proposals from any other third parties in respect of acquisition, investment, merger or similar transaction involving all or any portion of the Company or its business or assets or all or any portion of the Company's capital stock or other equity interests without the prior written consent of the Buyer. The Exclusivity Period may be extended for such period as may be agreed in writing by the parties. 卖方和公司同意在意向书签署的(30)天内(排他期),未经买方事先书面允许,不再直接或间接与任何第三方就公司的投资、收购、合并或类似的涉及公司全部或部分业务、资产或股权的交易询价、考虑或接受提议。该排他期可以经过各方书面同意而延长
DUE DILIGENCE 尽职调查	The parties will cooperate to expeditiously complete due diligence prior to signing the Definitive Agreements. 各方应配合尽快在签署最终协议前完成尽职调查工作
EXPENSES 费用	All parties shall bear their own expenses in connection with the Transaction. 各方应自行承担其与本交易有关的费用
GOVERNING LAW 适用法律	This Term Sheet shall be governed by and construed in accordance with the laws of(Hong Kong), without regard to conflict of laws rules thereof. 本意向书应受(中国香港特区)法律管辖(准据法除外)
DISPUTE RESOLUTION 争议解决	All disputes arising from or in connection with this Term Sheet shall be submitted to the (HKIAC) for arbitration which shall be conducted in (Shanghai/Hong Kong) in accordance with its arbitration rules then in effect. The arbitration award shall be final and binding upon the parties hereto. 任何因本投资意向书产生的或与本投资意向书有关的争议均应提交至(香港国际仲裁中心),仲裁地为(上海/香港特区),仲裁按照届时有效的仲裁规则进行仲裁。仲裁裁决是终局性的,对双方均有约束力
NON-BINDING PROVISIONS 法律约束力	This Term Sheet is not a legally a binding agreement among the parties, except for the paragraphs below under the headings of "Confidentiality" "Exclusivity" "Due Diligence" "Expenses" "Governing Law" "Non-binding Provisions" "Termination". 本意向书不构成各方之间就具有法律约束力的文件,但保密、排他性条款、费用及适用法律条款除外

续表

TERMINATION 终止	This Term Sheet shall terminate upon the earliest to occur of the following: (i) 5:00 p. m. Beijing time on the last day of the Exclusivity Period, unless extended by mutual written agreement of the parties, (ii) the execution of the Definitive Agreements and (iii) the mutual written consent of the parties hereto. In the event of a termination of this Term Sheet in accordance with this section, the parties will have no further rights or obligations of any kind relating to this Term Sheet or the Transaction contemplated herein other than those relating to the disclosure of confidential information. 本意向书在下列事项较早发生时终止:(i)排他期最后一天的北京时间下午5点,除非各方书面约定延长;(ii)最终协议的签署;(iii)各方共同书面协议终止。本意向书终止后,各方除保密义务外,就意向书和交易不在有任何权利和义务

参 考 文 献

[1]符胜斌:《并购的艺术:交易的架构与策略》,中国法制出版社 2021 年版。

[2]赫利明编著:《一本书读懂风险投资与股权管理》,中国工信出版集团、人民邮电出版社 2018 年版。

[3]贾锐:《投资并购法律实务》(第 2 版),法律出版社 2018 年版。

[4]李俭编著:《法律尽职调查完全手册》(第 2 版),法律出版社 2019 年版。

[5]刘曼红、[美]林博、刘小兵:《风险投资学》(第 2 版),对外经济贸易大学出版社 2018 年版。

[6]欧阳军、虞正春编著:《读懂交易所——上市公司控制权收购监管意见解析》,北京大学出版社 2019 年版。

[7]任谷龙、韩利杰:《海外投资并购法律实务:操作细节与风险防范》,中国法制出版社 2017 年版。

[8]深圳证券交易所创业企业培训中心编著:《上市公司并购重组问答》(第 3 版),中国财经出版传媒集团、中国财政经济出版社 2019 年版。

[9][美]唐纳德·德帕姆菲利斯(Donald M. Depamphilis):《收购、兼并和重组:过程、工具、案例与解决方案》(原书第 7 版),郑磊译,机械工业出版社 2015 年版。

[10]田宝法:《企业并购解决之道:70 个实务要点深度释解》,法律出版社 2015 年版。

[11]王以锦:《海外并购基金操作实务与图解》,法律出版社 2015 年版。

[12]张巍:《资本的规则Ⅱ》,中国法制出版社 2019 年版。

[13]朱庆标:《并购法律尽职调查指引 1.0》,法律出版社 2016 年版。

[14]最高人民法院民事审判第二庭:《关于公司法司法解释(三)、清算纪要理解与适用》(注释版),人民法院出版社 2016 年版。

[15]最高人民法院民事审判第二庭:《〈全国法院民商事审判工作会议纪要〉理解与适用》,人民法院出版社 2019 年版。

[16][美]布拉德·菲尔德、[美]杰森·门德尔松:《风险投资交易:条款清单全揭秘》(第 2 版),桂曙光译,机械工业出版社 2014 年版。

[17][美]布拉德·菲尔德:《风险投资交易》(原书第 4 版),桂曙光译,机械工业出版社 2020 年版。

[18][美]戴维·斯托厄尔:《投资银行、对冲基金和私募股权投资》,黄嵩、赵鹏译,机械工业出版社 2013 年版。

[19][美]莱恩·巴特森、[美]肯·弗里曼:《风险投资的逻辑与常识》,高源、李珍凤译,中信出版社 2019 年版。

[20][美]帕特里克·A. 高根:《兼并、收购和公司重组》(第 4 版),顾苏秦、李朝晖译,中国人民大学出版社 2010 年版。

[21][美]斯坦利·福斯特·里德、[美]亚历山德拉·里德·拉杰科斯:《并购的艺术:兼并　收购　买断指南》,叶蜀君、郭丽华译,中国财政经济出版社 2001 年版。

[22]2004 年《OECD 公司治理准则》。

[23]艾伦·S. 格特曼:《国际合资企业的建立与管理》(第 3 版),李克宁、张放译,中国人民大学出版社 2012 年版。

[24]Cf. Bryan A. Gamer, *Black's Law Dictionary*, 7th edition, West Group, 1999.

[25]Charles M. Fox, *Working with Contracts*, 2nd edition, Practising Law Institute,2008.

[26]*Earn-outs in M&A Transactions*: *Key Stuctures and Recent Developments*, the M&A Journal, Vol. 10:10.

[27]Jeffrey Chapman, Jonathan Whalen and Benjamin Bodurian, *Representations and Warranties Insurance in M&A Transactions*, Harvard Law School Forum

on Corporate Governance(2017).

[28][美]丹尼斯J. 罗伯茨:《并购之王:投行老狐狸深度披露企业并购内幕》,唐京燕、秦丹萍译,机械工业出版社2014年版。

[29]肖钢等:《国家治理新使命:构建我国海外投资权益保护体系》,中国金融出版社2021年版。

[30]曾斌、林蔚然:《资本治理的逻辑》,中国法制出版社2020年版。

[31][美]斯科特·惠特克:《跨境并购与整合:实操指南与案例分析》,郑磊、徐慧琳译,机械工业出版社2018年版。